SILVIO CALDAS

O SERESTEIRO DO BRASIL

CARLOS MARQUES

SILVIO CALDAS

O SERESTEIRO DO BRASIL

EDIÇÕES
UFC

FORTALEZA/2008

Silvio Caldas: o Seresteiro do Brasil

E-mail: ccpmarques@yahoo.com.br
Impresso no Brasil / Printed In Brazil

Editora da Universidade Federal do Ceará – UFC
Av. da Universidade, 2995 – Benfica – Fortaleza – Ceará
CEP: 60020–181 – Tel./Fax: (85) 3366.7327/3366.7499
Internet: www.editora.ufc.br – E-mail: editora@ufc.br

Coordenação Editorial
Ronaldo P. de Sousa

Edição e Revisão de Texto
Leonora Vale de Albuquerque

Normalização de Texto
Perpétua Socorro Tavares Guimarães

Projeto Gráfico e Capa
Geraldo Jesuino da Costa

Tratamento de Imagens
e Editoração Eletrônica
Geraldo Jesuino/Fernando Lima

Catalogação na Fonte

M 357s Marques, Carlos Cavalcante Pereira
Silvio Caldas: o Seresteiro do Brasil/ Carlos Marques. - Fortaleza: Edições UFC, 2008

566 p. :il

ISBN: 978-85-7282-272-5

1. Música Popular - Brasil
I. Título

CDD: 781

Editora filiada à
ABEU
Associação Brasileira das Editoras Universitárias

Dedico este livro à minha mulher Ilka, pela paciência e compreensão; aos meus filhos Cláudio, Adriana, Ana Cristina, Andréa e Carla, aos meus netos Joyce, Davi, Yara, Sara, Isadora, João Marcelo, Mariana, Gabriela e Ana Carolina e aos seresteiros do Brasil.

Arquivo Nirez

AGRADECIMENTOS

Quando iniciei a realização deste livro, minha principal preocupação consistia na identificação das fontes de pesquisas que subsidiassem o trabalho. Contei, para isso, com a inestimável colaboração dos amigos abaixo relacionados, que tudo fizeram para o sucesso dessa iniciativa. Deixo aqui registrado os meus agradecimentos a:

a) Cid Carvalho, pela cessão de discos que não possuía em minha discoteca e de depoimento prestado por Silvio Caldas ao jornalista, na Rádio Assunção, em 1987;

b) Christiano Câmara, pela cessão de importantes documentos históricos, pelo prefácio da obra e sugestões apresentadas ao longo do trabalho;

c) Miguel Ângelo de Azevedo (Nirez), pelo acesso a importantes documentos históricos, fotografias, informações e apresentação do livro;

d) Roberto Gambardella, pelas informações e fotos fornecidas;

e) Raimundo Falcão, João Alfredo da Silva, Mauro Morais, Osmar Onofre, Manoel Azevedo e Eládio Silva

Nunes, que me ajudaram a copiar as letras que estão relacionadas em anexo.

f) Cláudio Guimarães, Henrique Barbosa da Silva, Cláudio de Albuquerque Marques e Marcelo Morais, nas diversas fases da elaboração do trabalho;

g) Regenaldo Rodrigues da Costa e José Edmar da Silva Ribeiro, pelas sugestões apresentadas;

h) Geraldo Jesuino da Costa, pelo projeto gráfico; e

i) Ítalo Gurgel, que cuidou da revisão do texto central.

O autor

Agradecimento especial
à Universidade Federal do Ceará,
nas pessoas do Reitor Professor Ícaro de
Sousa Moreira e do Ex-Reitor Professor
Luis Carlos Uchoa Saunders

ARQUIVO ROBERTO GAMBARDELLA

APRESENTAÇÃO

Carlos Cavalcante Pereira Marques, ou simplesmente Carlos Marques, para os mais íntimos Carlão, foi sempre tido entre seus amigos e conhecidos como fã de Silvio Caldas, o que não é de estranhar dado seu bom gosto pela música popular. Quem não admira o "Caboclinho Querido"?

A vida de Silvio Caldas é rica em nuances, pois ele conviveu intimamente com o carnaval, com o teatro, com o rádio, o disco e até o circo. Fez dupla com cantores famosos e não famosos, fez gravações sem que seu nome aparecesse, percorreu várias emissoras de rádio e várias gravadoras.

Além de excelente cantor que criou escola seguida por muitos outros cantores, ele também era compositor e letrista, tendo muitas de suas composições gravadas por muitos artistas, como Aurora Miranda, Floriano Belham, Araci de Almeida, Jorge Goulart, Linda Batista, Mário Martins, Cauby Peixoto, Roberto Silva e Sólon Sales, para citar apenas alguns deles.

Como se não bastasse, Silvio era ainda excelente violonista.

E para completar, para não ficar faltando nada no artista, Silvio era boêmio.

Seu mais constante parceiro foi o poeta Orestes Barbosa, mas ele compôs com muitos outros como Quincas Freire, Ary Barroso, De Chocolat, Wilson Batista, Oswaldo Silva, Cartola, Carusinho, Cristóvão de Alencar, Nilton Teixeira, Ataulfo Alves, Alberto Ribeiro, Nássara, Rubens Soares, Frazão, Dunga, Marino Pinto, Antônio Almeida, Sebastião Fonseca, Rogaciano Leite, Armando Dominguez, David Nasser, José Judice, Mário Lago, Billy Blanco.

Muito tem que se escrever sobre a carreira artística de Silvio Caldas e Carlos Marques não pretendeu nem escrever uma biografia, já que vive distante dos meios onde viveu o seresteiro, e muito menos esgotar qualquer assunto. Seu trabalho é uma análise de alguns aspectos da carreira brilhante de Silvio, apontando curiosidades que envolveram o rico caminho percorrido pelo homenageado.

Consultou Carlos Marques vasta bibliografia, citando trechos importantes das declarações de cada autor, analisando cada fato colocado no espaço e no tempo, considerando fatos contemporâneos.

Há, no trabalho de Carlos Marques, a preocupação com o real, fugindo das lendas, chegando em um dos capítulos a citar afirmações polêmicas que ele esclarece pesando os comentários de vários autores.

Também é importante o trabalho feito sobre o "samba-de-breque", do qual Silvio é um dos pioneiros, senão o pioneiro no uso da "bossa" dentro do samba.

Interessante ainda é que você, leitor, vai constatar que Silvio Caldas não se especializou numa só corrente, ele foi o sambista que encantou outros sambistas, como Luiz Barbosa e Ciro Monteiro, foi o exímio intérprete de marchinhas carnavalescas, foi mestre na canção dialogada, em dupla com outros cantores e foi "O Seresteiro do Brasil", interpretando como ninguém valsas e canções românticas no estilo modinheiro.

Fica o leitor, após a leitura de *Silvio Caldas - O Seresteiro do Brasil*, de Carlos Marques, detentor de tudo que envolve a carreira artística do grande Silvio Caldas.

Fortaleza, 12 de novembro de 2007.

Miguel Ângelo de Azevedo (Nirez)
(Do Instituto Histórico do Ceará)

Arquivo Nirez

PREFÁCIO

De há muito que a bibliografia do nosso Cancioneiro Popular reclamava a publicação de uma biografia desassombrada.

Morar distante do "Sul Maravilha" (região que vai do Rio a São Paulo) tem a desvantagem de não se poder consultar os jornais e revistas antigas com suas informações. Por outro lado, tem-se a grande vantagem do não constrangimento de ter que dar satisfações aos descendentes dos medalhões pela publicação de acontecimentos pouco recomendáveis, ainda que verdadeiros. Isto explica a maioria das biografias "bem comportadinhas", algumas das quais chegam ao exagero de justificar os deslizes dos biografados, tais como: plágios, imitações e gabolices (estas últimas fartamente encontráveis em seus próprios "depoimentos").

Por mais de três décadas testemunhei o empenho de Carlos Marques na audição das gravações originais dos principais artistas brasileiros, mormente os da "Fase de Ouro" (a década de 1930) e a leitura das publicações sobre o assunto. O resultado foi a feitura deste livro em que, dentre outras coisas, nos é apresentado o Silvio Caldas compositor. Entramos em contacto com o sambista de estilo único, bem antes de se dedicar à seresta. Dirimimos dúvidas sobre algumas "verdades históricas", tidas e havidas como tais, mas que se revelaram autênticas falácias ante as confrontações aqui apresentadas. A propósito, lembramos as palavras de Commerson: "Se a Verdade se apresenta inteiramente nua, é porque a Mentira lhe roubou o vestuário."

Junte-se a tudo isto um minucioso trabalho de pesquisas, tendo por norte a honestidade de propósito.

Enquanto perdurar "entre os que se metem a escrever a História do Cancioneiro Brasileiro" a visão de janela de apartamento, jamais iremos saber da real contribuição dos principais artistas que tivemos. Some-se a isto, a preferência passional e pessoal de cada pseudo-analista.

Se é de praxe este proceder quando é que saberemos ter sido Silvio Caldas o verdadeiro criador do samba de breque?...

E que dizer do carnavalesco responsável por hinos mominos como *Linda Lourinha* e *Pastorinhas*?...

Ao analisar os diversos períodos da carreira artística de Silvio Caldas, o autor nos mostra um Brasil, mais verde e amarelo, totalmente desconhecido pela maioria dos brasileiros. Isto, porque, ao invés de olhar por cima do ombro (como costumam fazê-lo) o Carlos nos dá a conhecer os anseios e aspirações de cada época.

Como se sabe, até meados dos anos 20 as cidades brasileiras tinham costumes próprios, de acordo com suas culturas.

Com o surgimento do Rádio (e seu conseqüente aperfeiçoamento) elas passaram a sofrer muito mais influência do "Sul Maravilha", que era onde se localizavam as primeiras estações de radiodifusão. No entanto, como o Rádio não tinha rosto, estas influências deixavam livres as mentes de cada um, daí o apelido que o Rádio ganhou: "O Teatro da Mente." Isto durou até o início da década de 1950, quando lhe puseram rosto: a Televisão. Aí então a "vaca foi pro brejo", transformando a influência em dominação, o que a música popular refletiu da forma mais autêntica possível, posto que direta.

Neste perfil biográfico temos tudo isto retratado.

De resto, só nos resta agradecer ao Carlos Marques por este resgate do período mais bonito do nosso cancioneiro.

Como ele mesmo salienta, Silvio foi um pássaro canoro que jamais se deixou prender às grades de ouro dos contratos fabulosos. Quando muito, permitiu que seu gorjeio ficasse registrado nas estrias sonoras dos discos musicais.

Fortaleza, dezembro de 2007

Christiano Câmara
(Pesquisador de Música e Cinema)

Arquivo Nirez

PREÂMBULO

23 DE MAIO DE 1908

Era noite de lua cheia. O firmamento, tingido de um azul celestial, estava infinitamente transparente em sua beleza. As estrelas, milhares, distribuídas pelo céu imenso, teimavam em piscar, incessantemente, dando um colorido todo especial àquele momento. Certamente já passava das dez da noite e, por mais estranho que pareça, nenhum santo, nenhum anjo dali arredara pé.

A noite era belíssima, e parecia de encomenda. São Pedro, em nome do Senhor, convocara os velhos seresteiros para uma noite de serenata, uma audiência divina, de que um dia, cá na terra, falaria Augusto Calheiros, que ainda não estava presente.

As músicas, de melodias lindíssimas e letras bem coordenadas, cantavam a beleza dos astros, o amor, os encontros da vida, tal como Deus os criara: belos, autênticos e verdadeiros. Nessas músicas, que não tinham nada de cânticos religiosos, falava-se dos dramas da vida, em suas dimensões mais sublimes, ressalvando, sempre, o significado do momento e as perspectivas futuras, ainda que, momentaneamente, sofressem algum desgaste, que o tempo certamente repararia. Não havia, naquelas letras, espaço para desunião, traições, desesperos, dramas existencialistas, pois isto eram coisas de cânticos terrestres. Todos estavam extasiados ante o canto seresteiro, à luz daquele esplêndido luar em pleno firmamento e, discretamente, os santos, emocionados, aqui e ali tomavam uma pinga - apenas uma -, pois nem os santos são de ferro.

Aquela data ficou registrada nos anais do Céu como sendo o dia 23 de maio de 1908, por coincidência data de nascimento de Silvio Antônio Narciso de Figueiredo Caldas, ou simplesmente Silvio Caldas, como ele costumava dizer, na sua simplicidade: pra que um nome tão grande?

Dizem que as pessoas predestinadas recebem de presente, no dia do seu nascimento, uma estrela que as guiará para sempre enquanto sua missão não estiver concluída. E a estrela que Silvio Caldas recebeu certamente foi uma das mais reluzentes da constelação astral e ainda hoje, ele e ela, devem estar brilhando em qualquer ponto do firmamento, Silvio cantando e, homem-menino, aprontando suas traquinagens, e a estrela-guia o protegendo, pois esta será, para sempre, sua missão, missão da qual ela se encarregaria, sensibilizada, com todo o encantamento.

Um dia qualquer, num tempo distante e insondável, essa estrela-guia também se apagará, num inconsolável lamento noturno que poucos haverão de entender, pois "só quem ama é capaz de ouvir e de entender estrelas."

Não sei bem se estaria dormindo ou acordado. Há momentos em nossa vida em que os sonhos e fantasias se confundem de tal forma que, no futuro, ao recordar o passado, não sabemos ao certo o que de fato ocorreu, restando apenas o mistério naquela zona sombria da nossa memória, incapaz de desvendar o real significado do que se passou.

Mas que é fácil entender estrelas, é! Principalmente ao lado da mulher amada, ouvindo o Silvio Caldas em serenata, à luz do luar!

Arquivo Nirez

... él nunca usó mejor su garganta,
y su garganta nunca fué más generosa que hoy,
cuando empezam a ralear sus cabellos
y las primeras arrugas surcam su rostro
de caballero bueno y inteligente.

Brício de Abreu

(Tesoros da la Cancion Brasileña,
Maringá
Silvio Caldas)

(Edição argentina do LP Columbia - LPCB 41003, de 1957,
considerado pela crítica especializada o disco do ano no Brasil)

Arquivo Roberto Gambardella

INTRODUÇÃO

Este livro se destina aos que se interessam, de um modo geral, pela música popular brasileira, a partir da época chamada de "anos de ouro" ou "década de ouro", como a denominam os estudiosos da matéria, e de um modo particular, pela carreira de Silvio Caldas, um dos pilares mais importantes dessa fase, quer como cantor, quer como compositor.

É difícil numa época como a nossa encontrar-se em ambientes públicos, como museus, bibliotecas e universidades, material bibliográfico sistematizado, em condições de subsidiar estudos desta natureza, que remontem informações de 60, 70, 80 anos atrás. Em Fortaleza, tirando os museus de Christiano Câmara e Miguel Ângelo de Azevedo (Nirez), ambos particulares e se mantendo graças à obstinação e idealismo desses pesquisadores, será muito difícil encontrar esse tipo de informação.

Independentemente dessa dificuldade, iniciei trabalho de pesquisa que resultou na publicação deste livro, que tem como propósito não deixar passar em branco o centenário de nascimento desse grande cantor, na esperança de contribuir para que a efeméride seja comemorada de forma compatível com sua importância.

Nascido em 1908, data oficial de nascimento, Silvio Caldas completaria 100 anos de idade em 23 de maio de 2008. Por sua importância no contexto musical brasileiro, pela obra extraordinária que deixou, é difícil de acreditar que um artista dessa dimensão não tenha ainda biografias escritas, que pudessem servir de fontes de consultas para os que se interessam em conhecer a vida e a obra do cantor e a própria história da música popular brasileira, a que ele está ligado como um dos personagens mais proeminentes.

Sempre me interessei por nossa música popular, particularmente dessa fase exuberante, onde sobravam talentos ainda hoje reconhecidos, sejam cantores ou músicos, apoiados por compositores da mais alta categoria, produzindo uma obra de caráter excepcional, que a História se encarregará de tornar perene. Tudo isso foi possível graças à própria época que possibilitou a existência de um conjunto extraordinário de talentos e de ouvintes, responsável, enfim, pelo mais belo momento da nossa história musical.

Há algum tempo passei a cogitar da idéia de escrever algo que pudesse suprir essa carência, ainda que fosse um trabalho simples, mas que desse uma pequena idéia do que foi a vida e a obra desse grande seresteiro, que teve a felicidade excelsa de continuar, através das décadas seguintes, a manter viva a memória do que se produziu naqueles momentos históricos, permitindo às gerações futuras tomar conhecimento da música produzida pelas gerações passadas.

Por vários motivos este trabalho não tem as dimensões nem a pretensão de ser uma biografia do cantor: 1°) por minhas próprias limitações; 2°) por inexistência de outras biografias que pudessem servir de referência às dúvidas e aos questionamentos existentes; 3°) por inexistência, em Fortaleza, de fontes de pesquisa que possibilitassem informações originais, enriquecedoras, fundamentais num trabalho dessa natureza, como, por exemplo, trabalhos publicados em jornais e revistas das épocas em que os fatos ocorreram ou depoimentos de pessoas contemporâneas do cantor e que, de alguma forma, pudessem prestar informações válidas sobre sua vida e sua obra.

Contudo, mesmo sem essas fontes de informações que, sem dúvida, poderiam dar uma dimensão mais completa ao trabalho, decidi abordar o tema por um prisma mais simples, partindo da obra gravada pelo cantor e registrada em discos de cera, LPs, CDs e Dvd.

Todas as informações que constam do texto foram obtidas junto aos livros, revistas e jornais que possuo em minha biblioteca e de observações e sentimentos pessoais meus e de meus amigos que, como eu, ainda se deliciam com a obra do renomado seresteiro.

Busquei também informações junto às contracapas de LPs que tenho em minha discoteca, as quais me serviram bastante no decorrer do trabalho. A par disso, listei a discografia do cantor em discos de cera (colhida junto ao Arquivo Nirez), resultante de sua obra correspondente ao período de 1930 (quando lançou seu primeiro disco) a 1961 (quando lançou seu último disco de cera).

Além disso, tive acesso a algumas publicações da época: a) depoimento prestado pelo cantor, em 1987, ao jornalista Cid Carvalho; b) a *Revista Phono-Arte*, dos anos de 1928 a 1931, e outras importantes informações dadas por Christiano Câmara; c) o catálogo da RCA Victor, contendo a relação das músicas gravadas por essa companhia, em ordem de gravação, no período de 1929 a 1939, a *Revista Carioca*, de 1935 a 1943, fotografias e informações obtidas junto ao Nirez; d) em São Paulo, informações e fotos obtidas junto a Roberto Gambardella.

Listei a discografia em LPs, quase todos, por sinal, da minha discoteca, do primeiro, lançado em 1952 e o que presumo seja o último, em 1992 e adicionei mais alguns, principalmente compactos das coleções de Christiano, Nirez e Cid Carvalho e, já depois de sua despedida final, um DVD, reproduzindo um programa feito em 1994 na TV Cultura.

Acredito que a discografia em discos de cera poderá estar completa, enquanto a de LPs possivelmente não, embora já seja um início e que poderá ser enriquecida por outros estudiosos da matéria. No total, Silvio Caldas talvez tenha gravado em torno de 800 a 850 composições, no período que se iniciou em 1931, ou seja, em 65 anos de carreira. Uma das mais longas, sem dúvida.

Por que Silvio Caldas? É a pergunta que muitos farão. E eu respondo: primeiro, porque outros cantores do mesmo nível já têm biografias lançadas; segundo, pela minha admiração por este extraordinário cantor de nossa música popular; terceiro, pela angústia de ver o tempo passar e com ele advir o esquecimento de uma obra fantástica que enriqueceu nosso cancioneiro popular justamente no período mais relevante. A exemplo, aliás, do que se passa com os outros grandes cantores da época, todos passando pelo mesmo processo de esquecimento, não fora este um País sem preocupação com seu passado, sua história.

Contemporâneo de nomes excepcionais do cancioneiro popular, como Francisco Alves, Orlando Silva e Carlos Galhardo, Silvio formou com esses o que se convencionou chamar de "os quatro grandes" da música popular brasileira, ou seja, seus melhores cantores, embora existissem outros nomes igualmente famosos e merecedores da preferência popular, como Vicente Celestino, Gastão Formenti, Augusto Calheiros, Castro Barbosa, João Petra de Barros, Nelson Gonçalves, Gilberto Alves, Nuno Roland, dentre outros que poderiam ser citados, todos grandes cantores.

Este trabalho, evidentemente, não tem por objetivo discutir qual o melhor de todos. Até porque, como disse Ary Vasconcelos, "certamente não encontrarão uma ONU particular para solucionar o conflito." (Ary Vasconcelos, contracapa do LP "Silvio Caldas: O Seresteiro do Brasil", em selo RCA Camden, lançamento de 1967), pois cada um puxaria a brasa para sua sardinha.

O jornal *O Globo* de 02 de abril de 1955, trazia a seguinte notícia sobre Carmen Miranda:

> Carmen disse que uma das melhores coisas que lhe aconteceram no Brasil foi ouvir durante uma noite inteira, até às seis da manhã, Silvio Caldas cantar para ela. - Ele, para mim, está muito melhor do que no tempo em que cantávamos juntos. Sua voz é um encanto, há nela mais sentimento, de modo que não se pode ouvir o Silvio sem profunda emoção.

Aliás, David Nasser (in: *A Vida Trepidante de Carmen Miranda*, op. cit., p. 79) completa a informação: "Seu favorito era Sylvio: obrigáva-o a cantar 'Chão de Estrelas' oito, dez vezes por noite, e se atirava ao seu pescoço:" E exclamava: "É o maior!."

Orestes Barbosa, parceiro-maior do seresteiro, também deixou seu depoimento: "Silvio Caldas, para mim o mais autêntico intérprete, como cantor e compositor, da melodia lírica e irônica da alma carioca." (Orestes Barbosa, *Chão de Estrelas*: Poesias Escolhidas).

Contudo, é indiscutível que Silvio Caldas teve uma bela voz, extensão vocal inquestionável, bossa, afinação, interpretação insuperável, técnica de respiração perfeita, além de ter mantido esses predicados em grande parte de sua longa carreira artística.

Para Arley Pereira:

> A voz aveludada, o timbre bonito, a interpretação que faria dele o preferido dos compositores (dizia-se que Silvio cantava como se os versos fossem compostos por ele) (Arley Pereira, encarte do CD Silvio Caldas - RGE nº 7056-2).

Por todos esses atributos pessoais, o cantor foi considerado por muitos, dentre eles eu, como o mais completo cantor brasileiro, sem deixar de admitir a existência de outros cantores do mesmo nível, tão bons quanto ele, que poderiam assim ser considerados, dependendo, logicamente, do juízo de valor de cada pessoa.

Eram, como se vê, atributos mais do que suficientes para justificar a preferência.

E essa minha admiração pelo seresteiro maior foi sendo construída à medida que o tempo ia passando. De início, aí pelos meus 18 anos de idade, desabrochando para a vida e freqüentando ambientes que a maioridade permitia, lembro-me, ainda, que gostava de ouvir também, como ainda hoje gosto, Francisco Alves, Orlando Silva, Carlos Galhardo, Augusto Calheiros e, mais recentemente, Nelson Gonçalves, o mais próximo de minha geração, todos contemporâneos de Silvio Caldas e igualmente expoentes máximos de nossa música popular. Por essa época, é evidente que eu já conhecia o cantor, embora minha memória não registre a preferência naquela época.

De uma coisa, porém, me recordo bem: a partir do momento em que fui tomando conhecimento da obra do grande seresteiro mais me via envolvido pelo seu canto. Lembro-me, como se fosse hoje, que nessa idade não possuía nenhum disco do cantor, e pedi emprestado ao amigo Rubem Abtibol de Menezes o LP *Saudades*, que eu havia ouvido em sua residência e ficara impressionado. Se a memória não me falha, a partir daí comecei a tomar conhecimento mais de perto e revelar maior interesse pela obra do grande seresteiro.

Nessa mesma época, começando a freqüentar a discoteca de Christiano Câmara, na segunda metade dos anos 50, passei a tomar contato com mais intensidade com todos os grandes valores de nossa música popular, quando, acredito, desenvolvi, com convicção, minha preferência musical por esse notável cantor. E à medida que ia conhecendo sua obra e a obra dos outros cantores, mais ia crescendo minha convicção, que se mantém até hoje inabalável.

Aliás, foi nessa discoteca e em contato com Christiano Câmara que eu, com certeza, desenvolvi meu gosto musical, assim como aprendi a arte de ouvir, o que é de importância fundamental, principalmente para exercitar a capacidade crítica e exercer a análise comparativa, essencial à formação do conhecimento e da convicção. Foi através dessa capacidade que cheguei ao melhor seresteiro do Brasil.

É evidente que essa preferência não significa exclusividade, uma vez que também tenho grande admiração por outros cantores, igualmente da melhor qualidade técnica, pelas vozes, interpretações e estilos, que ainda marcam presença constante entre nós. Silvio Caldas é certamente uma questão de identidade, de maior interação entre a mensagem do cantor, a forma com que exprime suas emoções e o sentimento com que é recebido.

É a maneira como essa mensagem é captada, o que termina por estabelecer um elo de identificação difícil de se desfazer, porque está enraizado no inconsciente.

Protegido pelo destino, o cantor tinha a seu favor uma vantagem excepcional sobre seus concorrentes: permaneceu firme durante várias décadas, de forma tão convincente, que não há resposta unânime sobre sua melhor fase, uma vez que esteve sempre bem durante quase toda sua vida profissional. Listam-se de três a quatro fases de sua carreira em que as preferências se dividem, sem que o admirador, o que é mais importante, deixe de gostar das outras fases.

Mais recentemente, no *Dicionário Cravo Albin de Música Popular Brasileira*, Jairo Severiano assim festejava o velho Seresteiro:

> Seu canto, ao mesmo tempo, coloquial e veemente, cativou milhares de admiradores por toda sua longa carreira, chegando mesmo a formar fiéis seguidores. Antológicas, no verdadeiro sentido do termo, são as suas interpretações de alguns clássicos como *Meus vinte anos, Chão de estrelas, Deusa da minha rua, Velho realejo* e *Inquietação*, que se tornaram inadmissíveis nas vozes de outros cantores.

A Academia Brasileira de Letras reuniu-se para homenagear o Seresteiro quando este completou 80 anos de idade. Austregésilo de Athayde, seu presidente, iniciou assim a celebração da data:

> Cada um de nós guarda da sua voz uma inesquecível lembrança. Cada um de nós tributa ao grande cantor as homenagens que lhe são devidas, pelo entretenimento, pelo que sugeriu aos nossos espí-

ritos, pelo que nos consolou, pelo que nos disse a respeito da beleza da vida e do mundo.

Recordo-me, agora, de um contato que mantive em São Paulo, alguns anos atrás, com Roberto Gambardella, em sua loja, ainda na praça da Sé, visita obrigatória minha sempre que estive naquela cidade. Ali, a par de manter conversa com Gambardella, sempre muito interessante e enriquecedora sobre a nossa música popular, adquiria os discos que me interessavam, de um modo geral e, de forma especial, os de Silvio. Sabedor dessa preferência, pois conversávamos muito a respeito, um dia Roberto Gambardella me fez uma pergunta: por que você não escreve alguma coisa sobre Silvio Caldas? Disse-lhe que não o faria porque não tinha as condições necessárias a um empreendimento dessa natureza. Mas confesso que, de tempos em tempos, aquela pergunta voltava intrigante a me provocar e hoje estou tentando deixar registrado alguma coisa sobre o renomado Seresteiro, com a consciência e percepção crítica de que a matéria não foi esgotada.

Por tudo isso, decidi escrever este livro, na tentativa de deixar a obra de Silvio Caldas sistematizada, ressaltando sua importância no cenário musical brasileiro, quer como cantor ou compositor, na esperança de não deixar cair no esquecimento, por falta de informações, essa riqueza inquestionável que foi a passagem do Seresteiro maior pela Música Popular Brasileira.

Elaborar este trabalho que iniciei com tanto receio, dada a extraordinária dimensão da figura humana e da obra de Silvio Caldas, terminou sendo para mim um grande desafio, além de uma enorme satisfação, não só pelo tema que passou a fazer parte do meu dia a dia, mas pela oportunidade de tomar conhecimento da obra integral do cantor. E se o trabalho não der em nada, por tudo isso já valeu a pena.

Parodiando o poeta: se a finalidade é nobre, o trabalho é um prazer!

Fortaleza, janeiro de 2008.

CAPÍTULO I

OS ANOS DE OURO DA MÚSICA POPULAR BRASILEIRA

A década de 1920 e início dos anos 30 foram muito importantes para nossa música popular, pois nesse período começaram e se consolidar os nossos ritmos, especialmente o samba, ainda muito preso ao maxixe, e a seresta, ainda muito influenciada pelas modinhas imperiais. Os ritmos foram tomando forma e assumindo uma espécie de contorno definitivo, sob forte influência da evolução tecnológica: a) a partir do impacto causado pela gravação elétrica, em substituição à gravação mecânica, permitindo ao cantor menos esforço físico para deixar seu registro vocal, beneficiando as interpretações mais intimistas, mais coloquiais; b) a chegada do rádio, que aproximou muito mais o cantor do seu público; e c) a introdução do microfone, em especial, que deu aos intérpretes, pela amplificação da voz, novas e excepcionais condições técnicas para desenvolverem suas habilidades vocais.

Quando se iniciou a década de 1930, Silvio estava com 22 anos, uma vez que nascido em 1908. Vivenciou, portanto, a música praticada nos anos 20, pois começou muito cedo a participar de rodas de sambas e de serestas, o que lhe deu uma visão riquíssima do que se passava no mundo musical, especialmente na segunda metade dessa década, que lhe seria de muita valia, permitindo-lhe formular seu estilo de interpretação. Foi, portanto, um participante do melhor momento da música popular brasileira e testemunha privilegiada do que se passou no meio musical, graças ao contato direto e constante que teve com os bambas do samba e das serenatas.

A década de 1930 é considerada a época de ouro de nossa música popular, embora alguns historiadores estendam esse período até a primeira metade dos anos 40, enquanto outros, como Ary Vasconcelos, preferem chamá-la de "a fase de ouro", que corresponderia ao período de 1927 a 1946 (*Panorama da Música Popular Brasileira*, v. 1, p. 23).

Evidentemente que essa visão não pode ser estática, rígida, pois valores que se notabilizaram nos anos 20 ainda marcaram presença nos anos 30 e, dos que se iniciaram nos anos 30, muitos tiveram boa participação nos anos 40.

Contudo, como década, como conjunto do que se produziu, como resultado final dessa tríade que faz a música - compositor/cantor/músico - e da própria criação musical em seu conjunto, é possível identificar com mais clareza essa afirmação.

Para se ter uma idéia desse conjunto responsável pelo que se produziu de mais importante na época, basta dar um passeio pelos nomes dos que atuaram no período:

a) Compositores: Ary Barroso, Noel Rosa, Lamartine Babo, João de Barro (Braguinha), Almirante, Antônio Nássara, André Filho, Benedito Lacerda, Ismael Silva, Newton Bastos, Alcebíades Barcelos (Bide), Armando Marçal, Angenor de Oliveira (Cartola), Custódio Mesquita, Orestes Barbosa, Luiz Peixoto, Hervê Cordovil, Ataulpho Alves, Eratóstenes Frazão, Synval Silva, Assis Valente, Alcyr Pires Vermelho, Oswaldo Santiago, Vicente Paiva, José Maria de Abreu, Mário Travassos de Araújo, Alberto Ribeiro, Wilson Batista, Herivelto Martins, Roberto Martins, Pedro Caetano, Claudionor Cruz, Mário Lago, Bororó, Haroldo Lobo, Newton Teixeira, Arlindo Marques Jr., J. Cascata, Leonel Azevedo, Francisco Matoso, Roberto Roberti, Antônio de Almeida, Christóvão de Alencar (Armando Reis), Dorival Caymmi, Lupicínio Rodrigues, Geraldo Pereira, Mário Rossi, Gastão Lamounier, Georges Moran, David Nasser, Silvino Neto, Capiba e os que vinham da década de 1920 e que ainda continuavam atuando, como Pixinguinha, João da Baiana, Heitor dos Prazeres, Eduardo Souto, Freire Júnior, Cândido das Neves, Hekel Tavares, Joubert de Carvalho, Olegário Mariano, Josué de Barros, José Francisco de Freitas, etc;

b) Cantores: Mário Reis, Carmen Miranda, Silvio Caldas, Almirante, Luiz Barbosa, Moreira da Silva, Francisco Alves, Gastão Formenti, Augusto Calheiros, Jorge Fernandes, Patrício Teixeira, Carlos Galhardo, João Petra de Barros, Albênzio Perrone, Castro Barbosa, Jonjoca, Joel e Gaúcho, Dircinha Batista, Marília Batista, Aracy de Almeida, Aurora Miranda, Carmen Barbosa, Odete Amaral, Orlando Silva, Cyro Monteiro, Nuno Roland, Gilberto Alves, Nestor Amaral, Jayme Vogeler, Vicente Celestino, alguns vinham dos anos 20, mas ainda muito atuantes, etc. Silvio Caldas, Francisco Alves, Vicente Celestino e Augusto Calheiros se não tivessem tido mais destaque como cantores seriam também relacionados como compositores;

c) Conjuntos vocais: Bando da Lua, Anjos do Inferno e 4 Azes e 1 Coringa;

d) Músicos: Pixinguinha, Simon Bountman, Radamés Gnatali, maestros que deixaram suas marcas na história de nossa música; Pixinguinha (flauta e saxofone), Luiz Americano (clarinete e saxofone), Benedito Lacerda[1] (flauta), Rogério Guimarães (violão), Irineu de Almeida (oficlidista), Américo Jacomino, "Canhoto" (violão), Dante Santoro (flauta), Luperce Miranda (bandolim), Jacob do Bandolim, Abel Ferreira (saxofone), Bonfiglio de Oliveira (pistão), Severino Rangel, "Ratinho" (saxofone), Carlos Lentine (violão), Dilermano Reis (violão), Laurindo de Almeida (violão), Orondino Silva, "Dino" (violão), Garoto (violão), Custódio Mesquita (piano), Nonô (piano), Vadico (piano), Eduardo Souto (piano), Ismerino Cardoso (trombone), Mário Travassos de Araújo (piano), Carolina Cardoso de Menezes (piano), Vantuil de Carvalho (trombone), Valfrido Silva (bateria), Luciano Perrone (bateria), João da Baiana (pandeiro), Russo do Pandeiro, etc.

Por essa mostra, que certamente está incompleta, se vê o quanto era difícil, nessa quadra histórica de nossa música popular, o artista conseguir sobressair-se a ponto de figurar entre as principais estrelas da constelação fantástica que o destino se encarregou de juntar, em todas as suas funções, como cantores, músicos, compositores da maior categoria, muitos inigualáveis, mesmo diante das comparações com o mundo artístico nascido nas décadas seguintes, ainda que beneficiado com o avanço tecnológico ocorrido.

Participante ativo dessa fase, como um de seus principais atores, o seresteiro não teria, obviamente, maiores dificuldades em continuar a brilhar pelas décadas que viriam, mesmo sem se deixar envolver pelos novos valores que alterariam, drasticamente, os fundamentos da nossa música popular.

Nessa época excepcionalmente rica, a música brasileira brotava no meio do povo, nos ambientes que ele freqüentava: os morros miseráveis, as ruas esquecidas dos subúrbios, as pracinhas dos bairros, os cabarés, os bares e cafés. Mesmo produzindo música de elevada categoria, ouvida através do disco e do rádio por toda a sociedade, ainda assim a visão preconceituosa das elites impedia uma aproximação com os artistas populares. Para fugirem da censura familiar e social, os poucos que ousavam participar usavam pseudônimos. Pragmáticas, logo que a música começou a render dinheiro e não apenas homenagens, as elites dela se apoderaram, via meios de comunicação, alteraram-lhe os fundamentos, adequaram-na ao gosto externo, e passaram a usufruir financeiramente do novo produto.

Silvio Caldas, como se viu da relação acima, nasceu nessa quadra deslumbrante, destacou-se ainda dentro dela, firmou-se como um cantor e compositor da mais elevada categoria, nivelando-se aos melhores, sem se saber qual era o melhor, pois sobre isso não há consenso. Depois de brilhar nas décadas de 1930 e de 1940, rompeu com grande sucesso os anos 50 e 60, quando ainda se manteve firme, a voz "indene ao passar dos anos", no dizer do cronista, relançando velhos clássicos do cancioneiro popular, inclusive de outros notáveis cantores. Nos anos 70 e 80, permanecia um artista respeitado e querido pelos seus pares, pelas gerações que se deliciaram com seu canto, que se comoviam com as histórias contadas pelo velho seresteiro, que ainda teimava em narrar para as novas gerações os fatos ocorridos no passado já distante, dos quais tomou conhecimento ou deles participou diretamente, fatos narrados com tanta convicção que todos acreditavam, logo ele que tinha o dom de transmitir sinceridade em tudo o que dizia.

1 Pérsio de Morais narra um episódio envolvendo dois dos mais completos instrumentistas brasileiros: Pixinguinha e Benedito Lacerda:
Mas, como disse no princípio, conheci Benedito muito tempo depois de conhecer *Boneca*. E no melhor lugar do mundo: na casa de Pixinguinha. De forma espetacular e inesquecível, conforme vou contar. Estávamos todos no quintal, sentados e encostados por todos os cantos, rodeando o grupo de músicos. Num duelo feroz, Pixinguinha no saxofone e seu aluno (também, aluno de Benedito) Patapinho na flauta tocavam o choro do Pixinga "André de sapato novo" (o cronista cometeu em pequeno engano: "André de sapato novo", dos anos 20, não é de autoria de Pixinguinha e sim de André Victor Correia). É um choro cheio de imprevistos, de paradas bruscas, de reinícios, de breques. Quando Pixinguinha pegou um breque, não queria mais largá-lo, não dando chance ao Patapinho de entrar com a flauta. Bem que ele tentava, mas nada. Nós estávamos com a respiração presa, acompanhando o drama da flauta. Perto de mim, um velho conhecedor da música popular, comentou:
- Para sair dessa, só o Benedito.
Pois foi aí que aconteceu o milagre. Saindo não sei de onde, apareceu no meio da roda, num salto macio, Benedito Lacerda. E arrancou a flauta das mãos do Patapinho, que ficou também espantado. Aí, não adiantou o Pixinguinha complicar o breque; a flauta entrou na hora exata, obrigando o saxofonista a continuar o choro. Não agüentamos e estouramos em palmas e vivas. Daí em diante, o espetáculo se tornou mais precioso. Estávamos ouvindo os melhores instrumentistas do Brasil. Aliás, todo mundo sabe que Benedito Lacerda, além de compositor, é o maior flautista que existe. Antigamente, a gente tinha dúvida, pois Pixinguinha também tocava flauta. Depois, para acabar com essa dúvida danada, Pixinguinha largou a flauta pelo saxofone. Passaram os dois a constituir a maior dupla de instrumentistas (Pérsio de Morais. *Revista de Música Popular*, n. 14, p. 739, de 1956, Coleção da Música Popular).

É, parece que essa é outra constatação que está demorando a se consolidar: a de que Benedito Lacerda foi, talvez, o nosso maior flautista. *Até quando?*
Registro esse episódio apenas para homenagear nossos músicos instrumentistas, tão esquecidos, na pessoa de dois de seus maiores representantes.
Além do mais, Benedito Lacerda (com seu Regional) foi o músico mais identificado com Silvio Caldas e esteve sempre presente com o cantor, tanto nos sambas quanto nas canções seresteiras, que se transformaram em verdadeiros clássicos do nosso cancioneiro popular.

Arquivo Nirez

CAPÍTULO II

DO NASCIMENTO À ESTRÉIA NO RÁDIO

Por estranha e insondável coincidência, exatamente nesse dia, 23 de maio de 1908, nascia na Rua S. Luís Gonzaga, 209, no imperial bairro de São Cristóvão, Zona Norte do Rio de Janeiro, uma criança que seria batizada com o nome de Silvio Antônio Narciso de Figueiredo Caldas, um dos oito filhos vivos de Antônio Narciso Caldas (consertador e afinador de piano) e de Alcina Figueiredo Caldas, ele carioca, ela gaúcha.

Aos dois meses de idade, os pais viajaram para a Europa e deixaram o recém-nascido com a vizinha, que dele tratou como se fora filho. Quando os pais retornaram, alguns meses depois, receberam o filho de volta, que foi acometido de uma febre misteriosa, incessante. O médico que acompanhava o menino recomendou que ele retornasse ao lar adotivo, quando, enfim, a febre cessou. Foi no aconchego dessa família, que Silvio considerava como sua, que ele viveria a infância e parte da adolescência, até desgarrar para o mundo.

Garoto peralta, foi transferido do colégio em que estudava próximo de sua casa, em São Cristóvão, para um outro na cidade de Santa Mônica, no mesmo Rio de Janeiro. Em 1917, com 9 anos de idade, fugiu do colégio. Aventureiro nato, ganhou o mundo, exercendo uma série de profissões até entrar definitivamente para o rádio, em 1927, iniciando uma carreira artística, em que despontaria como uma das mais brilhantes estrelas da nossa música popular.

Essa criança, a história iria registrar, veio predestinada a ser um dos maiores cantores do Brasil e, sem nenhuma dúvida, o cantor maior da seresta brasileira. Dele diria, 54 anos depois, a *Revista de Música Popular*:

> Silvio é o intérprete ideal dos sambas cariocas cheios de malandragem e de ternura, de poesia ingênua e de malícia. Mas é também o seresteiro incomparável, o cantor das valsas, das modinhas e das serenatas, que fazem lembrar um Rio mais antigo e mais brasileiro. (Ed. n. 9, 1955, p. 457)

Garoto prodígio, começou bem cedo, revelando suas tendências musicais e com apenas 5/6 anos de idade participou pela primeira vez do Cordão Carnavalesco da Família Ideal, sendo cognominado de "Rouxinol." Iniciado o processo, não pararia mais.

Carlos Didier assim narra o episódio:

> [...] a música do bairro, berço de sambas e serenatas, fez parte muito cedo da vida de Silvio Caldas. Os integrantes do Bloco Carnavalesco Família Ideal, fundado em casa de mãe Júlia, encantaram-se com a voz do menino que o violonista Hiéricles Brandão, o Hié, passou a carregar nos ombros durante os desfiles. Nas batalhas de confete, o "Rouxinol", como era conhecido, ganhou prêmios. (Carlos Didier, in: Orestes Barbosa, p. 418).

Jota Efegê, por sua vez, também registra o fato, narrando, com mais detalhes, a participação do garotinho precoce nas batalhas carnavalescas:

> ... o garoto Silvinho, "o rouxinol da Família Ideal" que nas batalhas de confete, nos dias de carnaval, ia cantando junto com o grupo, com os da família:
>
> Dá licença minha gente,
> Abram alas pessoal,
> Dêem passagem, contente
> À Família Ideal.

> Todos abriam alas e com palmas sacudiam a família e o garoto Silvinho, o rouxinol (Jota Efegê. *Figuras e Coisas da Música Popular Brasileira*, ed. Funarte, v. 2, 1979).

Sobre sua verdadeira idade, circulam diversas versões: Brício de Abreu, em seu livro *Esses Populares Tão Desconhecidos*, p. 303, fala em 23 de maio de 1902; Ary Barroso, por sua vez, registra como sendo de 1903, que era também o ano de seu nascimento. Outros falam em 1906 e a versão predominante fala em 1908. Não parece provável que tenha nascido em 1902, como quer Brício de Abreu, seu amigo, contemporâneo e admirador, pois, se verdadeira essa versão, em sua estréia no disco, em 1930, ele teria 28 anos de idade, assim como já estaria participando do "Bloco da Família Ideal" em 1908 ou 1909. Ary Barroso, de certa forma, referenda tal informação, ao afirmar que o cantor tinha sua mesma idade.

Quem escuta as gravações do cantor no ano de 1930, principalmente as primeiras gravações, vai notar que sua voz não parece ser de um cantor com 28 anos de idade. O próprio cronista se contradisse, quando referindo-se à participação do cantor nesse bloco carnavalesco, assim registrou:

> Depois apareceu o "Bloco da Família Ideal", com Mário Magalhães, Eustáchio Alves e outros jornalistas, do qual aquele menino, que era Silvio Caldas, também fazia parte. Era o "bloco famoso" dos carnavais de 1920 a 25 em São Cristóvão." (contracapa do LP *Serenata*, Columbia, de 1957).

Ora, pela sua própria versão, se esse bloco desfilava entre 1920 e 1925, Silvio teria, no mínimo, 18 anos, se nascido em 1902, o que seria de estranhar que ele, com essa idade, desfilasse preso aos ombros de Hiê, influente membro do grupo, como descrevem vários autores, inclusive Carlos Didier, em seu mais recente livro, *Orestes Barbosa*. De fato, o episódio não poderia ser de 1908 ou 1909, pois Silvio teria apenas um ou dois anos de idade. Essa versão de que Silvio participou do bloco ainda menino e cantava nos ombros de seus integrantes é aceita de forma generalizada. Por outro lado, teria falecido com 94 anos de idade e não com 89.

Mas a matéria não parece ser tão simples assim, na identificação de algumas contradições, como a de Brício de Abreu. O próprio cantor não se interessava em desvendar a dúvida. Contudo, em entrevista concedida, em 1978, ao jornalista Cid Carvalho, na Rádio Assunção, Silvio Caldas esclareceu a questão afirmando que ele de fato havia nascido no ano de 1906, porém seu registro foi feito em 1908, que ficou sendo a data oficial do seu nascimento, "e a que ficou valendo", segundo o próprio seresteiro. É, também, a que vai valer para este trabalho.

Jota Efegê, porém, foi mais preciso, mais diligente, ao descrever, com muito mais detalhes, que

> [...] nos preparativos do carnaval de 1917 a Família Ideal, convidada pelo Sr. João Pinheiro, foi lhe fazer festiva visita em sua residência na Rua General Bruce, em São Cristóvão. Recebida em franca expansão, fez tão empolgante exibição que, no dia seguinte, 19 de janeiro (de 1917), *O Imparcial* registrava a visita e dizia: "Silvinho, o rouxinol da Família, fez sucesso com sua agradável voz e boa entoação" (Jota Efegê, Op. cit., p. 256-257).

E prossegue o historiador:

> Dias depois o grupo, em passeata preparatória para o Carnaval, foi à redação do citado *O Imparcial*, na Rua da Quitanda, e o cronista carnavalesco do jornal, de pseudônimo Chantecler (Eugênio Costa), assinalou em nota elogiosa na sua coluna, do dia imediato, 29 de fevereiro (de 1917): "Em primeiro lugar fez-se ouvir o rouxinol da família, o menino Silvio Caldas, que cantou e dançou muito bem recebendo aplausos" (Jota Efegê, Op. cit., p. 256-257).

Essa versão de Jota Efegê parece mais próxima da verdade, pois em 1917 Silvio estaria com 9 anos de idade.

Revelando sua precocidade, na mesma data, ou seja, aos 9 anos, já subia aos palcos do Teatro Fênix, no Rio de Janeiro, e ao lado de vetustas figuras que declamavam os belos poemas da época ou tocavam ao piano finos recitais, cantava as canções que os adultos lhe ensinavam:

"Eu sou um bilontra / Gracioso cantor / Eu tenho um amor / Que não sei o que será[...]", mas já demonstrava o rumo que sua vida tomaria, pois para isto fora escolhido pelos mistérios do destino.

No início dos anos 20, com 12 anos de idade, já procurava ganhar a vida, trabalhando com automóveis. Resolveu logo enfrentar os desafios das aventuras, esse mundo cheio de maravilhas, mas prenhe de armadilhas.

Desde cedo, como se irá notar, já procurava dar asas a seu lado aventureiro. Logo afastou-se do convívio familiar e amigo, tendo exercido uma série de profissões, de onde tirava o sustento de sua existência, preparando-se, inconscientemente, para seguir o destino que lhe fora traçado.

A necessidade íntima de libertar-se da tutela familiar, o espírito aventureiro que o guiaria por toda a vida, o fez mudar-se em 1924, com 16 anos para a Capital de São Paulo, onde foi mecânico de várias oficinas, dentre elas, a Tobias de Barros & Cia. Deslocou-se, em seguida, para o interior, onde vai ser chofer. Em Catanduva, ainda no interior de São Paulo, é lavador de carros e motorista de táxi. Dizem que foi um bom mecânico e um excelente cozinheiro. Nas horas vagas, sempre com um violão em punho, cantava, o que na verdade era o que fazia melhor, como demonstrou durante toda a vida.

Chegou aos 19 anos e com ele o desejo incontido de regressar ao Rio de Janeiro e aí, sim, com sonhos de chegar ao rádio. Mais uma vez o destino guiou-lhe os passos e o fez regressar à cidade de nascimento para iniciar, em breve, sua excepcional carreira de cantor e compositor, onde, com apenas um lustro de atuação, se firmaria como sambista de primeira linha e o maior seresteiro do Brasil. Estava pronto para dar início a sua carreira artística, o que aconteceria com essa idade, quando cantou pela primeira vez ao microfone da Rádio Mayrink Veiga, no ano de 1927.

Dessa data em diante, começou a se formatar dentro dele, com mais precisão, com mais nitidez, uma personalidade precocemente iniciada, tanto no que se refere ao lado artístico, quanto ao comportamento pessoal avesso às injunções ou compromissos, sempre presente em sua vida. Seguindo sempre seus impulsos, deu razão ao grande pensador:

"o coração tem razão que a própria razão desconhece", não fora ele um boêmio incorrigível. E assim, sempre antepondo o coração à razão, com uma vontade férrea de gozar a vida, como se ela fosse uma bela pauta musical, deixou-se guiar pelos seus instintos com notável intuição, com a convicção de que fizera o melhor. E nos deixou acreditando que estava com a razão!

CAPÍTULO III

A IMPORTÂNCIA DO RÁDIO

No seu retorno ao Rio de Janeiro, aproximou-se cada vez mais das rodas artísticas, constituídas de sambistas e seresteiros.

Continuou a fazer serenatas e a tornar seu nome cada vez mais ouvido na cidade. Já era conhecido, antes de ingressar no rádio, como Silvinho Seresteiro.

As rodas boêmias e musicais que existiam nos morros e nas madrugadas das ruas suburbanas estavam em ebulição e delas participava o que havia de melhor no ambiente musical popular brasileiro, constituindo o meio adequado à formação da nossa música popular, que estaria prestes a dar seu grande salto, quando adentrasse os anos 30, trazendo consigo uma geração de grandes cantores, músicos e compositores, responsáveis, em seu conjunto, por essa fase magnífica de nossa música.

O movimento musical do Rio de Janeiro fervilhava junto ao setor radiofônico. No início dos anos 30, cinco emissoras disputavam a preferência do público no Rio de Janeiro: PRAA Rádio Sociedade, a PRAB Rádio Clube do Brasil, a PRAX Rádio Philips do Brasil, a PRAK Rádio Mayrink Veiga e a PRAC Rádio Educadora. As fábricas de discos começam a se expandir e a levar, juntos, para todos os recantos do País, os grandes ídolos de nossa música popular[1].

Um novo tempo começara. As oportunidades certamente surgiriam para os cantores talentosos, que iam se preparando para o esperado momento. Silvio estava entre esses talentos emergentes, aguardando oportunidade. Enquanto isso, continuava a cantar onde pudesse exercer esse mister, especialmente junto aos bambas do samba e aos grandes seresteiros, com os quais consolidaria sua formação, toda ela feita nos morros e nas ruas da cidade.

Enquanto o tempo passava, sua fama ia crescendo e atraindo cada vez mais admiradores para suas serenatas, dentre eles Máximo de Albuquerque, que no dizer de Brício de Abreu, era "um apaixonado da nossa música."

> Um dia Máximo de Albuquerque, jornalista e também grande boêmio, ouvindo Silvio Caldas, teve um espanto. Ali estava um cantor puramente carioca, que haveria, como outros, um dia, de reabilitar o samba e a canção brasileira, relegados dos salões e das casas de família, só encontrando guarida entre boêmios e seresteiros (Brício de Abreu, *Esses Populares Tão Desconhecidos*, p. 304).

Máximo de Albuquerque, vendo o diamante que tinha nas mãos, resolveu organizar uma serenata na janela de Antônio Gomes, o famoso Milonguita[2], cantor de tangos e homem do rádio, de quem era amigo,

> [...] para que ele, também, tivesse a surpresa de ouvir Silvio Caldas. E assim, em uma bela noite de maio, na Rua de São Januário, Silvio cantava para o famoso "intérprete de tangos", que imediatamente o levou para a Rádio Mayrink Veiga, onde, em 1927, se deu o primeiro encontro entre o 'Caboclinho' e um microfone. O seu êxito foi enorme (Brício de Abreu, Op. cit., p. 304).

Rubens Moraes Sarmento, programador da Rádio Bandeirantes de São Paulo, embora muito tempo depois do fato, contava uma versão um pouco diferente sobre o encontro de Silvio com Milonguita:

> Foi numa noite dessas em que o jovem seresteiro interpretava uma série de canções dolentes, na residência do Dr. Máximo de Albuquerque, quando dele se aproximou Antônio Gomes, também cantor, conhecido por "Milonguita", sentindo-se

> diante de um seresteiro completo, convidou Silvio Caldas a cantar na rádio, lá por volta de 1927, num programa na Rádio Mayrink Veiga, do Rio de Janeiro, dirigido pelo locutor Mastrangêlo, onde desfilavam os grandes nomes da época: Francisco Alves, Chiquinha Jacobina, Gastão Formenti, Patrício Teixeira, J. B. de Carvalho e outros (Rubens Moraes Sarmento, contracapa do *LP Titio Canta Para Você*).

O certo é que, em 1927, com 19 anos de idade, entrou para a Rádio Mayrink Veiga, segundo dizem cantando "de graça", sem perceber salário ou cachê. Certamente se aproveitou desse período para dar início a sua carreira profissional, que se desenvolveria, com extraordinário sucesso, pelo restante do século XX, na mais longa carreira de um cantor profissional no Brasil.

Em 1929, depois de aproveitar bem o estágio anterior, foi contratado para trabalhar na Rádio Sociedade, aí, sim, "ganhando um cachê de 20 mil-reis por noite e onde tem, como colegas, Gastão Formenti, Francisco Alves, Patrício Teixeira, Rogério Guimarães, Estefana de Macedo, etc" (Ary Vasconcelos, *Panorama da Música Popular Brasileira*, v. 2, p. 213).

Depois de atuar dois anos no rádio como amador, acabara de vencer uma importante etapa ao se tornar cantor profissional, com contrato assinado com uma emissora de rádio, condição essencial para se tornar mais conhecido do grande público.

Estava pronto para iniciar carreira no disco, grande objetivo de qualquer cantor, como forma de consolidar em definitivo sua carreira.

Iniciava-se ali uma longa e duradoura união entre o cantor e o rádio. Dezesseis anos depois de sua estréia, a *Revista Carioca*, de novembro de 1943, citava "exemplos de persistência no rádio" e comentava: "Cantores que não passaram. Francisco Alves e Silvio Caldas continuam na vanguarda."

Era o subtítulo da reportagem. Prossegue no texto, em que fica claro que é uma raridade cantores passarem mais de 15 anos fazendo sucesso no rádio e cita esses dois cantores como exceção à regra, no canto masculino:

> Inicialmente, temos Francisco Alves. Quando principiou. Antes do início dos trabalhos no 'sem fio'. Fazendo serenatas. No Rádio foi sempre o Rei da Voz e decorridos 25 anos mantém intacto o seu prestígio como cantor. Coisa difícil de acontecer em qualquer arte. Até mesmo na ópera. Entre o cantor da Rádio Nacional e o seu colega da Tupi, o Silvio Caldas, o 'páreo' é duro, como vulgarmente se diz. A gente não sabe dizer qual dos dois é o melhor. Na nossa modesta opinião, são eles os dois intérpretes máximos da canção brasileira (*Revista Carioca*, n. 424, de 20 de novembro de 1943, p. 47 e 56).

---

1 Em 1927 foi introduzido no Brasil o sistema elétrico de gravação de discos, pela Odeon, nos seus estúdios no Rio de Janeiro. Registra a História que Francisco Alves, maior nome da música popular brasileira da época, foi o primeiro cantor a gravar no novo sistema.

Sobre essa matéria, a *Discografia de Música Popular* (Alcino Santos, Grácio Barbalho, Jairo Severiano e M. A. de Azevedo (Nirez), Funarte, 1982) registra: a marcha "Albertina" e o samba "Passarinho do má", ambos do compositor Duque, foram lançados em julho de 1927, sob o n. 10.001, da gravadora Odeon, o que valeu a Francisco Alves o crédito de ter sido o primeiro cantor brasileiro a gravar nesse sistema. Ocorre, porém, que o cantor Carlos Serra também lançou, na mesma data e pela mesma fábrica, o choro "Sem amor" e o samba "Maitaca", ambos de Sinhô, sob o n. 10.106. Visto pela numeração do disco, efetivamente Francisco Alves foi o primeiro. Recorrendo-se, contudo, à numeração da matriz, em que as dúvidas são definitivamente superadas, "Sem amor" tem o número 1.155 e "Maitaca" 1.156, enquanto "Albertina" e "*Passarinho* do má" têm os números 1.162 e 1163, respectivamente, o que assegura a Carlos Serra a primazia de ter sido o primeiro cantor brasileiro a gravar no sistema elétrico. Aliás, se observada a numeração da matriz, a primeira gravação de Chico nesse sistema não foi nem a marcha "Albertina" e sim a marcha "Asas do jaú", de Marcelo Tupinambá, que recebeu a numeração 1.161 (o número do disco foi 10.004).

A orígem da controvérsia pode residir na data de lançamento do primeiro disco, aquele que primeiro chegou ao conhecimento público. Nessa hipótese, parece fora de dúvidas que a primazia cabe ao cantor Francisco Alves, com "Albertina" e "*Passarinho* do má."

2 Antônio Gomes, o Milonguita, não era apenas um cantor de tangos, como costumam dizer por aí. Era também um conceituado homem de rádio, tendo exercido importantes funções como, por exemplo, diretor-artístico da Rádio Ipanema. Passou, contudo, à História, como tendo sido o descobridor do notável cantor

Arquivo Nirez

CAPÍTULO IV

GRAVAÇÕES EM DISCOS DE CERA

Em 1930, aos 22 anos, começou a gravar. Na Victor, inicialmente, segundo versões, gravou dois sambas: *Amoroso*, V33270B e *Alô, meu bem*, V33272A, o primeiro parceria sua com Quincas Freire e o segundo de Carlos Almeida, mas se for obedecida a ordem de numeração do disco, a primeira gravação nessa etiqueta foi o desafio *Traçuá me ferrô*, de Sátiro de Melo, V33266A.

Segundo o pesquisador Mário Leônidas Casanova (citado por Moacyr Andrade, *Jornal do Brasil*, ed. de 05 de fevereiro de 1998), a primeira gravação do cantor é de 19 de fevereiro de 1930, com dois sambas, *Alô, meu bem* e *Amoroso*. A data pode estar correta, mas essas duas gravações foram feitas em discos diferentes, como a própria numeração indica. Na verdade, a face B do disco V33270B traz *Amoroso*, enquanto a face A traz a música *Ópio*, de S. S. das Neves, cantada por Elpídio Dias, o Bilú. Por sua vez o disco V33272A, traz *Alô, meu bem*, enquanto a face B traz *Sonho*, de Benedito Lacerda, cantada por Francisco Pezzi, o Chico Alegria. Dizem que a Victor não queria arriscar, pois se tratava um cantor estreante, daí ocupar, com ele, apenas uma face de cada um dos discos lançados.

Pela ordem de numeração das matrizes, o samba *Amoroso* foi, de fato, o primeiro disco gravado na etiqueta "Victor" (matriz n. 50.165); o segundo foi o samba *Alô... meu bem* (matriz n. 50.178) e o terceiro o desafio *Tracuá me ferrô* (matriz n. 50.195). [1]

No que tange à data de lançamento dos discos, a ordem inverte-se, sendo *Tracuá me ferrô* o primeiro, uma vez lançado em abril de 1930; o segundo, *Alô... meu bem*, também lançado em abril de 1930 e o terceiro *Amoroso*, de maio de 1930.

O cantor estava começando sua carreira profissional, no disco. A imprensa comenta o lançamento de *Tracuá me ferrô*:

> Breno Ferreira, Sylvio Caldas os dous artistas marginados, na primeira face do disco Victor n. 33.266, acompanhados pelo Choro Victor, nos faz ouvir com muito ensaio e propriedade o interessante e bem feito desafio typico de R. S. de Mello institulado *Tracuá me ferrô*. A música é boa, os dous artistas articulam com clareza, de maneira a se tornar um prazer a audição (*Phono-Arte*, n. 41, de 15 de abril de 1930, p. 18, RJ).

Na mesma revista e na mesma página, outro lançamento do novo cantor, *Alô... meu bem*, é assim comentado:

> Bem ensaiado e cantando excellentemente, Sylvio Caldas, com ótimo acompanhamento pela adestrada Orquestra Victor Brasileira, reapparece na primeira face do disco n. 33.272, que traz gravada o bom samba de Carlos de Almeida, *Alô... meu bem*, de música bem feita e agradável (Idem).

A *Revista Phono-Arte* (n. 43, p.:38, de 30 de março de 1930), registrou assim a segunda (ou primeira) gravação de Silvio Caldas em selo Victor: "*Amoroso*, de Sylvio Caldas, cantado por ele próprio com eficiência. Tanto pela actuação do cantor como pela qualidade da composição, nossa preferência se inclina para o samba *Amoroso*."

Nesse início no disco, Silvio Caldas chamou a atenção da crônica especializada. Logo em seguida a referida revista de n. 43, p. 24, de 30 de maio de 1930, registrou, na coluna "Novidades", que:

> Sylvio Caldas, cantando em perfeita forma e ajudado pelo repertório, despertou grandemente nossa attenção para o *Samba no Rocha* e É só o que há. Encarregaram também o

> artista da parte de estribilho de já popular fox-trot americano de film sonoro, adaptado com letra em portuguez, e ele consegue se sair da difícil tarefa da melhor forma.

A mesma revista (n. 45, p. 26, de 30 de junho de 1930) registra os diversos discos nacionais lançados pelas gravadoras: "Discos brasileiros que devem fazer parte da melhor collecção de música regional." Nessa relação, foi incluído o samba *Alô... meu bem*, de Carlos Almeida, com Orquestra Victor Brasileira.

Na seqüência dos novos lançamentos, comenta a *Phono-Arte* (n. 45, p. 32, de 30 de julho de 1930) que: o disco 10.178, da "Brunswick", que traz duas bonitas composições de Sinhô: *Recordar é viver* e *Amor de poeta* que:

> [...] podemos afirmar que elle tem aqui um dos seus mais felizes momentos diante do microphone; além do mais, a sua articulação cuidada e sua voz de agradável timbre, foram gravadas com muita nitidez. O mesmo sucede com o piano do acompanhador, Vogeler, que se exibe mais uma vez com notável desembaraço e propriedade.

A edição de agosto dessa revista (n. 46, de 30 de agosto de 1930, p. 22), na coluna "Discos Populares", volta a comentar mais um disco de Silvio Caldas:

> Sylvio Caldas - vem se fixando na Victor, que aliás conta nelle um de seus melhores elementos masculinos. Sylvio canta com muito desembaraço e sua voz é phonogenica. Encontra-se bem no seu elemento, cantando no disco n. 33.301, dous remexidos e genuínos sambas cariocas: Vae sair bagagem, de Marques da Gama, cuja letra mais uma vez foi bulir com a "criolla" e o "portuguez" e *Molambo,* de C. Cardoso. O primeiro para dança nos pareceu o melhor. A execução instrumental está feita com perícia pela Orquestra Victor Brasileira.[3]

Na edição seguinte, de n. 47, p. 23, a publicação refere-se a mais um disco lançado:

> Sylvio Caldas - Volta-nos um dos mais apropriados intérpretes do samba, que a Victor possue no seu elenco nacional, no disco nº 33.362. Sylvio Caldas canta com notável vivacidade, desembaraço e clareza, os dous optimos sambas que constituem o repertorio de sua chapa: *Vamos dar valor,* de R. S. de Mello e Balaco-baco de Rogério Guimarães. Talvez este ultimo, pela alegria do rythmo e movimentação do 'refrain', destaque-se de seu companheiro de disco. Ambos possuem letras engraçadas e apropriadas ao gênero.

Na coluna "Discos Brasileiros", a mesma revista (n. 49, de 30 de dezembro de 1930, p. 14) discorre sobre as novidades de dezembro de 1930:

> Sylvio Caldas, que será um dos sustentáculos do supplemento Victor de Carnaval, volta-nos em mais um bom disco "voz do dono" de sambas. Sylvio apparece este mez também em discos Brunswick, mas, segundo fomos informados por elle próprio, pretende fixar exclusividade com a Victor. É uma bella acquisição dessa fábrica, pois Sylvio, na nossa opinião, dentro em pouco, com o treino que vem adquirindo no microphone, será um segundo Francisco Alves, cuja voz e maneira de cantar (no disco, bem entendido, pois ao natural ainda não pudemos fazer uma comparação) possue muitos pontos de semelhança.

Essa seqüência dos lançamentos do cantor, como foram registrados, comprova que os dois primeiros discos eram mesmo da "Victor", de vez que foram lançados, pelas datas da revista, entre os meses de março e maio de 1930, enquanto o lançamento das composições de Sinhô, em selo Brunswick ocorreram no mês de julho de 1930. Não dá para se afirmar rigorosamente se a seqüência correta é essa, pois o desafio *Tracuá me ferrô,* pela ordem de numeração do disco seria a primeira gravação de Silvio. O que parece fora de dúvidas é que a primeira gravação do cantor foi em selo "Victor."

Segundo Ary Vasconcelos

> no disco, (Sylvio) começou mesmo na Victor, embora afirme que isso aconteceu na Brunswick. No confronto de datas e matrizes de gravação, foi dado descobrir que, em 1930/31, alternava gravações nas duas fábricas, até ficar só na Victor, mesmo porque a Brunswick em 1931, provavelmente em abril, cerraria suas portas. O último disco conhecido da Brunswick (Br10167) foi exatamente um de Sylvio Caldas, com dois sambas de sua autoria: *Para o Príncipe de Gales ouvir* e *Eu vou andando* (Ary Vasconcelos, encarte do CD Sylvio Caldas, Revivendo, RVCD-013).

Em dezembro de 1930, Silvio já havia lançado 20 composições e a revista *Phono-Arte*, acompanhando de perto a trajetória do cantor, discorre:

> Muito acertada andou a Brunswick fixando no seu elenco nacional o nome de Sylvio Caldas. Este cantor, uma de nossas melhores vozes do mundo popular, já tem dado provas de possuir todos os predicados necessários ao êxito do gênero a que se dedica: voz phonogenica, dicção claríssima, entoações apropriadas e perfeito controle nas suas traduções. Além do mais parece já ter adquirido pratica para o microphone, demonstrando aquelle desembaraço e "entrain" que tão necessário se torna para a gravação de discos. Ouvimos Sylvio Caldas cantar em perfeita forma no disco no 10.116, o samba carnavalesco de H. Vogeler, *Yôyô d'este anno* e *Teu amor eu desprezei...* A actuação de Sylvio Caldas, em ambas as faces, confirma as ótimas impressões que delle sempre tivemos (n. 49, de dezembro de 1930, p.30).

Essa Revista tinha circulação mensal. Desde que lançara sua primeira gravação, Silvio foi citado, a partir de março de 1930, simultaneamente, em todas as edições e a de nº 49, de dezembro de 1930, publica um retrato dele em página inteira numa foto que ficaria famosa, naquele estilo cantor-de-tango, com a seguinte opinião:

> Sylvio Caldas constitui uma das maiores revelações no mundo dos nossos discos populares. Ainda estreante, atravez das marcas Victor e Brunswick, o jovem artista, em pouco tempo vae ficando senhor do microphone, sabendo já cantar deante do mesmo com estraordinaria e invulgar perícia. Sua voz suave, aveludada e de timbre muito agradável, juntamente com a clareza de sua dicção e desembaraço de suas traducções; tudo isso contitue factores para que seu êxito seja cada vez maior. Já há quem o denomine de "segundo Francisco Alves." (*Phono-Arte*, n. 49, de 30 de dezembro de 1930, p. 21).

Logo na edição seguinte, de fevereiro de 1931, traz um novo retrato do futuro astro, em tamanho menor, de 6 x 4, na parte dedicada ao período carnavalesco, com o seguinte comentário:

> Intérpretes em evidência. Destacamos Sylvio Caldas (Victor e Brunswick) em seguida, como sendo uma revelação e um artista que está fazendo carreira fulminante por suas magníficas actuações. Depois de Francisco Alves, foi o que mais se salientou na perfeição de suas traduções carnavalescas deante do microphone. (*Phono-Arte*, n. 50, 28 de fevereiro de 1931).

O mesmo número traz algumas notícias de Silvio, relacionadas aos novos lançamentos, na coluna "Novidades do mez", sempre em comentários os mais favoráveis, demonstrando a grande aceitação do cantor, já se consolidando, em menos de um ano de disco, como dos maiores nomes da música brasileira. E tanto isso é verdade, que ele já vinha sendo chamado de o segundo Francisco Alves, o que não era pouca coisa na época, pois o "Príncipe da Canção Brasileira" (como Chico era chamado nessa época) era o principal astro do mundo do disco e da radiofonia nacionais, juntamente com outros notáveis cantores da época, como Vicente Celestino, Augusto Calheiros, Gastão Formenti, João Petra de Barros, Almirante, conforme se pode verificar:

> Com Sylvio Caldas e Carmen Miranda no seu elenco, pensamos que a Victor não póde desejar dois melhores elementos para o seu repertório popular. Os dois formam uma dupla

> de primeirissima ordem e difficilmente realizável, pois não sabemos de outra fábrica que possua "duo" semelhante, porquanto a maior parte das vezes, quando a "estrella" satisfaz, o "astro" não enche as medidas ou vice-versa. Sylvio Caldas, depois de Francisco Alves é, na nossa opinião, o nosso melhor cantor popular. Tanto mais valor lhe damos quando consideramos ser elle ainda novo em gravações: tem sido uma revelação. A elle confiou a Victor grande parte dos successos de seus discos carnavalescos, pois ouvimos Sylvio Caldas em nada menos que nas quatro seguintes chapas [...] (*Phono-Arte*, n. 50, de 28 de fevereiro de 1931, p. 9).

Pelo que foi escrito na revista *Phono-Arte*, de março de 1930 a fevereiro de 1931 - só tivemos acesso a esses exemplares -, captamos o suficiente para comprovar, pelo entusiasmo demonstrado em seguidos comentários, a grande aceitação da chegada ao disco do novo cantor. É possível que o mesmo sucesso tenha ocorrido na mídia de um modo geral, embora não tenha conseguido essa comprovação.

Silvio Caldas gravaria concomitantemente na "Victor" e na "Brunswick" no período de janeiro de 1930 a meados de 1931, quanto esta última encerraria suas atividades. A partir dessa data, fixou-se, em definitivo, na gravadora do cachorrinho.

Essas gravações, lançadas em agosto de 1930, já o consagrariam como um grande intérprete.

Sobre essas, assim se expressou Abel Cardoso Junior: "com 22 anos de idade, Silvio Caldas já sabia tudo!" (Contracapa do LP *Novidades de 1930*, selo Revivendo). Silvio estava na época com poucos meses de carreira no disco, já com identidade própria, indicando que a experiência no rádio lhe fora bastante proveitosa.

Diz Luís Antônio Giron que Silvio Caldas teria lhe confidenciado que Sinhô o ensinara a cantar. É possível que Silvio tenha dito a Giron que Sinhô o havia ensinado a cantar suas composições e não ensinado a cantar, de forma genérica, pois o estilo de Silvio Caldas não mudaria a partir dessas gravações. Impôs desde o início o seu caminho, sua vontade, seu estilo, livre de influências. Não ficaria, evidentemente, preso à forma de cantar de Sinhô. Isso é fácil de se observar através de sua obra, absolutamente pessoal. O próprio Giron escreveu que, "contrariando o mestre, o jovem Sylvio tratou de exibir, desde o início, a impostação que o caracterizaria a vida inteira, embora tenha tido de se curvar às famosas síncopes do "Rei do Samba" (Mário Reis, *O Fino do Samba*, Edições 34. p. 41).

A propósito, Sinhô não assistiria ao lançamento desse disco, pois morreria no dia 04 de agosto, portanto antes do seu lançamento, que se deu na segunda metade desse mês.[2]

Sinhô destinava, preferencialmente, sua produção a Francisco Alves: 19 composições, ao todo, até 1928. Ainda em 1928, Sinhô se aproximaria de Mário Reis, de quem foi professor de violão, e o lançaria no disco. Mário Reis, que gravaria 10 composições de Sinhô, com enorme sucesso, causando grande repercussão. Resolveram atuar juntos e formaram a mais famosa dupla jamais registrada em nossa música popular: Francisco Alves era o maior nome da música brasileira e Mário Reis a grande revelação. Deixaram gravadas páginas musicais famosas, até hoje ouvidas com admiração e encanto.

Mesmo com o sucesso de Mário Reis, Sinhô destinaria grande parte de sua produção (13 músicas) ao cantor Januário de Oliveira, no mesmo período de Mário, ou seja, nos anos de 1929 e 1930. Também em 1930, Sinhô destinou duas belas composições para Silvio, iniciante no disco, embora já viesse cantando nas rádios e nos palcos dos teatros do Rio de Janeiro desde 1927. É provável que o cantor tenha levado ao disco as duas últimas composições de José Barbosa da Silva, Sinhô, com o festejado "Rei do Samba" ainda vivo.

Excepcional compositor, Sinhô tinha, levando-se em conta o número de composições gravadas por cada um, em Francisco Alves, Mário Reis e Januário de Oliveira, os seus intérpretes preferidos. Já próximo de sua morte, migrou para Silvio Caldas, destinando-lhe essas duas composições. Seria o Caboclinho o próximo na preferência de Sinhô?

Nessa fase inicial de sua carreira, além de Sinhô, Silvio gravaria outros excepcionais compositores brasileiros, como, por exemplo, Ary Barroso, Custódio Mesquita, Benedito Lacerda, Lamartine Babo, e terminaria por ser reconhecido como um dos maiores sambistas brasileiros.

Em 1931 cantou pela primeira vez uma música de Ary Barroso, o samba *Faceira*, lançado na revista *Brasil do Amor*, no Teatro Recreio, quando obteve estupendo sucesso.

Antônio Moreira da Silva assim narrou o episódio: "A orquestra tocava e ele cantava e sapateava bonito. As mulheres gritavam: Silvinho! Silvinho!" (Depoimento de Antônio Moreira da Silva a Carlos Didier, Orestes Barbosa, Op. cit., p. 419).

Sob intensos aplausos da platéia, Silvio voltaria ao palco para cantar novamente a música por seis (outros falem em oito, outros em nove) vezes consecutivas. Por sinal, *Faceira* foi gravada com arranjo de Pixinguinha, piano de Nonô e bateria de Luciano Perrone.

Essa música e o samba *Gira* (em parceria com Marques Porto), constituíram o primeiro disco de Ary Barroso gravado por Silvio Caldas, sendo que *Gira* foi gravado em dupla com Carmen Miranda, em selo Victor, nº 33446-A.

A gravação de *Faceira* foi, historicamente, muito importante na vida de Silvio Caldas, pois representou seu passaporte para o sucesso. A partir dessa gravação, o compositor mineiro requisitaria constantemente o cantor Silvio Caldas, a quem daria, nessa fase, a preferência de suas composições. Silvio Caldas passou a ser o seu intérprete preferido.

Iniciou-se ali um período de ouro para a música brasileira, em que o cantor e o compositor produziram verdadeiras obras-primas do nosso cancioneiro popular e juntos, um apoiado no outro, alcançaram rapidamente o estrelato, mercê da perfeita harmonia entre compositor e cantor, ambos de indiscutível talento.

Logo em seguida, em 1932, Silvio grava outro sucesso nacional, *Maria*, de Ary Barroso e Luiz Peixoto: [...] "E quando eu morar contigo / Tu hás de ver que perigo / Que isso vai ser, ó meu Deus. [...]" Essa música o acompanharia por toda a vida, cantada ao microfone das rádios ou nos shows de que participava, sendo sempre exigida pelo público. *Maria* foi regravada e relançada várias vezes, constando em pelo menos 10 LPs.

Silvio gravou de Ary Barroso, no período de 1931 a 1941, 26 composições, algumas verdadeiras pérolas do nosso cancioneiro, como *Faceira, Maria, Tu, Inquietação, Três lágrimas, Morena boca de ouro*; regravou outras, também clássicas, como *No rancho fundo,* lançada por Elizinha Coelho, *Aquarela do Brasil,* lançada por Francisco Alves, *Na baixa do sapateiro,* lançada por Carmen Miranda, elevando para 29 as composições gravadas de Ary, ajudando o compositor de Ubá a se firmar, definitivamente, como um dos maiores nomes da música popular brasileira, enquanto ele se consolidaria como grande cantor. Nessa relação não estão incluídas as regravações feitas nos fins dos anos 40 e começo dos anos 50.

Em julho de 1931, aos 23 anos de idade e pouco mais de um ano no disco, a *Revista Phono-Arte,* de nº 50, chamava a atenção para a "carreira fulminante de Silvio Caldas." Após o sucesso de *Faceira,* o Caboclinho gravou um nunca mais acabar de sucessos nacionais, consolidando o início de uma carreira fulminante.

Nesse sistema de gravação, 78 rpm, deixou registrado o que de melhor produziu ao longo de sua vida artística, quer como cantor ou como compositor. Gravou os maiores compositores brasileiros, só ou em parceria. Ele que era também um excelente melodista.

Durante 31 anos, ou seja, de 1930 a 1961, lançou o seu último disco em cera, trazendo na face A o samba-canção *Homenagem* e na face B, o também samba-canção *Paciência,* ambos de Lupicínio Rodrigues. Nesse longo período de sua carreira, Silvio deixaria registrado, em discos de 78 rpm, por volta de 365 composições, o equivalente a 30 LPs ou 24 CDs.

Distribuindo essas gravações pelos diversos ritmos em que atuou, vamos encontrar a seguinte quantidade por cada um deles: samba, 184; samba-Batuque - 1; samba-exaltação - 1; samba-jongo - 2; samba-popular - 2; Batuque - 2; samba-canção - 22; canção - 19; choro - 3; desafio - 1; fox - 3; fox-canção - 5; fox-samba - l; fox-trot - 2; marcha - 61; marcha-rancho - 2; marchinha - 1; modinha - l; tango - 1; tango-canção - 1; toada 1; valsa - 36; valsa-canção - 13.

As 365 gravações efetuadas por Silvio Caldas, em cera, correspondem, ano a ano, ao seguinte: 1930 - 21; 1931 - 40; 1932 - 22; 1933 - 18; 1934 - 17; 1935 - 27; 1936 - 18; 1937 - 23; 1938 - 19; 1939 - 12; 1940 - 13; 1941 - 13; 1942 - 10; 1943 - 14; 1944 - 04; 1945 - 04; 1946

- 10; 1947 - 4; 1948 - 00; 1949 - 09; 1950 - 08; 1951 - 14; 1952 - 02; 1953 - 10; 1954 - 08; 1955 - 07; 1956 - 00; 1957 - 04; 1958 - 02; 1959 - 06; 1960 - 02 e 1961 - 4.

Distribuídas por etiquetas, essas gravações correspondem ao seguinte: Victor - 178; Brunswick - 16; Odeon - 82; Colúmbia - 69; Sinter - 12; Mocambo- 2 e RGE - 6.

Não constam da relação acima algumas gravações comprovadamente feitas junto a RCA Victor, e que por motivos desconhecidos não foram lançadas, conforme dados obtidos junto ao catálogo dessa gravadora.

---

1 Na verdade, o samba *Amoroso* foi gravado inicialmente em 23.01.1930, em duas provas iniciais, ambas abandonadas. Foram realizadas duas novas provas, a terceira e a quarta, ambas no dia 19.02.1930, sendo aproveitada a terceira, todas as quatro com o mesmo número de matriz: 50.165. Entre essas duas datas, ou seja, no dia 27.01.1930, foi feita a gravação de *Bloco das Nações*, de Rogério Guimarães. Este trabalho já estava concluído quando o pesquisador Nirez me chamou a atenção para esse fato, ou seja: a primeira gravação válida de Silvio Caldas foi *Bloco das Nações* e não *Amoroso*. O grupo "Os Fuzarcas Aliados" tinha o Silvio Caldas como um dos vocalistas. Este disco, de número 33.261 e a matriz 50.170, de números posteriores ao samba *Amoroso*, passaria a ser, de fato, a primeira gravação do cantor, considerando-se as datas das gravações aproveitadas. Assinale-se, ao fim, que *Bloco das Nações* não consta da discografia de Silvio Caldase nem o nome do cantor consta no Catálogo da Victor, que registra apenas o nome do grupo: "Os Fuzarcas Aliados."

2 Nessa mesma edição e ao lado da Coluna, a Revista noticiou a morte de Sinhô, o popular e importante compositor brasileiro

GRAVAÇÕES EM DISCOS DE VINIL LPs

O Caboclinho Querido continuou sua carreira gravando em vinil, como já vinha fazendo, aliás, quando lançou o LP "Saudades", de 10", seqüenciando uma nova fase, que ainda se prolongaria por muitos anos, cantando sambas e outros gêneros musicais, inclusive e principalmente, as canções serestеiras, que lhe trouxeram, por fim, a imortalidade.

De 1952, quando lançou esse LP, que seria seu primeiro disco em vinil, até o fim da carreira, decorreram mais 40 anos, com certeza mais de 60 LPs, entre relançamentos de gravações originais e novas gravações. Alias, no período de 1952, quando lançou o primeiro LP e 1961, quando lançou o último disco de cera, ou seja, durante 9 anos, Silvio gravaria simultaneamente tanto num como no outro sistema de gravação.

Francisco Alves deixou registrado sobre o seresteiro: "para ele começar a descer os degraus que o seu talento e sua voz suavíssima fizeram-no subir, vai custar muito, mas muito mesmo." (Francisco Alves, *Minha vida... Minha vida*). O Rei da Voz estava certo. Para se ter uma idéia da presença no cenário artístico nacional, já na década de 1950, veja o que diz a *Revista de Música Popular*:

> Silvio é o intérprete ideal dos sambas cariocas cheios de malandragem e ternura, de poesia ingênua e de malícia. Mas é também o seresteiro incomparável, o cantor das valsas, das modinhas e das serenatas, que fazem lembrar um Rio mais

antigo e mais brasileiro. (*Revista da Música Popular*, Coleção *Revista da Música Popular*, ed. n. 9, p. 457, de 1955.)

E realmente custou muito acontecer o fim da carreira do Caboclinho, para alegria de seus fãs e dos brasileiros em geral que admiraram seu talento durante mais de 60 anos de carreira artística, seguramente uma das mais longas do Brasil.

Sobre Silvio Caldas diria J. L. Ferrete;

> Intérprete indiscutivelmente perfeito em tudo que lhe cai no gosto, Silvio também se revelou compositor-melodista de altíssima inspiração, e, no decorrer de pelo menos 30 anos de seu desempenho, teve poucos no Brasil a desafiá-lo em popularidade (Contracapa do *LP Silvio Caldas*: Music Máster, KML-9007-4).

Como um cantor longevo, começou a carreira profissional em 1927, indo até meados dos anos 90, tendo ultrapassado mais de 6 lustros de atividade. Lançou e viu encerrada a carreira de muitos compositores, gravou outros que estavam apenas começando, quando o seresteiro já era veterano. Caminhou sempre, com respeito e dignidade, ao lado das novas gerações e, o que é mais importante, sem fazer concessões e sem renegar o passado para se ajustar aos novos rumos da música brasileira. Ao contrário, em seus contactos com os novos ídolos, sempre foi referenciado por eles como uma lenda viva da música popular. Ele que era o último baluarte daquela geração maravilhosa que encantou o Brasil durante várias gerações. Enfrentou com a dignidade dos grandes os novos caminhos que alterariam drasticamente os fundamentos da nossa música popular, continuando a carreira, embora com menor intensidade.

Dos modernos da época, gravou Vinicius de Morais: *Poema dos olhos da amada* (com Paulinho Soledade), em 1954; *São Francisco* (com Paulinho Soledade), de 1954 e *Serenata do adeus*, em 1959; Billy Blanco: *Viva meu samba*, de 1957, *Compromisso com a saudade*, de 1959 e *Piston de gafieira*, de 1959.

De Roberto Carlos gravou, a seu pedido, *A distância*, enquanto teve uma música do seu repertório gravada por Roberto: *Deusa da minha rua*, uma das mais representativas composições do cancioneiro popular brasileiro.

> Sempre carregando o violão que ganhara em 1957 de Juscelino Kubitscheck, Silvio Caldas gostava de dizer que nascera cantando. Os tempos, porém, fizeram com que a paixão uterina fosse substituída, aos poucos, pelo desencanto. Veio a bossa nova, a jovem guarda e "A voz morena do Brasil" foi esquecida pelo País. A mágoa foi grande e, em 1965, ele abandonou o mundo moderno para se refugiar em seu sítio de Atibaia. Volta e meia saía do "exílio" (Carlos Haag e Clayton Levy, *O Estado de São Paulo*, p. 11, ed. de 04 de fevereiro de 1998).

No início da carreira, disputou a preferência popular com Francisco Alves e, quando crescia sua popularidade, foi ultrapassado por Orlando Silva, ambos, nessa fase, fins dos anos 30 e início dos anos 40, mais populares do que ele. Ficou próximo, mas sem ultrapassá-los. Somente na década de 1950, Silvio alcançaria, talvez, sua popularidade máxima, quando passou a ser tido e havido como o maior cantor do Brasil. Para se ter uma idéia dessa fase do seresteiro basta atentar para o enorme sucesso do LP *Saudades*: lançado, inicialmente, em 10" (8 composições), foi relançado, com 12" (12 composições), com a mesma capa; posteriormente foi relançado num mini-LP (8 composições) e outra capa; foi relançado mais duas vezes, ambos com 12" e capas diferentes, em datas bem mais distantes do lançamento original. Foi, talvez, seu LP de maior sucesso e, através dele, Silvio assumiria uma nova postura na sua carreira, retomando-a com intenso vigor. Nessa última edição, a capa traz uma foto dele, caminhando, com passo largo, firme e decidido, pelo seu sítio, em Atibaia, já em idade bem avançada, como se estivesse realmente se despedindo, embora ainda não tivesse chegado a hora.

Nessa fase, David Nasser disse que Silvio Caldas

> ganhou milhões de cruzeiros, foi talvez o artista brasileiro que mais dinheiro teve em suas mãos, mas não guardou um centavo. "Um perdulário", dizem os amigos. "Um estróina", dizem os colegas (*Parceiro na Glória*, p. 179).

O LP *Serenata*, da Colúmbia, lançado em 1957, com grande êxito no Brasil, repercutiria também em Buenos Aires, onde recebeu o título de "Tesoros de la canción brasileña - Maringá - Silvio Caldas", pela mesma gravadora. Há notícias de que um disco do cantor foi lançado na Bolívia. Não consegui, contudo, confirmar a informação.

Na contracapa do LP *O Caboclinho Querido*, Odeon MOCB 3.034, que relançou gravações clássicas do cantor, da segunda metade dos anos 30, Ary Vasconcelos, saudoso, desafia: "E onde agora a ternura de melodias como *Há um segredo em teus cabelos*, a categoria de sambas como *Um caboclo abandonado, Saudade dela, Passarinho*? E onde andarão cantores que interpretem uma melodia como o fazia, há vinte e poucos anos atrás, um certo - e fabuloso - Caboclinho Querido?" Este disco não traz a data de seu lançamento, mas, pelo comentário do Ary, deve ser por volta da segunda metade dos anos 50.

Para se ter uma idéia da presença do seresteiro nesse período de nossa música popular, já ultrapassando os 60 anos, ele lançou o LP *E o destino desfolhou*, pela CBS - 37627, de 1969, relançando clássicos gravados por Francisco Alves, Orlando Silva, Carlos Galhardo e por ele próprio. O catálogo da CBS, naquele ano, no mesmo disco, na contracapa, trazia dentre os novos nomes da Música Brasileira, Roberto Carlos, Carlos Alberto, Carlos José, Jerry Adriani, Trio Nordestino, Ludugero, Alcides Gerardi e inúmeros novos artistas lutando por um lugar ao sol. Silvio estava nesse catálogo, o único dos cantores da "velha guarda", ainda marcando presença, com os LPs *Os grandes sucessos de Silvio Caldas, Grandes interpretações de Silvio Caldas, Silvio Caldas em pessoa, Cabelos brancos*, sem contar, óbvio, com o LP *E o destino desfolhou*, recém-lançado, todos contendo gravações feitas diretamente para os LPs.

Roberto Carlos comandava o catálogo da RGE, com sete LPs. Silvio vinha em segundo, com seis LPs, um dos quais recém-lançado, *E o destino desfolhou*.

Era realmente extraordinário um cantor da sua idade manter cinco LPs no catálogo permanente de uma única gravadora, o que comprova, de forma inquestionável, seu grande prestígio popular na época, já vencida, praticamente, a década de 1960.

Em 1971, a gravadora Continental lançou um álbum duplo de Silvio Caldas e Elizeth Cardoso, que veio a constituir-se num grande êxito, sendo reproduzido, posteriormente, por mais de uma vez. Ainda agora, na época do CD, este mesmo álbum já foi reproduzido por três vezes, com capas diferentes, o que continua a demonstrar que ainda existe um público que não esqueceu esses renomados artistas. No momento em que estou fazendo este registro, a Continental lançou uma nova edição do mesmo álbum, para deleite dos fãs da dupla.

Se o cantor lançou, aproximadamente, 60 LPs, deveria, em tese, ter gravado mais ou menos 720 músicas (12 para cada LP), o que corresponderia ao total de composições gravadas durante 40 anos de atuação nesse sistema. É preciso atentar, contudo, que nesses LPs há muitas composições repetidas, relançadas. É possível que ele tenha gravado ao todo entre 450 e 500 músicas.

GRAVAÇÕES EM COMPACT DISC, CD E DVD

Dos sete compactos registrados em anexo, apenas dois contam com lançamentos inéditos, realizados a partir dos anos 70. Os demais constam de lançamentos feitos em discos de 78 rpm e LPs, reaproveitados.

O leitor poderá obter em anexo a relação das músicas que integraram os compactos discos e nomes dos compositores.

A rigor, Silvio não chegaria a gravar diretamente em CD. Ele já havia parado de gravar quando esse sistema foi lançado no Brasil. O que existe lançado nesse sistema consiste no aproveitamento das gravações realizadas em discos de 78 rpm ou nos LPs lançados pelo seresteiro.

Mesmo assim, em minha discoteca, consegui anotar o total de 28 CDs lançados comercialmente, o que demonstra o interesse do público pelo cantor, considerando que esse sistema foi introduzido no Brasil na última década do século passado, quando Silvio Caldas já havia parado de gravar.

É possível que exista algum lançamento em CD que não tenha sido aproveitado dos lançamentos dos sistemas de 78 rpm ou LP, decorrente de algum show que o Caboclinho tenha feito e que tenha sido gravado ao vivo.

Para se ter uma visão mais próxima da realidade, basta consultar em anexo a relação de todos, ou quase todos, os CDs comercialmente produzidos. Ao lado, a relação das músicas e compositores gravados.

O único DVD lançado com a participação do seresteiro foi feito depois de sua partida. Não há nele nenhuma novidade, em termos das músicas apresentadas, até porque o cantor há muito deixara de gravar.

Na verdade, esse DVD foi editado a partir de um programa gravado pela TV Cultura, no ano de 1994, quando o cantor tinha 86 anos de idade. O disco foi lançado recentemente, servindo apenas para seus admiradores matarem a saudade do querido seresteiro.

De qualquer forma, o leitor poderá consultar em anexo a relação das músicas que foram cantadas no último programa feito para a televisão. Ao fim do programa, depois de cantar o último número, o clássico samba composto por ele e Wilson Batista, *Meus 20 anos*, quando na tela já estão sendo relacionadas as pessoas que participaram do espetáculo, ouve-se, ao fundo, uma inconfidência do cantor, no momento que em que a imagem reproduz a parte em que ele canta "ai, eu daria tudo / para poder voltar / aos meus 20 anos", o seresteiro disse: "eu não daria nada", sem ter a mínima idéia de que a voz ficara registrada.

O samba, que tanto sucesso fez no passado, abordava o drama existencialista dos compositores, que antes de chegarem aos 34 e 29, respectivamente, já tinham saudade dos 20 anos.

De repente, ao que parece, Silvio viu passar em sua memória, numa fração de segundos, tudo o que fez na vida, como cantor, como compositor, como boêmio, na certeza de que as águas do rio, em perene caminhar, jamais serão as mesmas. O cantor teve consciência, naquele momento fugaz, de que tudo o que representou não tinha razão de ser nos dias atuais, pois não se adaptaria ao estilo de vida dos tempos modernos.

Símbolo do que melhor se produziu no país em matéria de música popular, a partir de uma época essencialmente romântica, Silvio Caldas, aos 86, soltou uma frase, aparentemente inconseqüente, mas de uma verdade atroz, de doer no coração, mas de infinita sabedoria.

Mais uma vez, o seresteiro estava coberto de razão: hoje já não haveria mais espaço para cantar, para fazer as coisas que gostava de fazer, para viver a vida da forma descompromissada que viveu. Então, para que voltar aos 20 anos, essa fase esplendorosa da vida, se não poderia reencontrar o passado, rever os ambientes em que vivera, as serestas, os amigos, os amores, o romantismo característico da época, tudo perdido nas sombras de um passado cada vez mais longínquo?

Arquivo Nirez

CAPÍTULO V

INTIMIDADE COM O SAMBA

Pela quantidade de sambas gravados - mais da metade de toda a sua obra em discos de cera - pode-se constatar a importância que Silvio dedicou a esse gênero musical. Com ele se identificou no início de sua carreira, época em que ainda não nascera no disco o seresteiro, embora já fizesse fama nas madrugadas cariocas, empunhando o violão e cantando as canções que lhe trariam, logo adiante, a fama e a imortalidade.

Essa intimidade com o samba é descrita assim por Carlos Didier: "Por ter crescido em contato com a cultura dos morros de São Cristóvão e das vizinhanças - Tuiuty e Mangueira -, Silvio interpretava o samba, na voz e no pé, com muita naturalidade." (Orestes Barbosa, p. 420).

Didier fala do início da carreira dele, ao optar pelo samba, como uma estratégia, visando conseguir seu espaço no meio musical. Era, no início, um sambista, sem se aventurar pelo canto romântico, congestionado por grandes valores na época:

> Pele morena, cabelo ondulado, rosto simpático, magro, altura elegante, aproximou-se do meio musical com uma estratégia própria. Como enfrentar os grandes cantores - Vicente Celestino, Gastão Formenti, Francisco Alves e Augusto Calheiros - com canções românticas seria difícil, Silvio Caldas, em fec-

> tivais, cinemas e circos, assim como em programas de rádio, cantava sambas. Uma ou outra vez, enxertava uma música do repertório das serenatas do seu bairro. (Idem, p. 420).

Para facilitar essa estratégia, Silvio tinha contato direto com os compositores dos morros, principalmente de Mangueira, Tuiuty e Estácio. Aliás, diz Carlos Didier que

> [...] entre os cantores profissionais, Silvio Caldas é um dos poucos que conhecem o samba de perto. Convive, desde garoto, com os ases da Mangueira e do Tuiuty. O primeiro surdo da Estação Primeira, aliás, foi um presente seu. Essa familiaridade com os berços do gênero explica suas interpretações seguras e espontâneas. (Idem, p. 439).

Tem lógica a argumentação de Carlos Didier, visto que Silvio se tornara conhecido antes do início de sua carreira profissional como seresteiro, conforme se pode ver do depoimento de Brício de Abreu: "Silvio nascera com o século, mas desde menino infiltrara-se nele o gosto pela música, pela serenata. (Bricio de Abreu, contracapa do LP *Serenata*, Columbia, de 1957).

Rui Ribeiro, biógrafo de Orlando Silva, também assim argumenta:

> Ainda que iniciasse cantando samba, obtendo enorme popularidade com *Faceira*, gravada em 1931, Silvio Caldas se firmaria como seresteiro a partir de prolífica parceria com o poeta Orestes Barbosa, da qual resultariam composições clássicas do gênero, como a antológica *Chão de estrelas* e as conhecidas *Arranha-céu, Quase que eu disse, Torturante Ironia, Suburbana, Serenata* e tantas mais. (Rui Ribeiro, in *Orlando Silva Cantor Número Um das Multidões*, p. 28, 1984).

No início de sua carreira, ao gravar o samba *Yoyô deste ano* (Henrique Vogeler), de 1931,o notável intérprete pôs uma pequena bossa *Ê, êba,* que foi notada por Ary Barroso, suficiente para que o levasse para a revista música *Brasil do Amor* (Marques Porto / Ary Barroso), no Teatro Recreio (*Enciclopédia da Música Brasileira*, 2. ed., 1998, p. 134).

Para Sérgio Cabral, a história é um pouco diferente: "Silvio Caldas entrou no elenco por sugestão do violonista Rogério Guimarães, que o apresentou a Ary Barroso." (Sérgio Cabral, *No Tempo de Ary Barroso*).

Mário de Moraes também relata como ocorreu essa aproximação de Ary Barroso com o cantor:

> Numa visita à RCA Victor, na Rua Sachet, o excelente violonista e diretor artístico dessa gravadora, Rogério Guimarães, apresentou-o a um rapaz, mecânico em São Cristóvão. Seu nome era Silvio Caldas. Moço pobre, cabelo duro repartido ao meio, muito amarelo. Rogério pediu ao Ary: - Você precisa dar umas músicas a esse rapaz. Ele canta muito bem. Ary pediu ao Silvio para cantar. Ele cantou e o compositor gostou da sua voz, convidando-o para participar da peça que estava musicando. Silvio Caldas aceitou (Mário de Moraes, *Recordações de Ary Barroso*, Edições MEC/Funarte, 1979, p. 65).

A peça que Ary Barroso estava musicando era *Brasil do Amor*, de autoria de Marques Porto e Luis Peixoto, que seria encenada no Teatro Recreio. Nela, Ary Barroso incluiu o bonito samba *Faceira* e entregou-o a Silvio. Mário de Moraes registrou: "Logo na primeira apresentação foi um estrondoso sucesso, marcando o início da carreira fulgurante de Silvio Caldas na música popular brasileira." (Mário de Moraes, Op. cit., p. 65).

Aliás, ao contrário do que se pensa, não era a primeira vez que esse samba havia sido cantado numa peça teatral, embora não tivesse sido ainda lançado em disco. "Existia no Teatro República uma companhia (Cia. Mulata Brasileira) criada por De Chocolate. Para ela Ary compusera o bonito *Faceira*. A apresentação da música, porém, fora um fracasso." (Mário de Moraes, Op. cit., p. 65).

Em sua segunda tentativa, trazendo, agora, o Caboclinho como intérprete, *Faceira* foi o grande sucesso do espetáculo, num quadro em que eram apresentadas 26 músicas, sendo *Faceira* a 13ª.

De uma forma ou de outra, iniciou-se ali um período de ouro para a música brasileira, em que o cantor e o compositor produziram verdadeiras obras-primas do nosso cancioneiro popular.

Por essa época (anos 30/32), Silvio já era tido como um grande cantor de sambas, até então, profissionalmente, o seu gênero predominante. Sua intimidade com esse gênero era tão grande que seria ele o primeiro cantor a registrar o breque no samba, como registram alguns especialistas, fácil de confirmar através de uma pesquisa histórica. Nessa fase, ele formaria dupla no rádio com Luiz Peixoto e, depois, com Ciro Monteiro, dois dos mais festejados sambistas brasileiros. Aliás, Aracy de Almeida revelou, em 1950, num artigo denominado "Minha vida contada por mim mesma", que também fez dupla com Silvio no "Programa Casé", irradiado pela antiga Phillips (*Revista do Rádio*, março de 1950, ano III, n. 27, p. 11). Não existe, contudo, na discografia de ambos, nenhum registro fonográfico dessa dupla.

Até 1933, o cantor já se firmara não só como grande sambista, mas para o compositor Ary Barroso:

> É o maior cantor de sambas do Brasil. Certos cronistas, certos cantores e certos compositores que, nas suas entrevistas, citam os seus intérpretes preferidos e não falam de Silvio Caldas passam por despeitados. Seria o mesmo que falar de futebol e não citar Domingos da Guia; em ator, e não falar em Mesquitinha; em atriz, e não falar em Aracy Cortes. Isso é, acima de tudo, ridículo, atestou o autor de *Aquarela do Brasil* (Sérgio Cabral, Op. cit., p. 127).

Carmen Miranda, que nutria enorme admiração pelo cantor, diria, com rara felicidade, que "Silvio Caldas condensava toda a tristeza e a doçura do samba." (Carmen Miranda apud David Nasser, in: *A vida trepidante de Carmen Miranda,* Edições O Cruzeiro, p. 126, 1966).

Para se ter uma idéia mais precisa da importância desse gênero musical na vida artística de Silvio Caldas vale ressaltar, como foi dito acima, que mais da metade das 365 gravações feitas em discos de 78 rotações por minuto foram de sambas, em 31 anos de carreira.

CAPÍTULO VI

O SAMBA DE BREQUE

No depoimento prestado em 1987 ao jornalista Cid Carvalho, Silvio ratificou aquilo que de há muito vinha afirmando, de que criara, no início dos anos 30, o samba de breque. Quando o sambista atribuiu a si a primazia desse gênero musical, causou, na época, uma certa perplexidade, visto que o Caboclinho era tido, com muita justiça, como o grande seresteiro, um cantor essencialmente romântico. Na época, aí pelos anos 60, se minha memória não falha, li num jornal uma reportagem em que ele afirmava ser o criador do samba de breque. Recortei a matéria e levei para o Christiano Câmara, que me disse após a leitura: "Esse camarada está ficando é doido." Dias depois, Christiano me confidenciou, evidentemente depois de fazer um estudo da matéria: "Carlos, o Silvio tem razão; foi ele quem criou o samba de breque."

Mas, o que é samba de breque?

A *Enciclopédia Brasileira de Música Popular*, ao definir o samba de breque, assim registrou: "Samba de ritmo acentuadamente sincopado, com paradas súbitas chamadas breques, dando tempo ao cantor para encaixar comentários, falados geralmente, de caráter humorístico, alusivos ao tema. Variante do samba-choro, nasceu em meados da década de 30." Pela definição acima, o samba de breque deriva do samba-choro e difere do samba propriamente dito pela interrupção da linha rítmico-melódica para o encaixe de frases faladas.

O *Dicionário Aurélio* registra assim o termo: "Samba de Breque. Tipo do samba criado na cidade do Rio de Janeiro, no início da década de 30, e no qual o cantor dá uma ou mais paradas súbitas (breques) a fim de encaixar frases faladas, de caráter humorístico."

Nesse contexto, é deveras importante uma análise histórica da evolução do samba de breque, partindo do início da década de 1930, para tentar encontrar o fio da meada no que tange a sua criação e aos seus criadores.

A *Enciclopédia Brasileira de Música Popular* indica que o samba de breque é variante do samba-choro, que teria sido criado em 1932, com a gravação do samba "Amor em excesso" (Gedé / Walfrido Silva), fato materialmente impossível, uma vez esse samba foi lançado por Almirante (Victor 80.135-B) somente em 1936, conforme atesta a *Discografia Brasileira 78 rpm* (Alcino, Grácio, Severiano e Nirez, ed. Funarte, 1982, 2º vol., p. 209).

Para José Ramos Tinhorão,

> O samba de breque, tal como ficaria conhecido a partir da interpretação do samba Jogo Proibido, por Moreira da Silva, em 1936, constitui uma variante do samba-choro, que por seu fraseado extremamente sincopado, permite interromper a linha rítmico-melódica para encaixar frases faladas, sem quebra da unidade de composição (José Ramos Tinhorão, *Pequena História da Música Popular (da modinha à canção de protesto)*, p. 163, 1975).

As definições divergem quanto à data de origem: enquanto a *Enciclopédia* parte do ano de 1932, mas a música referência é de 1936, José Ramos Tinhorão refere-se ao ano de 1936, mas cita uma música referência - "Jogo proibido" - que, conforme informação obtida junto a Nirez, somente foi gravada em 1956, ou seja: nada comprova que a música gravada nessa data seja a mesma de 1936. Contudo, partindo de um samba ou do outro, é possível que o ano aproximado seja esse, até porque, em 1937, Moreira da Silva gravaria as músicas "Fraco abusado" e "Beijo roubado" e, em 1938, o samba-choro "Nega da gafieira", já bem próximos de seu estilo, que se fixaria, provavelmente, a partir do samba-choro "Acertei no milhar", de 1940.

O importante, também, na definição de Tinhorão, é que embora não se refira expressamente, fica subentendido que o samba de breque já existia quando Moreira interpretou "Jogo proibido."

O *Dicionário Aurélio*, por sua vez, não faz nenhuma referência de que o samba de breque, na sua origem, tenha derivado do samba-choro e fixa seu início no começo da própria década de 1930, embora não cite a música referência.

No início dessa década não há música registrada como samba de breque, até porque essa denominação ainda não existia na literatura da época. Mas já havia um tipo de samba denominado samba-popular, criado por Silvio, que atendia aos requisitos do samba de breque, ou seja, o intérprete interrompia a linha rítmico-melódica para encaixar os breques falados, mas sem aproveitar, como ocorreria adiante, elementos do samba-choro.

Na seqüência desses sambas de autoria de Silvio Caldas surgiram muitos outros, como, por exemplo, *Amor de malandro*, de Heitor dos Prazeres, gravado por Francisco Alves, em 1932 e os gravados por Luiz Barbosa, a partir do ano de 1933.

Nestor de Holanda disse que Heitor Catumbi foi "considerado o criador do samba-choro, e por conseguinte, do samba de breque, pois este nasceu do primeiro" (*Memórias do Café Nice*, ed. Conquista 1970, p. 185-186). Segundo Nirez, o primeiro samba-choro registrado com essa denominação no selo do disco, provavelmente foi *Mulher sem coração*, de José Maria de Abreu, gravado, em 1929, por Humberto Marsicano, com acompanhamento da Orquestra de Ghiraldini. Nessa época, não tinha ainda nada a ver com o samba de breque. O primeiro samba-choro composto por Heitor Catumbi e Valentina Biosca, ao que tudo indica, foi *Comigo, não*, gravado em 11 de novembro de 1934, por Carmen Miranda. Logo em seguida é que Moreira da Silva gravaria o samba-choro *Qual é o teu desejo*, de 15 de maio de 1935, do mesmo compositor. É provável que Heitor Catumbi e Valentina Biosca tenham reivindicado a primazia do samba de breque partindo dessa composição. Ambas as gravações continham breques, mas não havia ainda a interrupção rítmico-melódica que caracterizou o gênero.

O samba-choro criado por Catumbi/Valentina teve, portanto, em Carmen sua primeira intérprete, e não em Moreira da Silva, e isso ocorreu em 1934. Um pouco mais adiante é que Moreira da Silva utilizando o mesmo samba-choro paralisaria o ritmo e a melodia para a inserção de frases faladas, ou os chamados breques falados. E isso se deu, como se frisou acima, a partir de 1936, ou seja, a partir de "Jogo proibido" ou das músicas seguintes, gravadas em 1937/1938, etc.

O Dicionário Aurélio, ao fixar o início dos anos 30 para a criação do samba de breque, provavelmente está se referindo aos que se encaixam na sua definição. Nesse período, somente se enquadravam nessa definição alguns sambas gravados por Silvio Caldas (1931/1932), Francisco Alves (1932) e Luiz Barbosa (1933).

Contudo, a análise histórica da origem e evolução do samba de breque indica que as definições são coerentes, embora imprecisas, especialmente a da Enciclopédia, que, por falta de embasamento histórico, fez o registro do que ocorreu na segunda metade da década de 1930. Aplicando-se a definição da Enciclopédia à evolução histórica do gênero, pode-se concluir que ela se ajusta, à perfeição, ao samba de breque desenvolvido por Moreira da Silva, que teria derivado do samba-choro, quando o cantor inseriu nele as paradas bruscas, interrompendo o andamento rítmico-melódico para "encaixar comentários, de caráter humorístico, alusivos ao tema."

Face às definições acima, cabem algumas indagações:

a) se o samba-choro nasceu em 1936 e dele derivou o samba de breque, como seriam classificados os sambas populares gravados por Silvio no início de 1931 *Eu vou andando* e *Para o Príncipe de Gales ouvir,* que, sem serem sambas-choros, têm todos os elementos constitutivos do samba de breque?

b) os sambas gravados entre 1931 e 1936, pelo cantor (*Minha palhoça, O que é que há*) ou por Luiz Barbosa (*Sou jogador, Adeus vida de solteiro*) ou por ambos (*Cheio de saudade* e *Alô, mossoró*), ou, mesmo por qualquer outro intérprete, também não poderiam ser chamados de sambas de breque, na definição acima, por não serem derivados do samba-choro?

c) o samba de breque, historicamente falando, não seria aquele em que o intérprete, valendo-se de suas habilidades vocais, pelo amplo domínio do ritmo e, especialmente, da bossa, inserisse palavras ou frases, interrompendo o andamento do ritmo e da melodia, seja ele samba-popular, samba-choro ou o próprio samba de breque, assim batizado, ou qualquer outra denominação que se lhe queira dar, posto que todos têm a mesma origem: o samba?

O certo é que o samba-popular (1931), o samba brecado (1932/1933) e o samba-choro brecado (1938) nasceram do mesmo tronco: o samba. Em quaisquer dessas hipóteses, havendo a interrupção da linha rítmico-melódica para a inserção de breques falados, sejam palavras ou frases inteiras, batiza-se o gênero de samba de breque.

MOREIRA DA SILVA

Historicamente, Moreira da Silva tem recebido o mérito da criação do samba de breque. Isso vem ocorrendo, pelo menos, desde a segunda metade dos anos 40. A *Revista do Rádio*, por exemplo, em reportagem com o cantor, dizia em seu título:

> Moreira da Silva foi o cantor que lançou o samba de breque. [...] Ele próprio nos contou isso, quando há pouco esteve em visita à nossa *Revista*: foi mais ou menos em 1934. Trouxeram-me um samba para cantar e vi que o "esqueleto" da música era bonito. Mas faltava algo para completar a melodia. Então comecei a cantar o samba, completando as pausas e os espaços, enxertando frases melódicas, espécie de arpejos (*Revista do Rádio*, n. 15, maio de 1949, p. 30).

Pela data citada, o cantor deveria, ao que tudo indica, estar se referindo a sua gravação do samba-choro *Qual é o teu desejo*, de 1935.

Essa paternidade pode ser vista de maneira generalizada na imprensa brasileira. De tal forma que Moreira da Silva é reconhecido hoje, quase sem contestação, como o criador do samba de breque, em que ele, na verdade, se especializara e que passara a ser o seu mais eficiente divulgador, o que terminou por confundir à melhor compreensão histórica do fato.

Moreira disse que criou o samba de breque por volta de 1934 ou 1936, embora a literatura fixe que esse fato se deu entre 1935 e 1937. Para a *Enciclopédia Brasileira de Música Popular* e para Ary Vasconcelos (*Panorama da Música Popular Brasileira*, de Ary Vasconcelos, vol. 2, p. 186), isso ocorreu em 1936, tese também aceita por Alexandre Augusto (Moreira da Silva, *O último dos malandros*, p. 80).

Se essas datas estiverem corretas, como tudo faz crer, todas as gravações anteriores do cantor, não poderiam, no rigor técnico dessas definições, ser chamadas de samba de breque, uma vez que não teria havido a discutida interrupção do ritmo e da melodia para a inserção dos breques falados, como é o caso do já citado samba *Qual é o teu desejo* (Heitor Catumbi), de 1935.

O termo *breque* havia sido usado, já no ano de 1933, como registra José Ramos Tinhorão:

> A expressão breque propriamente dita, entretanto, só ia aparecer - e por sinal com a grafia inglesa break - em 1933, quando da publicação da letra do samba "Eu choro", de Heitor dos Prazeres. Após os versos da segunda parte desse samba, o próprio Heitor - ou o responsável pela publicação da letra no *Jornal de Modinhas* de 1º de fevereiro de 1933 - fez constar expressamente a indicação breque, entre parênteses: "Eu cheio de saudade, de saudade / De alguém que bem distante está / (Break) Eu vou chorá (Op. cit., p. 164).

Tinhorão, contudo, ressalva que o termo breque "ainda não devia estar com seu uso firmado" porque em 1933 e no mesmo jornal foi usado a palavra bossa "para revelar o mesmo efeito" (Idem).

Aliás, o termo samba de breque só apareceria no selo do disco a partir da gravação de "Noiva da gafieira" (Ludovico Guimarães / Waldemar Pujol), gravado em 13 de julho de 1946, conforme informação que me foi passada por Nirez.

Ary Vasconcelos discorre sobre o momento inicial de Moreira da Silva no samba de breque:

> Foi nessa época (1936) que (Moreira) fez duas descobertas importantíssimas. A primeira foi a do samba de breque. Não o breque apenas na interpolação de uma frase ou outra e que já era usado, mas a de um recurso sistemático em que ele aproveitava os intervalos para falar tudo o que lhe vinha à cabeça. A coisa começou com o "Jogo Proibido", de Tancredo Silva. Como tinha apenas quatro linhas, Moreira, para espichá-lo, ia falando coisas, de bossa, nos intervalos. E ao apresentar o samba em um cinema do Meier, obteve um sucesso que o surpreendeu. Daí em diante, Zé da Zilda, Heitor Catumbi, Wilson Batista, Geraldo Pereira e outros passaram a fazer sambas para ele, deixando os buracos para Moreira encaixar os breques (Ary Vasconcelos, *Panorama da Música Popular Brasileira*, v. 2, p. 186).

É de José Ramos Tinhorão a afirmativa de que:

> Em um número do jornal de Modinhas de setembro, desse mesmo ano de 1936, (*Panorama da Música Popular Brasileira*, de Ary Vasconcelos, vol. II, p.186) porém, quando aparece publicada pela primeira vez a letra do samba "Jogo proibido", além de não haver referência ao nome de Moreira da Silva (sob o título está escrito cantado com grande sucesso por Artur Costa), já aparecem duas indicações de breques falados: Eu vou fazer de brincadeira... e E vem a lei, vou me pirar bem de fininho (*Pequena História da Música Popular Brasileira - da Modinha a Lambada*, 6. ed., 1991, p. 165).

Posteriormente, o próprio Moreira da Silva admitiu ter-se inspirado nos breques de Luís Barbosa:

> Em 1936, num cinema do Méier, descobri o mapa da mina. Cantando o samba de Tancredo Silva, chamado "Jogo Proibido" prolonguei os breques que o Luís Barbosa já fazia, meti umas frases na linguagem popular pitoresca dos malandros

> que eu conhecia e aí a 'palmatória' comeu do lado de lá (Jornal *Última Hora*, 02 de abril de 1982, citado por Alexandre Augusto, *O Último dos Malandros*, ed. Afiliada, p. 84).

Assim, segundo Moreira, foi através de sua interpretação nesse samba, num cinema do Méier, que ele "descobriu o seu petróleo",[1] dado o grande sucesso alcançado: "O sucesso é assim: você sente o eco dele no termômetro da platéia. Era ali que estava o meu petróleo! Aí eu cavei e hoje sou um texano vivendo de meus rendimentos no terreno fértil do samba de breque." (Alexandre Augusto, Op. cit., p. 84).

Segundo informação que me foi passada por Nirez, a primeira referência de Moreira da Silva ao termo samba de breque em uma letra de música consta do samba-choro *Nega da gafieira* (Moreira da Silva / C. de Farias), em que ele faz expressamente referência ao termo: "seja choro ou samba de breque", de 1938, quando o estilo que o fez famoso está se definindo e que se consolidaria a partir do samba-choro "Acertei no milhar", de 1940.

A rigor, já estava indicando que havia uma divergência na definição do termo usado por Moreira da Silva, "seja choro ou samba-de-breque", daí a alternativa referida. Do ponto de vista histórico, quando Moreira disse que criou o samba de breque, ele, na verdade, "esqueceu" que esse gênero já existia desde 1931 ou então, imaginou, equivocadamente, que o samba de breque era originário do samba-choro.

E vem de Tinhorão essa informação: a de que Moreira da Silva ao invés de criar os breques falados apenas exagerara na sua interpretação, ou seja:

> Assim, ou Moreira da Silva não criou propriamente os breques falados, conforme afirma, e sim apenas os exagerou, ou o sucesso de sua improvisação foi tão instantâneo, que, ao ser publicada a letra dando o cantor Artur Costa como criador da interpretação do "Jogo proibido", já se registrava a imitação do seu estilo. (José Ramos Tinhorão, Op. cit., p. 165).

Ary Vasconcelos relatou, sem precisar a data, que poderia trazer alguma luz à questão um fato ocorrido entre Moreira da Silva e um violonista do Norte, chamado Frazão, numa de suas apresentações:

> "Uma vez um violonista do Norte, chamado Frazão, embaraçou-se no acompanhamento e Moreira reclamou. Frazão não gostou de ser chamado à atenção: "eu já acompanhei tudo na minha vida, menos conversa" (Ary Vasconcelos, *Panorama da Música Popular Brasileira*, v. 2, p. 186).

Essa informação, contudo, já passa a idéia precisa do que seria o gênero a ser desenvolvido por Moreira da Silva.

Ressalte-se, a bem da verdade, que Moreira desenvolveu seu estilo, que de fato agradava as platéias, e assim ficou famoso, uma vez que essa variante terminou por predominar, dada a competência e a forma graciosa e cheia de gíria com que o cantor levava ao público sua mensagem. Com a morte de Luís Barbosa, em 1938, Moreira assumiu a liderança absoluta do gênero, perdendo, temporariamente, a hegemonia para Jorge Veiga e recuperando-a depois.

LUIZ BARBOSA

Outro cantor a quem os pesquisadores atribuem a primazia da criação do samba de breque é o Luiz Barbosa, notável sambista, para muitos o melhor já surgido no Brasil, que atuou entre os anos de 1931 e 1938, prematuramente falecido aos 27 anos, vitimado de tuberculose, após intensa vida boêmia.

Na *História do Samba*, edições Globo, cap. 12, p. 226, está registrado que Luiz Barbosa foi o criador do samba de breque: "Não há dúvidas de que o samba de breque foi criado pelo cantor Luiz Barbosa, batucando o ritmo em seu chapéu de palha, a popular palheta dos anos 20."

De fato, Luís já fazia o samba de breque em disco, pelo menos desde 1933, basta se ouvir *Sou jogador, Adeus, vida de solteiro, Cheio de saudade* e *Alô, mossoró*, estes dois últimos em dupla com Silvio Caldas, além de outros que se seguiram nos anos posteriores.

Rendendo-se aos fatos, o próprio Alexandre Augusto admite: "Moreira da Silva pode não ter sido o inventor do samba de breque. Mas foi quem levou o samba de breque às últimas conseqüências. Se

Luís Barbosa criou o samba de breque cantado, Moreira da Silva inventou o breque falado." (Alexandre Augusto, Op. cit., p. 85).

Mas o samba de breque cantado por Moreira, fora a variante do samba-choro, era o mesmo que já vinha sendo cantado e que era praticado por cantores do porte de Luiz Barbosa, em maior escala e pelo próprio Silvio Caldas, pois este logo, logo, se fixaria no samba tradicional, especialmente os mais românticos, e no gênero seresteiro.

Sérgio Cabral refere-se a Luiz Barbosa assim: "Ele apressava ou diminuía a cantoria para encaixar frases absolutamente inesperadas, sempre dentro do ritmo, sem sair da rima e com muito espírito." (Sérgio Cabral, *No Tempo do Almirante*, p. 120).

Ouvindo-se as mais antigas gravações de Luiz Barbosa, pode-se concluir que o primeiro samba de breque lançado pelo cantor foi *O jogador*, de janeiro de 1933, ano em que brindaria seu público com várias outras gravações desse gênero. "Ao contrário do que muitos imaginam não foi Moreira da Silva o inventor do breque no samba. Aquela frase improvisada nos intervalos da música foi criada por Luiz Barbosa. Moreira, não." (Sérgio Cabral, *No Tempo do Almirante*, p. 119).

Resta saber quem gravou primeiro as músicas referências, as músicas que deram início a esse gênero, ou seja, a prova histórica definitiva.

Como já se viu, Luiz Barbosa gravou seu primeiro samba de breque em 1933: o samba *O jogador*, de sua própria autoria (segundo Christiano Câmara o cantor coadjuvante parece ser João Petra de Barros), seguido de *Adeus vida de solteiro*, de Mário Travassos de Araújo, também desse mesmo ano.

SILVIO CALDAS

Como vimos no início, Silvio atribuiu-se a primazia de ter criado o samba de breque. Segundo ele, isso ocorreu pela primeira vez em duas composições por ele gravadas ainda no início do ano de 1931: *Para o Príncipe da Gales ouvir*, e *Eu vou andando*, ambas constando do mesmo disco de cera (*Brunswick*, n. 10.167-A e 10.167-B), respectivamente, letra e música de autoria do próprio Silvio. Foi o quarto disco do cantor lançado na fábrica "Brunswick." Antes desse disco, porém, ele já havia posto o breque no samba em diversas de suas gravações, tanto nessa fábrica, quanto na Victor, no ano de 1930, como, por exemplo: *Yoyô deste ano*, de Henrique Vogeler e *Pra que forçar*, de Artur Costa.

Por essa época - 1931 - Silvio, que se iniciara no rádio em 1927, já era tido como um grande cantor de sambas, até então, profissionalmente, o seu gênero predominante. Quando Luiz Barbosa se iniciou no rádio, em 1931, no Esplêndido Programa, comandado por Waldo de Abreu, na Rádio Mayrink Veiga e, depois, já em 1932, no Programa Casé, na Rádio Phillips do Brasil, PRAX, do Rio de Janeiro, Caldas já era um veterano no Rádio.

Logo depois de *Yoyô deste ano*, de 1930, gravou *Para o Príncipe de Gales ouvir* e *Eu vou andando*, no início de 1931. No selo do disco, as duas últimas músicas ficaram registradas como samba-popular, na falta de melhor definição para a novidade apresentada. Na verdade, era um samba diferente do que era cantado até então, mesmo porque o termo "samba de breque" inexistia na literatura musical da época. Silvio faria, pela primeira vez, a paradinha que ficaria famosa, para inserir os breques falados[2].

Diversas gravações de 1930 a 1933 são registros definitivos de que pode ter sido ele quem, de fato, não só introduziu o breque no samba, mas quem primeiro gravou samba de breque.

Contudo, para se defender a tese de que não foi Silvio Caldas quem primeiro deixou registrado no disco o samba de breque é preciso que sejam apresentadas gravações anteriores de outros intérpretes registradas em datas anteriores a essas acima citadas, ou então tentar desconsiderar tais composições como desse gênero.

Evidentemente que não estou aqui advogando a tese de que Silvio foi o melhor sambista de breque, porque não foi, nem que suas composições fossem as melhores do gênero, porque não foram, mas não dá para esconder a verdade de que foi ele quem teve a primazia do registro na cera. Depois, o samba de breque se desenvolveu, tomou outros rumos, mesmo sem sua participação, que desde a segunda metade dos anos 30 já dera outra dimensão a sua carreira.

Mas, mesmo assim, ao voltar da excursão a Portugal e Espanha, compôs o bonito samba *O que é que há,* de 1936, em que ele, cheio de bossa e de breque, retorna saudoso a sua pátria e ao gênero que abandonara. Nessa época, revelando sua versatilidade, já era considerado um grande seresteiro:

> O que eu queria
> Era um samba enfezado
> Compassado, ritmado
> Cheio de harmonia
> Mas ouvi muita castanhola
> E arranjei uma espanhola
> Para minha companhia
> (tinha chamego, noite e dia, que beleza!)
>
> (Silvio Caldas, *O que é que há,* samba, 1936).

Quando desceu do navio em que retornara da excursão à Europa, foi logo perguntado pelos amigos saudosos, dentre eles Benedito Lacerda, cadê o violão?

> Na situação em que ele se encontrava não podia responder: na mão direita, duas gaiolas; numa um pintassilgo português e na outra um canário belga; na esquerda, um capote e três caniços. - Que é do violão? De facto era a pergunta que se impunha. Sylvio mais parecia um explorador de terras novas do que o grande intérprete da música popular brasileira... Sylvio olhou em volta. - Que é do violão? Era ele quem repetia a primeira pergunta. Afinal o instrumento apareceu e cercado de meia dúzia de pessoas, ouvimos o seu último samba, muito provavelmente 'O que é que há', composta sobre essa viagem... Mudando de assunto, perguntou: o que é do Nonô? - Quais são os planos, segundo a mesma Revista, al-

> guém perguntou: - Ir para casa, mudar de roupa, arrumar as malas e continuar cantando (*Revista Carioca,* de 02 de março de 1936, n. 28, p. 48).

Continuar cantando é o que faria, apaixonadamente, a vida inteira, como um pássaro canoro que sempre foi, fazendo jus ao epíteto de Caboclinho, "um pássaro do Norte que canta muito bonito."

A intimidade do cantor com o gênero é fácil de ser pesquisada e constatada, basta se ouvir suas gravações nesse período. Segundo Carlos Didier, Silvio foi batizado pelo speaker César Ladeira como o "Ruy Barbosa do Samba" e segundo ele o speaker tinha razão: "... quando o assunto é samba, Silvio Caldas é mesmo uma sumidade." (Carlos Didier, Op. cit., p. 439).

Além do que, pode ter havido também influências recíprocas entre ele e Luís Barbosa, que formaram uma notável dupla. Com a mudança de Luís Barbosa da gravadora, Silvio convidou o jovem cantor Ciro Monteiro, sobrinho de seu acompanhante predileto, Nonô, para formarem nova dupla. Dessa dupla, infelizmente, não existe, ao que parece, nenhuma gravação da época, restando, apenas, *Rosinha,* já de 1941, que além dos dois contou também com a participação de Orlando Silva, os três em plena forma.

Como ninguém vive numa ilha deserta, especialmente o Caboclinho Querido que freqüentava todos os ambientes musicais da época, como os morros da cidade, ao lado dos maiores bambas do samba, ou, no outro extremo, as noites cariocas, pode ele, obviamente, ouvindo aqueles bambas, ter aprendido essa forma de cantar que ele, na pior das hipóteses, teve o mérito de levar para o disco.

CONCLUSÃO

Contudo, para o deslinde da questão, mesmo esclarecido que Moreira não foi o criador desse gênero, torna-se necessário estudar a evolução da historiografia musical de Luiz Barbosa, Moreira da Silva e Silvio Caldas, os cantores citados como prováveis criadores do samba de breque.

Como a evolução histórica indica, pode-se concluir, com segurança, que o samba de breque é anterior a Moreira da Silva. Então, quem deu início ao samba de breque?

Pelo correr da pesquisa, ou foi Silvio Caldas ou Luiz Barbosa: um dos dois gravou primeiro e o que ficar comprovado terá o crédito, pois esta será a única maneira de fazer o cotejo das gravações para se identificar quem foi o iniciante. Até porque os dois são contemporâneos tanto no rádio como no disco, embora Silvio Caldas tenha começado primeiro: em 1927 no rádio e 1930, no disco. Luiz Barbosa, começou no rádio em 1931, e no disco, em 1932, na Odeon, onde gravou *Meu santo,* samba (de Pedro Brito), *Vem meu amor,* marcha (Pedro Brito / Milton Amaral), etc. Nessa época, Silvio pertencia ao elenco da Victor. Em 1933, Luiz deixou a Odeon e ingressou na RCA Victor, onde se encontrou com Silvio e juntos gravaram *Alô, mossoró* e *Cheio de saudade,* dois legítimos sambas de breque, ambos de autoria de Mário Travassos de Araújo.

Logo depois, em 1934, Silvio trocou a Victor pela Odeon e viajaria em excursão a Portugal e Espanha, não mais voltando a fazer dupla com Luiz Barbosa. Ary Vasconcelos disse, equivocadamente, que Luiz Peixoto começou a cantar no rádio no Programa Casé[3], em 1931, (*Panorama da Música Popular Brasileira,* v. 2, p. 220), fato materialmente impossível pois esse Programa somente iniciou suas atividades em fevereiro de 1932[4].

Quando o seresteiro gravou seus primeiros sambas de breque, em 1931, ainda não tinha a companhia de Luiz Barbosa, conseqüentemente ainda não formara dupla com ele. Não há notícias de que Luiz Barbosa já cantasse sambas de breque antes do Programa Casé, em 1932.

Na época em que Silvio gravou os sambas *Eu vou andando* e *Para o Príncipe de Gales ouvir,* é possível que Luiz Barbosa sequer tivesse estreado no rádio. Ao iniciar suas gravações em disco, Silvio já havia gravado 58 músicas, ou seja, 29 discos, nos anos 30 e 31 e já podia considerar-se um cantor consolidado. Essas composições trazem no selo do disco a denominação de samba popular, ou seja, um samba diferente do padrão tradicional, ou como diziam na época, mais perto do povo, daí a denominação de popular. Por essa seqüência histórica, se houve alguma influência de um cantor sobre o outro, o mais lógico é que Luiz Barbosa tenha sido o influenciado e não o contrário.

Em síntese:

1) Moreira da Silva foi o baluarte maior do samba de breque, desde quando ele passou a destacar-se, a partir de 1940, exercendo amplo domínio do gênero;

2) Luiz Barbosa realizou, a partir do ano de 1933, algumas gravações de sambas de breque, em seu estilo original, ou seja, da forma que fora criado pelo Silvio Caldas, tendo sido talvez o sambista de mais bossa do Brasil;

3) Silvio Caldas começou a cantar samba de breque no início de 31, quando, além do breque que ele já fazia tradicionalmente, iniciou também a famosa paradinha na linha rítmico-melódica para introduzir os breques falados.

Portanto, não é correto dizer-se que Moreira da Silva criou o samba de breque. Ao registrar que o samba de breque nasceu em meados dos anos 30, como variante do samba-choro, a *Enciclopédia Brasileira de Música Popular* expôs uma meia verdade, dificultando a melhor compreensão do problema, pois o samba de breque já existia, desde 1931, não como variante do samba-choro, como registrou corretamente o *Dicionário Aurélio*.

É importante ressaltar que este trabalho não pretendeu analisar quais os melhores cantores de sambas de breque nem a qualidade das composições, mas sim, unicamente, identificar a origem e os criadores do gênero, face às impropriedades que usualmente são feitas na Imprensa.

1 De toda essa história, o que mais causa estranheza, é o fato de o samba "Jogo Proibido, pelo grande sucesso alcançado", a ponto de o cantor dizer que seu futuro estava garantido, não ter sequer sido gravado na época nem por Moreira da Silva. Na *Discografia Brasileira 78 rpm* (Alcino Santos, Grácio Barbalho, Jairo Severiano e M. A. de Azevedo (Nirez), ed. Funarte, 1987), há o registro da gravação desse samba de breque por Moreira da Silva somente no ano de 1956.

2 Ao concluir sua interpretação de *Eu vou andando*, Silvio não se fez de rogado, e cantando antecipou o que viria depois:

> Já esqueci o outro verso
> Isto é coisa natural
> Eu vou meter minha bossa
> Tenho pra dar não faz mal
> (breques)
>
> (*Eu vou andando* - letra e música de Silvio Caldas).

E, realmente, o Caboclinho tinha mesmo muita bossa para dar, o que fazia com graça e competência próprias de um grande intérprete.

3 O Programa Casé, que teve excepcional importância na história da música brasileira, conseguiu juntar para compor seu elenco os maiores nomes do canto popular, alcançando enorme sucesso:

> Casé contratou o que de melhor havia à disposição. O conjunto regional fixo, que acompanhava quem cantasse por lá, tinha nomes que fariam história na MPB. O flautista Benedito Lacerda, o violonista Carlos Lentine, Russo do Pandeiro estavam entre eles. A Orquestra de Cordas do maestro Romeu Ghipsman, os cantores e musicistas Silvio Salema, Jayme Vogeler, Luiz Barbosa, João Petra de Barros e Mário Azevedo estavam entre os que formavam o elenco da fase inicial. Depois deles vieram Silvio Caldas, Orlando Silva, Noel Rosa, Carmen Miranda, Mário Reis, Francisco Alves, Marília Batista, Elizeth Cardoso, Donga e um sem número de cartazes, praticamente todos ligados ao samba, que mantiveram o prestígio do Programa Casé elevado durante muitos anos (*História do Samba*, ed. Globo, cap. 10, p. 187).

Deve ter sido nessa época que Silvio formou dupla com Luiz Barbosa e, depois, com Ciro Monteiro, dois dos mais festejados sambistas brasileiros.

4 "Domingo, 14 de fevereiro de 1932. Dr. Augusto, um dos primeiros locutores da história do rádio no Brasil, "abre a chave do microfone" e anuncia, com voz impostada: A Rádio Phillips do Brasil, PRAX, que vai começar a irradiar o Programa Casé" (*História do Samba*, ed. Globo, cap. 10.p. 186).

José Ramos Tinhorão confirma, com uma pequena divergência da data: "O Programa Casé", que se tornaria o mais famoso programa do rádio carioca no início da década de 30, fora criado em 13 de fevereiro de 1932 por Ademar Casé.". (José Ramos Tinhorão, *Música Popular - Do Gramofone ao Rádio e TV*, ed. Ática, 1981, p. 88).

Arquivo Nirez

CAPÍTULO VII

O SENHOR DA SERESTA

A grande mudança no caminho artístico de Silvio Caldas ainda estaria por vir: aconteceu em 1933, quando gravou a valsa *Mimi*, de Uriel Lourival, seu amigo e festejado compositor romântico da época, permitindo que o Caboclinho Querido imprimisse à bela melodia um estilo novo de cantar seresta, ainda desconhecido.

Carlos Didier assim registrou o fato, chamando a atenção para a importância do momento, posto que a partir dali a seresta brasileira ganhou uma nova dimensão:

> Gravada em novembro de 1933, na mais perfeita tradição, com acompanhamento do bandolim de Luperce Miranda e dos violões de Tute e Pereira Filho, *Mimi* pôs em evidência uma nova forma de interpretar." Prosseguindo, esclarece: "Sua interpretação de *Mimi* é revolucionária por tornar sublime a escola seresteira de canto. (Carlos Didier, Op. cit., p. 421). ([1]).

Na gravação de *Mimi*, pode-se observar que o Caboclinho imprimiu um tom intimista, romântico, que marcaria para sempre o canto seresteiro. O cantor provou nessa gravação sua intimidade com o gênero, em que se especializara há muito, antes mesmo de entrar para o rádio e o disco, quando já era conhecido nos subúrbios cariocas como Silvinho Seresteiro. Foi seu reencontro com o gênero, em grande estilo.

De fato, fazendo-se uma análise comparativa da interpretação de *Mimi* com as interpretações constantes das gravações anteriores, basicamente marchas e sambas, nota-se, claramente, que nessa

> valsa a voz de Silvio Caldas se projetava sem esforço e com timbre aveludado. Com uma suavidade que contrastava com a voz de Vicente Celestino, por exemplo, em *Noite cheia de estrelas*, de Cândido das Neves (O Índio). Filho de italianos, o cantor imprimia à canção uma dramaticidade de ópera: "Noite alta, céu risonho/ A quietude é quase um sonho (Carlos Didier, Op. cit., pág. 421).

E conclui, com uma informação realmente surpreendente: "Silvio Caldas nunca freqüentou aulas de impostação. Aprendeu tudo em ambientes populares: ruas, botequins, morros, rodas de samba e de serenata." (Idem).

Nos ambientes rústicos da cidade, em perfeita simbiose com as camadas populares, o cantor formataria seu estilo, e daria às suas interpretações um cunho essencialmente brasileiro, longe das influências estrangeiras.

Silvio, que conhecera seu primeiro sucesso nacional com *Faceira* (Ary Barroso), em 1931, voltaria a fazer sucesso com o samba-canção *Maria* (Ary Barroso / Luiz Peixoto), de 1932, *Vitória* (Romualdo Peixoto, Nonô / Noel Rosa), com a participação de Francisco Alves, de 1933, *Na floresta* (Silvio Caldas / Angenor de Oliveira, Cartola), de 1933, *Lenço no pescoço* (Wilson Batista, de 1933, que deu início a famosa polêmica com Noel Rosa), *Mimi* (Uriel Lourival), de 1933, *Na aldeia* (Caruzinho, Silvio Caldas, De Chocolat), de 1933, *Linda lourinha* (João de Barro), de 1934.

Até o lançamento desse clássico de Uriel Lourival, *Mimi*, o cantor ainda não havia enveredado, no disco, pelo canto seresteiro, até então dominado pelos grandes cantores da época, especialmente Francisco Alves, Gastão Formenti, Augusto Calheiros e Vicente Celestino. Passaram-se quase dois anos para que o Caboclinho Querido voltasse às valsas e canções.

Em 1935, deu uma estupenda guinada em sua carreira, retornando à seresta, desta vez em caráter definitivo, ao gravar a valsa-canção *Serenata* e a valsa *Santa dos meus amores*, ambas em parceria com Orestes Barbosa, no mesmo estilo que iniciara com *Mimi*. O curioso é que é que essas duas composições, além de *Mágoas de um vagabundo*, *Voltaste ao meu lar* e *Só por tua causa* foram gravadas ainda na Victor, entre 1932 e 1934, quando Silvio já havia estreado na nova gravadora, a Odeon, onde deixou registrado o que produziu de mais importante na carreira e passou, provavelmente, seus melhores momentos.

Voltou ao gênero impondo seu estilo, ciente de que tinha material vocal e interpretativo para competir, em pé de igualdade, com os grandes cantores da época.

Nesse mesmo ano, o autor gravaria, na Odeon, os clássicos *Torturante ironia*, *Boneca*, *Por causa dessa cabocla*, *Quase que eu disse*, *Há um segredo em teus cabelos* e *Só nós dois*, encerrando o ano em grande estilo e assumindo definitivamente a condição de maior seresteiro do Brasil

A partir desse momento, a carreira do cantor adquiriu uma dimensão excepcional, posto que, além de sambista de qualidade reconhecida, era agora, com muita propriedade, um senhor seresteiro e lançaria, dessa data em diante, uma seqüência de gravações da mais relevante qualidade técnica, mostrando-se um cantor maduro, com pleno domínio vocal e criador da mais bela escola da música popular brasileira.

Nessa fase deixou registrados nos discos de 78 rpm verdadeiros clássicos da nossa música, numa seqüência extraordinária de lançamentos de qualidade artística inquestionável, em especial as composições feitas em parceria com o poeta Orestes Barbosa. Esse trabalho representou muito do que melhor se produziu durante pelo menos dois lustros de nossa mais autêntica música popular, resultando em verdadeiros clássicos do gênero, consolidando o prestígio do poeta, que já tinha assinado igualmente outros clássicos com a parceria e na voz de Francisco Alves.

A seresta brasileira, a partir dessa fase, alcançou seu ponto máximo e Silvio firmou-se como seu intérprete maior, condição que se manteria e se consolidaria nas décadas seguintes, enquanto teve fôlego e enquanto existiram compositores dignos do gênero.

David Nasser, preciso como sempre, deixou o registro:

> "também não nasceu um seresteiro para desalojar Silvio Caldas do posto de honra que ocupa com tanta preguiça, tanta vadiagem, tanta boêmia e tanta displicência" (David Nasser, *O Cruzeiro*, edição de 11/07/1953, p. 43 e 44).

De fato, a partir de *Mimi* (1933), estavam lançadas as bases da nova escola seresteira, que Silvio Caldas introduziu no disco e dela foi o expoente maior, não conhecendo rivais ao longo de sua existência. A maneira intimista de cantar influenciaria os novos cantores populares que se iniciaram, a partir de 1933, no gênero seresteiro, consolidando, em definitivo, a seresta brasileira.

O estilo de Silvio Caldas se contrapunha ao estilo operístico de Vicente Celestino, que já vinha sendo amenizado por Francisco Alves, como, aliás, notara Christiano Câmara: "Francisco Alves foi o mais perfeito elo entre o Bel-canto e o cancioneiro popular", chamando a atenção para esse fato que consolida a evolução da música brasileira, a partir da contribuição desses dois extraordinários cantores.

Silvio sempre foi, fundamentalmente, um seresteiro. De fato, muito mais seresteiro que sambista, embora dominasse esse gênero com mestria. Já na juventude chamava a atenção para as serestas que fazia em São Cristóvão. De tão boas começaram a atrair pessoas de outros bairros do Rio de Janeiro, que ouviam falar da qualidade do seresteiro e para lá, curiosas, se dirigiam para ouvi-lo. Nessa época já era conhecido como "Silvinho Seresteiro." É o que atesta o cronista e historiador Bricio de Abreu:

> Quando fazíamos serenatas, pelas ruas de São Cristóvão, já era ele um mecânico de mão-cheia. Mas à noite, violão em punho, enchia o céu com sua voz admirável, em serenatas que ficaram célebres. Tão célebres que um dia Martins Fontes, Gomes Leite, Gil Vidal, Moacyr de Almeida, Paulo Guanabara e Furst, jornalistas, poetas e escritores, foram até São Cristóvão para ouvi-las a meu convite. A história dessa noite está no jornal *Boa Noite*, de 1925 (Bricio de Abreu, contracapa do *Lp Serenata*, Columbia, de 1957).

Contudo, mesmo sendo, em suas gravações, majoritariamente seresteiro e sambista, cantou bem diversos gêneros musicais, pois considerava isso uma obrigação do cantor. Sem necessidade de citar todos os ritmos gravados por ele, vamos enumerar alguns: batuque, embolada, choro, desafio, fox, fox-canção, samba, samba de breque, samba-canção, fox-samba, marcha-carnavalesca, marchinha, modinha, samba-carnavalesco, tango, tango-canção, toada, canção, valsa, valsa-canção, etc.

Porém, no fundo, no fundo, é difícil fugir dessa constatação: Silvio sempre foi mesmo um cantor das noites serenas e das madrugadas perfumadas pelo orvalho. As modinhas, valsas e canções da época, compostas numa mística interação de letra e melodia, permitiam ao cantor melhor exprimir seus sentimentos, dando-lhe oportunidade de atuar num estilo romântico, ainda desconhecido dos demais cantores e, obviamente, do público, colocando sua maravilhosa voz, macia e aveludada, a serviço de uma missão: cantar com propriedade e sentimento, convicção e espontaneidade. Tudo isso aliado ao intimismo de suas interpretações, de tal forma que, ao cantar, parecia estar próximo do ouvinte, cantando especialmente para ele. Era o dom mágico de estar presente, dada a maneira simples e natural com que colocava sua voz nas mais belas páginas musicais da canção brasileira.

Segundo João Máximo

> porque a Silvio Caldas foi dado o maior atributo de um cantor romântico: a sinceridade. Ou a capacidade de nos fazer crer. Acredita-se em tudo o que ele diz, por mais rebuscados que sejam os versos do poeta interpretado (*Caixa de CDs*, da Colúmbia, 1996).

Visto assim, nessa seqüência, parece que o cantor encerrou sua fase inicial de sambista ao começar a gravar as valsas, canções e modinhas seresteiras: longe disso, uma vez que, paralelamente ao lançamento dessas composições, Silvio Caldas gravaria uma série de sambas da maior importância para sua trajetória artística e para a própria música popular brasileira, como já foi assinalado acima.

---

1 Christiano Câmara de há muito comentava que no outro lado desse disco, na face B, Silvio teria gravado uma outra canção famosa, *Céu Moreno*, de Uriel Lourival. Por não ter apresentado qualquer elemento de prova, sua opinião era sempre posta em dúvida pelos que não queriam aceitá-la.

Pouco antes, porém, de concluir este trabalho, tive acesso ao catálogo da RCA Victor (Recording Information), que me foi dado vista por Nirez; ali estão registradas, em ordem de gravação, todas as músicas lançadas por essa fábrica no período de 1929 a 1939, no qual se pode constatar que a afirmação efetivamente procede. Consta, no catálogo em referência, que Silvio Caldas gravou a canção *Céu moreno* no dia 13.11.1933, exatamente o dia em que gravou a famosa valsa-canção *Mimi*, do mesmo autor, com acompanhamento de dois violões e cavaquinho (Pereira Fiho, Luperce Miranda e Tuti). Na face B foi incluído o samba *Na aldeia* (Sylvio Caldas / De Chocolat / Carusinho), gravado quatro meses antes, ou seja, no dia 18.07.1933, que deveria, se mantida a ordem de gravação, ser o lado B do samba *Lenço no pescoço* (Wilson Batista).

O número da matriz - 65884 - é a prova definitiva do fato: *Céu Moreno* pertencia ao repertório de Silvio Caldas, que foi o primeiro a gravá-lo, não se sabendo o motivo pelo qual não foi lançado nem o que aconteceu nesse intervalo de tempo - 13.11.33 e 26.03.34, em que a "Victor" poderia tê-lo feito e não o fez. Como não havia a recomendação de quebrar ("brok"), como era usual assim registar no catálogo da Victor, quando a gravação devesse ser sacrificada, e sim a referência "descontinuar", "suspender" ("drop", no registro original), é muito pouco provável, mas não impossível, que ela ainda se encontre por aí, guardada em algum baú de um velho casarão do Rio de Janeiro.

No dia 26. 03. 1934, depois de gravar *Céu moreno* e *Mimi*, Silvio e se transferiu para a "Odeon". Provavelmente, sua saída da Victor foi a causa do não lançamento dessa canção. Um ano e meio depois da gravação original não lançada, a Victor entregou-a a Orlando Silva, que estava se iniciando no disco e nada teve a ver com a história.

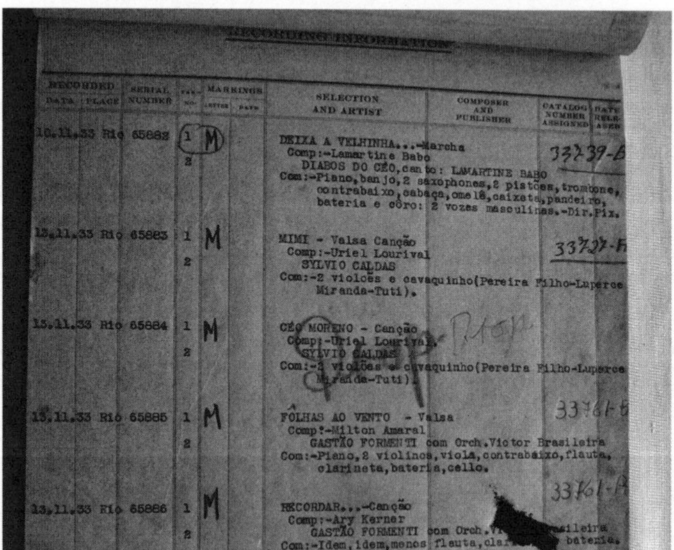
RECORDING INFORMATION

Recorded Data	Recorded Place	Serial Number	Take No.	Markings Letter	Markings Date	Selection and Artist	Composer and Publisher	Catalog Number Assigned
10.11.33	Rio	65882	1 2	M		DEIXA A VELHINHA...-Marcha Comp:-Lamartine Babo DIABOS DO CÉO, canto: LAMARTINE BABO Com:-Piano, banjo, 2 saxophones, 2 pistões, trombone, contrabaixo, cabaça, omelê, caixeta, pandeiro, bateria e côro: 2 vozes masculinas.-Dir. Pix.		33739-B
13.11.33	Rio	65883	1 2	M		MIMI - Valsa Canção Comp:-Uriel Lourival SYLVIO CALDAS Com:-2 violões e cavaquinho(Pereira Filho-Luperce Miranda-Tuti).		33727-A
13.11.33	Rio	65884	1 2	M		CÉO MORENO - Canção Comp:-Uriel Lourival SYLVIO CALDAS Com:-2 violões e cavaquinho(Pereira Filho-Luperce Miranda-Tuti). Drop		
13.11.33	Rio	65885	1 2	M		FÔLHAS AO VENTO - Valsa Comp:-Milton Amaral GASTÃO FORMENTI com Orch. Victor Brasileira Com:-Piano, 2 violinos, viola, contrabaixo, flauta, clarineta, bateria, cello.		33761-B
13.11.33	Rio	65886	1 2	M		RECORDAR...-Canção Comp:-Ary Kerner GASTÃO FORMENTI com Orch. V[illegible]sileira Com:-Idem, idem, menos flauta, cla[illegible] bateria.		33761-A

Arquivo Nirez

CAPÍTULO VIII

A EXCELÊNCIA DO REPERTÓRIO

Desde o começo da vida artística, o criador de *Inquietação* já demonstrava sensibilidade na escolha das músicas e dos compositores que iria gravar, o que permaneceria como marca registrada de sua carreira: a qualidade do repertório.

Se o cantor escolheu bem os compositores, estes, igualmente, escolheram bem o cantor. Tanto isso é verdade que logo no início da carreira recebeu a preferência de dois dos maiores compositores brasileiros, J. B. da Silva, o Sinhô e Ary Barroso, o que indica que Silvio Caldas já era considerado, na época, bom cantor, a ponto de chamar atenção desses compositores.

Detentor de repertório excepcional, o mais qualificado de todos, Silvio Caldas deixou registradas na História, ao longo da sua trajetória artística, muitas composições consideradas da maior relevância para a música popular brasileira, tidas hoje como verdadeiros clássicos do cancioneiro popular.

Vamos relacionar, inicialmente, gravações efetuadas no gênero samba, durante os anos 30:

> *Faceira*, de 1931 (Ary Barroso): "E desceste lá do morro / Pra viver aqui na cidade / Deixando os companheiros / Tristes, loucos de saudade.";

Vitória, de 1932 (Romualdo Peixoto, "Nonô"): "Gozas da maior ventura / Mas quem vive em grande altura / Leva sempre grande queda.";

Lenço no pescoço, de 1933 (Wilson Batista): "Sei que eles falam / Deste meu proceder / Eu vejo quem trabalha / Andar no miserê.";

Vou partir, de 1934 (João de Barro): "E enquanto aos poucos tu me fores esquecendo / De saudade irei morrendo pelo teu amor.";

O teu olhar me inspirou, de 1934 (Walfrido Silva / A. Barcelos, "Bide"): "Por isso eu fiz esta doce melodia / Que é uma gota de alegria / Para um triste coração.";

Na aldeia, de 1933 (Silvio Caldas / Carusinho / De Chocolat): "Morena, meu doce encanto / Pra matar minha saudade / Quero te ver bem distante / Do bulício da cidade.";

Arrependimento, de 1935 (Silvio Caldas / Christóvão de Alencar): "O arrependimento quando chega / Faz chorar, oi, faz chorar / Os olhos ficam logo rasos d'água / E o coração parece até que vai parar!.";

Inquietação, de 1935 (Ary Barroso): "Quem se deixou escravizar / E no abismo despencar / De um amor qualquer.";

O telefone do amor, de 1935 (Benedito Lacerda / Jorge Faraj): "Para ver se te esquecia / Ó quimera fugidia / Ó santa do meu altar / Retirei o telefone / Do apartamento onde insone / O teu nome vivo a rezar.";

Rainha sem trono, de 1935 (Benedito Lacerda / Jorge Faraj): "Mas não vês esta verdade / Pois a mesquinha vaidade / Impera em seu coração.";

Por causa dessa cabocla, de 1935 (Ary Barroso / Luiz Peixoto): "E quando / Ela na rede amanhece / E o seio moreno esquece / De na camisa ocultar.";

Morena da minha aldeia, de 1936 (Silvio Caldas / Christóvão de Alencar): "Vivo triste na cidade / Sem saber mesmo por que / Desconfio que é saudade / Que é saudade de você.";

Até quando?, de 1936 (Silvio Caldas / Christóvão de Alencar): "Se eu soubesse que a saudade / Torturava tanto assim / Não deixava uma amizade / Que era tudo para mim.";

Última carta de amor, de 1936 (Benedito Lacerda / Zeca Ivo): "Minha mão fria de neve / Com receio ainda escreve / Esta coisa singular.";

Tudo me fala do teu olhar, de 1936 (Christóvão de Alencar / Newton Teixeira): "Os teus olhos azuis / Que só faltam falar / Inundaram de luz / A tristeza do meu olhar.";

Quando você me abandonou, de 1936: (Silvio Caldas / Chistóvão de Alencar / Newton Teixeira): "Agora, ando a procura de uma tal felicidade / Para ver se mando embora esta saudade.";

Um caboclo abandonado, de 1936 (Benedito Lacerda / Herivelto Martins): "Quem partiu deixou lembrança / E ele guarda uma esperança / E ele canta amargurado.";

Saudade dela, de 1937 (Ataulfo Alves): "Você deve saber o que é saudade / Pois eu lhe ensinei o que é o amor.";

Adeus, felicidade, de 1937 (Silvio Caldas / Newton Teixeira): "Quem me vê assim cantando / Pensa que eu sou feliz / Sem saber que estou penando / Só porque o meu amor fugiu / E não me quis.";

Até breve, de 1937 (Ataulfo Alves / Christóvão de Alencar): "Meu amor / Nosso anor já tinha raiz / Sem você nunca mais serei feliz.";

Professora, de 1938 (Benedito Lacerda / Jorge Faraj): "Eu venho da boemia / E ele vai, quanta ironia / Para a escola trabalhar!.";

Mente ao meu coração, de 1938 (Francisco Malfitano): "*Mente ao meu coração* / Que cansado de sofrer / Só deseja adormecer / Na palma da tua mão.".

No rancho fundo, de 1939 (Lamartine Babo / Ary Barroso): "Se Deus soubesse / Da tristeza lá da serra / Mandaria lá pra cima / Todo o amor que há na terra.";

Da cor do pecado, de 1939 (Simoens da Silva, "Bororó"): "Este corpo moreno / cheiroso e gostoso / Que você tem.";

Pra que mentir, de 1939 (Noel Rosa / Oswaldo Gagliano, "Vadico"): "*Pra que mentir* tanto assim / Se tu sabes que eu já sei / Que tu não gostas de mim.";

Nos anos 40:

Morena boca de ouro, de 1941 (Ary Barroso): "Morena boca-de-ouro / Que me faz sofrer / O teu jeitinho é que me mata.";

Meus 20 anos, de 1942 (Silvio Caldas / Wilson Batista): "Nos olhos das mulheres / No espelho do meu quarto / É que eu vejo a minha idade.";

Promessa, de 1943 (Custódio Mesquita / Evaldo Ruy): "Olha, o meu gado está morrendo / Minha gente chorando / Meu campo torrando / O Senhor me esqueceu.";

Como os rios que correm pro mar, de 1944, Custódio Mesquita / Evaldo Rui): "Não sei, não encontro a razão ? E nem posso explicar / Só sei que estou preso, estou cego / Pelo teu olhar.";

Algodão, de 1944 (Custódio Mesquita / David Nasser): "Eu consegui esta cabeça branca / Branca como *Algodão* / Que preto veio plantô / Pra inhô branco sê dotô.";

Companheiro dileto, de 1946 (Alcebíades Barcelos (Bide / Armando Marçal): "Fiz das cordas do pinho / Dizendo tudo o que sinto / *Meu companheiro* dileto / Sabe que eu falo e não minto.";

Companheira de quem ama, de 1946 (Alcebíades Barcelos / Armando Marçal): "*Nunca mais* poderei apagar / Do meu peito esta chama / Que com seu olhar eu acendi.".

E, já nos anos 50:

Violões em funeral, de 1951 (Silvio Caldas / Sebastião Fonseca): "Entre as nuvens escondida / Como de crepe vestida / A lua fica a chorar.";

Perfil de São Paulo, de 1954 (Francisco de Assis Bezerra de Menezes): "Barracas de flores e a multidão / Os pardais em madrigais / O sol rasgando, a tradição.";

A única rima, de 1955 (Silvio Caldas / Orestes Barbosa): "Tu cruzas as mãos esguias / E frias, sobre os joelhos / Mostrando dez fantasias / Dez pequeninos espelhos.";

Meu segredo, de 1955 (Newton Teixeira / Jorge Faraj): "Até quando / Escutarás iludida / As rimas do canto meu / Sem saber mulher querida / Que este canto é todo teu.";

Viva meu samba, de 1957 (Billy Blanco): "Faço da minha tristeza / Um carnaval de beleza / Que as outras terras não têm.".

E a lista não pára, o que comprova que Silvio Caldas, além de seresteiro consagrado, continuaria a ser excepcional sambista.

Paralelamente aos lançamentos acima, de indescritível beleza, o Caboclinho lançaria para a posteridade um sem-número de composições da melhor qualidade técnica, letra e melodia de primeira linha, que o consagrariam, para sempre, como o maior seresteiro do Brasil.

Essas composições adquiriram na voz e interpretação de Silvio uma dimensão romântica insuperável pela naturalidade e, principalmente, pelo sentimento que conseguia transmitir às interpretações, difícil de se repetir na voz de outros cantantes.

A voz saía de sua privilegiada garganta sem nenhum esforço, fluindo com uma naturalidade de encantar o ouvinte, sem utilização de recursos vocais de sabor duvidoso, capaz de comprometer a seriedade da interpretação, de que são magníficos exemplos as gravações feitas nos anos 30:

Serenata, de 1935 (Silvio Caldas / Orestes Barbosa): "Dorme / Fecha esse olhar entardecente / Não me escutes nostálgico a cantar / Pois não sei se feliz ou infelizmente / Não me é dado beijando te acordar.";

Santa dos meus amores, de 1935 (Silvio Caldas / Orestes Barbosa): "O mar de franjas e plumas / Em gargalhadas de espumas / Nas tardes de resplendor.";

Torturante ironia, de 1935 (Silvio Caldas / Orestes Barbosa): "Tu sobes esse barranco / Sujando o vestido branco / pisando as pedras do chão /Mas sem saber na verdade / Que desde lá da cidade / Tu pisas meu coração.";

Boneca, de 1935 (Benedito Lacerda / Aldo Cabral): "Eu vi numa vitrine de cristal / Sobre um soberbo pedestal / Uma *boneca* encantadora.";

Quase que eu disse, de 1935 (Silvio Caldas / Orestes Barbosa): "Da mágoa que me devora... / E, quase que eu disse, agora / O nome dessa mulher.";

O nome dela não digo, de 1936 (Silvio Caldas / Orestes Barbosa): "Como quem crença não acha / Como quem passa a borracha / Num lindo trecho que errou.";

Isis, de 1936 (Benedito Lacerda / Jorge Faraj): "Ao sol do teu formoso olhar / Aberto em flor, meu incolor viver floriu, / A noite atroz do meu penar / Se ornamentou de luz quando você surgiu.";

Arranha-céu, de 1937 (Silvio Caldas / Orestes Barbosa): "Nesses delírios nervosos / Dos anúncios luminosos / Que são a vida a mentir.";

Chão de estrelas, de 1937 (Silvio Caldas / Orestes Barbosa): "Nossas roupas, comuns, dependuradas, / Nas cordas, qual bandeiras agitadas, / Pareciam um estranho festival.";

Cigana, de 1937 (Romualdo Peixoto (Nonô) / Paulo Roberto): "E dei-te a mão e nossas mãos tremeram / Meus olhos nos teus olhos se perderam / E fiquei mudo e não disseste nada...";

Mágoas de um trovador, de 1938 (Manezinho Araújo / J. Cascata): "A natureza / Ao ouvir os meus queixumes / Maliciosa encheu-se de ciúmes / Sabendo que dormias, também dormiu.";

Suburbana, de 1938 (Silvio Caldas / Orestes Barbosa): "Olho as estrelas, cansadas / Que são lágrimas douradas / No lenço azul lá do céu.";

Falsa felicidade, de 1938 (Paulo Medeiros): "O teu olhar cristalino / Que para mim foi divino /Mas que meus sonhos matou.";

Maria, de 1932/1939 (Ary Barroso / Luiz Peixoto): "Maria, o teu nome principia / Na palma da minha mão / E cabe bem direitinho / Dentro do meu coração.";

Deusa da minha rua, de 1939 (Jorge Faraj / Newton Teixeira): "Na rua uma poça d'água / Espelho de minha mágoa / Transporta o céu para o chão.".

E na década de 40, quando o canto seresteiro já sentira um certo arrefecimento, mas ainda presente o romantismo remanescente dos anos 30, Silvio gravaria composições do porte de:

Kátia, de 1940 (Victor Bezerra / Georges Moran): "São noites de vigília / Noites que não têm fim / Em que não penso em mim.";

Três lágrimas, de 1941 (Ary Barroso): "Eu chorei / Pela primeira vez na minha vida / Quando minha vida se complicou.";

Meu amigo violão, 1943 (Georges Moran / J. G. de Araújo Jorge): "Quando fico triste a sós / Eu e a minha dor / Canto e ouvindo a minha voz / Penso em nosso amor.";

Modinha, de 1943 (Jaime Ovale / Manoel Bandeira): "Por sobre a solidão do mar / A lua flutua / E uma ternura singular / Palpita em cada coração...";

Ninotchka, de 1943 (Georges Moran / Christóvão de Alencar): "Naquela tarde sombria eu te vi / E nem sei o que senti / Naquela tarde sem me aperceber / Eu comecei a sofrer.";

Serrana, de 1943 (Alberto Ribeiro / José Judice): "Dentro da noite / Os seus olhos de brinquedo / Têm poesia, tem segredo / Como o céu azul de anil.";

Valsa do meu subúrbio, de 1944 (Custódio Mesquita / Evaldo Ruy): Valsa triste, velha valsa / Das serestas nas noites de lua / Ainda hoje tu emprestas / Teu lamento aos cantores da rua.";

Minha casa, de 1946 (Joubert de Carvalho): "Inda agora estou esperando / Uma rede para mim / A embalar de quando em quando.".

E mesmo na década de 1950, o seresteiro ainda conseguia deixar gravado seu canto, essencialmente romântico, que parecia nunca querer acabar e que ele, para nosso enlevo, jamais abandonaria:

Cabelos cor de Prata, de 1951 (Silvio Caldas / Rogaciano Leite): "*Meus Cabelos cor de Prata* / São beijos de serenata / Que a lua mandou pra mim.";

Flamboyant, de 1953 (Joubert de Carvalho): "Flamboyant eu te contemplo / No bailar das tuas flores / No enfeitar a minha rua / Rua dos meus amores.";

O silêncio do cantor, de 1953 (David Nasser / Joubert de Carvalho): "Tu só tu, madeira fria / Sentirás toda agonia / do silêncio do cantor.";

Alucinação, de 1953 (Newton Teixeira / Djalma Macieira do Nascimento): "Do meu cigarro então sobe a fumaça / Enquanto o vento canta na vidraça / A sinfonia triste da saudade.";

Poema dos olhos da amada, de 1954 (Vinicius de Morais / Paulo Soledade): "Oh! minha amada / Que olhos os teus / São cais noturnos / Cheios de adeus.";

Turca do meu Brasil, de 1955 (Silvio Caldas / Orestes Barbosa): "Sonhei um sonho de luxo / Um lago e ao centro um repuxo / A interrogar para o azul.";

Serenata do adeus, de 1959 (Vinicius de Morais): "Ai a lua que no céu surgiu / Não é a mesma que te viu / Nascer nos braços meus."

Todas, sem exceção, verdadeiros clássicos do romantismo brasileiro, que, mesmo nos dias de hoje, tantas décadas decorridas, ainda são capazes de encantar novos ouvintes, de enternecer corações.

Jairo Severiano, traçando pequeno paralelo sobre os quatro melhores cantores brasileiros, disse sobre Silvio Caldas : "Foi, também, dos quatro, o de carreira mais estável, o de repertório mais bem escolhido e o que soube melhor usar a voz ."(Jairo Severiano, *Dicionário Ricardo Albin de Música Popular Brasileira* - http://cravoalbin.ibast.com.br).

Quando a Academia Brasileira de Letras concedeu-lhe a Medalha Machado de Assis, matéria detalhada adiante, o Acadêmico Arnaldo Niskier referiu-se a ele assim: "Nenhum cantor se lhe compara, em longevidade e na qualidade do seu repertório e do seu próprio comportamento como cantor e compositor." (*Revista da Academia Brasileira de Letras*, ano 88, v. 155, p. 141).

Rui Ribeiro chama a atenção para um aspecto da carreira do seresteiro, sobre o qual muito se tem escrito:

> Dono de sensibilidade invulgar na escolha do repertório, consagraria também belas páginas de outros compositores, como *Cigana* (Nonô e Paulo Roberto), *Deusa da minha rua* (Newton Teixeira e Jorge Faraj), *Da cor do pecado* (Bororó).

> Sua fama persiste ainda nos dias de hoje e é atestada pelos numerosos qualificativos que recebeu: O Seresteiro do Brasil, O Caboclinho Querido, O Poeta da Voz (Obra citada, p. 28).

Orlando Silva dizia que "Silvio Caldas tinha um gosto incrível para selecionar seu repertório. Tinha não, tem." (J. M. M. Mangia / O. A. de Castro, *O Cantor das Multidões*, p. 63).

Silvio também deixou registrados alguns clássicos do carnaval carioca, como, por exemplo, *Linda lourinha* (João de Barro), de 1934, *Pastorinhas* (Noel Rosa / João de Barro), de 1938, *Florisbela* (Nássara / Frazão), de 1939, *Andorinha* (Silvio Caldas), de 1940, *Gaivota* (Silvio Caldas / Eratostenes Frazão), de 1941, *Anda Luzia* (João de Barro), de 1947, etc.

Ary Vasconcelos, referindo-se ao repertório do Caboclinho, sempre voltado para nossas coisas, livre de influências estrangeiras que sempre infestaram a nossa música, reconheceu que ele, "coerentemente, é o mais brasileiro de todos." (Ary Vasconcelos, encarte do *CD Sylvio Caldas*, Revivendo, RVCD-013).

Já próximo de sua partida, o Caboclinho gostava de dizer que queria ser lembrado por sua música *Chão de estrelas*. Dessa vez será impossível concordar com o velho seresteiro, pois quem deixou o repertório da qualidade que deixou, será difícil ser lembrado apenas por uma única música, em que pese a grandiosidade da canção referida. São tantas as suas criações, tantos os clássicos que ainda estão a desafiar o tempo, que certamente seria um contrasenso concordar com o cantor.

Se *Chão de estrelas* firmou-se pela beleza de sua composição literária, de versos belíssimos e sempre enaltecidos, outras composições do cantor, por outro lado, podem ser consideradas do mesmo nível de qualidade, se observado por exemplo, o romantismo de que se revestiram, de versos igualmente bem constituídos, melodias perfeitas.

Silvio Caldas será sempre lembrado não por uma ou outra música, mas pelo conjunto de sua obra, de excepcional qualidade técnica, que o fez, nesse campo, "dar um banho homérico em seus concorrentes", como muito bem registrou o consagrado escritor Carlos Heitor Cony (*Revista Manchete*, ed. de 14 de fevereiro de 1988, p. 38).

CAPÍTULO IX

PARCEIROS NO CANTO

Na segunda metade dos anos 20, foram criados no Rio de Janeiro, dois grupos vocais que fizeram sucesso: o primeiro, criado em 1926, chamado de "Turunas da Mauricéia", como o nome indica oriundos de Pernambuco e composto por Luperce Miranda, Augusto Calheiros, Manuel de Lima, Piriquito (João Frazão), Romualdo Frazão e João Miranda, que estrearam no Rio de Janeiro, em 1927, cantando gêneros musicais do sertão nordestino, como embolada e coco, fazendo grande sucesso; o segundo, inspirado no primeiro, criado em 1929, foi denominado de "Bando dos Tangarás", composto por Almirante, João de Barro, Alvinho, Henrique Brito e Noel Rosa. No seu início, o "Bando dos Tangarás" vestia-se de acordo com a indumentária nordestina e seu primeiro disco não escondia essa identificação: *Minha viola* e *Festa no Céu*, ambas de Noel Rosa. Na seqüência do sucesso desses grupos, foram criadas várias duplas, a mais famosa delas constituída por Francisco Alves e Mário Reis, que faziam carreira solo e fizeram juntos estrondoso sucesso. Pouco tempo depois, surgiram os Irmãos Tapajós, a Dupla Preto e Branco e Joel e Gaúcho, etc.

Nos anos 30, era comum a formação de duplas. Depois da dupla Francisco Alves/Mário Reis surgiu Jonjoca e Castro Barbosa, esta imitando aquela. Eram duplas, por assim dizer, permanentes e gravaram muitas composições, algumas verdadeiros clássicos do nosso cancioneiro popular.

As duplas de que Silvio participou eram ocasionais, feitas para a gravação de um disco, às vezes um pouco mais, como ocorreu nas gravações com Carmen Miranda. No Rádio, Silvio formou dupla com Luiz Barbosa e, depois, com Ciro Monteiro.

Além de atuarem no rádio, Silvio e Luiz gravaram um disco, deixando registrada a excelência de suas interpretações, demonstando a intimidade que ambos tinham com o gênero. Depois de dissolvida a dupla, Silvio formou uma nova com Ciro Monteiro, não deixando, porém, nenhuma gravação em disco.

Embora não tenha constituído no disco uma dupla permanente, como fizera no Rádio com Luiz Barbosa e Ciro Monteiro, Silvio Caldas gravou em dupla com diversos outros cantores, dentre os quais Francisco Alves e Carmen Miranda.

Em um apanhado que consegui fazer, sobre sua carreira, enumerei as gravações seguintes, realizadas no período que vai de 1930 a 1972:

1) Com Carmen Miranda gravou:

- *Deixa disso* - samba (Ary Barroso), de 1930
- *Foi ele... Foi ela* (Joubert de Carvalho / Paulo Roberto), de 1931
- *Gira* - samba (Ary Barroso), de 1931
- *Isto é xodó* - marcha (Ary Barroso), de 1931
- *É de Trampolim* - marcha (Joubert de Carvalho), de 1932
- *Quando a saudade apertar* - marcha (André Filho), de 1934
- *Fon-fon* - samba (Ary Barroso), de 1937
- *Quando eu penso na Bahia* - samba-jongo (Ary Barroso), de 1937
- *Onde vai você, Maria?* - samba (Benedito Lacerda / Darci Ribeiro, de 1937

Obs:

a) Silvio foi o primeiro cantor a gravar em dupla com Carmen Miranda, em 1930;

b) Carmen Miranda tinha nele seu parceiro favorito;

c) *Quando a saudade apertar* foi aproveitado pelos compositores J. Cascata e Leonel Azevedo para dar título a uma valsa gravada por Orlando Silva, em 1937;

d) a Victor anunciava Carmen e Silvio como um "dueto muito feliz";

e) Carmen Miranda era contemporânea de Silvio e estreou no disco primeiro que ele, quando gravou *Não vás s'imbora* e *E o samba é moda*, ambos de Josué de Barros, em fins de 1929;

f) por sua vez, Silvio estreou no disco em 23.01.30, ou seja, pouco tempo depois, quando gravou *Amoroso*, parceria dele com Quincas Freire;

g) como se verifica, Carmen e Silvio estrearam no disco quase na mesma época, ambora ele já fosse mais antigo no rádio.

2) Com Eliza Coelho gravou:

- *Batuque* (Ary Barroso), de 1931
- *Terra de Yayá* - samba (Ary Barroso), de 1931

3) Com Murilo Caldas gravou:

- *Pobre e esfarrapada* - samba (Ary Barroso), de 1932

Obs:

Murilo Caldas era irmão do Silvio Caldas e, como este, cantor e compositor. Morreu também em São Paulo, dois anos depois de Silvio.

4) Com Breno Ferreira gravou:

a) *Tracuá me ferrô* - desafio (Sátiro de Melo), de 1930

5) Com Gastão Formenti gravou:

- *Saudade gaúcha* - canção (Bonfíglio de Oliveira), de 1933

6) Com Luiz Barbosa gravou:

- *Cheio de saudade* - samba (Mário Travassos de Araújo), de 1933
- *Alô, mossoró* - samba (Mário Travassos de Araújo - 1933

Obs:

Segundo Sérgio Cabral (*A MPB na era do rádio*, p. 48), a RCA Victor lançou uma gravação que mereceria figurar na história da música popular brasileira como uma das melhores manifestações da bossa dos cantores de samba. O disco reuniu dois sambas do compositor e pianista Mário Travassos de Araújo, *Alô mossoró* e *Cheio de saudade*, interpretados genialmente pela dupla Silvio Caldas e Luis Barbosa. Eles repetiram no disco uma brincadeira que faziam no Programa Casé, "apresentando-se juntos em terça e valorizando o breque do samba. Ou seja, aproveitaram os intervalos da música para improvisar versos novos ou para introduzir, simplesmente, uma palavra se o intervalo fosse muito pequeno." Autêntico show de ritmo e de bossa dos dois grandes intérpretes.

7) Com Francisco Alves gravou:

- *Vitória* - samba (Romualdo Peixoto, "Nonô" / Noel Rosa), de 1933
- *Tristezas não pagam dívidas* - samba (Manoel da Silva), de 1932

Obs:

a) *Vitória* era do repertório do Silvio Caldas. Não consta o nome de Chico no selo do disco: b) *Tristezas não pagam dívidas* era do repertório do Chico Alves. Não consta o nome de Silvio no selo do disco. Na época em que gravaram essas duas composições, Chico e Silvio pertenciam a gravadoras diferentes, sendo esse o motivo pelo qual não poderiam ter seus nomes incluídos nos selos dos discos.

8) Com Benedito Lacerda gravou:

- *A nega sumiu* - samba (Benedito Lacerda), de 1931

Obs:

Benedito Lacerda andou realizando algumas gravações, como cantor, no início de sua carreira.

8) Com Gidinho gravou:

- *Meu limão, meu limoeiro* - samba (D.P. - Arranjo de José Carlos Burle), de 1937

10) Com Orlando Silva e Ciro Monteiro gravou:

- *Rosinha* - samba (Hebert de Bôscoli / Mário Martins), de 1941

Obs:

Gravação clássica, com três grandes nomes da música popular brasileira em plena forma e no auge do sucesso.

11) Com Elizeth Cardoso gravou:

- *Consolação* (Vinicius de Morais / Baden Powell)
- *Meus 20 anos* (Silvio Caldas / Wilson Batista)
- *Chão de estrelas* (Silvio Caldas / Orestes Barbosa)
- *Mente ao meu coração* (Francisco Malfitano)
- *Serra da Boa Esperança* (Lamartine Babo)
- *O Amor é assim* (Sivan)
- *Tristezas não pagam dívidas* (Manoel Silva)
- *A noite é grande* (Antônio Maria / Fernando Lobo)
- *O Amor e a rosa* (Pernambuco / Antônio Maria)
- *Fita amarela* (Noel Rosa)
- *Coração* (Alberto Ribeiro)
- *Foi uma pedra que rolou* (Pedro Caetano)

Obs:

Estas gravações foram feitas em 1971, em dois álbuns que tiveram grande repercussão na época. Segundo o diretor-geral de produção da Copacabana, Emílio Vitale, apesar do interesse reiteradamente demonstrado pela gravadora, o projeto levou doze anos para se concretizar, pela dificuldade de conciliar espaço na agenda desses dois notáveis intérpretes. Silvio Caldas já estava com 63 e Elizeth Cardoso com 51 anos de idade.

12) Com Carmélia Alves gravou:

- *Bandeirinha brasileira* (Hervê Cordovil / Oswaldo Mota), de 1972
- *Lá vem meu rancho* (Hervê Cordovil), de 1972

13) Com Patrício Teixeira gravou:

- *Sá colombina* (motivo-popular) - samba (Arranjo: Patrício Teixeira / Lulu Flor do Ambiente), de 1932

Obs:

Participaram do coro, Silvio Caldas, Francisco Alves e Murillo Caldas, conforme diz Patrício Teixeira na própria gravação. Não consta o nome deles no selo do disco nem no catálogo da Victor.

CAPÍTULO X

OUTROS GÊNEROS MUSICAIS

Além de seresteiro e sambista famoso, Silvio também fez sucesso no Carnaval, tendo deixado gravadas belas canções carnavalescas, principalmente nos anos 30. Participante ativo do Carnaval, no ano de 1935, num movimento de rebeldia dos cordões carnavalescos, Silvio Caldas foi coroado "Rei Momo" do Carnaval carioca, destronando o decorativo Rei Momo.

Fácil para ele, identificado com o carnaval desde 1913, quando com apenas cinco anos de idade saía cantando pelas ruas de São Cristóvão, à frente do bloco Família Ideal. Essa coroação é o reconhecimento público inconteste de sua identificação com o Carnaval carioca.

São exemplos de sua rica e vitoriosa criação carnavalesca as seguintes composições:

a) em 1933, registrou seu primeiro sucesso carnavalesco, a marcha *Segura esta mulher*, de Ary Barroso;
b) em 1934, por exemplo, fez grande sucesso com o samba *Vou partir* e a marcha *Linda lourinha* (ambos de João de Barro);
c) em 1935 venceu o concurso oficial na categoria marcha, sendo o campeão do Carnaval carioca, com *Coração ingrato* (Antônio Nássara e Eratóstenes Frazão);
d) em 1937 teve sucesso no Carnaval com a marcha *A menina presidência* (Antônio Nássara e Christóvão de Alencar);

e) em 1938, foi escolhido Cidadão Samba e gravou a marcha *Pastorinhas* (Noel Rosa e João de Barro), vencedora na categoria do concurso carnavalesco oficial, quando fez estrondoso sucesso;
f) em 1939, com a marcha *Florisbela* (Nássara e Frazão) venceu o concurso oficial, deixando em segundo lugar *A jardineira* (Benedito Lacerda e Humberto Porto), estupendo sucesso na voz de Orlando Silva;
g) em 1940, registrou a bonita marcha *Andorinha*, de sua autoria[1];
h) em 1941, gravou a belíssima marcha *Gaivota*, dele e de Eratóstenes Frazão;
i) em 1945, fez sucesso com o samba *Fica doido varrido* (Benedito Lacerda e Eratóstenes Frazão);
j) em 1947, voltou a fazer sucesso com a marcha *Anda Luzia* (João de Barro);
l) em 1950, esteve bem representado com o samba *Obrigado doutor*, de Antônio Nássara e Roberto Martins, com acompanhamento da Orquestra Tabajara, de Severino Araújo;
m) ainda em 1950, gravou outra bela marcha, *Amada mia*, de Roberto Roberti e Arlindo Marques Júnior;
n) em 1951, fez sucesso com o samba *Nos braços de Isabel* (dele em parceria com José Judice).

Em 1981, aos 73 anos, "puxou uma escola de samba - de pé, no asfalto, sob a chuva." (David Nasser, *Parceiro na Glória*, p. 25).

Além dessas, outras belas composições de Carnaval merecem registro, como a marcha *Mentira carioca* (César Brasil e Jorge Faraj)[2], de 1939 e a marcha-rancho *Velhos carnavais* (Antônio Bruno), de 1961, sendo essa, talvez, sua última composição carnavalesca.

Gravou o desafio *Tracuá me ferrô* (Sátiro de Melo); gravou o fox-trot *Sou um Enamorado errante* (Rudy Vallée / Leon Zimmerman / Gerald), de 1930, quando estava iniciando sua carreira no disco, composição que seria a primeira e última versão por ele cantada, pois, a partir daí, só gravaria música brasileira, que sempre foi sua grande paixão. Silvio não gostava nem de versões, nem de boleros.

Sobre a versão *Sou um namorado errante* por ele gravada em 1930, Silvio diz que gravou por exigência do diretor da Victor, Mr. Evans, uma vez que precisava assinar um contrato com essa gravadora e se recusasse o pedido poderia não ter assinado esse contrato, de que ele tanto necessitava. Foi a quarta gravação do cantor na Victor, se considerada a ordem de numeração no selo dos discos (Depoimento prestado por Silvio Caldas ao jornalista Cid Carvalho)[3].

Consta ainda da discografia de Silvio um tango-canção: *Triste caboclo* (R. B. Costa Branco), de 1930 [4]. Ele gravou um tango, *Despertar da montanha* (Eduardo Souto e Francisco Pimentel); o fox-canção *Tenho um segredo* (Custódio Mesquita), de 1932[5]; uma embolada, embora no disco haja o registro de samba: *Balaco-baco* (Rogério Guimarães); e um desafio, *Tracuá me ferrô* (Sátiro de Melo). Não muito mais que isso.

---

1. A letra bem construída, com requintes poéticos, chegou a causar dúvidas de que fosse de fato Silvio o seu autor. O tempo passou sem denúncia ou contestação, o que indica que a letra era realmente do Caboclinho:

   Bailarina serena
   Que traça no espaço
   Uma doce esperança
   Esperança brejeira
   Que traz a saudade primeira
   De alguém que partiu.

   (*Andorinha*, letra e música de Silvio Caldas, 1940).

   O Caboclinho Querido, - o renitente seresteiro -, estava inspirado ao compor essa marcha para o carnaval de 1940.

2. Jorge Faraj, um dos maiores compositores brasileiros, injustamente esquecido, dava um jeito de ser romântico até em música carnavalesca:

   Mas a mentira do teu beijo tem
   Um certo quê que me faz muito bem
   E eu sou capaz de acreditar
   Na mentira furta-cor do teu olhar

   (*Mentira Carioca*, César Brasil / Jorge Faraj, de 1938)

3. Esse fox-trot é o conhecido *Sou um namorado errante*, já comentado em outra parte deste trabalho. A *Revista PhonoArt* (n. 43, p. 38, de 30 de maio de 1930), assinala:

> Com effeito, no disco Victor nacional n. 33.274, pôde-se ouvir o fox-trot que nos vem sob o nome de "Sou Um Namorado Errante", com parte do estribilho por Sylvio Caldas em portuguez de a valsa Amor, transformada também em fox-trot e com a parte vocal entregue a Jesy Barbosa, que também canta uma letra em portuguez. O resultado geral foi bastante satisfactório e a Orquestra Victor acompanha com perícia.

4. Sobre o tango-canção *Triste caboclo*, de (R. B. Costa Branco), sabe-se que apesar de constar na discografia oficial de Silvio, ninguém o conhece. No catálogo de registros da Victor consta que esse tango-canção foi de fato gravado por Silvio Caldas, no Rio, em 1930, em duas provas, mas não chegou a ser lançado. O número do disco era 33.291-B, gravado em 17/04/30. No registro consta a referência *drop!*, escrito a lápis e logo a seguir *destruído em julho de 1931*.

5. Disco de estréia desse notável compositor, cujas criações fariam, adiante, extraordinário sucesso na voz do seresteiro maior.

CAPÍTULO XI

CRIADORES DE ESCOLAS

Quais os cantores populares que fizeram escola em nossa música popular? Ary Barroso, já citado anteriormente, referiu-se expressamente a Francisco Alves e Silvio Caldas, no canto masculino, e Elisinha Coelho e Carmen Miranda, no canto feminino. (Sérgio Cabral, *No tempo de Ary Barroso,* Lumiar Editora, p. 146).

Silvio tinha uma visão um pouco mais ampla sobre o assunto.

Sem comentar os estilos de cada um desses cantores e sua importância histórica no cenário musical brasileiro, talvez não seja exagero afirmar que o canto popular brasileiro (masculino), a partir de Francisco Alves, Silvio Caldas e Mário Reis, estaria definitivamente traçado, pela influência que eles exerceriam nas gerações seguintes de cantores.

Ary Barroso, em fevereiro de 1935, afirmava, criticando os novos cantores que, "ao invés de assumirem personalidade própria, querem imitar os grandes ídolos da música popular." (Sérgio Cabral, *No tempo de Ary Barroso,* Lumiar Editora, p. 146).

E conclui:

> Aparece um cantor novo. Os ouvintes, sedentos de novidade, esperam alguma coisa diferente. O estreante começa a cantar e a gente começa a sentir ou Francisco Alves ou Silvio Caldas na voz do rapazinho. Vem uma cantora. Com reclame. Com barulho. Estardalhaço. Se não imita Carmen, procura ser Elisinha. É a lei do menor esforço. Preferem imitar (Idem).

Sobre esse tema, o criador de *Maria* comenta com o jornalista Cid Carvalho:

> [...] alguns esteios da música popular, que foram criadores, que fizeram escolas: Vicente Celestino, Augusto Calheiros, Francisco Alves, Mário Reis, Carmen Miranda, eu mesmo e Aracy de Almeida. (Depoimento prestado ao jornalista Cid Carvalho, anexo).

Há quem diga que o Caboclinho, "um dos nossos gênios criadores", sofreu, no seu início, alguma influência de Francisco Alves que, por sua vez, influenciou cantores do porte de Carlos Galhardo, João Petra de Barros e Castro Barbosa, e, dizem, foi influenciado por Vicente Celestino, que teria sofrido influência de Mário Pinheiro, da "Casa Édison." Orlando Silva, que sofreu influência de Silvio Caldas, por sua vez influenciou, dentre vários outros, Gilberto Alves, Gilberto Milfont e Nelson Gonçalves e este influenciou Jorge Goulart, Carlos Nobre, etc. E assim a história vai se repetindo, porque há sempre influências iniciais, que os novos valores sofrem quando iniciam suas carreiras. Isto, sem deixar de admitir que os mesmos ídolos, aqui e ali, tiveram pontos de convergências entre si.

No que me foi possível observar, essas influências, coincidentemente, se fazem mais presentes quando maior é o sucesso do ídolo. Francisco Alves, por exemplo, teve na sua cola cantores do porte de João Petra de Barros, Castro Barbosa, Carlos Galhardo, estes os mais famosos, que surgiram exatamente quando maior era o sucesso do Rei da Voz.

Silvio, no início da carreira, influenciou cantores do porte de Orlando Silva, Ciro Monteiro, Floriano Belham, Moreira da Silva, Déo, Jorge Veiga, etc. Posteriormente, influenciou, numa segunda fase, já nos anos 50, uma nova geração de cantores, como Jorge Goulart, Carlos Augusto, Sólon Sales, Ernani Filho, Abílio Lessa, Mário Martins, Paulo Roberto, etc.

É de Floriano Belham este comentário:

> Em fins de 1936, encontrei o Noel no Programa Casé. Já estava muito magro, doente. Ficamos conversando sobre mú-

> sica. Ele me disse: - Engraçado, Floriano, a gente se conhece há tanto tempo, já fizemos tanta serenata, nos encontramos em tantos lugares e no entanto você nunca gravou nada meu. Sabe de uma coisa? Acho que tenho aqui um samba que casa muito bem com o seu estilo de cantar. Sempre cantei no estilo do Silvio Caldas, um repertório mais romântico, de valsas-canções, serestas, sambas dolentes. Noel me mostrou então o tal samba que casava com o meu jeito de cantar. Era simplesmente o *Último Desejo*. Sabe o que eu disse a ele? - Muito bonito, Noel, mas não é o meu gênero. Até hoje não me perdôo (Floriano da Costa Belham, citado por João Máximo e Carlos Didier, em *Noel Rosa, Uma Biografia*, Ed. Universidade de Brasília, 1990, p.445).

É interessante notar a influência de Caldas no cantor Moreira da Silva em algumas músicas gravadas entre os anos de 1940 e 1941, conforme se pode verificar nas músicas *Olha a cara dela* (Moreira da Silva e Geraldo Pereira), de 1940, *Mendigo de amor* (Oduwaldo Lacerda / Gastão Viana), de 1941 e outras da mesma época. O interessante dessa observação é que a influência não é notada nos anos iniciais da carreira do cantor, mas, sim, quase dez anos depois de sua estréia no disco. Observe-se, ainda, que em 1933, no samba *É batucada* (Caninha /Visconde de Pychoyba) Moreira pôs um breque (escola!) que é a cara do Silvio Caldas.

Na mesma época essa influência ocorrera com Jorge Veiga:

> Enquanto Moreira estourava no Carnaval carioca, Jorge Veiga ganhava a vida pintando paredes, embora também tivesse uma inclinação toda especial pela música. Não perdia uma seresta ou baile no subúrbio carioca. Nessas ocasiões, deixava o pincel de lado e virava dublê de cantor. Fã de Silvio Caldas - o maior cartaz da época - Jorge Veiga adotava estilo semelhante ao do Caboclinho. Influenciado por ninguém menos do que Heitor Catumbi, amigo e parceiro de Moreira da Silva, resolveu mudar de repertório... Embora Veiga teimasse em imitar Silvio

> Caldas, Catumbi resolveu aconselhá-lo a tentar outro caminho (Alexandre Augusto, in: Moreira da Silva, *O Último dos Malandros*, ed. Record, 1996, p. 132).

E também outro valor do rádio paulista, Déo, depois cognominado de "Ditador de sucessos", que era visto como "dono de uma voz bem timbrada, vasto e escolhido repertório e boas gravações. Contudo, para a grande maioria do nosso público é tido como um artista que imita bem a Sylvio Caldas!" (*Revista Carioca*, de 02 de outubro de 1937, n. 102, p. 145).

Na coluna "Disco do Mês", a *Revista de Música Popular*, de 1956, comenta um disco lançado por Jorge Goulart, trazendo os sambas *Maria das dores* e *Graças a Deus ela não veio* e destaca: "dois sambas interpretados pelo cantor que não imita Silvio Caldas", não se sabendo se essa frase aspeada era uma espécie de apresentação do cantor Jorge Goulart ou era uma iniciativa da própria revista (*Revista de Música Popular*, Coleção Revista da Música Popular, ed. n. 1, p. 59) de 1954. Como a frase está aspeada, a primeira hipótese parece a mais lógica, embora num passado não tão distante Jorge Goulart cantaria influenciado por Silvio Caldas, não propriamente imitando sua voz, mas seu estilo de cantar.

Os novos valores costumam se espelhar nos cantores famosos, que estão mais em evidência no momento, embora no caso de Jorge Goulart não fosse exatamente isso. Jorge Goulart, que em meados dos anos 40, se deixaria influenciar por Nelson Gonçalves (*Paciência, coração*, de Benedito Lacerda e Aldo Cabral, de 1945, *A volta*, de Benedito Lacerda e Aldo Cabral, de 1945, *Nem tudo é possível*, de Aldo Cabral e Cícero Nunes, de 1945) e outras do mesmo período, cantaria no estilo de Silvio (*No fim da estrada*, de Wilson Batista e Nóbrega de Brito, de 1950), (*Luz dos olhos meus*, de José Carlos Burle, de 1950, *Falua*, de João de Barro e Alberto Ribeiro, de 1951), etc. Em ambos os casos, sem nenhuma necessidade, pois Jorge Goulart era dono de uma voz original.

Segundo me lembrou o pesquisador Aldo Santiago, o cantor português Francisco José era chamado de "Silvio Caldas de Portugal."

Uns logo encontraram seus caminhos, outros demoraram mais e alguns jamais conseguiram se livrar da influência. Talvez nem mesmo o quisessem!

Provavelmente, todos os cantores seresteiros dessa época, de uma forma ou de outra, sofriam algum tipo de influência de Silvio Caldas, até porque, como seresteiros, não poderiam deixar de cantar as criações do Caboclinho Querido, consideradas o máximo no gênero.

O seresteiro efetivamente fez escola em várias fases da sua carreira, influenciando muitos cantores e deixando uma obra admirável.

Sergio Cabral, descrevendo a origem do Rádio, e os cantores que desenvolveriam sua carreira a partir dos fins dos anos 20, refere-se ao cantor da seguinte forma:

> Silvio desenvolveria uma brilhante carreira, influenciando as novas gerações de cantores e recebendo elogios como o que lhe fez o grande intelectual Mário de Andrade (1893 - 1945) que considerou a sua voz a 'mais brasileira' entre as vozes de todos os cantores brasileiros (*A MPB Na Era do Rádio*, Ed. Moderna, p. 25).

Ary Vasconcelos discorrendo sobre os chamados Quatro Grandes, no que tange às repectivas escolas do canto, fazendo referência a uma escola de origem "mais européia" e a que seria a escola brasileira do canto, assim se definiu:

> É, ainda, de ressaltar-se que enquanto Chico e Galhardo seguiam uma linha mais "européia", Silvio e Orlando, filhos de músicos (Silvio, de pianista e Orlando de violonista), criados em meio de chorões, respectivamente em São Cristóvão, da Zona Norte e em Engenho de Dentro, subúrbio do Rio de Janeiro, consagraram o que poderia ser considerado a escola brasileira de canto em que predominam a espontaneidade e a improvisação (*LP Os Ídolos do Rádio*, contracapa, v. III, Collector's).

Jairo Severiano e Zuza Homem de Melo, ao comentarem uma das principais composições de Silvio, a canção *Serenata*, sucesso de 1935, reconhecem que ela "abriu a grande safra de canções de amor que imperaria nos anos seguintes" (*A Canção no Tempo*, v. 1, p. 137), ou seja a escola romântica brasileira.

Não será exagero afirmar que Silvio Caldas, pela sua obra, foi o mais brasileiro dos nossos cantores e a sua voz foi tida como "a mais brasileira" dentre todas, como registrou, com propriedade, o escritor Mário de Andrade.

CAPÍTULO XII

ASSIM SE FAZ A HISTÓRIA...

Francisco Alves, Silvio Caldas e Orlando Silva foram, realmente, os maiores nomes do canto popular brasileiro. Tiveram, em determinado momento histórico, papéis importantíssimos na formação da nossa música popular brasileira e é possível que em alguma ocasião tenham sofrido influências recíprocas.

Em rápidas pinceladas, eis um pequeno histórico de cada um desses três excepcionais cantores, que o destino caprichosamente fez nascer em períodos diferentes, com intervalos de 7, 10 e 17 anos, mas que se cruzariam durante algum tempo nesse palco fantástico que foram os anos de ouro da música popular brasileira, deixando marcas indeléveis dessa passagem.

FRANCISCO ALVES

Francisco Alves surgiu primeiro, nascido que foi no ano de 1898, tendo iniciado sua carreira profissional no disco em 1920, aos 22 anos de idade, em gravação mecânica, selo "Popular" e encerrado suas atividades quando faleceu, no ano de 1952, com 54 anos de idade e 32 de vida profissional. Foi, da sua geração, o que mais gravou, aproximadamente 500 discos, todos de cera, o equivalente a 84 LPS. Durante quase toda a década de 1930, foi o cantor mais popular do Brasil e sem dúvida alguma o de maior prestígio no meio radiofônico e cognominado de "Príncipe da Canção Brasileira", até 1933, e posteriormente, por iniciativa de César Ladeira, de "Rei da Voz", pela potência, beleza e extensão vocais. Era também compositor, principalmente das belíssimas valsas e canções que criou em parceria com outros compositores, particularmente as que foram feitas com o poeta Orestes Barbosa, algumas das quais verdadeiros clássicos do nosso cancioneiro popular, o que lhe assegurou a condição de excelente compositor. Bastavam essas composições para consagrá-lo, mesmo que não tivesse sido cantor. Foi também um excelente intérprete e era considerado um cantor eclético, pois sempre se saiu muito bem em todos os gêneros cantados por ele.

Para Ary Barroso, Francisco Alves foi criador de uma escola. Tido como o maior cantor do Brasil, durante mais de 30 anos de carreira, sem conhecer insucessos, Chico Alves manteve-se sempre como ídolo, deixando uma infinidade de clássicos de nossa canção popular, inclusive nos últimos anos de sua carreira, que, a rigor, se manteve sempre estável. Seu enterro no Rio de Janeiro foi um dos maiores já realizados no Brasil, um dos mais consagradores exemplos de como era querido, numa comovedora despedida do povo que o idolatrara.

Para muitos foi o maior cantor do Brasil: "uma voz que tem cristais e nuances de ocarinas; um gorjeio humano, impressionante e comovedor" (Orestes Barbosa, *Samba,* 2. ed. MEC-FUNARTE, 1978, p. 45).

SILVIO CALDAS

Silvio Caldas surgiu depois, pois nasceu oficialmente no ano de 1908 (ele admitiu ter nascido de fato em 1906), iniciando sua carreira no rádio em 1927, na Rádio Mayrink Veiga e profissionalmente, no ano de 1929, na Rádio Sociedade (tendo como colegas Francisco Alves, Gastão Formnenti, Patrício Teixeira, Rogério Guimarães, Estefana de Macedo, etc.) e no disco, em 1930, quando gravou pela primeira vez. Foi a mais longa carreira profissional de cantor no Brasil, pois atuou até o ano de 1994, com 86 anos de idade, vindo a falecer no dia 03 de fevereiro de 1998, com 89 anos, deixando, aproximadamente, 183 discos de cera, 60

LPs, 7 compact disc, 28 CDs e 1 DVD. Começou a se destacar logo no início dos anos 30, quando emplacou seu primeiro grande sucesso nacional, *Faceira*, de Ary Barroso. Firmou-se logo como um grande cantor de sambas, sendo considerado por muitos, nessa época, o maior cantor de sambas do Brasil. Foi excelente compositor, numa criação bastante variada, de bom nível técnico, principalmente nas composições feitas em parceria com Christóvão de Alencar e Orestes Barbosa, verdadeiras jóias do samba e da seresta, algumas registradas como clássicas do cancioneiro popular brasileiro. Com o lançamento de *Mimi*, em 1933, revolucionou, no dizer de Carlos Didier, o canto seresteiro do Brasil e, a partir do ano seguinte, com as gravações de *Santa dos meus amores*, *Serenata* e *Torturante ironia*, fixou, em definitivo, as bases da moderna seresta brasileira, passando a ser reconhecido como um grande cantor romântico e, na seqüência, o "Maior Seresteiro do Brasil", título que manteria para sempre.

Para Ary Barroso, Silvio Caldas foi criador de uma escola, influenciando numerosos cantores profissionais, com um estilo personalíssimo, incomparável. Além da beleza e extensão vocais, Silvio é considerado o melhor intérprete da canção popular brasileira, de todos os tempos, com seu romantismo natural e intimista.

ORLANDO SILVA

Orlando Silva, o mais novo dos três, pois nasceu em 1915, foi, como é lógico, o último a percorrer o caminho da glória. Depois de algumas tentativas, Orlando, então com 18 anos, teve a oportunidade de cantar, em junho de 1934, para Chico Alves, que, gostando da sua voz resolveu ajudá-lo a cantar no rádio, o que ocorreu com sua estréia na Rádio Cajuti, no mesmo mês de junho de 1934, num programa do próprio Francisco Alves. No final desse ano, fez suas primeiras gravações, para o Carnaval de 1935. Segundo o próprio Orlando, a partir de 1937, quando gravou a valsa *Lábios que beijei*, todos passaram a ter conhecimento de que havia um novo cantor. A partir daí não parou mais, passando a integrar o primeiro time da música popular brasileira. No início de 1938, registrou uma triunfante excursão a São Paulo, onde alcançou êxito extraordinário, arrebatando multidões. Na volta, no mês de fevereiro, foi cognominado pelo radialista Oduvaldo Cozzi de "O Cantor das Multidões", que o acompanharia por toda a vida. Cantor romântico por excelência, dono de belíssima voz, segundo muitos a mais preciosa de todas, Orlando teve um brilho excepcional, porém muito curto: de 1937 a 1942. De fato, até 1937, embora em fase crescente e em busca de um estilo definitivo, a carreira do cantor ainda não deslanchara completamente, especialmente em popularidade. Na verdade, o cantor só consolidaria sua carreira depois da gravação de *Lábios que beijei* e *Juramento falso*, ambos de J. Cascata e Leonel Azevedo, que fizeram um estupendo sucesso. Nessa fase intermediária, que vai de 1938 a 1942, realmente o "Cantor das Multidões" foi um fenômeno de popularidade e alcançou o melhor nível técnico de sua esplêndida e curta carreira, ou seja, dos 22 aos 27 anos de idade. A partir de 1943, o cantor entrou em decadência.

Segundo Pixinguinha e Francisco Alves, o notável criador de *Rosa* teve momentos em sua carreira inacessíveis a qualquer outro cantor brasileiro. Orlando veio a falecer, em 1978, aos 63 anos e sua última gravação ocorreu em 1973, quando lançou o LP "Orlando Silva, Hoje", quando tinha somente 58 anos. Teve, ao longo de sua trajetória, inúmeros seguidores.

SOB A PROTEÇÃO DE FRANCISCO ALVES

É verdade que essa época não produziu apenas esses três cantores. Em outro capítulo do presente trabalho isso já foi ressalvado. Os três foram citados, agora, porque tiveram participação direta (Chico/Orlando) ou indireta (Silvio/Orlando e Chico/Silvio) nos episódios que serão contados a seguir, abordando o início da carreira do notável cantor sob a proteção de Francisco Alves.

A matéria é interessante, porque biógrafos de Orlando Silva sempre passaram a idéia de que o famoso encontro no carro de

Chico Alves foi um acontecimento extraordinário, não pelo impacto que poderia causar no futuro da música popular brasileira, mas porque acabara de ser descoberto um cantor excepcional, completo, pronto para ganhar de imediato o estrelato, quando se sabe que a história não é bem assim. Mesmo ajudado por Chico Alves, que segundo seus próprios biógrafos, acompanhou os passos iniciais de Orlando, possibilitando seu acesso ao rádio, orientando-lhe sobre aspectos importantes que os cantores devem observar, dando dicas sobre o uso do microfone e sobre a própria maneira de cantar, Orlando passou quase um ano cantando e aprendendo, melhorando a voz, o canto e a interpretação, para poder se iniciar no disco, o que era ainda uma incógnita.

Jorge Aguiar, - autor de bela biografia de Orlando - refere-se ao famoso encontro no carro do Rei do Voz, em 1934. Respondendo a Chico Alves, que lhe pedira para cantar qualquer coisa, Orlando perguntou:

> O senhor conhece a valsa "Lágrimas"? - Mais ou menos, já ouvi por aí. É do Índio, não é? Ele aparece às vezes por aqui com Pixinguinha. Um grande compositor. - Sim. E é muito bonita. Quer ouvir? - Sim, claro. Capricha (Jorge Aguiar, *Nada Além*, p. 66).

Segundo o relato, foi essa a primeira música cantada por Orlando ante o cantor Chico Alves. Em seguida, Orlando Silva cantou *Faceira*, de Ary Barroso.

Por sua vez, outro biógrafo do Orlando, Rui Ribeiro, também descreve o momento do encontro de Orlando com Chico da seguinte forma:

> Ao deparar com Francisco Alves, que saía apressado do Café Nice, conseguiu também que o consagrado cantor ouvisse a nova revelação[1], dentro do seu carro, um Pontiac, placa 46-78, estacionado na Rua Chile. Sentado no banco de trás, Orlando interpretou vários sambas do repertório do Chico e de Silvio Caldas, finalizando com a valsa *Mimi*, de Uriel Lourival, já então acompanhado ao violão que o "Rei da Voz" fora apanhar no porta-malas do automóvel (Rui Ribeiro, *Or-*

lando Silva Cantor das Multidões, São Paulo, Ed. Livraria e Encadernadora Cruzeiro do Sul Ltda., p. 24, 1984).

O próprio Orlando Silva, em seu depoimento prestado no Museu da Imagem e do Som, assim se referiu ao encontro:

> Chico, autoritário, perguntou: "Menino, você canta mesmo? Tem voz?". Meio tímido, respondi: "Quem é que pode dizer que canta perto do Rei da Voz"... Quando chegamos ao carro, Chico sentou-se ao volante e mandou que eu ficasse no banco de trás. E ordenou: "Vamos lá, canta"... Eu sabia tudo que era música da época e, para sensibilizá-lo logo, comecei cantando o repertório dele. Chico ouviu com atenção, mas cortou e pediu que eu cantasse músicas de Silvio Caldas."... Mandei pra ele *Malandro sofredor*, de Ary Barroso, sucesso do Silvio. Terminei e ele perguntou se eu sabia *Mimi*, também do repertório do Silvio. Disse que sim e cantei. (Jonas Vieira, Orlando Silva - *O Cantor das Multidões*, Ed. Funarte, 1955, 56).

É do próprio Rui Ribeiro a informação, bem mais condizente com a realidade: "Embora tendo boa mostra, Francisco Alves julgou prudente um teste de microfone, feito na semana seguinte nos estúdios da Rádio Guanabara e no qual o candidato aprovou integralmente" (Rui Ribeiro, Op. cit., p. 24).

Segundo Jorge Aguiar, nesse teste "Orlando Silva escolheu, para as audições seguintes, dois números do repertório do Chico Alves: *Feitio de oração*, um bonito samba de Noel Rosa, gravado quatro anos antes, e a valsa Pálida morena, grande sucesso do Rei." (Op. cit., p. 80).

Na estréia na Rádio Cajuti, Orlando começou cantando *Mimi*, de Uriel Lourival e segundo Jorge Aguiar: "A escolha de *Mimi* se deu em razão do sucesso que alcançara a bela valsa de Uriel Lourival na gravação de Silvio Caldas, e por se adaptar perfeitamente ao estilo[2] do estreante." (Jorge Aguiar, Op. cit., p. 90).

Francisco Alves sentiu, com seu fantástico faro artístico, que tinha nas mãos um cantor de futuro, que, no entanto, ainda precisava "corrigir ligeiros defeitos", sem contudo imaginar que ele viria, poucos anos depois, escrever com letras de ouro sua história na música popular brasileira.

Depois de sua estréia na Rádio Cajuti, Orlando iniciou o processo inerente a todos os cantores estreantes em busca do reconhecimento artístico e da popularidade, sempre ansiando com a estréia no disco, passo fundamental para alcançar esse desiderato.

Esse caminho foi, passo a passo, sendo trilhado no rumo inexorável do sucesso, que foi conseguido numa estupenda consagração popular, embora não tenha sido tão rápido assim, no nível insinuado por seus fãs escritores.

EM BUSCA DO SUCESSO

Apesar de se iniciar no rádio, em junho de 1934, e no disco, em novembro do mesmo ano, com as músicas *Ondas curtas, Olha a baiana*, uma marcha e um samba, ambos de novembro de 1934, e *Chopp da Brahma*, marcha carnavalesca de janeiro de 1935, houve uma interrupção até agosto de 1935, quando, efetivamente, o cantor iniciou sua carreira no disco, através do samba-canção *No quilômetro* 2 e do samba *Para Deus somos iguais*. Mesmo depois de ter gravado *Para Deus somos iguais, Última estrofe, Lágrimas, Céu moreno, Chora, cavaquinho, Menina dos meus olhos, Apoteose do amor, Não foi por amor, Pela primeira vez, Tristeza* e várias outras importantes composições do seu repertório, ainda era um cantor em busca do reconhecimento do público e do próprio meio musical.

Em novembro de 1935, a *Revista Carioca (de* 09 de novembro de 1935, n. 03, p. 46.), dava a seguinte notícia num canto de página: "Orlando Silva appareceu no meio radiophonico através de um annúncio que Ary Barroso publicou num matutino: 'Precisa-se de um cantor'." A publicação errou quando informou que o aparecimento do cantor Orlando Silva se deu em face desse anúncio que, de fato, Ary Barroso publicou, quando se sabe que o cantor estreou no rádio graças à interferência de Francisco Alves. O fato de a revista da época, especializada em cinema e rádio, desconhecer o encontro do Rei da Voz com o cantor Orlando

Silva, é que ele não teve repercussão, ou seja, não teve divulgação na imprensa, ao contrário do que se passou a divulgar nas décadas seguintes.

E tanto isso é verdade que ele próprio, em seu famoso depoimento prestado ao Museu da Imagem e do Som, que resultou num álbum de vinil duplo, confessa que foi contratado para o elenco da Rádio Nacional, a partir de 1º de setembro de 1936, graças à interferência de Ismênia dos Santos, que era bastante influente nessa emissora e o indicou: "tem um menino, que grava na Victor, que canta que é uma beleza." Se ele foi contratado, como bem disse, graças à influência de uma amiga, é porque ainda não tinha o reconhecimento do público e do meio musical da época, daí precisar ainda de uma madrinha para ser lembrado.

Com relação a essa mesma fase, a *Revista Carioca* publicou uma foto das Irmãs Pagãs, com a seguinte legenda: "As Irmãs Pagãs e um figurante." O figurante era Orlando Silva.

Sobre a questão de popularidade dos cantores da época, a *Revista Carioca* de junho de 1937, em reportagem intitulada "Quantos telephonemas diários recebem os cantores de rádio?", que a revista chama de "uma estatística interessante", traz informação que parece próxima da realidade:

> Mas, enfim, graças a um grande esforço de repórtagem a *Carioca* conseguiu descobrir, dentre tantos 'astros e estrellas' dos microphones cariocas, os ídolos mais procurados pelos seus innuumeros 'fãns' telefônicos. Na devida ordem, são elles: Francisco Alves, Orlando Silva, Sylvio Caldas, Carmen Miranda, Sylvinha Mello, Nuno Roland, Odette Amaral, João Petra de Barros e outros. Estes são os cantores mais procurados pelos fãs (*Revista Carioca*, n. 87, p.38, de 16 de junho de 1937).

A mesma revista destaca o cantor Orlando Silva: "Um artista da nova geração de bons cantores", esclarecendo, no texto inicial, que: "a princípio, seu nome surgiu indeciso, entre a relação de cantores novos. Servindo-se de um gênero explorado por intérprete victorioso - Sylvio Caldas - Orlando conseguiu, no entanto, em pouco tempo, formar a sua personalidade" (*Revista Carioca*, n. 41, edição de 1º de agosto de 1938, p. 40).

Como se vê, a notícia é de agosto de 1938 e era essa visão que um importante órgão da imprensa do Rio de Janeiro tinha do cantor. Um bom cantor, sem dúvida, mas sem ter chegado ainda ao auge da técnica e da popularidade.

De fato, a partir desse ano, Orlando Silva alcançou a maioridade vocal e sua interpretação adquiriu contornos definitivos, que se caracterizariam, logo adiante, pelos falsetes e soluços que ele introduziu em nossa música popular e que seus fãs tanto idolatram, como registrou Jorge Aguiar: "Não mais se limitava apenas à interpretação do famoso soluço, magistralmente colocado, sempre no lugar certo (uma criação sua que proliferou como praga na música brasileira)" (Jorge Aguiar, Op. cit., p. 241).

Em reportagem publicada no *Estado de São Paulo,* edição de 28 de outubro de 2000, Ruy Castro assim discorre sobre o quesito popularidade, colocando a questão num ponto mais próximo da verdade:

> Francisco Alves aos 54 anos, ainda era o Rei da Voz e, disparadamente, o cantor mais popular do Brasil. Vendia mais discos, seu programa de rádio era o de maior audiência e seus shows arrastavam mais gente que os de qualquer outro... Ele foi o que hoje se chama vulgarmente de "fenômeno." Só que no seu caso o fenômeno foi real: era famoso num país sem televisão, sem telefones e sem estradas, em que comparativamente poucas pessoas tinham como tocar discos e o rádio era quase o único meio de comunicação. Considerando essas dificuldades pode-se garantir que nenhum outro cantor brasileiro, antes ou depois, foi tão popular. Orlando Silva chegou a superá-lo, entre 1937 e 1942, mas Chico Alves foi uma presença avassaladora na música durante 30 anos.

VERSÕES POLÊMICAS

Quando Orlando se tornou saudade e suas biografias começaram a aparecer, com elas surgiram uma série de pontos polêmicos, abaixo enumerados, por envolver dois outros grandes astros de nossa música popular, Francisco Alves e Silvio Caldas, todos concorrentes diretos na busca pela primazia da preferência nacional:

1) Francisco Alves teria ajudado Orlando Silva, no início de sua carreira, para "prejudicar" Silvio Caldas, então concorrente direto do cantor, "cuja sombra o estaria incomodando";

2) Por "exigência" de Francisco Alves, Orlando Silva passara a cantar músicas do repertório de Silvio Caldas, para prejudicá-lo, pois era nítida a influência de Silvio sobre o jovem cantor;

3) Francisco Alves estaria agindo assim face a "aberta animosidade" existente entre ele e Silvio Caldas;

4) Silvio Caldas teria "induzido" Orlando Silva ao vício, sendo, portanto, responsável pelo declínio e decadência do cantor.

Como se vê, são questionamentos que envolvem, direta ou indiretamente, os maiores cantores brasileiros, e que, vez por outra, são citados em reportagens que tratam da vida desses astros, como é o caso da versão surgida depois da morte de Francisco Alves, de que ele apenas ajudara Orlando Silva para "neutralizar" o cantor Silvio Caldas. Sobre essa intenção do Rei da Voz, acusado de interesseiro por alguns estudiosos de Orlando, assim se manifestou Jonas Vieira:

> Quando ele ouviu Orlando pela primeira vez (fez questão de que ele só cantasse o repertório de Silvio, como o próprio Orlando narra em seu depoimento sobre o encontro) não poderiam ser outras as suas intenções e a sua emoção, reveladas, é claro, subliminarmente, através de palavras de encantamento e aplauso (Jonas Vieira, Op. cit., p. 61).

Jorge Aguiar, outro biógrafo de Orlando, põe por terra a tese de que Chico Alves ajudara Orlando para prejudicar Silvio Caldas, diferentemente do que escreveu Jonas Vieira:

> Todos os sonhos de realização artística daquele talentoso aspirante a cantor teriam sucumbido, não fosse a sincera admiração e a generosidade daquele homem. A dedicação

> desinteressada de Francisco Alves, devotado à formação profissional do jovem Orlando Silva, constitui um dos mais belos capítulos da História da música popular brasileira (Jorge Aguiar, Op. cit., p. 85).

Ainda bem que, em outro trecho, o próprio Jonas Vieira, depois de levantar a dúvida, afasta a possibilidade de participação de Orlando Silva nessa versão: "Em nenhum depoimento, relato ou conversa, Orlando deixou transparecer o menor comentário que possa conduzir, mesmo superficialmente, a duvidar do comportamento sincero de Francisco Alves[...]" (Op. cit., p. 62).

Esse registro afasta a idéia de que a versão teve a participação do "Cantor das Multidões", o que pegaria realmente muito mal. Contudo, ao fazer essa ressalva, transferiu para outros a responsabilidade do fato, sem indicar a origem. Se não foi o Orlando Silva, quem teria sido?

Existe, porém, um fato concreto, que não pode ser afastado, descrito que foi por outros estudiosos do cantor, de que Orlando fora ajudado por Chico Alves a se iniciar no rádio, quando já estava se desiludindo dessa possibilidade. Isso é incontestável. Esse fato, de repente, foi esquecido cedendo lugar a uma outra história, ainda não devidamente esclarecida, de que a intenção de Francisco Alves era apenas a de prejudicar o Caboclinho.

Christóvão de Alencar, acima citado, amigo dos três grandes cantores, declarou que "não acreditava que a intenção de Francisco Alves fosse a de neutralizar e derrubar seu rival Silvio Caldas", "mas tão-somente a de pregar-lhe uma brincadeira, uma peça." (Jonas Vieira, Op. cit., p. 61).

Essa é uma versão que se desmancha por si mesma, pela manifesta incoerência, pois na hora em que Chico Alves acedeu ao pedido de Bororó para ouvir Orlando Silva, este simplesmente não existia no meio radiofônico, não sendo conhecido dos que faziam rádio. Se Chico demonstrou boa vontade em ouvir Orlando, sem saber quem ele era, ou como cantava, sua ação foi, logicamente, desinteressada.

Além do mais, na narração de Jonas Vieira chega-se à conclusão de que as "palavras de encantamento e aplauso" do cantor Francisco Alves não correspondiam, como se poderia supor, ao sentimento maravilhado de Chico ante o canto de Orlando, mas, apenas, à antevisão da possibilidade de que, através desse cantor, pudesse prejudicar Silvio Caldas. Na descrição, Jonas Vieira, é taxativo: "não poderiam ser outras as suas intenções e a sua emoção." (Op. cit., p. 61).

INTERESSE NÃO COMPROVADO

Já que a versão de que Chico agira de forma "interessada" em prejudicar Silvio fora criada, era preciso encontrar o motivo que tivesse despertado nele tal possibilidade. Por quê? A única justificativa encontrada para explicar essa "intenção" seria, segundo Jonas Vieira, a "sombra" do cantor Silvio Caldas, que estaria incomodando o "Rei da Voz."

É assim que Jonas Vieira justifica:

> Por mais que Orlando o impressionasse, não tinha sentido o próprio Francisco Alves festejar e colocar mais um concorrente no então disputadíssimo e limitado mercado artístico do rádio (sobretudo um concorrente forte, no caso), em meio à sua já árdua luta com o cantor Silvio Caldas, pela primazia da preferência popular. Ainda mais tratando-se de um estranho (Jonas Vieira, Op. cit., p. 60).

É uma afirmação sobretudo paradoxal. Se Orlando Silva era um estranho, como, inadvertidamente, escreve o próprio jornalista, não poderia ser tão forte assim, ainda mais naquele momento em que estava à cata de uma oportunidade para cantar no rádio. Ninguém o conhecia e não se poderia prever que ele um dia viria a ser "O Cantor das Multidões." Essa justificativa carece de sustentação por sua própria fragilidade.

Admita-se, apenas para argumentar, a intenção interesseira do Chico Alves. Para que tal ocorresse, para que o Rei da Voz tivesse despertado em si a possibilidade de prejudicar Silvio Caldas, era preciso um motivo muito forte. Uma grande mágoa, por exemplo.

É atrás desse motivo que Jonas Vieira volta a invocar o encontro inicial de Chico e Orlando, para afirmar que houvera um "aberto desentendimento" entre o "Rei da Voz" e Silvio Caldas:

> Ao ouvi-lo na Rua Chile, tornou-se evidente que o matreiro Chico, dublê de cantor e empresário, percebeu no jovem suburbano apresentado por Bororó que ele, nitidamente, era uma arma poderosa a ser acionada contra o seu maior rival, o já consagrado Silvio Caldas, com o qual, aliás, tivera aberto desentendimento uma ou duas semanas antes de conhecer Orlando. (Jonas Vieira, Op. cit., p. 61).

Corria o ano de 1934, data do encontro inicial dos dois cantores: Chico e Orlando. Resta uma interrogação: que aberta divergência tiveram Chico e Silvio que pudesse magoar tanto o "Rei da Voz" para que ele aprontasse com o colega? Jonas Vieira não diz o motivo nem revela a fonte da informação. E mais: por que Orlando Silva, naquele momento, ainda um ilustre desconhecido, seria "uma arma poderosa a ser acionada" contra Silvio Caldas?."

Essa "aberta divergência" entre Francisco Alves e Silvio Caldas carece de maior fundamentação histórica. Na verdade, Silvio jamais admitiu atuar na mesma gravadora de Chico, não por animosidade, mas para manter sua liberdade, escolher seu próprio caminho, longe da sombra protetora do "Rei da Voz", que, com seu enorme prestígio, exercia grande influência onde atuava. Aliás, foi até melhor que não caminhassem juntos, pois certamente não daria para conciliar o profissionalismo de Chico com o amadorismo de Silvio. Aí, sim, terminariam se atritando, como ocorreu com o Chico e o Noel. Eram visões de vida artística e pessoal diametralmente opostas.

Mas o biógrafo de Orlando Silva insiste em suas antigas indagações, conforme se pode ver, para justificar o motivo oculto que levou Chico a apoiar Orlando:

> Essa atitude de Francisco Alves ampliou, em mim, antigas indagações sobre os reais motivos, isto é, as razões mais íntimas que alimentaram sua pronta iniciativa de apoiar Orlan-

> do, ocasião que ele mesmo sublinhou ao jovem recomendado pelo compositor Bororó o juramento de que nunca mais ajudaria ninguém, porque só recebera coices daqueles a quem auxiliara (Jonas Vieira, Op. cit., p. 60).

Francisco Alves narrando o episódio, assim relata seu encontro com Bororó e com Orlando Silva:

> Ponderei ao Bororó os aborrecimentos que resultaram as outras apresentações que eu fizera, de artistas novos, embora vitoriosos. Pequenos casos, mas desagradáveis. Bororó insistiu e por fim acedi em fazer uma experiência. Momentos depois ele vinha acompanhado de um rapaz moreno, magro, de feições graves. Apertou-me a mão, acanhado, apresentando-se: - Orlando Silva. (*Minha vida... Minha vida*, p. 125).

Mas, afinal, de onde veio e como surgiu a interpretação que atribuiu a Chico Alves uma versão interesseira do episódio? Do próprio Orlando Silva?

Não, não seria. E tanto isso é verdade que o próprio biógrafo, como já foi dito anteriormente, excluiu o cantor dessa responsabilidade e não listou nenhuma outra pessoa que, anteriormente, tivesse defendido a tese na qual pudesse se apoiar.

Portanto, Jonas Vieira também não conhecia essa versão ou ela realmente não existia, daí ele ter ampliado suas próprias e "antigas indagações", isso em 1985. Ele termina advogando para si a autoria da tese:

> Mesclo, agora, os depoimentos de Orlando Silva aos radialistas Simon Khoury (Pasquim, 1.7.1978) e Zuza Homem de Melo (álbum duplo RCA Victor, lançado em outubro daquele mesmo ano), narrando o seu encontro com Bororó e Francisco Alves, momento maior de sua vida. Enxertei neles trechos de algumas conversas minhas com o cantor e aqui está o resumo. (Jonas Vieira, Op. cit., p. 56).

É o caso de se perguntar:

a) como poderia o Rei da Voz, naquele momento, achar que Orlando Silva, pelo fato de cantar no estilo do Silvio Caldas, subiria tanto a ponto de tentar neutralizar o "Caboclinho Querido", que era a única força que se aproximara do Rei da Voz, mas sem ultrapassá-lo em popularidade?

b) o que ganharia Francisco Alves em promover um cantor que superaria Silvio, na visão dessa corrente, se o seresteiro já era um grande valor, certamente o segundo nome do rádio e do disco nacionais?

c) quem, naquele momento em que Orlando Silva foi apresentado a Chico Alves, ainda imberbe nos seus 18 anos, poderia supor que o cantor chegaria, alguns anos depois, ao estrelato?

Outro ponto polêmico reside na versão de que Chico Alves "exigira" de Orlando Silva que apenas cantasse as músicas do repertório do Silvio. Não se sabe também a origem dessa história, até porque:

a) não se conhecem relatos anteriores à morte do Chico Alves nessa direção;

b) o depoimento do Chico Alves não foi contestado, quando poderiam ter sido tiradas as dúvidas porventura existentes;

c) os depoimentos conhecidos de Bororó e da biografia escrita de Orlando Silva que acata aquela versão são muito posteriores à morte de Chico Alves;

d) o próprio depoimento de Orlando no Museu da Imagem e do Som, em abril de 1978, não revela essa exigência do "Rei da Voz."

Quanto à animosidade existente entre os dois grandes cantores, não há registro histórico que dê guarida à versão. Ao contrário, Chico e Silvio sempre foram amigos, embora concorrentes e lutando, cada um à sua maneira, pelo sucesso e a busca da popularidade. Afinal todos os artistas lutam por isso. Havia entre eles um respeito mútuo, embora cada qual seguisse seu próprio caminho.

Em *Minha vida... Minha vida...*, p. 119, Francisco Alves deixou registrado este depoimento, que sepulta qualquer fofoca em contrário: "Sylvio é inconstante, mas tem uma virtude: é constante nas suas amizades. Guardo comigo essa certeza."

Esse livro de Francisco Alves foi publicado pela primeira vez, por volta de 1936, pela Editora Brasil Contemporâneo, conforme registrado na edição de 1º de agosto de 1934, n. 41, p. 48, da *Revista Carioca*, reeditado em 1942, segundo consta da Apresentação pela Collector's Editora Ltda, encarte do disco *Francisco Alves - O Único Rei da Voz*, v. 1.

Se tivesse existido alguma animosidade ou desavença de tal gravidade que levasse o Rei da Voz a investir contra Silvio Caldas, ele não escreveria, em 1942, suas impressões sobre o cantor chamando-o carinhosamente de "O Poeta da Voz" e ressalvando a amizade existente entre ambos, quando Silvio, nessa época, já era um valor consagrado no rádio, no disco e nos palcos, com popularidade consolidada. Aliás, no ano de 1936, Francisco Alves cita, como seus prediletos no Rádio:

> O primeiro nome que nos vem aos lábios é Carmen Miranda, que é a oitava musa: Euterpe brasileira!... Gosto muito do Sylvio Caldas quando interpreta a música do morro, o verdadeiro samba, que ele canta como poucos. (*Revista Carioca*, de 28 de março de 1936, n. 23, p. 48).

Em 1931, quando compôs e gravou o célebre *Eu vou andando*, Silvio homenageou o então "Príncipe da Canção Brasileira", Chico Viola:

> Não tenho medo da chuva
> Muito menos do trovão
> Nem quero encontrar na curva
> O "Seu" Viola que é bão
> (*Eu vou andando*, de Silvio Caldas)

Em depoimento sobre o "Rei da Voz", entre várias outras importantes revelações, Silvio Caldas diz o seguinte: "Além de grande cantor e compositor que ele foi, era um sujeito formidável, grande amigo, grande companheiro." (*Francisco Alves, O Único Rei da Voz*, v. 5, em depoimentos tomados após 40 anos de sua morte, portanto, em 1982).

Essa amizade existente entre eles, esse respeito recíproco, vinham de longe: Roberto Gambardella, inclusive, chamou-me a atenção para o fato de que, ao convidar Silvio Caldas para gravarem juntos o samba *Tristezas não pagam dívidas*, de junho de 1932, ele deu a Silvio, gentilmente, a oportunidade de fazer a primeira voz, enquanto Chico fazia o contracanto. Sobre sua participação nessa gravação, Silvio disse tratar-se "apenas uma colaboração", como registrou Abel Cardoso Júnior (Francisco Alves, *As Mil Canções do Rei da Voz*, p. 238, Ed. Revivendo). Anteriormente, Silvio já havia justificado a não inclusão do seu nome no disco por fazer parte do elenco da Victor e o disco do Chico ter sido gravado na Odeon. Até lembrou que, em ocasião posterior, quando gravou *Vitória*, de Nonô e Noel, deu-se o inverso: o nome de Chico não apareceu porque a música era do repertório de Silvio e a gravação em selo Victor. Chico Alves pertencia ao elenco da Odeon, não poderia ter o seu nome incluído no disco. Sobre *Tristezas não pagam dívidas*, o comentário é da Collector's:

> Além disso, a música tem um tom típico do Silvio no final quando ele diz no breque: 'Bonitê-o-tó Escola'. Quando eles cantam no estribilho, é o Silvio Caldas que faz a primeira voz e o Chico a terceira, nem é a segunda. (*Francisco Alves, o Único Rei da Voz*, v. 5).

David Nasser, velho e querido amigo de Francisco Alves, cita algumas pessoas, como Freire Júnior, Vicente Celestino, Victor Costa, Aracy de Almeida, Evaldo Ruy, Abraão Medina e outros, nesses incluído Silvio Caldas, que "foram amizades que Chico alimentava carinhosamente, além de todas as outras do meio em que vivia." (As Últimas Horas de Francisco Alves - narrativa do jornalista David Nasser, sobre os últimos contatos mantidos com o Rei da Voz, revista *O Cruzeiro*, 1952).

Posteriormente, Silvio Caldas ratificaria mais uma vez essa amizade, quando, recebido em audiência pelo presidente Figueredo, pediu:

> Que criasse o primeiro Município depois da Revolução de 64, a cidade que o pioneiro Ibrahin Abud Neto e eu havíamos fundado no Norte do Paraná, "Francisco Alves." Pediu, também, ao Presidente Figueiredo que doasse o terreno para o Memorial JK - e esse foi o ponto de partida[3] (*David Nasser - Parceiro da Glória*, p. 26, Rio de Janeiro, Livraria J. Olympio Editora 1983).

Na audiência, Silvio ressaltou que a homenagem a ser prestada ao cantor Chico Alves era uma questão de justiça.

Sobre o município a que se refere David Nasser, é de Abel Cardoso Junior a informação:

> Ibraim Abud Neto, em 1952, fundou a povoação de Francisco Alves a 52 km de Guaíra e 13 km de Iporã, no Paraná. Queria dar o nome de David Nasser, seu amigo, o qual lhe sugeriu o nome de Francisco Alves. Teve elevação a Município em 1972, por Lei Estadual do Deputado Luiz Alberto Soares. Sylvio Caldas foi buscar apoio junto ao Presidente Médici na ocasião (Abel Cardoso Junior, *As Mil Canções do Rei da Voz*, Op. cit., p. 238).

Segundo David Nasser,

> Essas glórias ninguém arranca de Silvio. Fez tudo isto daquele mesmo jeito, entrando no Palácio como quem entra no palco, sem dobrar a espinha, sem pedir favor, sem subserviência, sem apelação. É o menino de São Christóvão, na naturalidade da infância que nunca o abandonou. (David Nasser, Op. cit., p. 26).

Silvio Caldas em depoimento prestado ao jornalista Cid Carvalho, já citado, ressalva que Orlando Silva "era uma pessoa boníssima, que não tinha inimigos." O próprio Orlando, respondendo a um questionário da *Revista do Rádio* (janeiro de 1951, n. 69, p. 17) disse: "Eu gosto de ouvir Chico e Silvio." Se houvesse inimizade entre eles, certamente não seria essa sua resposta.

A *Revista Carioca*, já citada (Edição de 1º de agosto de 1938, n. 41, p. 40), transcreve a opinião de Orlando Silva sobre esses grandes cantores nacionais: "Destaco, no entanto, no rádio nacional, duas figuras de real valor: Sylvio Caldas e Francisco Alves."

José Maria Magalhães Mangia e Otto Alexandre de Castro (*O Cantor das Multidões*, Rio de Janeiro, 1984, p. 63-64) citam um depoimento de Orlando Silva em que ele afirmava que Silvio

> Cantava coisas maravilhosas que às vezes não gravava e entre elas estava uma pérola de valsa de Mário Lago e Benedito Lacerda: "Número Um". Silvio e eu tínhamos um ouvido privilegiado, a gente escutava uma música duas vezes e era suficiente. Eu, claro, já sabia essa valsa de cor de tanto ouvir o Silvio cantar na Rádio Mayrink Veiga. Benedito Lacerda insistiu várias vezes para o Silvio gravar mas ele adiava dando uma desculpa qualquer, até o dia em que Benedito e Mário Lago me ofereceram a música. Eu estava nos estúdios da RCA gravando o "Amigo Leal" e nem pensei duas vezes, pimba, gravei na hora. Menino, Silvio ficou uma fera! A música estourou, queria matar o Benedito. Mário Lago em entrevista, no entanto, revelou que Orlando só gravou depois de pedir ao Benedito Lacerda que consultasse o Silvio Caldas, pois só com sua permissão é que gravaria "Número Um."

Nada indica, como se vê, que entre os três grandes personagens de nossa música popular tivessem havido divergências de maior porte, a ponto de guardarem animosidade entre si. Certamente que eram concorrentes e lutavam para manter-se na melhor posição. Nada fora disso. E tanto era verdade que esses cantores homenageavam-se entre si gravando as criações uns dos outros:

a) Silvio Caldas, por exemplo, gravou de Francisco Alves as seguintes músicas: *A voz do violão* (Francisco Alves / Horácio Macedo), *Meu companheiro* (Francisco Alves / Orestes Barbosa), *Cinco letras que choram (Adeus)* (Silvino Neto), *Chuvas de verão* (Fernando Lobo), *Eu sonhei que tu estavas tão linda* (Lamartine Babo / Francisco Mattoso), *Favela* (Roberto Martins / Waldemar Silva), *Lua nova* (Francisco Alves / Luiz Iglésias),

Longe dos olhos (Christóvão de Alencar / Djalma Ferreira), *Saudade do passado* (Francisco Alves / David Nasser), *A saudade* (Eduardo Souto / Bastos Tigre), *O balão do amor* (Francisco Alves / Orestes Barbosa), *Aquarela do Brasil* e outras mais, inclusive cantadas nos shows ao vivo.

b) De Orlando Silva, Silvio Caldas gravou: *Carinhoso* (Pixinguinha / João de Barro), *Rosa* (Pixinguinha), *Balalaika* (Georges Moran); *Perdoa, meu amor* (Georges Moran / J. G. de Araújo Jorge) e algumas outras cantadas em shows que foram gravados ao vivo.

c) Orlando Silva, gravou de Chico Alves: *Cinco letras que choram* (Silvino Neto), *Misterioso amor* (Saint-Clair Senna), *Volta para o meu amor* (Joubert de Carvalho / Tostes Malta), *Meu companheiro* (Francisco Alves / Orestes Barbosa), *Olhos japoneses, Malandrinha, Pálida morena* e *Deusa* (Freire Junior).

d) De Silvio Caldas, Orlando Silva gravou: *Modinha* (Jaime Ovalle / Manoel Bandeira), *Falsa felicidade* (Paulo Medeiros), *Vidro vazio* (Nonô / Orestes Barbosa), *Inquietação* (Ary Barroso), *Velho realejo* (Custódio Mesquita / Sadi Cabral), *Promessa* (Custódio Mesquita / Evaldo Rui), *Mulher* (Custódio Mesquita / Sadi Cabral), *O Pião* (Custódio Mesquita / Sadi Cabral), *Por causa dessa cabocla* (Ary Barroso / Luiz Peixoto), *Faceira* (Ary Barroso), *Valsa do meu subúrbio* (Custódio Mesquita / Evaldo Rui), *Como os rios que correm pro mar* (Custódio Mesquita / Evaldo Rui), *Tu* (Ary Barroso). O Cantor das Multidões gravou ainda, na sua fase pós-1950, de Silvio Caldas e Orestes Barbosa, *Vestido de lágrimas* e *Arranha-céu*.

Como se vê, Orlando Silva gravou preferencialmente as composições de autoria de Ary Barroso e Custódio Mesquita, como se houvesse concretizado agora um desejo que não pudera ver realizado no passado.

Francisco Alves não chegou a gravar comercialmente composições criadas por Orlando e Silvio e praticamente não teve oportunidade de ouvir criações suas que foram gravadas por Silvio Caldas, com duas ou três exceções e, talvez, nenhuma das que foram gravadas por Orlando Silva. Contudo, muito tempo depois de sua morte, foram lançadas no projeto Revivendo algumas gravações que não chegaram a ser lançadas comercialmente:

> Este projeto de Leon Barg, que a Revivendo viabiliza, é um painel que nos mostra a presença de Francisco Alves na Rádio Nacional, durante os 11 anos em que lá atuou, utilizando, para isso, os acetatos de sua coleção. Aqui estão, entre outras músicas cantadas por Chico e irradiadas no "Museu de Cera", de Héber de Boscoli, no "Cancioneiro do Leite de Rosas", "Programa Royal Briar", "Canção Romântica", "Caricaturas", programa de Fernando Lobo, e diversas do famoso programa do meio-dia, aos domingos, "Quando os Ponteiros se Encontram", apresentado por Lúcia Helena (Revivendo, *Francisco Alves - O Rei da Voz, na Rádio Nacional,* em 8 CDs).

Esses CDs trazem, dentre outras, algumas raridades, que merecem ser mencionadas, pois mostram o Rei da Voz gravando músicas do repertório dos outros dois cantores:

a) De Silvio Caldas, Francisco Alves cantou: *Inquietação* (Ary Barroso), no volume 1; *Da cor do pecado* (Bororó), no volume 3; *Confessando que te adoro* (José Carlos Burle / J. G. de Araújo Jorge), no volume 5; *Ana Maria* (Mário Lago), no volume 7. Além dessas, uma raridade histórica: *Longe dos olhos* (Djalma Ferreira / Christóvão de Alencar), no volume 1, em que Francisco Alves e Silvio Caldas cantam em conjunto esse lindo samba, lançado por Chico em 1936 e gravado por Silvio em 1953, quando eles estavam em Recife e se encontraram na Rádio Jornal do Comércio do Recife, onde gravaram esse acetato. Uma gravação de indiscutível valor histórico que a Revivendo trouxe para conhecimento de todos;

b) de Orlando Silva, Chico Alves deixou registro de *História Joanina* (J. Cascata / Leonel Azevedo), no volume 4. No volume

7, outra raridade: *Longe dos olhos* (Christóvão de Alencar / Djalma Ferreira), esse último cantado em dupla com Orlando Silva, sendo que Chico faz a segunda voz. A música não era do repertório de Orlando, mas vale o registro pela participação conjunta da gravação.

É de acreditar-se que se Chico Alves não tivesse falecido tão cedo talvez tivesse gravado músicas do repertório desses colegas, como eles o fizeram.

Portanto, não parece razoável a hipótese de inimizade entre eles, essa história envolvendo Chico Alves e Silvio Caldas, tendo Orlando Silva como pano de fundo, sem saber do que estaria se passando.

A INFLUÊNCIA INICIAL

Não sendo a "animosidade" o motivo real, resta a seguinte hipótese: a de que Orlando Silva cantava de forma muito parecida com Silvio Caldas, de tal modo que viesse a dividir seu espaço. O próprio Jonas Vieira admite essa identificação, embora prefira chamá-la de "compatibilidade":

> Uma análise, porém, do seu estilo, em comparação com o padrão adotado por outros cantores na época anterior ao seu surgimento, quando pontificavam nomes como Augusto Calheiros, Luís Barbosa, Mário Reis, Vicente Celestino, Gastão Formenti e o próprio Francisco Alves, revela ser bem nítida a compatibilidade de Orlando com Silvio Caldas (Jonas Vieira, Op. cit., p. 61).

Diferentemente de Jonas da Silva, o compositor Newton Teixeira, contemporâneo dos dois na época, afirmou: "Não digo que Orlando tivesse a mesma voz de Silvio. Mas ele cantava no mesmo estilo e dava para confundir." (Jonas Vieira, Op. cit., p. 61).

Sobre o mesmo assunto, Christóvão de Alencar, locutor do Programa Francisco Alves, da Rádio Cajuti, no dia da estréia de Orlando Silva, fez a seguinte revelação:

> Orlando cantava muito parecido com Silvio Caldas - e sabia todo o repertório de Silvio Caldas quando apareceu. Havia tanta semelhança, que após o programa (de estréia de Orlando na Rádio Cajuti), quando chegamos ao Nice, várias foram as perguntas indagando se o Silvio tinha participado (Jonas Vieira, Op. cit., p. 60).

Segundo Rui Ribeiro, a propósito da estréia de Orlando na Rádio Cajuti, no Programa de Chico Alves, relatou:

> O certo é que a exibição se deu num sábado e, acompanhado ao violão por Pereira Filho, o estreante interpretou *Mimi* e outras composições do repertório de Silvio Caldas. Isso levou boa parte dos radiouvintes a concluir antecipadamente que a "surpresa" prometida fora mera brincadeira, pois se tratava na realidade do conhecidíssimo 'Caboclinho Querido' (Op. cit., p. 24).

Quer dizer: além de semelhança vocal, Orlando Silva cantava no estilo de Silvio, o que dava para confundir as pessoas. Não era apenas "compatibilidade", como querem alguns.

Orlando Silva cantava o repertório de Silvio porque gostava, porque se adequava melhor a sua voz e, principalmente, porque não tinha repertório próprio. Não há, por isso, nada de anormal nem desabonador pelo fato de Orlando conhecer esse repertório, cujas músicas ele devia achar as mais bonitas, fruto, talvez, da própria influência exercida pelo Caboclinho, o que é perfeitamente natural.

Orlando Silva deu foros definitivos a essa questão, dizendo que, depois de cantar a valsa *Mimi*, ao microfone da Rádio Cajuti, em sua estréia, em 1934, "o telefone da emissora não parava de tocar com os ouvintes insistindo em dizer que quem tinha cantado essa valsa era Silvio Caldas." Ele próprio respondeu a Nirez: "mas era eu mesmo."[5]

Embora conflitante com os depoimentos anteriores, é importante conhecer a opinião de Bororó, coincidentemente citado no livro de Jonas Vieira: "Bororó negou-me que Orlando aparentasse semelhança com Silvio Caldas, frisando que ele sempre foi único desde que o escutei." (Jonas Vieira, Op. cit., p. 61).

A opinião de Bororó foi utilizada para dar sustentação a essa versão: Orlando Silva "era único", nascera "perfeito e acabado." E como nascera "perfeito e acabado" não poderia cantar parecido com Silvio Caldas e muito menos sofrer dele qualquer influência. Se conhecia todo o seu repertório e passou quase um ano cantando suas músicas "era porque Francisco Alves assim o exigira." Mas por que Chico Alves agira assim: para prejudicar Silvio, pois se sentia incomodado na "árdua luta com o cantor Silvio Caldas, pela primazia da preferência popular." (Jonas Vieira, Op. cit., p. 60).

Apesar de esdrúxula e sem apoios concretos a tese foi lançada, não importa que o único vínculo de sustentação tenha sido uma mera opinião individual, absolutamente frágil em confronto com outros depoimentos e com a realidade dos fatos.

Na verdade, essa versão procura, infantilmente, esconder uma verdade: a de que Orlando Silva iniciou sua carreira influenciado por Silvio Caldas, quer porque gostasse mais da sua voz, ou da sua interpretação, ou do seu repertório, pouco importando os motivos ante a realidade dos fatos.

Sem qualquer outra conotação, não dá para esconder que a carreira de Orlando, no início, está ligada à de Silvio, tanto que ele assumiu o repertório do cantor quando esse esteve excursionando a Portugal e Espanha. A viagem de Silvio Caldas ocorreu entre setembro de 1935 e maio de 1936, junto com a Companhia Jardel Jércolis.

Em depoimento prestado ao jornalista Carlos Didier, em junho de 1993, Silvio Caldas confirmou o fato, esclarecendo que "está na História, não pode ser mudado." (Carlos Didier, Op. cit., p. 464).

Francisco Alves, em depoimento prestado à revista *O Cruzeiro*, diz, textualmente, que "Orlando Silva seguia a escola de Silvio Caldas, e isso era uma coisa natural, posto que se tratava de um cantor em início de carreira."

O cronista Carlos Didier chama a atenção para o fato de que "a trajetória gloriosa do Cantor das Multidões", no disco, por pouco não se iniciou com uma valsa assinada por Silvio Caldas e Orestes Barbosa, mas começou com uma outra do seu repertório: *Lágrimas*, de Cândido das Neves, o Índio, que era amigo e admirador do Seresteiro. Nada mais natural, pois, nessa época, Orlando Silva ainda não tinha repertório próprio, se especializara no de Silvio Caldas, a começar por sua estréia no rádio, cantando *Mimi*, de Uriel Lourival.

Como se vê, as intrigas vão sendo desmentidas, sem muito esforço, pois foram plantadas sem nenhum embasamento na realidade.

Afinal, nesse episódio que Jorge Aguiar classifica como "um dos mais belos capítulos da História da música popular brasileira", outros, equivocadamente, só enxergaram o interesse oculto de Francisco Alves em prejudicar seu colega de profissão, com o qual manteve, até a morte, uma amizade sempre reciprocamente reconhecida.

Será que Francisco Alves tinha razão quando relutou em aceder ao pedido de Bororó para ouvir Orlando Silva, "em face dos aborrecimentos que resultaram as outras apresentações que fizera de novos artistas: pequenos casos, mas desagradáveis", que o fez prometer a si mesmo não mais ajudar ninguém? Afinal, de toda essa história, quem estava saindo chamuscado, mais uma vez, era o próprio Chico Alves, acusado de postura interesseira e de aprontar contra um amigo.

Para se ter uma idéia da importância do criador de *A Voz do Violão* na vida de Orlando Silva, de seu interesse na carreira do afilhado, basta que se leia sobre o que aconteceu em 1950, quando o "Cantor das Multidões" já liquidara sua carreira:

> Desde 1950 o velho Chico Viola vinha se empenhando em ajudar aquele seu filho, que nunca tivera, a reconquistar o seu lugar no palco em que ele, Chico, o colocara anos atrás. Como no princípio, levava-o a apresentar-se lado a lado em seus shows e programas de rádios, brigava nas gravadoras para que abrissem espaço para seu afilhado, insistia com os bons compositores para que voltassem a lhe oferecer boas canções (Jorge Aguiar, Op. cit., p. 286).

José Maria Magalhães Mangia e Otto Alexandre de Castro ressaltam que

> em todos os depoimentos e entrevistas de Orlando as referências a Chico Alves eram comoventes. Ao repórter de 'O Pasquim' que teve sua atenção voltada para um imenso retra-

> to de Francisco Alves que dominava a casa de Orlando, este respondeu: tenho um culto muito grande pelo Chico, que foi um cara sensacional comigo" (*O Cantor das Multidões*, Rio de Janeiro, 1984, p. 117-118).

Por tudo que Francisco Alves fez por Orlando Silva, no início de sua carreira e, principalmente, quando de sua decadência, é difícil acreditar que não houvesse de sua parte desprendimento e sinceridade.

A DECADÊNCIA PRECOCE

Orlando Silva começou sua decadência vocal em meados de 1942 quando, coincidentemente, deixou a gravadora Victor. Não se pode precisar, com segurança, os motivos reais que afetaram sua voz, quando ele estava no esplendor dos seus 27 anos. Dentre as hipóteses elencadas, a mais forte é a de que foi o uso desmedido da morfina. Pelo menos é a versão mais difundida pelos seus biógrafos.

O jornalista e escritor Carlos Heitor Cony, em trabalho publicado na revista *Manchete*, logo após a última e verdadeira despedida de Silvio Caldas, comentou sobre a decadência de Orlando:

> Quando o chamado "Cantor das Multidões" começou a perder a voz, a decair no repertório e na afinação, botaram a culpa em Silvio Caldas. Segundo um biógrafo de Orlando, ele o teria induzido ao vício, colocando papelotes da droga pelo caminho do pobre rapaz que soluçava naquele "vem, vem, vem, vem sentir o calor dos lábios meus". Tem gente que até hoje acredita nisso (Carlos Heitor Cony, *Revista Manchete*, ed. de 14 de fevereiro de 1998, p. 38).

Essa denúncia, que a História se encarregou de destruir, foi plantada na tentativa de justificar a decadência física e moral em que o "Cantor das Multidões" se arrastava, na segunda metade dos anos 40, consumido pelas drogas.

Primeiramente, tentaram culpar a mulher do ídolo, achando que ela seria a responsável pelo vício do cantor. Como essa versão não prosperou, por sua manifesta fragilidade, tentaram a estapafúrdia história de que Silvio Caldas induzira o "coitadinho" do Orlando ao vício, sempre na tentativa de encontrar um culpado para os desvarios do ídolo. É como se Orlando Silva fosse uma desprotegida e inocente criatura, incapaz de se defender, de separar o joio do trigo, sob risco permanente de ser enganado por terceiros, principalmente mulheres e amigos, como se ele fosse personagem e não intérprete de suas músicas. Mas, é como diz Carlos Heitor Cony: "ainda existe quem acredita nisso..."

Jonas Vieira narrou o episódio e resolveu entrevistar Silvio Caldas sobre o fato. Disse-lhe o seresteiro o seguinte:

> Ninguém induz ninguém a nada. Alguém chegaria assim enxuto à minha idade, 77 anos, metido em tóxico? Não, não me sinto culpado pelo desvario de ninguém. (Jonas Vieira, Op. cit., p. 124).

Jonas insistiu e perguntou se Silvio conhecia os Irmãos Meira (conhecidos traficantes paulistas que moravam no Rio e atuavam junto aos artistas)?

> Conheci. Fui apresentado a eles pelo Orlando. Conheci todo mundo. Nunca fugi da vida, desde pequeno, quando contraí pneumonia dupla e venci, nem mais tarde, quando contraí maleita e fui obrigado a tomar quinino para não morrer. O problema de Orlando, de quem fui amigo, não nasceu comigo. Basta lembrar que ainda muito jovem, quando sofreu o acidente de bonde e ficou sem alguns dedos do pé, tomou bastante morfina para aliviar a dor, coisa muito natural até hoje (Jonas Vieira, Op. cit., p. 124).

Como se vê, toda essa história parece coisa de fã-clube, onde o ídolo é um deus, inatacável e inatingível, mas, ao mesmo tempo, contraditoriamente, frágil e incapaz de se defender, de decidir o seu próprio destino, deixando os fãs atordoados e sempre à procura de explicações que justifiquem seu comportamento.

Primeiro, para justificar o declínio do ídolo, criaram a história de que "influenciado por sua companheira, Zezé Fonseca",

> apenas por razões estéticas, para melhorar a aparência, extraiu todos os dentes naturais e passou a usar dentaduras postiças, o que foi um desastre para a sua requintada emissão vocal" (Jorge Aguiar, Op. cit., p. 283).

Depois, "influenciado por um amigo" (Silvio Caldas), deixou-se levar pelos caminhos perigosos das drogas pesadas, como a morfina.

Ao discorrer sobre o tema, Ruy Castro deixou o registro:

> Na primeira metade dos anos 40, algo aconteceu a Orlando que afetou cruelmente a sua voz. O tenor cristalino, capaz de viajar dos graves aos agudos com incrível facilidade; o timbre de maciez e beleza imbatíveis; a naturalidade dos seus pianíssimos; a delicadeza quase feminina da entonação; o fôlego para entrelaçar frases e frases, como se as palavras respirassem por ele - tudo isso cedeu lugar, quase de repente, a um tom roufenho, cansado e sem cor, que os seus perplexos adoradores custavam a reconhecer como de Orlando (Caixa do CD - *O Cantor das Multidões - Orlando Silva).*

E prosseguindo, com mais lógica, Ruy Castro registra em sólido depoimento sobre alguns problemas vividos por Orlando Silva, que ocasionaram o furacão que envolveu e vitimou o ídolo, a começar quando teve que extrair os dentes superiores, não por questões estéticas, como querem alguns, mas em função de:

> um grave problema dentário (que) o acometeu por volta de 1942. Guna (sigla para Gengivite Ulcerativa Necrosante Aguda), uma infecção das fibras que ligam os dentes ao osso - mais conhecida por piorréia. Essa infecção provoca dor e inchação extrema da gengiva, que alguns dentistas tentam corrigir com o que chamam de ajuste da oclusão - um desgaste no dente para diminuir a pressão sobre a base da arcada. Tudo leva a crer que o desgaste feito pelo dentista foi desastroso e expôs a dentina e o nervo de um ou mais dentes - causando uma das piores dores que o ser humano pode suportar. Em desespero, Orlando terá se lembrado da morfina que lhe haviam aplicado aos 16 anos, na época do acidente do bonde

(Ruy Castro, encarte da caixa do CD *O Cantor das Multidões - Orlando Silva*).

Quando Orlando Silva se envolveu com drogas pesadas, é provável que já tivesse iniciado o processo de decadência vocal, pois esses dois fatos ocorreram talvez na mesma época: entre 1942 e 1944. Se a morfina foi responsável pelo estrago causado a sua voz, é provável que ele já tivesse retornado ao vício muito antes desse período. Como dizem os conhecedores da matéria: há que ter um tempo de uso continuado da droga para que um efeito de tal monta venha a ocorrer. Portanto, não parece lógico, como diz Ruy Castro, que o uso da morfina tenha se iniciado em 1942, face aos problemas dentários do cantor.

Miguel Ângelo de Azevedo (Nirez), em conversa comigo e Osmar Onofre, disse que Orlando manteve sua estabilidade vocal de 1935 a 1942. Mas ele próprio, Nirez, notara alguma alteração vocal do cantor já em fins de 1941.

Não, o problema de Orlando não estava na mulher, Zezé Fonseca, como alguns apressadamente espalharam. Ruy Castro deixou o registro: "Segundo o ator e compositor Mário Lago, amigo de ambos, ela tentou desesperadamente ajudar Orlando. Até se internou junto com ele." (Op. cit., p. 20).[6]

Também não estaria no cantor amigo, Silvio Caldas, como alguns tentaram fazer crer:

> Os maldosos insinuam que Orlando teria sido induzido por outro famoso cantor a experimentá-la. Não é provável esta última versão; Orlando não se deixaria 'induzir', a menos que tivesse uma curiosidade ou predisposição a isso. E seus amigos são unânimes em declarar que, antes da droga, os únicos excessos a que Orlando se permitia eram a água tônica e o café com leite. (Ruy Castro, Op. cit., p. 18).

É de Ruy Castro a conclusão do assunto:

> Nas últimas décadas os orlandianos trocaram diversas versões entre si. Falou-se em bebida, cocaína e, claro, na presença de uma mulher: a radioatriz Zezé Fonseca. Os três fatores (em

> diversas ordens) teriam sido os "culpados" pela sua queda da graça. Mas essas versões eram vagas, inconclusas e, sabe-se agora, injustas para com os envolvidos (Ruy Castro, Op. cit., p. 2).

Hoje sabe-se que nem a mulher (Zezé Fonzeca), nem o amigo (Silvio Caldas) foram responsáveis pelos maus momentos vividos por Orlando, embora ainda existam pessoas que acreditam nessas histórias. O problema de Orlando estava no próprio Orlando.

Note-se, por fim, que todas essas insinuações maledicentes nasceram de uma mesma fonte: as biografias de Orlando Silva, com repercussão também na imprensa. Não se tem notícia de que nada semelhante tenha partido de trabalhos publicados por admiradores de Francisco Alves ou de Silvio Caldas para alcançar Orlando Silva.

Carlos Heitor Cony chama a atenção para o fato de que Silvio Caldas "não teve a mídia que se armou em torno de Orlando Silva. Este, ao que parece involuntariamente, seria o seu ostensivo rival." (*Revista Manchete*, p. 38-39, ed. de 14 de fevereiro de 1998).

Tudo indica que os admiradores de Orlando Silva jamais aceitaram seu envolvimento com drogas pesadas e sua decadência vocal. E para suprir sua própria decepção com o ídolo, passaram a buscar justificativas outras, longe do centro da questão. Foi assim, aliás, desde o início da carreira, ou seja:

a) foi "usado", no início dos anos 30, por Francisco Alves para "prejudicar" seu amigo Silvio Caldas;

b) culparam, no início dos anos 40, sua companheira, Zezé Fonseca, que "influenciara" o cantor para que substituísse, por questões estéticas, os dentes naturais por outros postiços, o que terminaria por afetar a voz do cantor;

c) atribuíram a Silvio Caldas a missão de "espalhar papelotes de cocaína" nos caminhos do ídolo, para torná-lo um viciado nas drogas.

Nenhuma dessas versões resistiu à análise da História e hoje, sabe-se, como muito bem disse Ruy Castro, "injustas para com os envolvidos."

Jorge Aguiar levanta a hipótese de que, mesmo cercado de mulheres, as que quisesse, de todos os bens materiais que o dinheiro permitira, a glória e o reconhecimento de um público imenso e cativo, ainda assim o grande cantor

> Não se sentia feliz. Jamais conseguiu se libertar da enorme tristeza que o escravizara desde criança. Aquela melancolia crônica que não lhe permitia 'um só momento de prazer', a partir de determinado momento de sua vida passou a contar com um paliativo perigoso: podia ser enganada por algum tempo pelo efeito da morfina, que a fartura do dinheiro podia pagar. O conhaque ingerido em quantidades crescentes já não atendia ao secreto anseio por uma felicidade sobre-humana e conforto para o inexplicável sentimento de desamparo e solidão. Precisava drogar-se (Jorge Aguiar, Op. cit., p. 268).

Como se vê, Orlando Silva teve da vida tudo o quis, menos o bem mais precioso e importante que ela poderia lhe dar: a felicidade. Não terá sido essa a causa de seu desvario?

O próprio Jorge Aguiar junta a esse um outro motivo, também muito forte:

> Despreparado para ocupar uma posição inferior àquela a que, ainda rapazinho, foi alçado e em que permaneceu inabalável durante toda a mocidade, agora roçando os trinta anos de idade, atirou-se, ainda com mais desatino à bebida e ao vício da morfina (Jorge Aguiar, Op. cit., p. 283).

Mas, Orlando Silva foi um cantor tão grande, tão importante para a música popular brasileira, que esse disse-me-disse, essa coisa menor, não o engrandece. Ao contrário, desperta curiosidades no sentido de descobrir a necessidade obsessiva de culpar terceiros pelos desacertos do cantor.

Será que ao espalharem acusações infundadas não estariam, no íntimo, se consumindo de inveja, ao depararem com o sucesso permanente e continuado de dois dos seus maiores concorrentes, Francisco Alves e Silvio Caldas?

Tirante a tentativa de dar aos fatos históricos sua real dimensão, o que importa, no fundo, é que tanto Francisco Alves, quanto Silvio Caldas e Orlando Silva, tiveram, como seres humanos que eram, bons e maus momentos. Foram ídolos e não deuses: cada um reagindo à sua maneira e de acordo com sua personalidade. Mas, como artistas, cada qual no seu estilo, com seu repertório e aceitação popular, tiveram extraordinário desempenho profissional. No decorrer das diversas fases de suas carreiras e ajudaram a dar à nossa música uma dimensão tal que essa época é considerada a mais importante do nosso cancioneiro popular, sendo esses cantores três de suas pilastras principais. Os erros cometidos, como seres humanos que eram, foram coisas pequenas, insignificantes, diante da magnitude de sua dimensão artística, de sua obra imortal. E isso é o que de fato interessa, porque o mais são detalhes, que não devem ser utilizados para deslustrar vidas tão importantes e que durante décadas fizeram mais feliz o nosso sofrido povo.

Como teria sido o canto popular brasileiro sem a participação desses três fantásticos cantores, que deixaram raízes tão sólidas e tão profundas que, decorrido mais de meio século da morte do primeiro deles, ainda não surgiram substitutos à altura, capazes de produzir uma obra equivalente em termos de qualidade técnica, interpretação e beleza vocal?

---

1. Orlando Silva sequer tinha estreado no Rádio e já é chamado de "a nova revelação", quando ainda era um ilustre desconhecido e as tentativas anteriores haviam fracassado, o que revela o lado passional da informação. Um outro biógrafo de Orlando, Jorge Aguiar, sobre esse mesmo episódio, coloca as coisas de modo mais correto: fala em Orlando Silva como "um talentoso aspirante a cantor", que de fato era. Portanto, sendo um aspirante a cantor, não poderia, evidentemente, ser considerado como uma revelação.

2. Aqui a situação se inverte. É Jorge Aguiar que, inadvertidamente, se refere ao "estilo" do cantor, quando este ainda era um pretendente, "um aspirante a cantor", segundo suas palavras. Orlando não havia completado ainda dezenove anos nessa época, com a própria voz ainda em formação, como ele mesmo dizia, "uma voz infantil." Não seria mais correto dizer, "ao modo de cantar" do estreante?

3. "O cantor e seresteiro Silvio Caldas, velho amigo da família Kubitscheck, recebido em audiência pelo Presidente Figueiredo, achou oportuno também informá-lo a respeito da luta e das dificuldades encontradas por dona Sarah Kubitscheck.

Como o Ministro Said Farhat, também pediu ao Presidente que a recebesse. Figueiredo, já sensibilizado com a idéia, repetiu que teria prazer em recebê-la se solicitado, como já havia prometido a seu Ministro.
Dona Sarah tomou conhecimento do pedido e da disposição do Presidente, quando assistia a um jornal de TV no Rio, no qual se noticiava a audiência com Silvio Caldas. Não perdeu tempo. Com o dinamismo que lhe era peculiar, tomou logo as providências preliminares para a tão desejada audiência. E no dia 18 de julho de 1979 é recebida pelo Presidente Figueiredo, que lhe abre as portas do Palácio do Planalto, em Brasília, para a concretização do seu sonho. Na oportunidade, o Presidente já autoriza a escolha e doação do terreno para a construção do Memorial" (Site http://www.memorialjk.com.br).

5. Esse depoimento, que tem entre 15 e 20 minutos, foi prestado a Nirez, em 01.02.1970, por Orlando Silva, quando o cantor esteve em Fortaleza para participar do famoso "Carnaval da Saudade" do Náutico Atlético Cearense e até hoje ainda realizado anualmente, embora sem o cuidado e o brilho de outrora.
6. Segundo o ator e compositor Mário Lago, amigo de ambos, ela tentou desesperadamente ajudar Orlando: "Até se internou junto com ele." Mário não sabe dizer quando se deu essa internação, mas pode ter sido em qualquer mês entre maio e novembro de 1942, tempo em que Orlando, trocando de gravadora, manteve-se longe dos estúdios." (Ruy Castro, encarte da caixa de CD, p. 20).

Arquivo Nirez

CAPÍTULO XIII

O COMPOSITOR

Como compositor, Silvio deixou gravadas, só ou em parceria, mais de 60 composições, entre sambas, sambas-canções, marchas, valsas e valsas-canções. Como se vê, assim como compôs clássicos do gênero seresteiro, também compôs sambas da melhor qualidade, sambas de breque e marchas carnavalescas, o que demonstra sua veia eclética para a composição.

Analisando-se as composições gravadas em parceria, pode-se concluir, com segurança, duas coisas muito importantes na análise da obra do seresteiro, na condição de compositor: a lista de parceiros revela o descortino do cantor na escolha de seus companheiros, com os quais dividiria o mérito das composições:

a) em valsas e canções: *Serenata*, de 1934, *Santa dos meus amores*, de 1934, *Torturante ironia*, de 1935, *Quase que eu disse*, de 1935, *Meu erro*, de 1936, *O nome dela não digo*, de 1936, *Arranha-céu*, de 1937, *Chão de estrelas*, de 1937, *Suburbana*, de 1938, *A única rima* - composta em 1936, mas gravada somente em 1955 (todas com Orestes Barbosa); *Flor de lotus*, de 1938 (com Alberto Ribeiro); *Cabelos cor de Prata*, de 1951 (com Rogaciano Leite);

b) em sambas: *Na floresta*, de 1933 (com Angenor de Oliveira, "Cartola"); *Na aldeia*, de 1933 (com Alberto Dias, Caruzinho e De Chocolat); "*Arrependimento*, de 1935, *Morena da minha aldeia*, de 1936, *Até quando?*, de 1936, *Carta sonora*, de 1937, (com Christóvão de Alencar); *Adeus, felicidade*, de 1936 e *Quando você me abandonou*, de 1936 (com Christóvão de Alencar e Newton Teixeira); *Eu não sei*, de 1937 (com Ataulfo Alves); *Meus 20 Anos*, de 1942 (com Wilson Batista); *Não chores assim*, de 1946 (com Alberto Ribeiro); *Violões em funeral*, de 1950 (com Sebastião Fonseca, autor da letra); *Nos braços de Isabel*, de 1951 (com José Judice); *Saudade de você*, de 1959 (com Billy Blanco);

c) em marchas: *Sinhá moça chorou*, de 1940 (com Christóvão de Alencar); *Gaivota*, de 1941 (com Eratóstenes Frazão); *O teu olhar*, de 1946 (com Antônio de Almeida).

Embora tenha obtido sucesso em mais de duas dezenas de composições, sempre musicando versos de outros compositores, Silvio também os escreveu, embora não possa ser considerado, no conjunto da obra, um bom letrista, até mesmo porque pouco produziu nessa área. Os exemplos de gravações solo: *Para o Príncipe de Gales ouvir*, de 1931, *Eu vou andando*, de 1931 e *O que é que há*, de 1936 e *Andorinha*, 1940, esta, pela qualidade da letra, a melhor de todas. Tais composições, contudo, têm uma importância histórica muito grande, posto que consideradas, as duas primeiras, como precursoras do samba de breque, que teriam, adiante, em Luiz Barbosa e Moreira da Silva seus grandes expoentes.

Pelas relações acima, pode-se deduzir, com clareza, principalmente ao ouvir as músicas, que Armando Reis, que se assinava Christóvão de Alencar, com o qual Silvio compôs algumas jóias românticas, foi seu melhor parceiro em sambas, assim como Orestes Barbosa o foi em valsas e canções seresteiras. Silvio Caldas aproximou-se dos dois compositores, compôs com eles o que havia de melhor nesses gêneros musicais, com os quais se identificaria de tal ordem que grande parte de sua produção foi a eles destinada, num reconhecimento implícito da categoria deles. Além desses, Silvio teve outros parceiros notáveis, embora ocasionais, como Ary Barroso, Wilson Batista, Newton Teixeira (em parceria com Christóvão de Alencar), Ataulfo Alves, Alberto Ribeiro, Rubens Soares, Eratóstenes Frazão, David Nasser, Mário Lago. Como se, vê a lista é grande. Mas foi mesmo com Christóvão de Alencar e Orestes Barbosa que Silvio alcançou maior projeção, tendo composto e gravado oito músicas com o primeiro e composto 14 com o segundo. Dessas gravou 12, a maioria com grande sucesso, ficando como marcas registradas da seresta. A importância dessa parceria (e de Francisco Alves também), foi de fundamental importância para que a obra de Orestes Barbosa fosse sempre lembrada. Ruy de Castro, sobre o tema, registraria assim:

> Grande letrista, sua obra quase não tinha sambas. O futuro só se lembraria dele por suas valsas e canções com Sylvio Caldas ou Francisco Alves: *Chão de estrelas, Suburbana, Dona da minha vontade, Serenata, Arranha-céu, A mulher que ficou na taça* - páginas eternas da lírica romântica em língua portuguesa (Ruy Castro, Op. cit., p. 123).

E tem gente que escreve sobre o compositor Orestes Barbosa e não faz referência aos dois principais responsáveis pela lembrança que o futuro teria de sua obra!

O jornalista Lúcio Rangel, que se dizia "um modesto cronista das coisas do samba, do choro e da serenata." (Contracapa do *LP Madrugada*), sobre o compositor Silvio Caldas, assim discorreu:

> A glória do cantor Silvio Caldas faz com que a maioria dos seus ouvintes se esqueça inteiramente do compositor. Sem chegar às alturas de um Sinhô, um Noel ou um Ary Barroso, Silvio Caldas é no entanto um bom, um excelente compositor popular, e isso não é de agora, podemos mesmo encontrá-lo nos velhos tempos, quando o cantor iniciava sua triunfal carreira. Muitos ignoram ser ele autor de excelentes sambas de sucesso, muitos não sabem ter sido ele que emoldurou musicalmente os belos poemas de Orestes Barbosa, que todos

> sabem de cor (Lúcio Rangel, contracapa do *LP Madrugada com Silvio Caldas,* Odeon).

Mas, voltando ao tema, verifica-se que a relação dos parceiros que Silvio escolheu para dividir suas composições era, como se vê, da melhor qualidade, indicando que o Caboclinho Querido gostava de estar bem acompanhado, dando razão ao ditado popular: "dize-me com quem andas, que te direi quem és."

Contraditoriamente, apesar de sempre dizer que não gostava de bolero, Silvio compôs *Momentos de amor,* em parceria com Armando Dominguez, gravado por Jorge Goulart, em selo Continental, em 1951.

Um dos últimos sucessos como compositor, foi o samba *Nos braços de Isabel,* composto para o Carnaval de 1951, em selo Sinter.

Sobre essa composição, registra a revista *História do Samba*:

> Entre as centenas de sucessos de Silvio, *Nos braços de Isabel* é outra história (*Nos braços de Isabel* eu sou mais homem / *Nos braços de Isabel* eu sou um rei / Os braços de Isabel são meu conforto / Quando deixo o cais do porto / Pra viver os sonhos meus...). Um pescador que pilotava a lancha do cantor só falava na sua Isabel. Ganhou o samba de presente (*História do Samba,* 12 capítulo, p. 228-231, edição de 1997).

A propósito de *Nos braços de Isabel,* Silvio Caldas, disse que se encontrava em Recife e foi convidado por um amigo que trabalhava como estivador no cais do porto dessa cidade para ir à sua casa, onde conheceu a esposa do amigo, que no trajeto nunca parava de falar dela, sua Isabel. Silvio, que foi muito bem tratado na casa humilde, quando D. Isabel esmerou-se numa gostosíssima buchada oferecida ao cantor. Em agradecimento, o cantor disse-lhe:

> Olha, Dona Isabel, essa buchada que a senhora me ofereceu vai ficar na história, nunca mais vou esquecer. Por essa razão vou fazer uma samba em sua homenagem. Estava meio melado, fui embora pro hotel e vi a responsabilidade que eu havia assumido... O estivador era um crioulão, forte, meu amigo. Então se eu prometi pra ela fazer um samba, eu tinha de fa-

> zer. Dias depois, eu fiz: *Nos braços de Isabel* / Eu sou mais homem / *Nos braços de Isabel* / Eu sou um Deus / Os braços de Isabel / São meu conforto / Quando deixo o Cais do Porto / Pra viver os sonhos meus... E parei aí. Não tive mais inspiração. Chegando a *Bahia*, procurei o José Judice, advogado, delegado de polícia lá em Salvador, que fez a segunda parte: "Ontem Isabel me libertou / Da escravidão e da dor / Hoje Isabel / É minha libertação, o amor / Salve a Princesa Isabel / Que quebrou minhas algemas / Salve a Isabel / Que resolve os meus problemas ...

A ela (a Isabel do estivador amigo) foi dedicado o famoso samba do cantor, sucesso no carnaval de 1951, gravado em selo "Sinter". Silvio Caldas prestou esse depoimento ao jornalista Cid Carvalho, ao microfone da Rádio Assunção, por meio de ligação telefônica (o cantor se encontrava hospedado na residência do saudoso radialista Irapuan Lima), aí pelo ano de 1978. Viera contratado para participar de shows na capital cearense, inclusive um na antiga casa de espetáculos Hipopótamus, no Dia dos Namorados.

Em outro caso polêmico, o cantor refere-se ao samba *Sem você*, parceria dele com Orestes Barbosa, gravado por Aurora Miranda, em 1934. Em depoimento prestado ao jornalista Carlos Didier, Silvio nega a participação de Orestes Barbosa no referido samba, que seria apenas de sua autoria. No selo do disco de 78 rpm, no entanto, consta o nome da dupla, embora Orestes não tenha incluído essa composição na publicação *Produções de Orestes Barbosa*, como se desse razão ao seresteiro.

Questionado por Carlos Didier, Silvio continuou reivindicando a autoria única do samba: "Isso que você vê não é uma letra de Orestes, rapaz. Não tem nada do Orestes aí. Esta é uma letra simples, sem lirismo, sem poesia."

Carlos Didier, contudo, insiste: "Se a letra não parece ser de Orestes Barbosa, o final da segunda parte vale quase por uma assinatura." Senão vejamos: "Como casa abandonada / Meu coração é morada / Dolorosa desse amor." (Carlos Didier, Op. cit., p. 436). Essa parte, pelo menos, foi composta no estilo Orestes Barbosa, contudo, não quer dizer necessariamente, que seja dele, pois poderia ser apenas influência do parceiro, que ele tanto admirava.

Há, também, uma outra história do Silvio compositor. Dessa vez descrita pelo pesquisador Mário L. Casanova, no *Jornal da Tarde*, de 22 de janeiro de 1988, sob o titulo "Um lampejo do Seresteiro", de que o Caboclinho fizera a segunda parte do bonito samba *História de amor*, de autoria de J. Cascata e Humberto Porto, criação de Orlando Silva. Revela o pesquisador que durante um almoço entre Silvio e J. Cascata, enquanto o almoço era providenciado, o compositor apanhou o violão e pôs-se a cantarolar:

Quanta saudade existe
Na melodia triste
De um samba-canção
Dessas que nascem em noite de lua
No silêncio vago da rua
Como um sussurro de oração

Ergueu o tom para a segunda parte e entoou:

O samba é bem uma história de amor...

Nessa altura, porém, empacou. Por umas duas semanas viera tentando, em vão, encontrar a seqüência. Ficou repetindo o último verso:

[*O samba é bem uma história de amor...*]

Segundo relato, da cozinha, Silvio com sua admirável intuição musical, soltou a deixa providencial, abençoada:

[*... de um trovador...*]

O resto fluiu como água:

... em serenata
Que a sua dor consola
Nas cordas de uma viola
Quando a saudade o maltrata

(*História de amor*, J. Cascata / Humberto Porto, de 1938).

A composição foi entregue a Orlando, que a gravou, sem saber que a segunda parte da música fora criação do Silvio Caldas, que não teve o seu nome incluído no selo do disco.

Carlos Didier escreve que quando Silvio largou a RCA Victor e passou para a Odeon, deixou na gravadora antiga duas valsas, sob contrato. A Victor não abre mão e

> Floriano Belham é quem lucra com o negócio. Valentina Biosca, diretora artística da RCA, procura-o em sua casa, em Vila Isabel. Para gravar valsas do repertório de Silvio Caldas: as duas de sua autoria e mais *Lágrimas*, de Cândido das Neves. Belham escolhe as primeiras. A Orlando Silva, Valentina propõe a gravação de Lágrimas e de *Última estrofe*, outra canção de Índio das Neves. Floriano e Orlando comparecem ao estúdio da Victor no mesmo dia, 18 de junho de 1935. Para interpretar, com acompanhamento de violas seresteiras: Soluços, *Vestido de lágrimas*, *Última estrofe* e Lágrimas. A estréia de Orlando Silva. Por pouco, a trajetória gloriosa do cantor das multidões não começou com valsas de Orestes Barbosa e Silvio Caldas[1]. *Última estrofe* não era inédita, fora lançada por Castro Barbosa, na Columbia, em junho de 1932[2]

Orlando Silva daria, posteriormente, uma versão um pouco diferente, conforme se pode ouvir no seu depoimento no álbum duplo "O Cantor Fala de Sua Vida e Seus Sucessos", no LP Orlando Silva, em selo da RCA Camden.

---

1. A história de *Vestido das lágrimas* e *Soluços* encontra-se em depoimento de Floriano Belham, de 02 de março de 1993. Antes de 18.06.1935, Orlando Silva gravara apenas duas faixas promocionais: *Chopp da Brahma* e *Despacho*, ambas de Ary Barroso, a primeira com letra de Bastos Tigre. Além de atuar no coro de várias faixas da "*Victor*." Como Orlando relembra no LP "O Cantor das Multidões Fala de Sua Vida e Seus Sucessos", Valentina Biosca o procurou com as duas canções de Cândido das Neves (Carlos Didier, Op. cit., p. 465).
2. A informação de Carlos Didier não esclarece se o Castro Barbosa falado é Fernando ou Joaquim Silvério, que eram irmãos e ambos cantores. Quem gravou a valsa *Última estrofe*, em 1932, foi o Fernando de Castro Barbosa, em junho de 1932, na Columbia, sob o n. 22.125 (Discografia de Música Brasileira, 78 rpm). Joaquim Silvério de Castro Barbosa, que foi um grande cantor, lançou, dentre outras, as be-

líssimas canções *Cantar* (Fernando de Castro Barbosa) e *Imagem perdida* (Saint-Clair Senna / José Maria de Abreu), além de alguns sucessos carnavalescos, como *O teu cabelo não nega, Lig, lig, lig, lé, Praça onze,* etc. Joaquim Silvério de Castro Barbosa faria, posteriormente, enorme sucesso como humorista, fazendo dupla com Lauro Borges no famoso programa humorístico PRK-30.

CAPÍTULO XIV

COMPOSITORES GRAVADOS

Silvio Caldas se esmerava na escolha de seus parceiros nas composições em que assinava, e da mesma forma escolhia a dedo os compositores que iria gravar, em sua maioria da melhor qualidade. Foi um dos intérpretes preferidos dos grandes compositores nacionais, como, por exemplo:

a) Ary Barroso, de quem gravou páginas musicais memoráveis, como *Faceira, Maria, Tu!, Inquietação, Volta, meu amor, No rancho fundo* (com Lamartine Babo), *Três lágrimas, Morena boca de ouro, Por causa dessa cabocla* e *Quando eu penso na Bahia* (com Luiz Peixoto);

b) de Orestes Barbosa gravou 13 composições, em parceria com ele próprio, Silvio Caldas, sendo responsável por notáveis e ainda sempre lembradas composições, já referidas anteriormente;

c) de Jorge Faraj, outro excepcional valor, um dos nossos compositores mais românticos, gravou alguns clássicos de nossa música popular: *Deusa da minha rua* e *Meu segredo* (com Newton Teixeira); *Isis, Rainha sem trono, O telefone do amor* e *Professora* (com Benedito Lacerda); *Menos eu* e *Nunca mais* (com Roberto Martins); *Preto velho* (com Custódio Mesquita);

d) de Paulo Medeiros gravou as belíssimas *Falsa felicidade* e *Sorris da minha dor;*

e) de Custódio Mesquita gravou 15 composições, algumas de primeira linha, como: *Velho realejo, Caixinha de música, Pião* e *Mulher* (com Sadi Cabral); *Algodão* (com David Nasser); *Preto velho* (com Jorge Faraj); *Promessa, Como os rios que correm pro mar* e *Valsa do meu subúrbio,* (com Evaldo Rui);

f) de Ataulfo Alves gravou *Saudade dela, Até breve* (com Christóvão de Alencar) e *Eu não sei* (com o próprio Silvio);

g) de Georges Moran gravou *Kátia* (com Victor Bezerra), *Se tu soubesses* e *Ninotchka* (com Christóvão de Alencar), *Não voltarás, nem voltarei* (com Walter Moreira da Silva) e *Meu amigo violão* (com J. G. de Araújo Jorge);

h) de Gastão Lamounier gravou *Só nós dois* (com Anuar Jorge) e *Há um segredo em teus cabelos* (com Oswaldo Santiago);

i) de Joubert de Carvalho gravou *Minha casa, Com o pensamento em você, Não me abandones nunca* e *Flamboyant;*

j) de José Maria de Abreu gravou *Não me pergunte* (com Jair Amorim) e *Boa noite, amor* (com Francisco Matoso);

l) de Paulo Roberto e Romualdo Peixoto (*Nonô*), gravou "*Cigana*";

m) de Alberto Ribeiro gravou *Pastora dos olhos castanhos* (com Orondino Silva), *Serrana* (com José Judice), *Chuva e vento* (com José Maria de Abreu), *Flor de lótus* e *Não chores assim* (com o próprio Silvio);

n) de Antônio Nássara gravou *A menina presidência* (com Christóvão de Alencar), *Coração ingrato* e *Florisbela* (com Eratóstenes Frazão) e *Passarinho* (com Hervê Cordovil);

o) de Wilson Batista gravou *Lenço no pescoço, Meus 20 anos* (com Silvio Caldas) e *Olho nela* (com Germano Augusto).

Enfim, uma lista imensa do que havia de mais representativo de nossa música popular. Sem contar outros excepcionais compositores que não foram relacionados. Todos, num caso e no outro, da melhor qualidade. Méritos para o aguçado senso crítico do seresteiro, como já notara Carlos Heitor Cony:

> Aliás, uma das características da malandragem de Silvio era procurar um parceiro tão grande ou maior do que ele [...]. O já citado Orestes foi o letrista de quase todas as suas composições, mas seu nome ficaria ligado para sempre a dois monstros sagrados: Ary Barroso e Custódio Mesquita. Deste gravou as obras-primas que são *Mulher, Velho realejo, Promessa* ("andou peneirando, andou chuviscando, chover não choveu"), *O Pião, Caixinha de Música* - a lista é enorme (Carlos Heitor Cony, *Revista Manchete*, p. 38-39, edição de 14 de fevereiro de 1998).

O seresteiro dividiria com Francisco Alves a preferência de Ary Barroso, assim como dividiu, também, com o mesmo cantor, a preferência de Orestes Barbosa. Os dois gravaram o que havia de mais representativo da obra desses dois grandes compositores, dos mais festejados da música popular brasileira.

O compositor mais gravado por Silvio foi o próprio Silvio, com 61 composições registradas em discos de cera; depois, seguem-se Ary Barroso, com 31 composições (aqui incluídas algumas lançadas originalmente por outros intérpretes, como *Aquarela do Brasil*, por Francisco Alves e *Na baixa do sapateiro*, por Carmen Miranda); Custódio Mesquita e Benedito Lacerda, com 18 composições; Alberto Ribeiro e Christóvão de Alencar, com 16 composições; Orestes Barbosa, com 13 composições; Jorge Faraj, com 12 composições; Antônio Nássara, com 11 composições; João de Barro e Eratóstenes Frazão, com 9 composições; Joubert de Carvalho e Evaldo Ruy, com 8 composições, Wilson Batista, Hervê Cordovil e Alcebíades Barcelos, com 7 composições; Heitor dos Prazeres, Newton Teixeira e Roberto Martins, com 6 composições, etc.

Das 13 composições feitas em parceria com Orestes Barbosa, Silvio lançou originariamente 10; posteriormente, gravou mais uma, *Vestido de lágrimas*. Duas dessas composições *Sem você*, lançada por Aurora Miranda, e *Soluços*, por Floriano Belham, não foram gravadas pelo criador de *Suburbana*.

Silvio fez 87 registros musicais de Orestes Barbosa distribuídos em 28 LPs, aproximadamente, tanto em discos solo quanto em participação com outros intérpretes. Isso demonstra a importância que Silvio Caldas dedicou às composições feitas pela dupla e também à aceitação delas pelo público, que jamais se cansava de ouvi-las, tanto em disco quanto em shows que o Caboclinho fazia pelo País. Aliás, o seresteiro se dizia impressionado com a popularidade dessas músicas, especialmente *Chão de estrelas*, que era sempre e insistentemente solicitada em seus shows.

As composições de Ary Barroso, lançadas em 19 LPs, trazem 86 registros, aqui envolvendo lançamentos originais de gravações feitas em discos de cera reproduzidas em LPs, regravações de composições lançadas em discos de cera pelo próprio cantor, além de regravações de composições lançadas por outros intérpretes.

Ary Barroso, na época, reclamava de Silvio Caldas porque insistia em compor. Achava ele que, traduzindo tão bem as intenções dos outros compositores, não deveria ele próprio compor. É, parece que Ary estava com certo "ciúme" das parcerias Silvio Caldas/Christóvão de Alencar, pela beleza dos sambas produzidos e da parceria Silvio Caldas/Orestes Barbosa, que comporiam verdadeiras pérolas do nosso cancioneiro romântico.

> Fazia mais de um ano que Silvio Caldas não gravava uma música de Ary Barroso. A última vez que o cantor entrara no estúdio para gravar suas obras foi em junho de 1935, quando, acompanhado da Orquestra Odeon, cantou *Inquietação* e *Por causa dessa cabocla*, músicas maiores do cancioneiro nacional. Ary não estava gostando nada de ficar tanto tempo sem ver um disco de suas músicas na voz de Silvio Caldas. E reclamou, publicamente, numa entrevista à *Revista Carioca*, lamentando que o cantor estivesse se dedicando a compor:

> "É meu intérprete preferido. Depois, Silvio desgarrou. Um artista que interpreta tão bem o sentimento alheio não deve ser também compositor (Sérgio Cabral, *No Tempo de Ary Barroso*, Lumiar Editora, p. 161).

Casos como esses eram comuns de acontecerem no meio musical. O fato de Ary Barroso destinar suas músicas, principalmente as melhores, para outros intérpretes, não era bem entendido por Orlando Silva. Segundo seu biógrafo Jorge Aguiar,

> toda a produção do autor era sempre encaminhada para Francisco Alves, Carmen Miranda, Silvio Caldas e Mário Reis, seus intérpretes quase exclusivos desde que iniciara a carreira de compositor musical... Orlando muitas vezes experimentava um certo despeito por não ter sido procurado por Ary, antes, quando explodia em sucesso uma canção especialmente bonita. Mas o fato repetiu-se tantas vezes, que o cantor acabou deixando pra lá, não dando mais importância àquela distância que o separava de um dos seus autores prediletos (Jorge Aguiar, *Nada Além*, Ed. Globo, 1995).

O Cantor das Multidões manifestava sua incompreensão, na visão de um dos seus biógrafos, pelo fato de que compositores famosos, do naipe de Ary Barroso, tivessem outras preferências para suas composições.

Como se pode observar, Ary Barroso e Orestes Barbosa foram, pela ordem, os compositores mais cantados por Silvio Caldas, depois dele próprio.

Perguntado por que deixou de compor com Orestes Barbosa, o seresteiro respondeu: "porque desapareceu o ambiente de boêmia em que vivíamos..."

Assim como compôs clássicos do gênero seresteiro, também compôs sambas da melhor qualidade, sambas de breque e marchas carnavalescas, o que demonstra sua veia eclética também para a composição.

Arquivo Nirez

CAPÍTULO XV

AS DIVERSAS FASES

Silvio Caldas foi um cantor que, tendo brilhado intensamente nos anos 30 a 50, conseguiu ultrapassar várias décadas em atividade, sempre procurando se superar. Ainda que, com o passar dos anos, sua voz sofresse os desgastes naturais da idade, conservou seu encanto, reforçado pela interpretação sempre segura, personalíssima, insuperável.

É comum ouvir os admiradores desse notável seresteiro debaterem sobre a melhor fase do cantor. Segundo João Maximo,

> [...] alguns historiadores, quase sempre dobrados ao peso do saudosismo, juram que o melhor Silvio Caldas é o das primeiras gravações Brunswick. Outros preferem o que lançou páginas memoráveis de Ary Barroso na primeira fase Victor. Outros mais defendem que o das valsas e sambas gravados na Odeon e na Colúmbia na segunda metade dos anos 30 foi superior a todos os outros. E há também os que ficam com o da segunda fase Victor, na qual foram lançados por sua voz morena as melhores composições de Custódio Mesquita. Tudo bem. Mas e o dos anos Colúmbia? (João Máximo, *caixa do CD, da Colúmbia).*

A título de ilustração, lista-se abaixo o que seriam as diversas fases da carreira do cantor:

1ª) no início da carreira no disco, referente ao período de 1930 a 1933 (Silvio teria de 22 a 25 anos), que corresponderia às gravações feitas em selo "Victor" e selo "Brunswick" e, segundo João Máximo, fase preferida por alguns historiadores;

2ª) ou o período seguinte, entre 1934 e 1939 (Silvio teria de 26 a 31 anos), quando gravou belíssimos sambas, cada um mais romântico que o outro e firmou-se no cenário nacional como nosso maior seresteiro, ao gravar os maiores clássicos do gênero, a partir do lançamento de *Serenata* e *Santa dos meus amores;*

3ª) ou nos anos 1940 a 1945 (Silvio teria de 32 e 37 anos), quando lançou verdadeiros clássicos da nossa música, assinados por Custódio Mesquita, em sua melhor fase e, ainda, de Ary Barroso, Jorge Faraj, Wilson Batista, Georges Moran, num desfilar impressionante de composições que primavam pela qualidade;

4ª) ou entre os anos de 1946 a 1954 (Silvio teria de 38 a 46 anos), para outros a melhor fase do cantor, que estava numa fase excepcional, conseqüência de sua maturidade interpretativa;

5ª) ou no período de 1955 a 1961, quando Silvio assinou contrato com a Colúmbia (Silvio teria de 47 a 53 anos), os chamados anos Columbia.

Nos anos 60 e 70, relançou clássicos do cancioneiro popular brasileiro, criados por cantores do porte de Francisco Alves, Vicente Celestino, Augusto Calheiros, Orlando Silva, Gastão Formenti, envolvendo nesse período, as gravações em selo Columbia e CBS. O seresteiro, sessentão, "de voz mais cansada, mas ainda o 'mestre' admirável, imbatível em afinação e em estro interpretativo." (J. L. Ferrete, contracapa *do LP Silvio Caldas*, Music Máster, KML-9007-4, 1979), continuava firme em sua estupenda trajetória.

Silvio Caldas desde meados dos anos 30 já prontificava como o maior intérprete da canção popular brasileira, condição esta que jamais perdeu. Foi considerado de forma quase generalizada como o intérprete padrão do Brasil. Em 1960, estava em plena forma vocal e sua interpretação era simplesmente inimitável. José Maria Magalhães Mangia e Otto Alexandre de Castro comentaram:

> Mas Orlando Silva não é apenas cantor dotado de insuperável beleza de voz - é um intérprete dos maiores que possuímos. Pode mesmo rivalizar, em plano de voz, igualmente com aquele que é considerado geralmente como nosso intérprete padrão: Silvio Caldas... E se o cantor havia perdido sua forma, reencontrou-a agora, quase inteiramente, neste LP... Com este álbum, Orlando reconquistou o direito de ser colocado ao lado de Silvio Caldas como cantor 'hors concours' do Brasil... Não é possível canalizar todos os elogios para Silvio Caldas (que os merece) e não reconhecer que há outro que com ele deve repartir a glória de "Cantor máximo de música no Brasil". (*O Cantor das Multidões*, Op. cit., p. 133-134).

Sobre essa última fase do cantor, João Máximo indaga: "Mas o que terão significado realmente os anos Colúmbia, na carreira em disco do cantor (a mais longa de um artista da música popular brasileira, cobrindo 65 anos até este fim de 1995?)" (João Máximo, *caixa de CD de Silvio Caldas*). Para Máximo, talvez o Silvio Caldas resumido nesta caixa de CDs, que cobriu os anos Columbia, estivesse vivendo um dos seus melhores momentos:

> Por tudo o que foi dito acima - o timbre, a técnica, a personalidade - o cantor iria viver ali, a partir de 1954, um dos períodos mais ricos de sua discografia. Já no citado segundo LP ele reafirmaria sua condição de maior intérprete da romântica seresta brasileira, atrevendo-se a gravar clássicos já consagrados pela voz de Francisco Alves. Sua releitura dessas canções seriam atos de aperfeiçoamento. Mais do que a voz, era a divisão, a forma de dizer os versos, sobretudo os do parceiro

> Orestes Barbosa, que o fazia superar o insuperável rei da voz Francisco Alves, autor afinal das melodias. (Idem).

Para João Máximo, o Silvio Caldas dessa fase talvez não tenha ainda "sido bem avaliado."

De fato, uma análise das gravações desse período pode comprovar que a voz, surpreendentemente, continuava excelente, a par de uma interpretação cada vez mais rica, mais pessoal, mais romântica, deixando para trás, nas respectivas comparações históricas, todos os concorrentes. Ninguém resistira ao tempo tanto quanto ele, apesar de sua vida errante, absolutamente descompromissada com os cuidados que todo profissional deve ter com sua garganta, evitando o cigarro, a bebida, o gelo, as madrugadas. Nada o impedira de levar uma vida boêmia, cercado de amigos, nos lares, nos bares, nas boates e nas ruas, onde sua voz era ouvida com renovado encanto.

E destaca no cantor Silvio Caldas aquilo que se pode considerar como o maior atributo de cantor romântico, o de se fazer acreditar, de transmitir para o seu público o sentimento da verdade:

> Porque a Silvio Caldas foi dado o maior atributo de um cantor romântico: a sinceridade. Ou a capacidade de nos fazer crer. Acredita-se em tudo o que ele diz, por mais rebuscados que sejam os versos do poeta interpretado. Ainda que não tivesse a mesma sorte na releitura dos anos 60 e 70. Principalmente as de Orlando Silva, Silvio continuou ousando: regravou os sucessos de Orlando Silva, de Galhardo, de Formenti, de Celestino, buscou novos caminhos, retomou sua estrada de compositor, visitou os modernos, provou que tudo era possível para um cantor da sua dimensão. Até a dar as mãos a Roberto Carlos, rei dos novos tempos (Carlos Didier, idem).

Por aí se vê, pela descrição das "fases" de sua carreira, que é realmente difícil se encontrar uma resposta que satisfaça a todos. Se, por exemplo, eleger-se a segunda como a melhor, vamos encontrar um Silvio Caldas extremamente romântico, natural, espontâneo, a par das suas músicas representarem o ponto máximo de sua obra, em matéria de qualidade das letras e beleza das melodias, além de uma interpretação essencialmente rica e inigualável.

Por outro lado, já mais experiente, desenvolveu o estilo interpretativo, adequando-o às condições vocais da idade, quando passou a valorizar ainda mais as palavras, num processo pessoal, intransferível, embora perdendo um pouco daquela naturalidade que o caracterizava e que seria sua marca nos anos 30.

Arquivo Nirez

CAPÍTULO XVI

O "PROFESSOR"

Silvio atravessou, com brilho, as décadas de 1940, 1950, 1960, 1970 e na última década de sua vida artística, nos shows, já ultrapassado os 70 anos de idade, agia como um autêntico professor em sala de aula, referindo-se aos fatos históricos da mais legítima música popular brasileira à medida que ia cantando. Discorria sobre os cantores e compositores de sua época, como testemunha que fora dos fatos narrados e costumava brincar com a platéia, comparando-se a Matusalém, o personagem bíblico famoso pela idade avançada:

> Sempre carregando o violão que ganhara em 1957 de Juscelino Kubitscheck, Silvio Caldas gostava de dizer que nascera cantando. Os tempos, porém, fizeram com que a paixão uterina fosse substituída, aos poucos, pelo desencanto. Veio a Bossa Nova, a Jovem Guarda e a "Voz Morena do Brasil" foi esquecida pelo País. A mágoa foi grande e, em 1965, ele abandonou o mundo moderno para se refugiar em seu sítio de Atibaia. Volta e meia saía do "exílio" (Carlos Haag e Clayton Levy, *O Estado de São Paulo*, p.11, ed. de 04 de fevereiro de 1998).

Silvio Caldas, nesse périplo de mais de meio século de dedicação à música, parecia buscar a eternidade ainda no plano físico, insistindo, apesar de se declarar "aposentado", em continuar sempre presente, cantando, fazendo palestras sobre a música popular em bares, restaurantes, boates, teatros, inclusive universitários, em contato direto com a juventude, que ele tanto festejava. Enfim, onde houvesse oportunidade de cantar/falar as cousas, os fatos e as pessoas que fizeram, ao longo de toda a sua existência, a história da nossa música popular, ele estava lá, firme e decidido, como testemunha de todos aqueles acontecimentos.

E não era novidade essa preocupação do cantor com a preservação de nossa História. Almirante assim relata:

> [...] admirado ao ter criado o Arquivo Almirante, atualmente no Museu da Imagem e Som, Silvio Caldas foi o primeiro a compreender essa iniciativa guardando as raridades das músicas impressas do nosso país (Almirante, contracapa do LP *Silvio Caldas ao vivo - Histórias da Música Popular Brasileira*, selo CBS, 104265/6, de 1973).

O depoimento do Almirante, acima transcrito, é bem uma prova da importância histórica do que a música popular representava para o cantor, não só no sentido de preservar as raridades existentes, mas de manter à disposição das gerações futuras o que foi feito no longo período em que ele foi um dos principais personagens.

Se nesse exemplo eloqüente de um artista consciente de que os fatos acontecidos no passado, pela sua importância para a identificação da origem e do próprio conhecimento e evolução da música brasileira, deveriam ser preservados em museus em nome da memória brasileira, por outro lado havia o Silvio Caldas cantor, que aproveitava seus contatos durante os shows para divulgar esses fatos, contando aquelas histórias admiráveis que o velho seresteiro enriquecia com seu canto enternecido.

Ary Vasconcelos, discorrendo sobre o tema, dizia:

> Sambista e seresteiro, voz e timbre, paixão no dizer de cada palavra, o Caboclinho Querido independe do emaranhado eletrônico para cativar e encantar as platéias. De porte ereto, alto, elegante, conta histórias e canta com pique admirável (Encarte do *CD Sylvio Caldas*, da Revivendo - RCCD-013).

E prosseguia Ary no mesmo encarte, chamando a atenção, em suas apresentações, para sua grande preocupação com a nossa música e sua história:

> Personagem preeminente da história de nossa música popular, a par disso, é dos seus maiores defensores. Em suas apresentações jamais deixa de enfatizar a necessidade de sua preservação, até preconizando a inclusão do seu ensino no currículo das escolas. É o que tem feito na prática, como poucos (Idem).

Tornou-se um "professor" da nossa música, a que se dedicara com extrema fidelidade à sua defesa, quando transformava seus shows em verdadeiras aulas, não deixando que fossem esquecidos seus principais momentos, seus grandes compositores e cantores.

Moacyr Andrade dizia que Silvio

> reunia multidões nos teatros e praças públicas de todas as capitais e principais cidades brasileiras, ocasiões nas quais encantava não apenas com o canto, mas com a síntese da história de nossa música popular que costumava fazer, ilustrada com as peças mais expressivas de seu repertório e de outros intérpretes.

E durante essas apresentações costumava desafiar o público a cantar com ele as composições dos anos 30, para provar, diante do coro maciço, que a nossa música era eterna, que a verdadeira música popular permanecia viva na cabeça das novas gerações.

Arquivo Roberto Gambardella

CAPÍTULO XVII

DO TEATRO DE REVISTA AO CINEMA

O teatro de revista resistiu até o final dos anos 50, tendo exercido, a partir dos anos 20, uma forte influência no meio musical, encontrando seu espaço paralelamente ao desenvolvimento do rádio e da indústria fonográfica nacional, quando emprestou importante contribuição para a divulgação do artista e da própria música popular brasileira, importância considerada muito maior antes da chegada do rádio. No início dos anos 30, fervilhava o movimento musical brasileiro, pelo desenvolvimento do rádio, do disco, do teatro de revista e do cinema nacional.

O teatro de revista, além de abordar temas do amplo conhecimento da população, na maioria das vezes de forma irreverente, permitia um contato direto dos artistas com seu público, como ocorria, também, nos circos, auditórios, casas de espetáculos e bares, onde igualmente se faziam shows que permitiam esse contato direto entre os ídolos e seus admiradores.

Sérgio Augusto descreve que enquanto o Teatro de Revista

> [...] esteve firme e forte, sacudindo episódios da História do Brasil, levado ao palco por uma interpretação deliciosamente irreverente, o gênero, que pouco se aprimorou com o passar dos anos, lucrou com a detente entre o rádio e a indústria de discos, para os quais, saliente-se, revelou algumas das per-

> sonalidades mais fulgurantes do nosso cancioneiro popular, como Carmen Miranda, Francisco Alves e Silvio Caldas (Sérgio Augusto, *Este Mundo é Um Pandeiro,* São Paulo , Ed. Cia. das Letras, p. 216, 1993).

Nesse depoimento, Sérgio Augusto destaca o papel do teatro de revista na revelação de algumas "personalidades mais fulgurantes do nosso cancioneiro popular", e cita especificamente Camen Miranda, Francisco Alves e Silvio Caldas. De fato, esses cantores tiveram atuação destacada nesses teatros e, no que tange a Silvio Caldas, foi num deles, o "Teatro de Revista", que obteve seu primeiro grande êxito, o samba *Faceira,* de Ary Barroso, já anteriormente referido. Do teatro de revista para o cinema foi um passo. O seresteiro participou de, pelo menos, oito filmes:

- *Carioca maravilhosa,* filme da Cinédia, de 1935. No elenco do filme inclui-se uma série de nomes, além dos artistas do *broadcasting* Silvio Caldas, Arnaldo Pescuma e Pereira Filho. Entre os números musicais consta a música *Na aldeia* (Alberto Dias, Chocolate e Silvio Caldas), de 1934 (Sérgio Augusto, *Este mundo é um pandeiro,* São Paulo, Ed. Cia. das Letras, p. 216, 1993) e (Alice Gonzaga, *50 anos de Cinédia,* Ed. Record, p. 44, 1987). Obs: Foi exibido em Buenos Aires, em 1935, sem sucesso, durante uma visita que o Presidente Vargas estava fazendo à Argentina (*50 anos de Cinédia*);
- *Alô, alô, Brasil,* direção de Alberto Ribeiro, João de Barro e Wallace Downey, de 1935. Segundo informações constantes do livro *Cinema Brasileiro,* Araken C. Pereira Junior, ed. Casa do Cinema Ltda., p. 135, 1979, Silvio teria participado desse filme, não havendo, contudo, referência expressa à música por ele cantada. Contudo, a *Revista Carioca* traz informação de que a música *Fon-fon* foi cantada no filme por Dircinha Batista. No disco, essa música foi gravada por Silvio Caldas e Carmen Miranda (*Revista Carioca,* n. 109, de 20 de novembro de 37, p. 42). Deve ter havido um equívoco na informação de que Silvio teria participado desse filme;

- *Céu azul,* Sonofilmes, 1940. O "Caboclinho" participa cantando a marcha *Andorinha,* de sua autoria, lançada para o carnaval de 1940 (*Este Mundo é um Pandeiro,* Op. cit., p. 220);

- *Tristezas não pagam dividas,* da Atlântida, 1944. Silvio participa do filme cantando a música *Laura,* de Ataulfo Alves. Obs: Na discografia do cantor, em discos de 78 r.p.m, não consta essa música de Ataulfo Alves (*Este Mundo é um Pandeiro,* Op. cit., p. 224). O título acima é o mesmo de um samba de Manoel Silva, de 1932, do repertório do Francisco Alves, em que Silvio participa apenas fazendo "breque";

- *Não adianta chorar,* da Atlântida, de 1945. Silvio Caldas participou do elenco, embora a sinopse do filme não revele a música por ele interpretada. As composições relacionadas não faziam parte do repertório do cantor;

- *Pra lá de boa,* comédia musical, de 1949, com direção de Luiz de Barros. Silvio integra o elenco, embora a sinopse não indique a música por ele cantada no filme;

- *Luz dos meus olhos,* da Atlântida, de 1947. Silvio Caldas participou do elenco, embora a sinopse não revele que tipo de participação ou a música por ele cantada (*Este Mundo é um Pandeiro,* Op. cit., p. 228);

- *Favela dos meus amores,* da Brasil Vita Filmes, de 1935, sob a direção de Humberto Mauro e argumento de Henrique Pongetti. Foi o primeiro filme brasileiro rodado numa favela de verdade, no Morro da Previdência. Silvio participa desse filme como ator, interpretando o personagem Zé Carioca, que tenta conquistar o amor de *Rosinha.* Quando ela sobe o morro, Silvio canta para ela *Torturante Ironia* (Silvio Caldas / Orestes Barbosa);

Além de *Torturante ironia,* Silvio canta *Inquietação* (Ary Barroso) e *Arrependimento* (Silvio Caldas e Christóvão de Alencar) (Carlos Didier, Op. cit., p. 440/441).

Em seu livro *Cinema Brasileiro,* o autor, Araken C. Pereira Junior, comete alguns enganos, ao falar do filme *Favela dos meus amores.* Relaciona, por exemplo, a música *Inquietação,* de Ary Barroso, como sendo de Custódio Mesquita; *Por causa dessa cabocla,* ele dá como sendo de Waldemar Henrique (quando é de Ary Barroso e Luís Peixoto, e segundo Carlos Didier não foi sequer incluída no filme); *Arrependimento,* ele informa como sendo de Antônio Nássara (é de Silvio Caldas e Christóvão de Alencar) e *Torturante ironia,* ele dá como sendo apenas de Orestes Barbosa (embora seja deste em parceria com Silvio Caldas).

Por sua vez, Abel Cardoso Junior relaciona as seguintes canções que teriam sido cantadas por Silvio no mesmo filme: *Torturante ironia, Inquietação* e *Por causa dessa cabocla.* Essa última não foi incluída na relação citada por Carlos Didier (Encarte do CD "Sylvio Caldas - *Deusa da minha rua,* Revivendo - 191). Tanto *Arrependimento* como *Por causa dessa cabocla* poderiam ter sido incluídas no referido filme, uma vez que foram gravadas na mesma época: 1935, que é o mesmo ano em que o filme foi feito. A *Discografia de Música Popular em 78 rpm,* também registra que além de *Arrependimento, Torturante ironia* e *Inquietação, Por causa dessa cabocla* também fez parte do filme.

Independentemente desse desencontro de informações, o filme foi considerado na época como o que fez maior sucesso no cinema nacional: "É o filme mais conhecido de Silvio Caldas." Segundo o jornal *A Nota,* de 19 de outubro de 1935, *Favela dos meus amores* é o maior êxito do cinema nacional, até então, e um marco na carreira de Humberto Mauro." (Carlos Didier, ob, cit, pág. 441). (Araken C. Pereira Junior, ob. cit).

Segundo Sérgio Cabral,

> Humberto Mauro pode ser considerado um dos maiores cineastas brasileiros de todos os tempos e levou às telas dos cinemas, pela primeira vez, o samba dos morros cariocas. Um dos grandes destaques do filme foi o cantor Silvio Caldas, que acompanhado do pianista Nonô cantou várias músicas

de Ary Barroso. (*A Música Popular Brasileira na Era do Rádio*, p. 52)

Henrique Pongetti recorda-se de alguns aspectos da participação de Silvio na gravação desse filme, quando ele fez o papel de Zé Carioca, um malandro do morro apaixonado por uma professora, para quem dedicou *Torturante ironia*:

> Foi há 23 anos e nunca poderei esquecer o patético daqueles dias. Silvio Caldas tinha a sua casa em cada barraco. Todos queriam acolher o cantor do povo, oferecer-lhe o máximo naqueles mínimos da existência humana deficitária desde o berço: um cálice de cachaça; um crochê sobre um caixão de querosene; uma flor num copo; um doce, doce como ninguém poderia imaginar tão doce naquelas concentrações de eternos provadores de amarguras. Era um agradecimento ao homem que da planície, lá em baixo, mandava para os cumes miseráveis da cidade, há vários lustros, a magia transfiguradora da sua voz (Henrique Pongetti - Contracapa do *LP Canta o Seresteiro*, da Columbia).

Aliás, na vida musical do cantor existiram duas professorinhas famosas e fugidias, pelo menos para aqueles dois poetas, autores de várias das páginas mais bonitas do cancioneiro popular brasileiro:

- a primeira, que ele tenta conquistar no filme *Favela dos meus amores*, para quem foi dedicada esta beleza de composição:

> Tu sobes este barranco
> Sujando o vestido branco,
> Pisando as pedras do chão,
> Mas, sem saber, na verdade,
> Que desde lá da cidade
> Tu pisas meu coração
>
> (*Torturante ironia*, de Silvio Caldas e Orestes Barbosa);

- a segunda, que também deixou saudades, viajava de trem para o subúrbio distante, deixando, sem saber, um apaixonado coração a soluçar: o velho e empedernido boêmio que, distante, vivia a procurá-la:

Louco de amor no seu rastro
Vagalume atrás de um astro
Atrás dela eu tomo o trem
E no trem das professoras
Em que outras vão sedutoras
Eu não vejo mais ninguém
(*Professora*, de Jorge Faraj e Newton Teixeira, 1938)!

Essas professorinhas, certamente duas pérolas de criaturas, jamais poderiam imaginar, quando caminhavam graciosamente para as suas escolas, uma subindo o morro e a outra viajando no trem suburbano, o estrago que fariam nos corações boêmios de Jorge Faraj e Orestes Barbosa, poetas dos amores misteriosos e inalcançáveis.

Para nossa sorte, a elas foram dedicados dois belíssimos hinos de amor, que marcaram para sempre, na memória da música popular brasileira, a época dos amores impossíveis, de que são exemplos, *Torturante ironia* e *Professora*, que ficaram registrados na história musical brasileira como verdadeiros clássicos do nosso cancioneiro romântico, graças à magia desses dois excepcionais compositores brasileiros que, para coroar o estado de graça, tiveram como intérprete o nosso seresteiro maior.

---

1. Não se tem notícia da existência de uma única cópia do filme *Favela dos Meus Amores*, que marcou época no cinema nacional. É uma pena!

CAPÍTULO XVIII

NA TERRA DA GAROA

Silvio Caldas, que viajava constantemente a São Paulo, onde apresentava seus shows, mudou-se definitivamente para a Capital paulista no início dos anos 50, onde assinou, de imediato, contrato de exclusividade com a Rádio Excelsior. Em 1954, passou a gravar pela Colúmbia (mais tarde CBS e hoje Sony Music), que acabara de ser inaugurada em São Paulo e contratara Silvio como o grande nome de seu elenco. Em 1956 apresentou o programa "Os Degraus da Glória", na Rádio Gazeta paulistana. Na TV Record, ainda em São Paulo, apresentou um programa semanal exclusivamente seu.

João Máximo, assim relatou a "mudança" de Silvio Caldas para a capital paulista:

> Sempre fora um personagem fascinante, o homem que deixava de cantar na boate da moda para fazer seresta em botequim de subúrbio, o profissional que rompia compromissos milionários para pescar no Ceará, caçar na Amazônia, garimpar no sertão, consertar carros, cozinhar para os amigos. Agora, porém, parecia ainda mais fascinante. Ali, em carne e osso, voz bonita, cabelos prateados, com um entusiasmo de menino para começar nova carreira na Colúmbia, era mesmo uma lenda viva que encantava os paulistanos. Acabaria adotado por eles. (João Máximo, *encarte de caixa de CDs*, da Colúmbia).

A *Revista do Rádio* foi encontrá-lo lá, no início de sua mudança, em sua nova residência, magnificamente instalado no Alto dos Pinheiros,

> numa ruazinha poética, escondida sob a ramagem harmoniosa de árvores amigas. Nem uma viva alma por perto. Pássaros vadios abriam hiatos sonoros na paz campestre das redondezas. Um cheiro forte de mato impregnava o ar. Com a almofada da folhagem quieta, o sol brincava de tecer renda de luzes pelas calçadas sombrias. Dentro dessa quietude de fazenda patriarcal, um violão plangente pingou acordes dentro da tarde morna. Acordes que vinham nostálgicos, de uma vivenda alegre, emoldurada por canteiros floridos (Ed. de abril de 1950, n. 29, páginas 09-11).

Assim, poeticamente, a *Revista do Rádio* descrevia a casa em que morava o Caboclinho Querido, no Estado de São Paulo. O representante da *Revista,* que se assinou como Emeá, bateu palmas:

> - Por obséquio... é aqui que mora a simpatia? Sim, meus amigos, era ali mesmo que morava Silvio Caldas, a simpatia em pessoa. Era ali, que a saudade e a melancolia costumavam juntar-se à garganta do maior seresteiro de todos os tempos, em divagações boêmias... Diz que não quer mais sair de São Paulo. Quer viver sob a garoa da Paulicéia, que ele próprio começou a parodiar em seus cabelos brancos (Op. cit., p. 9 e 10).

E a *Revista* conclui a reportagem, trazendo uma foto "da bonita casa, n. 326, da poética Rua Morás, onde reside, feliz, o maior seresteiro do Brasil", assinalando: "Ninguém, até hoje, no Brasil, conseguiu, cantando, tocar tão de perto à alma humana quanto o 'caboclinho querido' Silvio Caldas." (Op. cit., p. 11).

Não ficaria aí o "Poeta da Voz." Logo em seguida, nem bem chegara, Silvio resolveu investir na compra de uma boate, a Mocambo. Logo ele, o boêmio que não gostava de esquentar lugar, vivia viajando e, às vezes, até se "escondendo", resolveu enfrentar as dificuldades de ser proprietário de uma casa de shows. E a comprou confiando na sua popularidade, na empatia que passara a ter com o público paulista, que vinha adorando a presença do querido seresteiro em suas plagas.

Em maio de 1950, a *Revista do Rádio* traz um artigo assinado por Manezinho Araújo dando conta do sucesso de Silvio nessa cidade, logo depois de decidir radicar-se na Capital paulista, destacando a compra da boate Mocambo pelo cantor:

> Mas, como diz o ditado, um dia é da caça e o outro é do caçador, felizmente um dia virá em que a caça passará, não há dúvida nenhuma, a acuar o caçador. A certeza desta afirmação está na vitória indiscutível, insofismável, de Silvio Caldas à frente de sua "boite." É uma lição aos que, desprezando a prata da casa, insistem em lançar em nossas mais distintas casas de diversões os falsos intérpretes de melodias dali e de além-mar. Silvio está vingando o artista brasileiro (*Revista do Rádio*, maio de 1950, p. 30).

Era realmente uma decisão de alto risco, a que empreendera o Caboclinho, ao enveredar pelo ramo do entretenimento noturno, pouco tempo depois de sua chegada à Capital Paulista. É certo que ele já era de há muito idolatrado nas terras de São Paulo, assim como acontecia em qualquer cidade deste nosso imenso País em que o seresteiro aportasse, como usualmente fazia. Por isso causou uma certa surpresa quando ele

> Reuniu algumas dezenas de contos e comprou a 'boite' Mocambo. Em primeiro lugar, fechou-a. Depois, com aquela meticulosidade que o caracteriza, trabalhou o pitoresco recanto à sua maneira, com enfeites nortistas e decorações bem brasileiras. Dotou-a de melhoramentos indispensáveis, ajeitou-a, enfim, com muito bom gosto e anunciou a estréia. A sociedade paulista, desde esse dia, tem convergido diariamente para o Mocambo, e lá tem passado as mais divertidas e saborosas noitadas. Silvio atende a todos com aquele jeitão de Cidadão do Mundo. Canta, como só ele o sabe fazer, as nossas mais belas páginas do nosso maravilhoso cancioneiro, e o deleite é total. Proprietário sentimental das nossas mais belas paisagens, o proprietário de o Mocambo conquistou a Paulicéia, dando a São Paulo, na opinião de um nosso amigo, "o recanto mais gostoso do mundo" (Manezinho Araújo, Op. cit., p. 30).

Era um cantor que experimentava novos e seguidos sucessos, regravou antigos e fez sucesso novamente, como se fossem novas páginas do nosso cancioneiro, isso depois de mais de 25 anos de carreira profissional, o que era um fato raro, pois continuava a ser um cantor no esplendor de sua forma, isso já chegando à casa dos 50 anos. David Nasser registrou, com o brilho habitual:

> Depois de 25 anos, a posição ímpar de Silvio Caldas se mantém incrivelmente a mesma. A geração de novos ouvintes se juntou aos velhos ouvintes do cantor. Suas valsas antigas, suas canções de 'abat-jours', ambientes íntimos, ciúmes, alucinação, andorinhas, as páginas imortais da música popular deste País, que ele escreveu com os versos de Orestes Barbosa, um mestre na arte de escolher motivos e palavras para música, motivos e palavras que o Silvio Caldas sempre soube valorizar, todo esse imenso repertório é hoje tão novo como na época em que foi lançado, há vários lustros passados. (*Revista O Cruzeiro*, de 11 de julho de 1953, p. 43/44).

Como que agradecido por tanto apoio, Silvio gravou um LP em homenagem à cidade, com o título *Isto é São Paulo*, composto por 12 músicas, todas de autoria de Lauro Miller. Além dessas músicas, há uma outra gravada em 1954, em homenagem ao 4° Centenário do Estado, que o velho seresteiro gostava de cantar em seus shows:

> *Aonde estão teus sobrados*
> *De longos telhados*
> *E teus lampiões*
> *E os moços da Academia*
> *Na noite tão fria*
> *Cantando canções*
>
> (*Perfil de São Paulo*, Francisco de Assis Bezerra de Menezes).

Diante do apoio do povo paulistano, demonstrado ao longo da, digamos assim, segunda etapa de sua vida artística, é fácil de entender por que o Caboclinho Querido jamais deixou o Estado de São Paulo.

E cantando prestava a mais sublime das homenagens à cidade que o adotara definitivamente. Em 1965, mudou-se para o interior do Estado, onde virou agricultor na cidade de Atibaia, distante 65 quilômetros da Capital paulista. De lá somente saía para seus shows, que continuaria a fazê-los por todo o país e onde, finalmente, terminaria sua missão.

Arquivo Nirez

CAPÍTULO XIX

OS OITENTA ANOS E A ACADEMIA BRASILEIRA DE LETRAS

Transcorria o ano de 1988. No Rio de Janeiro, diversas solenidades comemoravam o 80° aniversário de Silvio Caldas, dentre elas, um show ao vivo realizado no Teatro João Caetano, na Praça Tiradentes, onde todas as noites, no horário de 18h30, 1.200 pessoas assistiam, comovidas, à apresentação do grande seresteiro. Esse espetáculo foi organizado por Ricardo Cravo Albin, que sobre ele assim se manifestou, em sessão da Academia Brasileira de Letras, realizada no dia 19 de maio de 1988:

> Recentemente, quando nos lembramos de prestar esta homenagem a Silvio Caldas, nos seus oitenta anos, começando por deflagrar um espetáculo no Teatro João Caetano, mergulhei fundo na obra dele, até como conhecedor, pesquisador. Fiquei absolutamente surpreso pela muito maior dimensão da obra de Silvio Caldas, porque não se trata apenas de um grande cantor e um grande compositor, mas de um homem que confirmou, ao longo de sessenta anos, de maneira exemplar, fiel, literal, a cultura popular, dentro dessas nossas fronteiras culturais, tão desvalidas.

O escritor Austregésilo de Atayde, na qualidade de Presidente de nossa Academia maior, pode atestar, com a autoridade do cargo exercido e conhecimento da matéria que:

> Silvio, no esplendor dos seus oitenta anos, é talvez o cantor brasileiro que melhor articula e celebra a palavra. Nenhum cantor celebrou tanto a palavra, no ato do canto, quanto Silvio Caldas. Tecnicamente, é um cantor perfeito. No seu esplendor, nos seus oitenta anos, canta exatamente como sempre, ou seja, canta como o sabiá-laranjeira, a que José Cândido de Carvalho, ainda há pouco se referiu.

Nessa sessão, a Academia Brasileira de Letras discutia a possibilidade de também associar-se às manifestações, quando, tomando a iniciativa, o acadêmico Arnaldo Niskier assim se expressou:

> Por entender que aqui seja o cenáculo daqueles que se destacam nas mais variadas manifestações do que se entende por processo cultural, eu gostaria de trazer à consideração da Casa a homenagem que esta entenda que deva prestar ao maior vulto da música popular brasileira de todos os tempos. Nenhum cantor se lhe compara, em longevidade e na qualidade de seu repertório e do seu próprio comportamento, como cantor e compositor. Trata-se de Silvio Caldas, que agora, no próximo dia 23 deste mês, vai completar 80 anos.

Seqüenciando o orador anterior, o imortal Antonio Houaiss retornou ao debate, corroborando de imediato com a idéia de uma homenagem ao "Caboclinho Querido:"

> A diferença de idade entre mim e Silvio Caldas é de apenas oito anos. Mas, jamais me esquecerei das horas de inebriamento que, ao longo de minha vida, tive, ouvindo-o, pela excelência sem par que foi a sua voz, durante muitos e perdurantes anos, pela magnífica forma de interpretação que ele deu a tudo quanto era legitimamente brasileiro em matéria de canção popular, pela criação de algumas dessas interpretações, porque, também, era o autor da letra e da música, pela fecundidade de seu espírito, pela elegância moral que sempre o norteou e por todo um conjunto de coisas que fazem de Silvio Caldas uma figura que, ainda que para a atual geração

emergente, pouco expressiva, foi para nós, para a nossa geração, para aqueles que puderam degustar as coisas brasileiras mais íntimas e mais populares, um grande rapsodo, um grande aedo, um grande cantor, que me embeveceu durante longos e longos anos de vida.

Deixando um pouco de lado o Silvio-cantor, Houaiss passou a se referir à pessoa do seresteiro, registrando nos Anais da Academia: "Tive oportunidade, inúmeras vezes, de estar com ele. Posso assegurar que raramente se verá um cavalheiro com tão ameno trato, com tanta elegância de exprimir-se, de conduzir-se, de ser brasileiro. "

Por sua vez, o escritor Ledo Ivo, depois de evocar o exemplo da Academia Francesa, que teve em seus quadros um *chansonnier*, um Silvio Caldas francês, que entrou para aquela Academia não por seus livros publicados, mas por sua discografia. E, na tentativa de encontrar um meio de homenagear o criador de *Chão de Estrelas*, em face de os prêmios existentes não se enquadrarem perfeitamente à obra do homenageado, propôs que fosse criada a Medalha Olavo Bilac:

> Para distinguir e premiar aquelas vozes que João do Rio chama de "as vozes encantadoras das ruas", isto é, a alegria da cidade, aquelas vozes que se distinguiam em outros ramos, que não a literatura. Presumo que Silvio Caldas deveria ser a primeira personalidade carioca a ser distinguida com a Medalha Olavo Bilac.

Rachel de Queiroz, na época a única presença feminina na Academia, incorporou-se à idéia da homenagem, associando-se aos que a antecederam e pleiteou:

> Imploro a v. Exa. que nos ouça de bom ouvido, satisfazendo a nossa ânsia de homenagear o grande bardo que é Silvio Caldas, que falou aos nossos corações juvenis com a sua música e seus poemas.

Estava, naquele momento, a vetusta Academia Brasileira de Letras diante de um dilema: como homenagear um cantor popular, embora dos mais conceituados, tendo, como poucos, contribuído para a formação e consolidação da nossa música popular. Não havia, ao que parece, um prêmio específico ao trabalho cultural do cantor, por isso Antonio Houaiss mais uma vez interveio, na tentativa de encontrar a solução mais adequada à questão:

> É preciso reconhecer que, na vida desse homem, existe uma singularidade, que é uma expressão de cultura, uma expressão de valor. Porque se trata de música popular brasileira, não se vá, daí, inferir que é uma coisa secundária. Peço que compreendamos o alcance da palavra cultura, em torno das suas dimensões. A Academia Brasileira não pode vedar-se a isso. Ela já homenageia e homenageou, inclusive poetas populares brasileiros, poetas de cordel, no que fez muito bem. Arnaldo Niskier e Ledo Ivo, não vejo porque simplesmente se limitar a um convite tão pouco expressivo, que é a mera visita a esta Casa que, de outra forma, ele poderia fazer sem convite. Muito obrigado.

---

1. Informações obtidas na própria Academia, através da Revista da Academia Brasileira de Letras, ano 88, v. 155, p. 141-143 - Anais de 1988 - janeiro a junho.

CAPÍTULO XX

HOMENAGEM DA ACADEMIA BRASILEIRA DE LETRAS

Na semana seguinte, no dia 26 de maio de 1988, a Academia prestou uma homenagem a Silvio Caldas pela passagem do seu 80º aniversário. O Presidente da Casa de Machado de Assis, Austregésilo de Athayde, iniciou assim a celebração dos oitenta anos do seresteiro:

> Só nós, maiores de oitenta anos, podemos avaliar tudo quanto Silvio Caldas representou no curso de sua vida, que não é longa, pois, para quem canta tão bem, curta ela é. Integramos uma personalidade que, durante tantos anos, cultivou sua arte de cantar, isto é, a arte de seduzir os espíritos, pela harmonia e pela beleza. Nós o celebramos e o integramos na vida cultural do Brasil, com a mais absoluta legitimidade dos seus títulos. Rachel de Queiroz, já na sessão anterior, como a menina dos nossos olhos, celebrou-o, dizendo quem era e o que representou para a geração de quarenta, cinqüenta, sessenta, setenta e, agora, de oitenta. Cada um de nós guarda, da sua voz, uma inesquecível lembrança. Cada um de nós tributa ao grande cantor as homenagens que lhe são devidas, pelo entretenimento, pelo que sugeriu aos nossos espíritos, pelo que nos consolou, pelo que nos disse a respeito da beleza da vida e do mundo.

O imortal Arnaldo Niskier, que havia levado para a consideração dos seus pares a idéia de que essa Casa prestasse ao grande cantor uma homenagem digna da sua magnífica obra, assim se expressou:

> Sr. Presidente, há poemas que são feitos em prosa. É perfeitamente possível que, falando, eu cante as virtudes de Silvio Caldas, que aqui se encontra, para alegria nossa, na Casa de imortalidade, imortalidade que consagra esta figura extraordinária da cultura brasileira.
>
> Olhem que expressão mais doce e poética para consagrar uma vida, toda ela dedicada à cultura popular brasileira. Penso, com toda a humildade, ter tido uma idéia feliz, ao propor, semana passada, que a Academia Brasileira de Letras se associasse a todas as manifestações que vêm ocorrendo, no País inteiro, de saudade à precoce imortalidade de Silvio Caldas, que segue encantando as multidões, como, ainda há pouco, me dizia a extraordinária atriz Camila Amado, que afirmava enfaticamente, o seu entusiasmo pelas apresentações que Silvio Caldas vem fazendo no Teatro João Caetano, graças, inclusive, a uma iniciativa de Ricardo Cravo Albin, em que ele prende a atenção de 1.200 pessoas, a cada noite, sem um ai, sem um zumbido, sem uma respiração ofegante, para não prejudicar a limpidez da sua apresentação, dessa voz divina, que se preservou, ao longo do tempo, e que segue, como eu disse, empolgando todo o povo, a quem tem dado somente alegria.
>
> Parabéns, Silvio Caldas! Esta é a expressão dos seus admiradores da Academia Brasileira de Letras. Esta é a expressão do povo brasileiro, que, em parte, também representamos. Deus permita que você siga cantando, com esta classe, com esta elegância, com esta higidez e, sobretudo, com esta demonstração permanente de caráter que tem dado, em vicissitudes de natureza política que teve de suplantar, mas que não cabe, agora, trazer à colação, porque esta é uma festa em sua homenagem, onde só se devem dizer coisas bonitas, coisas

> doces, como tudo que você merece. Felicidades! Parabéns! Tudo de bom para o nosso querido Silvio Caldas!

Chegou a vez de a grande Rachel de Queiroz, a voz feminina da sessão, relatar episódio em que se viu envolvida, ela e suas amigas, quando os respectivos namorados, enciumados, as deixaram porque elas só tinham atenção para o grande Seresteiro:

> E ficamos a ouvi-lo, enquanto eles iam embora. Isso aconteceu há muitos anos. Eu era mocinha. Você era moço. Só é mais velho do que eu seis anos. Portanto, o ciúme dos namorados daquele tempo é uma homenagem muito especial. Por estes cabelos brancos e com esta classe, muitos namorados de hoje devem fazer a mesma coisa que os nossos fizeram, há trinta anos. A sua poesia, a sua voz, a sua presença de cantor - não é bom fazer comparações nesse terreno - de certa forma significaram mais do que o Noel Rosa, porque ele era só a inspiração. Noel não era a realização, com aquele físico tão movidinho, tão pouquinho, com uma morte tão prematura. Você cantou e foi cantado. Renunciou e voltou. E o Silvio continua sempre o Silvio, nos nossos corações, na nossa lembrança, na nossa saudade e, principalmente, no nosso amor à música popular brasileira, da qual você é um representante, um imortal.

O acadêmico Ledo Ivo trouxe para conhecimento dos presentes uma pequena história envolvendo o Prêmio Nobel de Literatura François Mauriac:

> Sr. Presidente, vou começar, contando uma pequena história: na França, após a Segunda Guerra Mundial, todo o povo acordou para a alegria e para a canção. Havia *chansonniers* famosos, como Cosmar, Frenet e outros. Toda a cidade era dominada, naquela década de quarenta, cinqüenta, pelas 'Folhas mortas', de Cosmar. Então, um dos maiores escritores do século - François Mauriac - distinguido com o Prêmio Nobel de Literatura, desejou, também, fazer uma canção para ser cantada nas rádios e gravada em discos. Ele, realmente,

> escreveu essa canção. Foi musicada e foi um fracasso total. Ninguém cantou a canção do Prêmio Nobel de Literatura.
>
> Com essa história, quero dizer que o universo a que pertence Silvio Caldas, universo da canção, universo da poesia tornada voz, é um universo que todo escritor de gabinete, em segredo, deseja e até inveja... Espero que, quando completar oitenta e um anos, possa vir, de novo, aqui, para receber a Medalha Olavo Bilac. Obrigado.

José Cândido de Carvalho, por sua vez, relembra um episódio que mostra a grande popularidade do cantor Silvio Caldas:

> Sr. Presidente, acho que o Caldas é o maior sabiá-laranjeira que o Brasil já inventou em todos os tempos. Uma vez, elegi-me vereador, em Santo Amaro, em cima das canções dele. Eu não falava nada. Apenas um caminhãozinho levava aquelas canções lindas que só ele sabe cantar. Depois, cheguei à conclusão de que não me elegi. Silvio Caldas é que se elegeu vereador. A sua presença é muito honrosa. Você é uma voz imortal. Vai ficar para além de todos nós.

Ricardo Cravo Albin que, há pouco, havia produzido um espetáculo no Teatro João Caetano para homenagear o seresteiro, também teve oportunidade de se manifestar naquela sessão:

> O trabalho de Silvio Caldas, portanto, vem sendo, evidentemente, objeto de uma reavaliação que começa - quero crer - por esta Academia, por este cenáculo. É muito importante essa defesa do Brasil, desses valores que representamos: exatamente poesia, música e ritmos deste País, um país desvalido, como acentuou tão bem o acadêmico Lyra Tavares, e muito invadido culturalmente... É este agradecimento dos pesquisadores, das pessoas que dedicaram boa parte da vida à música popular e às grandes figuras que me traz, aqui, a falar. Faço-o com muito orgulho, comparando Silvio Caldas a esses jequitibás frondosos, ou melhor, ao vinho de boa origem, de boa cepa. Não há, evidentemente, qualquer sintoma de velhice no vinho de boa cepa, porque, a cada vez, ele melhora. Espero que Silvio

> complete noventa anos, cantando tão bem quanto agora, aos oitenta, porque está cantando tão bem quanto aos trinta. Muito obrigado.

Silvio, emocionado com aquela manifestação da Academia Brasileira de Letras, reunida, especialmente, para celebrar seus oitenta anos, apenas afirmou:

> Sr. Presidente, meus amigos, acadêmicos da Casa de Machado de Assis:
>
> Minha vida era um palco iluminado
> Eu vivia vestido de dourado
> Palhaço das perdidas ilusões
> Cheio dos guizos falsas da alegria
> Andei cantando minha fantasia
> Entre as palmas febris dos corações.
>
> (*Chão de estrelas*, Silvio Caldas e Orestes Barbosa).
>
> Orestes Barbosa, o jornalista, o poeta urbano, o carioca da Vila Isabel, criou. O grande poeta Guilherme de Almeida batizou. O imortal Manuel Bandeira, meu amigo, dizia que o melhor e mais bonito verso do cancioneiro popular era: 'Tu pisavas nos astros, distraída'. Sr. Presidente, Senhores membros da Casa de Machado de Assis: "Tu pisavas nos astros, distraída" e o velho seresteiro estão, hoje, definitivamente consagrados nesta Casa de Cultura, que é a Casa de Machado de Assis. Muito obrigado.

1. Informações obtidas na própria Academia, através da Revista da Academia Brasileira de Letras, ano 88, v. 155, p. 145-153 - Anais de 1988 - janeiro a junho.

Arquivo Nirez

CAPÍTULO XXI

MEDALHA MACHADO DE ASSIS

Posteriormente, na sessão realizada no dia 25 de junho de 1992, a Academia Brasileira de Letras decidiu homenagear Silvio Caldas com a concessão da Medalha Machado de Assis, um dos prêmios mais importantes daquela vetusta Casa, concedida para homenagear àqueles que se destacam "nas mais variadas manifestações do que se entende por um processo cultural"

Segundo consta na *Enciclopédia da Música Popular Brasileira*, 2. ed., 1988, Art Editora, p. 135, a proposta de concessão da honraria foi de iniciativa do acadêmico Jorge Amado. Contudo, pelo que consta dos Anais da Academia, quem primeiro abordou essa concessão foi a acadêmico Arnaldo Nisker, quando defendeu a tese de que a Academia Brasileira de Letras deveria encontrar um modo de homenagear Silvio Caldas.

Iniciada a sessão, o Presidente, acadêmico Austregésilo de Athayde, anunciou a solenidade de entrega da Medalha Machado de Assis ao insigne homenageado.

- Para saudar o cantor Silvio Caldas, o Presidente deu a palavra ao acadêmico Sr. Antonio Houaiss.
- A convite do Presidente, o acadêmico Sr. Barbosa Lima Sobrinho entregou a Medalha Machado de Assis ao cantor Silvio Caldas, um dos maiores intérpretes do cancioneiro nacional.

- O acadêmico Sr. Ledo Ivo entregou o diploma.
- Em seguida, o Sr. Silvio Caldas falou agradecendo a homenagem que lhe foi prestada nesta Academia.

Aquela sessão, pode-se dizer, com toda razão, que foi histórica porque:

a) abriu as portas da Academia Brasileira de Letras para homenagear um cantor popular, autor de obra admirável, muito querido por todas as camadas da sociedade brasileira, independentemente de sua posição hierárquica, financeira, literária ou social, porque sua obra atingia a todos, indistintamente, que se rendiam sempre ante a beleza do seu canto, de sua interpretação, do seu fascínio pessoal;
b) trouxe para dentro da Academia a discussão do conceito de cultura e do verdadeiro papel daquela insigne Casa, para abolir preconceitos até então vigentes, sobre a chamada cultura popular, que certamente deveriam ser revistos depois desse memorável acontecimento;
c) enfim, reconheceu que o processo cultural se pode dar tanto em ambientes requintados, elitizados, como nos ambientes insalubres, freqüentados pelo povo, a partir dos bares, dos morros e das ruas, que também têm capacidade de fazer cultura, de relevante qualidade, como é o caso da obra de Silvio Caldas, nesse momento reverenciada nos salões da nossa Academia Brasileira de Letras.

Deve ter sido uma sessão comovente, pois estavam ali reverenciando o popular cantor brasileiro as figuras graves e circunspectas dos imortais membros da Academia maior da literatura brasileira, a Casa de Machado de Assis, todos, momentaneamente, rendidos ante a figura simples do nosso maior seresteiro, na certeza de que todos eles, em algum momento de suas vidas, foram embalados em seus sonhos pela voz inconfundível dessa figura extraordinária, com seus amores, com suas estrelas, com suas saudades, que, no fundo, eram deles também.

Naquele momento, pode-se dizer, a Academia Brasileira acabara de abraçar o velho e querido intérprete do povo brasileiro e, ao abraçá-lo, reconhecer que durante seis décadas ele dedicou-se com todo amor, através do seu canto enternecido, à arte de fazer o povo sonhar.

O velho seresteiro, que dali a seis anos perderia sua forma física, pôde participar, como um dos seus personagens, de um histórico encontro de imortais: os pertencentes à Academia Brasileira de Letras, que o homenageavam, seduzidos por seu comportamento, sua elegância, sua vida, sua obra e ele próprio, também imortal por obra e graça do povo brasileiro.

A comenda até que veio tarde, mas ainda a tempo de reverenciar o cantor em vida, que naquele momento recebeu merecidos elogios endereçados por nossos escritores imortais. Os mestres da arte de escrever estavam ali, emocionados, cultuando o mestre da arte de cantar.

1. Informações obtidas na própria Academia, através da Revista da Academia Brasileira de Letras, ano 92, v. 163 - Anais de 1992 - janeiro a junho, p. 131.

Arquivo Nirez

CAPÍTULO XXII

O BOÊMIO, O VIOLÃO E OUTRAS HISTÓRIAS

Pelo pouco que foi dito anteriormente, dá para se ter uma idéia da riqueza que foram a vida e a obra de Silvio Caldas. Aventureiro, era famoso na sua liberdade de ir e vir, não abria mão na escolha dos ambientes que gostava de freqüentar, dos mais luxuosos aos mais humildes, das mais ricas boates ao mais simples dos botequins, sem se preocupar com os compromissos assumidos, com as conseqüências profissionais dos rompimentos de contratos.

> Ninguém perguntava, quando o Silvio desaparecia, para onde tinha ido, porque nem o próprio Silvio talvez o soubesse. Quando a rotina dos programas radiofônicos, as intrigas do meio musical e a monotonia do próprio ambiente familiar transbordavam, o andarilho, o cigano, que nunca morreu em Silvio, nele desperta e está embarcando no primeiro trem - sem destino certo, sentado num banco duro de segunda classe para conversar com os passageiros humildes - porque há nele também, apesar da glória de vedete e do cartaz de astro, uma permanente humildade, um gosto acentuado pelas coisas simples (David Nasser, in *Revista O Cruzeiro*, p. 44, ed. 11 de julho de 53).

Um dos expoentes máximos da música popular brasileira, com formação básica nessa época, considerada a fase de ouro da música popular brasileira, extraordinariamente rica de talentos, Silvio Caldas, vida e glória do canto popular brasileiro, resistiu o quanto pôde e até um pouco antes de sua partida, ainda teimava em levar a vida que sempre levou, com o violão inseparável, sempre preso ao peito, que lhe acompanhava desde 1957, doado pelo Presidente Juscelino Kubitcheck, quando foi cantar para os pracinhas brasileiros que estavam no Canal de Suez em missão de paz.

Aliás, é difícil encontrar uma foto do autor de *Torturante Ironia* sem que junto a ele não esteja um violão, companheiro inseparável de todos os momentos. Afinal de contas era um cantor das madrugadas, um seresteiro da melhor estirpe. Gravou uma composição belíssima, de Georges Moran e J. G. de Araújo Jorge, numa interpretação comovente, com a emoção à flor da pele, como se a composição tivesse sido feita por ele para festejar um inesquecível caso de amor:

> E nas cordas do violão
> Sinto o teu calor
> Como se o instrumento fosse
> O teu corpo, amor
>
> (*Meu amigo violão*, de Georges Moran e J. G. de Araújo Jorge, de 1943).

Nenhuma música, no entanto, poderia traduzir melhor essa interação - cantor/violão - do que a modinha seresteira de Orestes Barbosa *Meu companheiro*, musicada por Francisco Alves, outro velho seresteiro, cujos versos pareciam ter sido feitos para Silvio Caldas:

> De tanto roçar meu peito
> Tens hoje o timbre perfeito
> Da voz do meu coração...
>
> (*Meu companheiro*, Francisco Alves/Orestes Barbosa, de 1932).

Essa música, que Silvio adorava, foi gravada por ele e incluída em pelo menos seis LPs e um CD do cantor.

Além dessa, havia ainda uma outra música, também enaltecendo o violão, do repertório de Francisco Alves, *A voz do violão*, que era também muito cantada pelo Caboclinho, constando em pelo menos 8 LPs e 4 CDs:

> Porém neste abandono interminável
> No espinho de tão negra solidão
> Eu tenho um companheiro inseparável
> Na voz do meu plangente violão
>
> (*A voz do violão*, de Francisco Alves
> e Horácio Macedo, de 1928).

Silvio cantava essas duas composições do Chico Alves com tanto carinho, tanta emoção, que pareciam ter sido criadas por ele.

Além das composições do *Rei da Voz*, outras menos citadas eram constantemente cantadas pelo Silvio em suas apresentações, pois se adequavam bem a seu estilo seresteiro. Com a morte do Chico Viola, em 1952, Silvio Caldas "herdou", por assim dizer, o repertório dele, enriquecendo ainda mais seu já riquíssimo repertório.

Brício de Abreu, amigo, admirador e contemporâneo do grande cantor, descreveu, com emoção, sobre a carreira do seresteiro e fez um paralelo com a carreira de outro grande seresteiro, Francisco Alves, dois lustros mais idoso do que Silvio, mas tão bom quanto ele,

> [...] os quais, partindo de caminhos diferentes, encontraram-se na estrada da vida, seguindo juntos (Brício de Abreu, obra já citada), para deleite do público, que não se cansava de aplaudi-los e para sorte da própria música popular brasileira, que encontrou seu verdadeiro caminho com a participação, dentre outros, desses dois extraordinários cantores.

Para esse jornalista, historiador, boêmio e companheiro de serenatas do Caboclinho Querido:

> [...] a carreira de Silvio Caldas singulariza-se pelo seu cunho profundamente brasileiro e, sobretudo, de puro artista boêmio. Como Chico Alves, a sua história está ligada à evolução da própria canção em nossa terra. Se, do primeiro, ela veio através do violão, do malandro de salto carrapeta, lenço no pescoço e chapéu desabado, da Velha *Lapa*; do segundo, veio

> ela do cantor de serenatas, cantadas ao luar, pelos bairros suburbanos. Um partia do tumulto barulhento do bairro da desordem, em sua época; o outro, lembrando as ruas calmas, sombrias, iluminadas a bico de gás, onde a voz e o violão iam pelos ares como um lamento apaixonado. Um era o "Chico Viola"; o outro, "Silvinho Seresteiro." Partindo de caminhos diversos, um dia encontraram-se no início de uma estrada - "o teatro" - e seguiram o caminho juntos, cantando e tocando, fazendo da voz e do violão um motivo de beleza e encantamento para o povo, traçando, com lágrimas e sorrisos, o primeiro capítulo da história da canção brasileira, que subiu, evoluiu, entrou definitivamente para o seu lugar, não só para a história folclórica do Mundo, mas para a da arte pura e bela de nossa terra. O sonho de Catulo e outros se realizava. (Brício de Abreu, *Esses Populares tão desconhecidos*, p. 303, 304 e 305, 1963).

Ary Vasconcelos assim se referia a Silvio Caldas:

> Como homem e como artista Sylvio Caldas é único. Alegre, acessível, simples, vive plenamente a vida. Jamais se prendeu a esquemas e impede que as preocupações perturbem o seu viver e o seu cantar. Seu espírito aventureiro já o levou e se embrenhar nos sertões para garimpar. Teve casa noturna e restaurantes, autorizado pelas credenciais do excelso cozinheiro que é, com habilidades e temperos tão aplaudidos quanto suas canções. Almirante vivia gabando as peixadas de Sylvio Caldas." (Ary Vasconcelos, encarte do *CD Sylvio Caldas, Revivendo, RVCD-013*).

E continuando, Ary Vasconcelos ressalta o compromisso do cantor com a nossa música popular e a necessidade de sua preservação histórica, pela qual lutará por toda a vida.

Há um outro episódio, narrado por Antônio Amaury Corrêa de Araújo, em 1976, na Rede Globo de Televisão, quando Silvio Caldas dirigiu-se a ele, sabendo-o interessado em fatos da vida de Lampião, e disse-lhe que estava em excursão em Alagoas, em 1935 ou 1936, na cidade de Pão de Açúcar, às margens do Rio *São Francisco*, quando, após sua apresentação, foi convidado pelo Coronel Joaquim Rezende para cantar para "um amigo nosso:"

> Tudo bem, "Coronel", quando o senhor quiser estarei à sua disposição. - Vamos fazer o seguinte; amanhã nós vamos apanhar você de carro, às tantas horas. Assim foi feito. No dia seguinte o "Coronel" chegou no horário marcado e pegando uma daquelas estradas horríveis dirigiu-se para uma propriedade rural que possuía no interior do município. Chegaram ao anoitecer e o "Coronel" conversou logo com o vaqueiro que minutos depois saiu. Meia hora depois o vaqueiro retornou com o amigo que o Coronel Joaquim Rezende queria homenagear com as interpretações do famoso cantor. Foi então que Sylvio Caldas viu que estava frente a frente com o "Rei do Cangaço." Silvio Caldas cantou vários de seus sucessos acompanhado de um violão. Descontraiu-se aos poucos. A lua alta espargia uma luminosidade mortiça e as estrelas incontáveis cintilavam no firmamento. Como bons seresteiros, beberam cachaça natural, riram e conversaram. Lampião foi um ouvinte atento e demonstrou satisfação na serenata quase que exclusiva a si e aos que o acompanhavam. Pela madrugada os cangaceiros retiraram-se e o Coronel e o Cantor foram descansar em redes armadas pelo vaqueiro (*Lampião, Segredo e Confidências do Tempo do Cangaço,* Traço Editora, p. 226-229).

David Nasser recorda de uma passagem de Silvio Caldas em Fortaleza, quando o cantor soube que os leprosos de uma colônia situada a algumas horas da capital cearense não tinham podido ouvi-lo:

> Parece que o rádio do lazareto deixara de funcionar na hora exata. Sem avisar a ninguém, Silvio comprou passagem e se mandou para a colônia, de violão debaixo do braço. Na portaria, disse simplesmente: - Sou Silvio Caldas e vim cantar (David Nasser, *Parceiro na Glória,* p. 179).

A princípio, pareceu-me um certo exagero o fato aqui narrado por David Nasser. Contudo, tive oportunidade de tomar conhecimento da seguinte nota de jornal, de Fortaleza, publicada em 1951:

> Silvio Caldas, o Caboclinho Querido, que recebeu recentemente o título de "Cidadão Fortalezense", por sinal com muita justiça, foi por longo tempo um dos baluartes da festa "São João dos Lázaros", que se realizava no Preventório de Canafístula, hoje Antônio Justa. Todos os anos Silvio aqui estava para trabalhar em prol daqueles doentes, angariando dinheiro, revistas e livros usados, discos velhos, móveis, alimentos, enfim, para dar aos leprosos uma vida mais condigna, um pouco mais feliz. As fotos de hoje mostram alguns momentos da citada campanha, promovida pela Rádio Iracema e Ceará Rádio Clube, em 1951, registrada pela objetiva da "Aba Film", no dia da festa, 24 de junho. Uma das fotos mostra os jardins e a alameda de entrada do Preventório, com algumas pessoas posando, entre elas três irmãs missionárias, José Pessoa de Araújo, outra irmã, Paulo Cabral de Araújo, Armando Vasconcelos, Gregório Barrios, Silvio Caldas e Targino (*Jornal O Povo*, de 1951).

O fato foi comprovado, com mais riqueza de informações e detalhes, com a participação do cantor junto à Colônia Antônio Justa, dando crença à versão escrita por David Nasser (informações e fotos colhidas com o Miguel Ângelo de Azevedo - Nirez).

Conversando sobre o tema com o professor José Neudson Bandeira Braga, este me confidenciou que certa vez compareceu ao Teatro José de Alencar - em Fortaleza - , em companhia do saudoso jornalista Edmundo Vitoriano, para assistir a uma apresentação de Silvio Caldas, em prol do São João dos Lázaros. Silvio veio acompanhado de Ruy Reis e sua orquestra. O professor Neudson não soube informar com precisão a data, mas acha que foi no início dos anos 50.

Em face de sua identificação com o estado do Ceará e, particularmente, com sua capital, Silvio Caldas foi agraciado pela Câmara Municipal com o título de Cidadão de Fortaleza, conforme Lei Municipal n. 3.004, de 11 de outubro de 1965, assinada pelo Prefeito General Murillo Borges Moreira.

A proposta de concessão do título foi de iniciativa do Vereador Ademar Arruda, que apresentou a seguinte justificativa:

> Essa é uma das mais justas homenagens que Fortaleza, através de sua Casa de Representantes, presta a uma personalidade. Silvio Caldas completa 50 anos de atividades artísticas, sendo grande parte desse tempo dedicado a amenizar os sofrimentos de seus semelhantes, o que, por si só, o faz merecedor desta homenagem. Foi ele, em Fortaleza, quem lançou a campanha do São João dos Lázaros, em 1951, e passou a vir anualmente, na mesma época, tomar parte nessa festa. Ele ia, pessoalmente, às Colônias de "Antônio Justa" e "Antônio Diogo", levar, através de sua voz, um pouco de lenitivo aos internados, e acompanhado da "Ceará Rádio Clube" fazer entrega de brindes e donativos. Todo o Brasil está homenageando, hoje, ao grande cantor, e nós que recebemos, diretamente, os seus benefícios não poderíamos ficar alheios a essa justa homenagem (Câmara Municipal de Fortaleza, em 23 de agosto de 1965).

Murilo Mellins, memorialista sergipano, conta uma passagem de Silvio Caldas por Aracaju. O Caboclinho, além do cantor romântico por excelência, também era dado a arroubos românticos, como daquela vez em que se apaixonou por uma senhorita da alta sociedade sergipana, para desespero da família dela. Mesmo sem os pais aceitarem, Silvio fez para ela memoráveis serenatas, durante mais de um mês, sempre acompanhado pelos amigos dos quais tivera saudade e resolvera visitá-los, esticando uma viagem que fizera a Salvador (*Jornal da Cidade*, disponível em: http:/www.jornaldacidade.net/notícia, de 20 de setembro de 2007).

David Nasser lembra um outro episódio, que chegou a seu conhecimento por intermédio de um dos seus personagens:

> Madeira de Lei. Um dia, tempestade brava, o Moacir Franco me apareceu lá na minha fazenda em Pinhal com a mulher e os filhos. - Venho fugido do sítio do Silvio Caldas em Atibaia. Ele me acordava às cinco da madrugada, tocava

> no meu bucho uma sopa Juliana com tutano, paio, lingüiça, o diabo, bebia um litro de uísque até o almoço, e era uma batida só até de noite. Aí pegava o violão e fazia serenata, toma chão de estrelas, toma pierrô, e eu dormia na cadeira. Fugimos de madrugada. Ou a gente morria. Aquele cara é de ferro. Ele desafia as leis da natureza (David Nasser, *Parceiro da Glória*, p. 26).

Silvio Caldas sempre foi um personagem fascinante, desprovido de vaidades e livre da escravidão do dinheiro, dizia, quando questionado de que essa sua maneira desprendida de viver o impedira de ficar milionário, pois se ao invés de levar a vida boêmia que levou tivesse se dedicado mais aos seus shows, suas gravações, seus contratos profissionais, com certeza teria hoje uma sólida situação financeira.

Fatos como esse, corriqueiros na vida do cantor, não deixaram mágoas, mesmo em sua velhice, quando a situação financeira apertou. Sem manifestar nenhum arrependimento com esse estilo de vida, da mesma forma simples como cantava, ele dizia se considerar um milionário, pois Deus lhe dera uma bela voz, com ela se manteve até aquele momento e com ela fizera um mundo de amizades, recebido que era de braços abertos em qualquer parte deste imenso continente que é o nosso Brasil.

David traça um paralelo entre Silvio Caldas e o compositor Noel Rosa, outra glória da música popular brasileira. Boêmio como Silvio, Noel também não se prendia a horários, a compromissos, a contratos. A palavra de um, como a palavra do outro, nessa matéria, era como um risco n'água. Narra um episódio em que Silvio convidado por Noel e não compareceu a um recital:

> - Noel Rosa, meu querido me desculpe, esqueci do seu recital. E o Noel, à porta do Café: - Eu também esqueci. A vida para Noel foi um recital que não houve. A vida para Silvio foi um recital dele para ele. (Idem, p. 25-27).

E prossegue o cronista:

> Este mesmo desígnio misterioso arrasta a boêmia de Silvio Caldas pelos mais imprevistos caminhos. Certa vez desapareceu de nossas vistas e após dois anos vimos que regressava, tostado pelo sol, mais rígido, mais gordo. Contou, então, que soubera de um filão de ouro em Goiás e para lá fora, na leva, em caminhão, trem, lombo de burro e pelos próprios pés. Depois de catar ouro, sem muito resultado, uma nova onda encheu o acampamento onde ele dormia ao lado dos velhos faiscadores, comendo do mesmo feijão e da mesma farinha. Diziam que lá pelas bandas de Minas diamante estava rolando pelas encostas de um terreno abençoado por Deus (David Nasser, *Revista O Cruzeiro*, p. 43-44, edição de 11 de julho de 1953).

Concluída a aventura, sem encontrar um mísero diamante, o cantor retornou ao público saudoso, para reiniciar sua carreira. Segundo, ainda, David Nasser:

> O seresteiro, que levara toda a sua mocidade procurando estrelas no céu, não as achou no chão, e agora nós o assistíamos a entrar no mesmo café, com o jeito despreocupado de andar, as mãos e os bolsos vazios, mas o coração cheio daquela mesma ternura para com o gênero humano, extravasada, no outro dia, em novas canções. (Idem).

Diferente de Francisco Alves, cuja palavra valia mais do que um contrato assinado, Silvio Caldas tinha uma grande dificuldade em cumprir compromissos assumidos, escritos ou não. Talvez não soubesse dizer "não" aos pedidos, mas o fato é que usualmente faltava com a palavra. Todos sabiam que contrato com Silvio, verbal ou não, era contrato de risco. Sumia dos ambientes artísticos sem deixar rastro, sem aviso, sem destino.

Nestor de Holanda assim aborda a difundida irresponsabilidade do seresteiro no cumprimento de seus compromissos, embora ele próprio jamais tivesse se preocupado com isso:

> Dizer, simplesmente, que Silvio Caldas falta aos compromissos, dá idéia de ser ele um refinado irresponsável. Todavia, não é bem esse o caso. Silvio carrega a mais bem-formada alma de vadio que conheço. Em compensação, também não conheço melhor amigo, mais solidário, mais companheiro. Sente ojeriza permanente por dinheiro e prefere ir para as cabanas de pescadores de Santos, cantar de graça para os humildes, a receber alguns milhões para se apresentar numa boate onde esnobes e arrogantes bebem, conversam sem dar atenção à sua música. No fundo, é um revoltado. (*Memórias do Café Nice*, Ed. Conquista, 1970, p. 184).

E narra um episódio presenciado por ele, Nestor de Holanda, em pleno corredor da Rádio Nacional, que define bem a figura do cantor:

> Homem simples, amigo de populações inteiras, não sabe quantos afilhados tem, espalhados por estes brasis afora. Muitas vezes, na Rádio Nacional, vi Silvio Caldas distribuir o salário com os afilhados. Em compensação, ninguém tem sua popularidade em todo o Brasil. Em qualquer cidade, ele chega e se acomoda, sem um centavo no bolso. Anda de táxi, come, hospeda-se, bebe, faz compras, e ainda os amigos lhe ficam agradecidos (Nestor de Holanda, ob cit. p. 184).

É quase um milagre que um artista do porte de Silvio Caldas, pelo seu comportamento errante, tenha tido esse prestígio por toda uma vida, por muito tempo um prestígio crescente, da forma como ele agia, amadoristicamente, no exercício de sua profissão.

Em que pesem as reações do momento, perfeitamente compreensíveis, pela ausência do ídolo, o público brasileiro jamais o censurou por suas faltas injustificadas: anunciado um novo show, lá estava ele presente como se nada tivesse ocorrido no passado, sempre na esperança de voltar a ouvir o Caboclinho Querido, e isso era o que bastava, porque não havia espaço para outra coisa que não fosse a maravilha de entrar em contato com seu canto comovente, enternecido, impregnado de um lirismo envolvente e encantador, porque as suas composições adquiriam na voz e na interpretação do Seresteiro Maior uma dimensão de indizível beleza, mantendo cativo seu imenso público.

Já se disse, no decorrer deste livro, que Silvio era um cantor eclético, cantando bem tudo que lhe vinha às mãos, até as canções de câmara. É de Hermínio Bello de Carvalho a informação de que Villa-Lobos dizia que "Silvio Caldas era o professor natural da música de câmara no Brasil..." "E tanto assim pensava que o fez apresentar-se como solista da modinha "Gondoleiro", com versos de Castro Alves, acompanhado por quase 30.000 vozes no Vasco da Gama e 500 músicos de banda; isso em setembro de 1941." (*O Canto do Pagé*, Ed. Espaço e Tempo Ltda., 1988, p. 54).

Uma pessoa simples. Jamais deixou que a glória subisse à cabeça: tinha amigos muito próximos entre os poetas nascidos e criados nos morros cariocas, formados pela escola da vida, nas rodas boêmias e vagabundas da cidade, assim como era amigo de muitos poetas, jornalistas e escritores, das melhores correntes literárias, formados nas grandes universidades brasileiras, alguns membros da diversas academias nacionais, era também amigo de pescadores e estivadores, como aquele do Cais de Recife, marido da Isabel, a quem dedicou um samba famoso.

Era um desprendido, que pouco sabia usar sua arte para ganhar dinheiro. Assim como freqüentava a casa de milionários, como nesse conhecido episódio na casa dos Barroso do Amaral, em que Silvio fora convidado para se apresentar à noite, em sua residência, no Rio, para o famoso astro norte-americano Douglas Fairbanks Jr.:

> Pois lá foram o Silvio e o Rubens num táxi. Rubens imaginava a madrugada farta, depois do recital. À hora da saída, cavalheirescamente, Silvio afastou a mão do dono da casa que queria lhe enfiar no bolso o envelope generoso - a família era rica. Não houve jeito de convencer o seresteiro. Rubens suava frio. O anfitrião desistiu ante o cantor fidalgo. No táxi, Silvio e Rubens fizeram a viagem mudos. Na *Lapa*, ponto final da aventura, Silvio perguntou a Rubens: - Tem dinheiro para o táxi? (David Nasser, *Parceiro da Glória*, p. 25).

Também gostava de freqüentar a casa de pessoas humildes, até mesmo paupérrimas, que moravam nos morros cariocas, como se pode ver quando da gravação do filme *Favela dos Meus Amores*, em que ele, acompanhado pelo escritor e cronista Henrique Pongetti, cantava enternecido para aquelas pessoas, com o mesmo sentimento e seriedade com que fazia para os de posses.

Arley Pereira conta o episódio ocorrido na TV Tupi de São Paulo, quando Silvio Caldas foi homenageado no programa "Esta é a Sua Vida", quando ele teve que fazer uma complicada operação para garantir a presença dele:

> Silvio era tabu. Como o programa era ao vivo, convidados vinham do Brasil inteiro, a produção era caríssima, havia medo de programá-lo. Se ele dava cano em programas que pagavam bem, como garantir que viria de graça abraçar alguém?... Assim me apresentei no sítio do Silvio em Atibaia, pedindo uma entrevista para a revista em que trabalhava... Terminada a pesquisa comuniquei que a entrevista sairia no próximo mês e tratei de preparar o roteiro do programa. Convidados do Brasil inteiro, ministros, garimpeiros, altas patentes militares, músicos da madrugada, cantores (e cantoras) da noite, companheiros da época de ouro do rádio. Se ele não viesse estaria falido. Fui à luta. Silvio era sócio do Toninho Nahas e uma vez por semana vinha a São Paulo cuidar dos negócios. A mais feliz das coincidências fez com que o dia de sua vinda fosse o dia do programa. Combinei com Toninho e roubei a Kombi, levando-a para a praça atrás da Tupi... O delegado comunicou que o veículo tinha sido localizado atrás da Tupi e que as chaves foram guardadas por Carlos Gaspar... Ao chegar, Silvio me encontra nas escadarias que levavam ao auditório e se surpreendeu. O que eu estava fazendo ali: disse-lhe que trabalhava lá também e o encaminhei para a 'sala' de Carlos Gaspar, apontando a porta. Quando a abriu, viu-se em pleno auditório, a orquestra tocando o seu prefixo *Serenata* e todos aplaudindo. Passou os olhos pelos amigos,

> aprumou o terno e subiu as escadas de dois em dois degraus. Foi se encontrar com sua vida, em um dos programas mais bonitos da série (http//jornalmovimento.com.br/prin.htm - *Jornal Movimento*, São Paulo, ano 13 - n. 267, 13 de setembro de 2007).

É também de Arley Pereira esta história, que trata de uma famosa serenata feita em Brasília, para uma primeira-dama:

> A Receita Federal segurou um 'container' com mercadoria importada por ele e seu sócio Toninho Nahas e não queria liberar por nada. Naquela noite em Brasília, a primeira-dama Maria Tereza Goulart acorda com uma seresta em sua janela, Silvio ao violão cantando exatamente *Serenata*. Antes das dez horas da manhã, o 'container' estava liberado (*Jornal Movimento*, já citado).

Henrique Pongetti, o cronista que acompanhou o seresteiro por algumas fases de sua vida, testemunhou:

> E ele cantava em cada barraco como se fosse a boate milionária, como se de cada um fosse sair mais rico. Bisava e trisava obediente ao seu público sincero e maltrapilho. E nunca me esqueço que, bebendo com os de lá, ele deitava o primeiro gole no chão - para o santo. Que lá de cima os santos gostam muito de samba e - moderadamente - de pinga (Henrique Pongetti, contracapa do *Lp Serenata*).

Em Fortaleza, onde fizera temporada artística nos fins dos anos 40, fez muitas amizades e, convidado, resolveu morar por aqui durante uns tempos. E assim o fez. Sempre cercado de amigos, de bem com a arte e a vida, ia levando sem pressa os seus dias, na mais perfeita harmonia com as madrugadas cearenses, sempre com o violão em punho, fazendo serenatas. É conhecido o episódio em que a Rede de Emissoras Associadas, à frente a Rádio Tupi, comunicara-se com o seresteiro convidando-o para retornar ao Rio, onde o povo, já saudoso, cobrava sua presença aos microfones. O famoso seresteiro, renegando um vantajoso contrato, simplesmente respondeu, agradecendo ao convite: "Impossível sair agora do Ceará: começou a safra de caju."

Era essa a figura humana de Silvio Caldas, querida e contraditória, inescrutável e misteriosa, mas boêmio a vida toda, que teve a estupenda felicidade de passar por este mundo espalhando esperança e poesia, dando a todos os que dele se aproximaram, pessoalmente ou no disco, a alegria indispensável para enfrentar as vissicitudes da vida.

CAPÍTULO XXIII

A IMPORTÂNCIA NA MÚSICA POPULAR BRASILEIRA

Qual a importância de Silvio Caldas na música popular brasileira? Muito se tem escrito sobre o Caboclinho querido ao longo de seus 65 anos de carreira no rádio, no disco, no teatro e na televisão, quando passou a ser considerado um dos vultos mais importantes de nossa história musical.

Razão tem quem assim classifica a performance do grande artista, que foi, como se sabe, um cantor excepcional, certamente incluído, qualquer que seja o critério, entre os três maiores cantores brasileiros de todas as épocas;

> Festejado a vida toda como intérprete de excepcionais qualidades, Silvio amealhou durante sua existência um sem-número de depoimentos e opiniões ressaltando as suas qualidades vocais e seu estro interpretativo. Foi considerado o intérprete padrão do Brasil e deixou, também por esse motivo, um grande número de seguidores. Numa análise comparativa com os seus principais concorrentes, Ary Vasconcelos parece chegar próximo de um ponto de vista mais isento, mais geral: Silvio Caldas talvez fosse o mais "intérprete", no sentido em que vivia a letra, frase por frase, quase palavra por palavra. (Ary Vasconcelos - *LP O Seresteiro do Brasil*, obra já citada).

E isso, certamente, será mais difícil de negar. Sobre o tema, David Nasser registrou, como sempre com encanto:

> Era intérprete - e ainda o é - até as raízes do cabelo, intérprete brasileiríssimo, romântico, acaboclado, enternecido, tudo quanto vocês quiserem - e a melodia suave e triste de nossos maiores compositores adquiriam, em sua voz incomparável, novo relevo. (David Nasser, *A Vida Trepidante de Carmen Miranda*, Op. cit., p. 79, 1966).

Além das qualidades de cantor e intérprete, Silvio foi também um compositor melodista de inegáveis méritos, tendo deixado, nesse campo, uma obra que, sem ser muito extensa, alcançou enorme sucesso e um reconhecimento público ainda hoje enaltecido. Foram verdadeiros clássicos do nosso cancioneiro popular, como os versos musicados dos seus maiores compositores. Suas composições vão das valsas às marchinhas carnavalescas. Dentre elas as canções seresteiras, que terminariam por ser as mais festejadas. Foi, também, grande no campo da composição, não ficando assim consagrado porque foi maior como cantor, o que fez com que fosse obnubilada sua condição de compositor.

Sem chegar à altura do maiores de sua época, pode ser considerado um excelente violonista, instrumento inseparável, cultuado por ele a vida inteira, sempre a seu lado, preso ao coração. Com ele compôs as melodias que deram vida aos versos compostos por nossos poetas, tornando-os eternos na lembrança dos seus admiradores.

Sambista da gema, criado que foi no meio dos bambas do samba, freqüentando seus ambientes, Silvio aprendeu desde cedo a melhor forma de cantar esse gênero, tornando-se um de seus expoentes. Inovou quando introduziu o breque no samba, bem no início de sua carreira no disco, o que indica, provavelmente, que ele já vinha fazendo uso do breque antes mesmo de estrear no disco. Aproveitando os espaços melódicos, introduziu palavras não constantes das letras originais. Inovou mais ainda, quando interrompeu o ritmo e a melodia para introduzir palavras, fazendo nascer o samba de breque.

A partir da gravação da valsa-canção *Mimi*, Silvio criou um estilo todo pessoal de cantar as canções seresteiras, que se consolidaria quando da gravação de *Serenata* e *Santa dos meus amores*. Depois viria, numa seqüência impressionante, um grande número de sucessos, que marcaria, em definitivo, sua forte presença na música popular brasileira.

A partir das qualidades acima enunciadas, Silvio Caldas também se firmaria como o cantor de melhor e mais qualificado repertório, não só pelas canções que lançaria, em todos os gêneros musicais, mas, também, pelas composições de outros cantores, principalmente as de Francisco Alves, que ele incorporara ao seu já selecionado repertório.

Considerado como o "Melhor Seresteiro do Brasil", título que manteria até a sua verdadeira despedida, Silvio era um mestre no gênero, que ele cultivou até seus últimos momentos.

Não será exagero afirmar que o melodista de *Arranha-céu*, pela sua obra, foi o mais brasileiro dos nossos cantores, e sua voz foi tida como "a mais brasileira", dentre os nossos grandes cantores.

O Caboclinho foi considerado por muitos como o mais completo cantor do Brasil. Recentemente, Carlos Didier, em brilhante biografia escrita sobre o poeta, jornalista e compositor Orestes Barbosa, registrou: "A Silvio Caldas, o mais completo cantor da música brasileira, personagem fascinante da boemia carioca, parceiro que melhor assimilou as lições estéticas do poeta." (Carlos Didier, in *Orestes Barbosa*, Editora Agir, Rio, 2005). Quarenta anos antes, a *Revista de Música Popular* (n. 9, capa e p. 457, de 1957) já havia expressado esse mesmo entendimento: "Silvio é hoje o mais popular e querido cantor do Brasil. E também o melhor e o mais completo."

Jairo Severiano chama atenção para a forma especial que o seresteiro tinha de dizer as palavras, merecendo, talvez, por isso, a preferência dos melhores compositores brasileiros. Para Severiano:

> Pode-se mesmo afirmar que ninguém foi capaz de superá-lo no seu jeito especial de dizer determinadas palavras - "saudade", por exemplo - a inflexão precisa no momento exato. Não seria assim por acaso que Silvio mereceu de dois de nossos

maiores compositores, Ary Barroso e Custódio Mesquita, a preferência para o lançamento de inúmeras de suas melhores canções. Silvio foi o cantor de mais longa permanência, em qualquer gênero: mais de 60 anos cantando.

E concluiu, chamando a atenção para alguns aspectos importantes de sua personalidade, que o distanciavam de seus principais concorrentes: a estabilidade na carreira, o repertório mais bem selecionado, a técnica de respiração insuperável, a melhor colocação de voz e a interpretação perfeita. É tudo de que um cantor necessita para se destacar dos demais.

Henrique Pongetti, o festejado cronista, amigo e contemporâneo do Seresteiro, com quem fazia constantes serenatas em São Cristóvão, dizia, em 1957, sobre o cantor: "Trata-se de um cantor fora do comum. Deus deu-lhe uma bela e típica voz, mas deu também o dom de mantê-la indene ao passar dos anos." (Henrique Pongetti, *contracapa do LP Serenata*, 1957).

Pelo conjunto e ecletismo de sua obra, pelo que representou como cantor e como compositor, pela intransigente defesa de nossa música durante os 65 anos de magnífica carreira, pela influência exercida sobre gerações de novos cantores brasileiros, Silvio Caldas poderia ser considerado, como bem disse o acadêmico Arnaldo Niskier, *o maior vulto da música popular brasileira de todos os tempos.* (*Revista da Academia Brasileira de Letras*, ano 88, v. 155, p. 141).

Arquivo Nirez

ARQUIVO NIREZ

CAPÍTULO XXIV

DERRADEIRA DESPEDIDA

Silvio Caldas sempre foi um homem livre, fazendo jus à alcunha que ele mesmo se atribuiu, de judeu errante, jamais permitiu que os contratempos e as injunções sociais interferissem no seu modo de viver, de fazer o que ele queria, como queria, quando queria, mesmo pondo em risco seu futuro artístico, sua carreira.

Recebera do destino uma missão para cumprir aqui na Terra. E a cumpriu integralmente.

Aos os cinco anos já participava das paradas carnavalescas e ficou conhecido como o "Rouxinol da Família Ideal".

Aos sete apaixonou-se pela primeira vez. Maria Helena era o nome da namorada. Ainda se lembrando, dizia: "Era uma moreninha de olhos românticos, linda, com quem eu dividia diariamente a minha merenda." (Brício de Abreu, *Esses Populares tão desconhecidos*, p. 303, 304 e 305, 1963).

Aos nove já subira ao palco do Teatro Fênix e aos dezenove anos iniciou suas atividades artísticas junto à Rádio Mayrink Veiga, onde começou a desenvolver uma estupenda carreira de cantor e de compositor, que só pararia próximo de sua partida.

Aos 25 anos, casa-se pela primeira vez. Angelina era o nome da mulher, com quem teve uma filha chamada Silvinha, que ficou famosa na música popular brasileira, pois, para ela, dizia-se que Silvio havia feito a belíssima valsa-canção "Serenata", com versos do poeta e jornalista Orestes Barbosa.

Em 1975, Silvio passaria por um momento especialmente doloroso, quando seu filho, que ele carinhosamente chamava de "seu" Caldas, em homenagem ao avô, foi atropelado e morto, com apenas nove anos de idade, na frente do hotel em que estava hospedado com o pai, em Copacabana. O cantor, que realizava mais uma vitoriosa temporada no Rio de Janeiro, sofreria, naquele momento, um golpe baixo do destino. Como um gigante teve que superar esse trauma violento, aos 67 anos de idade. Era de se esperar que, nessa quadra da vida, não mais tivesse forças para reagir. Como um forte, reagiu e venceu.

Na época, Christiano Câmara, sem imaginar que um ano depois passaria por um drama semelhante, cujo trauma também superaria, confortou o velho seresteiro em carta aberta publicada na Imprensa de Fortaleza:

> Silvio, nesta hora em que sentes a maior dor que um ser humano pode suportar, nós, teus velhos amigos, estamos contigo. Tua voz tem cheiro de madrugada; dessas madrugadas boêmias e introspectivas em que nos voltamos a nós mesmos e indagamos se, de fato, a vida segue seu curso normal. Se não seria mais lógico um mundo menos desumano, onde as pessoas fossem mais amigas. Ao cantares, Silvio, outra coisa não fizeste do que aproximar os teus semelhantes, dando-lhes filosóficas lições de vida. Da mesma vida que, agora, não vistes continuada na de teu filhinho, que era a tua continuação. Se soubesses o quanto sentimos a falta do teu herdeiro, talvez pudesses avaliar a tua dimensão dentro do nosso cancioneiro popular. O golpe que te feriu, atingiu também a música popular brasileira, pois, quem é que nos garante que, futuramente, este garoto não estaria a nos sensibilizar, cantando os retalhos do cotidiano naquele seu jeito bom e simples de

> pássaro canoro?... (*Jornal O Povo,* edição de 05 de julho de 1975).

E clamava Christiano Câmara para que o velho seresteiro não se entregasse, voltasse a cantar, a transmitir sua mensagem que o público tanto admirava:

> Agora, mais do que nunca, é preciso que voltes a cantar, transmitindo-nos todas aquelas mensagens de solidariedade humana que tua experiência acumulou ao longo dos teus 67 anos. Sabemos que é muito difícil, mas, afinal, te tornastes tão íntimo na vida de todo brasileiro que, francamente, não cremos que a ti seja dado o sagrado direito da renúncia. Silvio, tu não te pertences e a maior prova disso é a maneira como todos gostam de ti. Como a um amigo que, há tempos, andasse distante, mas que sabemos, um dia há de voltar... (*Jornal O Povo,* acima citado).

Aliás, não seria esta a primeira vez que Silvio enfrentaria o destino lutando pela vida. Era um ser humano dotado de uma força interior que o fazia transpor obstáculos de difícil superação. Sua vida mostra que desde os 12 anos enfrentou e venceu todas as dificuldades que o destino colocou à sua frente.

Parou de gravar no final dos anos 70, embora tenha continuado a se apresentar em espetáculos, sempre que convidado.

Em 1981, segundo David Nasser, "aos setenta e três puxou uma escola de samba de pé, no asfalto, sob a chuva." (*Parceiro da Glória,* Op. cit., p. 25-27).

Em 1991, foi acordado em seu sítio, em Atibaia, em memorável serenata feita pelos Trovadores Urbanos:

> Silvio Caldas recebeu uma serenata, em março de 1991. O "Caboclinho Querido" chorou muito ao ver os seus antigos sucessos, como *Chão de Estrelas* e *Serenata,* nas vozes de jovens seresteiros. A partir de então, Silvio sempre acompanhou o grupo em shows e gravações. Aliás, a última vez que Silvio entrou num palco para seu último show e sua última

> entrevista foi ao lado dos Trovadores. Com o seu falecimento, em fevereiro de 1998, aos 89 anos[2], o amigo e padrinho deixou muitas saudades no grupo, que será sempre grato ao seresteiro nº 1 do Brasil (Disponível em: http://trovadores.uol.com.br).

Em 1994, aos 86 anos, gravou um programa para a TV Cultura, de São Paulo, com acompanhamento de regional. Esse programa foi transformado num DVD, onde se pode observar o velho seresteiro ainda em atividade.

Em 1995, aos 87 anos, apresentou-se no Sesc Pompéia, de São Paulo, ao lado de Miltinho, Dóris Monteiro, Noite Ilustrada e os Trovadores Urbanos, sempre divulgando os sucessos da música popular brasileira que ajudou a imortalizar. Provavelmente, esta deve ter sido sua última apresentação num palco de teatro.

A última despedida de Silvio Caldas foi vista assim pelo escritor Carlos Heitor Cony: "Partiu o maior cantor da era de ouro da música popular brasileira. Deixou um chão de estrelas na memória dos que o amaram." (*Revista Manchete*, p. 38-39, edição de 14 de fevereiro de 1998).

Moacyr Andrade também deixou o seu registro: "Era a própria imagem do cantor de serenatas... Silvio Narciso de Figueiredo Caldas, carioca do bairro imperial de São Christóvão, foi o intérprete supremo do lirismo, do romantismo e da sensualidade na música popular brasileira." (*Jornal do Brasil*, caderno B, edição de 05 de fevereiro de 1998).

Não resistindo à marcha inexorável do tempo, Silvio Caldas nos deixou no dia 03 de fevereiro de 1998, aos 89 anos de idade, na terra que o acolhera: São Paulo. O seresteiro, que passara "a maior parte de sua vida rodeado de amigos e fãs", sentia-se sozinho nos seus últimos dias, tendo ao lado apenas "a mulher Miriam, 40 anos mais nova e os três filhos, lhe faziam companhia." (*O Estado de São Paulo*, 04 fev. 1998, Segundo Caderno, p. A11).

Alguns anos antes, David Nasser descreveu o Caboclinho Querido, pintando com as cores românticas de sua pena brilhante:

> [...] Silvio Caldas foi o piloto do seu barco, a asa do seu vôo, a sua estrela guia, o homem mais livre em todas essas andanças, nenhum sonho jamais o prendeu, nenhum itinerário. Poderão dizer dele, no futuro, que viveu a mais bela aventura da vida, sem freio, nem bridão, nem de amizades excessivas nem de

amores trágicos. Um menino de estilingue na floresta. (*Parceiro da Glória*, Liv. J. Olympio, Rio de Janeiro, p. 25-27, 1983).

Voltando às suas origens, com a mesma humildade que sempre lhe caracterizou, bateu na porta do Céu, pedindo, receoso, licença para entrar.

Certamente foi recebido com festa por São Pedro que, como o poeta, disse-lhe satisfeito: "Silvio, você não precisa de licença para entrar."

Aliás, São Pedro já havia, inclusive, recebido do Senhor a missão de convocar uma noite de serenata para aquele dia, em que o grande homenageado seria o seresteiro brasileiro, que cumprira, com extrema dedicação e amor sua missão na Terra.

Repetir-se-ía, nessa noite do dia 3 de fevereiro de 1998, o mesmo cenário dia 23 de maio de 1908, enriquecido, agora, pela presença do Caboclinho Querido, que de violão em punho, foi chegando e logo cantando:

Lá, lá, ri, ri, ri ri / Lá, lá, ri, ri, ri
Lá, lá, ri, ri, ri / lá, lá, rá, rá ...
Dorme, fecha esse olhar entardecente
Não me escutes nostálgico a cantar
Pois não sei se feliz ou infelizmente
Não me é dado beijando te acordar...

(*Serenata* - Silvio Caldas / Orestes Barbosa)

Prorromperam-se os aplausos ante o canto deliciosamente belo do seresteiro maior, cantando cada verso, cada palavra, com indizível emoção, com a mesma suavidade e naturalidade que sempre o caracterizaram.

E assim, cantando, aguardaria nova missão por parte do Senhor, certamente para continuar a fazer serenatas em outros planos universais, pois afinal de contas ninguém conseguiu fazer isso melhor do que ele. Era apenas uma questão de reconhecimento e de justiça à nova missão, ele que recebera o dom divino de cantar e, ao cantar, maravilhar a todos com a beleza de sua voz e a simplicidade de sua interpretação.

Sua música, apesar de antiga, jamais envelheceu, pois transcende ao tempo, encantando e inebriando corações, e nós, seus admiradores, também não, pois ouvindo-a continuamos a sonhar, permitindo-nos "recordar" emoções jamais vividas, como as que foram vividas por nossos pais em tempos há muito esquecidos.

Sem saudosismo, pois entendemos que as coisas da vida seguem por trilhas diferentes e que as gerações futuras escolhem seus próprios caminhos, distanciando-se das gerações passadas, podemos dizer que Silvio Caldas continua sempre presente no nosso meio, encantando-nos com sua interpretação única e inigualável, cantando cada vez melhor, como dizem os argentinos quando, ainda hoje, se referem ao inesquecível Carlos Gardel, ídolo maior da canção portenha.

Uma vida. E que vida!...

APÊNDICE I

Discografia

EM ORDEM ALFABÉTICA POR MÚSICA,
NOME DO COMPOSITOR,
GRAVADORA,
NÚMERO DO DISCO,
DATA DE LANÇAMENTO
E LETRA DA MÚSICA

(Não tendo acesso às partituras, as letras foram obtidas através de um esforço de pesquisa junto a revistas especializadas e, principalmente, copiadas das próprias gravações por um grupo de amigos, correndo-se, assim, risco de imperfeição)

Arquivo Roberto Gambardella

A CASA DELA...

Marcha (Ary Barroso). Gravação Odeon, n. 11.298-A, de 13.09.35 (lançado em janeiro de 1936), com acompanhamento de Simon Bountman.

A casa dela é numa rua, numa rua, numa rua,
Que nem nome tem
E parece que a lua, que a lua, que a lua,
Mora lá também
Tem pena de mim feiticeira
Não se maltrata
Um coração dessa maneira
Teu olhar é fora do comum
Igual não vi nenhum
Em outras que adorei
Tipo infernal de mulher sensacional
Que nunca esquecerei
Quando passa
Faceira e perfumada
A turma da calçada
Não pode se conter
Eu só queria lhe roubar um beijo
Um dia e depois morrer

A CULPA É SUA

Samba (Silvio Caldas e Mário Lago). Gravação Sinter, n. 00-00098-A, de 1951, com acompanhamento de "Os Copacabanas e Coro."

Ai! não me deixe
Eu vivo chorando
Eu vivo penando na rua
Ai! não me deixe
De tanto sofrer

Eu posso morrer
E A culpa é sua

(bis)

Se algum dia faltar
Para sempre esse olhar
Que me faz desprezar
O sol e a lua
Eu te juro minha vida
Não tem mais prazer
Se eu morrer A culpa é sua.

A MENINA PRESIDÊNCIA

Marcha (Antônio Nássara e Christóvão de Alencar). Gravação Odeon, n. 11.450-A, de 28.11.36, com acompanhamento da Orquestra Odeon.

A menina presidência
Vai rifar seu coração
E já tem três pretendentes
Todos três chapéu na mão

E quem será?

O homem quem será?
Será seu Manduca
Ou será seu Vavá?
Entre esses dois
Meu coração balança, porque
Na hora agá quem vai ficar
É seu Gegê

(bis)

Agora todo mundo dá palpite
Mas eu sei que no fim
Ninguém se explica
É melhor deixar como está
Pra depois então se ver
Como é que fica

Obs: Na época, disputava-se a Presidência da República. O Jornal "*A Noite*" resolveu fazer um concurso sobre o tema "Quem Será o Homem?." Ganhou "A Menina Presidência." Manduca era o Armando Sales de Oliveira, de São Paulo; seu Vavá era o Oswaldo Aranha, do Rio Grande do Sul. Em 1937, dando razão a marchinha, Getúlio Vargas deu o golpe do Estado Novo e ficou na Presidência até 1945.

A MULHER DE 30 ANOS

Marcha (Christóvão de Alencar - J. Batista). Gravação Victor, n. 80-0047-A, de 25.11.42, com acompanhamento de Passos e sua Orquestra.

Eu gosto mais
Da mulher de trinta anos
Porque ela sabe
Suportar os desenganos
Não é vaidosa
E sabe fazer carinho
Quando me beija

Só me chama de paizinho

(bis)
Eu li no almanaque
Que foi no tempo do fraque
Um tal de Balzac
Já pensava assim
É por isso que eu sou balzaquiano
A mulher de trinta anos é pra mim

A NEGA SUMIU

Samba (Silvio Caldas e Benedito Lacerda). Gravação de Silvio Caldas e Benedito Lacerda, em selo Brunswick 10.132-B, de fevereiro de 1931.

Eu não sei por que
A mulher me abandonou
Estou desconfiado
Que o malandro carregou
Xô, xô

Sacrifiquei o meu corpo no batedor (ô)
A nega foi-se embora
Nunca mais que ela vortô
A nega foi-se embora
Nunca mais que ela vortô
Levou o meu dinheiro
Cozinhando no calô
Xô, xô
Roubá mulhé dos ôtro
Isto num é malandragem (ô)
Com uma conversa macia
Isto sim, é que é vantagem
Este malandro não sabe o bem que me fez (ô)
Levô uma cabrocha que há de pôr no xadrez
Xo, xô

A SAUDADE

Canção (Eduardo Souto - Bastos Tigre. Silvio Caldas), Continental 16.070-B, de junho 1949, com acompanhamento de Cópia e sua Orquestra.

Saudade palavra doce
Que traduz tanto amargor
Saudade é como se fosse
Espinho cheirando a flor

Saudade ventura ausente
Um bem que longe se vê
Uma dor que o peito sente
Sem saber como e por quê

Um desejo de estar perto
De quem está longe de nós
Saudade eu não sei ao certo
Se é um suspiro ou uma voz

Um sorriso de tristeza
Um soluço de alegria
O suplício da incerteza
Que uma esperança alivia

A palavra é bem pequena
Mas diz tanto de uma vez
Por ela valeu a pena
Inventar-se o Português

A saudade é calculada
Por algarismos também
Distância multiplicada
Pelo fator querer bem.

Obs: Gravação original de Francisco Alves, de 1932. Silvio suprimiu alguns versos da primeira gravação.

A ÚNICA RIMA

Samba (Silvio Caldas e Orestes Barbosa). Gravação Colúmbia, n. CB-10.140-A, de março de 1955, com acompanhamento dos violões de Dino e Meira e participação do cavaquinho de Canhoto.

Tens a graça das abelhas,
O olhar - interrogação
Onde o til das sobrancelhas
É o til da palavra "não."

Tu cruzas as mãos esguias
E frias, sobre os joelhos
Mostrando dez fantasias,
Dez pequeninos espelhos.

Coração, pássaro roxo
Ó meu triste coração
Quis ser canário ... é um mocho
Piando na solidão ...

Existe quem não me estima
Porque falo muito em dor
A dor é A única rima
Que serve à palavra amor ...

Obs: Escrita no Café Nice, em 1936, esta composição somente foi musicada por Silvio em 1955, quando foi lançada num 78 rotações e reaproveitada no LP "*Serenata*", de 1957.

A VIDA EM QUATRO TEMPOS

Samba (Custódio Mesquita e Paulo Orlando). Gravação Victor, n. 80-0118-B, de 06.08.43, com acomp. de Custódio Mesquita e sua Orquestra.

Namorados. Numa rua
Sozinhos pela calçada
No céu, estrelas, a lua
Na terra nós dois. Mais nada

Noivos. Em casa. Anoitece
Beijos. Carinhos. Ninguém
Voa o tempo e a gente esquece
O tempo que o tempo tem

Casados. Igreja. Abraços
Papai, mamãe. Despedida
Enfim sós. Mil embaraços
Parou de repente a vida

Depois a realidade
Do tempo a correr, bebês...
Dez anos depois, nós dois
Não somos dois, somos dez!

ACORDA, ESCOLA DE SAMBA

Samba (Benedito Lacerda e Herivelto Martins). Gravação Odeon, n. 11.427-A, de 21.11.36, com acompanhamento da Orquestra Odeon.

Acorda, Escola de Samba, acorda
Acorda, que vem rompendo o dia
Acorda, Escola de Samba, acorda
Salve as pastoras e a bateria.

No morro, quando vem rompendo o dia
Na escola, também vem raiando o samba
A pastora amanhece cantando
E a turma desperta, entoando
Um hino de harmonia.

Obs: Dizem que foi o samba mais cantado no Carnaval de 1937.

ADEUS, FELICIDADE

Samba (Silvio Caldas, Christóvão de Alencar e Newton Teixeira). Gravação Odeon, n. 11.455-A, de 10.10.36, com acompanhamento de Benedito Lacerda e seu Conjunto.

Adeus felicidade, adeus
Tudo pra mim terminou
Desde que você partiu
Grande mágoa
Invadiu a minh'alma
E comigo ficou

(bis)

Quem me vê assim cantando
Pensa que eu sou feliz
Sem saber que estou penando
Só porque o meu amor fugiu
E não me quis

Sinto ainda o seu perfume
Em tudo o que aqui ficou e aumenta
O meu ciúme ao lembrar
Que você foi embora
E não voltou.

Obs: Consta que os seis versos finais integram a letra. Silvio não os gravou.

AGRADEÇAS A MIM

Samba (Ismael Silva). Gravação Odeon, n. 11.194-B, de 1412.34, com acompanhamento da Orquestra Odeon, dirigida por Simon Bauntman.

Se saíste do morro
Se tens felicidade
Agradeças a mim
Porque se não fosse assim
Tu não estavas na cidade

(bis)

Nem sonhavas em ser o que és
Já conheces até cabarés
Não tens recordação
Daquele teu barracão
(Agradeças a mim)

Tu andavas de má intenção

E eu nunca prestei atenção

Mas, até que afinal

Já me livrei deste mal

(Agradeças a mim)

AI! LUCIANA

Samba (J. Nepomuceno). Gravação Victor, n. 33.330-A, de 12.06.30 (lançado em dezembro de 1930).

ALGODÃO

Samba (Custódio Mesquita e David Nasser). Gravação Victor, n. 80-0200-A, de 1944.

Nego num cantava, não!
Canto de nego é mandiga
Nego num chorava, não!
Choro de nego é suor
Nego num rezava, não!
Reza de nego é função
Nego num amava, não!
Amor de nego é perdição

Que é que nego fazia?
Tirava da terra fria
Dia e noite, noite e dia,
Algodão mais Algodão.

Sabe, inhô branco
De onde vem os agasalho
Pras frieiras e reumatismo
Prás mania da sinhá
De onde vem os lenço branco
Pra sinhá moça chorar
De onde vem os pano preto
Pros sinhô veio morrê
E os panos das bandeira
Pros soldados guerreá
De onde vem as renda branca
Pra faze os enxová
Preto veio trabaiô
Dia e noite, noite e dia,
Tirando da terra fria
Algodão mais Algodão
Pra inhô branco sê dotô
Pra inhô branco sê dotô
E você preto velho
O que foi que ganhô?
Eu consegui esta cabeça branca
Branca como o Algodão
Que preto veio plantô
Pra inhô branco sê doto
Pra inhô branco sê dotô

Obs: "David Nasser esclareceu que sua música "*Algodão*" não foi ouvida, já gravada, por Custódio Mesquita, pois Silvio Caldas só trouxe a prova do disco no dia seguinte ao seu enterro. Depois de ouvir a música de Custódio sobre a minha letra viva, perguntei a Silvio Caldas se ele, o Príncipe da Rua *Ipiranga*, não lembrava mesmo um sinhô branco. Silvio Caldas não respondeu porque estava chorando" (Bruno Ferreira Gomes, "Custódio Mesquita - Prazer em Conhecê-lo", Funarte, 1986, p. 86). Além desta gravação, esta música consta em pelo menos mais seis discos.

ALGUÉM PRECISA MORRER

Samba (Orlando T. Coelho). Gravação Victor 33.644-B, de abril de 1930, com acompanhamento do Grupo da Velha Guarda, composto por piano, banjo, contrabaixo, 2 saxes altos, sax tenor, trombone, pistão, cabaça, omêlê, prato, 2 baterias (13 figuras).

Eu sei que fui culpado
Por isso te implorei
Te pedindo perdão
Você não me perdoou
Me maltratou
Com seu falso coração

Estão sofrendo neste mundo
Dois corações arrependidos
Eu tenho a piedade
Desta grande crueldade
Alguém precisa morrer
Para acabar este padecer

ALÔ... MEU BEM

samba (Carlos de Almeida). Gravação Victor, n. 33.272.A, de 19.02.30, com acompanhamento da Orquestra Victor Brasileira.

Alô, Alô, meu bem olha pra cá
Que um sorriso eu quero ver te dar
Olha pra mim minha querida
Que teu olhar é minha vida

(bis)

O teu sorriso prendeu a minha atenção
O teu olhar, ó meu Deus, que sedução!
E o teu corpo nem me atrevo a falar
Como um pedaço de céu
Que eu posso comparar

Teus lábios rubros me deixaram estonteado
Só em fitá-los eu fiquei alucinado
Daquela noite eu trago recordação
Ó mais que noite divina
Que furtei teu coração

Obs: Foram realizadas duas provas, sendo aproveitada a segunda.

ALÔ, MOSSORÓ

Samba (Mário Travassos de Araújo). Com Luiz Barbosa. Gravação Victor, n. 33.762-A, de 28.12.33 (lançado em fevereiro de 1934), com acompanhamento de piano (Romualdo Paixoto, "Nonô") e chapéu de palha por Luiz Barbosa.

Obs: Na letra, há algumas palavras que não consegui identificar. Foi aproveitada a segunda prova.

ALTO LÁ

Marchinha (André Filho). Gravação Victor, n. 33.409-B, de 1931. Com acompanhamento de sax, violão, cavaquinho e tom-tom.

Obs: Gravação realizada em São Paulo, no dia 20.12.1930, em duas provas, sendo aproveitada a primeira.

ALUCINAÇÃO

Valsa (Newton Teixeira e Djalma Macieira Nascimento). Gravação Continental, 16.728-B, de 07.01.53.

Não sei dizer a dor que me crucia,
Nem revidar a tanta covardia
Dos meus ciúmes e dos teus desdéns
Nos versos doloridos que componho
À luz verde do meu sonho
Espero a tua volta e tu não vens
Às vezes vou beijar o teu retrato
Jóia de amor que guardo, com recato,
No meu birô amigo e confidente
E escuto gargalhadas da moldura
Pressangiado a próxima loucura
De quem te adora alucinadamente
Do meu cigarro então sobe a fumaça
Enquanto o vento canta na vidraça
A sinfonia triste da saudade
E na Alucinação dos meus sentidos
Conto os minutos longos, repetidos,
À espera inútil da felicidade.

Obs: Vero era pseudônimo de Radamés Gnatali.

AMADA MIA

Marcha (Roberto Roberti e Arlindo Marques Júnior). Gravação Continental, n. 16.141-A, de meados de 1949 (lançado em janeiro de 1950).

Eu vou cantar em teu louvor
A mais bonita das canções de amor
Peço licença à mulher italiana
E te ofereço esta canção napolitana

(bis)

Amada mia, os versos meus
Eu rimaria com os beijos teus
Vem escutar teu trovador
Que vive apenas pelo teu amor

AMAR MEU BEM

Samba (Heitor dos Prazeres). Gravação Victor, n. 33.378-B, de 28.08.30 (lançado em fevereiro de 1931). Acompanhamento instrumental.

Amar, meu bem
Como eu te amei
É difícil de encontrar
Mulher um homem como eu
Não se deve abandonar
Hás de sentir mulher
A minha falta
Pois tu desprezas quem não te maltrata
Isto é dá vida
Não vou me apaixonar
E nem tampouco me matar
Olha mulher que eu sou da virada
O teu capricho pra mim não vale nada
Quando a saudade enfim te dominar
Tu, de novo, hás de voltar

Obs: No registro da Victor, consta, a lápis, um título alternativo: "Como Eu Te Amei." Foram feitas duas provas, no dia 25.02.1930, no Rio, com a referência "drops" (suspender). Foram feitas mais duas provas, estas no dia 28.08.1930, em São Paulo, terminando por prevalecer a última. O outro lado do disco, face A, é o samba *"Santa Padroeira"*, gravado em São Paulo, no dia 30.08.1930. O número de matriz *"Amar meu bem"* é 50.186 e o *"Santa Padroeira"*, é 50.474.

AMOR DE POETA

Samba-canção (J. B. da Silva Sinhô). Gravação Brunswick, n. 33. 266-A, de agosto de 1930.

Melhor será dizer
Que padecer em vão
Não deve mais sofrer
Meu rico coração
A confissão da dor
Traduz o bem-querer
De duas vidas
Numa concha de prazer
Por Deus, ó vem
Ó vem meu coração
Apagar o fogo desta rude
E voraz paixão.

Obs: Lançada em agosto de 1930, juntamente com a canção "Recordar é Viver", quando o poeta acabara de falecer.

AMOR! SAUDADE!

Samba (Sylvio Caldas). Gravação Victor, n. 33.506, de 08.12.1931, com acompanhamento da Orquestra American Jazz.

Obs: O catálogo da Victor contém a referência "drop!) e logo após escrito "rejeitado." Número de matriz: 65325.

AMOROSO

Samba (Silvio Caldas e Quincas Freire). Gravação Victor, n. 33.270-B, de 19.02.70 (lançado em maio de 1930). Acompanhamento de Quincas Freire e Orquestra Victor.

Mas porque mulher
Meu coração
Não sente sequer
Tua ingratidão
É por muito amar
Que ele se consome
Sempre a murmurar
Por lembrar do nome
Mulher, por que tu me desprezas?
Não vês o meu sofrer, minha dor!
"Tô" lutando por ti
Tu não tens piedade deste amor
(todo em flor)
Não julgues que o teu olvido
Me fará esquecer teu amor
Viverei suplicando
E a ti implorando
Com fervor

(bis)

Obs: Segundo registro do Catálogo Victor de 1929/1932, o cantor fez quatro gravações. Nas duas primeiras, realizadas no dia 23.01.1930, está escrito, a lápis, "drop", que significava descontinuar (suspender). Não há indicação se foi e terceira ou a quarta a gravação aproveitada.

ANA MARIA

Fox (Mário Lago). Gravação Continental, n. 15.767-B, de 1946, com acompanhamento de Laurindo e seu Conjunto.

Ana Maria
Mulher mistério
Que eu não compreendi
Vieste sorrindo
Em minha vida um dia
E ao teu sorriso
Ana Maria
Desde então eu me prendi
Ana Maria
Lindo romance
Que eu não escrevi
Levo nos olhos
O esplendor dos olhos teus
E sem poder dizer eu te amo
Digo-te adeus

ANDA, LUZIA

Marcha (João de Barro). Gravação Continental, n. 15.730-A, de 1946.

Anda Luzia,
Pega o pandeiro
E cai no carnaval
Anda Luzia
Que essa tristeza
Te faz muito mal
Apronta a tua fantasia
Alegra o teu olhar profundo
Que a vida dura só um dia, Luzia
E não se leva nada deste mundo.

ANDORINHA

Marcha (Silvio Caldas). Gravação Victor, n. 34.679.B, de 1940.

Andorinha
teu verão está longe
Longe está o meu amor
Eu canto, eu choro
E a saudade me traz,
Andorinha
Bailarina serena
A saudade de alguém que partiu
Como a andorinha que fugiu

Bailarina serena
Que traça no espaço
Uma doce esperança
Esperança brejeira
Que traz a saudade primeira
De alguém que partiu
Andorinha feliz
Se o destino não quis
Devo me conformar
Sou andorinha caída
Na estrada da vida
Não posso voar

AQUARELA DO BRASIL

Samba (Ary Barroso). Gravação Victor, n. 34.949.A, de 1942.

Brasil
Meu Brasil brasileiro
Meu mulato inzoneiro
Vou cantar-te nos meus versos
O Brasil, samba que dá
Bamboleio que faz gingá
O Brasil, do meu amor
Terra de Nosso Senhor
Brasil! Brasil!
Pra mim... pra mim...

Oi, abre a cortina do passado
Tira a mãe preta do cerrado
Bota o rei congo no congado
Brasil! Brasil!
Deixa cantar de novo o trovador
À merencória luz da lua
Toda a canção do meu amor
Quero ver a "sá dona" caminhando
Pelos salões arrastando
O seu vestido rendado
Brasil! Brasil!
Pra mim... pra mim...

Oi! Olha estas fontes murmurantes
Oi, onde eu mato a minha sede
E onde a lua vem brincar
Oi! Este Brasil, lindo e trigueiro
É o meu Brasil brasileiro
Terra de samba e pandeiro
Brasil! Brasil!
Pra mim... pra mim...

Obs: Gravação original de Francisco Alves, em disco Odeon, lançado em outubro de 1939. É a música brasileira mais conhecida no exterior, e vem sendo executada desde o seu lançamento. Na linha de *Aquarela do Brasil*, já tivéramos antes o samba "Sou Brasileiro" (Roque Ricciardi, "Paraguassú", de 1930, "Meu Brasil, canção patriótica (Olegário Mariano / Pedro de Sá Pereira), de 1932, "Minha Terra Tem Palmeiras", marcha (João de Barro e Alberto Ribeiro), de 1936 e "Luar do Sertão" canção (D.P. - Harmonizada, em 1910, pelo violonista João Pernambuco e letra de Cattulo da Paixão Cearense)

ARRANHA-CÉU

Valsa (Silvio Caldas e Orestes Barbosa). Gravação Odeon, n. 11.475-A, de 19.03.37, com acompanhamento do Conjunto Regional de Benedito Lacerda.

Cansei de esperar por ela
Toda à noite na janela
Vendo a cidade a luzir
Nesses delírios nervosos
Dos anúncios luminosos
Que são a vida a mentir
E cada vez que subia
O elevador não trazia
Essa mulher, maldição
E quando lento, gemia
O elevador que descia
Subia o meu coração
Cansei de olhar as reclames
E disse ao peito: não ames
Que o teu amor não te quer!

Descansa, fecha a vidraça
Esquece aquela desgraça
Esquece aquela mulher
Deitei-me então sobre o peito
Vieste em sonho ao meu leito
E eu acordei, que aflição!
Pensado que te abraçava
Alucinado apertava
Eu mesmo meu coração.

Obs: Silvio regravou esta música em março de 1953, em disco "Sinter", n. 00-00.213-B, com acompanhamento da Orquestra de Lyrio Panicali.

ARREPENDIMENTO

Samba (Silvio Caldas e Christóvão de Alencar). Gravação Odeon, n. 11.241-A, de 13.06.35 (lançado em julho de 1935), com acompanhamento de Benedito Lacerda e seu Conjunto.

O arrependimento quando chega
Faz chorar, oi faz chorar
Os olhos ficam logo rasos d'água
E o coração parece até que vai parar
Para ver se te esquecia
Procurei amar alguém
Mas eu vi que não podia
Viver sem te querer bem
Hoje estou arrependido
Implorando o teu perdão
Muito eu tenho sofrido
Com esta separação
(ai meu Deus)
Fui o único culpado
Da nossa separação
Por isso tenho amargado
Vagando na solidão
O meu arrependimento
É sincero de verdade
Pensa ao menos um momento
Na nossa felicidade

Obs: Silvio gravou este samba 3 vezes, inclusive no LP "Canta O Seresteiro", de 1956, com arranjo de Renato de Oliveira.

ATÉ BREVE

Samba (Ataulpho Alves e Christóvão de Alencar). Gravação Odeon, n. 11.508-A, de 18.03.37 (lançado em setembro de 1937), com acompanhamento de Benedito Lacerda e seu Conjunto.

Até breve você disse
Ao deixar o nosso lar
Até breve eu respondi
Quase sem poder falar
E depois desse até breve
Muito tempo já passou
Até breve
Até breve
E você nunca mais voltou
E você nunca mais voltou
Ao nosso lar
Deixando esta saudade
Em seu lugar
Meu amor
Nosso amor já tinha raiz
Sem você nunca mais serei feliz
E os meus olhos estão cansados de chorar
E perguntam se você vai voltar
Eu não sei responder mas meu coração
Bate forte no peito e diz que não

Obs: Regravada pelo Seresteiro no LP "Grandes Sucessos de Silvio Caldas", com acompanhamento dos Boêmios da Cidade.

ATÉ QUANDO?

Samba (Silvio Caldas e Christóvão de Alencar). Gravação Odeon, n. 11.397-A, de 25.05.36, com acompanhamento de Benedito Lacerda e seu Conjunto.

Eu parti, você ficou chorando
Até quando? Até quando?
E a saudade vai me acompanhando
Até quando? Até quando?

Numa noite enluarada
Eu parti pra não voltar
Você ficou lá na estrada
Com o lenço a me acenar
Guardo ainda em minha boca
O sabor dos beijos seus
E minh'alma vive louca
Só pensando nesse adeus

Se eu soubesse que a saudade
Torturava tanto assim
Não deixava uma amizade
Que era tudo para mim

No meu grande desatino
A lembrar o nosso amor
Vou rolando sem destino
Mergulhado nesta dor

AUSÊNCIA

Fox (Carolina Cardoso de Menezes e Elza Marzullo). Gravação Victor, n. 80.0006-A, de 07.08.42, com acompanhamento de Carolina e seu Ritmo.

Amor, que falta enorme
Sinto da tua presença!
Dos teus olhos,
Dos teus gestos
De tua voz!
Sei que te amando
Torno maus tantos momentos
Que poderiam ser
Menos tristes
Mais felizes!

Ainda assim,
Meu amor é hoje
O mesmo de ontem
E certo o de amanhã
Longe de ti
Minha vida é mais tua
Pelo pensamento,
Pelo coração
Pela saudade!

BAHIA

Samba (Ary Barroso). Gravação Victor, n. 33.446-B, de 09/06/1931. Gravação feita no Rio, com acompanhamento de piano, banjo, tuba, bateria, 3 saxes, 2 pistons e trombone.

Bahia
Terra do coco babaçu
Bahia
Que tem moqueca e umbu
Baiana tem mandinga
Baiana tem feitiço
Eu sou da Bahia
E mereço um sacrifício

(bis)

Quem da Bahia
Tiver saudade
Pega o pandeiro
E cai no choro
Roda o samba
Bate a chinela
Cai no desafio, enfezando o couro
Terra do jongo
E do Batuque
A batucar nas Noites de Reis
Eu pra Bahia hei de voltar
Juro por Deus
E não tem talvez

Obs: Foi aproveitada a segunda das duas provas realizadas.

BAIANINHA

Marcha carnavalesca (Silvio Caldas). Gravação Victor, n. 33.407-A, de 1931.

Baianinha vem cá
Baianinha vem cá
Não me diga que não
Não me diga que não
Você tem que sambar
Você tem que sambar
Aqui no meu cordão
(no meu cordão)

A nossa turma
Brinca o dia inteiro
Tem cavaquinho
Reco-reco e pandeiro
Na nossa turma
Não se vê "cigana"
E a macacada
Só se passa pra baiana

A nossa turma
É da coroa
Só tem malandro
Da Favela e da Gamboa
É gente boa
Brinca o dia inteiro
Correndo pires
Pra arranjar o dinheiro

BALACO BACO

Samba (Rogério Guimarães). Gravação Victor, n. 33.362-B, de 28.08.30.

Balaco-baco seu Maneco, seu João
Eu no pandeiro, seu Mané no violão

Faço um chefe de família
Se esquecer da obrigação
Senhores, escutem o que vou contar
Fui no samba do Maneco
Convidado pra tocar
Lá encontrei uma cabrocha
Que era mesmo um "pancadão"
E queria a todo pano
Que eu lhe desse o coração
Mas tive a grande desilusão
Em saber que a cabrocha
Pertencia a seu João
Enciumado, vendo a cabrocha
Caída pra meu lado
Fez um barulho
Que eu fiquei atrapalhado

Balaco-baco seu Maneco, seu João
Balaco-baco seu Maneco, seu João

Quando me meto num samba
Faço o samba ficar "bão"

(bis)

Senhores, o negócio não está canja
Tomei conta da cabrocha
Fiquei a pão e laranja
E João, coitadinho
Não perdendo a esperança
Desde o dia do barulho
Chora mais que uma criança
Agora, depois de tanta arrelia
Tomei conta da cabrocha
Não saiu como eu queria

E mais tarde
Quando a turma conferiu
Veja você
Foi tanto fogo
Que a sorte pra mim saiu

Obs: No catálogo de registro da Victor, consta como sendo um samba-*Batuque*. Para Christiano Câmara, no entanto, está mais para embolada. Foram feitas duas provas, sendo apriveitada a segunda.

BAMBINA, MEU BEM

Marcha (Rogério Guimarães). Gravação Victor, n. 33.400-A, de 1931. Acompanhamento de piano, tuba, trombone, bateria, 2 saxes, 2 pistãos, 2 violinos e banjo.

Bambina, meu bem
Bambina
Compre o automóvel
Que eu forneço a gasolina

(bis)

O carro é mesmo uma gracinha
Oh, deixa eu tirar uma casquinha
Conheço bem o caminho
Mas não quero ir sozinho
A noite é bela e nos convida
Pra deixar um pouco a vida
Deixa de fita
Vem sem receio
Pois eu conheço bem a escrita!

(bis)

Eu sou seguro no volante
Farei uma carreira brilhante
O chofer tendo coragem
Não haverá derrapagem
Bambina, deixa de aflição
Vou pegar a direção
Sou malandrinho
Não há perigo
Mas tenho medo de ir sozinho

Obs: Gravação realizada em São Paulo, no dia 09.12.1930, n. de matriz 65.071. Foi apriveitada a segunda prova.

BATUQUE

(Ary Barroso). Com Elisa Coelho. Gravação Victor, n. 33.463-A, de 1931.

Ayê, ayá
Na Bahia tem vatapá!
Na Bahia tem vatapá!

Na Bahia tem
Vatapá
Na Bahia tem
Caruru
Na Bahia tem Mugunzá
Na Bahia tem
Mulungú (estribilho)
Yayá, Yoyô
Tem muqueca "mendunbim"
Yayá, Yoyô

Tem o Senhor do Bonfim
Yayá, Yoyô
Pra Bahia hei de "vortar"
Yayá, Yoyô
Você tem que me levar

BOA NOITE, AMOR! ...

Valsa (José Maria de Abreu e Francisco Matoso). Gravação Continental, n. 16.070-A, de abril de 1949, com acompanhamento de Cópia e Sua Orquestra.

Quando a noite descer
Insinuando um triste adeus ...
Olhando nos olhos teus
Hei de beijando os teus dedos dizer:
Boa noite, amor
Meu grande amor
Contigo sonharei ...
E a minha dor
Esquecerei
Se eu souber que o sonho teu
Foi o mesmo sonho meu ...
Boa noite, amor,
E sonha enfim,
Pensando sempre em mim ...
Na carícia de um beijo
Que ficou no desejo
Boa noite, meu grande amor.

Obs: Gravação original de Francisco Alves, de 1936.

BONECA

Valsa (Benedito Lacerda e Aldo Cabral). Gravação Odeon, n. 11.251-A, de 15.06.35, com acompanhamento de Benedito Lacerda e seu Conjunto.

Eu vi numa vitrine de cristal
Sobre um soberbo pedestal
Uma *boneca* encantadora
No bazar das ilusões
No reino das fascinações
Num sonho multicor
Todo de amor
Teus lábios entreabertos a sorrir
Na boca rubra a seduzir
Como se fossem de verdade
Eram dois rubis serenos
Dois símbolos carmenos de felicidade
Teu cabelo tinha a cor
De um sol a irradiar
Fulvos raios de amor
Teus olhos eram circunvagos
No romantismo azul dos lagos
Mãos liriais
Uns braços divinais
Num corpo alto sem par
E uns pés muito pequenos
Enfim eu vi nessa *boneca*
Uma perfeita Vênus.

BONEQUINHA

Samba (Jaci Pereira Gorgulho). Gravação Brunswick, n. 10.139-B, de fevereiro de 1931.

És bonequinha tentadora
Tão mimosa,
Linda flor deste jardim
Se eu pudesse então cantar teus esplendores
Quanta ventura para mim

És do canteiro desta vista
A sublime e perfeita criação
Tu és gostosa, bendita, que inebria
E conforta o meu coração

Sem o teu amor que importa nesta vida
Só por ti, vivo querida
Se ficar sem ti, então eu morrerei
Eternamente te amarei

Mas, se chegar ao fim da minha vida
Amparado em teu amor
Então acabarei contente meus dias
Ao lado teu, querida

CABEÇA CHATA

Samba (Erastóstenes Frazão). Gravação Mocambo, n. 15.283-A, de 1959.

Gente do Norte
É muito forte
Tem muita sorte
E muita tradição
Cabeça chata
Combateu nos Guararapes
Cabeça chata
Repeliu as invasões
E quando a pátria

Necessita de soldados
Cabeça chata
Vai lotar os batalhões

Henrique Dias foi
Cabeça chata
Silvio Romero foi
Cabeça chata
Floriano também foi
Cabeça chata
E Epitácio, heim,
Cabeça chata também
Se alguém te chama assim
Com ironia
Está te colocando
Em muito boa companhia

CABELOS COR DE PRATA

Canção (Silvio Caldas e Rogaciano Leite). Gravação Continental, n. 16.379-A, de maio de 1951), com acompanhamento de Vero (Radamés Gnatali) e sua Orquestra.

Meus cabelos cor de prata
São beijos de serenata
Que a lua mandou pra mim
Os meus cabelos grisalhos
São pingos brancos de orvalho
Num tinteiro de nanquim

Estes meus cabelos brancos
Que hoje estão da cor dos bancos
Solitários de um jardim
Já sentiram muitos dedos
E ouviram muitos segredos
Que elas contavam pra mim

Se hoje estão desbotados
É porque foram beijados
Com muito amor e emoção
E os beijos foram tão puros
Que meus cabelos escuros
Estão da cor do algodão

Eu fiz tantas serenatas
Que a lua desfeita em prata
Mandou mil beijos pra mim
E os beijos foram tão puros
Que meus cabelos escuros
Ficaram brancos assim ...

CADÊ JUÍZO

Samba (João Martins). Gravação Victor, de 14.03.1932, com American Jazz.

Obs: No catálogo da Victor consta o número da matriz 65412 e a referência "drop!" (suspender).

CAIXINHA DE MÚSICA

Valsa (Custódio Mesquita).
Gravação Victor, n. 34.756-A, de 23/04/41 (lançado em junho de 1941), com acompanhamento da Orquestra Victor.

No meu tempo de criança
Mamãezinha me embalava
Com a música de uma caixinha
Eu dormia, eu sonhava
Com princesas encantadas
Feiticeiras e gigantes
Eu dormia e acordava
Enquanto a caixinha tocava

Passaram-se os dias e os anos
Cruéis desenganos
Vieram em meu peito morar
A caixinha já não existe mais
Só ficou a saudade do seu trá-lá-lá

CANÇÃO DAS MÃES

(Silvio Caldas e David Nasser). Gravação Continental, n. 16.773-B, de 21/04/53 (lançado em junho de 1953).

Dorme meu filho querido
Meu mundo fica vazio
Quando teus olhos tu fechas
Nesse teu sono macio
Era assim que minha mãe cantava
Para meu sono embalar
Que Deus conduza teus passos
Sempre na estrada do bem
Que fale sempre a verdade
Não queiras mal a ninguém
Era assim que minha mãe cantava
Para meus passos guiar
Se alguém te pedir auxílio
Se alguém te estender a mão
Que nunca volte meu filho
Com frio no coração
Era assim que minha mãe cantava

Sem ver o tempo passar.
A vida fez tantas curvas
E eu cheguei ao meu destino
Mas pra velhinha querida
Eu sou o mesmo menino
Eu peço a Deus que a conserve
Até chegar o meu fim.
Enquanto vida eu tiver
Cantando assim para mim:
Dorme meu filho
Dorme meu amor
A faca que corta
Dá golpes sem dor.

CANÇÃO DO SOLDADO

Marcha (Ulisses Sarmento e Cícero Gomes Braga). Gravação Victor, n. 80-0013-B, de 01/09/42 (lançado em outubro de 1942).

Amo tanto, estremeço esta Terra
Quero tanto ao meu vasto País
Que se um dia partir para a guerra
Eu irei bem contente e feliz

(bis)

Para bem adorar e servi-la
Que de todo meu bom coração
Já deixei minha aldeia tranqüila
E as belezas enfim do sertão

Tenho orgulho em nascer brasileiro
Em fitar este céu sempre azul
Onde a noite se ostenta altaneiro
O formoso Cruzeiro do Sul

CANÇÃO PARA A MAMÃE

Valsa-canção (Lilá Santana). Gravação Colúmbia, n. CB 10.348-A, de outubro de 1957, com acompanhamento da Orquestra Colúmbia.

Quem cantou junto a mim
A primeira canção
Foi mamãe, foi mamãe
Quem juntou minhas mãos
Na primeira oração
Foi mamãe, foi mamãe
Seu sorriso é minha alegria
Sem mamãe eu nada seria
E rezando às vezes
Eu vejo em mamãe
A doce Virgem Maria
Que me faz aprender
As lições desta vida
Foi mamãe, foi mamãe
Que curou a primeira tristeza sentida
Foi mamãe, foi mamãe

CANDINHA

Samba (Aldo Taranto e André Filho). Gravação Victor, n. 33.479-B, de 24.12.30, realizada em São Paulo, com acompanhamenbto de piano, banjo, tuba, trombone, bateria, 2 pistons e 2 saxes.

Vai-te embora
Vai-te embora
Trabalhaste noite e dia
Isso mesmo é que eu queria

(bis)

Candinha, cuidado
Que o amor é ratoeira
Faz sofrer a vida inteira

Candinha, Candinha
Fica em casa sossegada
Deixa de ser tão levada

Obs: Foi aproveitada a primeira das duas provas realizadas.

CANSADO

Samba (Heitor dos Prazeres). Gravação Victor, n. 34.000-B, de 21.07.33, com acompanhamento da Orquestra Diabos do Céu (piano, banjo, 2 saxes, 2 pistons, trombone, contrabaixo, cabaça, omêle, pandeiro, caixeta e bateria), sob a direção de Pixinguinha.

Cansado de sofrer estou
E quem me vê não diz
A sorte não me quer
Eu sou tão infeliz

Não sei que mal fiz
E assim vou vivendo
Por este mundo sem fim
Eu hoje vivo sofrendo
Ninguém tem pena de mim

E mais tarde ou mais cedo
Isso tem que acabar
E eu tenho esperança

Desta vida melhorar
(cansado)

Obs: Foi aproveitada a primeira das duas provas realizadas.

CAPIM MIMOSO

Marcha (Silvio Caldas e Rubens Soares).Gravação Victor, n. 34.696-A, de 29.11.40.

O capim mais mimoso
O veado comeu

(bis)

Grande amor existia entre nós
E hoje desapareceu
O meu sofrimento é atroz

(bis)

E você zombou tanto de mim
E diz que o malvado fui eu
Que importa este mundo é assim

(bis)

CARA FEIA É FOME

Marcha (Ismael Silva). Gravação Odeon, n. 11.194-A, de 14/12/34.

Não adianta se aborrecer
Porque você não vai me bater
Você cresça e apareça
Eu peço que não se esqueça
Você é quem se consome
Pra mim cara feia é fome

(bis)

Eu já notei que o teu prazer
É só me provocar
Eu pago para não brigar
Mas se na briga me meter
Eu quero decidir
E pago para não sair

(bis)

Você não deve me ofender
Eu não lhe dei razão
Nem ando atrás de discussão
Se eu procurasse me esconder
De cara anormal
Não assistia o carnaval

CARTA SONORA

Samba (Silvio Caldas e Christóvão de Alencar). Gravação Odeon, n. 11.519-B, de 08/06/37 (lançado em outubro de 1937), com acompanhamento de Benedito Lacerda e seu Conjunto.

Quando o coração reclama
O samba é o desabafo de quem ama
E não tem felicidade
O samba é uma carta sonora
Enviada a quem se adora
Como o selo da saudade

Quando o malandro canta
Abraçado ao violão
A voz não sai da garganta
Sai mesmo do coração
E essa mágoa secreta
De quem não tem ilusão
Faz do sambista um poeta
E o samba uma oração

CASA, CASA, VIUVINHA

Marcha (Jorge Faraj e Humberto Porto). Gravação Victor, n. 34.716-B, de 30/12/40.

Viuvinha aqui sozinha
Vai e vem a pé
O que é que ela quer?
Marido, marido
Uma viúva é quase sempre
Um bom partido
Duvido, duvido

(bis)

Por que não tem a viúva
O direito de casar
Se o vento casa com a chuva
E a areia casa com o mar
(casa, casa viuvinha).
quero ver você casar)
(casa, casa viuvinha
quero ver você casar)

CESSA TUDO

Samba (Celso Macedo e Lamartine Babo). Gravação Victor, n. 34.413-B, de 01/09/38 (lançado em junho de 1937),com acompanhamento de Fon Fon e sua Orquestra.

Cessa tudo quanto a antiga musa canta
A notícia corre de flor em flor
Tudo era tão triste, tudo agora encanta
Cessa tudo tem a palavra o amor

(bis)

Voz morena, voz pousada
Meu amor descreve a estrada
De um passado cheia de ilusão
Onde os nossos pés pisavam
Onde as rosas desfolhavam
Pelo chão.

CÉU MORENO

Canção (Uriel Lourival).
Gravação Victor s/n, matriz n. 65884, realizada no dia 13.11.1933, com acompanhamento de 2 violões e cavaquinho(Pereira Filho, Luperce Miranda e Tuti).

Obs: As duas provas realizadas (deveria ter sido aproveitada a primeira) foram, segundo revela o número da matriz, feitas no mesmo dia em que foi feita a gravação de "*Mimi*", que ocuparia o labo B do disco.

CHÃO DE ESTRELAS

Canção (Silvio Caldas e Orestes Barbosa). Gravação Odeon, n. 11.475-B, de 18/03/37, com acompanhamento do Conjunto Regional de Benedito Lacerda.

Minha vida era um palco iluminado
Eu vivia vestido de dourado
Palhaço das perdidas ilusões
Cheio dos guizos falsos da alegria
Andei cantando a minha fantasia
Entre as palmas febris dos corações

Meu barracão no morro do Salgueiro
Tinha o cantar alegre de um viveiro
Foste a sonoridade que acabou
E hoje quando do sol a claridade
Forra meu barracão sinto saudade
Da mulher, pomba-rola que voou

Nossas roupas comuns dependuradas
Na corda, qual bandeiras agitadas
Pareciam um estranho festival
Festa dos nossos trapos coloridos
A mostrar que nos morros mal vestidos
É sempre feriado nacional

A porta do barraco era sem trinco
Mas a lua furando nosso zinco
Salpicava de estrelas nosso chão
Tu pisavas nos astros distraída
Sem saber que a ventura desta vida
É a cabrocha, o luar e o violão.

Obs: Regravada por Silvio, em disco "Sinter", n. 00-00.213-A, de março de 1953. Esta composição, por ser decassilábica, não merecia fé e Orestes relutou muito em permitir que Silvio a gravasse. De fato, no seu lançamento original, foram vendidas apenas 300 cópias. Somente em 1953, na regravação, é que ela, de fato, tornou-se grande sucesso, quando passou a ser chamada de "Hino Nacional da Seresta." O Caboclinho regravou esta composição várias vezes, estando presente em pelo menos onze LPs. Sempre solicitada pelo público, o Seresteiro obrigatoriamente cantava-a em seus shows e dizia-se impressionado com a popularidade da música. É o caso de se perguntar: o que levou Silvio a pedir ao poeta licença para musicar esses versos maravilhosos, sempre acreditando no seu sucesso, quando o próprio autor duvidava? Se o ano de 1937 deu razão ao vate famoso, o futuro consagraria o cantor. Silvio era uma pessoa modesta, sem prendas literárias, mas de uma sensibilidade rara na escolha de suas composições, o que o levou ao reconhecimento de possuir o melhor e mais selecionado repertório da música popular brasileira.

CHEIO DE SAUDADE

Samba (Mário Travassos de Araújo). Com Luiz Barbosa. Gravação Victor, n. 33.762-B, de 17/11/33, com o próprio autor ao piano e Luiz Barbosa e seu chapéu de palhinha, fazendo o ritmo (lançado em março de 1934).

Vivo cheio de saudade
Vagando pelas ruas da cidade
Sorrindo sem razão para sorrir
Aguardando a decisão
Do destino que há de vir
(de que maneira)
(depois eu digo)
(eu já sabia)
(eu vou dizer)

Cheio de felicidade
Para quem soube amar

Com carinho e lealdade
Eis a pura verdade
Ninguém pode contestar
(breque)
Para que haver contestação
Pois esta mulher magoou meu coração
Sonhando com a felicidade
Eu ando tristonho
E vivo cheio de saudade

(breque)

Obs: O catálogo de registro da Victor indica que o acompanhamento foi feito por Romualdo Peixoto, "Nonô", ao piano, e o próprio Luiz Barbosa com o chapéu de palha. Foi aproveitada a primeira prova realizada.

CHORA

Samba (Heitor dos Prazeres). Gravação Victor, n. 33.657-B, de 17/01/33, com acompanhamento do Grupo da Velha Guarda (piano, banjo, 3 saxes, piston, trombone, contrabaixo, 2 pandeiros, cabaça, caixeta, omêlê, prato e bateria), sob a direção de Pixinguinha.

Chora
Eu também já chorei
Reclama
Pois eu nunca reclamei
Vais ficando por aí
Tu tens que chorar
Para eu sorrir de ti (Mimi)

(bis)

Porque quando eu chorava
Tu sorrias a valer
Vou, então, te castigar
Depois vou sorrir
Para aumentar o teu sofrer

Não é tanto por vingança
É somente uma dor
Porque sei que és criança
E hás de aprender
Para não brincar mais com o amor

Obs: Das duas provas realizadas, prevaleceu a segunda.

CHORA QUE PASSA

Samba (Erastóstenes Frazão).Gravação Continental, n. 16.003-A, de 18/01/49.

Chora, chora que passa
O pranto desabafa o coração
E não há nada que o tempo não desfaça
Um dia Deus dará consolação

Eu já chorei também
Porque perdi meu bem
Muito custei a me consolar
Com os olhos vermelhos
De tanto chorar
Ouvia os conselhos
Que passo a te dar

CHOREI

Samba (André Filho).
Gravação Victor, n. 33.611-B, de 09/12/32, com acompanhamento do Grupo da Velha Guarda (3 saxes, pistão, trombone, piano, contrabaixo, banjo, 5 baterias e coro: 3 vozes).

Chorei
Chorei meu bem
Chorei uma lágrima sentida
Porque nosso amor já se acabou
Deixou de existir pra toda a vida

(bis)

Mas, eu chorei
Ai, senti saudade
Daquele tempo tão feliz que já passou
Não tenho mais tua amizade
E o nosso amor para sempre se acabou
(e foi por isso que eu chorei)

Se eu chorei (ai)
Foi por gostar
Dos teus carinhos
Do teu modo de olhar
Mas tenho fé
Tenho esperança
Que algum dia
Tu também hás de chorar

CHOREI, NEGA

Samba (J. Aimberê). Gravação Victor, n. 33.424-A, de 20/12/30, realizada em São Paulo, com acompanhamento de sax, violão, cavaquinho e tom-tom.

Chorei, nega
Chorei, nega
Chorei porque você me abandonou

(bis)

A minha vida era antes tão ditosa
Ela só tinha o seu lado cor de rosa
Pois você era tão minha camarada
Eu levava o que queria
Você não dizia nada

A minha vida é agora tão penosa
Perdi a bossa e perdi aquela prosa
Pois o trabalho pra mim é tão pesado
Que saudade do bom tempo
Que fui feliz a teu lado

CHORO POR TEU AMOR

Samba (Castro Barbosa e Kid Pepe).Gravação Odeon, n. 11.567-B, de 13/12/37.

Quem canta seus males espanta
Quem chora revela uma dor
Eu digo e não me envergonho
Hoje choro por teu amor

(bis)

E porque ainda te amo
E porque eu não te esqueci
O pranto que hoje derramo
É uma prova que eu tenho
Sofrido por ti

CHUVA E VENTO

Valsa (Alberto Ribeiro e José Maria de Abreu). Gravação Continental, n. 16.086-A, de 1949, com acompanhamento de Cópia e sua Orquestra.

A chuva está caindo
É noite sem luar
Vontade estou sentindo
De te amar
O vento geme triste
Uma canção de dor
E eu também
Vivo a implorar
O teu amor
A chuva cai
É o pranto amor
Da dor universal
Dos olhos meus
Tão triste cai
Um pranto igual, igual
Meus olhos rasos d'água
Espelham minha mágoa
Oh! Vem depressa amor
Tão grande dor sustar
E a chuva cai
E o pranto vai
Aos poucos me matar

CHUVA MIÚDA

Samba (Silvio Caldas e Eratóstenes Frazão). Gravação Victor, n. 34.863-A, de 14/11/41.

Chuva vai, chuva vem
Chuva miúda não mata ninguém

(bis)

Moça que muito namora
Não encontra casamento

(bis)

Um amor de hora em hora
É chuva de vento

(bis)

Sempre achei muito imprudente
Namorar mulher casada

(bis)

Chuva que cai de repente
É de trovoada

(bis)

CIGANA

Valsa (Romualdo Peixoto (Nonô) e Paulo Roberto). Gravação Odeon, n. 11.497-A, de 19/03/37 (lançado em agosto de 1937). Com acompanhamento de Benedito Lacerda e seu Conjunto (na verdade, apenas Nonô, ao piano e Benedito na flauta).

Eu te encontrei na minha vida um dia
Num vestido de louca fantasia
Ó cigana das tribos vagabundas
Os teus olhos cansados de cismar
Eram duas estrelas a brilhar
Dentro da noite das olheiras fundas

Infundias terror a toda gente
Desvendando o futuro claramente

Invadindo as paragens do divino
Teu olhar que falava sem sorrir
Mergulhava nas terras do porvir
E trazia o segredo do destino

Eu também quis saber da minha sorte
Se era vida risonha ou se era morte
Que iria encontrar na minha estrada
E dei-te a mão e nossas mãos tremeram
Meus olhos nos teus olhos se perderam
E fiquei mudo e não disseste nada

Depois sorriste e te chamei querida
Unimos nossas vidas numa vida
E desfez-se o mistério do teu porte
Mas não perdeste o teu poder divino
Na minha mão não leste o meu destino
Porque está nas tuas mãos a minha sorte

Obs: Regravada por Silvio Caldas em 1964 e incluída no LP "Grandes Sucessos de Silvio Caldas", com acompanhamento do regional de Canhoto. Foi relançada em CD.

COLOMBINA ESTÁ CHORANDO

Samba (Caio Lemos e Armando Cavalcanti). Gravação Victor, n. 34.696-B, de 29/11/40 (lançado em janeiro de 1941).

Colombina está chorando
Porque seu destino é chorar
Foi querer a um ingrato assim
Triste Arlequim que não sabe amar

(bis)

Tu em vez de escolheres um Pierrot
Que já sabe há muito te compreender
Foste atrás do novo amor
Escolheste um Arlequim que só te fez sofrer
(que só te faz sofrer)
Que te sirva de castigo esta lição
E que não esqueças mais tão grande dor
Eterna insatisfação
sempre hás de acompanhar
O bendito mal de amor
(o bendito mal do amor)

COM A SAUDADE PELO BRAÇO

Valsa (Nelson Souto e Francisco Pimentel). Gravação Continental, n. 28.000-A, de 05/08/46, com acompanhamento da Orquestra Continental.

Como ele sofre quando vem sozinho
Deve ter sido triste a despedida
Comenta toda gente convencida
Quando me vê de volta no caminho
Iam há pouco os dois devagarinho
De braços dados sem pensar na vida
E torna a ouvir a frase repetida
Como ele sofre quando vem sozinho

Todo mundo se engana ingenuamente
Quando supõe minh'alma abandonada
E como ignora o amor toda essa gente
Pois nunca percebeu que passo a passo
Eu volto sempre pela mesma estrada
Trazendo uma saudade pelo braço

COM O PENSAMENTO EM VOCÊ

Valsa-canção (Joubert de Carvalho). Gravação Victor, n. 34.377-A, de 18/08/38, com acompanhamento da Orquestra Victor Brasileira.

Não sei por que
Não pensa em mim
Eu que só tenho você!
Não sei por que
Você foge assim
Dos meus olhos
Cheios de amor

Não sei por que
Fiz esta canção
Com o pensamento em você
Eu lhe direi... talvez
Se a encontrar... um dia
Com o mesmo amor
Por mim outra vez
Eu lhe direi... talvez
Se tiver alegria
Dentro do coração...
Mas um dia

COMO É QUE EU VOU ME ARRANJAR

Marcha (Silvio Caldas). Gravação Sinter, n. 00-00.098-B, de fins de 1951.

Procuro casa, não tem
Procuro leite, não tem
Procuro carne, não tem
Como é que eu vou me arranjar
Oh, pelo jeito que estou vendo

Vou acabar me comendo
Pra poder me alimentar
Já virei este Rio
De pernas pro ar
Não achei o que comer
Nem aonde morar
Oh, pelo jeito que estou vendo
Vou acabar me comendo
Para poder me alimentar

COMO OS RIOS CORREM PRO MAR

Samba (Custódio Mesquita e Evaldo Rui). Gravação Victor, n. 80-0176-A, de 10.03.44, com acompanhamento de Custódio Mesquita e sua Orquestra.

Assim como os rios bravios
Que correm pro mar
Assim também correm meus olhos
Para o teu olhar
Teus olhos tão verdes, tão lindos
Teus olhos me fazem lembrar
As águas tão verdes, tão lindas
As águas do mar

Não sei, não encontro a razão
E nem posso explicar
Só sei que estou preso, estou cego
Pelo teu olhar
Os rios não voltam do mar
Meus olhos não deixam os teus
E tu não vais me deixar
Graças a Deus

São teus olhos dois faróis
Que a minha vida iluminam
São dois astros, são dois sóis
Os teus olhos me dominam
Olhos verdes de esperança
Olhos tristes sonhadores
Olhos meigos de criança
São teus olhos dois amores

COMPANHEIRA DE QUEM AMA

Samba (Alberto Ribeiro e Antônio Almeida). Gravação Continental, n. 15.731-A, de 29/08/46.

Vai, oh dor,
Companheira de quem ama
Vai, vai, vai
Vai dizer que eu sofri
E nunca mais
Nunca mais poderei apagar
Do meu peito esta chama
Que com seu olhar eu acendi
Não sei viver distante dos seus olhos
Seus olhos verdes
Da cor do mar
O seu amor pra mim
Tornou-se um vício
Oh! Que suplício
É de amargar
Ai, Ai

COMPANHEIRO DILETO

Samba (Alcebíades Barcelos (Bide) e Armando Marçal). Gravação Odeon, n. 11.353-B, 31/08/46, com acompanhamento de Benedito Lacerda e seu Conjunto.

Vão pra quatro noites
Que eu passo sem dormir
Pensando no amor que foi meu
E tão depressa morreu
Fico nas cordas do pinho
Dizendo tudo que sinto
Meu companheiro dileto
Sabe que eu falo e não minto

Ele é o meu consolo
É quem chora comigo!
Mora na minha choupana
E é quem ouve o que eu digo
Longe, bem longe
De um mundo fingido
Procuro esquecer
O que tenho sofrido

Ele é somente quem sabe
Todo o meu segredo
E é a quem conto a mágoa
Que sinto sem medo
No abandono vivo a padecer
Só ele consola o meu triste viver

COMPROMISSO COM A SAUDADE

Samba (Billy Blanco). Gravação Colúmbia, n. CB 11.109-A, 1959, com acompanhamento de "Os Boêmios da Cidade."

Quando eu partir
Alguém vai ter saudade

Mas vai fingir
Somente por vaidade
Dirá em tudo que é lugar
Que não chorou por mim
E todos vão acreditar
Que é mais feliz assim
Nas horas mortas
Aprenderá então
Com quantas portas
Se fecha um coração
Se for tão forte quanto eu
Que dividi meu mal por dois
Afastará a frustração que vem depois
Negar o amor que se perdeu
Não dá lugar a realidade
É aceitar um compromisso com a saudade

CONFESSANDO QUE TE ADORO

Canção (José Carlos Burle e J. G. de Araújo Jorge). Gravação Odeon, n. 11.487-B, de 01/06/37, com acompanhamento da Orquestra Copacabana,dirigida por Simon Bountman.

Há quanto tempo
Esta paixão que ninguém via
Ocultava em meu silêncio
Dia e noite, noite e dia
Eram pra outros
Teus olhares os teus beijos
Eu morrendo de ciúmes
Disfarçando os meus desejos
Sofri bastante
Esperando este momento
Em que tudo revelando
Terminasse o meu momento
Mas hoje enfim posso dizer
Que o meu amor é infinito
Como o mar no coração de um pescador

Já vejo agora mais estrelas na amplidão
Pelas matas mais perfumes
E mais flores pelo chão
Talvez por isso
Não esconda esta alegria
Confessando que te adoro
Dia e noite, noite e dia.

Obs: O poeta José Guilherme de Araújo Jorge estava completando 23 anos quando Silvio gravou esta belíssima canção.

CORAÇÃO

Samba (Alberto Ribeiro). Gravação Colúmbia, n. 8.384-B713, de setembro de 1938, com acompanhamento de Garoto e seu Regional.

Coração, por que bates tão depressa
Se ela há muito te esqueceu?
Não vês que aquela mulher
Coração não tem sequer!
Desconhece o que é chorar
Bate mais devagar! Bate mais devagar!
Coração, abre a porta da saudade
Deixa entrar a ilusão

Felicidade é canção a duas vozes
Felicidade não foi feita para um só
Não sendo assim o amor será, coração
sonho desfeito em pó,
(e nada mais)

CORAÇÃO INGRATO

Marcha (Antônio Nássara e Eratóstenes Frazão). Gravação Odeon, n. 12.976-B, de 14/11/34

Coração ingrato
És do desacato
Sempre foste e serás ditador
Coração ingrato
És meu candidato
Só porque eu sou do amor

(bis)

Pobre de quem tem um coração
E vive sentindo a dor da paixão
Eu sofro
Tu sofres
Ele sofre
Todos nós sofremos, porque temos coração

(bis)

Há nesta vida tanta ilusão
E a nossa alegria é uma compensação
Eu canto

Tu cantas
Ele canta
Todos nós cantamos pra enganar o coração

Obs: Sucesso de Silvio Caldas para o Carnaval de 1935, distinguida com o primeiro prêmio da Prefeitura do Distrito Federal.

CRIANÇA LOUCA

Samba (Heitor dos Prazeres). Gravação Brunswick, n. 10.139-A, de fevereiro de 1931.

CRUEL CIÚME

Samba (Alcebíades Barcelos e Armando Marçal).Gravação Odeon, n. 11.186-B, de 20/11/34(lançado em janeiro de 1935).

Ingrata
Não ouve meus ais
Minhas dores fatais
Meu coração não resiste
Chega o que eu já chorei
E lembrar que te amei
Uma paixão quanto é triste
É triste
Uma paixão que choro
Tenho razão
Plantaste em meu peito
Cruel ciúme
Não dás atenção
Ao meu queixume
(ingrata)
Não sei que mal te fiz
Pra ser tão infeliz
Deixaste minh'alma
Triste a lacrimar
Não tens compaixão
Do meu penar

CUTUCA, MAROCA

Marcha (Lamartine Babo e Demerval Guimarães).
Gravação Brunswick, n. 10.11ß-B, de dezembro de 1930.

Cutuca, Maroca
Com jeitinho cutuca a gente
Machuca, provoca
A fuzarca já me põe doente

É moda na roda
Namoricos que não sejam pra casar
Machuca meu amor
Cutuca por favor
Que eu quero sonhar

DA COR DO PECADO

Samba (Simoens da Silva - "Bororó"). Grav. Victor, n. 34.485-B, de 06/07/39.(lançado em setembro de 1939), com acompanhamento de Regional.

Este corpo moreno
Cheiroso e gostoso
Que você tem
É um corpo delgado
Da cor do pecado
Que faz tão bem
Este beijo molhado
Escandalizado
Que você me deu
Tem um sabor diferente
Que a boca da gente
Jamais se esqueceu

(bis)

Quando você me responde
Umas coisas com graça
Vergonha se esconde
Porque se revela
Maldade da raça
E esse cheiro de mato
Tem cheiro de fato
Saudade tristeza
Esta simples beleza
Teu corpo moreno
Morena enlouquece
Eu não sei bem porque
Só sinto na vida
O que vem de você

Obs: Gravada por Silvio na melhor fase de sua carreira, "Da Cor do Pecado" possui uma letra maliciosa, sensual. Clássico da música popular, é a melhor composição de Bororó. Segundo Jairo Severiano / Zuza Homem de Mello, Orlando Silva "ficou enciumado por não ter gravado "Da Cor do Pecado", tendo recebido, como compensação, o samba "Curare" (A Canção no Tempo, vol. 1, p. 187).

DEIXA DISSO

Samba (Ary Barroso). Gravação de 1930. Com Carmen Miranda. Acompanhamento de pia-

no, banjo, tuba, trombone, 2 pistões, 2 saxes e bateria.

Carmen
Sou prisioneira
Sou escrava do meu grande amor
(*Deixa disso*, deixa disso)
Tens a mania de fazer pouco de minha dor
(*Deixa disso*, deixa disso)
Eu vou te abandonar
Estou cansada de sofrer pra te agradar
Silvio:
(pra me agradar)

(bis)

Eu já não posso perder tempo
Com quem não me quer
(*Deixa disso*, deixa disso)
Hei de fazer todo o possível
Para lhe esquecer
(*Deixa disso*, deixa disso)
Eu vou te abandonar
Estou cansada de sofrer pra te agradar
(pra me agradar)

(bis)

Obs: Primeira gravação feita pela dupla. Silvio participa nas frases entre parênteses. No catálogo de registro da Victor não consta o nome de Silvio Caldas. Gravação feita em São Paulo em 13.12.1930.

DESLIGA MEU BEM

Samba (J. Martins). Gravação Victor, n. da matriz 50.320, gravado em duas provas, no Rio, 13.06.1930, com acompanamento de piano, banjo, 2 violinos, 1 piston, trombone, 3 saxes, traps.

Obs: Consta do catálogo de registro da Victor, com a referência "drop" (suspender). Ao que tudo indica esta música não chegou a circular, até porque não tem o n. do disco. Não consta da discografia do Silvio.

DESOLADO

Samba (Silvio Caldas). Gravação Victor, n. 33.534-B, 11/03/32, com acompanhamento de piano, violão, cavaquinho e bateria.

Desolado eu vivo neste mundo
Não pertenço a ninguém
Sou pior que um vagabundo
Não tenho ninguém por mim
O meu tormento não tem fim
(desolado)
E assim no esquecimento
Minha vida é um tormento
Eu não tenho alegria, ando a sofrer
Isto assim não é viver
(desolado)

Não tenho felicidade
Ando louco de saudade
Eu na solidão procuro esquecimento
E é maior o meu tormento
(desolado)

DESPERTAR DA MONTANHA

Tango (Eduardo Souto e Francisco Pimentel), de 1919. Gravação de Silvio em disco Continental, n. 28.000-B, de 05/08/46, com acompanhamento da Orquestra Continental.

A noite entra na agonia
E os primeiros raios
Na moldura do horizonte
Iniciam seus ensaios
Doura-se o monte
E os ramos mais felizes
Os que estão mais altos
Pintam-se em matizes
No cimo do planalto
Sai da sombra um novo dia
E a luz da madrugada
Entrando suavemente na floresta
Beija os ninhos
E esta festa
Desperta os passarinhos
E envolve velhos troncos
Vindo através das folhagens
E gritos, pios, ruivos, guinchos, roncos
Em acordes selvagens
Anunciam a alvorada
Nestes cantos
Sob o sol da manhã
Em linda festa pagã
Escorre a vida
Cheia de encantos
E transborda numa chuva de cores
E entre os vales sonhadores
A montanha acorda

Obs: Sucesso imediato e permanente no repertório pianista brasileiro, somente muito tempo depois é que foi colocada a letra, que não lhe acrescentou nada.

DESPREZO

Samba (Murilo Caldas). Gravação Victor, n. 34.554-B, de 09/11/39.

O desprezo, o desprezo
É o castigo que você merece
O seu amor desleal
Me foi prejudicial
Por isso meu coração padece

(bis)

Você judiou do meu amor real
E hoje o resultado disso tudo é mal
Desprezo, desprezo, desprezo quero dar
A quem por maldade só me fez penar

Obs: Assim como seu irmão Silvio, Murillo era cantor e compositor.

DESTINO TRAÇADO

Samba (Mário Lago e Erasmo Silva). Gravação Continental, n. 15.767-A, de 29/08/46.

Logo você que foi
Influir no meu bem-querer
Logo você que eu sei
Que não pode, não pode ser
Você chegou muito tarde
Tem dono pra lhe cuidar
Não é que eu seja covarde
Mas devo renunciar
Seu destino está traçado
Para que modificar
Há outro que talvez
Lhe tenha ao menos amizade
Porém tem os direitos
Que lhe deu a sociedade
Não fique no meu caminho
Não queira com seu carinho
A nossa vida arruinar
Seu destino está traçado
Para que modificar

DEUSA DA MINHA RUA

Valsa (Jorge Faraj e Newton Teixeira). Gravação Victor, n. 34.485-A, de 10/07/39 (lançado em setembro de 1939), com acompanhamento de Regional.

A deusa da minha rua
Tem os olhos onde a lua
Costuma se embriagar
Nos teus olhos eu suponho
Que o sol num dourado sonho
Vai claridade buscar!

Minha rua é sem graça
Mas quando por ela passa
Seu vulto que me seduz
A ruazinha modesta
É uma paisagem de festa
É uma cascata de luz!

Na rua uma poça d'água
Espelho da minha mágoa
Transporta o céu para o chão
Tal qual o chão da minha vida
A minh'alma comovida
O meu pobre coração...

Espelhos da minha mágoa
Meus olhos são poças d'água
Sonhando com teu olhar
Ela é tão rica e eu tão pobre
Eu sou plebeu e ela é nobre
Não vale a pena sonhar

Obs: A sanfona é tocada por Herbert Muraro, um argentino radicado no Brasil. Esta música já fazia sucesso antes mesmo de ser gravada. Todo o Rio de Janeiro cantava "Deusa da Minha Rua" há quase dois anos e nada de Silvio Caldas gravá-la, naquela sua proverbial displicência. Um dia, perdendo a paciência, seus autores, Newton Teixeira, que conta a história, e Jorge Faraj, tiverem que pegar o cantor quase a força e levá-lo para o estúdio de gravação da Victor. Ainda assim, Silvio conseguiu imprimir excelente interpretação à belíssima composição, naquele seu estilo inconfundível. Dentre as belíssimas composições de Jorge Faraj, esta é a mais conhecida e a mais festejada.

DOR DE PALHAÇO

Samba (Jota Ferreira Lixa). Gravação Victor, n. 33.436-B, de 23/12/30, com acompanhamento

de piano, tuba, banjo, trombone, bateria, 2 saxes e 2 pistons.

Cantava e ninguém sabia
Ele sofria e o coração chorava
Quem o via assim cantando
Não percebia a sua dor
Ele escondia bem dentro d'alma
Todo o segredo do seu amor
Cantava e ninguém sabia
Ele sorria e o coração sangrava
Mas um dia ele sorrindo
Em agonia foi trabalhar

E mal entrou, de repente
Caiu, rolou eternamente

DORMINDO NA RUA

Fox (Custódio Mesquita). Gravação Victor, n. 33.588-A, de 1932, com o Grupo dos Piratas (2 pianos e bateria).

Eu tive um amor na vida
Que era só meu
Mas o destino não quis
Este amor morreu
Tornei-me tão torturado
E minha vida é um tormento
Vivo tão amargurado
Um grande esquecimento
Pela mulher que amo
Pela mulher que adoro
Foi como eu encontrei
E me achei neste amargor
E hoje a Deus eu clamo
E quanto mais eu choro
Mais infeliz eu sou
O meu viver é uma dor
Triste vida minha
Vida de vagabundo
Sempre só no mundo
Sem um carinho sequer, de mulher
Resta por testemunha
De minha história, a lua
Que eu sei que fica triste
Quando me vê
Dormindo na rua

Obs: Composição de estréia de Custódio Mesquita, no disco, então com 23 anos. No outro lado do disco, o fox-trot "Tenho um Segredo." Nada indicava que o compositor que Silvio Caldas estava lançando viria a ser, no futuro, um grande compositor.

DUAS JANELAS

Samba (Jorge Faraj e Wilson Batista). Gravação Victor, n. 34.958-B, de 19/06/42 (lançado em setembro de 1942).

A minha janela é triste
Igual a mim já se vê

(bis)

Porém a sua janela
É alegre como quê
Mas é da minha janela
Que eu vejo a janela dela

(bis)

Essa gente que pergunta
O que eu faço na janela
Não sabe que ela é morena
E que eu gosto muito dela
E que é da minha janela
Que eu vejo a janela dela

É DE TRAMPOLIM

Marcha (Joubert de Carvalho). Com Carmen Miranda, de janeiro de 1932.

Vamos ver quem pode mais
(Vamos ver quem pode mais)
Só quero ver
(Só quero ver)
Quem vai ganhar
(Quem vai ganhar)
Quem vai perder
(Quem vai perder)
Se quer ver quem pode mais

(Se quer ver quem pode mais)
Olhem pra mim
(Olhem pra mim)
Que eu sou de circo... e de trampolim

Contar vantagem é o que você faz
Mas veja lá se você é capaz
De vir aqui para jogar meu bem
E eu ainda não perdi para ninguém
Meu bem não pense que vai me ganhar
Uma partida se você jogar
De mim você terá uma grande mágoa
Por que jogo muito... e até debaixo d'água

Obs: A voz de Silvio destaca-se no coro, onde são cantadas as palavras entre parênteses.

É DO BALACOBACO

Samba (Ary Barroso e Noel Rosa). Gravação Victor, n. 33.465-B, de 07/07/31 (lançado em setembro de 1931), com acompanhamento de piano,banjo, tuba, bateria, 3 saxes, 2 pistons, 2 violinos e trombone.

Quebra, quebra
Quebra meu bem
Eu sou do balacobaco
Eu quero quebrar também

Se a gente for pensar
Nas agruras desta vida
Perde a calma
Isso assim não é corrida

Com crise, com tristeza,
Esta vida é um buraco
Vem amor
Vamos pro balacobaco

E ELA NÃO JUROU

Samba (André Filho). Gravação Victor, n. 33.601-B, de 03/11/32(lançado em dezembro de 1932), com acompanhamento do Grupo da Velha Guarda.

E ela não jurou
Só pra me ver chorá
Deixou de me querê
E vai me abandoná
(bis)
E ela não jurou
Só pra me ver chorando
Meu Deus, quanta ruindade
Neste mundo vai andando
Que sorte a minha sorte
De querer quem não me quer
Eu vivo padecendo
Por amor de uma mulher
Abandonaste tudo
Por capricho e por maldade
Mas o castigo é certo
Porque o amor traz a saudade
Um dia eu hei de ver
O teu arrependimento
Então pra toda a vida
Vais ficar no esquecimento

E ELA NÃO VOLTOU (ACABEI)

Samba (Erasmo Silva e Mário Lago). Gravação Continental, n. 15.732-A, de 05/08/46 (lançado em dezembro de 1946).

Acabei de jurar
Que morreu para mim a mulher
Que me abandonou, acabei
Acabei
Toda aquela alegria que eu tinha
Comigo ela levou

Acabei, até o violão
Que eu guardava com ela
Também se quebrou
Agora só resta a saudade
Que aquela ingrata deixou

Quando ela fugiu de mim
Não fui, não fui procurar
Julgava que ela voltasse
Pedindo para ficar
Esperei e chorei, implorei
Meu amor não voltou!
Agora só resta a saudade
Que aquela ingrata deixou.

É INÚTIL MENTIR

Marcha (Custódio Mesquita e Evaldo Rui). Gravação Victor, n. 80-0127-A, de 10/09/43 (lançado em novembro de 1943).

É inútil mentir, tu me queres
Meu coração me diz que sim
Entretanto tu preferes
Viver tão longe de mim
É mentira o que diz tua boca
A repetir sempre meu
Hoje já tenho a voz rouca
De implorar o teu perdão
Volta depressa eu te quero
Aqui tens o teu amor
Aguardando o teu regresso
Entôo hino em teu louvor
O mundo então será nosso
De paz será nossa vida
Viver sem ti já não posso
Volta depressa querida

É MENTIRA, OI

Samba (Ary Barroso). Gravação. Victor, n. 33.506-A, de 02/12/31 (lançado em novembro de 1932), com acompanhamento da-Orquestra American Jazz e Coro, de Luiz Americano(saxofonista e clarinetista).

É mentira, oi! É mentira, oi!
O meu amor nunca te dei
Eu sou pobre mas já me conformei
(arranje outro)

(bis)

Andas por aí falando
Tanta coisa a meu respeito
Eu juro, é despeito
Mas não estou ligando
Este mundo é uma escola
Já quebrei minha cachola
Hoje eu sei me defender
(oi, é mentira, oi lá se é...)

Quem se dá comigo sabe
Que agora eu ando liso
Quem ama por amor
Sempre toma prejuízo
Perde o tempo no chamego
Passa a vida sem sossego
Este é o meu segredo
(oi, é mentira, oi lá se é...)

Obs: Consta do registro da Victor a presença de piano, 3 violinos, 3 saxes, 2 pistons, trombone, banjo, bateria, 2 vozes masculinas e seis femininas. Foram feitas duas provas, prevalecendo a primeira. Número da matriz: 65313

É SÓ DO QUE HÁ

Samba (Teobaldo Marques da Gama). Gravação Victor, n. 33.279-B, de 10/04/30 (lançado em maio de 1930). Acompanhamento da Orquestra Victor Brasileira e Coro.

Sua terra tem dendê?
Não tem
Tem angu, tem vatapá?
Não tem
Tem mulher que faz "chiquê", oi
É somente do que há
Terra ingrata e malfadada
Onde só há mulher malvada
Sua terra tem limão?
Não tem
Tem mangaba, tem cajá?
Não tem
Tem mulher sem coração, oi
é somente do que há
Terra ingrata e malfadada
Onde só tem mulher malvada
Sua terra tem palmeira?
Não tem
Onde canta o sabiá?
Não tem
Tem mulher mexeriqueira, oi
É somente do que há
Terra ingrata e malfadada
Onde só há mulher malvada

ERA ELA

Samba (Peterpan e Russo do Pandeiro). Gravação Victor, n. 34.400-B, de 01/12/38 (lançado em janeiro de 1939).

Toda a minha inspiração era ela
Toda a minha ilusão era ela
Mesmo assim me abandonou
Não acreditou que eu ficasse a padecer
Deus me perdoe o que é pecado
Mas amar sem ser amado é melhor morrer

(bis)

Ela pensa que eu não vivo a sofrer
Ela pensa que eu não vivo a chorar

Entretanto, eu chorei tanto
E não tenho mais pranto para derramar

EU AGORA VOU GRITAR

Marcha (Christóvão de Alencar e Antônio Nássara). Gravação Odeon, n. 11.519-B, 08/12/36 (lançado em janeiro de 1937).

Eu agora vou gritar
Não quero mais saber dessa mulher
Já estou cansado de penar
Eu vou tratar de arranjar outra qualquer
(bis)

Agora chegou a minha vez
E eu vou entrar com meu jogo
Ela vai pagar o que me fez
Alegria do palhaço é ver
O circo pegar fogo
(bis)

No dia em que ela me deixar
Pra mim vai ser um desafogo
Eu já tenho outra em seu lugar
Alegria do palhaço é ver
O circo pegar fogo

EU E VOCÊ

Fox-canção (J. Cascata e J. Barcelos). Gravação Victor, n. 34.429-A, de 12/01/39 (lançado em abril de 1939), com acompanhamento da Orquestra Victor Brasileira.

Dormi com o sussurro da brisa,
um suave frescor
Sonhei um idílio amoroso de felicidade
Num ambiente de luxo, de fadas e amor
Ai, este sonho pra mim é uma eterna saudade

Eu e você
Juntos em frente a um altar
Um padre nosso a rezar,
Numa Igrejinha pra dois
Os sinos repicavam
E os passarinhos cantavam
Tudo era felicidade e depois

Eu e você,
Sob um lindo dossel
Em plena lua de mel
Tentando o passado esquecer
A ilusão de amor se desfez
Acordado chorei, mas talvez
Você queira este sonho viver

EU FIZ UM SAMBA

Samba (Paulinho). Gravação Victor, n. 33.722-B, de 18/07/33 (novembro de 1933), com acompanhamento dos Diabos do Céu (piano, banjo, sax alto, sax tenor, piston, trombone, pandeiro, tamborim, tão tão e bateria), sob a direção de João Martins.

Eu fiz um samba
Sociedade com uma preta
Eu fiz a música
E ela fez a letra
E foi por isso
Que o samba se tingiu
Ficou da cor morena
Que depois me seduziu
E daí a minha vida
É uma música danada
Lá em casa só se ouve
O choro da criançada
Combinação
Sempre teve o seu valor
O samba que era branco
Ficou logo de outra cor
Eis aí a mulatinha
Que de fato é uma loucura
Ela pode se gabar
Que veio da mistura

Obs: Segundo o catálogo da Victor, das duas provas realizadas prevaleceu a primeira.

EU NÃO SEI

Samba (Silvio Caldas e Ataulfo Alves). Gravação Odeon, n. 11.519-A, de 08/06/37 (lançado em outubro de 1937), com acompanhamento de Benedito Lacerda e seu Conjunto.

Eu não sei
Qual será
O meu fim
Se você não voltar pra mim

Não posso mais
Viver assim
O meu sofrimento é constante
Porque você não quer voltar
A reviver o nosso lar
E só por isso
É que tenho sofrido bastante

EU QUERO ESSA MULHER

Samba (Murilo Caldas). Gravação Victor, n. 34.679-A, de 03/10/40 (lançado em novembro de 1940).

Eu amo, eu gosto,
Eu quero essa mulher
Eu vivo sofrendo
E sei que ela não me quer
E também não reconhece
O meu amor tão direito
E diz que me tem amor
Não tem juízo perfeito
Por ela eu farei tudo
Enquanto vida eu tiver
E gritarei todo dia
Eu quero essa mulher
E quem quiser que condene
Este meu gesto imperfeito
E não há ninguém neste mundo
Que não tenha seus defeitos

EU SONHEI

Samba (Ary Barroso). Gravação Odeon, n. 11.178-B, de 09/11/34 (lançado em dezembro de 1934).

Eu sonhei
Eu sonhei a noite inteirinha, oi
Com você
Acordei
Eu não sei meu Deus
Pra quê
Sonhei que eu era
De você
É um feitiço qualquer
Tenho certeza mulher
Até no céu
Em cada estrela a reluzir
Eu vejo você a me sorrir
Não sei que deva fazer
Pra sua imagem esquecer
Não há remédio
Meu futuro a Deus entrego
O passado foi seu
Isso eu não nego

Obs: Após sua saída da Victor, esta foi a primerira gravação de Silvio na Odeon, realizada no dia 09.11.1934.

EU VIVO SEM DESTINO

Samba (Silvio Caldas, Wilson Batista e Osvaldo Silva). Gravação Victor, n. 33.690-A, de 17/01/33 (lançado em agosto de 1933), com acompanhamento do Grupo da Velha Guarda (piano, banjo, 3 saxes, piston, trombone, contrabaixo, 2 pandeiros, cabaça, caixeta e bateria), sob a direção de Pixinguinha.

Agora
Eu vivo sem destino
Ai, ai, ai
Penando como peregrino
Ai, ai
A mulher que eu mais amava
Neste mundo
Foi-se embora
Com o amor de um vagabundo
A minha mobília ela empenhou
Vejam vocês
Em que estado me deixou, oi
Não faz mal
Eu entrego a Deus
Vai se arrepender
De todos os pecados seus
(breque)
Fiquei bem mal
Quase andei no lodo
E depois disso
Foi-se o meu dinheiro todo
Não sou malandro
Tenho o meu valor
A mulher não gosta
Do homem trabalhador

Obs: Prevaleceu a segunda prova de gravação.

EU VOU ANDANDO

Samba-popular (Silvio Caldas). Gravação Brunswick, n. 10.167-B, de 1931, com acompanhamento de "Os Milionários."

Não quer que eu pare
Eu vou andando
Vou andando devagar
Não quer que eu pare
Eu vou andando
Não vale a pena teimar

(bis)

Eu vou cantar este samba
A turma batendo palma

Até parece muamba
Mas é preciso ter calma

(bis)

Não tenho medo da chuva
Muito menos do trovão
Nem quero encontrar na curva
Com o "Seu" Viola que é bão

Já esqueci o outro verso
Isto é coisa natural
Eu vou meter minha bossa
Tenho pra dar não faz mal
(breques)

Obs: O primeiro e autêntico samba de breque.

EU VOU PRO MARANHÃO

Samba (Ary Barroso). Gravação Victor, n. 33.611-A, de 08/12/32 (lançado em janeiro de 1933), com acompanhamento da Orquestra Victor Brasileira (piano, 2 violões, cavaquinho, piston, pandeiro, 2 tão tãos, caixeta), sob a direção de João Martins.

Eu vou
Pro Maranhão
Vou deixar o meu amor na mão

(bis)

Eu vou-m'embora
Carregadinho de saudade
Fiz o que pude
Nosso gênio não combina
Eis a verdade!

Perdi contigo
O melhor tempo desta vida
Tinha ilusão
De mais tarde ser feliz
Minha querida!

Quando eu voltar
Espero encontrar-te bem mudada
Por que no mundo
A mulher sem coração
Não vale nada

FACEIRA

Samba (Ary Barroso). Gravação Victor, n. 33.466-A, de 09/06/31 (lançado em julho de 1931), com acompanhamento de piano, banjo, tuba, bateria, 3 saxes, 2 pistons e trombone.

Foi num samba
De gente bamba
Que eu te conheci, faceira
Fazendo visage,
Passando rasteira
(oi, que bom, que bom, que bom)
(bonito-tó-Escola)

E desceste lá do morro
Pra viver aqui na cidade
Deixando os companheiros
Tristes, loucos de saudade
Mas, linda criança
Tenho fé, tenho esperança
Tu um dia hás de voltar
Direitinho ao teu lugar
(Oi vamo embora)

Quando rompe a batucada
Fica a turma aborrecida
O pandeiro não dá nada
Oi, a barrica recolhida
Tua companhia
Faz falar a bateria
Fica prosa o tamborim
Vem pro samba, vai por mim!
(Oi, "vamo" embora)

Obs: Foram realizadas 3 provas no mesmo dia, sendo aproveitada a primeira. Lançada por Silvio na peça "Brasil do Amor", de Marques Porto e Ary Barroso, de maio de 1931. No Teatro, o seu título era "Gente Bamba." Foi o primeiro grande sucesso do cantor. Regravada por Silvio no LP "Saudade" e incluída em vários outros LPs. Foi lançada inicialmente com a peça "Com que roupa", não obtendo, contudo, sucesso.

FALSA FELICIDADE

Valsa-canção (Paulo Medeiros). Gravação Victor, n. 34.367-A, de 18/08/38 (lançado em outubro de 1938), com acompanhamento da Orquestra Victor Brasileira..

Foge de mim a esperança
Minh'alma triste se cansa
De tanto te amar em vão
Tenho o destino traçado

A sofrer fui condenado
Só porque fazes questão

Fingindo amor me enganaste
E por fim tudo levaste
Deste que foi teu cantor
E na canção hoje choro
Choro só porque te adoro
Serpente em forma de flor

Só resta agora a saudade
Da falsa felicidade
Que o teu olhar me legou
O teu olhar cristalino
Que para mim foi divino
Mas que meus sonhos matou

Palhaço hoje sou do mundo
E o meu desgosto é profundo
Porque não posso esquecer
Quem por prazer me envenena
Quem por prazer me condena
A eternamente sofrer.

Obs: O autor desta valsa-canção, Paulo Medeiros, faleceu muito novo, com apenas 30 anos de idade.

FEITIÇARIA

Samba (Custódio Mesquita e Evaldo Rui). Gravação Victor, n. 80-0269-A, de 08/02/45 (lançado em abril de 1945).

Sexta-feira à meia-noite
Vou jogar na encruzilhada
Um feitiço pra você
Já comprei um galo preto
Duas velas, um amuleto,
Mais um litro de dendê
Vou ver você sofrê!
Tem vintém, tem farofa
Marafa no cangerê
Pra você me querê
Muitas vezes rezei,
Fiz promessas, paguei
Você não voltou!
Muita carta escrevi
Tantas vezes pedi
Você nem ligou
Mil recados mandei
Com as respostas, chorei
Você zombou!
Tudo, amor, perdoei
Mas você não voltou!
Descer mais eu não desço
Porque não mereço
Sofrer assim
Já desci muito baixo
Já fui seu capacho
Tem dó de mim!
Vou fazer um despacho
Pra você se enfeitiçar
Que eu enfeitiçado já estou
Com a luz azul do seu olhar
Ô, ô, meu Xangô!

FEITICEIRA

Samba (Hervê Cordovil). Gravação Victor, n. 33.722-A, de 18/07/33 (lançado em novembro de 1933). com acompanhamento dos Diabos do Céu (piano, banjo, sax alto, sax tenor, piston, trombone, pandeiro, tamborim, tão tão e bateria), sob a direção de João Martins.

Feiticeira
Passas tua vida inteira
Fazendo macumba
Para eu te amar
Por onde eu passo
Vou descobrindo mandinga
Vejo garrafão de pinga
Tudo para me agarrar
Mas, eu sou malandro escolado
Já tenho o corpo fechado
Para a noite e para o dia
Estás comendo bola errada
Não adianta nada
A tua feitiçaria, feiticeira
Se não fosses macumbeira
Talvez algum dia
Viesse a te amar
Infelizmente, já estás obcecada
Com a cabeça virada
Nada pode te salvar
Eu te lastimo feiticeira
És bonita, és brasileira
Foste feita para amar
Se tu deixasses o terreiro
Terias o mundo inteiro
A teus pés pra te adorar

Obs: Das duas provas realizadas, prevaleceu a primeira.

FIBRA DE HERÓI

Marcha (Teófilo de Barros Filho e Guerra Peixe). Gravação Victor, n. 80-0013-A, de 01/09/42 (lançado em abril de 1945).

Se a pátria querida
For envolvida pelo perigo
Na paz ou na guerra
Defende a Terra
Contra o inimigo
Com ânimo forte
Se for preciso
Enfrenta a morte
Afronta se lava
Com fibra de herói
De gente brava
Bandeira do Brasil
Ninguém te manchará
Teu povo varonil
Isso não consentirá
Bandeira idolatrada
Altiva a tremular
Onde a liberdade
É mais uma estrela
A brilhar

FICA DOIDO VARRIDO

Samba (Benedito Lacerda e Eratóstenes Frazão). Gravação Victor, n. 80-0247B, de 03/11/44 (lançado em janeiro de 1945).

Fica doido varrido quem quer
Se meter a entender a mulher
Comprei um barracão lá na Favela
Pra ela morar
Botei o barracão no nome dela
E tudo comprei, pra enfeitar nosso lar
Ela pedia a Deus do Céu
Pra ir morar num Arranha-céu

(bis)

Dei-lhe o apartamento que queria
Mas hoje é de cortar o coração
A pobrezinha chora, chora, noite e dia
Pedindo pra voltar ao nosso humilde barracão
Fica doido varrido quem quer
Se meter a entender a mulher

FLAMBOYANT

Valsa-canção (Joubert de Carvalho). Gravação Sinter, n. 10-00.186-B; de abril de 1953. Com acompanhamento da Orquestra de Lírio Panicali.

A viver festivamente
A alegria de um momento
No carmim lilás das flores
No tocar de leve o vento
Flamboyant eu te contemplo
No bailar das tuas flores
No enfeitar a minha rua
Rua dos meus amores
Flamboyant a cair, a cair
A espalhar pétalas no chão
Flamboyant teu destino é igual ao meu
A cantar o que vem do coração

FLOR DE INVERNO

Fox-trot (Ary Barroso). Gravação Victor, n. 33.656-B, de 07/04/33 (lançado em maio de 1933).

Quando os últimos perfumes da primavera
Se desfazem no ar
E a quimera da vida
Um olhar, um amor querida
Novamente aparece
Com o frio que chega
Pelas ruas da cidade
Em quantidade
Há mulheres escolhidas, tão bonitas
Então desperta a flor do inverno perfumada
Nos lábios rubros da mulher agasalhada

FLOR DE LÓTUS

Valsa (Silvio Caldas e Alberto Ribeiro). Gravação Columbia, n. 8.384-B, de set. de 1938, com acompanhamento de Garoto e seu Regional.

Vem, vem guiar os passos meus
Pois meus olhos sem os teus
Vivem na eterna escuridão
Vem, quem me dera recompor
Das ruínas deste amor
Os sonhos que perdi
E que tão altos vi no coração
A chorar tua Ausência

Passo a minha existência
Vem sufocar meus tristes ais!
Esqueceste o nosso amor
E eu cada vez te quero mais

A esperança já perdida
Analiso minha sorte
Vendo com tristeza
O fim do nosso amor
Ele foi a minha vida
Ele foi a minha morte
Agridoce sensação
De mágoa e de esplendor

Da saudade agora eu vivo
Vou seguindo o imperativo
Do destino
Que infeliz assim me fez
A minh'alma é um jardim
Um jardim sem uma flor
Pois a minha flor de lótus
Floresceu apenas uma vez.

FLOR MIMOSA

Samba (Erotides de Campos e Jonas Neves). Gravação Brunswick, n. 10.152-B, de 1931.

Ó flor mimosa
Por que motivo tu me fazes padecer
Na minh'alma me cravando o teu olhar
Ardente que
me faz de tanto amor enlouquecer

Ó minha flor vem bem depressa
Aos braços meus
Quero teu carinho desfrutar
E a sonhar, com muito ardor
Com fervor beijinhos mil mandar

Assim eu posso logo aspirar
As maravilhas do universo
Vem comigo vem que este mundo é nosso
Bem nosso
Vem depressa embriagar-me de prazer

FLOR MORENA

Samba-canção (Elygio Azevedo). Gravação Brunswick, n. 10.152-A, de 1931.

Querubim, vivo sempre a cismar
Em pensar que não pensas em mim
És a luz do arrebol, és o sol fulgurante
Que traz a meu peito amante
O calor do amor
Minha amada
Por ti vivo a cismar
Tu és fada
És rainha dos meus ideais
Sofrerei teu desdém
Tua ingratidão
E a ninguém
Só a ti contarei
O segredo do meu coração

Ouve e guarda só pra ti tão-somente
A confissão deste peito descrente
Que nasceu pra sofrer de amor
A gemer quase em vão
E deixar de te amar, de te amar

Ouve e guarda só pra ti tão-somente
A confissão deste peito descrente
Que nasceu pra sofrer de amor
A gemer quase em vão
Chego a desanimar de te amar

FLORISBELA

Marcha (Antônio Nássara e Eratóstenes Frazão). Gravação Victor, n. 34.846-B, de 14/10/41 (lançado em dezembro de 1941).

Entre uma rosa amarela
Um cravo branco e um jasmim
Encontrei a Florisbela
Entre as flores de um jardim
Implorei um beijo dela
Ela nem olhou pra mim
Afinal as flores belas
Todas elas são assim

Vendo que nada arranjava
Eu dei o fora por fim
E a Florisbela
Quando viu que eu me afastava
Correu atrás de mim
Afinal as flores belas
Todas elas são assim

Obs: Mais uma vez Silvio Caldas faz sucesso no Carnaval, desta vez no ano de 1938, com essa belíssima marcha. Primeiro prêmio no concurso oficial da Prefeitura do Distrito Federal, concorrendo, dentre outras, com a famosa *"A jardineira"*, afinal, o maior êxito popular no referido Carnaval.

FOI ELE... FOI ELA

Marcha (Joubert de Carvalho / Paulo Roberto). Gravação Victor n.. 33.458-B, de 22.06.31, lançado em agosto de 1931.

Era carinho e muito amor que eu lhe dava
Satisfazer os seus desejos procurava
E mesmo assim me martelava todo o dia
Inda lhe falta uma coisinha que eu queria
Foi ele
(foi ela)
Foi ela
(foi ele)
Quem me levou ao desespero do amor
E por causa dele
(por causa dela)
E por causa dela
(por causa dele)
Eu fui-me embora carregando a minha dor

Não fosse ele eu viveria bem contente
Com minha vida sempre cheia de alegria
Por causa dele essa alegria foi-se embora
Não tenho mais aquele amor que eu queria

Obs: Silvio participa cantando as palavras entre parênteses.

FOI SONHO E NÃO VOLTA MAIS

Fox-samba (J. Cristobal e Luiz Iglésias). Gravação Victor, n. 33.546-B, de 31/03/32 (lançado em maio de 1932).

Mulher, eu nunca te jurei
Que o meu carinho fosse teu
E todo afeto que te dei
Com o tempo se perdeu
(Eu quero a liberdade)
O amor não vai me conservar
Eu sei o mal que ele nos faz
Eu jurei nunca mais amar
De amor tu vens me matar
Foi sonho e não volta mais

Nós nos esquecemos, vê que graça
Deste grande amor absorvente
Hoje eu creio bem que tudo passa
Nada resta então dentro da gente

Jurei não amar em juramento
Toda a minha dor, mas onde estavas?
Mas os olhos teus ficaram, eu penso
Vejo que é mentira, idéia fraca

FON FON

Samba (João de Barro e Alberto Ribeiro). Com Carmen Miranda. Gravação Odeon, n. 11.530-A, de 17/09/37 (lançado em novembro de 1937).

Silvio:
Esta buzina não tem bom som
Eu gosto mais da que faz assim: fon-fon
Carmen:
Mas não avances, olhe o sinal
Podes partir o diferencial...
Silvio:
Teus olhos verdes me disseram: Pode entrar!
Acelerei, não é possível mais parar
Tu tens mais curvas que o trampolim
E a tua boca é um precipício para mim
Carmen:
(não faz assim)
Silvio:
Quando passarmos lá no Leblon
Pra turma ver vou fazer assim: fon-fon
Carmen:
Eh! Mas eu não entro num páreo assim
Em que o desastre é feito só pra mim
Silvio:
Não tenhas medo que eu sou bom na direção
Não corro muito e ando sempre em
minha mão
Carmen:
Queres fazer-me o teu bom-bom
Eh! Mas eu não vou nesta conversa de fon-fon.

Obs: Este samba foi cantado por Dircinha Batista no filme "Bombomzinho", de 1937. Houve no Rio de Janeiro, uma prova automobilística internacional, realizada em 1937 no circuito da Gávea, chamada de "Trampolim do Diabo."

GAIVOTA

Marcha (Silvio Caldas e Eratóstenes Frazão). Gravação Victor, n. 34.846-B, de 17/10/41 (lançado em dezembro de 1941).

Gaivota, das asas de arminho
Que enfeita o caminho
Que eu devo seguir

Gaivota que sempre me escolte
Teu vôo. E que eu volte
Contente, a sorrir

Gaivota, nos mares bravios
Teus vôos macios
Enfrentam tufões
Gaivota, é uma grande verdade
Que só a bondade
Abranda as paixões

Gaivota, que beijas na bruma
Das ondas a espuma
Fervente do mar
Gaivota é nesse teu beijo
Que eu sinto o desejo
Que tenho de amar
Gaivota, na fúria das ondas
Espero que escondas
Meu triste penar

GAMELA QUEBRADA

Samba (Príncipe Pretinho). Gravação Victor, n. 33.407-B, de 13/12/30 (lançado em fevereiro de 1931). Acompanhamento de flauta, cavaquinho, violão e coro.

Sá Bella, oi!...
Sá Bella
Qual foi o homem
Que quebrou sua gamela

(bis)

A minha sogra
Já se mudou da favela
Por causa de uma questão
Que teve com Gabriela

(bis)

E agora
Foi residir com a Sá Bella
E já tá saindo encrenca
Por causa d'uma gamela

(bis)

Queria saber
No que esta mulher se fia
Para dizer em voz alta
Que o homem não tem valia
E se meter
Sem medo na batucada
Não treme de coisa feia
E diz: "eu sou da virada."

Obs: Gravação realizada em São Paulo, com o número de matriz 65058. Foram feitas duas provas, aproveitada a segunda.

GILDA

Samba (Erasmo Silva e Mário Lago). Gravação Continental, n. 15.730-B, de 16/09/46 (lançado em dezembro de 1946).

Nunca houve mulher
Igual a Gilda
Ó Gilda, meu bem
Não me faça esperar
(não, não)
Ela sai, esquece de voltar
E quando volta
não dá confiança de se explicar

(bis)

Não sabe pedir desculpa
Não sabe pedir perdão
Tem certeza que tem classe
E eu tenho um bom coração
Eu só me zango de boca
E raiva não sei guardar
Quando ela sai eu pergunto:
A que horas vai voltar?
(não vás demorar)

GIRA!

Samba (Ary Barroso e Marques Porto). Com Carmen Miranda. Gravação Victor, n. 33.445-A, de 09/06/31 (lançado em julho de 1931), com acompanhamento de piano, tuba, banjo, trombone, bateria, 2 saxes e pistons

Gira!
Gira!
Gira, meu amor!
Tudo agora está girando
(Oi, tudo agora esta girando, meu bem)
Nós temos de girar também
(oi gira, gira, gira)

(bis)

Gira o pobre funcionário
Pra cavar a sua vida
Gira o rico, o milionário
Tudo entra na corrida
Gira, gira todo mundo
Tapeando que, tem sorte
Pra viver assim, assim:
Gira, gira até à morte
É o que há

(bis)

Quanta gente por aí
Que já perdeu o juízo
Só porque fez a tolice
De sonhar com o paraíso
Gira, gira todo mundo
Na maior da cavações
Sempre sobra um minutinho
Pra dar larga aos corações
E é assim

Obs: Foi aproveitada a primeira das duas gravações realizadas. Antes de gravar no disco com Carmen Miranda, Silvio cantou esta música, em dupla com Dulce de Almeida, na Revista "Brasil do Amor", de Marques Porto e Ary Barroso, estreiada em 14.05.1931.

HÁ UM SEGREDO EM TEUS CABELOS

Valsa (Gastão Lamounier e Oswaldo Santiago). Gravação Odeon, n. 11.283-A, de 14/09/35 (lançado em novembro de 1935), com acompanhamento de Benedito Lacerda e seu Conjunto.

Em teus cabelos de seda
Que perfume, que aroma sutil!
Dos sonhos pela alameda
Bailam flores num baile gentil!
Há um segredo cantando
Trescalando uma essência de flor
Onde vibram arpejos, desejos
Misteriosos eflúvios de amor

A suavíssima delícia
De uma doce carícia
Tem muito maior encanto
Quando meus dedos num quebranto
Palpitam, estremecem
Desvendando os líricos segredos
Que em teus cabelos se estretecem
Meu amor!

Obs: Silvio regravou esta música no LP "*Serenata*", com arranjo do maestro Lírio Panicali. Os oito versos finais não foram aproveitados por Silvio. Esta música foi feita para a loção "Juventude Alexandre", em mensagem comercial. Para Abel Cardoso Junior, "Sylvio Caldas, por sua arte de cantor excelso, recebeu um conto de réis para gravá-la e a inscreveu no rol das grandes valsas brasileiras, mesmo tendo em sua origem essa finalidade comercial, traduzida, todavia, com elegância" (Encarte do CD Revivendo RVCD-12), o que, no seresteiro, não era novidade.

HOMEM MARCADO

Samba (Erasmo Silva e Wilson Batista). Gravação Continental, n. 16.141-B, de novembro de 1949 (lançado em janeiro de 1950).

Ai, meu Deus
Estou um homem marcado
O meu nome foi manchado
Por uma falsa mulher
Ai, meu Deus
Queira me perdoar
Que os homens aqui na terra
Vão me condenar
(ai, meu Deus)
Eu já sofri bastante
E mereço o seu perdão
Em vez de agir com a cabeça
Eu agi com o coração
Ai, meu Deus
Queira me perdoar
Que os homens aqui na Terra
Vão me condenar

HOMENAGEM

Samba-canção (Lupiscínio Rodrigues). Gravação RGE 10377a (lançado em 1961)

Eu agradeço
Estas homenagens
Que vocês me fazem
Pelas bobagens
E coisas bonitas
Que dizem que eu fiz

Receber os presentes
Isto, não tenho coragem
Vão entregá-los
A quem de direito
Deve ser feliz
Levem estas flores
Àquela que agora
Deve estar chorando
Por não poder
Estar neste momento
Aqui junto de mim
Pra receber estas honras
Que a outra está desfrutando
O nosso amor clandestino
É que obriga vivermos assim
Levem estas flores
E digam a ela
Ficar me esperando
E no que termine a festa
Eu irei abraçar meu amor
Pois apesar
De não sermos casados
É quem me inspira
E está sempre ao meu lado
Me acompanhando
Nas horas difíceis
Nas horas de dor

IMPLORANDO O MEU PERDÃO

(Alcebíades Barcelos e Alberto Ribeiro). Gravação Odeon, n. 11.193-B, de 14/12/34 (lançado em fevereiro de 1935).

Foste embora, me deixaste
Eu fiquei na solidão
Mas agora tu voltaste
Implorando o meu perdão
Esquecendo o que já passou
E o que tanto me amargurou
Eu perto de ti, tu perto de mim
Vai ser um destino sem fim
Agora...
Implorando o meu perdão
Tu voltaste meu coração
Quero ser feliz, nada se desfez
Vamos começar outra vez

INQUIETAÇÃO

Samba (Ary Barroso). Gravação Odeon, n. 11.255-A, de 25/06/35 (lançado em setembro de 1935), com acompanhamento da Orquestra Odeon, dirigida por Simon Bountman.

Quem se deixou escravizar
E no abismo despencar
Por um amor qualquer
Quem no aceso da paixão
Entregou o coração
A uma mulher
Não soube o mundo compreender
Nem a arte de viver
Nem chegou mesmo de leve a perceber
Ai meu Deus
Que o mundo é sonho, fantasia,
Desengano, alegria,
Sofrimento, ironia

Nas asas brancas da ilusão
Nossa imaginação
Pelo espaço vai
Vai, vai sem desconfiar
Que mais tarde cai
Para nunca mais voar

Obs: Esta composição foi cantada por Silvio Caldas no filme "*Favela* dos Meus Amores."

YOYÔ DESTE ANO

Samba (Henrique Vogeler). Gravação Brunswick, n. 10.116-A, de dezembro de 1930.

Yoyô deste ano
Futurista baiano
Venho invocar
Com emoção
O Rio abraçar
De todo coração
O carioca me quer (ê, êba)
Seja ele homem ou mulher
Sei disfarçar
Todo o sofrer
Quero amar
E querer é poder

(bis)

A carioca, insinuante
Tem verdadeiro ideal
E o rapaz bobo, elegante
Não agüenta o Carnaval

(bis)

Com olhares perseguido
Don Juan tem que virar
É capaz de ser pedido
Sem sermão encomendar

(bis)

ISIS

Valsa (Benedito Lacerda e Jorge Faraj). Gravação Odeon, n. 11.331-A, de 29/08/35 (lançado em abril de 1936), com acompanhamento de Benedito Lacerda e seu Conjunto.

Ouve, ó meu amor,
Nesta singela canção
Cantar meu coração
Terno e sonhador!
Ó formosa Isis!
Mais que feliz
Entre os felizes
Quero proclamar este amor!

Linda flor de luz
For que às estrelas conduz...
O teu divino olhar
Vive a me inspirar
Pássaro liberto
Canto feliz ao céu aberto
Da felicidade de amar

Ao sol do teu formoso olhar
Aberto em flor
Meu incolor viver floriu!
A noite atroz do meu penar
Se ornamentou de luz
Quando você surgiu!
E eu, acreditei no meu destino
Feliz entre os felizes!
Anjo mais que divino
Ó, linda Isis!

Talvez feneça, um dia
A flor divina desse amor
Que me ressuscitou!
Talvez a tua voz querida
Negue as lindas juras
Que você jurou!
Teu nome, tua voz e teu olhar
Feliz entre os felizes!
Hei de recordar
Ó linda Isis!

ISTO É XODÓ

Marcha (Ary Barroso). Gravado com Carmen Miranda, em 10.12.1931, com acompanhamento da Orquestra American Jazz, contando com piano, 2 violinos, 3 saxes, 2 pistons, trombone, tuba e bateria.

Isto é xodó,
(isto é xodó)
Isto é xodó
(isto é xodó)
Não quero nada
Um beijinho só
(um beijinho só)

(bis)

Meu amorzinho zombou de mim
Malvado, malvado
Não quero mais ser tratado assim
Malvado, malvado
(isto é xodó)

(bis)

Se tu não sabes o que é carinho
Malvado, malvado
Me deixa sentar no seu cantinho
Malvado, malvado
(bis)

Obs: A participação de Silvio resume-se em cantar as palavras entre parênteses. Foi escolhida, em concurso organizado pelo Correio da Manhã, através de votos populares, como a terceira melhor música carnavalesca de 1932, perdendo para "Gegê e "O Teu Cabelo Não Nega", primeiro e segundo lugares, respectivamente. Não consta o nome de Silvio Caldas no catálogo da Victor.

JÁ SEI SORRIR

Samba (Ataulfo Alves e Claudionor Cruz). Gravação Victor, n. 34.468-A, de 06/06/39 (lançado em agosto de 1939).

Eu que chorava
Hoje vivo a gargalhar
Porque você
Já voltou ao seu lugar
Eu que era triste
Já sei sorrir

Enfim já terminou meu pranto
E assim, com você minha vida
É sublime, é prazer
E é feliz meu viver
Não canto mais pelas ruas
Tristonho, graças a Deus!
Porque tenho duas luas
A iluminar os sonhos meus
Que são ao lindos olhos teus!

JANGADA

Samba-canção (Hervê Cordovil e Vicente Leporace). Gravação Colúmbia, n. CB-10.140-B, de 1954, com Hervê Cordovil ao piano.

Jangada
Que enfuna a vela
E desafia o mar
E vai
levando um punhado de gente
Valente pro Sul
As estrelas o rumo lhe dão
E nas noites se o céu é azul
Essa gente, valente,
Contente, se põe a cantar
Jangada
Quando voltares para o Ceará
E lá,
tua gente, valente, contente
Contar o que viu
Vai dizer que o patrício do Sul,
Teus bravos heróis aplaudiu,
Jangada
Que enfuna a vela
E desafia o mar ...

Obs: Este samba homenageia os bravos jangadeiros cearenses que viajaram até Porto Alegre, de jangada. Foi relançada em outros LPs, inclusive o LP "História da Música Popular Brasileira."

JUREI ME VINGAR

Samba (Valfrido Silva / André Filho). Gravação Victor n. 33546-A, de 1932.

Jurei me vingar
Jurei me vingar
Vou abandonar o teu chatô
(ora se vou)

Hás de chorar, hás de chorar
Tu não arranja
Um homem como eu sou
(bem certo estou)

Tenho quase que a certeza
Precisas de uma proteção
Vai procurar nova amizade
Que a vida não está sopa, não

Tu tens que pedir a Deus
Que eu volte para a tua companhia
Mas será tarde, não adianta
Pra mim tu não tens mais valia

KÁTIA

Valsa (Victor Bezerra e Georges Moran). Gravação Victor, n. 34.600-A, de 18/03/40 (lançado em maio de 1940), com acompanhamento da Orquestra Victor.

São noites de vigília
Noites que não têm fim
Em que não penso em mim
O amor é a própria vida
E a vida nós dois
Vem a saudade depois

Kátia, Kátia, meu sofrer acalma
Como dói minh'alma nesta solidão
Kátia, Kátia, ah, se tu soubesses
Ah, se tu quisesses
O meu coração

Eu daria tantos, tantos beijos
Vibraria o corpo de desejos
Kátia, Kátia, eu sou tão sozinho
Quero teu carinho
Tens meu coração.

Obs: Regravada no LP "Titio Canta para Você."

LALÁ

Marcha-carnavalesca (J. Nepomuceno). Gravação Victor, n. 33.412-A, de 22/12/30 (lançado em janeiro de 1931).

Lalá meu bem, que vida ideal
Vamos passar em pleno carnaval

(bis)

Não me fascina com o teu olhar
Que é bem capaz de me matar
És o esplendor da festa da orgia
Vamos fazer nossa folia

(bis)

Chegou a hora de animação
Vamos fazer nosso cordão
Três dias temos para o prazer
Antes das cinzas para nos benzer

LENÇO NO PESCOÇO

Samba (Wilson Batista). Gravação Victor, n. 33.712-B, de 18/07/33 (lançado em outubro de 1933), com acompanhamento dos Diabos do Céu (3 violões, cavaquinho, clarineta, tão tão, pandeiro e bateria), sob a direção de João Martins.

Meu chapéu do lado
Tamanco arrastando
Lenço no pescoço
Navalha no bolso
Eu passo gingando
Provoco e desafio
Eu tenho orgulho
Em ser tão vadio
Sei que eles falam
Deste meu proceder
Eu vejo quem trabalha
Andar no miserê
Eu sou vadio
Porque tive inclinação
Eu me lembro, era criança
Tirava samba-canção
(comigo não
eu quero ver
quem tem razão)

Obs: Das duas provas realizadas, prevaleceu a primeira.

LEONOR

Samba (Claribalte Passos, Marino Pinto e L. Panicali). Gravação Victor, n. 00-00.095-B, de outubro de 1951.

Ai, vá embora Leonor
Me deixa em paz
Deixa livre o meu caminho,
Por favor
Seu carinho eu não quero
Ai, eu não posso e não devo me iludir
Eu já dei o meu amor por acabado
E não vou repetir
Sofre quem não sabe amar
Amor com amor deve se pagar
Se eu pudesse iludir meu coração
Lhe daria perdão

LINDA LOURINHA

Marcha (João de Barro). Gravação Sinter, n. 33.735-A, de 16/11/33 (lançado em janeiro de 1934), com acompanhamento da Orquestra Diabos do Céu (piano, banjo, 2 saxes, 2 pistons, trombone, contrabaixo, cabaça, omêlê, caixeta, pandeiro, bateria e coro: 3 vozes), sob a direção de Pixinguinha.

Lourinha, lourinha
Dos olhos claros de cristal
Desta vez em vez da moreninha
Serás a Rainha do meu Carnaval.

(bis)

Loura Boneca
Que vens de outra terra
Que vens da Inglaterra
Ou que vens de Paris
Quero-te dar
O meu amor mais quente
Que o sol ardente
Deste meu País.

(bis)

Linda Lourinha
Tens o olhar tão claro
Deste azul tão raro
Como um céu de anil
As tuas faces
Vão ficar morenas
Como as das pequenas
Deste meu Brasil.

Obs: Outro grande sucesso carnavalesco de Silvio Caldas, desta vez para o Carnaval de 1934. Segundo consta do catálogo da Victor, das duas provas realizadas, foi aproveitada a primeira.

LUA TRISTE

Samba-canção (Luiz Bittencourt e Leonel Azevedo). Gravação Victor, n. 11.467-B, de

19/03/37 (lançado em maio de 1937), com acompanhamento de Benedito Lacerda e seu Conjunto.

Lua triste, lua triste
Que estás no céu azulado
Hoje o meu viver consiste
Em recordar o passado
Lua triste, merencórea
Teu brilho tem tal fulgor
Que me faz lembrar a história
Do meu doloroso amor

Eu me lembro com saudade
Quando em noite enluarada
Eu tinha a felicidade
De cantar pra minha amada
Uma doce melodia
Que vinha do coração
Toda cheia de harmonia
De um tristonho violão

Hoje só sem seu amor
Meu coração não resiste
De sofrer a grande dor
Que me faz assim tão triste
Lembro tanta coisa, tanta
Que passou na mocidade
Meu coração canta, canta
Pra matar esta saudade

MADRUGADA

Samba (Benedito Lacerda e Herivelto Martins). Gravação Odeon, n. 11.388-B, de 06/05/36 (lançado em setembro de 1936), com acompanhamento de Benedito Lacerda e seu Conjunto.

Madrugada
É tão grande a nostalgia
Um galo anuncia a alvorada
E vem rompendo o dia
O sol desponta
Com esplendor
E a passarada
Entoa um hino de amor

Também a lua
Transbordando de alegria
Vai se escondendo
Quando vem rompendo o dia

Eu seresteiro que sou
Na minha alma de sonhador
Com os passarinhos eu canto
Esta canção de amor

MÁGOA

Samba-canção (Hervê Cordovil e Júlio G. Atlas). Gravação Colúmbia, n. CB-10.118-B, de março de 1955.

Que mágoa, que mágoa,
Que dor no coração ...
Meu grito, aflito, repito,
Mas em vão,
Procuro alegria e encontro,
Mágoa, mágoa ...
Meus olhos, vazios,
Meus sonhos, farrapos,
Dispersos pelo chão,
São versos, rasgados,
Marcados de afeição.
Procuro alegria e encontro,
Mágoa, mágoa ...

MÁGOAS DE UM TROVADOR

Canção (Manezinho Araújo e J. Cascata). Gravação Colúmbia, n. 55.002-A, de dezembro de 1938, com acompanhamento de Garoto e seu Regional.

Vai alta a noite,
Nada resta do dia que fugiu
A natureza ao ouvir o meu queixume
Maliciosa, encheu-se de ciúme
Sabendo que dormias, também dormiu

Somente a lua
Que é amiga de quem ama e canta trova,
Brilha no céu no auge do esplendor
Mais uma prova de que a lua nova
Nunca esquece o trovador

E, sempre a velha lua a incentivar
Aqueles que querem cantar
Para os ouvidos de alguém
Vejo as estrelas cintilantes e serenas
Nos jardins vejo açucenas
Em tua janela, ninguém!

Desperta, ó querida e ouve a prece
Que, terno, te oferece

O pobre peito meu!
Abre a janela e vem ouvir o teu cantor
E manda ao menos por favor
A graça de um sorriso teu.

Obs: Esta mesma gravação foi relançada em 1943, em selo Continental n. 3.716-2.

MÁGOAS DE UM VAGABUNDO

Samba (Valfrido Silva e Osvaldo Silva). Gravação Continental, n. 33.918-A, de 09/08/33 (lançado em abril de 1935), com acompanhamento da Orquestra Diabos do Céu (piano, banjo, 2 saxes, 2 pistons, trombone, contrabaixo, cabaça, omêle, pandeiro, caixeta e bateria), sob a direção de Pixinguinha.

Um vagabundo me tornei
Quando você me abandonou
De sentimento até chorei
Meu coração quase parou
Um vagabundo me tornei
Quando você me abandonou
No suicídio até pensei
Mas a coragem me faltou

Hoje, não tendo o que fazer
Bebo demais para esquecer
Triste, da rua, fito a lua
Que se esconde
Para não me ver sofrer
Não vejo mais a luz solar
De dia é que vou me deitar
Na solidão do meu casebre
Sinto febre
Sofro porque quis amar.

MALANDRO SOFREDOR

Samba (Ary Barroso). Gravação Victor, n. 33.777-B, de 19/07/33 (lançado em maio de 1934). com acompanhamento da Orquestra "Diabos do Céu" (piano, banjo, sax alto, saxtenor, 2 pistons, trombone, omêlê, cabaça, prato, contrabaixo, bateria), sob a direção de João Martins.

Quem vai num samba em Mangueira
Chorando pingo a noite inteira
(chorando a noite inteira)
Sabe que o malandro canta penando
Um amor que já foi seu
(mas tão depressa perdeu)
E é a mágoa nessa gente
Que sabe que esta vida não tem valor
Que o samba traduz
Na harmonia e na cadência
O malandro sempre foi triste sofredor

Quando é noite de luar (luar, luar)
Também vem pro terreiro (terreiro, terreiro)
A lua lá do céu (lá do céu)
Escutar o pandeiro (o pandeiro)
Há no samba uma tristeza (tristeza, tristeza)
Que não posso cantar (cantar, cantar)
É a própria natureza
Que diz para malandro
A graça de entender
O que o samba quer dizer

Obs: Foi aproveitada a terceira prova gravada, segundo consta do catálogo Victor.

MAMÃE DOLORES

Marcha-rancho (Joubert de Carvalho). Gravação Sinter, n. 00-00.095-A, de outubro de 1951.

Mamãe Dolores que me importa a tua dor
Se o que procura é o que vem do teu amor
Se noite eterna é o teu corpo cansado
Dentro da noite lembra o céu estrelado

(bis)

Mamãe Dolores teus exemplos são meus
Deram lições do direito de nascer
Mamãe Dolores se a noite é linda e calma
És no céu a lua branca da minh'alma

(bis)

MÃO NO REMO

Samba Ary Barroso e Noel Rosa). Gravação Victor, n. 33.479-A, de 07/10/31 (lançado em novembro de 1931), realizada no Rio, com acompanhamento de piano, 3 saxes, 2 pistons, banjo, trombone, tuba e bateria, sob a direção de Rondon.

Nesta vida,
Nesta vida cada qual
tem um barco em que navega
E o azar é natural
(Nem há nada mais fatal)

E a justiça é cega...
Mas se os ventos sopram contra
Ou se vem a tempestade
Nunca mais o barco encontra
O porto da felicidade

Mão no remo!
Mão no remo, com toda a coragem
Pra levar vantagem
No mar desta vida
Pois se queres ser feliz no amor,
Tens de remar com ardor
(nesta vida)

Mete a vela!
Mete a vela, quando for a hora
De ir mar afora
Em busca da sorte
Aproveitando a maré a favor
Terás pra sempre valor.

Obs: Título original "*Iça a Vela.*" É a única composição da dupla Ary Barroso / Noel Rosa.

MARCHA DO SÃO CRISTÓVÃO

(Lamartine Babo). Gravação Continental, n. 16.245-A, de junho de 1950.

São Cristóvão, São Cristóvão
Teu passado é tão belo
Quantas vitórias em Filgueira de Melo
Quando vences outro clube
Oh! São Cristóvão pertences
Aos corações São Cristovenses
Estimulam a tua fibra extraordinária
Os grandes feitos do saudoso Cantuária
Avante São Cristóvão por teu bem
Por nosso bem
Pela grandeza dos esportes
Que esta terra tem
És de um bairro cuja história
Tem um valor profundo
Bairro ditoso de D. Pedro II
Quando vais à Zona Sul
Jogar com clube bem forte
Tens a torcida da Zona Norte
São Cristóvão, São Cristóvão
Teu passado é tão cheio
Aos teus rivais inspira sempre receio
Avante São Cristóvão por teu bem
Por nosso bem
Pela grandeza dos esportes
Que esta terra tem

MARCHA DO VASCO

(Lamartine Babo). Gravação Continental, n. 16.245-B, de junho de 1950.

Vamos todos cantar de coração
A Cruz de Malta é o teu pendão
Tens o nome do heróico português
Vasco da Gama, tua fama, assim, se fez
Tua imensa torcida é bem feliz
Norte Sul, Norte Sul destes Brasis
Tua estrela, na terra, a brilhar
Ilumina o mar
No atletismo, és um braço
No remo, és imortal
No futebol, és um traço
De união Brasil-Portugal

MARIA

Samba-canção (Ary Barroso e Luiz Peixoto). Gravação Victor, n. 33.594-A, de 03/11/32 (lançado em dezembro de 1932), com acompanhamento da Orquestra Victor Brasileira.

Maria, o teu nome principia
Na palma da minha mão
E cabe bem direitinho
Dentro do meu coração, Maria
Maria, de olhos claros, cor do dia
Como os de Nosso Senhor
Eu por vê-los tão de perto
Fiquei ceguinho de amor, Maria

No dia minha querida
Em que juntinhos na vida
Nós dois nos quisermos bem
À noite em nosso cantinho
Hei de chamar-te baixinho
Não hás de ouvir mais ninguém, Maria
Maria, era o nome que eu dizia
Quando aprendi a falar
Da avozinha coitadinha
Que eu não canso de chorar, Maria
E quando eu morar contigo
Tu hás de ver que perigo
Que isto vai ser, ai meu Deus
Vai nascer todos os dias
Uma porção de Marias
De olhinhos da cor dos teus, Maria

Obs: Silvio voltou a gravar este samba-canção em 1939, novamente fazendo sucesso, em selo Victor, n. 34.496-A, e em 1953, em gravação "Sinter", no LP Saudades. Relançada e regravada várias vezes, era presença obrigatória nos shows do Seresteiro. Ary Barroso achava este samba uma de suas composições mais bonitas, "pois reunia qualidades excepcionais para vencer", daí não entender o relativo sucesso obtido na época do seu lançamento (*Revista Carioca*, outubro de 1937, n. 105, p. 44). Luiz Peixoto fez esta letra inspirado na atriz portuguesa Maria Sampaio que, na época, se apresentava no Brasil (Abel Cardoso Junior - encarte do RVCD-013).

MARIA

Marcha (Laurentino Sales, pseudônimo de Lauro Borges). Gravação Odeon, n. 11.451-A, de 08.12.36. Com acompanhamento do "Grupo da Odeon", dirigido por Simom Bauntman.

Maria, o teu nome principia
Com M e acaba com A
Maria e o meu nome principia
Com M e acaba com A
Mas Maria eu não sabia
Que era meu teu coração

(bis)

Seu Mário e Dona Maria
Que dupla de outro planeta
Eu já sei que vamos ter um romance
Em nome de Romeu e Julieta

Maria cachopa faceira
Da terra de Pedro Cabral
Em amor farei contigo, Maria
Tu és o tipo da mulher fatal

MARIA

Valsa (J. Cascata e Leonel Azevedo). Gravação Victor, n. 34.496-A, de 10/07/39 (lançado em outubro de 1939).

Maria, desde o dia em que te vi
A minha alma atormentada
Vive só pensando em ti
Maria, és a luz dos olhos meus
E o meu peito amargurado
Implora o teu amor, por Deus

O amor para mim só trouxe
O travo amargo da saudade
Só tu na vida poderás dar-me a felicidade
Maria, desde o dia em que te vi
A minha alma atormentada
Vive só pensando em ti

Exibem as flores seus encantos
E espargem o mais suave olor
Entoam os pássaros seus cantos
É tudo amor

MAS, EU NÃO LIGO

Samba (Silvio Caldas). Gravação RGE, n. 10.282-B, de fevereiro de 1961).

Já falaram tanta coisa
A meu respeito
Mas eu não ligo
Mas eu não ligo
Inventaram tanta coisa
A meu respeito
Mas eu não ligo
Mas eu não ligo
Sacrifício em minha vida
Tenho feito
Pra viver na santa paz
E ser amigo
E eles falam
Que isto em mim
É um defeito
Mas eu não ligo
Ah!
Mas eu não ligo
Falem
Que eu acho graça
Os cães ladram
E a caravana passa

ME DEIXA...

Marcha (Música: Paschoal Barros / Letra: André Filho). Gravação Victor, n. 33.465-A, de 23/12/30 (lançada em setembro de 1931), em São Paulo, com acompanhamento de piano, tuba, banjo, trombone, bateria, 2 saxes e 2 pistons.

Mulher, mulher, me deixa, me deixa

(bis)

Chega de prosa, conheço a tua escrita

Já estou me enfezando com a tua fita
Mademoiselle conheci um moreno
Que mulher bonita é café pequeno

(bis)

Eu nas esquinas, branquinhas e mulatas
Tenha 3 x 4 estão candidatas
Não adianta bancar seriedade
Deixa de "chiquê" que tudo é vaidade

MENOS EU

Samba-canção (Roberto Martins e Jorge Faraj). Gravação Odeon, n. 11.409-B, de 08/10/36 (lançado em novembro de 1936), com acompanhamento de Benedito Lacerda e seu Conjunto.

Eras do morro a mais formosa flor
Todo mundo cantava em teu louvor
Todo mundo, menos eu
Todo mundo colheu
A tremer de desejo
Entre a flor dos teus lábios
A flor do teu beijo
Todo mundo, menos eu

Tu fugiste depois pra cidade
A alegria do morro morreu
Todo mundo chorou de saudade
Todo mundo, menos eu
Entre as luzes fatais da cidade
A orgia cruel te envolveu
Todo mundo chorou de piedade
Todo mundo, menos eu

Mas um dia na mesma paisagem
Outra flor, a sorrir, floresceu,
Todo mundo rendeu-lhe homenagem
Todo mundo, menos eu
Teu olhar, tua voz envolvente,
Teus cabelos e tudo o que é teu
Todo mundo esqueceu finalmente
Todo mundo, menos eu.

Obs: Silvio voltaria a gravar este samba-canção no LP "Saudades."

MENTE AO MEU CORAÇÃO

Samba-canção (Francisco Malfitano). Gravação Colúmbia, n. 8.385-B, de setembro de 1938.

Mente ao meu coração
Que cansado de sofrer
Só deseja adormecer
Na palma da tua mão
Conta ao meu coração
Histórias das crianças
Para que ele reviva
As velhas esperanças

Mente ao meu coração
Mentiras cor-de rosa
Que as mentiras de amor
Não deixam cicatrizes
E tu és a mentira mais gostosa
De todas as mentiras que tu dizes

MENTIRA CARIOCA

Marcha (César Brasil e Jorge Faraj). Gravação Victor, n. 34.468-B, de 01/12/38 (lançado em agosto de 1938).

Esse teu olhar não me engana
Teu beijo é uma mentira desumana
Teu corpinho moreno provoca
Teu amor é uma mentira carioca!

(bis)

Mas a mentira do teu beijo tem
Um certo quê que me faz tanto bem
E eu sou capaz de acreditar
Na mentira furta-cor do teu olhar!

Mas a mentira do teu beijo tem
Um certo quê que nos faz tanto bem
E eu sou capaz de crer com ardor
No boato encantador do teu amor!

MEU AMIGO VIOLÃO

Canção (Georges Moran e J. G. de Araújo Jorge). Gravação Victor, n. 80-0102-B, de 18/05/43 (lançado em julho de 1943), com acompanhamento Victor.

Hoje eu te esperei em vão
Quanto te esperei!
E na minha solidão
Logo me lembrei
De um amigo, teu também
Que está sempre aqui
Nunca falta, sempre vem
Me falar de ti
Não me canso de tocar

Meu violão
Não se cansa de te amar
Meu coração
Quando fico triste a sós
Eu e a minha dor
Canto e ouvindo a minha voz
Penso em nosso amor

Não me canso de supor
Que vens pra mim
Não se cansa a minha dor
Sofrendo assim
E nas cordas do violão
Sinto o teu calor
Como se o instrumento fosse
O teu corpo, amor

Obs: Uma das mais comoventes interpretações do seresteiro. Parece uma composição feita por ele para ele.

MEU BEGUIN

Marcha (Alberto Ribeiro e Naylor de Sá Rego). Gravação Odeon. n. 11.186-A, de 09/11/34 (lançado em janeiro de 1935).

Tu és o tipo ideal que convém
E pode ser meu beguin
Tua voz é alvorada
Sinfonia inacabada
Que eu escuto com fervor
Quando falas fico mudo
Pois te ouvindo esqueço tudo
Pra lembrar teu amor
Nesta vida de amargura
Só há uma criatura
Não existe mais ninguém
Meu amor fica sabendo
Que por ti estou morrendo
Pois te quero tanto bem

MEU ERRO

Valsa (Silvio Caldas e Orestes Barbosa) Gravação Odeon, n. 11.378-A, de 30/05/36 (setembro de 1936), com acompanhamento do Conjunto de Benedito Lacerda.

Fiz mal, confesso meu erro
Chorando no meu desterro
A alma não sabe o que quer
E a dor é que me suplanta
A voz de amor na garganta
Por causa desta mulher

Eu tento dizer no canto
A mágoa que punge tanto
E a minha vida mudou
E a frase mais linda e louca
Cortada fica na boca
Porque o soluço cortou

Tu tens no peito um cassino
E eu, tão tristonho, imagino,
As noites do teu fulgor
No meio das luzes, louca
Servindo de boca em boca
O vinho do teu amor

E ao ver a tua alegria
No câmbio da hipocrisia
Mercadejando ilusão
Fico a pensar no que disse
Fico a pensar na tolice
Da gente ter coração!

Obs: Na edição impressa de "Meu Erro" Silvio Caldas e Orestes Barbosa eram chamados de "Dupla de Ouro."

MEU LIMÃO, MEU LIMOEIRO

Samba sertanejo popular (Arranjo sobre folclore de José Carlos Burle), com Gidinho e acompanhamento da Orquestra Copacabana, dirigida por Simon Bauntman. Gravação Odeon, n. 11.487-A, de 01/06/37.

Meu limão, meu limoeiro,
Meu pé-de-jacarandá,
Uma vez, tindolelê,
Outra vez, tindolalá,
Morena, minha morena
Corpo de linha torcida
Queira Deus você não seja
Perdição da minha vida!
Quem tem amores, não dorme,
Nem de noite, nem de dia,
Dá tantas voltas na cama,
Como peixe n'água fria!...
A folhinha do alecrim,
Cheira mais, quando pisada,
Há muita gente que é assim ...
Quer "mais bem" se desprezada!

MEU SEGREDO

Samba-canção (Newton Teixeira e Jorge Faraj). Gravação Columbia, n. CB-10.186-A, de agosto de 1955.

Até quando
Sofrerei o mal secreto
De te amar sem te dizer?
Até quando
O segredo deste afeto
Tu ficarás sem saber?
Até quando
Escutarás, iludida
As rimas do canto meu
Sem saber, mulher querida
Que este canto é todo teu!
Até quando
Escutando a minha dor
Perguntarás comovida
Quem é a desconhecida
Que merece tanto amor

Obs: Mesmo já veteranos, Newton Teixeira e Jorge Faraj ainda eram capazes de compor uma canção romântica como essa. É como diz o ditado popular: "quem foi rei nunca perde a majestade."

MEUS VINTE ANOS

Samba (Silvio Caldas e Wilson Batista). Gravação Victor, n. 80-0006-B, de 07/08/42 (lançado em outubro de 1942), com Luiz Americano e seu Regional.

Nos olhos das mulheres
No espelho do meu quarto
É que eu vejo a minha idade
O retrato na sala
Faz lembrar com saudade
A minha mocidade
A vida para mim
Tem sido tão ruim
Só desenganos
Ai eu daria tudo
Para poder voltar
Aos meus vinte anos

Deixaste em minha vida
A sombra colorida
De uma saudade imensa
Deixando-me, ficaste
Mostrando-me o contraste
Matando a minha crença
E hoje desiludido
Muito tenho sofrido
Cheio de desenganos
Ai, eu daria tudo
Para poder voltar
Aos meus vinte anos!

Obs: Drama existencialista dos compositores. Os versos iniciais, belíssimos, são definitivos: "Nos olhos das mulheres / No espelho do meu quarto / É que eu vejo a minha idade..." O DVD de Silvio Caldas, recém-lançado, sobre um show produzido na TV Cultura, em 1994, quando a tela já indicava os nomes dos participantes, pode-se ouvir o Caboclinho confidenciar, depois de cantar os versos "Ai, eu daria tudo / Para poder voltar / Aos meus vinte anos", sem saber que estava sendo gravado: "Eu não daria nada..."

MIMI

Valsa-canção (Uriel Lourival). Gravação Victor, n. 33.727-A, de 13/11/33, com acompanhamento de dois violões e cavaquinho (Pereira Filho, Luperce Miranda e Tuti).

Dentro d'alma dolorida
Eu tenho um riso teu
Meu amor!
Teu sorriso é um lindo albor
Uma existência, um céu
Tens na boca embelecida
Pérolas de luz
Rubra ilusão do astral
Perolário a iluminar
Um eclipse do sol com o luar

Num portento de alegria
Deus teve uma idéia um dia
E pediu com santa pena
Que eu te trocasse, amor
Por Santa Madalena, ó não!
Ai, eu respondi chorando
Deus! Senhor! Estou pecando!
Mas Doce Pai, não trocarei,
Sem Mimi, sem Mimi,
Morrerei!

Ai, não fosse este teu riso,
Eu morreria, então,

Quanta dor!
Ri, eu gozo, eu sinto, amor
Edenizada unção
Sei que estás fugindo agora
Mas que importa a dor
Se em mim deixaste a luz!
Breviário inspirador
Dos poemas da bíblia do amor

Obs: Silvio suprimiu na sua gravação inúmeros versos dessa valsa-canção. Segundo o catálogo da Victor, o lado B desta música deveria ser "Céu Moreno", gravado por Silvio no mesmo dia e com o mesmo acompanhamento.

MINHA AMÉRICA

Marcha (Silvio Caldas e Eratóstenes Frazão). Gravação Victor, n. 34.846-A, de 14/10/41 (lançado em dezembro de 1941).

A minha América
A minha América
É a rainha do meu coração
A turma gosta dela
E anda de olho nela
Porém na minha América
Ninguém bota a mão

(bis)

O seu valor
O povo tem que respeitar
O seu amor
Ninguém me poderá roubar
Seu coração
É grande como o céu e o mar
América, América
Acima do poder dos teus olhos
Há somente Deus

MINHA CASA

Canção (Joubert de Carvalho). Gravação Continental, n. 15.712-A, de 02/08/46 (lançado em outubro de 1946), com acompanhamento da Orquestra Continental.

Foi num dia de tristeza
Que a cidade abandonei
Sem saber o que fazer
Na esperança de encontrar
Pela vida algum prazer
Alegria em algum lugar

Lá no alto da Tijuca
Tem um sítio bem florido
Onde agora estou morando
Com os pássaros em festa
De galho em galho cantando
Adentro pela floresta
Minha casa é tão bonita
Que dá gosto a gente ver
Tem varanda, tem jardim
Inda agora estou esperando
Uma rede para mim
A embalar de quando em quando
Minha casa é uma riqueza
Pelas jóias que ela tem
Minha casa que tem tudo
Tanta coisa de valor
Minha casa não tem nada
Vivo só, não tenho amor

Obs: Esta música foi regravada em 1975, com acompanhamento de Canhoto, no LP "Ontem Ao Luar."

MINHA PALHOÇA

Samba (J. Cascata). Gravação Odeon, n. 11.271-A, de 09/08/35 (lançado em 1935), com acompanhamento do Coro Odeon.

Mas, se você quisesse
Morar na minha palhoça
Lá tem troça, se faz bossa
Fica lá na roça
À beira de um riachão
E a noite tem violão
(e tem também)
Uma roseira
Que cobre a banda da varanda
E ao romper da madrugada
Vem a passarada
Abençoar nossa união

Tem um cavalo
Que eu comprei em Pernambuco
E não estranha a pista
Tem jornal lá tem revista
Uma Kodak
Para tirar nossa fotografia
Vai ter retrato todo o dia
Um papagaio
Que eu mandei vir do Pará

Um aparelho de rádio-batata
E um violão que desacata
(meu Deus-do-Céu que bom seria)

Tem um pomar
Que é uma tetéia, uma delícia
É mesmo uma gracinha
Criação, lá tem galinha
Um rouxinol
Que nos acorda ao amanhecer
(isso é verdade podes crer)

A patativa quando canta faz chorar
Há uma fonte
Na encosta do monte
A cantar chuá-chuá
(meu Deus-do-Céu)
(e, mas se você quisesse)

Obs: Silvio regravou esta música, em 1964, no LP "Grandes Sucessos de Silvio Caldas." Foi ainda incluída em, pelo menos, mais 3 LPs.

MODINHA

(Jayme Ovalle e Manoel Bandeira). Gravação Victor, n. 80-0102-A, de 18/05/43 (lançado em julho de 1943), com acompanhamento Victor.

Por sobre a solidão do mar
A lua flutua...
E uma ternura singular
Palpita em cada coração
Só tu não vens trazer
Alívio ao trovador
Que vai tangendo apaixonado
As cordas da triste lira
Que suspira desmaiando
Suplicando o teu amor!

Eu te suplico
Te imploro
Te rogo
Prostrado
A teus pés com fervor
O teu sorriso de criança!
Vê, vou gemendo de dor
E na esperança de um dia melhor
Unido a ti
Te és toda a fé que eu perdi!

Mostra o semblante sedutor
Acalma
Minh'alma
Concede ao menos a este amor
A doce esmola de te ver
Que um coração tão infeliz
Por te adorar
Perdido embora de desejo
Bem sabe que não merece
A maravilha do teu beijo
E pede ao menos um olhar!

Obs: Jayme Ovalle era paraense e musicou dois poemas de Manoel Bandeira: "*Modinha*" e "*Azulão*", lançado por Alice Ribeiro, em 1944 e posteriormente gravado por Silvio Caldas no LP "O Seresteiro", selo "Mocambo."

MOLAMBO

Samba (C. Cardoso). Gravação Victor, n. 33.301-B, de 12/06/30 (lançado em agosto de 1930), com acompanhamento da Orquestra Victor Brasileira.

Velha gaiteira e assanhada
Podias ser minha vovó
Tu és molambo
Não vales nada
Se gosto de ti
É porque tenho dó

(bis)

Sai molambo
Já chegaste ao fim
Tu, que já foste um jambo
Porque me ficaste assim

Não tens dinheiro para dar
Não tens o cheiro do xodó
Contigo não posso mais ficar
Tu és carcaça, um molambo só

MORENA BOCA DE OURO

Samba (Ary Barroso). Gravação Victor, n. 34.793-A, de 04/07/41 (lançado em setembro de 1941).

Morena Boca-de-Ouro,
Que me faz sofrer
O teu jeitinho é que me mata
Roda morena, cai, não cai
Ginga morena, vai, não vai
Samba morena e me desacata ...

Morena ... uma brasa viva
Pronta pra queimar
Queimando a gente, sem clemência
Roda, morena, cai não cai
Ginga morena, vai não vai
Samba, morena, com molemolência

Meu coração é um pandeiro,
Marcando o compasso
De um samba feiticeiro:
Samba que mexe com a gente,
Samba que zomba da gente,
O amor é um samba tão diferente!...

Morena, samba no terreiro,
Pisando sestrosa,
Vaidosa,
Meu coração ...
Morena, tem pena
De mais um sofredor,
Que se queimou
Na brasa-viva do teu amor!...

MORENA DA MINHA ALDEIA

Samba (Silvio Caldas e Christóvão de Alencar). Gravação Odeon, n. 11.371-B, de 02/05/36 (lançado em julho de 1936), com acompanhamento de Benedito Lacerda e seu Conjunto.

A noite vem chegando
Vai surgindo a lua cheia
Que saudade da morena
Que ficou na minha aldeia!

(bis)

Quando a noite vem chegando
Ó que dor no coração!
Com saudade vou lembrando
Do luar do meu sertão!
Vivo triste na cidade
Sem saber mesmo por que
Desconfio que é saudade
Que é saudade de você!
(ai, ai, ai)

Nossa casa pequenina
Forradinha de sapê
Lá no alto da colina
Nosso amor, eu e você
Hoje tudo está mudado
E o amor já teve fim
Vivo triste, abandonado
Ninguém tem pena de mim!

MORENINHAS

Samba (Plínio Brito). Gravação Victor, n. 33.330-B, de 11/06/30 (lançado em dezembro de 1930).

MULHER

Fox-canção (Custódio Mesquita e Sadi Cabral). Gravação Victor, n. 34.583-A, de 24/01/40 (lançado em março de 1940), com acompanhamento da Orquestra Victor.

Não sei
Que intensa magia
Teu corpo irradia
Que me deixa louco
Assim mulher!
Não sei
Teus olhos castanhos
Profundos estranhos
Que mistério ocultarão, mulher!
Não sei dizer

Mulher
Só sei que sem alma
Roubaste-me a calma
E a teus pés eu fico a implorar
O teu amor tem um gosto amargo
E eu fico sempre a chorar nesta dor
Por teu amor, por teu amor
Mulher

Obs: Clássico da música popular brasileira, considerada das melhores de Custódio Mesquita, em inigualável interpretação de Silvio Caldas.

NA ALDEIA

Samba (Carusinho, Silvio Caldas e De Chocolate). Gravação Victor, n. 33.727-B, de 18/07/33 (lançado em dezembro de 1933), com acompanhamento da Orquestra "Diabos do Céu." (3 violões, cavaquinho, clarineta, tão tão, pandeiro e bateria), sob a direção de João Martins.

Na aldeia, na aldeia
Quero ver o teu vestido
Arrastando-se na areia

(bis)

Morena, meu doce encanto
Pra matar minha saudade
Quero te ver bem distante
Do bulício da cidade
Quero te ver como dantes
Alegrando nossa aldeia
Com o teu vestido de renda
Arrastando-se na areia.

Quero te ver bem faceira
Na porta da capelinha
Escrevendo nosso nome
Com a ponta da sombrinha
Quero que a vida nos seja
De ventura sempre cheia
Com o teu vestido de renda
Arrastando-se na areia.

Obs: Foi aproveitada a primeira prova.

NA BAIXA DO SAPATEIRO

Samba (Ary Barroso). Gravação original de Carmen Miranda, de 1938. Gravação de Silvio Caldas em selo Victor, n. 34.949-B, de 29/05/42 (lançado em agosto de 1942).

Ah! O amor, ai, ai
Amor, bobagem que a gente não explica
Ai! ai!
Prova um bocadinho, oi
Fica envenenado, oi
E pro resto da vida
É um tal de sofrer
Ô lá lá! Ô Lê Lê!
Oi, Bahia, ai, ai
Bahia que não me sai do pensamento
Ai! ai!
Faço o meu lamento, oi
Na desesperança, oi
De encontrar neste mundo o amor
Que eu perdi
Na Bahia, vou contar
Na baixa do sapateiro
Encontrei, um dia
A morena mais frajola da Bahia...
Pedi-lhe um beijo, não deu
Um abraço, sorriu
Pedi-lhe a mão, não quis dar
Fugiu...
Bahia, Terra da felicidade
Morena, eu ando louco de saudade...

Meu Senhor do Bonfim
Arranje outra morena
Igualzinha pra mim!

NA FLORESTA

Samba (Silvio Caldas e Angenor de Oliveira, "Cartola"). Gravação Victor, n. 33.712-A, de 13/07/32 (lançado em outubro de 1933), com acompanhamento do Grupo do Canhoto.

Na floresta dei-te um ninho
E mostrei-te o bom caminho
Mas quando a mulher não tem brio
Dizem que: é malhar em ferro frio

(bis)

O que eu fiz por você
Não quiseste atender
Os meus conselhos e a minha opinião
Algum dia vais ver como é triste sofrer
E de joelhos vens pedir o meu perdão

O teu contentamento
Foi o meu sofrimento
Não importa tudo isto há de acabar
E assim me contento
Esperando o momento
E a minha porta pra você vai se fechar

NA MÃO DIREITA

Samba (Antônio Nássara e Mário Lago). Gravação Victor, n. 34.387-A, de 07/11/38 (lançado em dezembro de 1938).

Na mão direita
Você tem uma roseira
Que dá rosa mas não cheira
Que dá rosa mas não cheira
Na mão esquerda
O que é que você tem?
Se quiser mostrar me mostre
Que eu não conto pra ninguém

Uma cigana coitada
Não quis dizer a razão
Mas ficou encabulada
Depois que leu sua mão
(mas que bom)

Dou-lhe um conto de beijinhos
E de abraços um milhão

Pra saber os segredinhos
Da palma da tua mão
(ai que bom)

NA PRAIA

Marcha (Mário Bravo). Gravação Brunswick, n. 10.138-B, de janeiro de 1931.

NÃO

Valsa (Christóvão de Alencar e Newton Teixeira). Gravação Victor, n. 34.600-B, de 18/03/40 (lançado em maio de 1940), com acompanhamento da Orquestra Victor.

Entre nós, está tudo acabado,
Eu não quero vê-la, nunca mais
Para que recordar um passado
Que só desventura nos traz?

Acabo de rasgar a sua última carta
Na qual você me pede que eu volte outra vez,
Nela, você me diz que é muito infeliz
E que está arrependida do mal que me fez

Sei que o arrependimento é sincero
E, sinto que ainda lhe quero,
Com todo o meu coração
Mas, ao lembrar a sua ingratidão
Respondo a chorar que não...

NÃO CHORA

Samba (Silvio Caldas e Alberto Ribeiro). Gravação Colúmbia, n. 8.385-B, de setembro de 1938).

Não chora, não chora
Meu benzinho, estou brincando
Seu amor não vai simbora

Não chores assim criança
Porque o meu coração
Vive só de uma esperança
Vive só de uma ilusão
Quero ver o teu sorriso
Não quero te ver chorar
De alegria eu preciso
E da luz do teu olhar

Tens alvorada na boca
Tens o sol no teu olhar
E eu tenho a garganta rouca
Dia e noite a te chamar
Não chores assim menina
Que mal tua dor me faz
A vida apenas ensina
A sorrir e nada mais
(ô, ô, ô)

NÃO CHORES ASSIM

Samba (Alberto Ribeiro e Silvio Caldas). Gravação Continental, n. 15.786-A, de 28/08/46 (lançado em julho de 1947), com acompanhamento de Laurindo e seu Conjunto.

Não chora, não chora
Meu benzinho estou brincando
Seu amor não vai-se embora
(bis)
Não chores assim criança
Porque o meu coração
Vive só de uma esperança
Vive só de uma ilusão
Quero ver o teu sorriso
Não quero te ver chorar
De alegria eu preciso
E da luz do teu olhar

Tens alvorada na boca
Tens o sol no teu olhar
E eu tenho a garganta rouca
Dia e noite a te chamar
Não chores assim menina
Que mal tua dor me faz
A vida apenas ensina
A sorrir e nada mais
(ô, ô, ô, ô)

NÃO DOU BOLA

Samba (Helena Menezes Silva). Grav. Victor. n. 33.624-A, de 27/04/32 (lançado em janeiro de 1933).

NÃO FAZ ASSIM, MEU CORAÇÃO

Samba (Ary Barroso). Gravação Victor, n. 33.491-A, de 28/10/31 (lançado em dezembro de 1931).

Você há de chorar
Por que vai me deixar
Não tem lugar de ser
Tamanha ingratidão
Não faz assim meu coração
(bis)

Nossa casa lá do morro
Há de sentir saudade
Provarás os desenganos
Que há na cidade
Pensa bem primeiro
Pois o mundo nunca foi
Bom conselheiro
E o amor foi vencedor

Não sabia que você
Era fingida assim
Não me posso conformar
Mulher tem dó de mim
Fique com a verdade
Vivo agora padecendo
De saudade, pois tudo fiz
Para ser feliz

NÃO FAZ MAL

Samba (Alcebíades Barcelos e Benedito Lacerda). Gravação Brunswick, n. 10.138-A, de fevereiro de 1931).

Não tem licença pra brincar no Carnaval
Ó nega,
Não faz mal, não faz mal
Fim de semana é bem capaz de entrar no pau
Ó nega,
Não faz mal, não faz mal (bonito!)
(bis)

Não arenga, ó nega, podes chorar
Nem a polícia me faz mudar de pensar
Tua vingança, nega, é a falsidade
Que me fizeste quanto eu te tinha amizade
(não vai, amor)

Tenho diploma, ó nega, de trabalhador
A minha mão tem calo que até faz horror
Gostas do samba mas não sabes trabalhar
O meu dinheiro não é pra você gastar
(pra que pedir)

NÃO ME ABANDONES NUNCA

Valsa (Joubert de Carvalho). Gravação Victor, n. 34.377-B, de 18/08/38 (lançado em novembro de 1938), com acompanhamento da Orquestra Victor.

Sem teu amor não sei viver
Rogo a teus pés:
Não me abandones nunca
O teu carinho é tudo
Que eu tenho na vida
É chama que ilumina
Minh'alma enternecida

Quem me dera que fosses tão minha
Quanto o teu coração me pertence
Há nele a ilusão de cantar este amor
Que o embala e o faz sonhar!
Quem me dera que te embriagasses
No licor desse anseio
Eu não diria em vão:
Não me abandones nunca!
É teu o meu coração.

Obs: Joubert de Carvalho era médico e concluiu seus estudos com os recursos que ganhara como compositor. Nesta beleza de composição romântica, Silvio, mais uma vez, nos brinda com uma grande interpretação.

NÃO ME PERGUNTE

Samba (José Maria de Abreu e Jair Amorim). Gravação Continental, n. 16.034-A, de 1949, com acompanhamento de Cópia e sua Orquestra.

Não me pergunte
O motivo, a razão
Não me pergunte
Se direi sim ou não
Sabe melhor do que eu
Que a saudade é cruel
E que o amor mais profundo
Tem um gosto de fel

Não me pergunte
Se ainda vivo a sofrer
Não me pergunte
Se ainda posso esquecer
É bem melhor nessa história
Infeliz não falar
Não desejo, não quero
Que me vejam chorar.

NÃO TE PERDÔO

Samba (Silvio Caldas e De Chocolate). Gravação Victor, n. 33.578-B, de 16/06/32 (lançado em dezembro de 1932), com acompanhamento do Grupo da Velha Guarda, composto por pia-

no, banjo, contrabaixo, 2 saxes altos, sax-tenor, trombone, pistão, cabaça, omêlê, prato, 2 baterias (13 figuras).

Obs: No catálogo da Victor, estão riscados os nomes de Silvio Caldas e De Chocolate e inscrito, à caneta, ao lado, o de P. Pereira Machado.

NÃO VOLTARÁS, NEM VOLTAREI

Valsa (Georges Moran e Valter Nogueira da Silva). Gravação Victor, n. 80-0080-A, de 02/03/43 (lançado em maio de 1943), com acompanhamento da Orquestra Victor.

Foi por engano, certo dia
Que eu te vi, me apaixonei
E o teu sorriso me dizia
Em outro beijo que te dei
Foi uma tarde que passou
E a nossa vida se afastou

Não voltarás aos braços meus
Nem voltarei aos braços teus
És orgulhosa, eu sou também
E o nosso mal é o nosso bem
Não sentirás o meu amor
Nem sentirei o teu calor
Mas entre nós há de existir
Sempre o desejo a nos unir

NEM QUEIRAS SABER

Marcha (Música: Telácio da Silva / Letra: André Filho). Gravação Victor, n. 33.412-B, de 24/12/30 (lançado em janeiro de 1931), realizada em São Paulo.

Tudo se acabou
Tua amizade, o meu amor
Vai e deixa em paz
Os teus carinhos
Não quero mais
Não queiras saber
A dor que eu sofri
Mas sei que chorei
Bastante por ti
Tu hás de chorar
Quando a saudade
Te atormentar
Deixa de ser má
Não adianta me maltratar

Obs: Aproveitada a primeira das duas provas realizxadas.

NENA

Marcha (Ney Orestes). Gravação Odeon, n. 11.291-A, de 31/08/35 (lançado em dezembro de 1935).

Nena, Nena, Nena
Deixa de cena
E vem me escutar
Este teu sorriso
É um paraíso
Que me faz cantar
Dos jardins és a mais linda rosa
Das mulheres és a mais formosa
Teu sorriso é a minha perdição
Teu olhar a minha inspiração
Este trovador apaixonado
Sofre por não estar sempre a teu lado

NINOTCHKA

Valsa (Georges Moran e Christóvão de Alencar). Gravação Victor, n. 80-0080-B, de 02/03/43 (maio de 1943), com acompanhamento da Orquestra Victor.

Naquela tarde sombria eu te vi
E nem sei o que senti
Naquela tarde sem me aperceber
Eu comecei a sofrer

Ninotchka, Ninotchka, a minha vida
Era tão calma sem o teu olhar
Ninotchka, Ninotchka
Agora vivo alucinado a te adorar

Abre teus braços por Deus eu te peço
E deixa entrar no teu peito o amor
Ninotchka, Ninotchka, pelos teus olhos
Pelos teus beijos eu morro de dor

NO RANCHO FUNDO

Samba (Lamartine Babo e Ary Barroso). Gravação Victor, n. 34.496-B, de 06/07/39 (lançado em outubro de 1939), com acompanhamento de Regional.

No Rancho Fundo
Bem pra lá do fim do mundo
Onde a dor e a saudade

Contam coisas da cidade
No Rancho Fundo
De olhar triste e profundo
Um moreno canta as "mágoa"
Tendo os olhos rasos d'água
Pobre moreno
Que de tarde no sereno
Espera a lua no terreiro
Tendo o cigarro por companheiro
Sem um aceno
Ele pega da viola
E a lua por esmola
Vem pro quintal deste moreno!

No Rancho Fundo
Bem pra lá do fim do mundo
Nunca mais houve alegria
Nem de noite, nem de dia!
Os arvoredos
Já não contam mais segredos
E a última palmeira
Já morreu na cordilheira!
Os passarinhos
Internaram-se nos ninhos
De tão triste essa tristeza
Enche de treva a natureza
Tudo porque
Só por causa do moreno
Que era grande, hoje é pequeno
Para uma casa de sapê

Se Deus soubesse
Da tristeza lá da serra
Mandaria lá pra cima
Todo o amor que há na terra
Porque o moreno
Vive louco de saudade
Só por causa do veneno
Das "morena" da cidade
Ele que era
O Cantor da Primavera
E até fez do Rancho Fundo
O céu maior que tem no mundo
O sol queimando
Se uma flor lá desabrocha
A montanha vai gelando
Lembrando o aroma da cabrocha!

Obs: Gravação original de Elisa Coelho, de 1931.

NOITE DE CARNAVAL

Marcha (Benedito Lacerda e Aldo Cabral), Gravação Odeon, n. 11.427-B, de 21/11/36 (lançado em janeiro de 1937).

A lua lá no céu está brilhando
Me convidando para entrar no cordão
Quem quiser que fique em casa dormindo
Mas eu vou sorrindo expandir meu coração
(bis)

Noite de lua e de carnaval
Não há tristeza não há
Quem canta os seus males espanta
Trá lá lá rá lá lá rá lá lá

Aproveitemos sem refletir
No que o futuro será
Cantando vai-se a vida levando
Trá lá lá rá lá lá rá lá lá

NOS BRAÇOS DE ISABEL

Samba (Silvio Caldas e José Júdice). Gravação Sinter, n. 0000094-A, de 1951 (lançado em outubro de 1951).

Nos braços de Isabel
Eu sou mais homem
Nos braços de Isabel
Eu sou um Deus
Os braços de Isabel
São meu conforto
Quando deixo o Cais do Porto
Pra viver os sonhos meus
Ontem Isabel me libertou
Da escravidão e da dor
Hoje Isabel
É minha libertação, o amor
Salve a Princesa Isabel
Que quebrou minhas algemas
Salve a Isabel
Que resolve os meus problemas

Obs: Silvio regravaria este samba, em disco Colúmbia n. CB-11.025-B, de 1958, com acompanhamento da Orquestra Colúmbia.

NOSSA SENHORA DA GLÓRIA

Samba (Silvio Caldas e David Nasser). Gravação Continental, n. 16.435-A, de 22/08/51 (lançado em setembro de 1951).

Nossa Senhora da Glória
Tem pena da minha história
Tem pena da minha dor
Com as luzes da tua Igreja
Senhora faça que eu veja
A volta do meu amor
Nossa Senhora a saudade
É a irmã de caridade
Que não me deixa sozinho
Possam teus dedos divinos
Guiar os nossos destinos
Até o fim do caminho
Ai, Nossa Senhora do Outeiro
No meu Rio de Janeiro
Sem ela eu vivo sozinho
Faça um milagre Senhora
Subir a Glória sem ela
Descer a Glória juntinho

NOTURNO EM TEMPO DE SAMBA

Samba (Custódio Mesquita e Evaldo Rui). Gravação Victor, n. 80-0200-B, de 1958.

Tarde da noite na rua deserta
A vagar eu estou
Não tenho destino, nem rumo
Não sei de onde vim
Nem sei para onde vou
Onde estou?
Sei que estou apaixonado
Sei que estou desgraçado
Por amar tanto assim
Ai de mim
Já não sinto os encantos que o mundo
Oferece a qualquer
És meu mundo, mulher

Transformei-me em vulgar vagabundo
Que no fundo sabe o que quer:
Dar-te amor e um carinho profundo
Tu és todo o meu mundo, mulher
Volta eu perdôo o teu erro
Esqueçamos o que passou
E acompanhemos o enterro
De um passado que o vento levou.

NOVOS RUMOS

Samba (Rochinha e O. Porto). Gravação Columbia, n. CB-11.025-A, de 1958.

Vou imprimir novos rumos
Ao barco agitado
Que foi minha vida
Fiz minhas velas ao mar
Disse adeus sem chorar
E estou de partida

Todos os anos vividos
São corpos perdidos
Que eu deixo pra trás
Quero viver diferente
Que a sorte da gente
É a gente que faz

Quando a vida nos cansa
E se perde a esperança
O melhor é partir
Ir procurar outros mares
Onde outros olhares
Nos façam sorrir

Levo no meu coração
Uma grande lição
Que contigo aprendi
Tu me ensinas-te em verdade
Que a felicidade
Está longe de ti

NUNCA MAIS

Samba-canção (Roberto Martins e Jorge Faraj). Gravação Odeon, n. 11.497-B, de 19/03/37 (lançado em agosto de 1937), com acompanhamento de Benedito Lacerda e seu Conjunto.

Nunca mais, tu disseste a sorrir
Nunca mais, repeti meu amor
Disfarçando a tristeza a sorrir
Disfarçando a sorrir minha dor
Nunca mais triste ponto final
Do romance que eu vivo a lembrar
Na saudade que só por meu mal
Tu deixaste comigo ficar

Nunca mais
E no meu coração
A saudade ficou
Aclarando as ruínas
Da desilusão
Nunca mais
Nunca mais meu amor voltarás
Eu bem sei

Nunca mais
Nunca mais te esquecerei

NUNCA MAIS

Samba (Antônio Nássara e Christóvão de Alencar). Gravação Odeon 11.450-B, de 08/12/36 (lançado em janeiro de 1937).

NUNCA SOUBESTE AMAR

Valsa (Joubert de Carvalho). Gravação Continental, n. 15.712-B, de 02/08/46 (lançado em janeiro de 1937), com acompanhamento da Orquestra Continental.

Não vejo a minha luz,
O meu olhar amigo de sempre
Não queria ter na vida
Um céu sem estrelas
Meu amor, não me compreendes
Porque as noites que se escoam
São longas, são noites de pranto ...
Oh, eu lamento tanto
A tristeza dos céus carregados
De nuvens, que são um presságio,
Perdidas na imensidão, sem destino ...
Mas, oh, meu grande amor,
Eu preciso, entretanto, dizer-te:
Nunca soubeste amar,
Num beijo iluminado,
Que me mostrasse o céu aberto ...
Nunca soubeste amar
Sem nuvens pelo azul
Fico a esperar a noite de luar.

O AMOR É ASSIM

Valsa (Ulissses Lelot Filho, "Sivan Castelo Neto"). Gravação Victor, n. 34.610-A, de 30/03/40 (lançado em junho de 1940), com acompanhamento da Orquestra Victor.

É tão grande o céu
É tão grande o mar
Mas é maior minha dor
Pois de déo em déo
Vivo a caminhar
Lembrando o meu amor

Os lábios perfumados eu já beijei
Castelos encantados já levantei
Porém a realidade matou minha ilusão
Deixando-me a saudade de uma recordação

E ninguém vive agora pensando em mim
Mandei o amor embora é melhor assim
Depois viria o tédio pior seria o fim
O mal é sem remédio o amor é assim

O CIRCO CHEGOU

Marcha (João de Barro e Antônio Almeida). Gravação Continental, n. 16.003-B, de 18/01/49 (lançado em abril de 1949).

Ê, ê, o circo chegou
Hoje tem marmelada
Tem, sim senhor
Hoje tem goiabada
Tem, sim senhor
Tem mulher que engole espada
Tem leão que não quer nada
E foge do domador
Tem chinês malabarista
Japonês equilibrista
E um burro professor
Tem um mágico frajola
Tira tudo da cartola
E ninguém descobre o jogo
Tem macaco, tem pantera
E um palhaço que ainda espera
Ver o circo pegar fogo

Ó LELÊ, Ó LALÁ

Marcha (Silvio Caldas e Antônio Nássara). Gravação Victor, n. 34.400-A, de 01/12/38 (lançado em janeiro de 1939).

Você não sabe o que eu sei
Ô lêlê, ô lá lá
E não viu o que eu já vi
Ô lêlê, ô lá lá
Muito golpe errado eu dei
Ô lê lê, ô lá lá
Prá viver junto de ti (junto de ti)
(bis)

Já fiz tudo que podia
Já fiz mais do que devia
Para ter o teu amor
Já dei murro no sereno
Já tomei café pequeno
Mas foi tudo sem valor

O NOME DELA NÃO DIGO

Valsa (Silvio Caldas e Orestes Barbosa). Gravação Odeon, n. 11.397-B, de 30/05/36 (lançado em outubro de 1936), com acompanhamento do Conjunto Regional de Benedito Lacerda.

A mágoa não me abandona
Uma mulher telefona
Há de ser para indagar
Que grande paixão é esta
Que fez de um viver de festa
Esta tragédia sem par

A culpa foi do ciúme
A causa foi um perfume
Um beijo frio e depois
As discussões repetidas
Um drama de duas vidas
A culpa foi de nós dois

O nome dela, não digo
O nome, eu guardo comigo
Na urna do coração
Meu coração, um bandido
Que até a mim tem traído
Na febre desta ilusão!

Agora eu vivo mentindo
Dizendo saudade, rindo
Fingindo o que já não sou
Como quem crença não acha
Como quem passa a borracha
Num lindo trecho que errou!

Obs: Silvio voltaria a gravar esta Música no LP "Seresta, Só Seresta", de 1973 e incluí-la em mais 2 LPs.

O PIÃO

Valsa (Custódio Mesquita e Sadi Cabral). Gravação Victor, n. 34.756-B, de 23/04/41 (lançado em junho de 1941), com acompanhamento da Orquestra Victor.

Tempo alegre de menino
Cheio de sonho e ilusão
Acreditava na vida
Ria, jogava o pião
E tu foste no meu destino
Um brinquedo multicor
A minha ilusão perdida
Um lindo sonho de amor
O pião corre assim na calçada
A rodar, a rodar, a rodar
E eu invejo a feliz garotada
A cantar, a saltar, a brincar
O destino puxou a fieira
Deste pobre romance de amor
Hoje eu vivo tristonho a chorar
E tu segues na vida
A rodar, a rodar.

Obs: Além desta bonita valsa, Sadi Cabral compôs outros clássicos, como "*Mulher*" e "Velho Realejo", ambos em parceria com Custódio Mesquita e gravados por Silvio Caldas.

O QUE É VIDA

Samba (Ernesto dos Santos "Donga"). Gravação Victor, n. 33.477-B, de 24/09/31 (lançado em novembro de 1931).

O QUE É QUE É

Choro (Simoens da Silva, "Bororó" / Evágrio Lopes, "Aregivo"). Gravação Victor 800106-A, de 1943.

O que é, o que é?
Adivinhe, meu amor
Trabalha como um relógio
Não tem corda, nem motor
Marca as horas de ventura
Marca as horas de amargor
Não há dinheiro que pague
Nem se bota em penhor

Muito embora não se esconda
Não se mostra a ninguém
Não se empresta, não se vende
Dá-se, quando se quer bem
Vem conosco de nascença
Morre conosco, também
Todo mundo tem no peito
Só você é que não tem
(o que é, o que é?)

O QUE É QUE HÁ

Samba (Silvio Caldas). Gravação Odeon, n. 11.378-B, de 06/05/36 (lançado em setembro de 1936), com acompanhamento do Conjunto Regional de Benedito Lacerda.

Voltei, estou aqui o que é que há
E ninguém vai, e ninguém vai me incomodar
Que eu sou mesmo é da orgia
Andei em Portugal, viajei toda a Espanha
Mas não era bem isto que eu queria
O que eu queria
Era um samba enfezado
Compassado, ritmado
Cheio de harmonia
Mas ouvi muita castanhola
E arranjei uma espanhola
Para a minha companhia
(tinha chamego, noite e dia, que beleza!)

O QUE É TEU ESTÁ GUARDADO

Samba (Roberto Martins e Antônio Nássara). Gravação Odeon, n. 11.278-B, de 08.12.36 (lançado em janeiro de 1937).

Quem não chora não mama
Diz o velho ditado
Arrumei tua cama
Fica tranqüilo
O que é teu está guardado
A sorte vive zombando da gente
Mudando toda hora de lugar
Porém comigo ela é muito diferente
E quase sempre ela vem me procurar
Quem não chora não mama

O SAMBA DE BEATRIZ

(Custódio Mesquita e Evaldo Rui). Gravação Victor, n. 80-0127-B, de 10/09/43 (lançado em novembro de 1943.

Ai, ai, ai
Meu beijo você rejeitou Beatriz
Ai, ai, ai
Garanto que se você provar pede bis

(bis)

De Cascadura a Paris
Só não provou quem não quis
Aproveite o ensejo
Provando meu beijo
Você vai gostar, Beatriz

Em amor sou bacharel
Tenho diploma e anel
Sou rapaz comportado
Maior, vacinado
Criado em Vila Isabel

O SILÊNCIO DO CANTOR

Canção (David Nasser e Joubert de Carvalho). Gravação Sinter, n. 10-00.186-A, de 1953.

Quando eu deixar de cantar
Quando eu nunca mais gravar
Meus sambas, minhas canções
Quando calar na garganta
Essa voz que hoje canta
Para os vossos corações

Quando meu canto esquecido
For pássaro ferido
Que já não pode voar
Tu, só tu, meu violão
Amigo na solidão
Saberás me suportar

Iremos lembrar juntinhos
Eu e tu, ambos velhinhos
Nossos fracassos de amor
Tu, só tu, madeira fria
Sentirás toda a agonia
Do silêncio do cantor

Obs: Esta canção foi feita por David Nasser a pedido de Francisco Alves, imaginando o dia em teria de deixar de cantar. A letra foi salva milagrosamente dentro do violão do Chico, no trágico acidente. Musicada por Joubert de Carvalho, foi lançada por João Dias, em 15.01.1953 e, logo a seguir, por Silvio Caldas, ainda no começo desse ano, com quem terminou identificada. A Collector's editou um álbum de Silvio Caldas, os seus maiores sucessos, na qual consta uma gravação desta canção em data anterior à de João Dias, extraída do Programa Seresta de Silvio Caldas, no dia 23.10.1952, ou seja, ocorrida um mês depois da morte de Chico Alves. Esta é a primeira audição conhecida de "O Silêncio do Cantor."

O TELEFONE DO AMOR

Samba (Benedito Lacerda e Jorge Faraj). Gravação Odeon, n. 11.251-B, de 09/07/35 (lançado em agosto de 1935), com acompanhamento de Benedito Lacerda e seu Conjunto.

Para ver se te esquecia
Oh, quimera fugidia
Oh, santa do meu altar
Retirei o telefone
Do apartamento onde insone
O teu nome vivo a rezar

Inutilmente assim fiz
Na minha vida infeliz
Uma saudade imortal
Dessas que matam a gente
Vive a tornar mais presente
A tua voz divinal

Você um dia talvez
Pague o mal que me fez
Voltando a telefonar
Por isso mandem repor
O telefone do amor
Que me ensinou a te amar

Obs: Dedicado à mesma mulher que conquistou o coração do poeta, por ele também retratada no famoso samba *"Professora."*

O TEU AMOR DESPREZEI

Samba (G. Oliveira e Benedito Lacerda). Gravação Brunswick, n. 10.116-B, de dezembro de 1930), com acompanhamento da Orquestra Brunswick.

Eu te amei, eu te amei
Não me destes o valor que eu te dei
Agora meu bem, zombo também
Pois o teu amor eu desprezei
(mesmo nem sei)
A causa deste nosso sofrer
Juro que não foi por querer
O gênio não combina, meu bem
Eu fui obrigado, contrariado
A deixar você

O TEU OLHAR

Marcha (Silvio Caldas e Antônio de Almeida). Gravação Continental, n. 15.732-B, de 29.08.46.

As minhas dores
Meus dissabores
Tudo eu esqueço
Ao te adorar
A minha vida
Minha querida
É um martírio
Sem o teu olhar
(bis)

Teus lindos olhos são
A minha inspiração
Toda a razão de ser
Do meu viver
Se um dia me faltar
A luz do teu olhar
Pobre de mim
Eu sei que vou morrer

O TEU OLHAR ME INSPIROU

Samba (Valfrido Silva e Alcebíades Barcelos). Gravação Victor, n. 33.755-A, de 09/08/33 (lançado em fevereiro de 1934), com acompanhamento da Orquestra Diabos do Céu (piano, banjo, 2 saxes, 2 pistons, trombone, contrabaixo, cabaça, omêle, pandeiro, caixeta e bateria e 3 vozes masculinas), sob a direção de Pixinguinha.

Foi o teu olhar que me inspirou, ô ô
Teu nome no meu coração ficou
Eu sinto tanta saudade deste amor, ô ô
Que canto para não chorar de dor
(Eu vou dizer que foi)
O teu sorriso foi a minha perdição
Teus olhos negros foram minha inspiração
Por isso eu fiz esta doce melodia
Que é uma gota de alegria
Para um triste coração
Daquele tempo eu não quero me lembrar
De nossa casa nossas flores, teu cantar
Por isso eu vivo,
Ficarei arrependido
Ficarei muito sentido
Se não quiseres voltar

Obs: Foi aproveitada a primeira das duas provas realizadas.

OBRIGADO, DOUTOR

Samba (Antônio Nássara e Roberto Martins). Gravação Continental, n. 16.140-B, de novembro de 1949 (lançado em janeiro de 1950).

Obrigado, Doutor
Minha vida eu devo ao senhor
Ao senhor por me haver receitado

Muito vinho, dinheiro e amor
Minha vida, hoje em dia tem mais sabor
Obrigado, obrigado doutor

Ai! Doutor
Penicilina não resolve o mal de amor
Nem vitamina dava jeito a minha dor
A Medicina não me ajudou
Ai! Doutor
Sua receita foi a minha salvação
Eu precisava alegrar meu coração
E, felizmente, o senhor acertou
Obrigado, doutor

OLHO NELA!

Samba (Wilson Batista e Germano Augusto). Gravação Victor, n. 34.716-A, de 26/12/40 (lançado em fevereiro de 1941).

Ela mora no Catete
Na pensão da Dona Estela
Eu conheço o gênio dela
Eu conheço o gênio dela
Comendo com ela
Dançando com ela
Olho nela

(bis)

Ela sempre troca o nome
Mas se chama Isabel
Deixou um amigo meu
Quase apanhando papel
Comendo com ela
Dançando com ela
Olho nela

Vou lhe avisar amigo
E você vai me escutar
Ela só gosta da gente
Pra poder se arrumar
Comendo com ela
Dançando com ela
Olho nela

ONDE VAI VOCÊ, MARIA?

Samba (Benedito Lacerda e Darci Oliveira). Com Carmen Miranda. Gravação Odeon, n. 11.577-A, de 22/12/37 (lançado em fevereiro de 1938).

Silvio:
Onde vai você Maria, com essa fantasia?

Carmen:
Eu vou cair no samba até o romper do dia

(bis)

Carmen:
Quando eu entrar no samba, vou fazer um rebuliço
No meu corpo tem muamba e nos meus olhos tem feitiço
Silvio:
Mas você não tem juízo, nem sabe o que vai fazer
Este mundo é um paraíso no seu modo de viver
(onde vai?)

Silvio:
Você sai fantasiada, sem me dar satisfação
Se o amor não vale nada, o castigo é bofetão
Carmen:
Este mundo é um batuque, eu vivo na batucada
Você não me leva a muque, nem tampouco com pancada

Obs: Última composição lançada pela dupla.

OS HOMENS SÃO UNS ANJINHOS

Samba (Custódio Mesquita). Gravação Victor, n. 33.690-B, de 19/07/32, com acompanhamento da Orquestra Victor Brasileira (piano, violão, violão tenor, sax, piston, bateria, 2 baterias).

Os homens são uns anjinhos
E as mulheres verdadeiros diabinhos
Mas mesmo assim o homem quer
O amor da mulher e seus falsos carinhos
Todo o mal que há no mundo
Foi a mulher quem criou
Só não sabe essa verdade
Quem nunca experimentou
Gostar de uma mulher
E não quer a gente quem a gente quer
Todos dizem que o diabo
Na outra encarnação
Foi mulher agora é homem
Só por vadiação
Mulher é a mãe da mentira
E mãe do pecado e da tentação

PACIÊNCIA

Samba-canção (Lupiscínio Rodrigues). Gravação RGE, n. 10.347-B, de outubro de 1961.

Desta vez eu vou brigar com ela
Mesmo que por isso
Eu tenha que morrer.
Ela sabia que eu não queria
Que ela saísse sem me dizer
Desta vez eu vou brigar com ela
Mesmo que por isso
Eu tenha de morrer
Não se deve confiar demais na vida
Ainda mais tratando-se de amor
E por gostar de fazer coisa proibida
É que o mundo vive assim de sofredor
Esgotei minha reserva de paciência
E ela teima em me desobedecer
Desta feita eu vou brigar com ela
Mesmo que por isso
Eu tenha de morrer

Obs: Último disco de 78 r.p.m. gravado por Silvio Caldas.

PARA O PRÍNCIPE DE GALES OUVIR

Samba (Silvio Caldas). Gravação Brunswick, de 10.167-A, de 1931, com acompanhamento de "Os Milionários."

Gente do morro
Vamos juntar
Ganha quem mais possa construir
Macacada vamos cantar
Para o Príncipe de Gales ouvir

(bis)

Gente do morro
Vamos juntar
Ganha quem mais possa construir
(com harmonia)
Macacada vamos cantar
Para o Príncipe de Gales ouvir

De São Carlos a Mangueira
Não há quem resista
O sambista da poeira
Quem vai ter harmonia

Bate, bate no pandeiro
Canta o samba direitinho
Nosso samba é o primeiro
Porque vamos conseguir

Depois da nossa vitória
Vamos entrar na folia
Vamos conquistar o Príncipe
Para ser nossa alegria

Obs: Samba cheio de bossa e de breque, autêntico precursor do "samba-de-breque." É a última gravação do Silvio em selo Brunswick.

PASSARINHO

Samba (Hervê Cordovil e Antônio Nássara). Gravação Odeon, n. 11.415-B, de 13/10/36 (lançado em dezembro de 1936), com acompanhamento do Conjunto de Hervê Cordovil.

Passarinho, passarinho
Vai dizer ao meu amor
Que me viu chorando
Vai dizer que de saudade
Vivo soluçando

Nesse dia de bonança
Vai dizer àquela ingrata
Que eu vivo na esperança
Esperança que me mata

PASTORA DOS OLHOS CASTANHOS

Choro (Horondino Silva - "Dino" e Alberto Ribeiro). Gravação Continental, n. 15.786-B, de 05/08/46 (lançado em julho de 1947), com acompanhamento de K-Ximbinho e seu Regional.

Oh! pastora dos olhos castanhos
Sempre a guardar teus rebanhos
De manhã eu de longe te aceno
(Sonha o teu olhar,
Nem me vês chamar)
Ó pastora dos olhos castanhos
Meu pensamento é só teu
Quando quiseres amor
Sabe que o teu pastor sou eu

À tardinha tu voltas
E as tranças tu soltas
Ao vento que te beija
Vais lavar teus pezinhos no rio
E eu, pastora, maldoso, te espio
Vendo o céu constelado
Eu sonho acordado
E chego a pensar
Que a lua é uma pastora
Nos campos do céu
Rebanhos a guardar.

PASTORINHAS

Marcha (João de Barro, Carlos Alberto Ferreira Braga) e Noel Rosa). Gravação Odeon, n. 11.567-A, de 13/12/37 (lançado em janeiro de 1938).

A estrela d'alva
No céu desponta,
E a lua anda tonta,
Com tamanho esplendor
E as pastorinhas
Pra consolo da lua
Vão cantando, na rua
Lindos versos de amor

Linda pastora,
Morena da cor de Madalena,
Tu não tens pena
De mim que vivo tonto pelo teu olhar
Linda criança,
Tu não me sais da lembrança
Meu coração não se cansa
De sempre e sempre tanto te amar

Obs: Esta é a segunda gravação. A primeira foi lançada, com a letra original, por João Petra de Barros, em 1936, com o título de "Linda Pequena." João de Barro, seu parceiro, após a morte de Noel, fez pouquíssimas modificações, alterando a letra e o título e deu a Silvio para gravá-la. É a versão que prevaleceu. A mudança do intérprete, mais famoso e, principalmente, da morte de Noel, ocorrida em 04.05.1937, ajudaram a torná-la um êxito espetacular, até hoje revivida nos bailes carnavalescos. Com esta gravação Silvio abiscoitaria o primeiro lugar no Carnaval Carioca de 1938.

PENTE FINO

Marcha (Música: Silvio Caldas / Letra: Ary Barroso). Gravação Victor, n. 33.517-A, de 08/12/31 (lançado em janeiro de 1932).

Obs: Letra não encontrada. A Orquestra American Jazz era formada por piano, 2 violinos, 3 saxes, 2 pistons, trombone, tuba e bateria.

PERDÃO ... MADAME

Marcha (João de Barro). Gravação Victor, n. 33.777-A, de 14/11/33 (lançado em maio de 1934), com acompanhamento da Orquestra Diabos do Céu (piano, banjo, 2 saxes, 2 pistons, trombone, contrabaixo, cabaça, omêlê, caixeta, pandeiro, bateria), sob a direção de Pixinguinha

Obs: Não consegui a letra.

PERDÃO

Samba (Ary Barroso). Gravação Victor, n. 33.767-B, de 06/03/34 (lançado em abril de 1934), com acompanhamento da Orquestra "Diabos do Céu."

Perdão,
Não quis ofender-te
Perdão
Foi receio de perder-te
Meu amor, por favor,
Eu peço teu perdão
Por compaixão

Não deves levar a mal
Eu não quis te magoar
O desprezo é um jogo
Porque quem está perdendo
É que no fim vem a ganhar

(bis)

Só é puro aquele amor
Que esquece e que perdoa
É por isso eu te peço
Não vais me jogar pro lado
O que se deu foi coisa à toa

Obs: O livro de registro da Victor assinala que o acompanhamento foi feito pela Orquestra Victor Brasileira (piano, violão, flauta, 2 clarinetes, 2 violinos, cello, contrabaixoe bateria).

Obs: das duas provas realizadas foi aproveitada a primeira.

PERDOA, SENHOR!

Samba (Silvio Caldas). Gravação Colúmbia, n. CB-10.112-B, de dezembro de 1954.

Perdoa, Senhor
Ela não sabe o que faz
Perdoa, Senhor
Ela já foi castigada demais
Já sofreu, já chorou
Já pediu, implorou
Já propôs pra voltar

E eu não quis
Mas não guardo rancor
Ela foi meu amor
E ela sofrendo
Eu não me sinto feliz

PERDÔO

Samba (Ary Barroso). Gravação Victor n. 33.767-B, de 1934

PERFIL DE SÃO PAULO

Samba-exaltação (Francisco de Assis Bezerra de Menezes). Gravação Colúmbia, n. CB-10.104-A, de novembro de 1954).

Aonde estão teus sobrados
De longos telhados
E teus lampiões
E os moços da Academia
Na noite tão fria
Cantando canções
E sinhazinha, delgada
Pisando a calçada na tarde vazia
O tempo tudo mudou
Mas não apagou a tua poesia

Não mudou
Não se apagou a tua sedução
A garoa cai à-toa
Pra guardar a tradição
São Paulo num só minuto
É o Brás, Tietê, Viaduto,
Barracas de flores e a multidão
Os pardais em madrigais
O sol rasgando a cerração
E a noite com seus pintores
Apagando, acendendo em cores
Teu nome, no meu coração

PIERROT

Canção (Joubert de Carvalho e Paschoal Carlos Magno). Gravação Colúmbia, n. CB-10.186-B, de agosto de 1955), com acompanhamento de Renato Oliveira e sua Orquestra.

Há sempre um vulto de mulher, sorrindo
Em desprezo à nossa mágoa
Que nos enche os olhos d'água
Pierrot, Pierrot, teu destino tão lindo
É sofrer, é chorar toda a vida
Por amor do amor de alguém, de alguém
Arranca a máscara da face, Pierrot
Para sorrir do amor que passou

Deixar de amar, não deixarei
Porque o amor feito saudade
É a maior felicidade
Pierrot, Pierrot, teu destino tão lindo
É sofrer, é chorar toda a vida
Por amor do amor de alguém, de alguém
Arranca a máscara da face, Pierrot
Para sorrir do amor que passou

Obs: Gravação original de Jorge Fernandes, de 1932, na antiga "Colúmbia", depois "Continental." Foi regravada por Silvio e incluída em pelo menos 9 LPs.

PIF-PAF

Marcha (Marino Pinto e Eratóstenes Frazão). Gravação Victor, n. 80-0247-A, de 03/11/44 (lançada em janeiro de 1945).

Pif-paf, pif-paf, pif-paf
A Dama e o Valete se gostam que eu sei
Pif-paf, pif-paf, pif-paf
E jogam confete nos olhos do Rei
(bis)

No pif-paf do teu coração
Eu dava as cartas e jogava de mão
Mas depois o Valete dobrou
E a minha sorte se modificou
Agora está tudo ao contrário
Se eu quiser ganhar no jogo
Tem que ser secretário

PISTON DE GAFIEIRA

Samba (Billy Blanco). Gravação Colúmbia, n. CB-11.129-A, de 1959).

Na gafieira segue o baile calmamente
Com muita gente dando volta no salão
Tudo vai bem mas eis, porém, que de repente
Um pé sumiu e alguém de cara foi ao chão

Não é que o Doca um crioulo comportado
Ficou tarado quando viu a Dagmar
Toda soltinha dentro de um vestido saco
Tendo ao lado um cara fraco foi tirá-la pra dançar

O moço era faixa preta simplesmente
E fez o Doca rebolar sem bambolê

A porta fecha enquanto dura o vai não vai
Quem está fora não entra quem está dentro não sai
Mas a orquestra sempre toma providência
Tocando alto pra polícia não manjar
E nessa altura como parte da rotina
O piston tira surdina e põe as coisas no lugar

POBRE E ESFARRAPADA

Samba (Ary Barroso). Com Murilo Caldas. Gravação Victor, n. 33.517-B, de 02/12/31 (lançado em janeiro de 1932), com American Jazz.

Eu te conheci
Muito pobre, esfarrapada
Mas não te disse nada
Só pra não te aborrecer
E com sacrifício
Arranjei a tua vida
Ficaste convencida
Vejam só o que fui fazer
(fazer)

(bis)

O meu dinheiro eu gastava
Só pra te ver bem bonita
Com teus vestidos compridos de chita
E o nosso amor continuava
Já tinha feito um projeto
Ias morar no meu teto
Nunca podia de leve supor
Então cruel pro nosso amor

(bis)

Hoje tu passas dengosa
Perto de mim toda prosa
Como quem diz olha o trouxa coitado
Mas teu destino está traçado
Hei de te ver algum dia
Só sem ninguém, sem amor
E com um sorriso nos lábios dizendo:
Já se acabou a minha dor

Obs: segundo consta do catálogo Victor a orquestra era composta por piano, 3 violinos, 3 saxes, 2 pistons, trombone, banjo, bateria, duas vozes femininas, ao todo 21 figuras e foram realizadas três provas, prevalecendo a terceira.

POBREZINHA DA MADALENA

Samba (André Filho). Gravação Victor, n. 33.436-B, de 22.12.31 (lançado em janeiro de 1932), realizada em São Paulo, com acompanhamento de 3 saxes, violão, banjo, tamborim e coro.

Pobrezinha de Maria Madalena
Chorava fazia pena
Aos pés da cruz
Chorava e soluçava
Para ver se alcançava
O perdão de Jesus
A teus pés eu também
Te peço perdão de joelhos
De olhar fixo no chão
Para ver se eu alcanço, enfim
O teu amor novamente para mim
Arranjando como eu quero o teu perdão
Outra vida juro, quer não quero não
Serei feliz até morrer
E farei tudo só pra te obedecer

POEMA DOS OLHOS DA AMADA

Canção (Vinicius de Morais e Paulo Valente Soledade). Gravação Colúmbia, n. CB-10.045-A, de maio de 1954), com acompanhamento de Renato Oliveira e sua Orquestra.

Oh! Minha amada
Que olhos os teus
Oh! Minha amada
Que olhos os teus
São cais noturnos
Cheios de adeus
São docas mansas
Trilhando luzes
Que brilham longe
Longe nos breus
Oh! Minha amada
Que olhos os teus,
Quanto mistério
Nos olhos teus
Quantos saveiros,
Quantos navios
Quantos naufrágios
Nos olhos teus
Oh! Minha amada
De olhos ateus
Oh! Minha amada
De olhos ateus
Quisera um dia
Quisesse Deus

Que eu visse um dia
O olhar mendigo
Da poesia nos olhos teus

Obs: Com este disco, tendo na face B, o samba "Você Não Veio", Silvio Caldas marcou sua estréia na gravadora Colúmbia, em 1954, quando o cantor deu início a uma nova e esplêndida fase de sua carreira, ocasião em que decidiu radicar-se definitivamente no estado de São Paulo.

POMBA-ROLA

Samba (Orlando T. Coelho). Gravação Victor, n. 33.644-A, de 16/06/32 (lançado em abril de 1933), com acompanhamento do Grupo da Velha Guarda, composto por piano, banjo, contrabaixo, 2 saxes altos, sax tenor, trombone, pistão, cabaça, omêlê, prato, 2 baterias (13 figuras).

Obs: Não consegui a letra.

PONTE ENFERRUJADA

Canção (Antônio Bruno). Gravação RGE, n. 10.268-B, de novembro de 1960), com acompanhamento de Simonetti e sua Orquestra.

A mesma praia,
Mesma areia esbranquiçada,
Mesma ponte enferrujada,
Mesmo rio pra atravessar
O mesmo mar
Rugindo eternamente
Dando vida àquela gente
Dando para depois tirar
As mesmas pedras
Noites tão enluaradas
O luar banhando as casas
Tudo como deixei lá
Mas nisso que antes era alegria
Só encontro nostalgia
E motivo pra chorar

POR AMOR AO MEU AMOR

Samba (Ataulfo Alves). Gravação Odeon, n. 11.508-B, de 18/03/37 (lançado em setembro de 1937), com acompanhamento de Benedito Lacerda e seu Conjunto.

Chorei porque
Tive que me despedir
Chorei de dor
Por amor ao meu amor
Se Deus quiser
E a sorte me ajudar
Então mulher
Virei breve te buscar
(chorei)
Vou ver se faço tudo
Para o nosso bem
Depois então
Levarei você também
Embora o pranto
Inundasse os olhos meus
Como sei que vou voltar
Não lhe digo adeus
(chorei)

POR CAUSA DELA

Marcha (Alberto Ribeiro). Gravação Odeon, n. 11.181-A, de 03/11/34 (lançado em dezembro de 1934).

Quando ouço o nome dela
Ai que dor no coração
Ela foi e ainda é pra mim
Minha doce ilusão
Amanhece e anoitece
Não descanso um só momento
Eu padeço e não esqueço dessa mulher
Que é todo meu tormento
Não posso mais viver assim desta maneira
Estou cansado de sofrer a vida inteira
Se é meu destino andar penando
Por alguém que não me quer
Não como, não bebo,
Não durmo, não jogo
Por causa dessa mulher

POR CAUSA DELA

Samba (Silvio Caldas, Dunga e Christóvão de Alencar). Gravação Victor, n. 80-0047-B, de 25/11/42 (lançado em janeiro de 1943).

POR CAUSA DESTA CABOCLA

Samba-canção (Ary Barroso e Luiz Peixoto). Gravação Odeon, n. 11.255-B, de 25/06/35 (lançado em setembro de 1935), com acompanhamento da Orquestra Odeon, dirigida por Simon Bountman.

À tarde
Quando de volta da serra
Com os pés sujinhos de terra
Vem a cabocla passar
As flores
Vêm pra beira do caminho
Pra ver aquele jeitinho
Que ela tem de caminhar

E quando
Ela na rede adormece
E o seio moreno esquece
De na camisa ocultar
As rolas
As rolas também morenas
Cobrem-lhe o colo de penas
Pra ele se agasalhar

À noite
Dos seus cabelos, os grampos
São feitos de pirilampos
Que a estrelas querem chegar
E as águas
Dos rios que vão passando
Fitam seus olhos pensando
Que já chegaram ao mar

Com ela
Dorme toda a natureza
Emudece a correnteza
Fica o céu todo apagado
Somente com o nome dela na boca
Pensando nessa cabocla
Fica o caboclo acordado

Obs: Esta música foi cantada por Silvio Caldas no filme "*Favela dos Meus Amores*", da Brasil Vita Filmes, de 1935, dirigido por Humberto Mauro. No livro "*Poesia*", de Luiz Peixoto, este samba-canção foi incluído como o título de "Pensando na Cabocla."

PORTO DOS CASAIS

Samba-canção (Jaime Lewgoy Lubianca). Gravação Colúmbia, n. CB-10.348, de 1957.

É sempre bom lembrar
Coisas passadas
Rever os lampiões,
Os ancestrais
Singrando o Guaíba
Apareceram
Os velhos fundadores
Coloniais
Chegaram tão alegres
Alegres por demais
Fundaram este Porto dos Casais
É Porto, Porto Alegre
Antigo dos Casais
Saudade dos tempos
Que não vêm mais

PRA CASA EU NÃO VOU

Samba (Nelson Souto e Antônio C. Souza e Silva). Gravação Colúmbia, n. CB-10.112-A, de dezembro de 1954.

Ela quer que eu vá pra casa agora
Não vou, não vou, não vou
Se o samba se acabar agora
Não sei pra onde vou
(mas, pra casa não vou)
Eu bem sei que vou me arrepender
Amanhã eu sei que vou voltar
Mas agora ninguém fai fazer
Meu samba se acabar
(mas, pra casa eu não vou)

PRA CIMA DE MIM, NÃO

Samba (Teobaldo Marques da Gama). Gravação Victor, n. 33.388-A, de 25/08/30 (lançado em agosto de 1931), com acompanhamento de Orquestra.

Repara bem, eu não sou trouxa, não
Pra mim ninguém venha de arengação
Eu sei de cor a tua escrita
Pirata mor, não vou pra fita

Eu sei também das ilusões do amor
E para mim é coisa que não tem valor
Chega de lorota
Pois tu só queres avançar
Nas minhas notas
Sei que tu gostas de mim
Mas não te quero
O teu sistema de amor eu não tolero
Tu andas mal e vens se defender
Pra cima de mim isto não, não pode ser

(bis)

PRÁ QUE FORÇAR

Samba (Artur Costa). Gravação. Brunswick, n. 10.118-A, de dezembro de 1930).

No mundo, eu já notei
Trabalho, jamais gostei
E, pra que eu vou mentir
(ó nega)
Trabalho não devia existir
(Pra que forçar?)

Quando trabalho
Fico falado
Quase que morro
De tão cansado
Eu sou malandro
Mas não sou mau
Arranjei uma cabrocha
Que me passa os Nicolau
(prá que forçar)

Sou taco pra farrear
Não posso me amofinar
Quem tiver por mim paixão,
(ó nega!),
tem que me sustentar de coração
(Pra que forçar?)

Eu sou teimoso
Comigo é assim
O tal trabalho
Não é pra mim
Eu sou malandro
Mas não sou mau
Arranjei uma cabrocha
Que me passa os nicolau
(Pra que forçar?)

PRA QUE MENTIR

Samba (Noel Rosa / "Vadico"). Gravação Victor, n. 34.413-A, de 01/09/38 (lançado em março de 1939), com acompanhamento de Fon Fon e sua Orquestra.

Pra que mentir
Se tu ainda não tens
Esse dom de saber iludir
Pra que, pra que mentir?
Se não há necessidade de me trair

Pra que mentir
Se tu ainda não tens
A malícia de toda a mulher
Pra que mentir
Se eu sei que gostas de outro
Que te diz que não te quer

Pra que mentir tanto assim
Se tu sabes que eu já sei
Que tu não gostas de mim
Tu sabes que eu te quero
Apesar de ser traído
Pelo teu ódio sincero
Ou por teu amor fingido.

PRAZER É SOFRER

Samba (Orlando Tomaz Coelho). Gravação Victor, n. 33.594-B, de 03/11/32 (lançado em dezembro de 1932), com acompanhamento do Grupo da Velha Guarda (piano, banjo, sax alto, sax tenor, contrabaixo, piston, trombone, cabeça, omêlê, prato, 2 baterias), dirigido por Pixinguinha.

Sambar é bom é um prazer
Amplexo pra volver no ritmo veloz
Ó, como é bom sentir a mocidade
Murmurando em meiga voz

Ambiente multicor
Só reina a alegria
Neste baile a fantasia
Que prazer eu sinto
Juro que não minto
Confessas-te o teu amor

Tudo agora está mudado
Só resta a canção
Deste meu pobre coração
Pois estou tão triste
Ele nem resiste
Ao amplexo da paixão

PRELÚDIO

Samba-canção (Hervê Cordovil e Vicente Leporace). Gravação Colúmbia, n. CB-10.378-B, de 1957.

Não
Não posso mais te perdoar
Não posso nem devo esquecer
De tudo quanto vivo a padecer
Não
Quando a saudade me afligia

Tu cantavas, tu sorrias
Zombavas até do meu penar
Da minha fé
Noites inteiras ao piano
A inspiração jamais me vinha
Para um prelúdio compor
Que te falasse de amor
Para te fazer mais minha

PRETENSÃO

Samba (Sylvio Caldas). Gravação Victor sem número, de 11.03.1932.

Obs: No catálogo Victor consta a referência "drop!" (suspender). N. da matriz: 65405. Foi feita apenas uma prova e não aproveitada.

PRETO VELHO

Samba (Jorge Faraj e Custódio Mesquita). Gravação Victor, n. 34.610-B, de 30/03/40 (lançado em junho de 1940), com Orquestra.

Preto-Velho,
Quando a sua sombra passa
Todo mundo faz chalaça
Dá vaia, debocha e ri
Sem saber que você - quanta saudade!
Estragou a mocidade
Combatendo em Tuiuti
Ninguém sabe
Que você perdeu o braço
E arranjou este cansaço
Brigando em Humaitá
Quem me dera
Preto-Velho, que eu pudesse
Dar-lhe o que você merece
E que a vida não quis dar
Preto-Velho
Que brigou no Paraguai
E, agora, rolando vai
Pela vida ao Deus dará
Quem me dera Preto-Velho
Que eu pudesse
Dar-lhe o que você merece
E que a vida não quis dar

PROFESSORA

Samba (Benedito Lacerda e Jorge Faraj). Gravação Odeon, n. 11.608-A, de 08/06/37 (lançado em junho de 1938), com acompanhamento de Benedito Lacerda e seu Regional.

Eu a vejo todo o dia
Quando o sol mal principia
A cidade a iluminar
Eu venho da boemia
E ela vai, quanta ironia
Para a escola trabalhar!
Louco de amor no seu rastro
Vaga-lume atrás de um astro
Atrás dela eu tomo o trem ...
E no trem das professoras
Em que outras vão sedutoras
Eu não vejo mais ninguém

Essa operária divina
Que lá no subúrbio ensina
As criancinhas a ler
Naturalmente condena
Na sua vida serena
O meu modo de viver
Condena por que não sabe
Que toda a culpa lhe cabe
De eu viver ao Deus-dará
Menino querendo ser
Para com ela aprender
Novamente o bê-a-bá.

PROMESSA

Samba (Custódio Mesquita e Evaldo Rui). Gravação Victor, n. 80-0118-A, de 06/08/43 (lançada em outubro de 1943).

Senhor do Bonfim
Seu filho plantou
Mas o sol
Insistente no céu
Toda a terra secou
Pedi pra chover
Pro verde voltar
E até hoje
Ainda estou esperando
Essa chuva chegar
Rezei reza à bessa
Fiz uma promessa
Segui procissão
Comprei uma vela
Acendi na capela
Rezei uma oração

Olha, o meu gado está morrendo
Minha gente chorando
Meu campo torrando
O Senhor me esqueceu
Andou chuviscando
Andou peneirando
Chover não choveu.

Mas, quem sou pra reclamar
Podes me castigar
Pois blasfemei Senhor, ai
Sei que breve há de chover
Que o rio há de correr
E a chuva em cachoeira
A descer molhando a terra
Tão dura do sertão
Livre do sol, então
Expulso desse céu de anil
Vai chover
No coração do Brasil

PSIU, MEU BEM

Marcha (J. Ferreira Lixa e José Janini). Gravação Victor, n. 33.377-B, de 30/08/30. Acompanhamento de 2 saxes, 2 trompetes, trombone, tuba, banjo, iano e traps.

Obs: Segundo consta no católogo de registro da Victor, esta música foi gravada em São Paulo, no dia 30.08.1930, em duas provas, n. de matriz 50.475, com a referência, à lápis, "drop" (suspender) e logo a seguir destruído em julho de 1931.

QUAL É O BABADO?

Samba (Silvio Caldas). Gravação RGE, n. 10.282-A, de fevereiro de 1961.

Qual é o babado
Que a Dorotéia tem
Se é plissado ou rendado
Eu não sei
Mas ninguém sabe também
Ela é cheia de truque
Tem muita mumunha
E faz muito bem
Qual é o babado
Que a Dorotéa tem
Dorotéa sai de casa
Sem dizer nada a ninguém
A garota é muito viva
Só faz o que lhe convém
Ela é cheia de truque
Tem muita mumunha
E faz muito bem
Ah! Qual é o babado
Que a Dorotéa tem

QUANDO A SAUDADE APERTAR

Marcha (André Filho). Com Carmen Miranda. Gravação Victor, n. 33.829-A, de 26/03/34 (lançada em outubro de 1934), com acompanhamento da Orquestra Diabos do Céu (piano, banjo, 2 pistons, trombone, 2 saxes, contrabaixo, omêlê, cabaça, caixeta, pandeiro e bateria).

Você meu bem, meu amor desprezou
Fugiu de mim, foi-se embora e não voltou
Mas algum dia, eu tenho fé, quando a saudade apertar
Você meu bem, arrependido há de voltar

É sempre assim (é sempre assim)
Quando se quer muito bem (quando se quer muito bem)
Vai-se o amor (vai-se o amor)
E a saudade logo vem (e a saudade logo vem)
(bis)

Não quero mais ter amor a ninguém
Para sofrer, não adianta querer bem
Do nosso amor só resta agora a dor cruel da saudade
Quanta ilusão se transformou em realidade.

Obs: O título desta marcha foi aproveitado posteriormente por Leonel Azevedo e Jaime Florense para dar título a famosa valsa gravada por Orlando Silva, em 1942. Silvio se limita a cantar as palavras entre parênteses. Foram realizadas duas provas, sendo apriveitada a primeira.

QUANDO EU PENSO NA BAHIA

Samba-jongo (Ary Barroso e Luiz Peixoto). Com Carmen Miranda e o Grupo Odeon. Gravação Odeon, n. 11.540-A, de 17/09/37 (lançada em dezembro de 1937).

Carmen:
Quando eu penso na Bahia
Nem sei que dô que me dá
Oi me dá, me dá, me dá, Ioiô

Silvio:
Ai, que dá, que dá, que dá, Iaiá
Carmen:
Se eu pudesse quarqué dia
Eu ia de novo pra lá
Silvio:
Não vá, não vá, não vá Iaiá
Carmen:
Eu vou, eu vou, se vou Ioiô

Eu deixei lá na Bahia
Um amor tão bom, tão bom, Ioiô
Meu Deus que amor...
E desse amor só quem sabia
Era a Virgem Maria
Nasceu, cresceu, viveu e lá ficou
Silvio:
Mas quem sabe se esse amor
Que ficou lá na Bahia, oi!
Já se acabou
Se assim for eu sei de alguém
Que lhe qué muito bem
Carmen:
Quem é?
Silvio:
Sou eu!...
Carmen:
Eu quem?
Silvio:
O seu Ioiô!...

QUANDO VOCÊ ME ABANDONOU

Samba (Silvio Caldas, Christóvão de Alencar e Newton Teixeira). Gravação Odeon, n. 11.455-B, de 10/10/36 (lançada em abril de 1937), com acompanhamento de Benedito Lacerda e seu Conjunto.

Quando você me abandonou, ô-ô
Eu não quis acreditar
Mas os dias vão passando
E a minha vida se acabando
Por você que não me quer amar
(bis)

Agora, ando a procura de uma tal felicidade
Pra ver se mando embora esta saudade
Volta, meu amor, volta, por favor
Não posso mais suportar esta dor

QUANTO DÓI UMA SAUDADE

Samba (Silvio Caldas). Gravação Sinter, n. 00-00.094-B, de outubro de 1951).

Você não sabe o que perdeu
Meu amor, minha amizade
Você não sabe é de sentir
Quanto dói uma saudade
Você vai sofrer
Você vai chorar
Vai se arrepender
Vai querer voltar
(comigo não!)

QUANTO EU SINTO

Samba (Alcebíades Barcelos e Armando Marçal). Gravação Odeon, n. 11.291-B, de 03/09/35 (lançada em julho de 1935-12).

Quanto eu sinto a tua ingratidão
Sofro com resignação
E tu jamais terás o meu perdão
Os prantos meus não mais verás
E nunca mais hás de sorrir
Hei de te ver a padecer
A dor que me fizeste sofrer
(por isso é que eu digo)

O meu perdão tu não terás
Por que sofrer não volto mais
Meu coração então fechou
As portas para o teu amor
(por isso é que eu digo)

QUASE QUE EU DISSE

Valsa (Silvio Caldas e Orestes Barbosa). Gravação Odeon, n. 11.271-B, de 15/06/35 (lançado em outubro de 1935), com acompanhamento de Benedito Lacerda e seu Conjunto.

Na febre dos meus desejos
Fui à procura de beijos
Em bocas tão desiguais
E agora de beijos farto
Tristonho, volto pró quarto
Quero chorar, nada mais
Sabiam quanto eu te amava
Sabiam porque eu falava
A todos do meu amor
E logo a vespa da intriga
Originou esta briga

Ó minha amiga, que horror!
Um coração sem carinho
É um galho que perde um ninho
Na fúria do vendaval
E é triste um ninho rolando
Um passarinho cantando
Em busca de um canto igual
Ó quanta desgraça junta!
Toda a cidade pergunta
E vai dizendo o que quer
Da mágoa que me devora
E quase que eu disse agora
O nome desta mulher!

Obs: Regravada, pelo menos, 2 vezes posteriormente, e incluída, no mínimo em 9 LPs, era uma da músicas mais solicitadas pelo público.

QUE É, QUE É?

Choro (Bororó e Evagrio Lopes). Gravação Victor, n. 80.0106-A, de 18.05.43 (lançado em setembro de 1943), com acompanhamento do Regional Victor.

O que é? O que é?
Adivinhe meu amor!
Trabalha como um relógio
Não tem corda nem motor
Marca as horas de ventura
Masca as horas de amargor
Não há dinheiro que pague
Nem se bota em penhor

Muito embora não se esconda
Não se mostra a ninguém
Não se empresta, não se vende
Dá-se quando se quer bem
Vem conosco de nascença
Morre conosco também
Todo mundo tem no peito
Só você é que não tem
(o que é, o que é)

RAINHA SEM TRONO

Samba (Benedito Lacerda e Jorge Faraj). Gravação Odeon, n. 11.278-B, de 10/09/35 (lançado em novembro de 1935), com acompanhamento de Benedito Lacerda e seu Conjunto.

Tu passaste pela vida
Ingloriamente iludida
Flor de luxo sem pensar
Que é bem fugaz a beleza
E que as leis da natureza
Ninguém pode evitar

Hoje não és mais aquela
Rainha formosa e bela
Do reinado da ilusão
Mas não vês esta verdade
Pois a mesquinha vaidade
Impera em teu coração
Manténs um ar soberano
Vivendo assim nesse engano
Uma vida sem valor
É triste o teu abandono
Pobre rainha sem trono
Pobre mulher sem amor

RATOEIRA

Marcha (André Filho e Alberto Ribeiro). Gravação Odeon, n. 11.575-A, de 13/12/37 (lançado em fevereiro de 1938).

Teu olhar de feiticeira
Foi a ratoeira onde eu me prendi

Teu beijo, foi o queijo
Teu carinho, o docinho
A armadilha em que eu caí

(bis)

Não canto mais o rato-rato
Deixei de ser um trovador
Ai de mim
Que caí na ratoeira do amor

Quem me mandou cair nas grades
Quem me mandou ir para a prisão
Eu gostei
E não pude resistir à tentação

RECORDAR É VIVER

Canção (J. B. da Silva - Sinhô). Gravação Brunswick, n. 10.078-A, de agosto de 1930).

Eu quisera que fosse verdade
Tudo quanto eu vivo a sonhar
Prá matar esta rude saudade
Que jamais poderei ocultar
Porque vivo tristonho a pensar

Quando possa meus olhos volver
Pra casinha de palha saudosa
Onde tive de meus pais o ser
Era uma casa armada nas matas
Feita de barro, bambu e sapê
Toda cercada de grandes palmeiras
Aonde cantava o meigo irerê
Penso mesmo se eu lá chegar
Nada disso eu hei de encontrar
Pois que o tempo tudo modifica
Reavendo o que veio nos dar
Mas confesso que tenho vontade
E desejos de eu lá voltar
Muito embora não seja mais dono
As saudades que eu quero matar
Quando deveras o vento soprava
A choça querida branquinha ficava
Toda coberta de alvo algodão
Que belo que era olhar-se no chão!

ROMANCE DE AMOR

Samba (Silvio Caldas). Gravação Continental, nº16.773-A, de 21/04/53 (lançado em junho de 1953).

Escuta
Quero dizer-te em segredo
Vou te contar todo o enredo
Do meu romance de amor
Escuta
Quero falar bem baixinho
Dizer que vivo sozinho
Desabafar minha dor
Chega bem perto
Ouve bater no meu peito
Meu coração satisfeito
Dizendo coisas de amor.

SÁ COLOMBINA

(motivo popular) - samba (Arranjo: Patrício Teixeira - Lulu Flor do Ambiente). Gravação Victor n. 33.585-A. Segundo Gambardella, esse Lulu Flor do Ambiente tá com a cara do Lamartine Babo.

Obs: Patrício Teixeira agradece a presença de Silvio Caldas, Francisco Alves e Murilo Caldas no coro, do qual também participa, além do Trio TBT.

ROSINHA

Samba (Heber de Bôscoli e Mário Martins). Com Orlando Silva e Ciro Monteiro e Conjunto. Gravação Victor, n. 34.723-A, de 09.01.41.

Silvio:
Onde é que está
A tal Rosinha que me fez chorar
Orlando:
Eu quero ver
A tal Rosinha que fez sofrer
Ciro:
Eu não quero, não quero
Saber da Aurora
A Helena deu o fora
Silvio/Orlando/Ciro:
É com a Rosinha que vai ser
Silvio:
A Helena era malvada
Me deixou de madrugada
Orlando:
A Aurora deu o fora
Desprezou o meu amor
Silvio/Orlando/Ciro:
Mas a Rosinha
Eu encontrei, enfim
Silvio:
Eu vou voltar
Silvio/Orlando/Ciro:
Vai ser pra mim
Ciro:
Onde é que está?

SABIÁ!

Samba-canção (J. L. Calazans - "Jararaca" e Vicente Paiva). Gravação Odeon, n. 11.467-A, de 18/03/37 (lançado em maio de 1937), com acompanhamento de Benedito Lacerda e seu Regional.

Sabiá! Sabiá!
Quando escuto você
Sinto o peito invadido
Por um mal desconhecido
Que eu não sei dizer
Sabiá! Sabiá!
Por que cantas assim?
Fico às vezes pensando
Que você está cantando
Zombando de mim

Sabiá! Sabiá!
Tu só vives cantando
Sabiá, não se canta
Sabiá, não se canta
Quando alguém está chorando

Sabiá! Sabiá!
Bate as asas serenas
Tuas penas não pesam
Tuas penas não pesam
Pesam mais minhas penas
Sabiá!

SALVE O MARQUÊS

Marcha (Antônio Nássara e Roberto Martins). Gravação Continental, n. 16.140-A, de novembro de 1949 (lançado em janeiro de 1950).

Foi numa festa
Na casa da marquesa
E os convidados deram vivas ao marquês
Salve o marquês dos anzóis
Que tem uma mulher sensacional
Muito prendada, bem educada
E agrada a todos nós
E quando o marquês está ausente
Aí é que a marquesa sobressai
Fazendo sala a toda gente
Atende a todos e não se distrai
Faz tanto agrado
Que o convidado
Quer sair mas não sai

SAMARITANA

Marcha (Benedito Lacerda e Herivelto Martins). Gravação Odeon 11.278-A, de 03/09/35 (lançado em novembro de 1935).

Oh minha samaritana
Todo mundo se engana
Com o seu coração
Você que finge
Não gostar de ninguém
Tem seus amores também

(bis)

Um dia você tem que confessar
Que não pode viver sem amar
Oh minha samaritana
Você não me engana
Embora queira enganar

(bis)

SAMBA DE REÚNA

(Cícero de Almeida). Gravação Victor, n. 33.408-A, de 18/06/30 (lançado em fevereiro de 1931). Acompanhamento de 2 xases, 2 pistões, 2 violões, mandoline, traps.

Na favela tem valente
Em Mangueira também tem
Quando a polícia vai lá (vai lá)
Não aparece ninguém

(Bis)

Na Bahia é que eu queria
Os malandros do salgueiro
Para apanhar das baianas
Na baixa do sapateiro

(Bis)

No estado de São Paulo
Também diz que tem valente
O paulista diz que é bamba
Que faz medo a toda gente

(Bis)

Eu gosto de Pernambuco
Do norte o lugar mais belo
A mulher pernambucana
Dá no homem de chinelo

(Bis)

Samba aqui não tem reúna
Nem fuzileiro "navá"
Tintureiro bate em cima
Faz o samba se "acabá"

(Bis)

SAMBA NO ROCHA

Batuque (Theobaldo Marques Gama). Gravação Victor, n. 33.279-A, de 1930.

Obs: Não consegui a letra desse *Batuque*. Consta da discografia de Silvio Caldas, mas no livro de apontamentos da Victor o vocalista apresentado é Artur Costa. Todos os dados são idênticos, até a numeração do disco. Será que essa música está incluída por engano na discografia do Silvio ou o catálogo da Victor está errado?

SANTA DOS MEUS AMORES

Valsa (Silvio Caldas e Orestes Barbosa). Gravação Victor, n. 33.911-B, de 12/10/34 (lançado em março de 1935), com acompanhamento de dois violões e bandolim, no estilo bem seresteiro da época.

Revendo papéis antigos
Velhas cartas dos amigos
O teu retrato encontrei
E, ao vê-lo tão desbotado
A recordar o passado
Confesso aqui que chorei

Bem sei, fui eu o culpado
Por isso tenho amargado
Pagando na solidão
Tudo o que fiz sem querer
Tudo o que fiz, podes crer
Mentindo ao meu coração

O mar de franjas e plumas
Em gargalhadas de espumas
Nas tardes de resplendor
Foi testemunha dos sonhos
Daqueles tempos risonhos
Em que viveu nosso amor

Ó coração, chama oculta
Que, a iluminar, mais avulta
No altar da minha paixão
A *Santa dos meus amores*!
Nossa Senhora das Dores
Da minha desilusão!

Obs: O primeiro disco gravado por Silvio Caldas, fruto de sua parceria com o poeta Orestes Barbosa. É o outro lado da valsa *Serenata*.

SANTA PADROEIRA

Samba (Victor Hugo de Albuquerque). Gravação Victor, n. 33.378-A, de 30/08/30 (lançado em fevereiro de 1931). Com acompanhamento de 2 saxes, 2 trompetes, trombone, tuba, banjo, piano & traps.

Vou a Penha,
Vou pedir, vou rezar
Pois fazendo uma promessa
Teu amor hei de alcançar
Meu benzinho
Tenho esperança
Pois quem espera
Sempre alcança
Minha Santa
De joelhos eu imploro
Para me fazer querido
Pela mulher que eu adoro

Obs: Foram feitas duas provas, sendo aproveitada a segunda.

SÃO FRANCISCO

canção (Paulo Soledade e Vinicius de Morais). Gravação Colúmbia, n. CB-10.071-A, de agosto de 1954.

Lá vai São Francisco pelo caminho
De pé descalço, tão pobrezinho
Dormindo à noite, junto ao moinho
Bebendo a água do ribeirinho

Lá vai São Francisco de pé no chão
Levando nada no seu surrão
Dizendo ao vento: "Bom dia, amigo!"
Dizendo ao fogo: "Saúde, irmão!"

Lá vai São Francisco pelo caminho
Levando ao colo Jesus Cristinho
Fazendo festa no menininho
Contando história pros passarinhos

Obs: Segundo disco lançado por Silvio Caldas na Colúmbia, em 1954. Na face B, o samba de sua própria autoria "Vivo em Paz."

SÃO TOMÉ

Marcha (Alcebíades Barcelos e Alberto Ribeiro). Gravação Odeon, n. 11.193-A, de 14.11.34 (lançado em fevereiro de 1935).

Obs: Não consegui a letra.

SAUDADE DE VOCÊ

Samba (Silvio Caldas e Billy Blanco). Gravação Colúmbia, n. CB-11.129-B, de 1959.

Ai, quanta saudade de você
Não sei porque
Ai, quanta saudade de você
Com você bem perto estou brigando

Se você está longe estou chorando
(ai, quanta saudade de você)

Você deve saber o que é saudade
Pois eu lhe ensinei o que é o amor
E amor quando não dói
Não é amor na realidade
Acaba mais depressa
Que o perfume de uma flor
(ai, quanta saudade de você)

SAUDADE DELA

Samba (Ataulfo Alves). Gravação Odeon, n. 11.409-B, de 08/10/36 (lançado em novembro de 1936), com acompanhamento da Orquestra Copacabana.

Vai, vai saudade
A casa daquela ingrata
Que deixou você pra mim
Você vai dizer a ela
Que eu agora sou feliz
Que você está no lugar
Da mulher que não me quis

Vai, vai saudade
Vai depressa por favor
Se você gosta de mim
Volta e vem morar comigo
Naquela casa amarela
Só porque saudade eu sei
Você é saudade dela

Ela foi não sei se volta mais
Que falta de consciência
Ela não tem pena dos meus ais
A minha felicidade
É findar minha existência
Com você saudade.

Obs: Esta composição foi regravada pelo Silvio e incluída em pelo menos 6 LPs.

SAUDADE GAÚCHA

Choro (Bonfíglio de Oliveira). Com Gastão Formenti. Gravação *Brunswick*, n. 10.126-B, de janeiro de 1931.

Na saudade do meu pago no sul
Sinto o amargo da paixão em vão
Da coxilha que eu divago da dor
Com saudade do rincão

Lá no passo da tristeza, amor
Deixei a muchacha presa de dor
Com meu Pancho e meu talão a recordar, o quê?
Um tempo bom
Gastão Formenti:
Meu tropilho só a campear
Na soledá
Se reboleia no pó
No pampa feliz
Que bem longe está

Sylvio Caldas:
Só minha canção
Na soledá não se traduz
Nem meu triste coração
Bem longe dali
Não tem mais luz

SAUDADES DA MOCIDADE

Samba (André Filho). Gravação Victor, n. 33.755-B, de 28/12/33 (lançado em fevereiro de 1934).

Adeus, adeus
Vou deixar a mocidade
Levo os olhos rasos d'água
E a dor de uma saudade
Sonhei na vida
Fui poeta e seresteiro
Adeus pra sempre
Violão meu companheiro
Anda meu samba
Vai por toda esta cidade
Vai dizer a toda gente
Que és o samba da saudade

SE A SORTE FOSSE IGUAL

Samba (Helena Menezes Silva). Gravação Victor, n. 33.538-B, de 11/03/32 (lançado em maio de 1932), com acompanhamento de American Jazz, composta de piano, banjo, saxofone tenor, 2 saxes altos, trombone, 2 pistons, tuba, bateria, xilofone, sob a direção de J. Martins.

Pois todo o mundo fala mal
De quem é um vagabundo
Se a sorte fosse igual
Ninguém ria neste mundo
(ninguém ria neste mundo)

É muito peso a gente viver do trabalho
Eu já não posso com esta vida de otário
Já sei que o otário é a marreta
E o malandro é o mestre
Que dá tombo e faz falseta

Já é promessa que o otário tem de cumprir
Andar às pressas se quer comer e dormir
Malandro tem na defesa no ponto
E para o bem do pegar
Sabe ajeitar quando está pronto

Obs: Foram feitas duas provas e aproveitada a segunda.

SE EU FORA REI

Samba (Silvio Caldas). Gravação Victor, n. 33.578-A, de 16/06/32 (lançado em dezembro de 1932), com acompanhamento do Grupo da Velha Guarda, composto por piano, banjo, contrabaixo, 2 saxes altos, sax tenor, trombone, pistão, cabaça, omêlê, prato, 2 baterias (13 figuras).

Se eu fora rei, minha gente
Esta coisa de batente
Eu havia de acabar
Malandro não trabalhava
Mulher boa não passava
No palácio sem entrar
(Se eu fora, se eu fora, se eu fora...)

(bis)

Se eu fora rei
Toda mulatinha boa
Não andava mal vestida
Nem andava assim à toa
(Se eu fora rei...)

Se eu fora rei, de verdade
Os males desta cidade
Eu mandava exterminar
Ficava com o "pirata"
A macumba e a mulata
Com o samba pra sambar

Se eu fora rei
Era o rei dos diplomatas
Meu palacete seria
palacete das mulatas

SE EU PUDESSE

Valsa-canção (Gabriel Migliori e Vicente Leporace). Gravação Colúmbia, n. CB-10.104-B, de novembro de 1954).

Se eu pudesse ao menos
Ter de novo junto a mim
O meu amor que longe deixei
Se eu pudesse ao menos lhe falar
E dizer quanto amei
Se eu pudesse lhe contar
O quanto padeci
Toda a saudade que eu senti
Ela havia de entender
Que tudo quanto quis
Foi só para que ela fosse feliz

SE FOR PRECISO EU CASO

Marcha (Silvio Caldas e Eratóstenes Frazão). Gravação Victor, n. 34.863-B, de 14.11.41 (lançado em janeiro de 1942).

É de você que eu gosto
Gosto, gosto, gosto
É com você que eu caso
Caso, caso, caso
Mas não me desiluda por favor
Não cobre muito caro pelo seu amor
(bis)
Não sei por que vivo a sonhar
Só em você posso pensar
Meu coração tem razões
Que nem a razão pode justificar

(bis)

SE O TEU AMOR CONSOLA

Samba (André Filho). Gravação Victor, n. 33.817-A, de 03/11/32 (lançado em setembro de 1934), com acompanhamento do Grupo da Velha Guarda (piano, banjo, sax alto, sax tenor, contrabaixo, piston, trombone, cabaça, omêlê, pratol, 2 baterias), sob a direção de Pixinguinha.

Não queres ter pena de mim
Neste sofrer que não tem fim
Se o teu amor consola
Não preciso de esmola
Prefiro viver assim
Vives criticando o meu padecer

Mas um dia Deus castiga
E tu então hás de te arrepender
A vida é assim, estou conformado
Depois de um amor vem outro
Já é de lei, pois é velho o ditado

SE PAPAI NOEL QUISESSE

Marcha (Hervê Cordovil e Christóvão de Alencar). Gravação Odeon, n. 11.415-A, de 13/10/36 (lançado em dezembro de 1936).

Se Papai Noel quisesse
Eu seria tão feliz
Pois eu lhe pedia que me desse
A mulher que não me quis
(bis)
Meu amor que não me quer
Sem nenhuma razão
Ela sabe muito bem
Quem manda no meu coração

Já pedi, já rezei
Para Nosso Senhor
Me ouvir e mandar
Um pouquinho só de amor

SE TU SOUBESSES

Valsa (Georges Moran e Christóvão de Alencar). Gravação Victor, n. 34.804-A, de 04/07/41 (lançado em outubro de 1941), com acompanhamento da Orquestra Victor.

Quando estou perto de ti, quero confessar-te tudo
Mas eu juro, meu amor que tenho medo
Quando olhas para mim eu fico mudo
E não consigo revelar o meu segredo

Se tu soubesses como estou apaixonado
Se tu soubesses como é grande o meu amor
Ao ouvir a canção que eu fiz a chorar
Talvez teu coração me quisesse escutar

Se tu soubesses como estou desesperado
Se tu soubesses como é grande a minha dor
Eu bem sei que virias sorrindo para mim
Se tu soubesses que eu estou sofrendo assim

Obs: Regravada, posteriormente, pelo Silvio Caldas, no LP "Seresta, Só Seresta", de 1973, com acompanhamento do Regional de Canhoto.

SEGUE O TEU DESTINO

Samba (Saul de Carvalho e Olegário Bittencourt). Gravação Victor, n. 33.377-A, de 25/08/30 (lançado em 1932).

Obs: O outro lado do disco seria "Psiu, Meu Bem", que segundo consta no catálogo da Victor "foi destruído."

SEGURA ESTA MULHER

Marcha (Ary Barroso). Gravação Victor, n. 33.601-A, de 11.11.32 (lançado em dezembro de 1932).

Segura esta mulher
Ela quer fugir
Roubou meu coração
Não pode escapulir (oi)

(bis)

Eu não sei o que vai ser
Meu amor
Não sejas desmancha-prazer (oi)
(bis)

Fui bem pesadinho, eu sei
Meu amor
De outra mulher não gostarei (oi)
(bis)

Obs: Composição muito cantada no Carnaval de 1933.

SEMPRE VOCÊ

Fox-canção (Christóvão de Alencar e Newton Teixeira). Gracação Victor, n. 34.804-B, de 04/07/41 (lançado em dezembro de 1941), com acompanhamento da Orquestra Victor.

A noite está tão bonita
Eu nunca vi luar assim
Uma ansiedade palpita
Em cada flor do jardim
Você a meu lado sonhando
Juntinho ao meu coração
E eu baixinho cantando
Ao seu ouvido esta canção
Sempre você na beleza do luar
Sempre você na tristeza do mar
Sempre você na alegria e na dor
Sempre você óh meu grande amor

(bis)

Sempre você na alegria e na dor
Sempre você, oh, meu grande amor

SEREIA

Samba (Antônio Nássara e Waldemar de Abreu, "Dunga"). Gravação Victor, n. 34.958-A, de 19/06/42 (lançada em setembro de 1942).

Sereia, sereia,
Sereia me ensina a nadar
Sereia, sereia.
Me leva pro fundo do mar
(bis)

O mar quando beija a areia
Faz ciúmes ao luar
E pensando em ti sereia
Tenho ciúme do mar

E é bem maior meu ciúme
Por não saber se o luar
Vem do Céu beijar as ondas
Ou vem do Céu te beijar

SERENATA

Valsa-canção (Silvio Caldas e Orestes Barbosa). Gravação Victor, n. 33.911-A, de 12/10/34 (lançada em março de 1935), com acompanhamento no estilo seresteiro da época: dois violões e bandolim.

Dorme, fecha este olhar entardecente
Não me escutes, nostálgico, a cantar
Pois não sei se feliz ou infelizmente
Não me é dado, beijando, te acordar

Dorme, deixa os meus cantos delirantes
Dorme que eu olho o céu a contemplar
A lua que procura diamantes
Para o teu lindo sonho ornamentar

Na serpente de seda dos teus braços
Alguém dorme ditoso sem saber
Que eu vivo a padecer
E o meu coração feito em pedaços
Vai sorrindo ao teu amor
Mascarado desta dor

No teu quarto de sonho e de perfume
Onde vive a sorrir teu coração
Que é teatro da ilusão
Dorme junto a teus pés o meu ciúme
Enjeitado e faminto como um cão.

Obs: Esta composição ficou definitivamente ligada à Silvio Caldas, convertendo-se em seu prefixo musical de apresentação. Regravada em 1957, no LP "SERENATA", da Colúmbia, foi incluída, junto com outras regravações, em pelo menos 12 LPs diferentes. Esta composição e "Santa dos Meus Amores", no outro lado do disco, deram início ao ciclo de gravações de Silvio Caldas e Orestes Barbosa, que deram tons definitivos à seresta brasileira. Na época Silvio e Orestes eram chamados de "A Dupla de Ouro" da música popular brasileira. Nessa época, Silvio já havia deixado a gravadora RCA Victor e se bandeado para a Odeon, para dar início, talvez, à sua melhor fase.

SERENATA DO ADEUS

Canção (Vinicius de Morais). Gravação Colúmbia, n. CB-11.109-B, de 1958 (lançada em 1959), com acompanhamento de Al Brito, ao piano.

Ai a lua que no céu surgiu
Não é a mesma que te viu
Nascer nos braços meus
Cai a noite sobre o nosso amor
E agora só restou do amor
Numa palavra, adeus
Ai vontade de ficar
Mas tendo de ir embora
Ai, que amar é se ir morrendo
Pela vida afora
É refletir na lágrima
O momento breve
De uma estrela pura
Cuja luz morreu
Numa noite escura
Triste como eu

Ó mulher estrela a refulgir
Parte mais antes de partir
Rasga o meu coração
Crava as garras no meu peito em dor
E esvai em sangue todo o amor
Toda a desilusão

SERRANA

Canção (Alberto Ribeiro e José Júdice). Gravação Victor, n. 80-0106-B, de 18/05/43 (lançada em setembro de 1943), com acompanhamento do Regional Victor.

Quando a serrana
Pela estrada vem contente
A pisar a terra quente
Pelo sol do meu sertão
Há um perfume
Diferente pelas matas
Riem loucas as cascatas
Há mais luz na amplidão
Esta cabocla
Que é morena bem trigueira
A mais linda brasileira
Norte e Sul do meu Brasil
Dentro da noite
Os seus olhos de brinquedo
Tem poesia, tem segredo
Como o céu azul de anil.
Quando à tardinha,
A hora da Ave-Maria
Ela vem, quanta alegria
Sempre a rir, sempre a cantar!
Sob o vestido
Entre as rendas mais bonitas
Duas rolinhas aflitas
Parecem querer voar
Eu já fiz tudo
Para ter seu coração
Tudo embalde, tudo em vão!
Não mereço seu amor
Ela me disse
Que pertence a natureza!
Achei graça da franqueza
Disfarçando a minha dor.

SESTROSA

Marcha (Rogério Guimarães). Gravação Victor, n. 33.400-B, de 19/12/30 (lançada em janeiro de 1931). Acompanhamento de piano, tuba, trombone, bateria, 2 saxes, 2 pistões, 2 violinos e banjo.

Esta mulherzinha tão sestrosa
É muito prosa, é muito prosa
Digo que ela gosta de brincar
É maltratar, é maltratar
Quem vai atrás dessa mulher
Louco fica se quiser
É um diabinho que nasceu
Pra tentação
Dos homens, a perdição
Esta mulherzinha infernal
Me fez mal, me fez mal
Leva a vida só para zombar
E brincar, e brincar
Chega de tanto desdém
Não adianta querer bem
Esta mulherzinha tem prazer em maltratar
Mas um dia tem que chorar

Obs: Gravação realizada em São Paulo, no dia 19.12.1930.

SEU GASPAR

Marcha (Hervê Cordovil). Gravação Odeon, n. 11.574-A, de 13/12/37 (lançada em fevereiro de 1938).

Ó Seu Gaspar
Seu Gasparin
Você que é o inventor do talharim
(seu Gaspar)
Ó seu Gaspar
Seu Gasparin
Cante aquela marcha para mim, assim:

(bis)

Faceta nera, bela Abissínia
O carnaval cá no Brasil é papa fina
A turma lá do estrangeiro
Vem gastar dinheiro na surdina

(bis)

SIM OU NÃO

Fox (Custódio Mesquita e Evaldo Rui). Gravação Victor, n. 80-0269-B, de 08/02/45 (lançada em abril de 1945), com acompanhamento de Orquestra, regida por Guerra Peixe.

Bom dia, meu amor!
Que lindo dia nós vamos ter!
Boa tarde, meu amor!
E a tarde em breve irá morrer

Entretanto não dizes sim ou não
E o sol já deu boa-noite à lua
Que vai nascer
Desce a noite e eu vejo o sol
Nos teus olhos
Boa noite
Até amanhã ou então adeus!

SÍMBOLO SAGRADO

Samba (J. Cascata e Leonel Azevedo). Gravação Victor, n. 34.688-A, de 05/11/40 (lançada em dezembro de 1940).

Aquela flor que lhe dei
Era o símbolo sagrado
Do meu primeiro amor
No entanto não soubeste
Conservá-la com fervor
E guardaste entre as flores amarelas
De um romance de dor
Também o nosso romance acabou
Assim como no livro
Onde guardaste a flor
Por isso eu vivo cantando
Nesta solidão
Para ver se desabafo o meu coração

SINHÁ MOÇA CHOROU

Marcha (Silvio Caldas e Christóvão de Alencar). Gravação Victor, n. 34.688-B, de 05/11/40 (lançada em dezembro de 1940).

Eu não sei
O que aconteceu
Não sei
Mas ao ver
Sinhá moça chorando
Também eu chorei
Depois que eu vi
A lágrima brilhar
Que dor
Juro por Deus, Nosso Senhor
Que tive inveja
Do seu grande amor

E sinhá moça confessou
Que era meu o seu amor
Senti tamanha emoção
Me dominar o coração
Beijei sorrindo a sua mão
E desde então tudo mudou
E ela nunca mais chorou

SÓ NÓS DOIS

Valsa (Gastão Lamounier e Anuar Jorge). Gravação Odeon, n. 11.283-B, de 14/09/35 (lançada em novembro de 1935).

Escuta bem, quero dizer
Os lamentos que d'alma me vêm
Eu queria e não posso esconder
Vem, por piedade, matar a saudade
Que deixaste no meu coração
Junto a esta maldita paixão

Tu mataste o meu sonho tão lindo
Sofro tanto em pensar que partiste
Que partiste, querida, sorrindo
Mesmo ao ver-me chorando tão triste
Não quiseste saber que eu sofria
Tu em mim não pensaste sequer
Era um sonho feliz que morria
Maldizendo uma falsa mulher

Volta, por Deus, esqueceremos
E unindo teus lábios aos meus
Olvidemos o mundo depois
E sorrindo nós iremos

Das tristezas da vida fugindo
Eu e tu, tu e eu, só nos dois.

SÓ POR TUA CAUSA

Samba (Romualdo Peixoto - "Nonô"). Gravação Victor, n. 33.936-B, de 25/07/33, com acompanhamento da Orquestra Diabos do Céu (piano, banjo, 2 saxes, 2 pistons, trombone, contrabaixo, cabaça, omêle, pandeiro, caixeta e bateria), sob a direção de Pixinguinha.

Sei que tu não me queres bem
Andas fazendo pouco em mim
Juro mesmo assim
Só por tua causa
Vivo sem ninguém
Ninguém tenho por mim
Deus bem sabe o que faz
Mas é que eu não mereço
Sofrer não posso mais
Sofrer mais eu não devo
Não serei capaz
É demais...

Obs: Foi aproveitada a primeira das duas provas realizadas.

SOFRI DEMAIS

Samba (Romualdo Peixoto - "Nonô"). Gravação Victor, n. 34.000, de 03/11/32.

Sofri demais no mundo
Porque fui sempre um vagabundo
Porque, porque
Sempre tive horror pelo batedor
Sempre com meu baralho
Dou adeus ao trabalho
Quando preciso nota
Mordo na esquina
Qualquer idiota
Só tenho experiência
E não tenho paciência
De esperar dinheiro
Antes que acabar o jogo
Mato meu parceiro

SONHEI QUE TE BEIJAVA

Samba (Oscar Cardona e Carlos Medina). Gravação Victor, n. 33.388-B, de 29/08/30 (lançada em agosto de 1931). Acompanhamento de 2 saxes, tuba, trombone, banjo, piano e trompete, traps.

Eu tenho medo, meu bem
De contar o que sonhei
Foi um sonho, mas foi bom
Não vai zangar, se eu te beijei
Sim eu confesso que o beijo
Foi tão demorado
Que te peço perdão do pecado
Se este sonho de novo voltar
Aí, então, resistir
Vou procurarar tentação,
Pois eu bem sei
E não quero tornar
A fazer o teu rostinho corar
Se te disser o que sonhei

Um beijo, meu bem
Masmo dado na boca
Não perde ninguém
Pois a vida é tão pouca
Um beijo bem doce
Um só, não faz mal
Como se fosse brincadeira, afinal
(eu não fiz por mal)

(bis)

Obs: No livro de registro da Victor, consta como sendo samba-canção. Foram feitas duas provas, sendo aproveitrada a segunda.

SORRIS DA MINHA DOR

Valsa (Paulo Medeiros). Gravação Victor, n. 34.367-B, de 18.08.38 (lançado em novembro de 1938), com acompanhamento da Orquestra Victor.

Sorris da minha
Mas eu te quero ainda
Sentindo-me feliz
Sonhando-te mais linda

Escravo eterno teu
Farei o que quiseres
Tens para mim a alma
Eterna das mulheres

No meu jardim
Viceja a flor da esperança
Meu pranto é meu amigo
E a minha fé não cansa

Nas rimas dos meus versos
Cheios de saudades
És a flor que se abriu
Para o meu amor

Nos teus braços, querida ainda um dia
Terei o teu amor e os teus carinhos
E os dois, aureolados de alegria
Seremos um casal de passarinhos

Tranqüilos e felizes sonharemos
Uma porção de sonhos venturosos
E, aos beijos de eternal felicidade
Há de ser a nossa vida um rosal de ansiedade

Obs: Paulo Medeiros faleceu em 1941, aos 28 anos, em Niterói, onde nascera. Foi autor de grandes sucessos, como "Falsa Felicidade", "Eu te Espero", "Eu Sei" e tantos outros.

SOU UM NAMORADO ERRANTE

Fox-trot (Rudy Vallee e Leon Zimmerman e Gertald - Arranjo. C. Polla). Gravação Victor, n. 33.274-A, 03/04/30 (lançado em maio de 1930).

Que sonho! Que sonho!
De amor

Sonhei com uma mulher divinal
De olhos brilhantes
Azuis fascinantes
Mulher de forma ideal
Eu sou um namorado errante
Eu ando noite dia
A cismar
Com a mulher que em sonho
Senti beijar
E hei de algum dia encontrar

SUBURBANA

Valsa-canção (Silvio Caldas e Orestes Barbosa); Gravação Colúmbia, n. 55.002-B, de dezembro de 1938), com acompanhamento de Garoto e seu Regional.

Olhando o céu me demoro
Num verso triste é que eu choro
Ninguém vê o pranto meu!
"Há muita lágrima triste
Que em ser sorriso consiste"
Como o poeta escreveu

Minha linda suburbana
Por trás da veneziana
Vem sorrir nesta canção
Com teus lábios de doçuras
Que são tâmaras maduras
Da flora do coração

Zona Norte da cidade
Residência da saudade
Onde nasceu teu cantor
O teu cantor comovido
Que sonha com teu vestido
Que morrer por teu amor

Olho as estrelas cansadas
Que são lágrimas doiradas
No lenço azul lá do céu
Estrelas são reticências
Estrelas são confidências
Do meu romance e do teu

Obs: Esta gravação foi relançada em fins de 1943, em disco Continental, n. 15.001-B. Silvio voltaria a gravar esta valsa-canção no LP "SAUDADES", de 1953.

TARDE DE MAIO

Samba-canção (Alberto Ribeiro e Osvaldo Sá). Gravação Continental, n. 16.086-B, de 07.07.49, com acompanhamento de Cópia e sua Orquestra.

Tarde maio
Rosa vai a novena
Pedir à Santa
Uma vida serena
Não quer os bens do mundo
Não quer riquezas
Deseja um amor, nada mais
Tarde de maio
Céu azul, nuvens claras
Tardes de maio
São as tardes mais claras
E Rosa vai rezar
Pedir numa oração
Alguém para morar
Em seu coração

TENHO UM SEGREDO

Fox-canção (Custódio Mesquita). Gravação Victor, n. 33.588-B, de 16/06/32 (lançado em agosto de 1932), com acompanhamento da Orquestra Victor Brasileira, composta por piano, violão, contrabaixo, pistão, sax e bateria.

Não dás atenção
Ao que eu digo
E é por isso
Que eu me maldigo
Mas alguma coisa
Existe entre nós
Peço-te que escutes
A minha voz
Tenho um segredo
Para te contar
O meu amor
Eu vou te confessar
Quero que tu sejas
Minha de verdade, só minha
E tu serás minha felicidade
Tudo farei
Para tu seres rainha
Num palácio irás morar
E, nós dois, juntinhos,
Como dois pombinhos
Viveremos sempre a nos beijar

Então tu saberás me dar valor
Compreendendo o meu grande amor
O quanto eu soube amar

TERRA DE IAIÁ

Samba (Ary Barroso). Com Elisa Coelho. Gravação Victor, n. 33.463-B, de 14/07/31 (lançado em setembro de 1931).

Cocada preta, Ioiô!

Quem quiser conhecer
O Brasil-brasileiro, meu bem
Tem que uma vez ir à Bahia, se tem
Ver o batuque assim
Ver o Senhor do Bonfim
Mamãezinha que morreu
Muita vez me ensinou
Que na Bahia de Iaiá e Ioiô
Foi que o Brasil nasceu
Zorô, canjiquinha, acará, quilombô
Pra Iaiá e Ioiô
A baiana é feiticeira
Tem todo o xodó da brasileira
Amor diferente daqui é o de lá
Doce amor de Iaiá
Nosso Sinhô do Bonfim
Guarde uma baiana para mim
Canjiquinha quente, Sinhá!

TEU DESPREZO

Samba (Jessé Nascimento e André Filho). Gravação Victor, n. 33.424-B, de 22/12/30 (lançado em maio de 1932), com acompanhamento da Orquestra Victor.

Tua amizade já acabou
Eu continuo a querer bem
Durou bem pouco o teu amor
Não hei de amar a mais ninguém

O teu amor foi falso, foi fingido
Lamento meu benzinho
Todo o meu tempo perdido

(bis)

Por causa disto estou disposto
Prá tudo o que me acontecer
E nada mais quero na vida
Nem mais direito de viver.

TEU RISO TEM

Samba (Roberto Martins e Wilson Batista). Gravação. Odeon, n. 11.574-B, de 08/06/37 (lançado em fevereiro de 1938).

O teu riso tem
Tem, tem, tem,
Tem qualquer coisa
Que me domina, meu bem

(bis)

Tua boca é alvorada
Nunca vi sorriso assim
Sem sorriso não sou nada
Dá um sorriso pra mim

Há quem diga que o sorriso
É prenúncio de saudade
Mas o teu traz o aviso
Da minha felicidade

Meu viver foi transformado
Desde o dia em que te vi
O teu riso abençoado
Que nunca mais esqueci

TEUS CIÚMES

Valsa (Laci Martins e Aldo Cabral). Gravação Odeon, n. 11.353-A, de 03/09/35 (lançada em junho de 1936), com acompanhamento do Conjunto Regional de Benedito Lacerda.

Condeno os teus ciúmes
Que mataram nosso amor
Razão dos meus queixumes
Causa cruel desta dor
Condeno os teus ciúmes
Que me crucificaram
E me dilaceraram o coração
Na eterna imensidão,
Da minha solidão

Olho para o passado
E, tristonho, vejo então
No livro desfolhado
Da minha desilusão.
Cenas do nosso amor,
Um sonho encantador
Aquele tempo lindo
Que eu julgava infindo

Na minha vida em calma
No embaçado espelho de minh'alma
Eu vejo os teus ciúmes
Como se refletindo,
Dentro de mim
Assim me destruindo
Sempre os teus ciúmes
Vêm me perseguindo

TIRE A CAMISA

Marcha (Antônio Almeida). Gravação Continental, n. 15.731-A, 27/08/46 (lançado em dezembro de 1946).

Tire a camisa Mané
Tire a camisa seu Zé
O homem feliz não usava camisa
Tire a máscara da face Pierrot
Que o tempo do fascismo já passou
Um novo sol no horizonte já brilhou
Salve,
Salve a paz, salve!
Salve o amor, salve!
Dê a mão ao seu irmão
E não brigue nunca mais
Perante Deus todos somos iguais

TORTURANTE IRONIA

Valsa (Silvio Caldas e Orestes Barbosa). Gravação Odeon, n. 11.241-B, de 15/06/35 (lançado em julho de 1935), com acompanhamento de Benedito Lacerda e seu Conjunto.

Que mágoa neste abandono!
Que ânsia, perdi o sono
E vim tristonho cantar!
Porque a canção mais aflita
É a forma que há mais bonita
Da gente poder chorar

Tu sobes este barranco
Sujando o vestido branco
Pisando as pedras do chão
Mas sem saber na verdade
Que desde lá da cidade
Tu pisas meu coração

Por ser do morro e moreno
É que eu soluço, é que eu peno
Bebendo o meu amargor
Porque me negam, querida
Essa alegria da vida
De possuir teu amor

Que torturante ironia
O amor com categoria!
Eu amo e não posso amar
Porque a mulher que eu adoro
Não mora aqui onde eu moro
Deixem-me então soluçar.

Obs: Esta composição, junto com "*Inquietação*" e "Por Causa Desta Cabocla", foram incluídas no filme "*Favela* dos Meus Amores", em que Silvio, além de cantar, era também ator.

TRACUÁ ME FERRÔ

Desafio (Sátiro de Melo). Com Breno Ferreira. Gravação Victor, n. 33.266-A, de 28/02/30 (lançado em abril de 1930). Acompanhamento de Choro Victor

Tracuá me ferrô na costa do pé
Tracuá me ferrô na costa do pé
Esse bicho me ferrô
Mas com certeza se enganô
Esse bicho me ferrô
Pensando que eu era muié
Meu cumpadre me arresponda
Essa primeira pergunta
Pru que um casá de nego
Em vez de casá se ajunta?
Meu cumpadre Zé Mutuca
Não mexa comigo não
Nego não casa, se ajunta
Prá não tê mofinação
Vancê foi muito sabido
Mas eu sô seu Zé Mutuca
Diga agora qual é o bicho
Que tem dente fora da boca
Só arrespondo essa besteira
Prá fazê a tua vontade
Esse bicho num tem aqui
É caranguejo, meu cumpadre
Agora vancê arresponda
Sem deixá nenhuma sobra
Quero que vancê me diga
O que mata cobra e cura cobra
São todos os dotê formado
Quando não vê os doente
Se sapeca os purgante
Mata ou cura e "cobra" a gente!

TRÊS LÁGRIMAS

Canção (Ary Barroso). Gravação Victor, n. 34.793-B, de 04/07/41 (lançado em setembro de 1941), com acompanhamento de Ary Barroso, ao piano.

Eu chorei
Pela primeira vez na minha vida
Quando minha vida se complicou...
Éramos então duas crianças
Cheias de vida e de esperanças;
Lembro-me bem
Do teu olhar espantado
Quando te roubei
Um beijo bem roubado
E uma lágrima nos olhos te rolou

Eu chorei
Pela segunda vez na minha vida
Quando minha vida desmoronou...
Tínhamos então mais vinte anos
Mágoas, saudades, desenganos
Lembro-me bem
Do teu olhar esquisito,
Quando te olhei surpreso
E muito aflito
E uma lágrima nos olhos te rolou

Eu chorei
Pela terceira vez na minha vida
Quando minha vida se acabou:
Ia pela rua amargurado
Quando ouvi bem o teu chamado
Lembro-me só
Que já fugira a meiguice
Do teu lindo olhar
Agora é a velhice
E uma lágrima nos olhos me rolou

Obs: Segundo Abel Cardoso Junior, Ary compôs esta música e *Aquarela do Brasil* "numa noite de chuva, em 1939: fez ambas ao mesmo tempo, em meia-hora, alternando notas e versos de uma e de outra! 'Três Lágrimas' resume as três fases da vida: infância, mocidade e velhice. É uma das mais comoventes canções brasileiras" (Encarte do CD Revivendo - 191, "Sylvio Caldas, Deusa da Minha Rua"). Nelson Gonçalves estreou no cinema, no filme "Moleque Tião", de José Carlos Burle, da Atlântida, cantando esta composição.

TRISTE CABOCLO

Tango-canção (R. B. Costa Branco). Gravação Victor, n. 33.291-B, 17/04/30 (lançado em 1930).

Obs: Consta da discografia de Silvio Caldas. Foi gravado no Rio, em 17.04.1930, em duas provas, mas não chegou a ser lançado. No registro da Victor consta a referência "drops!", escrito à lápis e logo a seguir "destruído em julho de 1931."

TRISTEZAS NÃO PAGAM DÍVIDAS

Samba (Ismael Silva). Com Francisco Alves. Gravação Odeon, n. 10.922-A, de 23/06/32 (lançado em 1932).

Silvio e Chico:
    Tristezas não pagam dívidas
    Não adiante chorar
    Deve-se dar o desprezo a toda mulher
    Que não sabe amar
Silvio:
    (oi, tristezas não pagam.
Chico:
    O homem deve saber (a)
    Conhecer o seu valor (é)
    Não fazer como o Inácio (i)
    Que andou muito tempo (ó)
    Bancando o seu Estácio (u)
Silvio e Chico:
    Tristezas não pagam dívidas
    Não adianta chorar
    Deve-se dar o desprezo a toda mulher
    Que não sabe amar
Silvio:
    (a, é, ai meu Deus)
Francisco Alves:
    Nunca se deixa a mulher
    Fazer o que ela entender
    Pois ninguém deve chorar
    Só por causa de amor
    E nem se lastimar
Silvio Caldas:
    (ai, meu Deus do céu)
    (bonitê-o-tó Escola!)

Obs: Samba do repertório do Chico Alves. Silvio canta com Chico e faz os breques. O

Caboclinho achou natural a omissão do seu nome no dueto: "Apenas uma colaboração", segundo disse a Abel Cardoso Júnior (Francisco Alves, *"As Mil Canções do Rei da Voz"*, p. 238, ed. Revivendo). Anteriormente, Silvio justificou a não inclusão do seu nome no disco por fazer parte do "cast" da "Odeon" e o disco do Chico ter sito gravado na "Victor." Até lembrou que em ocasião posterior, quando gravou *"Vitória"*, de "Nonô" e Noel, deu-se o inverso: o nome do Chico não apareceu porque a música era do repertório do Silvio e a gravação em selo "Odeon." Chico Alves pertencia ao cast da "Victor", não poderia ter o seu nome incluído no disco. Sobre "Tristeza Não Pagam Dívidas", o comentário é da Collector's: "Além disso, a música tem um tom típico do Silvio no final quando ele diz no breque: 'Bonitê-o-tó Escola'. Quando eles cantam no estribilho, é o Silvio Caldas que faz a primeira voz e o Chico a terceira, nem é a segunda" (Chico Alves o Único Rei da Voz, v. 5).

TU!

Samba-canção (Ary Barroso). Gravação Victor, n. 33.767-A, de 06/03/34 (lançado em abril de 1934), com acompanhamento da Orquestra Victor Brasileira (piano, violão, flauta, 2 clarinetes, 2 violinos, cello, contrabaixo, bateria).

Teu olhar e um sonho azul
Teu sorriso uma promessa louca
Teus lábios duas jóias de coral
No engaste sensual da tua boca
O mais lindo luar, tu
A grandeza do mar, tu
Só te quero a ti
Só te vejo a ti
Só palpito por ti
És minha vida, querida.

Obs: Realizadas duas provas, sendo aproveitada a primeira.

TU ÉS A CULPADA

Samba (Waldemar de Abreu, "Dunga" e Claudionor Cruz). Gravação Victor, n. 34.561-A, de 09/11/39 (lançado em janeiro de 1940).

Vai que tu és a culpada
E eu não perco nada com a separação
Eu vivo bem sem carinho
Cantando sozinho com o meu violão

(bis)

Quero te ver chorando
E implorando o meu perdão
Tens que pagar a tua pena
A justiça te condena
Pela tua ingratidão

TUA PARTIDA

Marcha (Benedito Lacerda). Gravação Victor, n. 34.554-A, de 14/11/39 (lançado em janeiro de 1940).

No dia de tua partida
Bem que adivinhei
Sentindo a cruel despedida
Quase que chorei
Guardei uma vaga esperança
Que um dia voltasses, criança!
Pois as pombas voltam aos pombais
Mas vejo que não voltas mais.

(bis)

Desilusão, minha amiga
Meu triste fim não maldiga
Vejo em você, conformado
O meu viver desolado
E no mistério da vida
Só uma interrogação
Ela partiu, foi fingida
Só resta você, desilusão.

TUDO ME FALA DO TEU OLHAR

Samba (Christóvão de Alencar e Newton Teixeira). Gravação Odeon, n. 11.371-A, de 02/05/36 (lançado em julho de 1936), com acompanhamento de Benedito Lacerda e seu Conjunto.

Esses teus olhos tão lindos
Da cor do luar
Têm qualquer coisa de estranho
Que me faz cismar
As estrelas do céu
E as ondas do mar
Só me falam do teu olhar

Perguntei ao luar
O que era o amor
Ele viu teu olhar
E chegou a mudar de cor
Os teus olhos azuis
Que só faltam falar
Inundaram de luz
A tristeza do meu olhar.

TURCA DO MEU BRASIL

Valsa-canção (Silvio Caldas e Orestes Barbosa). Gravação Colúmbia, n. CB-10.118-A, de março de 1955.

Eu me prendi nos teus braços
Queimados pelos mormaços
Escravo do teu perfil
Tens o Oriente na boca
Linda mulher de voz rouca
Oh! Turca do meu Brasil

Sonhei um sonho de luxo
Um lago e ao centro um repuxo
A interrogar para o azul
Nas noites lindas serenas
Se são assim as morenas
Bonitas lá de Istambul

Eu quero ver-te sorrindo
O teu sorriso tão lindo
No barco só de cristal
Cheio de lírios gelados
Tal qual meus sonhos fanados
De eterno sentimental

Por ti soluço e desvario
Formosa visão do Cairo
De alucinante perfil
Tens o Oriente na boca
Linda mulher de voz rouca
Oh! Turca do meu Brasil.

Obs: Versos feitos em 1935 e somente musicado por Silvio Caldas em 1955.

ÚLTIMA CARTA DE AMOR

Samba Benedito Lacerda e Zeca Ivo). Gravação Odeon, n. 11.331-B, de 31/08/35 (lançado em abril de 1936), com acompanhamento de Benedito Lacerda e seu Conjunto.

Esta última cartinha
Que escrevi linha por linha
Num retalho de ilusão
Vai fechada num desejo
Transportando um doce beijo
Que arranquei do coração

Minha mão fria de neve
Com receio ainda escreve
Esta coisa singular
É dizer-te com recato
Vejo sempre o teu retrato
Com vontade de chorar

Longe em lugares estranhos
Hás de ouvir meu adeus
E os teus olhinhos castanhos
Hão de chorar como os meus
Volta e traz o teu aroma
Vem perfumar minha dor
Viverás numa redoma
No templo do nosso amor.

UM CABOCLO ABANDONADO

Samba-canção (Benedito Lacerda e Herivelto Martins). Gravação Odeon, n. 11.388-A, de 06/05/36 (lançado em setembro de 1936), com acompanhamento de Benedito Lacerda e seu Conjunto.

Quem visse aquele ranchinho
Lá na beira do caminho
À sombra de um pinheiral
Parava cheio de espanto
Ao ouvir de dentro o canto
De um sabiá divinal

Jamais alguém pensaria
Que nesse rancho existia
Um caboclo abandonado
Quem partiu deixou lembrança
E ele guarda uma esperança
E ele canta amargurado

A rola nunca se esquece
De onde fez seu primeiro ninho
O seu primeiro ninho de amor
Pode rolinha triste
Andar por onde quiser andar
Mas ao seu primeiro ninho
Tem que voltar.

UM SAMBA EM PIEDADE

Samba (Ary Barroso). Gravação Victor, n. 33.506-B, de 02/12/31 (lançado em janeiro de 1932), com acompahamento de American Jazz e Coro. Consta do catálogo Victor que a orquestra era composta por piano, 3 violinos, 3 saxes, 2 pistons, trombone, banjo, bateria, 2 vozes masculinas e 6 vozes femininas

Eu fui num samba pra matar minha saudade
Na Piedade, na Piedade

(bis)

Rapaziada num batuque nunca falha
Quando a roda está formada
Bate até chapéu de palha
Gente danada pra sambar esta sempre boa
Samba a filha da criada
E a família da patroa escolhe

Não tem bandeira, pra sambar
Ninguém se avexe
Mexe até moça solteira
Que as casadas também mexe
E a cozinheira pra pegar também no dela
Vai mexendo com as cadeiras
Quando mexe com as panelas
(e agora)

(breque: balacobaco, etc)

Obs: Outra música que pode ser relacionada como precursora do samba de breque.

VAI SAIR BAGAGEM

Samba (Teobaldo Marques da Gama). Gravação Victor, n. 33.301-A, de 11/06/30 (lançado em agosto de 1930), com acompanhamento da Orquestra Victor Brasileira.

Iam juntinhos
Num bonde de Alegria
A crioula Bonifácia
E o portuga "Zemeria"

(bis)

Mas, quando os cujos
Vão saltar, que molecagem
Grita o condutor

Vai sair bagagem

(bis)

"Corda" velhota
E o moço prazenteiro
Pareciam dois pombinhos
Em um bonde de Coqueiros
Mas, quando os cujos
Vão saltar, que molecagem
Grita o condutor
Vai sair bagagem

VAI TRATAR DA TUA VIDA

Samba (Ary Barroso). Gravação Victor, n. 33.491-B, de 28/10/31 (lançado em dezembro de 1931).

Vai, vai
Vai tratar da tua vida, oi
Deixa de mexida

(bis)

Tens um jeito especial fazendo mal
Que língua depravada, destrambelhada
De qualquer disse-me-disse de uma tolice
Você faz logo embrulho faz um barulho

(breque)

Tenho medo de você, vou me benzer
Que eu quero me livrar do teu azar
Porque língua de mulher não é brinquedo
Não guarda um segredo, diz o que quer

VAIS VIVER NO ESQUECIMENTO

Samba (André Filho e Saul de Carvalho). Gravação Victor, n. 33.817-B, de 19/07/33 (lançado em setembro de 1934), com acompanhamento da Orquestra *"Diabos do Céu"* (piano, banjo, sax alto, sax-tenor, 2 pistons, trombone, omêlê, cabaça, prato, contrabaixo, bateria), sob a direção de João Martins.

Tu foste embora
Talvez pensando em voltar
Mas eu agora
Não pretendo perdoar
Mesmo porque não sinto mais
A saudade que eu sentia antigamente
É o destino quem quer
Mesmo por que meu coração
Hoje em dia já pertence a outra mulher
Adeus, adeus mulher
Vais viver no esquecimento

Sem amor e sem carinho
Sem amor e sem carinho
Ó meu Deus que sofrimento

Obs: Prevaleceu a segunda prova realizada.

VALSA DO MEU SUBÚRBIO

(Custódio Mesquita e Evaldo Rui). Gravação Victor, n. 80-0176-B, de 10/03/44 (lançado em abril de 1944), com acompanhamento de Custódio Mesquita e sua Orquestra.

Valsa triste, velha valsa
Das serestas nas noites de lua
Ainda hoje tu emprestas
Teu lamento aos cantores da rua
Velha valsa, minha amiga
Tão boêmia quanto o teu cantor
Valsa triste, tu me obrigas
A contar uma história de amor

Quem não viu num subúrbio distante
Numa valsa, um cantor soluçar
A pedir, a implorar suplicante
A esmola de um beijo, um olhar
Eis que surge, medrosa, à janela
A donzela, razão dos seus ais
E ele, então, pede a ela
Que esta valsa não esqueça jamais

VAMOS DAR VALOR

Samba-carnavalesco (Sátiro de Melo). Gravação Victor, n. 33.362-A, de 28/08/30 (lançada em setembro de 1930). Com acompanhamento de 2 violões, cavaquinho e trompete.

Vamos dar valor
Vamos dar valor
A Bahia é terra do côco
Terra de São Salvador

(bis)

Ó baiana da virada
Volta pra cá, vem sambar
Quero ver se você samba
Pra essa gente de cá

Me contaram uma anedota
Que não se pode nem crer
As baianas quando nascem
Já vem a se remexer

Ó baiana da virada
Diz que tem nas cadeiras
Bastante parafuso
Parece uma brincadeira

Vou casar com uma baiana
Só pra aprender a sambar
Vocês vão ver para o ano
Bicho bom a rebolar

VELHO REALEJO

Valsa (Custódio Mesquita e Sadi Cabral). Gravação Victor, n. 34.583-B, de 24/01/40 (lançada em março de 1940).

Naquele bairro afastado
Onde em criança vivias
A remoer melodias
Numa ternura sem par
Passava todas as tardes
Um realejo tristonho
Passava como num sonho
Um realejo a tocar

Depois tu partiste
Ficou triste a rua deserta
Na tarde fria e calma
Ouço ainda o realejo tocar
Ficou a saudade comigo a morar
Tu cantas alegre
E o realejo parece
Que chora com pena de ti.

VELHOS CARNAVAIS

Marcha-rancho (Antônio Bruno). Gravação n. 10.268-A, de novembro de 1960).

Não sei se vocês se recordam
Talvez nem chegassem a ver
Os bons carnavais de outrora
Dos quais eu não posso esquecer
Do corso e dos cordões bem ensaiados
Que sambas, que marchas houve no passado
Por isso eu vim recordar
A mocidade de outros tempos
Dois meses antes já cantava
O repertório dos sambistas
Em toda a casa se ensaiava
Eram cordões de pastorinhas
Eram motivos nacionais

Por isso eu vivo da saudade
Daqueles velhos carnavais

VEM COMIGO

Samba (Rogério Guimarães). Gravado em São Paulo, em 10.12.1930, com acompanhamento de sax, violão, cavaquinho e tom-tom. Matriz n. 65.076.

Obs: Não há no catálogo da Victor a numeração do disco. Consta a referência "drop!", ou seja, suspender. Não deve ter sido lançado.

VERDE E AMARELO

Samba (Orestes Barbosa e J. Thomaz). Gravação Mocambo n. 15.283-B, de 1959.

Vocês quando falam em samba
Trazem a mulata na frente
Mas há muito branco e bamba
Que no samba é renitente
Não me falem mal do samba
Que uma coisa eu vos revelo:
O samba não é preto
O samba não é branco
O samba é brasileiro
É verde e amarelo

Nesta terra de palmeira
Onde canta o sabiá
As almas das brasileiras
São da cor do resedá
E de todos os bailados
Sempre o samba é o mais belo
O samba não é preto
O samba não é branco
O samba é brasileiro
É verde e amarelo

VIDRO VAZIO

Canção (Romualdo Peixoto - "Nonô" e Orestes Barbosa). Com acompanhamento da Orquestra Victor Brasileira (piano, 2 violinos, violoncelo, contrabaixo). Grav. Victor, n. 33.656-A, de 19/07/32 (lançado em maio de 1933).

Mariposa do luxo da cidade
Foste queimar as tuas asas por aí
Eu vivo no horror desta saudade
Sonhando os beijos longos que perdi, perdi

Um sorriso, uma frase, uma esperança
E o barulho urbanista de um motor
Mentiu o teu olhar de corça mansa
Que era fingido como o teu amor

Recordo os dedos longos que ostentavam
Em cada ponta um espelhinho oval
Dedos que osculei, louco, sentindo
Em cada um o fio de um punhal

Abrindo agora o vidro do perfume
Que os meus sentidos tanto inebriou
Sinto o aroma teimoso do ciúme
E tu és o perfume intenso que acabou.

VIOLÕES EM FUNERAL

Samba (Silvio Caldas e Sebastião Fonseca). Gravação Continental, n. 16.379-B, de maio de 1951.

Vila Isabel veste luto
Pelas esquinas escuto
Violões em funeral
Choram bordões, choram primas
Soluçam todas as rimas
Numa saudade imortal

Entre as nuvens escondida
Como de crepe vestida
A lua fica a chorar
E o pranto que a lua chora
Goteja, goteja agora
Dos oitis do "boulevard"

Adeus cigarra vadia
Que mesmo em tua agonia
Cantavas para morrer!
Tu viverás na saudade
Da tua grande cidade
Que não te há de esquecer

Adeus poeta do povo
Que ressuscitas de novo
Quando na morte descambas!
Sinhô de pele mais clara
No qual Sinhô encarnara
A alma sonora dos sambas

Obs: Os versos foram escritos em 1937, logo após a morte de Noel Rosa. Silvio só os musicaria 13 anos depois, em 1950. Silvio deixou de gravar duas sextilhas: "Toda cidade soluça

/ Comovida, se debruça / Sobre o caixão de Noel / Matriz / Estácio e Salgueiro / Todo o Rio de Janeiro / Consola Vila Isabel" e "Adeus, cantor da seresta / Que tinhas sempre a alma em festa / Ainda quando sofrias / E que, chorando, cantavas / Cantando, filosofava / Filosofando, sorrias..." Muito cantada pelo seresteiro em seus shows, consta em pelo menos cinco LPs.

VIRA AS BOTUCAS

Samba (Rogério Guimarães). Gravação Victor, n. 33.408-B, de 20/12/30 (lançado em fevereiro de 1931). Gravação feita em São Paulo, com acompanhamento de sax, violão, cavaquinho e tom-tom.

Sai, azar
Vira as botucas pra lá

Não venha com este "olhá"
Que eu não lhe quero "amarrá"
Eu ando fugindo de ti
E tu manda me vigiar
Fica sabendo menina
Que eu não lhe quero casar
A vida tá ficando preta
E eu não me passo pra isso
Nem que tu vá na macumba
Fazer muamba e feitiço

Eu não quero mais teu amor
E nem quero me aborrecer
Eu já fiz tudo o que podia
Pra me livrar de você
Tu deixa de tá perseguindo
Desista de ter esperança
Toma juízo menina
Tu já não és mais criança

VITÓRIA!

Samba (Romualdo Peixoto - "Nonô" e Noel Rosa). Gravação Victor, n. 33.657-A, de 13/07/32 (lançado em maio de 1933), com acompanhamento da Orquestra "*Diabos do Céu.*"

Antes da vitória
Não se deve cantar glória
Você criou fama
Deitou-se na cama!
E eu que não estou dormindo
Vou subindo, vou subindo
Enquanto você vai decaindo
(agora!)

Quero a minha independência
E com calma e paciência
Me preparo pro futuro
A tudo estou resolvido
E você tome sentido
Que entre nós o páreo é duro
Agüentei muita indireta
Mas andei na linha reta
Não maldigo a minha sorte!
Vou agindo com cadência
Sei que a minha independência
Há de ser a sua morte
(Vitória!)

Tua voz se alguém percebe
Bem humilde te recebe
Sua entrada ninguém veda
Gozas de maior ventura
Mas quem vive em grande altura
Leva sempre grande queda.
Sempre fiz papel bonito
Não tenho medo de grito
O que falo é bem pensado!
Não receio escaramuça
Que aceite a carapuça
Quem se sente melindrado.

Obs: Noel teve um desentendimento com o "Rei da Voz" e fez este samba para criticá-lo. Chico soube da história e, sem passar recibo, compareceu ao estúdio na hora da gravação e dela participou fazendo dupla com Silvio Caldas, que somente tomou conhecimento do fato depois da gravação. No catálogo da Victor consta que Silvio foi acompanhado pela Orquestra Victor Brasileira, composta de piano, violão tenor, violão, clarineta, pandeiro e 2 baterias.

VIVA MEU SAMBA

(Billy Blanco). Gravação Colúmbia, n. CB-10.378-A, de 1957).

Violão, pandeiro
Tamborim na marcação e reco-reco
Meu samba

Viva meu samba verdadeiro
Porque tem teleco-teco
Venho do reino do samba
Brilhar no asfalto
E na forma de samba
Vem o morro também
Faço da minha tristeza
Um carnaval de beleza
Que as outras terras não têm
Toda a riqueza do mundo
Não vale um terreiro
Onde eu faço o meu samba
Com simplicidade
Com as pastoras na rua
Com um pedaço de lua
E a palavra saudade

VIVO EM PAZ

Samba (Silvio Caldas). Gravação Colúmbia, n. CB-10.071-B, de agosto de 1954.

Você não pensou no que fez
Me deixando outra vez
Sem me dizer adeus
Suportei mais uma ingratidão
Amarguei mais uma ilusão
Agora você quer voltar
Pra depois me humilhar
Me fazendo sofrer
Já é tarde demais
Sou feliz, vivo em paz
E aprendi a esquecer
Chora, desabafa meu amor,
Chora que passa tua dor.

VOCÊ DE MIM NÃO TEM DÓ

Toada (José Maria de Abreu). Gravação Continental, n. 16.034-B, de abril de 1949, com acompanhamento de Cópia e sua Orquestra.

Ai, ai, ai
Você de mim não tem dó
Ai, ai, ai
Não vê que eu vivo tão só
A nossa vida não passa
De um grande lago sereno
Por cima, esplendor e graça
Por baixo, lodo e veneno
Onde anda o corpo da gente
A sombra vai pelo chão
É assim também a saudade
A sombra do coração.

VOCÊ ME DEU O BOLO

Samba (Alcebíades Barcelos e Alberto Ribeiro). Gravação Odeon, n. 11.181-B, de 09/11/34 (lançada em dezembro de 1934).

O amor que eu lhe dediquei
Era verdadeiro
Eu juro que era
Você, porém, não foi sincera
Você me deu o bolo
Chorar, chorar é meu consolo
E ao pensar, mulher,
Naquele amor, chorei,
Chorei
Você, porém, meu bem
Não quer saber de mim
Eu sei, eu sei
Quando amanhã
Você pedir perdão
Não dou, não dou
E me lembrar eu vou
Da sua ingratidão
Eu vou, eu vou

VOCÊ NÃO VEIO

Samba (Silvio Caldas). Gravação Colúmbia, n. CB-10.045-B, de maio de 1954.

Já sofri, já chorei
Já pedi, implorei
Você não veio
Aos amigos falei
Muita carta mandei
Pelo correio
Você não respondeu
E desapareceu
Fiquei chorando
Se a saudade apertar
Pode me procurar
Que eu estou esperando

VOCÊ VOLTOU

Samba (Nelson Souto e Antônio Carlos de Souza e Silva). Gravação Continental, n. 16.728-A, de 07/01/53 (lançado em abril de 1953).

Você voltou
Voltou pra mim

Como se a luz de um novo dia
Brilhasse enfim
Mas foi tanta saudade
Que eu não sei dizer
Se ainda é tempo
De recomeçar e esquecer
Por que tentar
Mais uma vez
Se vai morrendo o dia
Agora é o entardecer
Você voltou pra mim
Querendo ser feliz
Sem ver que teve fim
Todo o bem que eu lhe quis.

VOLTA, MEU AMOR!

Samba (Ary Barroso). Gravação Odeon, n. 11.298-B, de 13/09/35 (lançado em janeiro de 1936), com acompanhamento da Orquestra Odeon, dirigida por Simon Bountman.

Eu jurei me conformar
Quando você tristonho me deixou
Mas agora a saudade me apertou
Volta para mim, meu bem
Sem você não sou ninguém
Sem você não sou ninguém, ninguém
Meu coração não suporta mais
Vivo chorando de saudade
Volta depressa, meu amor
Nem tenho felicidade
(Eu jurei)

VOLTASTE

Samba (Silvio Caldas). Gravação Continental, n. 16.435-B, de setembro de 1951.

Voltaste
O remorso vem contigo
Aumentando o teu castigo
Aumentando a tua dor
Voltaste
Pois se vens arrependida
Podes crer, minha querida
Não arranjei outro amor
Voltaste
Teu passado pouco importa
Vens bater à minha porta
Que a ti nunca se fechou
Voltaste
Vens viver vida decente
Vais mostrar à toda gente
Nossa briga terminou
Viveremos, tu o dizes
Longe de tudo, meu bem
Viveremos bem felizes
Tu e eu e mais ninguém

VOLTASTE AO TEU LAR

Samba (Heitor dos Prazeres). Gravação Victor, n. 33.918-B, de 21/07/33 (lançada em abril de 1935).

Voltaste ao teu lar antigo
Arrependida do que fizeste comigo
Meu Deus, não sei como te aceitei
Nunca mais esquecerei!

Isto há três anos passados
Tu me deixaste
E foste embora
Viveste penando,
Assim mesmo zombando
Por este mundo afora

Foste infeliz meu benzinho
Não resististe à separação
Vieste chorando
Eu fui me conformando
Eu tenho bom coração.

VOU FAZER TUA VONTADE

Samba (Heitor dos Prazeres). Gravação Victor, n. 33.624-B, de 09/12/32 (lançada em fevereiro de 1933), com acompanhamento do Grupo da Velha Guarda (3 saxes, piston, trombone, piano, contrabaixo, banjo, 5 baterias e coro:3 vozes).

Obs: Não consegui a letra. Foram feitas duas provas, sendo aproveitada a segunda.

VOU IMPLORAR

Samba (Ernesto dos Santos e Henrique Chaves). Gravação Victor, n. 33.477-A, de 24/09/31 (lançada em novembro de 1931).

VOU PARTIR

amba (João de Barro). Gravação Victor, n. 33.735-B, de 16/11/33 (lançada em janeiro de 1934), com acompanhamento da Orquestra "Diabos do Céu." (piano, banjo, 2 saxes, 2 pistons, trombone, contrabaixo, cabaça, omêlê,

caixeta, pandeiro, bateria e coro: 3 vozes), sob a direção de Pixinguinha.

Quando a lua lá no céu surgir
Adeus, morena ingrata vou partir
E à sua luz tão cheia de esplendor
Eu vou rever o meu sertão em flor
E enquanto aos poucos tu me fores esquecendo
De saudade irei morrendo pelo teu amor

Mas se algum dia a saudade então
Fizer morada no meu coração
Manda-me um beijo pela lua prateada
Que a minh'alma consolada te dará perdão

Obs: Foi aproveitada a primeira das duas provas realizadas.

ZOMBANDO

Samba (Benedito Lacerda e Dario Pereira). Gravação Victor, n. 33.534-A, de 11/03/32 (lançado em março de 1932), com acompanhamento de piano, violão, cavaquinho e bateria.

Vou fazer a Deus
Uma oração
Pra você meu bem
Ter melhor coração
Por que mulher
Você me maltrata assim
Zombando de mim
Eu vivo a sofrer
Vai ver por te querer
Por gostar de você
E eu vou fazer uma promessa
Tenho que fazer
Pois nesta vida
Vou mudar de proceder
Vou à igrejinha
Vou rezar
Vou me benzer
E eu tenho fé
Que você vai me querer
Vou à igrejinha
Vou rezar
Vou me benzer
E eu tenho fé
Que você vai me querer

E para apagar essa linha é por isso
De ferir meu coração
A dor não cansa

Discografia de Silvio Caldas,
em long-plays e compact discs, por ordem alfabética, nomes dos compositores, letras das canções e título do disco

Obs: 1

Se a música foi gravada originalmente em disco de cera, a letra da música deve ser procurada naquela relação;

Obs: 2

Não tendo acesso às partituras, as letras foram obtidas através de um esforço de pesquisa junto a revistas especializadas e, principalmente, copiadas das próprias gravações por um grupo de amigos, correndo-se, assim, risco de imperfeição.

Arquivo Rberto Gambardella

A DISTÂNCIA

(Roberto Carlos / Erasmo Carlos). Consta do LP "Grandes Sucessos Com Silvio Caldas."

Nunca mais você ouviu falar de mim
Mas eu continuei a ter você
Em toda essa saudade que ficou
Tanto tempo já passou
E eu não te esqueci

Quantas vezes eu pensei voltar
E dizer que o meu amor nada mudou
Mas o meu silêncio foi maior
E na distância morro
Todo dia sem você saber

O que restou do nosso amor ficou
No tempo esquecido por você
Vivendo do que fomos ainda estou
Tanta coisa já mudou
Só eu não te esqueci

Quantas vezes eu pensei voltar
E dizer que o meu amor nada mudou
Mas o meu silêncio foi maior
E na distância morro
Todo dia sem você saber

Eu só queria lhe dizer que eu
Tentei deixar de amar não consegui
Se alguma vez você pensar em mim
Não se esqueça de lembrar
Que eu nunca te esqueci

Obs: Gravação original de Roberto Carlos.

A JANGADA VOLTOU SÓ

(Dorival Caymmi). Consta dos LPs: "Histórias da Música Popular Brasileira", "O Grande Seresteiro" e "O Maior Seresteiro do Brasil."

A jangada saiu com Chico, Ferreira e Bento
A jangada voltou só
Com certeza foi lá fora um pé de vento
A jangada voltou só

Chico era o boi do rancho
Nas festas de "Natá"

(bis)

Não se saía do rancho
Sem com Chico se "contá"

(bis)

Agora que não tem Chico
Que graça que pode ter
Se Chico foi na jangada
E a jangada voltou só

Bento cantando modas
Muita figura fez

(bis)

Bento tinha bom peito
E pra cantar não tinha vez

(bis)

As moças de Jaguaribe
Choraram de fazer dó
Se o Bento foi na jangada
E a jangada voltou só

Obs: Criação de Dorival Caymmi. Silvio Caldas cantou apenas parte da letra original.

A JARDINEIRA

Marcha (Benedito Lacerda / Humberto Porto).. Esta música está gravada por Silvio Caldas nos LPs: "Histórias da Música Popular Brasileira", "Silvio Caldas Especial, ao Vivo" e "A Arte do Espetáculo."

Ó jardineira
Por que estás tão triste
Mas o que foi
Que te aconteceu?
Foi a camélia
Que caiu do galho
Deu dois suspiros
E depois morreu
Vem, jardineira
Vem, meu amor
Não fiques triste
Que este mundo é todo teu
Tu és muito mais bonita
Que a camélia que morreu

Obs: Gravação original de Orlando Silva, de 1938.

A MENINA PRESIDÊNCIA

(Antônio Nássara / Cristóvão de Alencar). Dos LPs: "A Arte do Espetáculo" e Histórias da Música Popular Brasileira."

A MULHER QUE FICOU NA TAÇA

Valsa (Francisco Alves / Orestes Barbosa). Essa gravação do Silvio Caldas foi incluída no LP "*Ontem ao Luar.*"

Fugindo da nostalgia
Vou procurar alegria
Na ilusão dos cabarés
Sinto beijos no meu rosto
E bebo por meu desgosto
Relembrando o que tu és

E quando bebendo espio
Uma taça que esvazio
Vejo uma visão qualquer
Não distingo bem o vulto
Mas deve ser do meu culto
O vulto dessa mulher

Quanto mais ponho bebida
Mais a sombra colorida
Aparece ao meu olhar
Aumentando o sofrimento
No cristal em que sedento
Quero a paixão sufocar

E no anseio da desgraça
Encho mais a minha taça
Para afogar a visão
Quanto mais bebida eu ponho
Mais cresce a mulher no sonho
Na taça e no coração

Obs: Gravação original de Francisco Alves, de 1934

A NOITE É GRANDE

(Antonio Maria / Fernando Lobo). Esta gravação conjunta de Silvio e Elizeth, foi incluída por Silvio no LP "Elizeth Cardoso e Silvio Caldas."

É muito tarde pra esperar por ela
Ela não vem ouvir a tua voz
Esquece amigo pois a vida é bela
A noite é grande cabe todos nós

A PEQUENINA CRUZ DO TEU ROSÁRIO

(F.C.Weyne / R. Xavier de Castro). Gravação de Silvio Caldas no LP: "O Maior Seresteiro do Brasil."

Agora, que não te vejo a meu lado
A segredar-me apaixonadas juras
Busco as vezes do nosso amor passado
Recordar as íntimas loucuras

Faz tanto tempo, que eu não me lembro
{quando
Da minha vida, o longo itinerário
Tu mostravas-me a rir, que idílio santo
A pequenina cruz do teu rosário

E sempre que eu te via me recordava
Do nosso amor a fantasia louca
E cada vez que a a pequena cruz beijava
Eu beijava febril a tua boca

Mas o tempo passou, triste eu segui
A vida é longa e o pensamento é vário
E nunca mais, nunca mais eu vi
A pequenina cruz do teu rosário

Obs: Esta gravação, obtida de um fonograma recolhido de um programa de rádio, no ano de 1952. Silvio se fazia acompanhar apenas por cordas e segundo Ary Vasconcelos *deu ao clássico uma interpretação definitiva.*

A PRETA DO ACARAJÉ

(Dorival Caymmi). Gravação incluída nos LPs: "O Maior Seresteiro do Brasil", "O Grande Seresteiro" e "Histórias da Música Popular Brasileira."

Dez horas da noite
Na rua deserta
A preta mercando
Parece um lamento
Ê abará, ê abará
Na sua gamela
Tem molho cheiroso
Pimenta da Costa
Tem acarajé
Todo mundo gosta de acarajé
Todo mundo gosta de acarajé
Todo mundo gosta de acarajé
Todo mundo gosta de acarajé

A SAUDADE

(Eduardo Souto / Bastos Tigre). Gravação original de Francisco Alves, de 1932. Gravação de Silvio incluída no LP "Com a Saudade Pelo Braço."

A TUA VIDA É UM SEGREDO

(Lamartine Babo). Silvio Caldas incluiu esta gravação no LP "Silvio Caldas em Pessoa."

A tua vida
É um segredo
É um romance e tem...
E tem enredo
A tua vida
É um livro amarelado
Lembrança do passado
Folhas soltas de saudade
A tua vida...
Romance igual ao meu
Igual a muitos outros
Que o destino escreveu
A tua vida
Foi sonho e foi ventura
Foi lágrima caída
No caminho da amargura
São nossas vidas
Comédias sempre iguais
Três dias de ventura,
Cai o pano e nada mais

Obs: Gravação original de Mário Reis.

A ÚNICA RIMA

Samba (Silvio Caldas/Orestes Barbosa). Este samba foi incluído por Silvio Caldas no LP "*Serenata*."

A VIDA EM QUATRO TEMPOS

(C. Mesquita/P.Orlando). Incluída por Silvio no LP "Silvio Caldas e Suas Interpretações Inesquecíveis."

A VOZ DO VIOLÃO

Canção (Francisco Alves e Horácio Campos). Silvio Caldas gravou esta canção nos LPs: "Canta o Seresteiro", "Canta Seresteiro do Brasil", "Grandes Interpretações de Silvio Caldas", "Presença de Silvio Caldas", "Histórias da Música Popular Brasileira", "A História Viva - Phonodisc", "Uma Seresta Inesquecível" e "O Maior Seresteiro do Brasil."

Não queiras meu amor saber da mágoa
Que sinto quando a relembrar-te estou
Atestam-te os meus olhos rasos d'água
A dor que a tua ausência me causou
Porém neste abandono interminável
No espinho de tão negra solidão
Eu tenho um companheiro inseparável
Na voz do meu plangente violão.

Deixaste-me sozinho e lá distante
Alheia à imensidão da minha dor
Esqueces que ainda existe um peito amante
Que chora o teu carinho sedutor

Saudades infinitas me devoram
Lembranças do teu vulto que nem sei
Meus olhos, incessantemente choram
As horas de prazer que já gozei

Obs: Gravação original de Francisco Alves, de 1828. Chico gravou esta canção comercialmente por mais 3 vezes (1929, 1939 e 1951), o que mostra sua importância para o grande cantor. Dos cinco quartetos da letra original, Silvio gravou somente dois, suprimindo, assim, várias estrofes. O próprio Chico Alves também não gravou a letra inteira. Em 1951, ficou esse registro, retirado de fonograma inédito recolhido de programa de rádio e levado ao disco em selo Collector's. Comentando, Ary Vasconcelos disse que *"Silvio Caldas mostra que, em 1951, também era Rei da Voz."*

A.E.I.O.U.

(Lamartine Babo / Noel Rosa). Silvio gravou esta marcha nos LPs "Silvio Caldas Especial, ao Vivo", "A História Viva - Phonodisc", "A Arte do Espetáculo", "Histórias da Música Popular Brasileira."

A... e... i... o... u...
Dabliú... dabliú...
Na cartilha da Juju
Juju

A Juju já sabe ler
A Juju sabe escrever
Há dez anos na cartilha
A Juju já sabe ler
A Juju sabe escrever
Escreve sol com cê cedilha!

Sabe conta de somar
Sabe até multiplicar
Mas na divisão se enrasca
Outro dia fez um feio
Pois partindo um queijo ao meio
Quis-me dar somente a casca!

Sabe história natural
Sabe história universal
Mas não sabe geografia
Pois com um cabo se atracando
Na bacia navegando
Foi pra Ásia e teve azia!

Obs: Gravação original de Lamartine Babo, com o Grupo do Canhoto e Coro, para o carnaval de 1932.

ACLIMAÇÃO

(Lauro Miller). Gravação incluída no LP "Isto é São Paulo."

Na Bela Vista
Eu tive uma conquista
Lá no Belém
Também gostei de alguém
No Itaim
Alguém gostou de mim
Mas foi lá na Aclimação
Que eu prendi meu coração

(bis)

Adeus, vida boêmia da cidade
Adeus, minha Avenida São João
Boêmios, já tomei novo caminho
Como as aves fiz meu ninho
No jardim da Aclimação

ACONTECEU ASSIM

(Georges Moran / Oswaldo dos Santos). Silvio incluiu esta gravação no LP "E o Destino Desfolhou."

Aconteceu assim
Que um dia eu te encontrei
E sucedeu assim
Por ti me apaixonei
E numa febre louca de desejos
Me afoguei
Colando os lábios meus
Nos lábios teus
Aconteceu assin
Que um dia eu te perdi
E sucedeu assim
Que nunca mais te vi
Mas como hoje numa rua
Eu te vi passar
Aconteceu assim
Senti vontade de chorar

Obs: Gravação original de Carlos Galhardo, de 1954.

ADEUS, FELICIDADE

(Sílcio Caldas/ Christóvão de Alencar / Newton Teixeira). Gravada nos LPs: "O Caboclinho Querido" e "Imperial 30142 - Silvio Caldas."

AGORA É CINZA

Samba (Alcebíades Barcelos, "Bide" / Armando Marçal). Gravação de Silvio Caldas no LP "CLP11661 - Silvio Caldas."

Você partiu,
Saudade me deixou
Eu chorei
O nosso amor
Foi uma chama
Que o sopro do passado
Desfaz
Agora é cinza,
Tudo acabado
E nada mais
Você
Partiu de madrugada
E não me disse nada
Isso não se faz
Me deixou cheio de saudade
E de paixão
Não me conformo
Com a sua ingratidão
Agora
Desfeito o nosso amor
Eu vou chorar de dor
Não posso esquecer
Vou viver diante dos teus olhos
Oh! Querida
Não me dê
Um adeus por despedida
(Chorei porque)

Obs: Gravação original de Mário Reis, do ano de 1934. Este samba ganhou o primeiro lugar no concurso do Carnaval Carioca.

AI QUE SAUDADES DA AMÉLIA

(Ataulfo Alves / Mário Lago). Samba incluído no LP "Histórias da Música Popular Brasileira."

Nunca vi fazer tanta exigência
Nem fazer o que você me faz
Você não sabe o que é consciência
Não vê que eu sou um pobre rapaz?
Você só pensa em luxo e riqueza
Tudo o que você vê você quer
Ai, meu Deus! Que saudade da Amélia...
Aquilo sim é que era mulher

As vezes passava fome a meu lado
E achava bonito não ter o que comer
Quando me via contrariado
Dizia: - meu filho, o que se há de fazer
Amélia não tinha a menor vaidade
Amélia é que era mulher de verdade.

Obs: Gravação original do próprio Ataulfo Alves e "Suas Pastoras", para o carnaval de 1942.

ALGODÃO

(Custódio Mesquita / David Nasser). Silvio incluiu esta música nos LPs: "Silvio Caldas e Suas Interpretações Inesquecíveis", "Filigranas Musicais da RCA" - v. XVI", "Momentos Nostálgicos", "O Melhor de Silvio Caldas" e "Os Grandes Sucessos de David Nasser."

ALUCINAÇÃO

(Newton Teixeira / Djalma Macieira do Nascimento). Silvio incluiu esta música nos LPs: "Com a Saudade Pelo Braço", "O Melhor de Silvio Caldas", "Ontem ao Luar" e "Silvio Caldas - Phonodisc."

AMOR DE POETA

(J. B. da Silva, Sinhô). Lançada no LP "LB028 - Novidades de 1930."

Ana Maria (Mário Lago). Lançada no LP: "Com a Saudade Pelo Braço."

ANDORINHA

(Silvio Caldas). Incluída nos LPs: "Filigranas Musicais da RCA - IX", "O Melhor de Silvio Caldas" e "Elizeth Cardoso e Silvio Caldas."

APELO

(Baden Powell / Vinicius de Moraes). Consta dos LPs: "Silvio Caldas e Elizeth Cardoso" e "Silvio Caldas Especial, ao Vivo."

Ah, meu amor não vás embora
Vê a vida como chora
Vê que triste esta canção
Não, eu te peço, não te ausentes
Pois a dor que agora sentes
Só se esquece no perdão
Ah, minha amada me perdoa
Pois embora ainda te doa
A tristeza que causei
Eu te suplico, não destruas
Tantas coisas que são tuas
Por um mal que já paguei
Ah, minha amada se soubesses
Da tristeza que há nas preces
Que a chorar te faço eu
Se tu soubesses, num momento,
Todo o Arrependimento
Como tudo entristeceu
Se tu soubesses como é triste
Eu saber que tu partistes
Sem sequer dizer adeus
Ah, meu amor, tu voltarias
E de novo cairias
A chorar nos braços meus

AQUARELA DO BRASIL

(Ary Barroso). Silvio incluiu esta música nos LPs: "Silvio Caldas Canta Ary Barroso, 10", "Filigranas Musicais da RCA - v. XVI" e "A Arte do Espetáculo."

ARRANHA-CÉU

(Silvio Caldas / Orestes Barbosa). Silvio gravou esta música nos seguintes LPs: "Imperial 30107 - SC Sylvio Caldas", "História da Música Popular Brasileira, n. 23", "No Tempo dos Bons Tempos, v. 9" e "Presença de Silvio Caldas."

ARREPENDIMENTO

(Silvio Caldas / Cristóvão de Alencar). Silvio Caldas lançou esta música: "Saudades, 12", "Canta o Seresteiro", "Silvio Caldas em Pessoa", "Canta o Seresteiro do Brasil", "Imperial 30107 - SC Sylvio Caldas", "Saudades, 10", "Saudades, 12" e "O Melhor de Silvio Caldas."

AS ROSAS NÃO FALAM

(Cartola) - Silvio gravou esta música no LP "A Arte do Espetáculo, ao Vivo."

Bate outra vez
Com esperanças o meu coração
Pois já vai terminando o verão, enfim
Volto ao jardim
Na certeza que devo chorar
Pois bem sei que não queres voltar
Para mim
Queixo-me às rosas
Mas que bobagem
As rosas não falam
Simplesmente as rosas exalam
O perfume que roubam de ti
Ai...
Devias vir
Para ver os meus olhos tristonhos
E quem sabe sonhar com os meus sonhos
Por fim

Obs: Gravação original de Cartola.

ASSIM ACABA UM GRANDE AMOR

(Gastão Lamounier / Mário Rossi). Silvio gravou esta música nos LPs: "O Grande Seresteiro" e "Seresta, Só Seresta."

Assim acaba um grande amor
Que eu nunca mais esquecerei
Lindo missal inspirador
Dos róseos sonhos que sonhei

Eu só direi que a crúcia mágoa
Dos desencantos que me ferem
Vem dos seus olhos rasos d'água
Para os meus olhos que lhe querem

O nosso amor era tão lindo
Suave ilusão sentimental
Nasceu, floriu, morreu sorrindo
Foi um romance emocional
Heje depois do rompimento
É que avalio a minha dor
Eu sem você, que sofrimento!
E assim acaba um grande amor

Obs: Gravação original de Carlos Galhardo, de 1937.

ATÉ AMANHÃ

Samba (Noel Rosa). Silvio gravou este samba nos LPs: "Silvio Caldas em Pessoa", "A Arte do Espetáculo" e "Histórias da Música Popular Brasileira."

Até amanhã se Deus quizer,
Se não chover eu volto pra te ver, óh mulher!
De ti gosto mais que outra qualquer
Não vou por gosto o destino é quem quer

Adeus é pra quem deixa a vida
É sempre na certa em que eu jogo
Três palavras vou gritar por despedida:
"Até amanhã! Até já! Até logo!"

O mundo é um samba em que eu danço,
Sem nunca sair do meu trilho,
Vou cantando o teu nome sem descanso,
Pois do meu samba tu és o estribilho.

Obs: Gravação original de João Petra de Barros e Gente Boa - Odeon 10.950-B, de outubro de 1932).

ATÉ BREVE

(Cristóvão de Alencar / Ataulfo Alves). Silvio incluiu este samba nos seguintes LPs: "O Caboclinho Querido Sylvio Caldas", "Silvio Caldas em Pessoa", "Imperial 30142 - Silvio Caldas", "Grandes Sucessos de Silvio Caldas", "Uma Seresta Inesquecível" e "Veleiro 2625 - SIlvio Caldas."

ATÉ QUANDO?

(Silvio Caldas / Christóvão de Alencar). Silvio incluiu este samba no LP "Eles Fizeram o Sucesso - v. 1."

AUSÊNCIA

(Carolina Cardoso de Menezes / Elza Marzullo) Silvio incluiu esta música no LP "Filigranas Musicais da RCA - IX."

AVE MARIA

Valsa (Erothides de Campos). Gravação de Silvio Caldas nos LPs: "Canta o Seresteiro", "Grandes Interpretações do Silvio Caldas", "Presença de Silvio Caldas" e "Canta o Seresteiro."

Cai a tarde tristonha e serena
Em macio e suave langor
Despertando no meu coração
A saudade do primeiro amor

Um gemido se esvai lá no espaço
Nessa hora de lenta agonia
Quando o sino saudoso murmura
Badaladas da Ave-Maria

Sino que tange como mágoa dorida
Recordando o sonho da aurora da vida
Dai-me ao coração paz e harmonia
Na prece da Ave-Maria

No alto do campanário
Uma cruz simboliza o passado
De um amor que já morreu
Deixando um coração amargurado

Esse som de profundo mistério
Faz pulsar meu fiel coração
Quando penso tão triste e sozinho
Num passado de grata ilusão

Eu me lembro das tardes de outrora
Que contigo sonhava a poesia
Do amor que feliz te jurava
Ao murmúrio da Ave-Maria

Sino que tange para amenizar
A saudade dos tempos que vivi a sonhar
Mil venturas de suave alegria
Minh'alma ao som da Ave-Maria

Lá no infinito azulado
Uma estrela formosa irradia
A mensagem do meu passado
Quando o sino tange Ave-Maria

Obs: Gravação original de Pedro Celestino (irmão do Vicente), de 1926. Silvio suprimiu inúmeros versos nesta gravação. Além de Pedro Celestino e Silvio Caldas, esta valsa teve outros grandes intérpretes, como Francisco Alves e Augusto Calheiros, sendo deste, talvez, a melhor interpretação.

AZULÃO

(Hekel Tavares / Luiz Peixoto). Silvio gravou esta música no LP "Silvio Caldas - O Seresteiro."

Azulão, vai, vai
Fala com ela que eu te contei
Que eu morei com ela
Mas dela um dia me separei
Que ainda penso nela
Mas se ela pensa em mim, não sei

Azulão se ela tiver chorando
Diz que eu ando, Azulão
Com ela no coração
Azulão se ela tiver cantando
Diz que eu tive, Azulão
Foi sorte na minha mão

Diz que eu agora já tenho outra
Que é mais bonita, mais cabocla, mais sertão
Diz que eu não falo, nem penso nela
Diz que eu agora, não diz nada, nada não

BAHIA

(Ary Barroso). Silvio canta este samba no LP "Ary Barroso na Voz de Silvio Caldas."

BALALAIKA

(Georges Moran / O. Fernandes). Cantada por Silvio no LP "Titio Canta Para Você."

Sombras do Volga,
Passado fugaz
Mulheres, risos, alegrias
Não mais terei, nunca mais
Que eu sei, aqueles dias
Valsas, romances, baladas, luar
Prazeres, ciúmes, orgias
Noites sem par que passei
Na vida a sonhar...

Quando escuto o teu som, balalaika
Qual criança, eu me ponho a chorar
Quero ouvir o teu som, balalaika
Tu me fazes de alguém recordar
Eu me lembro de ti, minha terra
E dos sonhos de amor, que perdi
Ao ouvir o teu som, balalaika
Eu me ponho de novo a chorar

Obs: Gravação original de Orlando Silva, de 1938.

BARRA FUNDA

(Lauro Miller). Consta do LP "Isto é São Paulo."

Barra Funda, Barra Funda
Reduto do samba velho de guerra
Barra Funda, Barra Funda
É o berço do samba na minha terra

(bis)

Onde houver batucada
Cuíca, pandeiro, pastoras a cantar
Nos desfiles das escolas de samba
Barra Funda está sempre em primeiro lugar

BECO SEM SAÍDA

(Silvio Caldas). Do LP "Silvio Caldas / Phonodisc", de 1983.

Ai, quanta amargura no meu peito
Não está direito o que você me faz
(Não tenho paz)
Quando emoção, quanta aflição, ingratidão
Meu coração já não agüenta mais

E agora sem você o que é que eu faço
Onde eu jogo o meu cansaço
Quando eu quero descansar
O que é que eu vou fazer da minha vida
Neste beco sem saída
Que você quer me deixar
Já fiz meu travesseiro no seu braço
E agora o que é que eu faço
Pra me desacostumar
Você não vai ficar fazendo graça
A uva também vira passa
Você vai se machucar

BOA NOITE, AMOR

(José Maria de Abreu / Fco. Matoso). Consta nos LPs: "Silvio Caldas, Canta, 10" e "Com a Saudade **Pelo Braço."**

Quando a noite descer
Insinuando um triste adeus
Olhando nos olhos teus
Hei de beijando teus dedos dizer:

Boa-noite, amor
Meu grande amor
Contigo eu sonharei
E a minha dor esquecerei
Se eu souber que o sonho teu
Foi o mesmo sonho meu
Boa-noite, amor
E sonha enfim
Pensando sempre em mim
Na carícia de um beijo
Que ficou no desejo
Boa-noite, meu grande amor!

Obs: Gravação original de Francisco Alves, de 1936.

BONECA

(Benedito Lacerda / Aldo Cabral). Silvio incluiu esta músicas nos LPs: "Elas e Elas da Velha Guarda - v. 2" e "O Melhor de Silvio Caldas."

BRAZ

(Lauro Miller). Gravado por Silvio no LP "Isto é São Paulo."

Cada vez aumenta mais no meu peito
A saudade que eu tenho do Braz
O alarido dos apitos que falta me faz
Que saudade das cantinas boêmias do Braz
Mais eu tenho fé em Deus
Que não hei de morrer
Sem voltar pro meu Braz
Onde deixei a minha infância
E os sonhos bonitos de todo rapaz

(bis)

Salve o Braz
Daquele da normalista e da operária gentil
Amo o Braz
Cujo nome é um pouco mais
De metade de Brasil

CABEÇA CHATA

(Eratóstenes Frazão). Silvio gravou esta música nos LPs: "Eles e Elas da Velha Guarda - v. 2", "E o Destino Desfolhou", "Eles Fizeram o Sucesso - v. 1" e "Histórias da Música Popular Brasileira."

CABELOS BRANCOS

Samba (Marino Pinto / Herivelto Martins). Silvio gravou este samba nos LPs: "Cabelos Brancos**", "Presença de** Silvio **Caldas", "Silvio Caldas em Pessoa" e "Com** a Saudade Pelo **Braço."**

Não falem desta mulher perto de mim
Não falem pra não lembrar minha dor
Já fui moço, já gozei a mocidade
Se me lembro dela me dá saudade
Por ela vivo aos trancos e barrancos
Respeitem ao menos
Os meus Cabelos brancos

Ninguém viveu a vida que eu vivi
Ninguém sofreu na vida o que eu sofri
As lágrimas sentidas
Os meus sorrisos francos
Refletem-se hoje em dia
Nos meus cabelos brancos
E agora, em homenagem ao meu fim
Não falem desta mulher perto de mim

Obs: Gravação original de 4 Azes e 1 Coringa. Silvio Caldas deu a este samba uma interpretação definitiva.

CABELOS COR DE PRATA

(Rogaciano Leite / Silvio Caldas). Silvio incluiu esta música nos LPs: "Silvio Caldas Canta, 10", "Com a Saudade Pelo Braço", "Histórias da Música Popular Brasileira", "O Melhor de Silvio Caldas", "A Arte do Espetáculo", "Phonosonic - A História Viva" e "Silvio Caldas Especial, ao Vivo."

CABROCHA DO ROCHA

(Silvio Caldas / Noel Rosa). Gravação incluída nos LPs: "Histórias da Música Popular Brasileira", "Phonosonic - A História Viva" e "Silvio Caldas Especial, ao Vivo."

Eu tenho uma cabrocha
Que mora no Rocha
E não relaxa
Sei que ela joga no bicho
Que dança maxixe
E dá muita bolacha

Tenho um filho macho
Com cara de tacho
Além de ser cocho
Ele me faz de capacho
E qualquer dia eu racho
Esse carneiro mocho

Obs: Segundo Silvio Caldas, essa composição dele com Noel foi um improviso, que não chegou a ser lançado comercialmente.

CAIXINHA DE MÚSICA

(Custódio Mesquita). Composição incluída nos LPs: "Sou Um Namorado Errante", "E o Destino Desfolhou", "O Melhor da Velha Guarda CALB 5234 - v. 2" e "O Melhor de Silvio Caldas."

CANÇÃO DA VOLTA

Canção (Ismael Netto / Antônio Maria). Gravação de Silvio Caldas no LP: "Grandes Sucessos Com Silvio Caldas."

Nunca mais vou fazer
O que meu coração pedir
Nunca mais vou ouvir
O que meu coração mandar
O coração fala muito
E não sabe ajudar
Sem refletir
Qualquer um vai errar
Penar...
Eu fiz mal em ficar
Eu fiz mal em sair
Do que eu tinha em você
E errei em dizer
Que não voltava mais
Nunca mais
Hoje eu volto vencida
A pedir pra ficar aqui
Meu lugar é aqui
Faz de conta que eu não saí

Obs: Gravação original de Dircinha Batista, de 1954

CANÇÃO DAS MÃES

(Silvio Caldas / David Nasser) - Consta do LP "Com *a* Saudade Pelo Braço."

CANÇÃO DE AMOR

Canção (Chocolate / Elano de Paula). Gravado por Silvio nos LPs: "Elizeth Cardoso e Silvio Caldas" e "Silvio Caldas Especial, ao Vivo."

Saudade, torrente de paixão
Emoção diferente
Que aniquila a vida da gente
Uma dor que eu não sei de onde vem
Deixaste meu coração vazio
Deixaste a saudade
Ao desprezares aquela amizade
Que nasceu ao chamar-te "meu bem"
Das cinzas do meu sonho
Um hino então componho
Sofrendo a desilusão
Que me invade
Canção de amar, saudade

Obs: Gravação original de Elizeth Cardoso.

CANÇÃO DE ANIVERSÁRIO

(Joubert de Carvalho). Incluída no LP "O Melhor de Silvio Caldas."

Parabéns a você, parabéns
Toda a felicidade
Muitos anos de vida, também
E sempre a nossa amizade

CANÇÃO DE NATAL

(J. Antônio D'Ávila / Walter Guilherme). Incluída no LP: "Eternamente."

Que linda noite de Natal

Um suave manto envolove a terra
Nas ruas, nas igrejas e nos lares
Natal, Natal, Natal

Namorados sorriem alegremente
Um beijo é o melhor presente
Só eu não tenho a quem beijar
E dizer Feliz Natal

CANÇÃO DO ETERNO ADEUS

(Renato de Oliveira). Gravação incluída no LP "Silvio Caldas - O Seresteiro."

Dentro de mim só existe
O pranto amargo, o pranto triste
De quem não sabe mais chorar
De olhos enxutos cheios de luz
Que a mágoa põe em todo olhar
Qual a razão que insiste
Que ainda devo procurar
Alguém que me queira a mim
Como eu te quero assim
Com este amor sem fim
Louco assim, assim
Dentro de mim só existe
O pranto amargo o pranto triste
E agora eu sei vai transbordar
Pois que chegou a hora do adeus
Do eterno adeus

CANÇÃO PARA A MAMÃE

(Lilá Sant'Anna). Incluída no LP "Eternamente."

CANSADO

(Heitor dos Prazeres). Consta do LP "Filigranas Musicais da RCA - IX."

CANTA, MARIA

Valsa (Ary Barroso). Incluída por Silvio no LP "Ontem ao Luar."

Canta, Maria
A melodia singela
Canta que a vida é um dia!
Que a vida é bela
Minha Maria
Trá lá lá lá
Maria é o meu amor
Trá lá lá lá
Amor que me faz chorar
Plantei um pé de alecrim
Um pé de alecrim para perfumar
A minha linda casinha
Tão simplesinha
Que dá gosto olhar

Obs: Gravação original de Cândido Botelho, de 1941.

CARINHOSO

Samba (Pixinguinha / João de Barro). Este samba foi incluído nos LPs: "Silvio Caldas - O Seresteiro", "Silvio Caldas e Pedro Vargas" e "A Arte do Espetáculo."

Meu coração
Não sei porque
Bate feliz
Quando te vê
E os meus olhos ficam sorrindo
E pelas ruas vão te seguindo
Mas mesmo assim
Foges de mim

Ai se tu soubesses
Como eu sou tão carinhoso
E o muito, muito que te quero
E como é sincero o meu amor
Eu sei que tu
Não fugirias mais de mim
Vem,
Vem sentir o calor
Dos lábios meus
A procura dos teus

Vem matar esta paixão
Que me devora o coração
E só assim então
Serei feliz, bem feliz

Obs: Gravação original de Orlando Silva, de 1937.

CASA VERDE

(Lauro Miller). Incluído no LP "Isto é São Paulo."

Casa verde você bem se lembra
Das noites de lua
De um cantor que cantava na rua
Com o seu violão
E parava diante de um sobradinho amarelo
E ela vinha risonha a janela
Pra ouvir a canção

Casa verde, se eu lhe disser
Você não acredita
No meu peito existe uma saudade
Que nunca morreu
A mulher que ouvia o cantor na janela
Hoje é minha
E o cantor que fazia seresta pra ela
Sou eu

A vida levou-me pra longe
Pra muito distante
Saí derrotado nos braços da desilusão
Porém o seu nome eu não pude esquecer
Um instante
Gravado que estava
No fundo do meu coração

CASINHA PEQUENINA

(D. P. - Arranjo de Renato de Oliveira). Silvio incluiu esta música nos LPs: "Canta o Seresteiro do Brasil", "Grandes Interpretações de Silvio Caldas", "Presença de Silvio Caldas", "Canta o Seresteiro" e "Uma Seresta Inesquecível."

Tu não te lembras
Da casinha pequenina
Onde o nosso amor nasceu (ai)

(bis)

Tinha um coqueiro do lado
Que coitado de saudade
Já morreu

(bis)

Tu não te lembras das juras
Ó perjura
Que fizeste com fervor (ai)

(bis)

Daquele beijo demorado
Prolongado
Que selou o nosso amor

(bis)

Obs: Silvio suprimiu alguns versos da gravação original.

CESSA TUDO

(Celso Macedo / Lamartine Babo). Consta do LP "Silvio Caldas e Suas Interpretações Inesquecíveis."

CHÃO DE ESTRELAS

(Silvio / Orestes Barbosa). Silvio Caldas incluiu esta música nos LPs: "Imperial 30107 - SC Sylvio Caldas", "Elizeth Cardoso e Silvio Caldas", "A Arte do Espetáculo", "Eternos Sucessos - v. 2", "História da M. P. B. - N. 23", "Histórias da Música Popular Brasileira", "No Tempo Dos Bons Tempos - v. 9", "O Fino da Seresta", "Phonosonic - A História Viva", "Presença de Silvio Caldas", "Silvio Caldas Especial, ao Vivo", "Silvio Caldas e Pedro Vargas" e "Silvio Caldas em Pessoa."

CHORA QUE PASSA

(Frazão / Roberto Martins). Consta do LP "Revivendo - Tive Uma Surpresa."

CHORO POR TEU AMOR

(Joaquim de C.Barbosa / Kid Pepe). Incluído no LP "Imperial 30107 - SC Sylvio Caldas."

CHOVE LÁ FORA

(Tito Madi). Consta do LP "Grandes Sucessos Com Silvio Caldas."

A noite está tão fria
Chove lá fora
Esta saudade enjoada
Não vai embora
Quisera compreender

Por que partistes
Quisera que soubesses
Como estou triste

E a chuva continua
Mais forte ainda
Só Deus sabe dizer
Como é infinda
A dor de não saber
Saber agora
Onde estás, como estás
Com quem estás agora

Obs: Criação de original de Tito Madi.

CHUVA E VENTO

(Alber Ribeiro / José Maria de Abreu). Incluída nos LPs "LPDS 32098 - S. C. - O Seresteiro" e "O Melhor de Silvio Caldas."

CHUVA MIÚDA

(Silvio Caldas / Eratóstenes Frazão). Consta dos LPs: "Silvio Caldas e Pedro Vargas" e "Elizeth Cardoso e Silvio Caldas."

CHUVAS DE VERÃO

Samba (Fernando Lobo). Incluída nos LPs: "Cabelos Brancos", "Silvio Caldas em Pessoa" e "Presença de Silvio Caldas."

Podemos ser amigos simplesmente
Coisas do amor nunca mais!
Amores do passado no presente
Repetem velhos temas tão banais
Ressentimentos passam como o vento
São coisas do momento
São chuvas de verão
Trazer uma aflição dentro do peito
É dar vida a um defeito
Que se cura com a razão

Estranha no meu peito
Estranha na minh'alma
Agora eu vivo em calma
Não te desejo mais
Podemos ser amigos simplesmente
Amigos simplesmente nada mais

Obs: Gravação original de Francisco Alves, de 1949. Silvio alterou um verso original: em vez de "Não te conheço mais" ele gravou "Não te desejo mais."

CIDADE MARAVILHOSA

(André Filho). Esta marcha foi incluída nos LPs: "A Arte do Espetáculo", "Histórias da Música Popular Brasileira" e "Phonosonic - A História Viva."

Cidade maravilhosa
Cheia de encantos mil
Cidade maravilhosa
Coração do meu Brasil
Berço do samba
E das lindas canções
Que brilham n'alma da gente
És o altar dos nossos corações
Que cantam alegremente

Jardim florido de amor e saudade
Terra que a todos seduz
Que Deus te cubra de felicidade
Ninho de sonho e de luz

Obs: Gravação original de Aurora Miranda, para o carnaval de 1935. Esta marcha havia sido lançada em outubro de 1934, por ocasião da festa da Mocidade, no Rio de Janieiro, sem alcançar sucesso.

CIGANA

(Nonô / Paulo Roberto). Música gravada nos LPs: "Imperial 30.207 - v. 2" e "Grandes Sucessos de Silvio Caldas."

CINCO LETRAS QUE CHORAM (ADEUS)

Samba-canção (Silvino Neto). Silvio gravou esta música nos LPs: "E O Destino Desfolhou" e "Seresta, Só Seresta."

Adeus, adeus, adeus!
Cinco letras que choram
Num soluço de dor
Adeus, adeus, adeus!
É como o fim de uma estrada
Cortando uma encruzilhada
Ponto final de um romance de amor
Quem parte tem os olhos rasos d'água
Ao sentir a grande mágoa
Por se despedir de alguém
Quem fica também fica chorando
Com o coração penando
Querendo partir também

Obs: Gravação original de Francisco Alves, de 1947.

CIRANDA, CIRANDINHA

(D.P.). Consta do LP "A Arte do Espetáculo."

COM A SAUDADE PELO BRAÇO

(Nelson Souto / F. Pimentel).Do LP "Com *A saudade* Pelo Braço."

COM O PENSAMENTO EM VOCÊ

(Joubert de Carvalho). Faz parte do LP "Silvio Caldas - O Caboclinho Querido."

COMO OS RIOS QUE CORREM PRO MAR

(C.Mesquita / E. Ruy). Integram os LPs: "(Silvio Caldas - O Seresteiro do Brasil" e "O Seresteiro Silvio Caldas."

COMPROMISSO COM A SAUDADE

(Billy Blanco). Consta do LP "*Cabelos brancos.*"

CONFESSANDO QUE TE ADORO

(José C.Burle/J.G. Araújo Jorge). Do LP "Imp.30107 - Sylvio Caldas."

CONTRADIZENDO

(Raul Sampaio / Benil Santos). Incluída no LP "Titio Canta Para Você."

Disse o poeta em sua lira
O amor na humanidade é uma mentira
Talvez por isso não crês agora
Na dor desta paixão que me devora
Mas eu que sinto insatisfeito
Bater meu coração dentro do peito
Posso dizer-te magoado e triste
Que, verdadeiramente, o amor existe
Existe sim os meus desejos
Na minha ânsia dos teus beijos
Existe enfim na minha dor
Nesta amargura de viver sem teu amor

Obs: O poeta a quem os compositores se referem é o poeta paraibano Augusto dos Anjos.

CONVERSA DE BOTEQUIM

(Noel Rosa / Vadico). Do LP "Phonosonic - A História Viva."

Seu garçon, faça o favor
De me trazer depressa
Uma boa média que não seja requentada
Um pão bem quente com manteiga à beça
Um guardanapo
(E) um copo d'água bem gelada.
Fecha a porta da direita
Com muito cuidado
Que eu não estou disposto
A ficar exposto ao sol.
Vá perguntar ao seu freguês do lado
Qual foi o resultado do futebol
Se você ficar limpando a mesa
Não me levanto nem pago a despesa.
Vá pedir ao seu patrão
Uma caneta, um tinteiro,
Um envelope e um cartão,
Não se esqueça de me dar palitos
E um cigarro pra espantar mosquitos.
Vá dizer ao charuteiro
Que me empreste umas revistas
Um isqueiro e um cinzeiro.

Telefone ao menos uma vez
Para 34-4333
E ordene ao seu Osório
Que me mande um guarda-chuva
Aqui pro nosso escritório
Seu garçon me empresta algum dinheiro
Que eu deixei o meu com o bicheiro
Vá dizer ao seu gerente
Que pendure essa despesa
No cabide ali em frente.

Obs: Letra original. Gravação de Noel Rosa, de 1935, em selo Odeon, com acompanhamento de Conjunto Regional.

CORAÇÃO

(Alberto Ribeiro). Incluído nos LPs: "LPDS 32098 - Silvio Caldas - O Seresteiro" e "Elizeth Cardoso e Silvio Caldas."

CORAÇÃO

(Marcelo Tupinambá / Ariovaldo Pires). Do LP "Silvio Caldas - O Seresteiro."

Coração
Não me faça assim
Eu não sei porque razão

Você gosta de mim
E diz que não
Eu passo a vida a cismar
Só pensando em você
Lá dentro do seu olhar
Meu amor um não sei quê
Coração
Não me engane assim
Sua boca diz que não
Mas o meu coração
Me diz que sim

CORAÇÃO

Samba anatômico (Noel Rosa). Consta do LP "Histórias da Música Popular Brasileira."

Coração, grande órgão propulsor
Transformador do sangue venoso em arterial
Coração, não és sentimental,
Mas entretanto dizem que és o cofre da paixão.
Coração, não estás do lado esquerdo
Nem tampouco do direito
Ficas no centro do peito, eis a verdade.
Tu és pro bem-estar do nosso sangue
O que a casa da correção
É para o bem da humanidade.
Coração de sambista brasileiro
Quando bate no pulmão
Faz a batida do pandeiro
Eu afirmo sem nenhuma pretensão,
Que a paixão faz dor no crânio,
Mas não ataca o coração.
Conheci um sujeito convencido
Com mania de grandeza e instinto de nobreza,
Que por saber que o sangue azul é nobre
Gastou todo o seu cobre sem pensar
no seu futuro
Não achando quem lhe arrancasse as veias
Onde corre o sangue impuro
Viajou a procurar de norte a sul
Alguém que conseguisse encher-lhe as veias
Com azul de metileno
Pra ficar com o sangue azul.

Obs: Letra original. Gravação do próprio Noel Rosa, de 1932, em selo Odeon, com acompanhamento da Orquestra Copacabana.

CORAÇÃO INGRATO

(Eratóstenes Frazão / Antônio Nássara). Do LP "Histórias da Música Popular Brasileira."

CORDIAIS SAUDAÇÕES

(Noel Rosa). Silvio canta esta música nos LPs: "Silvio Caldas e Pedro Vargas", "Histórias da Música Popular Brasileira" e "Phonosonic - A História Viva."

(Cordiais saudações!)
Estimo
Que este mal traçado samba
Em estilo rude na intimidade,
Vá te encontrar gozando saúde
Na mais completa intimidade
(Junto dos teus, confio em Deus)
Em vão te procurei
Notícias tuas não encontrei
Eu hoje sinto saudades
Daqueles dez mil reis que eu te emprestei
Beijinhos no cachorrinho,
Muitos abraços no passarinho
Um chute na empregada
Porque já se acabou o meu carinho
A vida cá em casa está horrível
Ando empenhado nas mãos de um judeu
O meu coração vive amargurado
Pois minha sogra ainda não morreu
(Tomou veneno e quem pagou fui eu)
Sem mais, para acabar
Um grande abraço queira aceitar
De alguém que está com fome
Atrás de algum convite pra jantar
Espero que notes bem
Estou agora sem um vintém
Podendo, manda-me algum
Rio, 7 de setembro de 31!
(Responde que eu pago o selo)

Obs: Letra original. Gravação do próprio Noel e Bando dos Tangarás, em selo Parlophon n. 13.327-A, de julho de 1931.

CUTUCA, MAROCA

(D. Guimarães / Lamartine Babo). Do LP "Novidades de 1930 - LB028."

DA COR DO PECADO

(Bororó). Incluído nos LPs: "Silvio Caldas e Suas Interpretações Inesquecíveis" e "A Bossa da Velha Guarda", "Reminiscências - v. 8 (Moto Discos" e "RCA - Nostalgia - v. l."

DÁ NELA

(Ary Barroso) - Incluído no LP "Histórias da Música Popular Brasileira."

Esta mulher
Há muito tempo me provoca
Dá nela! Dá nela!
É perigosa
Fala mais que pata choca
Dá nela! Dá nela!
Fala, língua de trapo
Pois da tua boca eu não escapo
Agora deu
Para falar abertamente
Dá nela! Dá nela!
É intrigante
Tem veneno e mata a gente
Dá nela! Dá nela!

Obs: Gravação de Francisco Alves, em selo Odeon, de 1930.

DESPERTAR DA MONTANHA

(Eduardo Souto / Francisco Pimentel). Do LP "Com a Saudade Pelo Braço."

DESQUITADA

(Urbano Lóes). Consta dos LPs: "Canta o Seresteiro do Brasil" e "Canta o Seresteiro."

Tu que és viúva de marido vivo
Que nunca mais por lei serás feliz
Tu que ainda esperas pelo lenitivo
De uma lei redentora no país
Cerra os olhos tristes e vem sonhar
Sonhando espera por um companheiro bom
E os filhos que hão de vir no novo lar
É o que resta de esperança a mulher
Que tem direito à vida e ao amor
E na alegria ingênua das crianças
Que desafiam leis assim tão más
Compensarás com novas alianças
Toda a desgraça que ficou pra trás

DESTINO TRAÇADO

(Mário Lago / Erasmo Silva). (LPDS 32098 - Silvio Caldas - O Seresteiro).

DEUS, OLHA O MEU BRASIL

(Silvio Caldas / Braguinha / R. Ribeiro). Do LP "Ontem ao Luar."

Quando nuvens negras
Ou um negro véu
Surgem sobre as serras
Empanando o céu
Ouve-se uma prece
Dessa gente audaz
Que não teme as guerras
Mas deseja paz
Deus, olha o meu Brasil
Sempre a cantar
Canções de amor
Verdes mares, florestas
Lindos campos abertos em flor
Berço amigo da bonança
Na esperança o altar
Deus, olha o meu Brasil
Meu céu, meu lar
Deus, olha o meu Brasil
Meu céu, meu lar

DEUSA DA MINHA RUA

(Jorge Faraj / Newton Teixeira). Esta música foi incluída por Silvio nos LPs: "O Seresteiro Silvio Caldas", "Silvio Caldas, o Seresteiro do Brasil", "Grandes Intérpretes (RCA)", "Silvio Caldas / Phonodisc" e "Silvio Caldas - Music Máster."

DONA DA MINHA VONTADE

Valsa (Francisco Alves / Orestes Barbosa). Esta valsa foi incluída nos LPs: "*Serenata*", de 1957, "Canta o Seresteiro", "Grandes Interpretações de Silvio Caldas" e "O Maior Seresteiro do Brasil."

Saudade... De quando em quando
Passarinhos segredando
Voam tontos rente ao chão
Felizes na primavera
Na busca da paz sincera
Do ninho do coração
Ela distante sorrindo
Talvez esteja me ouvindo
Mas me ouvindo sem saber
Que o canto que eu solto a medo
É o nostálgico segredo
Do pranto do meu viver
Coração, ninho de penas
No arminho de almas serenas

Tem perfume e tem calor
Pobre de mim, ave tonta!
A lua triste desponta
E eu vou ficar sem amor

Dona da minha vontade
Escravo da ansiedade
Serei o que ela quiser
Coração, por que preferes
Amar todas as mulheres
No amor de uma só mulher

Obs: Francisco Alves lançou esta obra-prima da canção popular brasileira em 1933, então com 35 anos. Silvio gravou esta música em 1957, no LP *"Serenata"*, aos 49 anos. Antes, deixou registro dessa música no programa "Quando Canta o Seresteiro", apresentado em 1951, em que "o piano inicial, o arranjo e a regência da orquestra foram creditados a Radamés Gnatalli." Silvio Caldas alterou a letra original: no fim do segundo sexteto, último verso, em vez de cantar "do que eu não posso dizer", como havia escrito Orestes, cantou "do pranto do meu viver."

DORA

(Dorival Caymmi). Incluido nos LPs: "O Grande Seresteiro", "O Maior Seresteiro do Brasil" e "Histórias da Música Popular Brasileira."

Os clarins da banda militar
Tocam para anunciar
Sua Dora agora vai passar
Venham ver o que é bom
Dora rainha do frevo
E do maracatu
Ai, ninguém requebra
Nem samba
Melhor do que tu
Dora, meu bem

DOUTOR EM SAMBA

(Custódio Mesquita). Consta do LP "CLP11661 - Silvio Caldas."

DUAS JANELAS

(Jorge Faraj / Wilson Batista). Do LP "Silvio Caldas, o Seresteiro do Brasil."

É BOM PARAR

Samba (Rubens Soares). (Histórias da Música Popular Brasileira "Silvio Caldas Especial, ao Vivo""Arte do Espetáculo" e "Music Máster - Silvio Caldas."

Por que bebes tanto assim rapaz?
Chega, já é demais!
Se é por causa de mulher é bom parar
Porque nehuma delas sabe amar
Se tu hoje estás sofrendo
É porque Deus assim quer
Quanto mais vais bebendo
Mais lembras dessa mulher
Não crês conforme suponho
Nestes versos de canção:
Mais cresce a mulher no sonho, oi
Na taça e no coração
Sei que tens em tua vida
Um enorme sofrimento
Mas não penses que a bebida
Seja um medicamento
De ti não terei mais pena
É bom parar por aí!
Quem não bebe te condena, oi
Quem bebe zomba de ti!

Obs: Gravação original de Francisco Alves, de 1936.

E ELA NÃO VOLTOU

(Erasmo Silva / Mário Lago). Do LP "Tive Uma Surpresa - Rev. LP 065."

E ELA NÃO JUROU

(André Filho). Do LP "No Rancho Fundo - Revivendo LP 033."

É MENTIRA, OI!

(Ary Barroso). Consta do LP "Ary Barroso na Voz de Silvio Caldas."

E O DESTINO DESFOLHOU

(Mário Rossi / Gastão Lamounier). Consta dos LPs: "E o Destino Desfolhou" e "Seresta, Só Seresta."

O nosso amor traduzia
Felicidade, afeição
Suprema glória que um dia

Tive ao alcance da mão
Mas veio um dia o ciúme
O nosso amor se acabou
Deixando em tudo o perfume
Da saudade que ficou

Eu te vi a chorar
Vi teu pranto em segredo correr
E parti a cantar
Sem pensar que doía esquecer
Mas depois veio a dor
Sofro tanto e esta valsa não diz
Meu amor, de nós dois
Eu não sei qual é mais infeliz

Os nossos olhos choraram
O nosso idílio morreu
Os nossos lábios murcharam
Porque a renúncia doeu
Desfeito o ninho, a saudade
Humilde e quieta ficou
Mostrando a felicidade
Que o destino desfolhou

Obs: Gravação original de Carlos Galhardo, de 1937.

ESTA NOITE OU NUNCA MAIS

(Georges Moran / C. de Alencar). Consta do LP: "O Melhor de Silvio Caldas."

Tenho tanta coisa para te dizer
Vivo a sufocar esta paixão
Já fiz tudo, tudo, para te esquecer
Mas eu fui traído pelo coração
Esta noite vou saber
Se também gostas de mim
Tu precisas compreender
Não posso mais viver assim
Esta noite, tudo diz
Que eu serei bem feliz
Nós unidos num grande beijo
Alma e corpo num só desejo
Bocas juntas, juntas demais
Esta noite ou nunca mais

ETERNA CANÇÃO

(Julio Dantas / Luis Peixoto). Incluída no LP "Silvio Caldas - O Seresteiro."

Olho as núvens doiradas pelos ares
Breves como a ventura que perdi
Olho estrelas do céu, ondas dos mares
E só te vejo a ti, e só te vejo a ti
Oiço os campos onde a água é um lamento
E a voz de ouro das aves canta e ri
Oiço uivar os pinhais, gemer o vento
E só te escuto a ti, e só te escuto a ti
Tudo: nuvens, estrelas, céu profundo
Tudo se me turvou quando te vi
E não hás de ser tu todo o meu mundo
Se eu só te adoro a ti, se eu só te adoro a ti

EU E VOCÊ

(J. Cascata / J. Barcelos). Consta do "Sou Um Namorado Errante."

EU NÃO SEI

(Silvio Caldas / Ataulfo Alves). Este samba foi incluído nos LPs: "Silvio Caldas - Imperial 30142" e "O Caboclinho Querido Sylvio Caldas."

EU SONHEI QUE TU ESTAVAS TÃO LINDA

Opereta (Lamartine Babo e Fco. Matoso). Incluída nos LPs: "Caboclinho Querido", "Seresta, Só Seresta", "O Destino Desfolhou" e "Presença de Silvio Caldas."

Eu sonhei que tu estavas tão linda
Numa festa de raro esplendor
Teu vestido de baile, lembro ainda
Era branco, todo branco, meu amor
A orquestra tocava umas valsas dolentes
Tomei-te aos braços, fomos dançando
Ambos silentes
E os pares que rodeavam entre nós
Diziam coisas, trocavam juras à meia-voz
Violinos enchiam o ar de emoções
E de desejos uma centena de corações
Pra despertar teu ciúme
Tentei flertar alguém
Mas tu não flertaste ninguém
Olhavas só para mim
Vitórias de amor cantei
Mas foi tudo um sonho, acordei

Obs: Valsa da Opereta "Viva o Amor" (Lamartine Babo / Francisco Matoso). Gravação original de Francisco Alves, de 1941.

EU VOU PRO MARANHÃO

(Ary Barroso). (Ary Barroso na Voz de Silvio Caldas).

FACEIRA

Samba (Ary Barroso). Incluído nos LPs: "Ary Barroso na Voz de Silvio Caldas, 12", "Histórias da Música Popular Brasileira", "O Melhor de Silvio Caldas", "O Melhor de Silvio Silvio Caldas", "Saudades, 12", "Silvio Caldas Canta Ary Barroso, 10" e "Ary Barroso com Silvio Caldas, 10."

FADO DAS MÃOS

(M. Figueiredo / A. Leite / C. Barbosa). Consta do LP: "Titio Canta Para Você."

Mãos criminosas
Tristes mãos escorraçadas
Caprichosas, desoladas
Mãos de fome e de amargor

(bis)

Mãos severas que jamais
Um beijo doce vos buscou
Mãos a quem dou
Toda a minha intensa dor

Mãos friorentas
Pobres mãos espavoridas
Agourentas, doloridas
Já cansadas de sofrer

(bis)

Mãos de miséria
Que um fadinho na guitarra a soluçar
Mãos que gelais
E que a morte há de querer.

(bis)

FALA, MEU LOURO

(J. B. da Silva, Sinhô). Incluído no LP "Histórias da Música Popular Brasileira."

A Bahia não dá mais coco
Pra botar na tapioca
Pra fazer o bom mingau
Para embrulhar o carioca
Papagaio louro do bico dourado
Tu falavas tanto
Qual a razão que vives calado?
Não tenhas medo coco de respeito
Quem quer se fazer não pode
Quem é bom já nasce feito

Obs: Composição irreverente de Sinhô sobre Ruy Barbosa, que havia perdido pela segunda vez a eleição presidencial, agora para Epitácio Pessoa. Gravação original de Francisco Alves, de 1920.

FALSA FELICIDADE

(Paulo Medeiros). Consta do LP "S. Caldas e Suas Interpretações Inesquecíveis."

FAVELA

Canção em estilo carioca (Hekel Tavares / Joracy Camargo). Incluida no LP "Saudades."

No carnaval
Me lembro tanto da favela, ôi,
Onde ela, ôi, morava
Tudo o que eu tinha
Era uma esteira e uma panela, ôi,
Mas ela, oi, gostava
Por isso eu ando pelas ruas da cidade
Vendo que a felicidade
Foi aquilo que passou
E a favela
Que era minha e que era dela
Só deixou muita saudade
Porque o resto ela levou

Ainda outro dia
Eu fui lá em cima da favela, ôi,
Onde ela, ôi, não estava
Onde era a casa
Eu encontrei uma chinela, ôi,
Que ela , ôi, sambava...
E de umas rezas
Que por mim lá na Capela, ôi,
Só ela, ôi, rezava...

Obs. Gravação original Raul Roulien, em selo Victor, de 1933.

FAVELA

Samba (Roberto Martins / Waldemar Muniz da Silva). Silvio gravou este samba nos LPs: "Canta o Seresteiro", "Grandes Interpretações de Silvio Caldas", "Presença de Silvio Caldas", "Uma Seresta Inesquecível" e "Silvio Caldas - Veleiro 2625)

Favela, oi, Favela!
Favela que trago no meu coração
Ao recordar com saudade
A minha felicidade
Favela dos sonhos de amor
E do samba-canção

Minha Favela querida
Onde eu senti minha vida
Presa a um romance de amor
Numa doce ilusão
Em uma saudade bem rara
Na distância que nos separa
Eu guardo de ti esta recordação
Hoje tão longe de ti
Se vejo a lua sorrir
Eu relembro a batucada
E começo a chorar
Favela das noites de bambas
Berço doirado dos sambas
Favela, és tudo o que eu posso falar

Obs: Silvio inverteu os versos intermediários e finais da gravação original, de Francisco Alves, de 24.04.1936.

FEITIÇARIA

(Custódio Mesquita / Evaldo Ruy). (Filigranas Musicais da RCA - v. XVI)

FEITIÇO DA VILA

Samba (Noel Rosa / Oswaldo Gocliano, "Vadico"). Gravação de Silvio Caldas nos LPs: "Canta o Seresteiro do Brasil", "Grandes Sucessos de Silvio Caldas", "O Maior Seresteiro do Brasil", "O Melhor de Silvio Caldas", "Presença de Silvio Caldas","Canta o Seresteiro", "Silvio Caldas em Pessoa", "Silvio Caldas - Veleiro 2625" e "Silvio Caldas Especial, ao Vivo."

Quem nasce lá na Vila
Nem sequer vacila
Em abraçar o samba
Que faz dançar os galhos do arvoredo
E faz a lua nascer mais cedo!

A zona lá da Vila
É a mais tranqüila
O berço dos folgados
Não há um cadeado no portão
Porque na Vila não há ladrão

A Vila tem um feitiço sem farofa
Sem vela e sem vintém
Que nos faz bem
Tendo o nome de princesa
Transformou o samba
Num feitiço decente
Que prende a gente

Quem nasce pra sambar
Chora pra mamar
Em ritmo de samba
E eu que saí de casa
Olhando a lua
E até hoje estou na rua

Obs: Gravação de João Petra de Barros, em gravação Odeon, de 1934. Silvio não gravou todos os versos da gravação original, tendo incluído outros, não gravados mas muito cantados informalmente.

FEITIO DE ORAÇÃO

(Oswaldo Gagliano, "Vadico" / Noel). Silvio gravou este samba nos LPs: "*Serenata*" (de 1957), "Os grandes Sucessos de Silvio Caldas", "O Melhor de Silvio Caldas", "Presença de Silvio Caldas", "Uma Seresta Inesquecível", "Silvio Caldas - Veleiro 2625."

Quem acha vive se perdendo
E mesmo assim eu vou me defendendo
Da dor tão cruel desta saudade
Que por infelicidade
Todo o meu peito invade

Batuque é um privilégio
Ninguém aprende samba no colégio
Sambar é chorar de alegria
É sorrir de nostalgia
Dentro da melodia

Por isto agora
Lá na Penha vou mandar
Minha morena pra cantar
Com satisfação
E com harmonia
Esta triste melodia
Que é meu samba
Em feitio de oração

O samba na realidade
Não vem do morro nem lá da cidade

E quem suportar uma paixão
Sentirá que o samba então
Nasce no coração

Obs: Gravação original de Francisco Alves e Castro Barbosa, de 1933. Silvio alterou a ordem dos versos da gravação original. Segundo João Máximo, "esta gravação de Silvio Caldas, com arranjo de Lírio Panicalli, é de longe a melhor das mais de 50 gravações que mereceu. Definitiva."

FICA DOIDO VARRIDO

(Benedito Lacerda / Eratóstenes Frazão). Consta do LP "Silvio Caldas e Pedro Vargas" e "Histórias da Música Popular Brasileira."

FITA AMARELA

(Noel Rosa). Incluído nos LPs: "Serenata", "Grandes Sucessos de Silvio Caldas", "Silvio Caldas, Veleiro 2625" e "Elizeth Cardoso e Silvio Caldas."

Quando eu morrer
Não quero choro nem vela
Quero uma fita amarela
Gravada com o nome dela
Não quero flores
Nem coroa com espinho
Só quero "choro" de flauta
Com violão e cavaquinho
Se existe alma
Se há outra encarnação
Eu queria que a mulata
Sapateasse no meu caixão
Meus inimigos
Que hoje falam mal de mim
Vão dizer que nunca viram
Uma pessoa tão boa assim

Obs: Gravação original: Francisco Alves e Mário Reis, 1933. Silvio inverteu uns versos e suprimiu outros da gravação original

FLAMBOYANT

(Joubert de Carvalho). Do LP "O Melhor de Silvio Caldas."

FLOR DE LOTUS

(Silvio Caldas / Alberto Ribeiro). Do LP "LPDS 32098 - Silvio Caldas - O Seresteiro."

FLOR DE INVERNO

(Ary Barroso). Consta do LP "Ary Barroso na Voz de Silvio Caldas."

FLORISBELA

(Nássara / Frazão). Dos LPs: "Histórias da Música Popular Brasileira", "A História Viva - Phonosonic" e "Silvio Caldas Especial, ao Vivo."

FOI UMA PEDRA QUE ROLOU

Samba (Pedro Caetano). Consta do LP "*Cabelos brancos.*"

Levavas jurando
Ter grande afeição por mim
Tu foste embora
Me deixando triste assim
Isto é cruel, meu Deus do céu
Isto é demais, isto é pecado
Não se deixa um homem, assim, abandonado

Eu que era crente
E bobo pelo teu amor estou desiludido
Destruíste o castelo
Tão bonito que eu havia construído
Tens um coração de pedra
Falsidade igual a tua inda não vi
Vou viver eternamente
Maldizendo o dia em que te conheci

Foi uma pedra que rolou
Que rolou na ribanceira da desilusão
E redundou na "causa mortis"
Do meu pobre coração
Eu que já pensava
Ter um pedacinho pequenino de felicidade
Vi tudo desmoronado e destruído
Pela sua falsidade

Obs: Este samba era do repertório do Silvio desde 1934. Segundo seu autor, Silvio prometeu gravá-lo na semana seguinte do lançamento. Com aquela displicência característica, só veio a fazê-lo 24 anos depois, no LP "*Cabelos brancos.*" Gravação original de Joel e Gaúcho, de 1940. A letra é a original. Silvio alterou-a um pouco. O título original desta música era "Juramento Falso." Diante da demora da gravação por Silvio, os compositores J. Cascata e Leonel Azevedo lançaram em 1937 um samba com este mesmo título, o que obrigou Pedro Caetano a mudá-lo para "Foi uma Pedra que Rolou."

FREGUESIA DO Ó

(Lauro Miller). Do LP "Isto é São Paulo."

Hoje quem passa comenta
Mas quem me conhece
Tem pena, tem dó
Vendo o meu ninho de amor
Abandonado
Na Freguesia do Ó

(bis)

Até os pardais
Que outrora fizeram seus ninhos
No nosso beiral
Vendo a tristeza da casa
Perguntam
Que é feito daquele casal

GAGO APAIXONADO

(Noel Rosa). Do LP "A História Viva - Phonosonic."

Mu... mu... mulher
Em mim fi... fizeste um estrago
Eu de nervoso
Esto.. tou fi... ficando gago
Não pó... posso
Com a cru... crueldade
Da saudade
Que... que mal... maldade
Vi... vivo sem afago
Tem... tem pe... pena
Deste mo... mo... moribundo
Que... que já virou
Va... va... ga... gabundo
So... só... só... só
Por ter só... só... fri... frido
Tu... tu... tu... tu... tu... tu...
Tu tens um co... coração fingido
Teu ... teu co... coração
Me entregaste
De... de... pois... pois...
De mim tu to... toma... maste
Tu... tua falsi... si... sidade
É profu... funda
Tu... tu... tu... tu... tu... tu...
Tu vaio fi... fi... ficar corcunda!

Obs: Gravação de Noel Rosa, de 1930.

GAIVOTA

(Silvio Caldas / Eratóstenes Frazão). Do LP "Silvio Caldas, o Seresteiro do Brasil."

GALO GARNIZÉ

(Almirante). Do LP "Histórias da Música Popular Brasileira."

GENTE HUMILDE

(Garoto / Vinicius de Moraes / Chico Buarque). Consta dos LPs: "Presença de Silvio Caldas" e "Grandes Sucessos com Silvio Caldas).

Tem certos dias que eu penso em minha gente
E sinto assim todo o meu peito se apertar
Porque parece que acontece de repente
Como um desejo de eu viver sem me notar
Igual a tudo quando eu passo num subúrbio
Eu muito bem vindo de trem de algum lugar
Aí me dá uma inveja dessa gente
Que vai em frente sem nem ter com quem
[contar

São casas simples com cadeiras nas calçadas
E, na fachada escrito em cima "aqui é um lar"
Pelas varandas flores tristes e baldias,
Como a alegria que não tem onde encostar
Aí me dá uma tristeza no meu peito
Feito um despeito de eu não ter como lutar
Eu, que não creio, peço a Deus por minha
[gente
É gente humilde, que vontade de chorar!

GILDA

(Erasmo Silva / Mário Lago). Do LP "Revivendo LP 065 - Tive Uma Surpresa."

GOOD BYE

(Assis Valente). Do LP "A Arte do Espetáculo" e "Histórias da Música Popular Brasileira."

Good bye, good bye boy
Deixa a mania do inglês
É feio para você
Moreno frajola
Que nunca freqüentou
As aulas da escola

Good bye, good bye boy
Antes que a vida se vá
Ensinaremos cantando
A todo mundo
B e BE, B e BI, B a BA
Não é mais boa-noite, nem bom-dia
Só se fala good morning, good night
Já se desprezou o lampião de querosene
Lá no morro só se usa luz da Light.

Obs: Gravação original de Carmen Miranda para o carnaval de 1933.

GUACIRA

(Hekel Tavares / Joracy Camargo). Do LP "O Maior Seresteiro do Brasil."

Adeus, Guacira
Meu pedacinho de terra
Meu pé de serra
Que nem Deus sabe onde está
Adeus Guacira
Onde a lua é pequenina
Não encontra na colina
Nem um lago pra se olhar
Eu vou me embora
Mas eu volto nesses dias
Virgem Maria
Tudo há de permitir
Mas se ela não quiser
Eu vou morrer cheio de fé
Pensando em ti

GUARDEI MINHA VIOLA

(Paulinho da Viola). Do LP "Grandes Sucessos Com Silvio Caldas", de 1974.

Minha viola vai pro fundo do baú
Não haverá mais ilusão
Quero esquecer ela não deixa
Alguém que só lhe fez ingratidão
(minha viola)

(bis)

No carnaval vou apagar
As mágoas que meu samba não desfaz
Pra facilitar o meu desejo
Guardei meu violão não canto mais

(bis)

Obs: Gravação original de Paulinho da Viola.

HÁ UM SEGREDO EM TEUS CABELOS

(Gastão Lamounier / Oswaldo Santiago). Silvio gravou esta música nos LPs: *"Serenata"*, "Grandes Interpretações de Silvio Caldas", "O Caboclinho Querido Silvio Caldas", "Canta o Seresteiro Silvio Caldas" e "Silvio Caldas - Imperial 30142."

ÍNTIMA LÁGRIMA

(Cândido das Neves, "Índio"). Do LP "Ontem ao Luar."

Ai, a fonte dos meus olhos
Entre mil escórios nesta dor
Nenhuma lágrima derrama
Ó quanto sofre quem ama
Nenhuma gota d'água
Para exprimir minha mágoa
Sofro sem prantear embora
Mas não é só quem chora
E padece os espinhos da paixão
A lágrima é mais pungente
Chorada interiormente
Derramada pelo coração

Não há um lenitivo para essas dores
[que eu sinto
Eu tenho um labirinto de tristezas
[dentro d'alma
E quando a dor se espalma
E dentro em mim se debruça
Meu coração soluça quer saltar
E pedir em prantos se desfaz

Ninguém entenderá meus ais
A causa por que não choro mais
Vós que viveis vosso amor a cantar
Prantos em lágrimas dispersos
Eu transformei em versos
Por que só nas rimas é que eu sei chorar

Quando o sino do calvário
Belo, extraordinário
Ante os olhos dolorosos de Maria
O Nazareno sorria
Curtindo a dor extrema
Numa glória suprema

Seu martírio era tanto
Que jamais o pranto
A seus olhos podia florar
Chorava de modo mais conciso
Em forma de sorriso
Para a humanidade perdoar

IPIRANGA

(História de São Paulo) (Lauro Miller). Do LP "Isto é São Paulo."

Chega Anchieta
Ao topo do imenso planalto
Pouco depois, ali mesmo
O colégio se ergueu
Depois de uma prece
Levou suas mãos para o alto
São Paulo se fez cidade e cresceu

Tivemos
Os heróicos bandeirantes
Procurando as esmeraldas
Pra enfeitar a nossa História
Depois,
Os intrépidos paulistas
Perderam-se nas conquistas
De triunfos e de glórias
E um dia
Em São Paulo, entre paulistas
Na colina do Ipiranga
Sob um sol primaveril
Dom Pedro
Empunhando a sua espada
Proclama a Independência do Brasil

JÁ SEI SORRIR

(Ataulfo Alves / Claudionor Cruz). Do LP "RCA - Filigranas Musicais - v. VIII."

JANGADA

(Hervê Cordovil / Vicente Leporace). Do LP "Eternamente", "Histórias da Música Popular Brasileira" e "Silvio Caldas - LPCB 35014 10."

JARDIM AMÉRICA

(Lauro Miller). Do LP "Isto é São Paulo."

Meu Jardim América
Aos seus encantos não há quem resista
Meu Jardim América
Sonho bom de toda gente
Orgulho de todo paulista

(bis)

Enormes palacetes nos jardins
Quase escondidos
E as ruas pontilhadas de automóveis
Coloridos
Lá no céu a lua brilha
Em todo o seu clarão
Juras são trocadas no portão

JOÃO VALENTÃO

(Dorival Caymmi). Dos LPs: "O Grande Seresteiro", "O Maior Seresteiro do Brasil" e "Histórias da Música Popular Brasileira."

Se a noite é de lua
A vontade é contar mentira
E se espreguiçar
Deitar na areia da praia
Que acaba onde a vista
Não pode alcançar
E assim acontece a este homem
Que nunca precisa dormir
Pra sonhar
Porque não há sonho mais lindo
Do que sua terra não há

JURAMENTO FALSO

(Foi Uma Pedra Que Rolou) (Pedro Caetano). Consta dos LPs: "Silvio Caldas em Pessoa" e "Elizeth Cardoso e Silvio Caldas."

KÁTIA

(Georges Moran / Victor Bezerra). Consta dos LPs: "Sou Um Namorado Errante", "O Melhor de Silvio Caldas", "Titio Canta Para Você" e "Silvio Caldas - O Caboclinho Querido."

LAPA

(Lauro Miller). Do LP "Isto é São Paulo."

Há quanto tempo eu não ia a Lapa
A Lapa sempre me fez recordar
Um outro dia eu fui rever a Lapa
Que vontade me deu de chorar

(bis)

Na Lapa eu encontrei
Meu primeiro amor

Minha verdadeira obsessão
Que um dia partiu
Sem dizer adeus
Deixando a Lapa no meu coração

LARGO DA LAPA

(Marino Pinto / Wilson Batista). Do LP "Silvio Caldas / Phonodisc."

LAURA

(Alcyr P. Vermelho / João de Barro). Consta do LP "Grandes Sucessos Com Silvio Caldas", de 1974.

O vale em flor
A fonte, o rio cantando
O sol banhando a estrada
Frases de amor...
Laura, um sorriso de criança
Laura, nos cabelos uma flor
Ô Laura, como é linda a vida!
Ô Laura, como é grande o amor!

Depois o adeus
O lenço, a estrada, a distância
O asfalto, a noite, o luar
As taças de dor...
Laura, que é de as rosas dos cabelos?
Laura, que é de os vales sempre em flor?
Ô Laura, que é de teu sorriso?
Ô Laura, que é do nosso amor?
Ô Laura!

Obs: Lançamento de Jorge Goulart, de 1957. Silvio fez uma pequena modificação na letra original: no verso "o asfalto, a noite, o bar" ele colocou "o asfalto, a noite, o luar", fazendo jus à sua condição de seresteiro, tirou a música do bar para a rua. No verso seguinte ele canta "taças de dor", em vez de "as taças de dor." Gravação original de Jorge Goulart, de 1957.

LENÇO NO PESCOÇO

(Wilson Batista). Consta dos LPs: "O Melhor da Velha Guarda - CALB 5180","A Arte do Espetáculo", "Histórias da Música Popular Brasileira" e "Phonosonic - A História Viva."

LINDA LOURINHA

Marcha (João de Barro). Esta marcha foi incluída no LP "A Arte do Espetáculo", "Histórias da Música Popular Brasileira", "Phonosonic - A História Viva" e "Silvio Caldas Especial, ao Vivo."

LINDA MORENA

(Lamartine Babo). Consta do LP "A Arte do Espetáculo","Histórias da Música Popular Brasileira","Phonosonic - A História Viva" e "Silvio Caldas Especial, ao Vivo."

Linda morena,
Morena
Morena que me faz penar
A luz cheia
Que tanto brilha
Não brilha tanto
Quanto o teu olhar!

Tu és morena
Uma ótima pequena
Não há branco
Que não perca até o juízo
Onde tu passas
Sai às vezes bofetão
Todo gente faz questão
Do teu sorriso.

Teu coração
É uma espécie de pensão
De pensão familiar
À beira-mar
Ó moreninha
Não alugues tudo não
Deixa ao menos o porão
Pra eu morar.

Por tua causa
Já se faz revolução
Vai haver transformação
Na cor da lua
Antigamente
A mulata era a rainha
Desta vez, ó moreninba
A taça é tua!

Obs: Gravação original de Mário Reis e Lamartine Babo, para o carnaval de 1933.

LONGE DOS OLHOS

Samba-canção (Djalma Ferreira / Christóvão de Alencar). Esta música foi incluída nos seguintes LPs: "Saudades", "Elizeth Cardoso e

Silvio Caldas", "Saudades, 12", "Canta o Seresteiro", "Eternamente", "Silvio Caldas, Phonodisc", "Silvio Caldas, Music Master". e "Elizeth Cardoso e Silvio Caldas."

Que saudade nesta solidão!
Ela tão longe
Longe dos olhos
E perto do meu coração

Ó meu Deus, quanta dor!
Longe, choro
Sem saber como vai meu amor

Coração, bate mais!
Sofre, canta
Para ver se ela escuta os meus ais

Obs: Gravação original de Francisco Alves, de 1936.

LUA NOVA

(Francisco Alves / Luiz Iglezias). Dos LPs: "Canta o Seresteiro Silvio Caldas" e "Eternamente."

Quando surgiste, que encantamento
Na minha alcova toda taful!
Pensei que a lua nesse momento
Tinha caído do céu azul!

Vinhas de branco! Teu véu ao vento
Mais parecia sonho ou visão!
Quando surgiste, que encantamento!
Bateu, cá dentro, meu coração!

Pela janela, transparecia
A lua cheia, a lua nova
Muito espantada vendo a alegria
Que transbordava da minha alcova

Foi uma noite, apenas uma
Não mais volveste ao ninho em flor
O leito branco da cor da espuma
Chora saudoso do nosso amor

A minha alcova imersa em bruma
Emudecida depois ficou...
Foi uma noite, apenas uma!
Foi uma noite que já passou!

Pela janela, eu vejo agora
A lua branca, a lua nova
Muito espantada fitar de fora
Toda a tristeza da minha alcova!

Obs: Gravação original de Francisco Alves, de 1929. Chico regravou esta canção nos anos de 1931 e 1951.

LUA TRISTE

(Luiz Bittencourt / Leonel Azevedo). Dos LPs: "Silvio Caldas - Imperial 30142" e "O Caboclinho Querido Sylvio Caldas."

LUAR DE PAQUETÁ

(Hermes Fontes / Freire Jr.). Do LP "O Maior Seresteiro do Brasil."

Nessas noites olorosas
Quando o mar desfeito em rosas
Se desfolha a lua cheia
Lembra a ilha um ninho oculto
Onde o amor celebra em culto
Todo o encanto que a rodeia
Nos canteiros ondulantes
As nereidas incessantes
Abrem lírios ao luar
Água em prece borburinha
Em redor da capelinha
Vai regando o verbo amar

Jardim de afeto
Pombal de amores
Humilde teto
De pescadores
Se a lua brilha
Se bem nos dá
Amar na Ilha
De Paquetá
Pensamento de quem ama
Hóstia azul perdendo em chama
Entre lábios separados
Pensamento de quem ama
Leva o meu radiograma
Ao jardim dos namorados
Onde é esse paraíso
O caminho que idealizo
Na ascensão para esse altar
Paquetá é um céu profundo
Que começa nesse mundo
Mas não sabe onde acabar

MADRUGADA

(Benedito Lacerda / Herivelto Martins). Do LP "SC Sylvio Caldas - Imperial 30107."

MÁGOAS DE UM VAGABUNDO

(Walfrido Silva/Oswaldo Silva). Do LP "Filigranas Musicais - V.VIII)

MÁGOA

(Hervê Cordovil / Julio Atlas). Consta dos LPs: "Canta o Seresteiro Silvio Caldas", "Eternamente" e "Silvio Caldas - LPCB 35014 10."

MALANDRO SOFREDOR

(Ary Barroso). Do LP "Ary Barroso na Voz de Silvio Caldas."

MAMÃE EU QUERO

(Jararaca / Vicente Paiva). Dos LPs: "A Arte do Espetáculo", "Histórias da Música Popular Brasileira" e "Silvio Caldas Especial, ao Vivo."

Mamãe eu quero
Mamãe eu quero
Mamãe eu quero "mamá"
Dá a chupeta
Dá a chupeta
Dá a chupeta "pro" bebê não "chorá"
Dorme filhinho
Do meu coração
Pega a mamadeira
E vem "entrá" no meu cordão
Eu tenho uma irmã
Que se chama Ana
De tanto piscar o olho
Já ficou sem a pestana
Olha as pequenas, mas daquele jeito
Tenho muita pena
Não ser criança de peito
Eu tenho uma irmã
Que é fenomenal
Ela é da bossa
E o marido é um boçal

Obs: Gravação original do próprio autor, Jararaca, para o carnaval de 1937.

MANHÃ DE CARNAVAL

Samba-canção (Luiz Bonfá / Antônio Maria). Do LP "Silvio Caldas - O Seresteiro."

Manhã, tão bonita manhã
Na vida uma nova canção
Em cada flor, o amor
Em cada amor, o bem
O bem do amor faz bem ao coração
E então vamos juntos cantar
O azul da manhã que nasceu
O dia já vem
E o seu lindo olhar
Também amanheceu
Canta o meu coração
A alegria voltou
Tão feliz a manhã desse amor

MÃO NO REMO

(Noel Rosa / Ary Barroso). Dos LPs: "Sou Um Namorado Errante" e "No Rancho Fundo - Revivendo LP 033."

MARIA

(Ary Barroso / Evaldo Ruy). (Saudades, 12"), "O Seresteiro Silvio Caldas", "Ary Barroso com Silvio Caldas, 10", "Grandes Intérpretes - RCA", "Saudades, 12", "Silvio Caldas Canta Ary Barroso, 10", "Silvio Caldas Especial, ao Vivo", "Silvio Caldas, o Seresteiro do Brasil","O Melhor de Silvio Caldas", "O Caboclinho Querido Silvio Caldas" e "A Arte do Espetáculo."

MARINA

Samba-canção (Dorival Caymmi). "O Maior Seresteiro do Brasil", "CLP 11661 Silvio Caldas", "O Grande Seresteiro" e "Histórias da Música Popular Brasileira."

Marina, morena Marina
Você se pintou
Marina, você faça tudo
Mas faça um favor
Não pinte esse rosto que eu gosto
Que eu gosto, e que é só meu
Marina, você já é bonita
Com que Deus lhe deu
Me aborreci, me zanguei
Já não posso falar
E quando eu me zango, Marina
Não sei perdoar
Eu já desculpei muita coisa
Você não arranjava outro igual

Desculpe, Marina, morena
Mas eu estou de mal
(De mal com você, de mal com você)

Obs: Gravação original de Francisco Alves, de 1947.

MARINGÁ

(Joubert de Carvalho). Incluída nos LPs: "*Serenata*", "Grandes Interpretações de Silvio Caldas", "Canta o Seresteiro Silvio Caldas" e "Presença de Silvio Caldas."

Foi numa leva
Que a cabocla Maringá
Ficou sendo a retirante
Que mais dava o que "falá"
E junto dela veio alguém
Que suplicou
Pra que nunca se esquecesse
De um caboclo que ficou

Maringá, Maringá
Depois que tu partiste
Tudo aqui ficou tão triste
Que eu garrei a "maginá"
Maingá, Maringá,
Para haver felicidade
É preciso que a saudade
Vá bater noutro lugar
Maringá, Maringá
Volta aqui pro meu sertão
Pra de novo o coração
De um caboclo "assossegá"

Antigamente,
Uma alegria sem igual
Dominava aquela gente
Da cidade de Pombal
Mas veio a seca,
Toda a chuva foi embora
Só ficou então as águas
Dos meus "oios" quando chora

Obs: Gravação original de Gastão Formenti. Aqui deu-se o inverso: uma música deu nome a uma cidade, Maringá, no Paraná, inaugurada em 1947. Escrita para Maria do Ingá, sobre o drama da seca nordestina.

MAS EU NÃO LIGO

(Silvio Caldas). Incluída no LP "Titio Canta Para Você."

MAS... PORQUE MULHER?

(Silvio Caldas / Quincas Freire). Do LP "A História Viva - Phonodisc."

MENOS EU

(Roberto Martins / Jorge Faraj). Incluídas nos LPs: "Saudades, 10", "O Melhor de Silvio Caldas", "Saudades, 12", "LPDS 32098 - Silvio Caldas - O Seresteiro" e "Elizeth Cardoso e Silvio Caldas."

MENTIRA CARIOCA

(Jorge Faraj / Celso Brasil). Do LP: "RCA - Filigranas Musicais - v. VIII."

MEU AMIGO VIOLÃO

(Georges Moran / J. G. de Araújo Jorge). Incluída no LP "O Caboclinho Querido - Silvio Caldas."

MEU COMPANHEIRO

Canção (Francisco Alves / Orestes Barbosa). Incluída nos LPs: "O Maior Seresteiro do Brasil", "Canta o Seresteiro do Brasil", "Grandes Interpretações de Silvio Caldas", "A História Viva - Phonosonic", "Canta o Seresteiro" e "Uma Seresta Inesquecível."

Foste talvez uma árvore frondosa
Harmonizando a voz da solidão
E hoje na minha vida dolorosa
Só tu me entendes, triste violão

Sorrisos, ilusões, frases perdidas
Um vestido ligeiro que passou
Olhares, beijos, sonhos, despedidas
Tudo meu violão cristalizou

Meu companheiro dileto
Violão, és meu afeto
És minha consolação
De tanto roçar meu peito
Tens hoje o timbre perfeito
Da voz do meu coração

Despiram-te a folhagem radiosa
Fizeram-te instrumento da paixão
És o cofre da mágoa maviosa
Onde guardo a chorar meu coração
Não há voz de saudade igual à sua
Para igualar a voz do violão

Só se eu pudesse encordoar a lua
Com os pedaços de dor do coração

Obs: Gravação original de Francisco Alves, de 1932. Silvio suprimiu vários versos da gravação original. O Caboclinho gravou esta música no LP *"Serenata"*, de 1957 e deixou um outro registro obtido de um seu programa de 1951, "com arranjo e orquestra regida por Radamés Gnatalli e os violões em destaque são de José Menezes e Bola Sete."

MEU LIMÃO, MEU LIMOEIRO

(Carlos Imperial/José Carlos Burle). Do LP "Imperial 30.207–v. 2."

MEU SEGREDO

(Newton Teixeira / Jorge Faraj). Incluído no LP "*Serenata* - Silvio Caldas."

MEUS VINTE ANOS

(Silvio Caldas / Wilson Batista). Este samba foi incluído dos LPs: "Filigranas Musicais da RCA - IX", "Grandes Sucessos de Silvio Caldas","Uma Seresta Inesquecível", "Silvio Caldas - Veleiro 2625" e "Elizeth Cardoso e Silvio Caldas."

MIMI

(Uriel Lourival). Incluida nos LPs: "O Seresteiro Silvio Caldas"e "Silvio Caldas, o Seresteiro do Brasil."

MINHA CASA

(Joubert de Carvalho). Consta dos LPs: "Silvio Caldas - CLP11661", "Com *A saudade* Pelo Braço", "Music Máster - Silvio Caldas", "Ontem ao Luar", "Silvio Caldas / Phonodisc" e "Silvio Caldas Canta, 10."

MINHA PALHOÇA

(J. Cascata). Consta dos LPs: "Grandes Sucessos de Silvio Caldas", "SC Sylvio Caldas - Imperial 30107", "Presença de Silvio Caldas" e "Uma Seresta Inesquecível."

MODINHA

(Jaime Ovalle / Manoel Bandeira). Dos LPs: "O Melhor de Silvio Caldas" e "O Caboclinho Querido."

MODINHA
(SERESTAS - PEÇA N. 6)

(Villa Lobos e Manduca Piá). Consta do LP "Silvio Caldas, "O Seresteiro."

Na solidão da minha vida
Morrerei querida do teu desamor
Muito embora me desprezes
Te amarei constante
Sem que a ti distante
Chegue a longe e triste voz do trovador
Feliz te quero, mas se um dia
Toda essa alegria se mudasse em dor
Ouvirias do passado
A voz do meu carinho
Repetir baixinho
A longe e triste confissão do trovador

MOLAMBO

(Jayme Florence / Augusto Mesquita). Do LP "Grandes Sucessos Com Silvio Caldas", de 1974.

Eu sei que vocês vão dizer
Que é tudo mentira
Que não pode ser
Por que depois de tudo o que ela me fez
Eu jamais deveria aceitá-la outra vez
Bem sei que assim procedendo
Me exponho ao desprezo de todos vocês
Lamento, mas fiquem sabendo
Que ela voltou e comigo ficou
Ficou pra matar a saudade
A tremenda saudade que não me deixou
Que não me deu sossego um momento sequer
Desde o dia em ela me abandonou
Ficou pra impedir que a loucura
Fizesse de mim um molambo qualquer
Ficou desta vez para sempre
Se Deus quiser

Obs: Gravação original de Roberto Luna.

MORENA BOCA DE OURO

(Ary Barroso). Consta do LP "Ary Barroso com Silvio Caldas, 10", "Filigranas Musicais da RCA - v. XVI", "Ary Barroso na Voz de Silvio Caldas" e "Silvio Caldas Canta Ary Barroso, 10."

Morena boca de ouro
Que me faz sofrer

O teu jeitinho é que me mata
Roda morena, cai, não cai
Ginga morena, vai, não vai
Samba morena e me desacata
Morena, uma brasa viva
Pronta pra queimar
Queimando a gente sem clemência
Roda morena, cai, não cai
Ginga morena, vai, não vai
Samba morena com molemolência

MULHER

(Custódio Mesquita / Sadi Cabral). (Silvio Caldas e Suas Interpretações Inesquecíveis). Incluída nos LPs: "Seresta, Só Seresta", "O Grande Seresteiro", "O Melhor de Silvio Caldas", "Ontem ao Luar" e "Silvio Caldas - Veleiro 2625."

NA ALDEIA

(Carusinho / Silvio / De Chocolate). Dos LPs: "O Melhor da Velha Guarda - CALB 5180" e "Silvio Caldas em Pessoa."

NA BAIXA DO SAPATEIRO

(Ary Barroso). Consta dos LPs: "Silvio Caldas - CLP11661", "O Melhor de Silvio Caldas", "O Seresteiro Silvio Caldas", "Silvio Caldas Especial, ao Vivo" e "Silvio Caldas, o Seresteiro do Brasil."

NA CASA BRANCA DA SERRA

(Guimarães Passos / Emygdio Pestana). Incluída no LP "Silvio Caldas - O Seresteiro."

Nunca te visse eu, formosa,
Nunca contigo falasse
Antes nunca te encontrasse
Na minha vida enganosa

Por que não se abriu a terra,
Por que os céus não me puniram
Quando meus olhos te viram
Na casa branca da serra

Olhaste-me um só momento
E, desde esse triste instante,
Tu me ficaste constante
Na vista e no pensamento

E, mesmo se eu não te via,
Eu passava horas inteiras
Vendo-te a sombra irradia
Entre as esbeltas palmeiras

Falei-te uma vez e calma
Tu me escutaste mas logo
Abrasou-se tua alma ao fogo
Que lavrava na minh'alma

Transfigurada e feliz
Sou tua, tu me disseste
Depois de mim te esqueceste
Quando deixei meu País

Embora tudo, bendigo
Essa ditosa lembrança
Que sem me dar esperança,
Une-me ainda contigo
Bendigo a casa da serra,
Bendigo as horas fagueiras,
Bendigo aquelas palmeiras,
Queridas da tua terra.

Obs: Silvio alterou a ordem dos versos e suprimiu outros.

NA GROTA FUNDA

(Ary Barroso / J. Carlos). Do LP "Histórias da Música Popular Brasileira."

NÃO

(Christóvão de Alencar / Newton Teixeira). Incluída nos LPs: "O Seresteiro Silvio Caldas","Silvio Caldas - O Caboclinho Querido", "Ontem ao Luar", "Sou Um Namorado Errante", "O Melhor de Silvio Caldas" e "Silvio Caldas / Phonodisc."

NÃO CHORA

(Alberto Ribeiro / Silvio Caldas). Do LP "Silvio Caldas - O Seresteiro."

NÃO CHORES ASSIM

(Alberto Ribeiro / Silvio Caldas). Do LP "Silvio Caldas - O Seresteiro."

NÃO ME ABANDONES NUNCA

(Joubert de Carvalho). Gravada no Lp "O Grande Seresteiro", den 1968 e incluída nos LPs "O Seresteiro Silvio Caldas", "Seresta, Só Seresta" e "Silvio Caldas - O Caboclinho Querido."

Obs: Gravação original do próprio Silvio, de 1938.

NÃO ME DIGA ADEUS

(Paquito/Luiz Soberano/João C.da Silva). Do LP: "CLP11661 - Silvio Caldas."

Não me diga adeus
Pense nos sofrimentos meus
Se alguém lhe der conselhos
Pra você me abandonar
Não devemos nos separar
Não vá me deixar por favor
Que a saudade é cruel
Quando existe amor

Obs: Gravação original de Aracy de Almeida, para o carnaval de 1948.

NÃO ME PERGUNTE

(José Maria de Abreu / Jair Amorim). Dos LPs: "Silvio Caldas - O Seresteiro", "Music Máster - Silvio Caldas", "Silvio Caldas Canta, 10", "Silvio Caldas - Phonodisc" e "O Melhor de Silvio Caldas."

NÃO TEM TRADUÇÃO (CINEMA FALADO)

(Noel Rosa). Gravação de Silvio Caldas no LP "Histórias da Música Popular Brasileira."

O cinema falado
É o grande culpado
Da transformação
Dessa gente que sente
Que um barracão
Prende mais que um xadrez
Lá no morro, se eu fizer uma falseta,
A risoleta
Desiste logo do francês e do inglês

A gíria que o nosso morro criou
Bem cedo a cidade aceitou e usou.
Mais tarde o malandro deixou de sambar
Dando pinote
Só querendo dançar o fox-trot!

Essa gente hoje em dia
Que tem a mania
De exibição
Não se lembra que o samba
Não tem tradução
Do idioma francês.
Tudo aquilo que o malandro pronuncia,
Com voz macia,
É brasileiro, já passou de português

Amor lá no morro, é amor pra chuchu
As rimas do samba não são I love you
E esse negócio de "alô, "alô, boy"
"Alô Johnny"
Só pode ser conversa de telefone.

Obs: Gravação original de Francisco Alves, com aompanhamento da Orquestra Copacabana, em selo Odeon, de 1933.

NÃO VÁ EMBORA

(Antônio Maria). Do LP "Elizeth Cardoso e Silvio Caldas."

Não vá embora tão cedo
Meu amor, não vá embora
Se você vai tenho medo
Quando você se demora
Ontem faltou o seu carinho
Eu não sei meu bem porque
Chorei num lenço de linho
Com saudade de você
Ai, não vá embora tão cedo
Meu amor morro de dor

NÃO VOLTARAS... NEM VOLTAREI ...

(G. Moran / Walter N. da Silva). Do LP "S.C. - O Caboclinho Querido."

NEGA DO CABELO DURO

(Rubens Soares / David Nasser). Dos LPs: "A Arte do Espetáculo","Histórias da Música Popular Brasileira" e "Silvio Caldas Especial, ao Vivo."

Nega do cabelo duro
Qual é o pente que te penteia?
Qual é o pente que te penteia?
Qual é o pente que te penteia?
Ondulado permanente
Teu cabelo é de sereia
E a pergunta sai da gente:
- Qual é o pente que te penteia, ó nega?

Quando tu entras na roda
O teu corpo bamboleia

Teu cabelo está na moda:
- Qual é o pente que te penteia, ó nega?

Teu cabelo à "couve-flor"
Tem um quê que me tonteia
Minha nega, meu amor:
- Qual é o pente que te penteia, ó nega?

Misanpli a ferro e fogo
Não desmancha nem na areia
Tomas banho em Botafogo,
- Qual é o pente que te penteia, ó nega?

Obs: Gravação original dos "Anjos do Inferno", para o carnaval de 1942.

NINOTCHKA

(Georges Moran / Christóvão de Alencar). Consta dos LPs: "Silvio Caldas - O Caboclinho Querido" e "O Melhor de Silvio Caldas."

NO RANCHO FUNDO

(Ary Barroso / Lamartine Babo). Incluído nos LPs: "Ary Barroso com Silvio Caldas, 10", "Histórias da Música Popular Brasileira", "Saudades, 12", "Silvio Caldas Canta Ary Barroso, 10", "O Melhor de Silvio Caldas", "O Seresteiro Silvio Caldas", "Silvio Caldas, o Seresteiro do Brasil" e "A Arte do Espetáculo."

NOITE CHEIA DE ESTRELAS

Tango-canção (Índio). Dos LPs: "Canta o Seresteiro Silvio Caldas", "Eternamente" e "Presença de Silvio Caldas."

Noite alta, céu risonho
A quietude é quase um sonho
O luar cai sobre a mata
Qual uma chuva de prata
De raríssimo esplendor
Só tu dormes, não escutas o teu cantor
Revelando a lua airosa
A história dolorosa desse amor

Lua, manda a tua luz prateada
Despertar a minha amada
Quero matar os meus desejos
Sufocá-la com meus beijos
Canto e a mulher que eu amo tanto
Não me escuta está dormindo
Canto e por fim
Nem a lua tem pena de mim
Pois ao ver que quem te chama sou seu
Entre a neblina se escondeu

Lá no alto a lua esquiva
Está no céu tão pensativa
As estrelas são serenas
Qual dilúvio de falenas
Andam tontas ao luar
Todo o astral ficou silente
Para escutar
O teu nome entre as endeixas
As dolorosas queixas do luar

Obs: Gravação original de Vicente Celestino, de 1932. Clássico da canção seresteira do Brasil.

NOS BRAÇOS DE ISABEL

(Silvio Caldas / José Judice). Dos LPs: "Canta o Seresteiro Silvio Caldas" e "Silvio Caldas em Pessoa."

NOSSA SENHORA DA GLÓRIA

(S.Caldas / David Nasser). Do LP "LPDS 32098 - Silvio Caldas - O Seresteiro."

NOSSOS MOMENTOS

(Haroldo Barbosa / L. Reis). - Silvio Caldas - Do LP "Elizeth Cardoso e Silvio Caldas."

Momentos são iguais àqueles
Em que eu te amei
Palavras são iguais àquelas
Que eu te dediquei
Eu escrevi, na fria areia,
Um nome para amar
O mar chegou, tudo apagou
Palavras... leva o mar
Teu coração, praia distante
Em meu perdido olhar
Teu coração, mais inconstante
Que a incerteza do mar
Teu castelo de carinhos
Eu nem pude terminar
Momentos meus
Que foram teus
Agora é recordar

NOTURNO EM TEMPO DE SAMBA

(C.Mesquita / Evaldo Ruy). Do LP "Filigranas Musicais da RCA - v. XVI." Novos Rumos (Rochinha / O. Porto). Dos LPs: "Ontem ao Luar" e "Silvio Caldas - Canta o Seresteiro."

NOVOS RUMOS

(Rochinha / O. Porto). Do LP "Ontem ao Luar."

NUNCA MAIS

(Dorival Caymmi). Incluido nos LPs: "O Grande Seresteiro", "Histórias da Música Popular Brasileira", "O Maior Seresteiro do Brasil", "Imperial 30107 - SC Sylvio Caldas" e "A Arte do Espetáculo."

Uma vez me pediste sorrindo
Eu voltei
Outra vez me pediste chorando
Eu voltei
Mas agora eu não quero
E não devo nunca mais
O que tu me fizeste, amor
Foi demais

NUNCA SOUBESTE AMAR

(Joubert de Carvalho). Incluida nos LPs: "Com a Saudade Pelo Braço","Silvio Caldas Canta, 10."

O AMOR E A ROSA

(Pernambuco / Antônio Maria). Do LP "Elizeth Cardoso e Silvio Caldas."

Se tudo passsou
Se o amor acabou
A rosa deve ficar
Num canto qualquer
Do teu coração
O amor reviverá
Guarda a roda
Que eu te dei
Esquece os males
Que eu te fiz
A rosa vale mais
Que a tua dor

O AMOR É ASSIM

(Sivan). (Silvio Caldas - Incluída nos LPs: 'O Caboclinho Querido", "O Seresteiro", "Silvio Caldas Especial, ao Vivo" e "Elizeth Cardoso e Silvio Caldas."

O BALÃO DO AMOR

Marcha (Francisco Alves / Orestes Barbosa). Inscluído no LP "O Seresteiro."

É noite de São João!
O meu balão vou soltar
Balão que eu fiz com as cartas
Daquela que não me quis amar

Todo mundo faz balão
A colar papel de cor
Resolvi fazer o meu
Com as cartas desse amor

Sabendo que era de cartas
O balão que eu quis fazer
As estrelas curiosas
Despertaram para ler

Meu balão feito de cartas
Custou muito pra subir
Era o peso da saudade
Com certeza vai cair!

Obs: Gravação original de Francisco Alves, de 1934. Chico não gravou os quatro últimos versos.

O BONDE DE SÃO JANUÁRIO

(Ataulfo Alves / Wilson Batista). Do LP "Histórias da Música Popular Brasileira).

Quem trabalha é que tem razão
Eu digo e não tenho medo de errar
Quem trabalha é que tem razão
Eu digo e não tenho medo de errar
O bonde de"São Januário"
Leva mais um operário
Sou eu que vou trabalhar

Antigamente eu não tinha juízo
Mas resolvi garantir meu futuro
(vejam vocês)
Sou feliz, vivo muito bem
A boemia não dá camisa a ninguém
(é, digo bem)

Obs: Gravação original de Ciro Monteiro, para o carnaval de 1941.

O NOME DELA EU NÃO DIGO

(Silvio Caldas / Orestes Barbosa). Dos LPs: "E O Destino Desfolhou" "O Melhor de Silvio Caldas" e "Seresta, Só Seresta."

O PIÃO

(Custódio Mesquita / Sadi Cabral). Dos LPs: "Sou Um Namorado Errante", "E O Destino Desfolhou" e "O Melhor da Velha Guarda."

O QUE É QUE A BAIANA TEM? -

(Dorival Caymmi). Dos Lps: "O Maior Seresteiro do Brasil", "O Grande Seresteiro" e "Histórias da Música Popular Brasileira."

O que é que a baiana tem?
O que é que a baiana tem?
Quando você se requebrar
Caia por cima de mim
Caia por cima de mim
Caia por cima de mim
Quando você se requebrar
Caia por cima de mim
Caia por cima de mim
Caia por cima de mim

Gravação original de Carmen Miranda e Dorival Caymmi, de 1939. Silvio alterou a letra e suprimiu vários varsos.

O SILÊNCIO DO CANTOR

(Joubert de Carvalho / David Nasser). Do LP "O Melhor de Silvio Caldas","Histórias da Música Popular Brasileira", "A História Viva - Phonodisc" e "Silvio Caldas Especial, ao Vivo."

O SOL NASCEU PRA TODOS

Samba (Lamartine Babo). Do LP "CLP11661 - Silvio Caldas."

O dia vem chegando, vou rezar minha oração
A Igreja é a floresta e o sino é o violão
Por que você me nega a esmola do olhar?
O sol nasceu pra todos também quero [aproveitar

Deus, quando inventou o mundo
Fez o sol e fez a lua
Fez o homem e a mulher
Fez o amor em um segundo
Sou o sol, você é a lua
Seja lá o que Deus quiser!

E você é a triste lua
Ilumina a minha rua
Onde mora a minha dor
Mas uma lua diferente
Que é do sol independente
Com luz própria e com calor.

Obs: Gravação original de Mário Reis, com acompanhamento dos "Diabos do Céu", de 1933.

O TELEFONE DO AMOR

(Benedito Lacerda / Jorge Faraj). Do LP "O Melhor de Silvio Caldas."

O TEU CABELO NÃO NEGA

(Lamartine Babo / Irmãos Valença). Do LP "A Arte do Espetáculo." "O Grande Seresteiro" e "Histórias da Música Popular Brasileira."

O teu cabelo não nega, mulata
Porque és mulata na cor
Mas, como a cor não pega mulata
Mulata, eu quero o teu amor

Tens um sabor bem do Brasil
Tens a alma cor de anil
Mulata mulatinha meu amor
Fui nomeado teu tenente interventor

Quem te inventou, meu pancadão
Teve uma consagração
A lua te invejando fez careta
Porque mulata, tu não és deste planeta

Quando meu bem, vieste à terra
Portugal declarou guerra
A concorrência, então, foi colossal
Vasco da Gama contra o batalhão naval

Obs: Gravação original de Joaquim Silvério de Castro Barbosa, para o carnaval de 1932.

O TREM ATRASOU

(Artur Vilarinho / Estanislau Silva / Paquito). Do LP "Histórias da Música Popular Brasileira."

Patrão, o trem atrasou
Por isso estou chegando agora
Trago aqui o memorando da Central
O trem atrasou meia hora
O senhor não tem razão
Para me mandar embora

O senhor tem paciência
É preciso compreender
Sempre fui obediente
Reconheço o meu dever
O atraso é muito justo
Quando há explicação
Sou um chefe de família
Preciso ganhar o pão

OLHO NELA

(Wilson Batista / Germano Augusto). Consta dos LPs: "Silvio Caldas, o Seresteiro do Brasil)", "CLP11661 - Silvio Caldas", "Histórias da Música Popular Brasileira" e "A Arte do Espetáculo."

ONDE O CÉU AZUL É MAIS AZUL

Samba (João de Barro / Alberto Ribeiro / Alcyr Pires Vermelho). Incluído nos LPs: "Histórias da Música Popular Brasileira", "CLP - Silvio Caldas" e "A Arte do Espetáculo."

Eu já encontrei um dia alguém
Que me perguntou assim, Iaiá:
O seu Brasil o que é que tem?
O seu Brasil onde é que está?

Onde o céu azul é mais azul
E uma cruz de estrelas mostra o Sul
Aí se encontra o meu país
O meu Brasil grande e tão feliz

Que tem junto ao mar palmeirais
No sertão seringais
E no Sul verdes pinheirais
Um jangadeiro que namora o mar
Verde mar a beijar
Brancas nuvens sem fim quando faz luar

Um garimpeiro que lá no sertão,
Procura estrelas raras pelo chão
E um boiadeiro que tangendo os bois
Trabalha muito pra sonhar depois

E se é grande o céu, a terra e o mar
O seu povo bom não é menor
Mas o que faz admirar
Eu vou dizer, guarde bem de cor

Quem vê o Brasil que não tem fim
Não chega a saber por que razão
Este país tão grande assim
Cabe inteirinho em meu coração!

Obs: Gravação original de Francisco Alves, de 1940.

ONTEM AO LUAR

Canção (Catullo da Paixão Cearense / Pedro de Alcântara). Dos LPs: "Ontem ao Luar" e "Presença de Silvio Caldas."

Ontem, ao luar
Nós dois numa conversação
Tu me perguntaste
O que era a dor de uma paixão
Nada respondi
Calmo assim fiquei
Mas, fitando o azul, o azul céu
A lua branca eu te mostrei
Mostrando a ti
Dos olhos meus correr senti
Uma nívea lágrima
E, assim, te respondi
Fiquei a sorrir
Por ter o prazer de ver
A lágrima nos olhos a correr

A dor da paixão não tem explicação
Como definir o que só sei sentir
É mister sofrer para se saber
O que no peito o coração nos quer dizer

(bis)

A lua branca eu te mostrei
Mostrando a ti
Dos olhos meus correr senti
Uma nívea lágrima
E, assim, te respondi
Fiquei a sorrir
Por ter o prazer de ver
A lágrima nos olhos a correr

Obs: Silvio gravou esta canção como marcha-rancho, alterou e suprimiu vários versos.

Gravação original de Vicente Celestino, da segunda metade dos anos 10 do século passado.

OS QUINDINS DE YAYÁ

(Ary Barroso). Do LP "Silvio Caldas Especial, ao Vivo."

OUÇA

Samba-canção (Maísa). Do LP "Grandes Sucessos Com Silvio Caldas."

Ouça, vai viver a tua vida
Com outro bem
Hoje eu já cansei
De pra você não ser ninguém
O passado não foi o bastante
Pra lhe convencer
Que o futuro seria bem grande
Só eu e você
Quando a lembrança
Com você for morar
E, bem baixinho
De saudade você chorar
Vai lembrar que um dia existiu
Um alguém que só carinho pediu
E você fez questão de não dar
Fez questão de negar

Obs: Gravação original de Maísa.

PACIÊNCIA

(Lupicínio Rodrigues). Do LP "Titio Canta Para Você."

PALPITE INFELIZ

(Noel Rosa). Dos LPs: "A Arte do Espetáculo", "Histórias da Música Popular Brasileira" e "A História Viva."

Quem é você que não sabe o que diz
Meu Deus do céu, que palpite infeliz!
Salve Estácio, Salgueiro, Mangueira,
Oswaldo Cruz e Matriz
Que sempre souberam muito bem
Que a Vila não quer abafar ninguém
Só quer mostrar que faz samba também.

Fazer poema lá na Vila é um brinquedo,
Ao som do samba dança até o arvoredo
Eu já chamei você pra ver,
Você não viu porque não quis
Quem é você que não sabe o que diz?

A Vila é uma cidade independente
Que tira samba mas não quer tirar patente
Pra que ligar a quem não sabe
Aonde tem o seu nariz?
Quem é você que não sabe o que diz?

Obs: Letra original. Gravação de Aracy de Almeida, em 1935, em selo Victor, com acompanhamento de Conjunto Regional.

PASSARINHO

(Antônio Nássara / Hervê Cordovil). Dos LPs: "Imperial 30142 - Silvio Caldas" e "Caboclinho Querido Sylvio Caldas."

PASTORA DOS OLHOS CASTANHOS

(Alberto Ribeiro / Orondino Silva). Incluída nos LPs: "*Cabelos brancos*", "Silvio Caldas Canta, 10", "O Melhor de Silvio Caldas", "Music Máster - Silvio Caldas", "LPDS 32098 - S.C. - O Seresteiro" e "Ver. LP 065 - Tive Uma Surpresa."

PASTORINHAS

(João de Barro / Noel Rosa). Incluída nos LPs: "Imperial 30107 - SC Sylvio Caldas", "História Viva", "Silvio Caldas Especial, ao Vivo","Histórias da Música Popular Brasileira" e "A Arte do Espetáculo."

PENHA

(Lauro Miller) - Incluída no LP: "Istro é São Paulo."

Todo domingo eu vou à Penha
Pra pagar uma promessa que eu fiz
Implorei a padroeira
Proteção pra vida inteira
Um amor, um lar feliz

(bis)

Embora sinta que fui atendido
Eu prossigo em minhas preces
Na certeza que depois
Nossa Senhora da Penha
Vai nos dar um caboclinho
Misturinha de nós dois

PERDÃO

(Ary Barroso). Do LP: "Ary Barroso na Voz de Silvio Caldas."

PERDOA, MEU AMOR

Valsa (Georges Moran / J. G. de Araújo Jorge). Dos LPs: "O Grande Seresteiro" e "Seresta, Só Seresta."

Meu grande amor
Tão junto a ti confesso
Que sempre sou feliz
Tu podes crer
Meu doce bem,
Não pense eu te peço
Que um só momento
Eu possa te esquecer

Pordoa, meu amor
Culpado eu sou, bem sei
Perdoa meu amor
Os males que causei
Perdoa meu amor
Se tudo que hoje eu fiz
Te fiz chorar e até pensar
Que és infeliz

Perdoa, meu amor
Se volto tarde assim
Perdoa meu amor
Que importa de onde eu vim!
Perdoa, meu amor
Porque tu sabes bem
Que a minha vida és tu
E mais ninguém

Obs: Gravação original de Orlando Silva, de 1947. Georges Moran era de nacionalidade russa.

PERFIL DE SÃO PAULO

(F. A. Bezerra de Menezes). Dos LPs: "Presença de Silvio Caldas", "Silvio Caldas - Canta o Seresteiro", "A Arte do Espetáculo", "A História Viva" e "LPCB 35014, 10" - Silvio Caldas."

Aonde estão teus sobrados
De longos telhados e teus lampiões
E os moços da Academia na noite tão fria
E cantando canções
E Sinhazinha delgada pisando a calçada
Na tarde vazia
O tempo tudo mudou
Mas não apagou a tua poesia
Não mudou, não se apagou a tua sedução
A garoa cai à toa pra guardar a tradição
São Paulo num só minuto
É o Brás, Tietê, viaduto
Barraca de flores e a multidão
Os pardais em madrigais
O sol rasgando a serração
E a noite com seus pintores
Apagando e acendendo em cores
Teu nome no meu coração

PIERROT

(Joubert de Carvalho / Paschoal Carlos Magno). Consta dos LPs: "Eternamente", "Canta o Seresteiro Silvio Caldas", "Grandes Interpretações de Silvio Caldas", "Histórias da Música Popular Brasileira", "A História Viva", "Presença de Silvio Caldas", "LPCB 35014 10" - Silvio Caldas", "A Arte do Espetáculo" e "Silvio Caldas e Pedro Vargas."

PISTON DE GAFIEIRA

(Billy Blanco). Do LP "*Cabelos brancos.*"

POEMA DOS OLHOS DA AMADA

(V. de Moraes / P. Soledade). (*Serenata* - Silvio Caldas). "Silvio Caldas Especial, ao Vivo","Uma Seresta Inesquecível" e "Grandes Interpretações de Silvio Caldas."

PONTE ENFERRUJADA

(Antônio Bruno). Do LP "Titio Canta Para Você."

POR CAUSA DESTA CABOCLA

(Ary Barroso / Luiz Peixoto). Consta dos LPs: "Imperial 30142 - Silvio Caldas", "O Melhor de Silvio Caldas" e "O Caboclinho Querido Sylvio Caldas."

POR TEU AMOR

(Francisco Alves / Orestes Barbosa). Do LP "O Maior Seresteiro do Brasil."

Ordena, fala, insinua
Diz o que queres de mim!

Jardineiro da amargura
Eu tenho um triste jardim

As rosas nascem da mágoa
Só estas posso colher
Banhadas sempre na água
Do pranto do meu viver

Outras mulheres no meu cantar
Pensam que é delas a minha dor
Mas se tu queres manda calar
Tudo o que eu canto por teu amor

Só nesta valsa eu te diria
Como é tão falsa minha alegria
Como é mentira o meu cantar
Quando teu nome vivo a ocultar

Obs: Gravação original de Francisaco Alves, de 1934

PORTO DOS CASAIS

(Jayme Lewgoy Lubianca). Dos LPs: "*Serenata* - Silvio Caldas" e "Histórias da Música Popular Brasileira."

PRA QUE MENTIR

(Vadico / Noel Rosa). Do LP "Silvio Caldas e Suas Interpretações Inesquecíveis."

PRECE

Samba (Vadico / Marino Pinto). Incluído nos LPs "O Grande Seresteiro", "Histórias da Música Popular Brasileira", "Seresta, Só Seresta" e "Veleiro 2625 - Sllvio Caldas."

Quem duvidar que duvide
A saudade em meu peito reside
Sem querer
Fui querer novamente
Já fiz tanta oração
E ao Senhor eu pedi proteção
Inutilmente
Eu rezei minha prece
Saudade vai
E me esquece

Obs: Gravação original de Helena de Lima. Depois de seu regresso ao Brasil, esta foi a primeira composição de Vadico, iniciando nova fase

PRELÚDIO

(Hervê Cordovil / Vicente Leporace). Dos LPs: "Eternamente" e "Canta o Seresteiro Silvio Caldas."

PRETO VELHO

(Jorge Faraj / Custódio Mesquita). Do LP "E o Destino Desfolhou."

PROFESSORA

(Benedito Lacerda / Jorge Faraj). Incluída nos LPs: "Imperial 30107 - SC Sylvio Caldas", "O Melhor de Silvio Caldas", "Ontem ao Luar" e "Filigranas Musicais da RCA - v. XVI."

PROMESSA

(Custódio Mesquita / Evaldo Ruy). Incluída nos LPs: "Silvio Caldas e Suas Interpretações Inesquecíveis", "O Melhor de Silvio Caldas" e "A História Viva."

QUANDO O SAMBA ACABOU

(Noel Rosa). Dos LPs: "Cabelos Brancos" e "O **Melhor de Silvio Caldas."**

Lá no morro de Mangueira
Bem de frente à ribanceira
Uma cruz a gente vê
Quem fincou foi a Rosinha
Que é cabrocha de alta linha
E nos olhos tem um "não sei quê"

Numa linda madrugada
Ao voltar da batucada
Pra dois malandros passou a sorrir
Ela foi-se embora e os dois ficaram
Dias depois se encontraram
Pra conversar e discutir

Lá no morro
Uma luz somente havia:
Era a lua que a tudo assistia
E quando acabava o samba
Se escondia
Na segunda batucada
Disputando a namorada
Foram os dois improvisar
E como em toda façanha
Sempre um perde o outro ganha
Um dos dois parou de versejar

E, perdendo a doce amada
Foi fumar na encruzilhada
Passando horas em meditação
Quando o sol raiou foi encontrado
Na ribanceira estirado
Com um punhal no coração

Lá no morro
Uma luz somente havia:
Era o sol quando o samba acabou...
De noite não houve lua
Ninguém cantou.

Obs: Gravação original de Mário Reis, de 1933. A letra é a original. Silvio introduziu pequenas alaterações.

QUANTO EU SINTO

(Alcebíades Barcelos / Armando Marçal). Dos LPs: "O Caboclinho Querido Sylvio Caldas" e "Imperial 30142 - Silvio Caldas."

QUASE QUE EU DISSE

(Silvio / Orestes). Incluída nos LPs: "Saudades, 12", *"Serenata* **- Silvio Caldas", "História da Música Popular Brasileira - N. 23", "Canta o Seresteiro Silvio Caldas", "Grandes Interpretações de Silvio Caldas", "Imperial 30107 - SC Sylvio Caldas", "A História Viva", "Saudades, 10" e "Veleiro 2625 - Silvio Caldas**

QUE É, QUE É

(Alberto Simoens da Silva / Evágrio Lopes). Do LP "Silvio Caldas - O Caboclinho Querido."

QUE IMPORTA PRA NÓS DOIS A DESPEDIDA

(Silvino Neto). Dos Lps: "E o Destino Desfolhou" e "Seresta, Só Seresta."

Tenho que me despedir
Meu amor eu vou partir
Quero que não chores assim
Olha nos meus olhos
Daí-me outro beijo
Chega bem perto de mim
Que importa pra nós dois a despedida
Se os nossos corações numa só vida
Vivem um romance multicor
Do mesmo sonho de amor
Que importa pra nós dois a despedida
Minha perfumada flor
Comigo partirás, contigo ficarei
E entre nós um grande amor

Obs: Gravação original de Orlando Silva, de 1939.

QUEM HÁ DE DIZER

(Lupicínio Rodrigues / Alcides Gonçalves). Dos LPs: "Ontem ao Luar" e "Histórias da Música Popular Brasileira."

Quem há de dizer
Que quem você está vendo
Naquela mesa bebendo
É o meu querido amor
Repare bem que toda a vez que ela fala
Ilumina mais a sala
Do que a luz do refletor
O cabaret se inflama
Quando ela dança
E com a mesma esperança
Todos lhe põem o olhar
E eu, o dono,
Aqui no meu abandono
Espero morto de sono
O cabaret terminar

Rapaz, leve esta mulher consigo
Disse-me uma vez um amigo
Quando nos viu conversar
Vocês se amam
E o amor deve ser sagrado
O resto, deixa de lado
Vai construir o seu lar

Palavra! Quase aceitei o conselho
O mundo, este grande espelho
Que me fez pensar assim
Ela nasceu com o destino da lua
Pra todos que andam na rua
Não vai viver só pra mim

Obs: Gravado originalmente por Francisco Alves, em 1948.

RAPAZ FOLGADO

Samba (Noel Rosa). Dos LPs: "Histórias da Música Popular Brasileira", "A História Viva - Phonodisc" e "A Arte do Espetáculo."

Deixa de arrastar o teu tamanco
Pois tamanco nunca foi sandália
Tira do pescoço o lenço branco
Usa sapato e gravata
Joga fora essa navalha
Que te atrapalha

Com chapéu de palha deste rata
Da polícia eu quero que escapes
Fazendo um samba-canção
Já te dei papel e lápis
Arranja um amor e um violão

Malandro é palavra derrotista
Que só serve pra tirar
Todo valor do sambista
Proponho ao povo civilizado
Não te chamar de malandro
E sim de rapaz folgado

Obs: Gravação original de Aracy de Almeida, de 1938.

RECIFE, CIDADE LENDÁRIA

(Capiba). Dos LPs: "A História Viva - Phonodisc" e "Histórias da Música Popular Brasileira."

Eu ando pelo Recife
Noites sem fim
Percorro bairros distantes
Sempre a escutar
Lomanda, Lomanda onde estás
É alma de preto a penar
Recife, cidade lendária
De pretas de engenho cheirando a banguê
Recife de velhos sobrados
Compridos, escuros que faz gosto se ver
Recife teus lindos jardins
Recebem a brisa que vem do alto mar
Recife teu céu tão bonito
Tem noites de lua pra gente cantar
Recife de cantadores
Vivendo da glória em pleno terreiro
Recife dos maracatus
Dos tempos distantes de Pedro I
Responde ao que eu vou perguntar
Que é feito dos teus lampiões
Onde outrora os boêmios cantavam
Suas lindas canções

Obs: Gravação original de Paulo Molin.

RECORDAR É VIVER

(J. B. da Silva, Sinhô). Do LP "LB028 - Novidades de 1930."

REVERSO

(Marino Pinto / Gilberto Milfont). Do LP "*Cabelos brancos.*"

Você vai sofrer muito mais do que eu já sofri
Você vai
Você vai chorar muito mais do que eu já chorei
Você vai
Você vai pedir pra voltar como um dia eu pedi
Você vai
Você vai saber muito mais do que eu
[quanto dói
Você vai
Carinho, amor, mais amor você vai me pedir
E eu não dou
Embora eu padeça e amargue a paixão
O perdão eu não dou
Nas noites de frio você vai pedir agasalho
E eu não dou
Você foi ingrata demais
E perdão eu não dou

RIDI PALHAÇO

(Lamartine Babo). Dos LPs: "Histórias da Música Popular Brasileira" e "A História Viva - Phonodisc."

Ridi... palhaço...
Lá-rá-rá-rá-rá-rá
Lá-rá-rá-rá-rá-rá
Lá-rá-rá-rá-rá-rá
(Ah! Ah! Ah! Ah! Ah! Ah! Ah!)
Ride... palhaço...
Lá-rá-rá-rá-rá-rá
Eu sou o teu pierrot
Colombina, Colombina
Reparte esse amor
Metade pra mim
Metade pro teu Arlequim

Obs: Gravação original de Mário Reis, para o carnaval de 1934.

RISQUE

Samba (Ary Barroso). (Silvio Caldas Canta Ary Barroso, 10", "Grandes Sucessos Com Sil-

vio Caldas", "Presença de Silvio Caldas" e "A Arte do Espetáculo."

Risque, meu nome do seu caderno
Pois não suporto o inferno
Do nosso amor fracassado
Deixe que eu siga novos caminhos
Em busca de outros carinhos
Matemos nosso passado
Mas se algum dia, talvez
A saudade apertar
Não se perturbe
Afogue a saudade
Nos copos de um bar
Creia, toda quimera se esfuma
Como a brancura da espuma
Que se desmancha na areia

Obs: Gravação original de Aurora Miranda, de 1951.

ROEDEIRA

(Silvio Caldas). Do LP: "CLP11661 - Silvio Caldas."

Já dei muito carinho ao meu amor
Já dei
Já dei muita alegria ao meu amor
Já dei
Ternura por demais ao meu amor eu dei
Pancada em meu amor também já dei

(bis)

Muitas vezes nós brigamos
E por fim nos separamos
E hoje em dia meu amor
Nao sei porque
Não como, não fumo, não bebo
Não jogo nem nada já se vê
Que a minha roedeira é você

(bis)

ROMANCE DE AMOR

(Silvio Caldas). Do LP "Com a Saudade Pelo Braço."

ROSA

(Pixinguinha). Dos LPs: "Canta o Seresteiro Silvio Caldas", "Eternamente" e "Presença de Silvio Caldas."

Tu és divina e graciosa, estátua majestosa
Do amor por Deus esculturada
E formada com ardor
Da alma da mais linda flor de mais ativo odor
Que na vida é preferida pelo beija-flor
Se Deus me fora tão clemente
Aqui nesse ambiente de luz
Formada numa tela deslumbrante e bela
Meu coração junto ao teu
Lanceado, pregado e crucificado
Sobre a rósea cruz do arfante peito teu
Tu és a forma ideal,
Estátua magistal, ó alma perenal
Do meu primeiro amor, sublime amor
Tu és de Deus a soberana flor
Tu és de Deus a criação
Que em todo o coração sepultas o amor
O riso, a fé, a dor,
Em sândalos olentes cheios de sabor
Em vozes tão dolentes como um sonho
[em flor
És láctea estrela, és mãe da realeza
És tudo, enfim, que tem de belo
Em todo o resplendor da santa natureza

Perdão, se ouso confessar-te:
Eu hei se sempre amar-te
Ó flor meu peito não resiste
Ó meu Deus quanto é triste
A incerteza de um amor
Que mais me faz penar, em esperar
Em conduzir-te um dia ao pé do altar
Jurar aos pés do Onipotente
Em prece comovente de dor
E receber a unção de tua gratidão
Depois de remir meus desejos
Em nuvens de beijos, hei de te envolver
Até meu padecer de todo fenecer

Obs: Gravação original de Orlando Silva, de 1937. Segundo o cantor das multidões, esta música pertencia ao repertório de Silvio Caldas, não se sabendo o motivo pelo qual não foi gravada originalmente pelo Caboclinho. Orlando, no depoimento prestado a Nirez, em 1970, desmentiu a versão de que essa música tivesse sido oferecida inicialmente a Francisco Alves e Carlos Galhardo, que a rejeitaram por não aceitarem gravar *Carinhoso*, que deveria compor o outro lado do disco. Ao comentarem a letra de "Rosa", alguns autores dizem que *suas imagens são rebuscadas,* mas quando comentam sobre a valsa "*Mimi*", esses mesmos autores classificam suas imagens de *pernósticas, de gosto duvidoso.* Pode?!

ROSA DE MAIO

Fox-trot (Custódio Mesquita e Evaldo Ruy). Do LP "Silvio Caldas - O Seresteiro."

Rosa de maio
É meu desejo
Mandar-te um beijo
Nesta canção
Rosa de maio
Deste poema
Tu és o tema
E a inspiração
Rosa de maio
Já não consigo
Guardar comigo
Tanta paixão
Rosa de maio
Por qualquer preço
Eu te ofereço
Meu coração

Obs: Gravação original de Carlos Galhardo.

SAMAMBAIA NA VARANDA

(Klécius Caldas e Victor Freire). Do LP "Titio Canta Para Você."

Samambaia na varanda
Lindas flores nos jardins
As crianças em ciranda
No meu bairro era assim
Vinha a lua de mansinho
Quanta paz nos corações
E depois vinha um velhinho
Que acendia os lampiões
Este quadro da cidade
Hoje não existe mais
Só existe na saudade
Dos meus tempos de rapaz
Minha rua tão tranqüila
Não tem lua, não tem céu
Onde era minha vila
Hoje é um Arranha-céu.

SANTA DOS MEUS AMORES

(Silvio Caldas / Orestes Barbosa). Dos LPs: "O Seresteiro Silvio Caldas" e "Silvio Caldas, o Seresteiro do Brasil."

SÃO FRANCISCO

(Vinicius de Moraes / Paulo Soledade). Dos LPs: "LPCB 35014 10" - Silvio Caldas" e "Silvio Caldas - Canta o Seresteiro).

SÃO PAULO ANTIGO

(Lauro Miller). Do LP: "Isto é São Paulo."

Eu hoje
De cabeça inteira branca
Contemplando com saudade
Meu São Paulo da garoa
Saudade
De quando eu era menino
De você tão pequenino
Da nossa vida tão boa
São Paulo
Eu recordo aquelas noites
De garoa muito intensa
E de intensa boemia
Do tempo
Em que o amor era negado
Aos rapazes que trocavam
As noites pelos dias
Saudade
Das noites enluaradas
Das lindas rimas cantadas
Dos soturnos violões
Donzelas
Que por trás dos seus estores
Ouviam seus trovadores
Sob a luz dos lampiões
E agora
Vendo você tão crescido
E depois de ter vivido
Tudo que você viveu
São Paulo
Minha terra, meu orgulho
É de um pai que olha vaidoso
Para o filho que cresceu

SARAMBÁ

(Ataulfo Alves / Wilson Batista). Dos LPs: "A Arte do Espetáculo" e "Histórias da Música Popular Brasileira."

SAUDADE DE VOCÊ

(Silvio Caldas / Billy Blanco). Do LP "*Cabelos brancos.*"

SAUDADE DELA

(Ataulfo Alves). Incluída nos LPs: "O Caboclinho Querido Sylvio Caldas", "O Melhor de Silvio Caldas", "Silvio Caldas em Pessoa", "Presença de Silvio Caldas", "Grandes Sucessos de Silvio Caldas", "Histórias da Música Popular Brasileira" e "Imperial 30142 - Silvio Caldas."

SAUDADE DO PASSADO

Samba (David Nasser / Francisco Alves). Do LP "O Maior Seresteiro do Brasil.

Eu estou envelhecendo
Que saudades do passado!
Choro ao ver nos espelhos
Meus cabelos prateando
Você é que está me acabando

O que mais me desespera
Não é o medo da saudade
E saber que nos seus braços
Eu perdi a mocidade
Que saudade, que passado!
Que destino foi o meu!
Quanto eu tenho chorado
Depois que o nosso amor morreu!

Obs: A gravação original é de Chico Alves, de 29.01.51. Esta gravação, tirada de um acetato de um programa do Silvio Caldas, "Quando Canta o Seresteiro", foi lançada pela Collector's, no dia 06.05.1951. É de Ary Vasconcelos o comentário: "A voz de Silvio Caldas era, então, um verdadeiro cristal cintilando."

SAUDADE GAÚCHA

(Bomfíglio de Oliveira). Sylvio Caldas e Gastão Formenti. Do LP "LB028 - Novidades de 1930"

SAUDADES DA SERRA

(Francisco Di Pietro). Do LP "Titio Canta Para Você."

Esta saudade do meu pedaço de terra
Doce ternura que me invade o coração
E esta alegria que deixei pra lá da serra
Só nos amores tudo é recordação
E a moreninha que deixei amargurada
Ó doce amada que engano foi o meu
Eu te troquei pelos feitiços da cidade
Que não valem um só dos sorrisos teus

Ah, saudade chora neste violão
Uma dor que mora em meu coração
Ai se eu pudesse voltar lá pra minha terra
Rever a serra que eu vivo a recordar
Ver a morena que deixei amargurada
Será que ela ainda está a me esperar
Rever os campos que brinquei quando menino
Pousar meus olhos nesta linda imensidão
Abrir a porta da casinha pequenina
Beijar meus pais e abraçar os meus irmãos

SE É POR FALTA DE ADEUS

(Herivelto Martins). Do LP "Histórias da Música Popular Brasileira."

SE EU MORRESSE AMANHÃ DE MANHÃ

(Antônio Maria). Do LP "Elizeth Cardoso e Silvio Caldas."

De que serve viver tantos anos sem amor
Se morrer é juntar desenganos de amor
Se eu morresse amanhã de manhã
Não faria falta a ninguém
Eu teria um enterro qualquer
Sem saudade, sem luto também

SE EU PUDESSE

(Gabriel Migliore / Vicente Leporace). Dos LPs: "Eternamente" e "LPCB 35014 10" - Silvio Caldas."

SE TODOS FOSSEM IGUAIS A VOCÊ

(Tom/Vinicius). Do LP "Grandes Sucessos Com Silvio Caldas."

Vai, sua vida,
Teu caminho é de paz e amor
A sua vida
É uma linda canção de amor
Abre os seus braços e canta
A última esperança

A esperança divina
De te amar em paz

Se todos fossem iguais a você
Que maravilha viver
Uma canção pelo ar
Uma mulher a cantar
Uma cidade a cantar
A sorrir, a cantar,
A pedir a beleza do amor
Como a flor, como o sol,
Como a luz
Amar, sem mentir, nem sofrer
Existiria a verdade
Verdade que ninguém vê
Se todos fossem no mundo
Iguais a você

SE TU SOUBESSES

(Georges Moran / Christóvão Alencar). Gravada no LP "O Grande Seresteiro", de 1968 e incluída nos LPs: "O Seresteiro Silvio Caldas", "Silvio Caldas O Caboclinho Querido" e "Seresta, Só Seresta."

Obs: Gravação original do próprio Silvio, de 1931.

SEGURA ESTA MULHER

(Ary Barroso). Do LP "Ary Barroso na Voz de Silvio Caldas"

SEIS ANOS ATRÁS

(Pedro de Almeida). Do LP "Revivendo LP 065 - Tive Uma Surpresa."

SERENATA

(Silvio Caldas / Orestes Barbosa). Incluídas nos LPs: "*Serenata*", "Encontro de Seresteiros", "Grandes Sucessos de Silvio Caldas", "História da Música Popular Brasileira - N. 23", "Music Máster - Silvio Caldas", "O Melhor de Silvio Caldas", "Presença de Silvio Caldas", "Silvio Caldas / Phonodisc", "Silvio Caldas e Pedro Vargas", "Silvio Caldas e Suas Interpretações Inesquecíveis", "Uma Seresta Inesquecível" e "Elizeth Cardoso e Silvio Caldas."

SERENATA DO ADEUS

(Vinicius de Moraes). Consta dos LPs: "Grandes Sucessos de Silvio Caldas", "Silvio Caldas e Pedro Vargas", "A Arte do Espetáculo", "Histórias da Música Popular Brasileira", "A História Viva - Phonodisc" e "Silvio Caldas Especial, ao Vivo."

SERRA DA BOA ESPERANÇA

Samba-canção (Lamartine Babo). Dos LPs: "Cabelos Brancos", "A Arte do Espetáculo" e "Elizeth Cardoso e Silvio Caldas."

Serra da Boa Esperança
Esperança que encerra
No coração do Brasil
Um punhado de terra
No coração de quem vai
No coração de quem vem
Terra da Boa Esperança
Meu último bem!

Parto levando saudades
Saudades deixando
Murchas, caídas na serra
Lá perto de Deus
Ó minha serra, eis a hora
Do adeus, vou-me embora!
Deixo a luz do olhar
No teu luar, adeus!

Levo na minha cantiga
A imagem da serra
Sei que Jesus não castiga
Um poeta que erra
Nós os poetas erramos
Porque rimamos também
Os nossos olhos nos olhos
De alguém que não vem!

Serra da Boa Esperança
Não tenhas receio
Hei de guardar tua imagem
Com a graça de Deus
Ó minha serra, eis a hora
Do adeus, vou-me embora!
Deixo a luz do olhar
No teu luar, adeus!

Obs: Gravação original de Francisco Alves, de 1937, regravada em 1952, sendo esta a última gravação do cantor. Segundo Nestor de Holanda (Memórias do Café Nice, p. 223/224, Lamartine primeiro quis que Carlos Galhardo gravasse essa música, "mas o cantor não conseguiu dar a nota aguda existente na melodia. Pedi para que ele mudasse a música. *Lalá* não concordou. E, por isso, Francisco Alves criou este belo samba-canção,em 1937. A gravação do Silvio é de 1959, em disco Colúmbia.

SERRANA

Canção (Alberto Costa / José Judice). Dos LPs: "O Seresteiro Silvio Caldas" e "Silvio Caldas, o Seresteiro do Brasil."

SINHÁ MOÇA CHOROU

(Silvio Caldas / Christóvão de Alencar). Do LP "Silvio Caldas, o Seresteiro do Brasil."

SORRIS DA MINHA DOR

(Paulo Medeiros). (Silvio Caldas e Suas Interpretações Inesquecíveis). "Encontro de Seresteiros", "Grandes Sucessos de Silvio Caldas", "Melhor de Silvio Caldas" e "Uma Seresta Inesquecível."

SOU UM NAMORADO ERRANTE

(Vallée / Zilmmerman / Gerald). Do LP "Sou Um Namorado Errante."

SUAS MÃOS

(Pernambuco / Antônio Maria). Dos LPs: "Grandes Sucessos Com Silvio Caldas" e "Elizeth Cardoso e Silvio Caldas."

As suas mãos onde estão
Onde está o seu carinho
Onde está você
Se eu pudesse achar
Se eu soubesse onde está
Nosso amor, você

Um dia há de chegar
Quando eu não sei
Você vai procurar
Onde eu estiver
Sem amor, sem você

SUBURBANA

(Silvio / Orestes). Incluída nos LPs: "Saudades, 12", "O Melhor de Silvio Caldas" "Saudades, 10."

TALENTO NÃO TEM IDADE

(Ataulfo Alves). Do LP "Cabelos Brancos."

Meus companheiros do samba
Do samba bem brasileiro
Ouçam o lamento de um triste
Que tem na alma um pandeiro
O samba foi lá em casa
E disse a mim soluçando
Tiraram tudo de belo que eu tinha
Pediu socorro chorando

Onde andarão os valores
Daqueles tempos de outrora
Seus lindos versos de amores
Que até hoje o povo chora
Voltem de novo que é grande a saudade
Talento não tem idade

TARANTELA VERDE E BRANCO

(Silvio Caldas). Gravação Continental, stereo, compacto, n. 1-01-101-233, de 1976.

Nasceste Palestra de Palestra amistosa
Nos tempos do Fanfulha e das cantinas
[do Brás
Cresceste Palmeiras de sombra frondosa
Palmeiras, Palestra dos meus ancestrais
Teu passado tua história
Tua luta, tua glória
Conquistaste com amor juvenil
E ligaste então com teu coração
O sangue da Itália e do Brasil

Refrão:

Palmeiras, Palmeiras,
As duas bandeiras unidas estão
Palmeiras, Palestra
É dia de festa no meu coração

TARDE DE MAIO

(Alberto Ribeiro / Oswaldo Sá). Do LP "Com a Saudade Pelo Braço."

TEREZINHA DE JESUS

(D.P.). Do LP "A Arte do Espetáculo."

Teresinha de Jesus
Deu uma queda foi ao chão
Acudiram três cavalheiros
Todos os três chapéu na mão

O primeiro foi seu pai
O segundo seu irmão
O terceiro foi aquele
Que a Teresa deu a mão

Da laranja quero um gomo
Do limão quero um pedaço
Da menina mais bonita
Quero um beijo e um abraço

TERRA SECA

(Ary Barroso). Dos LPs: "Ary Barroso com Silvio Caldas, 10" e "Silvio Caldas Canta Ary Barroso).

O nêgo tá moiado de suó
Trabaia, trabaia, trabaia, nêgo
As mãos do nêgo tá que é calo só
Trabaia, trabaia, trabaia nêgo
Trabaia, trabaia, trabaia nêgo
Ai meu Sinhô
Nêgo não agüenta esta terra
Tão dura, tão seca, poeirenta
Trabaia, trabaia, trabaia nêgo
Trabaia, trabaia, trabaia nêgo
Nêgo pede licença pra pará
Nêgo não pode mais trabaiá
Quando o nêgo chegou por aqui
Era mais vivo e ligeiro que o Saci
Varava esses rios, essas matas
Esses campos sem fim
Nêgo era moço e a vida
Um brinquedo prá mim
Mas esse tempo passou
A velhice chegou
E o brinquedo acabou
Sinhô, nêgo veio tem pena de ter se acabado
Sinhô, nêgo veio carrega este corpo cansado

Obs: Gravação original de Déo.

TEU DESPREZO

(J. Nascimento / Aldo Taranto / André Filho). Do LP "Rev. - No Rancho Fundo).

TEUS CIÚMES

(Lacy Martins / Aldo Cabral). Dos LPs: "Imperial 30142 - Silvio Caldas" e "O Caboclinho Querido Sylvio Caldas."

TIVE UMA SURPRESA

(Raimundo Chaves / Firmino Varela). Do LP "(Rev. - Tive Uma Surpresa).

TORTURANTE IRONIA

(Silvio / Orestes). Incluída nos LPs: "Saudades, 12", "História da MPB - Valsa", "Imperial 30142 - Silvio Caldas", "Saudades, 10" e "O Grande Seresteiro" e "O Caboclinho Querido Sylvio Caldas."

TOUCAS BRANCAS

Samba (Silvio Caldas e Eratóstenes Fração). Gravada no LP "O Grande Seresteiro", de 1968. Composta em 1963.

Toucas brancas de enfermeiras
De almas brancas cor da paz
Nas batalhas, nas trincheiras
Quanto bem seu caminho traz
É a mulher da minha terra
Minha doce companheira
Corajosa na paz não teme a guerra
Deus abençoe a mulher brasileira

Eu sinto ressoar aos meus ouvidos
O grito sanguinário da ambição
Na lógica brutal dos estampidos
Na forte linguagem do canhão
Enquanto as enfermeiras destemidas
No fogo das granadas ao clarão
Demonstram sem ligar às próprias vidas
A força universal do coração

TRACUÁ ME FERRÕ

(R. S. de Mello). Do LP "Revivendo LP 033 - No Rancho Fundo."

TRÊS APITOS

Samba-canção (Noel Rosa), de 1933. Incluído nos LPs: "(O Grande Seresteiro" e "Silvio Caldas - Veleiro 2625."

Quando o apito
Da fábrica de tecidos
Vem ferir os meus ouvidos
Eu me lembro de você

Mas você anda
Sem dúvida muito zangada

Ou está interessada
Em fingir que não vê

Você que atende o apito
De uma chaminé de barro
Por que não atende ao grito tão aflito
Buzina do meu carro

Você, no inverno
Sem meias vai pro trabalho
Não faz fé com agasalho
Nem no frio você crê

Mas, você é mesmo
Artigo que não se imita
Quando a fábrica apita
Faz réclame de você
Nos meus olhos você lê
Como eu sofro cruelmente
Com ciúmes do gerente impertinente
Que dá ordens a você

Sou do sereno
Poeta muito soturno
Vou virar guarda-noturno
E você sabe por quê

Mas você não sabe
Que enquanto você faz pano
Faço junto do piano
Estes versos pra você

Obs: Gravação original de Aracy de Almeida. "Três Apitos" e "Seu Riso de Criança" foram dedicadas por Noel à sua namorada Josefina, Fina para os íntimos.

TRÊS LÁGRIMAS

(Ary Barroso). Incluido nos LPs: "Ary Barroso com Silvio Caldas, 10", "Ary Barroso na Voz de Silvio Caldas", "O Melhor de Silvio Caldas", "Saudades, 12", "Silvio Caldas Canta Ary Barroso", 10" e "Silvio Caldas em Pessoa."

TRISTEZA DO JECA

Toada (Angelino de Oliveira). Dos LPs: "Music Máster - Silvio Caldas", "Silvio Caldas - Phonodisc" e "A Arte do Espetáculo."

Neste verso, tão singelo
Minha bela, meu amô
Pra mecê quero cantá
O meu sofrê, a minha dô

Eu sou como o sabiá
Que quando canta é só tristeza
Desd'o gaio onde ele está
Nesta viola
Eu cantro e gemo de verdade
Cada toada
Representa uma saudade
Eu nasci naquela serra
Num ranchinho à bera-chão
Todo cheio de buraco
Donde a lua faz crarão
E quando chega a madrugada
Lá no mato a passarada
Principia o baruião

Obs: Gravação original, de Patrício Teixeira, 1926.

TRISTEZAS NÃO PAGAM DÍVIDAS

(Manoel Silva). Do LP "Elizeth Cardoso e Silvio Caldas."

TU

(Ary Barroso).Dos LPs: "(Ary Barroso com Silvio Caldas, 10", "Silvio Caldas Canta Ary Barroso, 10", "Ary Barroso na Voz de Silvio Caldas" e "O Melhor de Silvio Caldas."

TUA PARTIDA

(Ondina Perez) . (Filigranas Musicais da RCA - IX)

TURCA DO MEU BRASIL

(Silvio Caldas / Orestes Barbosa). (Canta o Seresteiro Silvio Caldas). "Eternamente", "Grandes Interpretações de Silvio Caldas","PCB 35014 10" - Silvio Caldas", "Veleiro 2625 - SIlvio Caldas" e "Revivendo LP 065 - Tive Uma Surpresa."

ÚLTIMA ESTROFE

Noturno (Cândido das Neves, "Índio"). Dos LPs: "Canta o Seresteiro Silvio Caldas" e "Eternamente."

A noite estava assim enluarada
Quando a voz já bem cansada
Eu ouvi do trovador
Nos versos que vibravam de harmonia
Ele em lágrimas dizia

Da saudade de um amor
Falava de um beijo apaixonado
De um amor desesperado
Que tão cedo teve fim
E desses gritos de tormentos
Eu guardei no pensamento
Uma estrofe que era assim

Lua, vinha perto a madrugada
Quando em ânsias minha amada
Nos meus braços desmaiou
E o beijo do pecado
Em seu véu estrelejado
A luzir glorificou
Lua, hoje eu vivo tão sozinho
Ao relento sem carinho
Na esperança mais atroz
De que cantando em noite linda
Esta ingrata volte ainda
Escutando a minha voz

A estrofe derradeira, merencórea
Revelava toda a história
De um amor que se perdeu
E a lua que rondava a naturteza
Solidária com a tristeza
Entre as nuvens se escondeu
Cantor que assim falas a lua
Minha história é igual a tua
Meu amor também fugiu
Disse eu em ais convulsos
E ele então entre soluços
Toda a estrofe repetiu

Obs: Gravação de Orlando Silva, de 1935.

ÚLTIMA INSPIRAÇÃO

Valsa (Peterpan). Gravada no LP "O Grande Seresteiro", de 1968.

Eu sempre fui feliz
Vivendo só sem ter amor
Mas o destino quis
Roubar-me a paz de sonhador
E pôs no sonho meu
Um olhar de ternura
De alguém que mesmo em sonho
Roubou minha ventura

Sonhei com esse alguém
Noites e noites sem cessar
Por fim alucinado
Fui pelo mundo a procurar
Aquele olhar tristonho
Da cor do luar
Mas tudo foi um sonho
Pois não pude escontrar
Mas na espinhosa estrada
Desta vida
Sem querer um dia
Encontrei com esse alguém
Que tanto eu queria
E esse alguém que mesmo em sonho
Eu amei com tanto ardor
Não compreendeu a minha dor

Foi inspirado então
Na ingratidão de quem amava tanto
Que fiz esta triste valsa
Triste como o pranto
Que me mata de aflição
Bem sei que esta valsa será
A minha última inspiração

Obs: Grande sucesso na gravação original de João Petra de Barros, de 1940.

ÚLTIMO DESEJO

(Noel Rosa). Dos LPS: "E o Destino Desfolhou", "CLP 11661- Silvio Caldas", "Imperial 30142 - Silvio Caldas" e "O Caboclinho Querido."

Nosso amor que eu não esqueço
E que teve o seu começo
Numa festa de São João
Morre hoje sem foguete
Sem retrato, sem bilhete
Sem luar, sem violão

Perto de você me calo
Tudo penso e nada falo
Tenho medo de chorar
Nunca mais quero o seu beijo
Pois meu último desejo
Você não pode negar

Se alguma pessoa amiga
Pedir que você lhe diga
Se você me quer ou não
Diga que você me adora
Que você lamenta e chora
A nossa separação

E as pessoas que eu detesto
Diga sempre que eu não presto
Que meu lar é o botequim
Que eu arruinei sua vida
Que eu não mereço a comida
Que você pagou pra mim

Obs: Gravação original de Aracy de Almeida, de 1937. "A cantora modificou por conta própria este verso de Noel: "Mas meu último desejo" e não "Pois meu último desejo." Outra interferência de Aracy: o verso original é "que meu lar é o botequim" e não "que meu lar é um botequim", como disse a cantora, o que, como frisou João Máximo, "de forma nítida apresenta sentido bem diferente" ("Noel Rosa pela Primeira Vez", encarte de caixa de CD, ed. Funarte, p. 110). Silvio também canta um pouco diferente da letra original.

UM CABOCLO ABANDONADO

(Benedito Lacerda / Herivelto Martins). Incluído nos LPs: "CLP11661 - Silvio Caldas", "Imperial 30142 - Silvio Caldas" e "O Caboclinho Querido S. Caldas."

UM CANTINHO E VOCÊ

(José Maria de Abreu / Jair Amorim). Do LP: "Silvio Caldas - O Seresteiro."

Um cantinho e você
Uma rede e o luar...
Uma vela a correr
Num pedaço de mar...
Na paisagem tranqüila
Um sussurro de um beijo depois
Para nós dois...
Basta isso somente
O que a gente não diz
Para um quadro feliz
Um sorriso... um olhar...
Um aperto de mão
Todo um sonho a vibrar
Numa linda canção
Felicidade afinal
Vive do pouco que tem:
Um cantinho e você
E mais ninguém.

UM SAMBA EM PIEDADE

(Ary Barroso). Consta do LP: "Ary Barroso na Voz de Silvio Caldas."

UMA JURA QUE FIZ

(Ismael Silva / Noel Rosa). Incluído no LP "*Cabelos brancos.*"

Não tenho amor, não quero amar
Pra não quebrar uma jura que fiz
E pra não ter em quem pensar
Eu vivo só e sou muito feliz

O amor pra ser traído
Só depende da vontade
Mas existe amor fingido
Que nos traz felicidade
A mulher vive mudando
De idéia e de ação
Mas o homem vai penando
Sem mudar de opinião

VALSA DE UMA CIDADE

(Ismael Netto/Antônio Maria). Do LP: "Elizeth Cardoso e Silvio Caldas."

VALSA DO MEU SUBÚRBIO

(Custódio Mesquita/Evaldo Ruy). Do LP: (Silvio Caldas e Suas Interpretações Inesquecíveis).

VELHO REALEJO

(Custódio Mesquita / Sadi Cabral). Incluída nos LPs: "Encontro de Seresteiros", "Music Máster - Silvio Caldas", "RCA - Grandes Intérpretes","Silvio Caldas e Suas Interpretações Inesquecíveis" e "Silvio Caldas / Phonodisc."

VELHOS CARNAVAIS

(Antônio Bruno). Dos LPs: "Titio Canta Para Você" e "Silvio Caldas Especial, Ao Vivo."

VELHOS TEMPOS

Samba-canção (Renan França / A. O. Fernandes). Gravado por Silvio no LP "Titio Canta Para Você", de 1962.

Velhos tempos
Velhos tempos vividos
Que não foram esquecidos
E nem posso esquecer
Velhos tempos
Ai, eu nem quero lembrar!
Pois eu sinto vontade

De velhos amores rever
Velhos tempos das lindas donzelas
Que as suas janelas abriam ao luar
Velhos tempos dos trovadores
Que loucos de amores viviam a cantar
Velhos tempos dos meus devaneios
Paixões e receios, surpresas sem fim
Velhos tempos, ó quanto eu daria
Ao vê-los um dia voltarem pra mim

VESTIDO DE LÁGRIMAS

(Silvio Caldas / Orestes Barbosa). Incluído no LP "Saudade,12."

Vou me mudar soluçante
Do apartamento elegante
Que tem do antigo fulgor
Lindos biombos ornados
De crisântemos dourados
Cenários do nosso amor

A nossa vida era calma
Mas eu sentia em minh'alma
Um medo não sei de quê
E, um dia, quanta tristeza
Achei a lâmpada acesa
E não achei mais você

Fechei a luz, com vergonha
Da minha face tristonha
Para a mim mesmo enganar
Para não ver nos espelhos
Meus olhos muito vermelhos
De tanto e tanto chorar

E solucei, vou ser franco
Só o luar - cisne branco -
Ouviu o meu soluçar
O soluçar comovido
Com que eu molhava o vestido
Que você deixou ficar

Obs: Gravação original de Floriano Belham, de 1935.

VILA PRUDENTE

(Lauro Miller). Do LP: "Isto é São Paulo."

Quando eu deixo o burburinho da cidade
É pra Vila Prudente que eu vou
Bem ou mal não vou falar em qualidade
É da Vila Prudente que eu sou

(bis)

Eu vivo lá na Vila há tantos anos
Desde quando o velho bonde
Não passava da estação
Desde quando aquelas ruas pobrezinhas
Eram simples e descalças
Como eu de pé no chão

VINGANÇA

(Lupicínio Rodrigues). Do LP "Grandes Sucessos Com Silvio Caldas."

Eu gostei tanto
Tanto quando me contaram
Que lhe encontraram
Bebendo e chorando
Na mesa de um bar
E que quando os amigos do peito
Por mim perguntaram
Um soluço cortou sua voz
Não lhe deixou falar
Eu gostei tanto, tanto,
Quando me contaram
Que tive mesmo de fazer esforço
Pra ninguém notar

O remorso talvez seja a causa
Do seu desespero
Você deve estar bem consciente
Do que praticou
Me fazer passar essa vergonha
Com um companheiro
E a vergonha é a herança maior
Que meu pai me deixou
Mas enquanto houver força em meu peito
Eu não quero mais nada
Só vingança, vingança
Vingança aos santos exclamar
Você há de rolar como as pedras
Que rolam na estrada
Sem ter nunca um cantinho de seu
Pra poder descansar

Obs: Gravação original de Linda Batista.

VIOLÕES EM FUNERAL

(Silvio Caldas / Sebastião Fonseca). Incluído nos LPs: "LPDS 32098 - Silvio Caldas - O Seresteiro", "Music Máster - Silvio Caldas", "O Melhor de Silvio Caldas", "Silvio Caldas

Canta, 10", "(Silvio Caldas em Pessoa" e "Silvio Caldas Especial, ao Vivo."

VITÓRIA

(Nonô / Noel Rosa). Do LP "Grandes Sucessos de Silvio Caldas."

VIVA MEU SAMBA

(Billy Blanco). Dos LPs: "Silvio Caldas em Pessoa", "A Arte do Espetáculo", "Presença de Silvio Caldas" e "*Serenata* - Silvio Caldas."

VIVO EM PAZ

(Silvio Caldas). Do LP "LPCB 35014 10" - Silvio Caldas."

VOCÊ DE MIM NÃO TEM DÓ

(José Maria de Abreu). Dos LPs: "LPDS 32098 - Silvio Caldas - O Seresteiro" e "Music Máster - Silvio Caldas."

VOCÊ VOLTOU

(Nelson Souto / Antônio Carlos de Souza e Silva). Incluído nos LPs: "Com *A saudade* Pelo Braço", "O Melhor de Silvio Caldas", "Silvio Caldas Canta, 10", "Music Máster - Silvio Caldas" e "Silvio Caldas / Phonodisc."

VOLTASTE

(Silvio Caldas). Do LP "Com *A saudade* Pelo Braço."

VOLTASTE AO TEU LAR

(Heitor dos Prazeres). Do LP "Filigranas Musicais da RCA - IX."

VOU ANDANDO

(Silvio Caldas). Incluido nos LPs: "A Arte do Espetáculo" e "Histórias da Música Popular Brasileira."

APÊNDICE II

DISCOGRAFIA

SÍNTESE DE TODAS AS GRAVAÇÕES
TÍTULO DA MÚSICA,
COMPOSITOR,
E PÁGINA ONDE A LETRA PODE SER LOCALIZADA

Arquivo Roberto Gambardella

a

a

A preta do acarajé (Dorival Caymmi) - (Histórias da Música Popular Brasileira)
A preta do acarajé (Dorival Caymmi) - (Histórias da Música Popular Brasileira)
A preta do acarajé (Dorival Caymmi) - (O Grande Seresteiro)
A saudade (Eduardo Souto / Bastos Tigre) - (Com *A saudade* Pelo Braço)
A saudade (Eduardo Souto / Bastos Tigre) - Continental 16.070-B, de 1949 - Cera - 230
A tua vida é um segredo (Lamartine Babo) - (Silvio Caldas em Pessoa) - 327
A última estrofe (Cândido das Neves) - (20 Super Sucessos)
A última estrofe (Cândido das Neves) - (O Maior Seresteiro do Brasil)
A única rima (Silvio Caldas / Orestes Barbosa) - (O Caboclinho Querido)
A única rima (Silvio Caldas / Orestes Barbosa) - (*Serenata* - Silvio Caldas)
A única rima (Silvio Caldas / Orestes Barbosa) - Colúmbia 10.140-A, de 1955 - Cera - 230
A vida em quatro tempos (C.Mesquita/P.Orlando) - (S.C. e Suas Interpretações Inesquecíveis)
A vida em quatro tempos (Custódio Mesquita / Paulo Orlando) - (Deusa da Minha Rua)
A vida em quatro tempos (CustódioMesquita / Paulo Orlando) - Victor 80-0118, de 1943 - Cera - 231
A voz do violão (Fco. Alves / Horácio Campos) - (Histórias da Música Popular Brasileira) - 327
A voz do violão (Fco. Alves / Horácio Campos) - (Grandes Interpretações de Silvio Caldas)
A voz do violão (Fco. Alves / Horácio Campos) - (Histórias da Música Popular Brasileira)
A voz do violão (Fco. Alves / Horácio Campos) - (Silvio Caldas - Canta o Seresteiro)
A voz do violão (Fco. Alves / Horácio de Campos) - (20 Super Sucessos)
A voz do violão (Fco. Alves / Horácio Campos) - (Canta o Seresteiro do Brasil)
A voz do violão (Fco. Alves / Horácio Campos) - (O Caboclinho Querido)
A voz do violão (Fco. Alves / Harácio Campos) - (Presença de Silvio Caldas)
A voz do violão (Fco. Alves / Horácio Campos) - (21 Grandes Sucessos) -
A voz do violão (Fco. Alves / Horácio Campos) - (Phonosonic - A História Viva)
A voz do violão (Fco. Alves / Horácio Campos) - (Uma Seresta Inesquecível)
A voz do violão (Horácio Campos / Fco. Alves) - (O Maior Seresteiro do Brasil)
A.E.I.O.U. (Lamartine Babo / Noel Rosa) - (Silvio Caldas, RGE)
A.E.I.O.U. (Lamartine Babo / Noel Rosa) - Silvio Caldas - DVD
A.E.I.O.U. (Lamartine Babo / Noel Rosa) /- (Silvio Caldas Especial, ao Vivo)
A.E.I.O.U. (Noel Rosa / Lamartine Babo) - (Phonosonic - A História Viva)
A.E.I.O.U.. (Lamartine Babo / Noel Rosa) - (No Palco - Inter Records)
A.E.I.O.U.. (Lamartine Babo / Noel Rosa) - (Silvio Caldas Especial)
A.E.I.O.U. (Lamartine Babo / Noel Rosa) - (A Arte do Espetáculo) - 327
A.E.I.O.U.. (Lamartine Babo) - (Histórias da Música Popular Brasileira)
A.E.I.O.U. (Lamartine Babo / Noel Rosa) - (Histórias da Música Popular Brasileira)
Aclimação (Lauro Miller) (Isto é São Paulo) - 328
Acorda, escola de samba! (George Moran / Oswaldo dos Santos) - (E o Destino Desfolhou)
Acorda, escola de samba! (Benedito Lacerda / Herivelto Martins) - (Cantores de Rádio)
Acorda, escola de samba! (Benedito Lacerda / Herivelto Martins) - O11.427-A, de 1936 - Cera - 231
Adeus, felicidade (S. Caldas / C. de Alencar / N. Teixeira) - (Imperial 30142 - Silvio Caldas)
Adeus, felicidade (Silvio Caldas / C. de Alencar / Newton Teixeira) - O11.455-A, de 1936 - Cera - 231

a

Adeus, felicidade (Sylvio / C. de Alencar / N. Teixeira) - (O Caboclinho Querido Silvio Caldas)
Agora é cinza (Bide / Armando Marçal) - (CLP11661 - Silvio Caldas) - 328
Agradeças a mim (Ismael Silva) - Odeon 11.194-B, de 1934 - Cera - 231
Ai que saudades da Amélia (Ataulfo Alves / Mário Lago) - (Histórias da MPB) - 328
Ai que saudades da Amélia (Ataulfo Alves / Mário Lago) - (Histórias da MPB)
Ai! Luciana (J. Nepomuceno) - Victor 33.330-A, de 1930 - Cera - 232
Ai, Gegê (João de Barro / José Maria de Abreu) - (Phonosonic - A História Viva)
Algodão (Custódio Mesquita / David Nasser) - (Filigranas Musicais da RCA - v. XVI)
Algodão (Custódio Mesquita / David Nasser) - (Momentos Nostálgicos)
Algodão (Custódio Mesquita / David Nasser) - (O Melhor de Silvio Caldas)
Algodão (Custódio Mesquita / David Nasser) - (Os Grandes Sucessos de David Nasser)
Algodão (Custódio Mesquita / David Nasser) - (Silvio Caldas e Suas Interpretações Inesquecíveis)
Algodão (Custódio Mesquita / David Nasser) - Victor 80-0200, de 1944 - Cera - 232
Alguém precisa morrer (Orlando T. Coelho) - Victor 33.644-B, de 1930 - Cera - 232
Alô, meu bem (Carlos de Almeida (Victor 33.272-A, de 1930 - Cera - 232
Alô, mossoró! (Mário Travassos de Araújo) - Victor 33.762-A, de 1933 - Cera - 233
Alto lá! (André Filho) - Victor 33.409, de 1931 - Cera - 233
Alucinação (Newton Teixeira / Djalma . Nascimento) - (Com *A saudade* Pelo Braço)
Alucinação (Newton Teixeira / Djalma M.do Nascimenbto) - Continental 16.728-B, de 1953 - Cera - 233
Alucinação (Newton Teixeira / Djalma Macieira do Nascimento) - (O Melhor de Silvio Caldas)
Alucinação (Newton Teixeira / Macieira Nascimento) - (Ontem ao Luar)
Alucinação (Newton Teixeira / Macieira Nascimento) - (Silvio Caldas / Phonodisc)
Amada mia (Roberto Roberti / Arlindo Marques Júnior) - Continental 16.141-A, de 1949 - Cera - 233
Amar meu bem (Heitor dos Prazeres) - Victor 33.112-A, de 1931 - Cera - 233
Amor de poeta (J. B. da Silva, Sinhô) - (LB028 - Novidades de 1930)
Amor de poeta (J. B. da Silva, Sinhô) - Brunswick 33.266-A, de 1930 - Cera - 234
Amoroso (Silvio Caldas / Quincas Freire) - Victor 33.270-B, de 1930 - Cera - 234
Ana Maria (Mário Lago) - (Com *A saudade* Pelo Braço)
Ana Maria (Mário Lago) - Continental 15.767-B, de 1946 - Cera - 234
Anda, Luzia (João de Barro) - Continental 15.730-A. de 1946 - Cera - 234
Anda, Luzia (João de Barro) - (Mestres da MPB)
Andorinha (Silvio Caldas) - (Filigranas Musicais da RCA - IX)
Andorinha (Silvio Caldas) - (O Melhor de Silvio Caldas)
Andorinha (Silvio Caldas) - (Silvio Caldas e Elizeth Cardoso - v. 1)
Andorinha (Silvio Caldas) - (Silvio Caldas e Elizeth Cardoso - v. 1)
Andorinha (Silvio Caldas) - Elizeth Cardoso e Silvio Caldas - (Elizeth Cardoso e Silvio Caldas)
Andorinha (Silvio Caldas) - Victor 34.679-B, de 1940 - Cera - 235
Anedotas (Almirante) - (Histórias da Música Popular Brasileira)
Anedotas (Almirante) - (Histórias da Música Popular Brasileira)
Apelo (Baden Powell / Vinicius de Moraes) - (Silvio Caldas e Elizeth Cardoso - v. 1) - 329
Apelo (Baden Powell / Vinicius de Moraes) - (Silvio Caldas e Elizeth Cardoso - v. 1)

a

Apelo (Baden Powell / Vinicius de Moraes) - Silvio Caldas - (Elizeth Cardoso e Silvio Caldas)
Apelo (Baden Powell / Vinicius de Moraes) / - (Silvio Caldas Especial, ao Vivo)
Apelo (Vinicius de Moraes / Baden Powell) - (Silvio Caldas "Especial")
Aquarela do Brasil (Ary Barroso) - Silvio Caldas - DVD
Aquarela do Brasil (Ary Barroso) - (20 Preferidas)
Aquarela do Brasil (Ary Barroso) - (A Arte do Espetáculo)
Aquarela do Brasil (Ary Barroso) - (Filigranas Musicais da RCA - v. XVI)
Aquarela do Brasil (Ary Barroso) - (No Palco - Inter Records)
Aquarela do Brasil (Ary Barroso) - (Silvio Caldas Canta Ary Barroso, 10")
Aquarela do Brasil (Ary Barroso) - (Silvio Caldas, RGE)
Aquarela do Brasil (Ary Barroso) - Victor 34.949-A, de 1942 - Cera - 235
Arranha-céu (Silvio Caldas / Orestes Barbosa(- (Imperial 30107 - SC Silvio Caldas)
Arranha-céu (Silvio Caldas / Orestes Barbosa) - (História da Música Popular Brasileira - N. 23)
Arranha-céu (Silvio Caldas / Orestes Barbosa) - (No Tempo dos Bons Tempos - v. 9)
Arranha-*céu* (Silvio Caldas / Orestes Barbosa) - (Presença de Silvio Caldas)
Arranha-céu (Silvio Caldas / Orestes Barbosa) - (RVCD-049 - Orestes Barbosa)
Arranha-céu (Silvio Caldas / Orestes Barbosa) - Odeon 11.475-A, de 1937 - Cera - 235
Arranha-céu (Silvio Caldas / Orestes Barbosa) - (Cantores de Rádio)
Arrependimento (Silvio / Christóvão de Alencar) - (Saudades - 12" - Musidisc)
Arrependimento (Silvio / Christóvão de Alencar) - (Saudades - Míni LP 1)
Arrependimento (Silvio / Christóvão de Alencar) - (Saudades, 12")
Arrependimento (Silvio Caldas / Armando Reis) - (O Caboclinho Querido)
Arrependimento (Silvio Caldas / Armando Reis) - (Silvio Caldas - Canta o Seresteiro)
Arrependimento (Silvio Caldas / Armando Reis) - (Silvio Caldas "Especial")
Arrependimento (Silvio Caldas / Armando Reis) - (Silvio Caldas em Pessoa)
Arrependimento (Silvio Caldas / Christóvão de Alencar) - (Canta o Seresteiro do Brasil)
Arrependimento (Silvio Caldas / Christóvão de Alencar) - (Imperial 30107 - SC Silvio Caldas)
Arrependimento (Silvio Caldas / Christóvão de Alencar) - (Saudades, 10")
Arrependimento (Silvio Caldas / Christóvão de Alencar) - (Saudades, 12")
Arrependimento (Silvio Caldas / Christóvão de Alencar) - Silvio Caldas - DVD
Arrependimento (Silvio Caldas / Christóvão de Alencar) - Odeon 11.241-A, de 1935 - 236
Arrependimento (Silvio Caldas / Christóvão de Alencar) - (O Melhor de Silvio Caldas)
Arrependimento (Silvio Caldas / Armando Reis) - (Cantores de Rádio)
As rosas não falam (Cartola) - (20 Preferidas) - 329
As rosas não falam (Cartola) - (A Arte do Espetáculo)
As rosas não falam (Cartola) - (No Palco - Inter Records)
As rosas não falam (Cartola) - (Silvio Caldas, RGE)
Assim acaba um grande amor (Gastão Lamounier / Mário Rossi) - (O Grande Seresteiro) - 330
Assim acaba um grande amor (Gastão Lamounier / Mário Rossi) - (Seresta, Só Seresta)
Até amanhã (Noel Rosa) - (A Arte do Espetáculo) - 330
Até amanhã (Noel Rosa) - (Silvio Caldas em Pessoa)

a

Até amanhã (Noel Rosa) - (20 Preferidas)
Até amanhã (Noel Rosa) - (Histórias da Música Popular Brasileira)
Até amanhã (Noel Rosa) - (No Palco - Inter Records)
Até amanhã (Noel Rosa) - (Silvio Caldas, RGE)
Até amanhã... (Noel Rosa) - (Histórias da Música Popular Brasileira)
Até breve (Ataulfo Alves / Christóvão de Alencar) - (Imperial 30142 - Silvio Caldas)
Até breve (Ataulfo Alves / Christóvão de Alencar) - Odeon 11.508-A, de 1937 - Cera - 236
Até breve (Christóvão de Alencar / Araulfo Alves) - (Cantores de Rádio)
Até breve (Christóvão de Alencar / Ataulfo Alves) - (Grandes Sucessos de Silvio Caldas)
Até breve (Christóvão de Alencar / Ataulfo Alves) - (O Caboclinho Querido Silvio Caldas)
Até breve (Christóvão de Alencar / Ataulfo Alves) - (Silvio Caldas em Pessoa)
Até breve (Christóvão de Alencar / Ataulfo Alves) - (Uma Seresta Inesquecível)
Até breve (Christóvão de Alencar / Ataulfo Alves) - (Veleiro 2625 - Sllvio Caldas)
Até breve (Christóvão de Alencar / Ataulpho Alves) - (O Caboclinho Querido)
Até quando? (Silvio Caldas / Christóvão de Alencar) - (Eles Fizeram o Sucesso - v. 1)
Até quando? (Silvio Caldas / Christóvão de Alencar) - Odeon 11.397-A, de 1936 - Cera - 236
Até quando? (Silvio Caldas / Christóvão de Alencar) - (Deusa da Minha Rua)
Ausência (Carolina Cardoso de Menezes / Elza Marzullo) - (Filigranas Musicais da RCA - IX)
Ausência (Carolina Cardoso de Menezes / Elza Marzullo) - Victor 80-0006-A, de 1942 - Cera - 237
Ave Maria (Erothides de Campos) - (Canta o Seresteiro do Brasil) - 330
Ave Maria (Erothides de Campos) - (21 Grandes Sucessos)
Ave Maria (Erothides de Campos) - (Compacto CB 20006)
Ave Maria (Erothides de Campos) - (Grandes Interpretações de Silvio Caldas)
Ave Maria (Erothides de Campos) - (O Caboclinho Querido)
Ave Maria (Erothides de Campos) - (Presença de Silvio Caldas)
Ave Maria (Erothides de Campos) - (Silvio Caldas - Canta o Seresteiro)
Ave Maria (Erothides de Campos) - (Uma Seresta Inesquecível)
Ave Maria (Erothides de Campos) - (20 Super Sucessos)
Azulão (Heckel Tavares / Luiz Peixoto) - (O Seresteiro, Inter Records) - 331
Azulão (Hekel Tavares / Luiz Peixoto) - (Silvio Caldas - O Seresteiro)

b

Bahia (Ary Barroso) - (Ary Barroso na Voz de Silvio Caldas)
Bahia (Ary Barroso) - Victor 33.446, de 1931 - Cera - 237
Baianinha (Silvio Caldas) - Victor 33.407-A, de 1931 - Cera - 237
Balaco baco (Rogério Guimarães) - Victor 33.362-B, de 1930 - Cera - 237
Balalaika (Georges Moran / A. O. Fernandes) - (Silvio Caldas, RGE) - 331
Balalaika (Georges Moran / O. Fernandes) - (*Kátia* - Compacto 80.138)
Balalaika (Georges Moran / O. Fernandes) - (Titio Canta Para Você),
Bambina, meu bem (Rogério Guimarães) - Victor, 33.400-A, de 1931 - Cera - 238
Bandeirinha brasileira - Carmélia Alves e Silvio Caldas - Compacto Copacabana 1105
Barra Funda (Lauro Miller) (Isto é São Paulo) - 331
Batuque (Ary Barroso) - Victor 33.463-A, de 1931 - Cera - 238

b

Beco sem saída (Silvio Caldas) - (Silvio Caldas / Phonodisc) - 332
Boa noite, amor (José Maria de Abreu / Francisco Matoso) - (Com *A saudade* Pelo Braço)
Boa noite, amor (José Maria de Abreu / Francisco Matoso) - (Silvio Caldas Canta, 10")
Boa noite, amor (José Maria de Abreu / Francisco Matoso) - Continental 16.070-A, de 1949 - Cera - 239
Boneca (Benedito Lacerda / Aldo Cabral) - (Cantores de Rádio)
Boneca (Benedito Lacerda / Aldo Cabral) - (Elas e Elas da Velha Guarda - v. 2)
Boneca (Benedito Lacerda / Aldo Cabral) - (Eles Fizeram o Sucesso - v. 1)
Boneca (Benedito Lacerda / Aldo Cabral) - (O Melhor de Silvio Caldas)
Boneca (Benedito Lacerda / Aldo Cabral) - Odeon 11.251-A, de 1935 - Cera - 239
Bonequinha (Jaci Pereira Gorgulho) - Brunswick 10.139-B, de 1931 - Cera - 239
Braz (Lauro Miller) (Isto é São Paulo) - 332

c

Cabeça chata (Eratóstenes Frazão) - (CLP11661 - Silvio Caldas)
Cabeça chata (Eratóstenes Frazão) - (Histórias da Música Popular Brasileira)
Cabeça chata (Eratóstenes Frazão) - (Histórias da Música Popular Brasileira)
Cabeça chata (Eratóstenes Frazão) - (O Caboclinho Querido)
Cabeça chata (Eratóstenes Frazão) - Mocambo 15.283-A, de 1959 - Cera - 239
Cabeça chata (Frazão) - (E o Destino Desfolhou)
Cabelos brancos (Marino Pinto / Herivelto Martins) - (21 Grandes Sucessos) - 332
Cabelos brancos (Marino Pinto / Herivelto Martins) - (Brilhantes)
Cabelos brancos (Marino Pinto / Herivelto Martins) - (*Cabelos brancos*)
Cabelos brancos (Marino Pinto / Herivelto Martins) - (Maximum / Sony & BMG)
Cabelos brancos (Marino Pinto / Herivelto Martins) - (O Caboclinho Querido)
Cabelos brancos (Marino Pinto / Herivelto Martins) - (O Melhor de Silvio Caldas)
Cabelos brancos (Marino Pinto / Herivelto Martins) - (Presença de Silvio Caldas)
Cabelos brancos (Marino Pinto / Herivelto Martins) - (Silvio Caldas em Pessoa)
Cabelos cor de Prata (Rogaciano Leite / Silvio Caldas) - (Com *A saudade* Pelo Braço)
Cabelos cor de Prata (Rogaciano Leite / Silvio Caldas) - (Histórias da Música Popular Brasileira)
Cabelos cor de Prata (Rogaciano Leite / Silvio Caldas) - (Histórias da Música Popular Brasileira)
Cabelos cor de Prata (Rogaciano Leite / Silvio Caldas) - (O Melhor de Silvio Caldas)
Cabelos cor de Prata (Silvio Caldas / Rogaciano Leite) - (20 Preferidas)
Cabelos cor de Prata (Silvio Caldas / Rogaciano Leite) - (20 Super Sucessos)
Cabelos cor de Prata (Silvio Caldas / Rogaciano Leite) - (A Arte do Espetáculo)
Cabelos cor de Prata (Silvio Caldas / Rogaciano Leite) - (Grandes Encontros - v. II)
Cabelos cor de Prata (Silvio Caldas / Rogaciano Leite) - (Mestres da MPB)
Cabelos cor de Prata (Silvio Caldas / Rogaciano Leite) - (No Palco - Inter Records)
Cabelos cor de Prata (Silvio Caldas / Rogaciano Leite) - (Phonosonic - A História Viva)
Cabelos cor de Prata (Silvio Caldas / Rogaciano Leite) - (Silvio Caldas "Especial")
Cabelos cor de Prata (Silvio Caldas / Rogaciano Leite) - (Silvio Caldas Canta, 10")
Cabelos cor de Prata (Silvio Caldas / Rogaciano Leite) - (Silvio Caldas Especial, ao Vivo)
Cabelos cor de Prata (Silvio Caldas / Rogaciano Leite) - (Silvio Caldas, RGE)
Cabelos cor de Prata (Silvio Caldas / Rogaciano Leite) - Continental 16.379-A, de 1951 - Cera - 240

C

Cabrocha do Rocha (Noel Rosa / Silvio Caldas) - (Histórias da Música Popular Brasileira) - 333
Cabrocha do Rocha (Noel Rosa / Silvio Caldas) - (Histórias da Música Popular Brasileira)
Cabrocha do Rocha (Silvio Caldas / Noel Rosa) - (Phonosonic - A História Viva)
Cabrocha do Rocha (Silvio Caldas / Noel Rosa) - (Silvio Caldas "Especial")
Cabrocha do Rocha (Silvio Caldas / Orestes Barbosa) - (Silvio Caldas Especial, ao Vivo)
Caixinha de fósforos (Francisco Di Pietro) - (Silvio Caldas, RGE)
Caixinha de música (Custódio Mesquita) - (E o Destino Desfolhou)
Caixinha de música (Custódio Mesquita) - (O Melhor da Velha Guarda CALB 5234 - v. 2)
Caixinha de música (Custódio Mesquita) - (O Melhor de Silvio Caldas)
Caixinha de música (Custódio Mesquita) - (Sou Um Namorado Errante)
Caixinha de música (Custódio Mesquita) - Victor 34.756-A, de 1941 - Cera - 240
Canção da volta (Ismael Netto / Antonio Maria) - (Elizeth Cardoso & Silvio Caldas) - 333
Canção da volta (Ismael Netto / Antônio Maria) - (Grandes Sucessos com Silvio Caldas)
Canção da volta (Ismael Netto /Antônio Maria) - (Silvio Caldas e Elizeth Cardoso - v. 2)
Canção da volta (Ismael Netto /Antônio Maria) - Silvio Caldas (Elizeth Cardoso e Sílvio Caldas)
Canção das mães (Silvio Caldas / David Nasser) - (Com *a saudade* Pelo Braço) - 240
Canção das mães (Silvio Caldas / David Nasser) - Continental 16.773-B, de 1953 - Cera - 333
Canção de amor (Chocolate / Elano de Paula) - (Silvio Caldas "Especial") - 333
Canção de amor (Chocolate / Elano de Paula) - (Silvio Caldas e Elizeth Cardoso - v. 1)
Canção de amor (Chocolate / Elano de Paula) - (Silvio Caldas e Elizeth Cardoso - v. 1)
Canção de amor (Chocolate / Elano de Paula) - Silvio Caldas (Elizeth Cardoso e Silvio Caldas)
Canção de amor (Chocolate / Elano de Paula) /- (Silvio Caldas Especial, ao Vivo)
Canção de aniversário (Joubert de Carvalho) - (O Melhor de Silvio Caldas) - 334
Canção de natal (J. Antônio D'Ávila / Walter Guilherme) - (20 Super Sucessos) - 334
Canção de natal (J. Antônio D'Ávila / Walter Guilherme) - (Eternamente)
Canção do eterno adeus (Renato de Oliveira) - (Silvio Caldas - O Seresteiro) - 334
Canção do eterno adeus (Renato Oliveira) - (O Seresteiro, Inter Records)
Canção do soldado (Ulisses Sarmento / Cícero Gomes Braga) - Victor 80-0013, de 1942 - Cera - 241
Canção para a mamãe (Lilá Sant'Ánna) - (20 Super Sucessos)
Canção para a mamãe (Lilá Sant'Anna) - (Eternamente)
Canção para a mamãe (Lilá Santana) - Colúmbia 10.348-A, de 1957 - Cera - 241
Candinha (Aldo Taranto / André Filho) - Victor 33.479-B, de 1930 - Cera - 241
Cansado (Heitor dos Prazeres (Victor 34.000-B, de 1944 - Cera - 241
Cansado (Heitor dos Prazeres) - (Filigranas Musicais da RCA - IX)
Canta, Maria (Ary Barroso) - (Ontem ao Luar) - 334
Capim mimoso (Silvio Caldas / Rubens Soares) - Victor 34.696-A, de 1940 - Cera - 242
Cara feia é fome! (Ismael Silva) - Odeon 11.194-A. de 1934 - 242
Carinhoso (Pixinguinha / João de Barro) - (A Arte do Espetáculo) - 334
Carinhoso (Pixinguinha / João de Barro) - (Grandes Encontros - v. II)
Carinhoso (Pixinguinha / João de Barro) - (No Palco - Inter Records)
Carinhoso (Pixinguinha / João de Barro) - (O Seresteiro, Inter Records)

C

Carinhoso (Pixinguinha / João de Barro) - (Silvio Caldas - O Seresteiro)
Carinhoso (Pixinguinha / João de Barro) - (Silvio Caldas e Pedro Vargas)
Carinhoso (Pixinguinha / João de Barro) - (Silvio Caldas, RGE)
Carta sonora (Silvio Caldas / Christóvão de Alencar) - Odeon 11.519-B, de 1937 - Cera - 242
Casa de caboclo (Hekel Tavares / Luiz Paixoto) - Silvio Caldas - DVD
Casa verde (Lauro Miller) (Isto é São Paulo) - 335
Casa, casa, Viuvinha (Jorge Faraj / Humberto Porto)Victor 34.716-B, de 1940 - Cera - 242
Casi dije si (Silvio Caldas / Orestes Barbosa) - (Tesoros de la Canción Brasileña - Maringá)
Casinha pequenina (Capiba) - (20 Super Sucessos) - 335
Casinha pequenina (D. P. - Arr.: Renato de Oliveira) - (Grandes Interpretações de Silvio Caldas)
Casinha pequenina (D. P. - Arranjo de Renato de Oliveira) - (Canta o Seresteiro do Brasil)
Casinha pequenina (D. P. - Arranjo: Renato de Oliveira) - (Presença de Silvio Caldas)
Casinha pequenina (D.P. - Arr. Renato de Oliveira) - (21 Grandes Sucessos)
Casinha pequenina (D.P. - Arr. Renato de Oliveira) - (Brilhantes)
Casinha pequenina (D.P. - Arr. Renato de Oliveira) - (O Caboclinho Querido)
Casinha pequenina (D.P. - Arranjo: Renato de Oliveira) - (Silvio Caldas - Canta o Seresteiro)
Casinha pequenina (D.P. - Arranjo: Renato de Oliveira) - (Uma Seresta Inesquecível)
Cessa tudo (Celso Macedo / L. Babo) - (Silvio Caldas e Suas Interpretações Inesquecíveis) - 335
Cessa tudo (Celso Macedo / Lamartine Babo) - Victor 34.413-B, de 1938 - Cera - 242
Chão de estrelas (S. Caldas / O. Barbosa) - (Silvio Caldas e Elizeth Cardoso - v. 1)
Chão de estrelas (S. Caldas / O. Barbosa) - (Silvio Caldas e Elizeth Cardoso - v. 1)
Chão de estrelas (Silvio / Orestes) - Silvio e Elizeth - (Elizeth Cardoso e Silvio Caldas)
Chão de estrelas (Silvio Caldas / Orestes Barbosa) - (20 Preferidas)
Chão de estrelas (Silvio Caldas / Orestes Barbosa) - (21 Grandes Sucessos)
Chão de estrelas (Silvio Caldas / Orestes Barbosa) - (A Arte do Espetáculo)
Chão de estrelas (Silvio Caldas / Orestes Barbosa) - (Acervo Especial)
Chão de estrelas (Silvio Caldas / Orestes Barbosa) - (Brilhantes)
Chão de estrelas (Silvio Caldas / Orestes Barbosa) - (Cantores de Rádio)
Chão de estrelas (Silvio Caldas / Orestes Barbosa) - (Eternos Sucessos - v. 2)
Chão de estrelas (Silvio Caldas / Orestes Barbosa) - (História da MPB - n. 23)
Chão de estrelas (Silvio Caldas / Orestes Barbosa) - (Histórias da Música Popular Brasileira)
Chão de estrelas (Silvio Caldas / Orestes Barbosa) - (Histórias da Música Popular Brasileira)
Chão de estrelas (Silvio Caldas / Orestes Barbosa) - (Imperial 30107 - SC Silvio Caldas)
Chão de estrelas (Silvio Caldas / Orestes Barbosa) - (Maximum / Sony & BMG)
Chão de estrelas (Silvio Caldas / Orestes Barbosa) - (Mestres da MPB)
Chão de estrelas (Silvio Caldas / Orestes Barbosa) - (No Palco - Inter Records)
Chão de estrelas (Silvio Caldas / Orestes Barbosa) - (No Tempo dos Bons Tempos - v. 9)
Chão de estrelas (Silvio Caldas / Orestes Barbosa) - (O Caboclinho Querido)
Chão de estrelas (Silvio Caldas / Orestes Barbosa) - (O Fino da Seresta)
Chão de estrelas (Silvio Caldas / Orestes Barbosa) - (O Melhor de Silvio Caldas)
Chão de estrelas (Silvio Caldas / Orestes Barbosa) - (Phonosonic - A História Viva)

Chão de estrelas (Silvio Caldas / Orestes Barbosa) - (Presença de Silvio Caldas)
Chão de estrelas (Silvio Caldas / Orestes Barbosa) - (RVCD-049 - Orestes Barbosa)
Chão de estrelas (Silvio Caldas / Orestes Barbosa) - (Silvio Caldas "Especial")
Chão de estrelas (Silvio Caldas / Orestes Barbosa) - (Silvio Caldas e Pedro Vargas)
Chão de estrelas (Silvio Caldas / Orestes Barbosa) - (Silvio Caldas Especial, ao Vivo)
Chão de estrelas (Silvio Caldas / Orestes Barbosa) - (Silvio Caldas, RGE)
Chão de estrelas (Silvio Caldas / Orestes Barbosa) - Silvio Caldas - DVD
Chão de estrelas (Silvio Caldas / Orestes Barbosa) - Odeon 11476-B, de 1937 - Cera - 243
Chão de estrelas (Silvio Caldas) - (Grandes Encontros - v. II)
Chão de estrelas / Arranha-céu (Silvio Caldas / Orestes Barbosa) - (Silvio Caldas em Pessoa)
Cheio de saudade (Mário Travassos de Araújo) - Victor 33.762-B, de 1933 - Cera - 243
Chora (Heitor dos Prazeres) - Victor 33.657-B, de 1933 - Cera - 244
Chora que passa (Eratóstenes Frazão) - Continental 16.003-A, de 1949 - Cera - 244
Chora que passa (Frazão / Roberto Martins) - (Revivendo LP 065 - Tive Uma Surpresa)
Chorei (André Filho) - Victor 33.611-B, de 1932 - Cera - 244
Chorei, nega (J. Aimberê) - Victor 33.424-A, de 1930 - Cera - 244
Choro por teu amor (Castro Barbosa / Kid Pepe) - Odeon 11.567-B, de 1937 - Cera - 245
Choro por teu amor (J.de Castro Barbosa / Kid Pepe) - (Imperial 30107 - SC Silvio Caldas)
Chove lá fora (Tito Madi) - (Grandes Sucessos Com Silvio Caldas) - 335
Chuva e vento (A Ribeiro/José Maria de Abreu) - (LPDS 32098 - Silvio Caldas - O Seresteiro)
Chuva e vento (Alberto Ribeiro / José Maria de Abreu) - Continental 16.086-A, de 1949 - Cera - 245
Chuva e vento (José Maria de Abreu / Alberto Ribeiro) - (O Melhor de Silvio Caldas)
Chuva miúda (Silvio Caldas / Eratóstenes Frazão) - (Elizeth Cardoso & Silvio Caldas)
Chuva miúda (Silvio Caldas / Eratóstenes Frazão) - (Silvio Caldas e Pedro Vargas)
Chuva miúda (Silvio Caldas / Eratóstenes Frazão) - Victor 34.863-A, de 1941 - Cera - 245
Chuva miúda (Silvio Caldas / Frazão) - (Silvio Caldas e Elizeth Cardoso - v. 2)
Chuva miúda (Silvio Caldas / Frazão) - Elizeth e Silvio - (Elizeth Cardoso e Silvio Caldas)
Chuvas de verão (Fernando Lobo) - (20 Super Sucessos) - 336
Chuvas de verão (Fernando Lobo) - (21 Grandes Sucessos) - (Histórias da MPB)
Chuvas de verão (Fernando Lobo) - (Brilhantes)
Chuvas de verão (Fernando Lobo) - (*Cabelos brancos*)
Chuvas de verão (Fernando Lobo) - (Presença de Silvio Caldas)
Chuvas de verão (Fernando Lobo) - (Silvio Caldas em Pessoa)
Cidade maravilhosa (André Filho) - (A Arte do Espetáculo) - 336
Cidade maravilhosa (André Filho) - (Histórias da Música Popular Brasileira)
Cidade maravilhosa (André Filho) - (No Palco - Inter Records)
Cidade maravilhosa (André Filho) - (Phonosonic - A História Viva)
Cidade maravilhosa (André Filho) - (Silvio Caldas, RGE)
Cidade maravilhosa (André Filho) - Silvio Caldas - DVD
Cigana (Nonô / Paulo Roberto) - (Cantores de Rádio)
Cigana (Nonô / Paulo Roberto) - (Grandes Sucessos de Silvio Caldas)

C

Cigana (Nonô / Paulo Roberto) - (Imperial 30.207 - v. 2)
Cigana (Nonô / Paulo Roberto) - (O Caboclinho Querido)
Cigana (Romualdo Peixoto (Nonô) / Paulo Roberto) - Odeon 11.497-A, de 1937 - Cera - 245
Cinco letras que choram (Adeus) (Silvino Neto) - (E o Destino Desfolhou) - 336
Cinco letras que choram (Adeus) (Silvino Neto) - (Seresta, Só Seresta)
Cinco letras que choram (Sílvino Neto) - (20 Super Sucessos)
Cinema falado (Noel Rosa) - (A Arte do Espetáculo)
Cinema falado (Noel Rosa) - (No Palco - Inter Records)
Cinema falado (Noel Rosa) - (Silvio Caldas, RGE)
Cinta amarilla (Noel Rosa) - (Tesoros de la Canción Brasileña - Maringá)
Ciranda, cirandinha (D.P.) - (A Arte do Espetáculo) - 337
Ciranda, cirandinha (D.P.) - (No Palco - Inter Records)
Ciranda, cirandinha (D.P.) - (Silvio Caldas, RGE)
Colombina está chorando (Caio Lemos/Armando Cavalcanti) - V 34.696-B, de 1940 - Cera - 246
Com a saudade pelo braço (Nelson Souto / F. Pimentel) - (Com *A saudade* Pelo Braço)
Com a saudade pelo braço (Nelson Souto/Francisco Pimentel) - C 28.000-A, de 1946) - Cera - 246
Com o pensamento em você (Joubert de Carvalho) - (Deusa da Minha Rua)
Com o pensamento em você (Joubert de Carvalho) - (Silvio Caldas - O Caboclinho Querido)
Com o pensamento em você (Joubert de Carvalho) - Victor 34.377, de 1938 - Cera - 246
Como é que eu vou me arranjar? (Silvio Caldas) - Sinter 00-00098, de 1951 - Cera - 246
Como os rios que correm pro mar (C. Mesquita / Evaldo Ruy) - (O Melhor de Silvio Caldas)
Como os rios que correm pro mar (C. / Evaldo Ruy) - (Silvio Caldas/Compacto 5028) - 247
Como os rios que correm pro mar (C. Mesquita/Evaldo Rui)–V80-0176-A, de 1944) - Cera
Como os rios que correm pro mar (C.Mesquita / E. Ruy) - (O Seresteiro Silvio Caldas)
Como os rios que correm pro mar (C.Mesquita / E. Ruy) - (S. Caldas, o Seresteiro do Brasil)
Como os rios que correm pro mar (Custódio Mesquita / Evaldo Ruy)
Como os rios que correm pro mar (Custódio Mesquita / Evaldo Ruy) - (Acervo Especial)
Como una oración (Vadico / Noel Rosa) - (Tesoros de la Canción Brasileña - Maringá)
Companheira de quem ama (Alberto Ribeiro/Antônio Almeida) - C 15.731-A, de 1946 - Cera - 247
Companheiro dileto (A. Barcelos (Bide) / Armando Marçal) - O11.353-B, de 1946 - Cera - 247
Companheiro dileto (Alcebíades Barcellos / Armando Marçal) - (Deusa da Minha Rua)
Compromisso com a saudade (Billy Blanco) - (*Cabelos brancos*)
Compromisso com a saudade (Billy Blanco) - (O Caboclinho Querido)
Compromisso com a saudade (Billy Blanco) - Colúmbia 11.109-A, de 1959 - Cera - 247
Confessando que te adoro (J.C.Burle/J.G. de Araújo Jorge) - (Imperial 30107 - Silvio Caldas)
Confessando que te adoro (José C. Burle/J.G. de Araújo Jorge) - O11.487-B, de 1937 - Cera - 248
Confessando que te adoro (José Carlos Burle / J. G. de Araújo Jorge) - (Cantores de Rádio)
Consolação (B.Powell / Vinicius de Moraes) Silvio e Elizeth - (Silvio Caldas Especial, ao Vivo)
Consolação (Baden Powell / Vinicius de Moraes) - (Silvio Caldas "Especial")
Consolação (V.de Moraes / Baden Powell) - Silvio e Elizeth - (Elizeth Cardoso e Silvio Caldas)
Consolação (Vinicius de Moraes / Baden Powell) - (Silvio Caldas e Elizeth Cardoso - v. 1)

C

Consolação (Vinicius de Moraes / Baden Powell) - (Silvio Caldas e Elizeth Cardoso - v. 1)
Contradizendo (Raul Sampaio / Benil Santos) - (*Kátia* - Compacto 80.138)
Contradizendo (Raul Sampaio / Benil Santos) - (Silvio Caldas, RGE) - 337
Contradizendo (Raul Sampaio / Benil Santos) - (Titio Canta Para Você),
Conversa de botequim (Noel Rosa / Vadico) - (Phonosonic - A História Viva) - 337
Coração (Alberto Ribeiro) - (Elizeth Cardoso & Silvio Caldas)
Coração (Alberto Ribeiro) - (LPDS 32098 - Silvio Caldas - O Seresteiro)
Coração (Alberto Ribeiro) - (Mestres da MPB)
Coração (Alberto Ribeiro) - (RVCD-013 - Silvio Caldas)
Coração (Alberto Ribeiro) - (Silvio Caldas e Elizeth Cardoso - v. 2)
Coração (Alberto Ribeiro) - Colúmbia 8.384B713, de 1938 - Cera - 248
Coração (Alberto Ribeiro) - Elizeth Cardoso e Silvio Caldas - (Elizeth Cardoso e Silvio Caldas)
Coração (Marcelo Tupinambá / Ariovaldo Pires) - (O Seresteiro, Inter Records) - 337
Coração (Marcelo Tupinambá / Ariovaldo Pires) - (Silvio Caldas - O Seresteiro)
Coração (Noel Rosa) - (Histórias da Música Popular Brasileira)
Coração (Noel Rosa) - (Histórias da Música Popular Brasileira) - 338
Coração ingrato (Antônio Nássara / Eratóstenes Frazão) - (Cantores de Rádio)
Coração ingrato (Antônio Nássara / Eratóstenes Frazão) - Odeon 12.976-B, de 1934 - Cera - 248
Coração ingrato (E. Frazão / A. Nássara) - (Histórias da Música Popular Brasileira)
Coração ingrato (E. Frazão / Antônio Nássara) - (Histórias da Música Popular Brasileira)
Coração ingrato (Nássara / Frazão) - Silvio Caldas - DVD
Cordiais saudações (Noel Rosa) - (Histórias da Música Popular Brasileira) - 338
Cordiais saudações (Noel Rosa) - (Histórias da Música Popular Brasileira)
Cordiais saudações (Noel Rosa) - (Phonosonic - A História Viva)
Cordiais saudações (Noel Rosa) - (Silvio Caldas e Pedro Vargas)
Criança louca (Heitor dos Prazeres) - Brunswick 10.139-A, de 1931 - Cera - 249
Cruel ciúme (Alcebíades Barcelos / Armando Marçal) - Odeon 11.186-A, de 1934 - Cera - 249
Cutuca, Maroca! (Lamartine Babo / Demerval Guimarães) - Brunswick 10.118-B - Cera - 249
Cutuca, Maroca (D. Guimarães / Lamartine Babo) - (LB028 - Novidades de 1930)

d

Da cor do pecado (Bororó) - (A Bossa da Velha Guarda)
Da cor do pecado (Bororó) - (Acervo Especial)
Da cor do pecado (Bororó) - (Moto discos– Reminiscências - v. 8)
Da cor do pecado (Bororó) - (RCA - Nostalgia - v. 1)
Da cor do pecado (Bororó) - (Silvio Caldas e Suas Interpretações Inesquecíveis)
Da cor do pecado (Simoens da Silva, "Bororó"), de 1939 - Cera - 249
Deixa disso (Ary Barroso) - 1930 - 249
Dá nela (Ary Barroso) - (Histórias da Música Popular Brasileira) - 339
Dá nela (Ary Barroso) - (Histórias da Música Popular Brasileira)
Desolado (Silvio Caldas) - Victor 33.534, de 1932 - Cera - 250
Despertar da montanha (Eduardo Souto / Francisco Pimentel) - (Com *A saudade* Pelo Braço) - 250
Despertar da montanha (Eduardo Souto / Francisco Pimentel) - C 28.000-B, de 1946

d

Desprezo (Murilo Caldas) - Victor 34.554-B, de 1939 - Cera - 251
Desquitada (Urbano Lóes) - (Canta o Seresteiro do Brasil) - 339
Desquitada (Urbano Lóes) - (Silvio Caldas - Canta o Seresteiro)
Destino traçado (Mário Lago / Erasmo Silva) - (LPDS 32098 - Silvio Caldas - O Seresteiro)
Destino traçado (Mário Lago / Erasmo Silva) - Continental 15.767-A, de 1946 - Cera - 251
Deus olha o meu Brasil (Silvio Caldas / Braguinha / R. Ribeiro) - (Ontem ao Luar) - 339
Deusa da minha rua (Jorge Faraj / Newton Teixeira)
Deusa da minha rua (Jorge Faraj / Newton Teixeira) - (Acervo Especial)
Deusa da minha rua (Jorge Faraj / Newton Teixeira) - (Deusa da Minha Rua - Compacto)
Deusa da minha rua (Jorge Faraj / Newton Teixeira) - (O Melhor de Silvio Caldas)
Deusa da minha rua (Jorge Faraj / Newton Teixeira) - (O Seresteiro Silvio Caldas)
Deusa da minha rua (Jorge Faraj / Newton Teixeira) - (Silvio Caldas, o Seresteiro do Brasil)
Deusa da minha rua (Jorge Faraj / Newton Teixeira) - Victor 34.485-A), de 1939 - Cera - 251
Deusa da minha rua (Jorge Faraj/ Newton Teixeira) - (RCA - Grandes Intérpretes)
Deusa da minha rua (Newton Teixeira / Jorge Faraj) - (Deusa da Minha Rua)
Deusa da minha rua (Newton Teixeira / Jorge Faraj) - (Mestres da MPB)
Deusa da minha rua (Newton Teixeira / Jorge Faraj) - (O Melhor de Silvio Caldas)
Deusa da minha rua (Newton Teixeira / Jorge Faraj) - (Silvio Caldas / Phonodisc)
Deusa da minha rua (Silvio Caldas / Orestes Barbosa) - (Juntos Fco. Petrônio / Silvio Caldas)
Deusa da minha rua (Silvio Caldas / Orestes Barbosa) - (Music Máster - Silvio Caldas
Deusa da minha rua (Silvio Caldas / Orestes Barbosa) - (Juntos - Fco. Petrônio / Silvio Caldas)
Dona da minha vontade (Fco. Alves / Orestes Barbosa) - (Grandes Interpretações de Silvio Caldas) - 339
Dona da minha vontade (Fco. Alves / Orestes Barbosa) - (21 Grandes Sucessos)
Dona da minha vontade (Fco. Alves / Orestes Barbosa) - (Canta o Seresteiro Silvio Caldas)
Dona da minha vontade (Fco. Alves / Orestes Barbosa) - (O Caboclinho Querido)
Dona da minha vontade (Fco. Alves / Orestes Barbosa) - (O Maior Seresteiro do Brasil)
Dona da minha vontade (Fco. Alves / Orestes Barbosa) - (*Serenata* - Silvio Caldas)
Dor de palhaço (Jota Ferreira Lixa) - Victor 33.436-B, de 1930 - Cera - 251
Dora (Dorival Caymmi) - (Histórias da Música Popular Brasileira) - 340
Dora (Dorival Caymmi) - (Histórias da Música Popular Brasileira)
Dora (Dorival Caymmi) - (O Grande Seresteiro)
Dora (Dorival Caymmi) - (O Maior Seresteiro do Brasil)
Dormindo na rua (Custódio Mesquita) - Victor 33.588-A, de 1932 - Cera - 252
Doutor em samba (Custódio Mesquita) - (CLP11661 - Silvio Caldas) - 340
Duas janelas (Jorge Faraj / Newton Teixeira) - Victor 34.958-B, de 1942 - Cera - 252
Duas janelas (Jorge Faraj / Wilson Batista) - (Silvio Caldas, o Seresteiro do Brasil)
Dueña de mi voluntad (Fco. Alves/O.Barbosa) - (Tesoros de la Canción Brasileña - Maringá)

e

É bom parar (Rubens Soares) - (A Arte do Espetáculo) - 340
É bom parar (Rubens Soares) - (Histórias da Música Popular Brasileira)
É bom parar (Rubens Soares) - (Histórias da Música Popular Brasileira)
É bom parar (Rubens Soares) - (No Palco - Inter Records) D

É bom parar (Rubens Soares) - (Silvio Caldas "Especial")
É bom farar (Rubens Soares) - (Silvio Caldas Especial, ao Vivo)
É bom parar (Rubens Soares) - (Silvio Caldas, RGE)
É bom parar (Rubens Soares) - Silvio Caldas - DVD
É de Trampolim (Ary Barroso / Noel Rosa) - 1931 - 252
É do balaco baco (Ary Barroso / Noel Rosa) - Victor 33.465-B, de 1931 - Cera - 253
E ela não jurou (André Filho) - (RVCD-013 - Silvio Caldas) - (RVCD-013 - Silvio Caldas)
E ela não jurou (André Filho) - Victor 33.601-B, de 1932 - 253
E ela não voltou (Acabei) (Erasmo Silva/Mário Lago)–Continental 15.732-A, de 1946 - Cera - 253
E ela não voltou (Erasmo Silva / Mário Lago) - (Revivendo LP 065 - Tive Uma Surpresa)
E ella não jurou (André Filho) - (Revivendo LP 033 - No Rancho Fundo)
É inútil mentir (Custódio Mesquita / Evaldo Rui) - Victor 80-0127-A, de 1943 - Cera - 253
É luxo só (Ary Barroso) - (Silvio Caldas Canta Ary Barroso, 10")
É mentira, oi! (Ary Barroso) - Victor 33.506-A, de 1931 - Cera - 254
É mentira, oi! (Ary Barroso) - (Ary Barroso na Voz de Silvio Caldas)
E o destino desfolhou (Mário Rossi / Gastão Lamounier) - (O Caboclinho Querido) - 340
E o destino desfolhou (Mário Rossi / Gastão Lamounier) - (E o Destino Desfolhou)
E o destino desfolhou (Mário Rossi / Gastão Lamounier) - (Seresta, Só Seresta)
E o destino desfolhou ... (Mário Rossi / Gastão Lamounier) - (20 Super Sucessos)
É só do que há (Teobaldo Marques da Gama) - Victor 33.279-B,de 1930 - Cera - 254
Era ela (Peterpan / Russo do Pandeiro) - Victor 34.400-B, de 1939 - Cera - 254
Esta noite ou nunca mais (G. Moran / Christóvão de Alencar) - (O Melhor de Silvio Caldas) - 341
Eterna canção (Júlio Dantas / Antônio Viana) - (O Seresteiro, Inter Records) - 341
Eterna canção (Julio Dantas / Luis Peixoto) - (Silvio Caldas - O Seresteiro)
Eu agora vou gritar (Christóvão de Alencar / Antônio Nássara) - O11.519-B, de 1936 - Cera - 255
Eu e você (J. Cascata / J. Barcelos) - (Sou Um Namorado Errante)
Eu e você (J. Cascata / J. Barcelos) - Victor 34.429-A, de 1939 - Cera - 255
Eu fiz um samba (Paulinho) - Victor 33.722-B, de 1933 - Cera - 255
Eu não sei (Silvio Caldas / Ataulfo Alves) - (Imperial 30142 - Silvio Caldas)
Eu não sei (Silvio Caldas / Ataulfo Alves) - (O Caboclinho Querido Silvio Caldas)
Eu não sei (Silvio Caldas / Ataulfo Alves) - Odeon 11.519-A, de 1937 - Cera - 255
Eu não sei (Silvio Caldas / Ataulpho Alves) - (Cantores de Rádio)
Eu quero essa mulher (Murilo Caldas) - Victor 34.679, de 1940 - Cera - 254
Eu sonhei (Ary Barroso) - (Cantores de Rádio)
Eu sonhei (Ary Barroso) - Odeon 11.178-B, de 1934 - Cera - 256
Eu sonhei que tu estavas tão linda (L. Babo / Fco. Matoso) - (21 Grandes Sucessos) - 341
Eu sonhei que tu estavas tão linda (L. Babo / Fco.. Matoso) - (O Caboclinho Querido)
Eu sonhei que tu estavas tão linda (L.Babo / Fco. Matoso) - (E o Destino Desfolhou)
Eu sonhei que tu estavas tão linda (L.Babo / Fco. Matoso) - (Presença de Silvio Caldas)
Eu sonhei que tu estavas tão linda (Lamartine Babo / Fco. Matoso) - (Seresta, Só Seresta)
Eu sonhei que tu estavas tão linda (L. Babo / Francisco Matoso) - (20 Super Sucessos)

e

Eu sonhei que tu estavas tão linda (Lamartine Babo / Francisco Matoso) - (Brilhantes)
Eu sonhei que tu estavas tão linda (L. Babo / Fco.Mattoso) - (Maximum / Sony & BMG)
Eu vivo sem destino (Silvio Caldas / Wilson Batista / Osvaldo Silva) - V 33.690, de 1933 - Cera - 256
Eu vou andando (Silvio Caldas) - Brunswick 10.167-B, de 1931 - Cera - 256
Eu vou pro Maranhão (Ary Barroso) - (Ary Barroso na Voz de Silvio Caldas)
Eu vou pro Maranhão (Ary Barroso) - Victor 33.611-A, de 1933 - Cera - 257

f

Faceira (Ary Barroso) - (Ary Barroso com Silvio Caldas, 10")
Faceira (Ary Barroso) - (Ary Barroso na Voz de Silvio Caldas)
Faceira (Ary Barroso) - (Histórias da Música Popular Brasileira)
Faceira (Ary Barroso) - (Histórias da Música Popular Brasileira)
Faceira (Ary Barroso) - (Maximum / Sony & BMG)
Faceira (Ary Barroso) - (O Caboclinho Querido)
Faceira (Ary Barroso) - (O Melhor de Silvio Caldas)
Faceira (Ary Barroso) - (O Melhor de Silvio Caldas)
Faceira (Ary Barroso) - (O Melhor de Silvio Caldas)
Faceira (Ary Barroso) - (RVCD-013 - Silvio Caldas)
Faceira (Ary Barroso) - (Saudades - 12" - Musidisc)
Faceira (Ary Barroso) - (Saudades - Míni LP 1)
Faceira (Ary Barroso) - (Saudades, 12")
Faceira (Ary Barroso) - (Saudades, 12")
Faceira (Ary Barroso) - (Silvio Caldas Canta Ary Barroso, 10")
Faceira (Ary Barroso) - Silvio Caldas - DVD
Faceira (Ary Barroso) - Victor 33.466-A, de 1931 - Cera - 257
Fado das mãos (M. Figueiredo / A. Leite / C. Barbosa) - (Silvio Caldas, RGE) - 342
Fado das mãos (M. Figueiredo / A. Leite / C. Barbosa) - (Titio Canta Para Você),
Fala meu louro (J. B. da Silva, Sinhô) - (Histórias da Música Popular Brasileira) - 342
Fala meu louro (Sinhô) - (Histórias da Música Popular Brasileira)
Falsa felicidade (Paulo Medeiros) - (Deusa da Minha Rua)
Falsa felicidade (Paulo Medeiros) - (Silvio Caldas e Suas Interpretações Inesquecíveis)
Falsa felicidade (Paulo Medeiros) - Victor 34.367-A, de 1938 - Cera - 257
Favela (Hekel Tavares / Joracy Camargo) - (Saudades, 12") - 342
Favela (Hekel Tavares / Joracy Camargo) - (Saudades - 12" - Musidisc)
Favela (Hekel Tavares / Joracy Camargo) - (Saudades - Míni LP 1)
Favela (Joracy Camargo / Hekel Tavares) - (Saudades, 10")
Favela (Roberto Martins / Waldemar M. da Silva) - (20 Super Sucessos) - 342
Favela (Roberto Martins / Waldemar Muniz da Silva) - (Canta o Seresteiro do Brasil)
Favela (Roberto Martins / Waldemar Muniz da Silva) - (Grandes Interpretações de Silvio Caldas)
Favela (Roberto Martins / Waldemar Muniz da Silva) - (Presença de Silvio Caldas)
Favela (Roberto Martins / Waldemar Muniz da Silva) - (Silvio Caldas - Canta o Seresteiro)
Favela (Roberto Martins / Waldemar Muniz da Silva) - (Uma Seresta Inesquecível)
Favela (Roberto Martins / Waldemar Muniz da Silva) - (Veleiro 2625 - SIlvio Caldas)

f

Favela (Roberto Martins / Waldemar Muniz de Lima) - (O Caboclinho Querido)
Feitiçaria (Custódio Mesquita / Evaldo Rui) - Victor 80-0269-A, de 1945 - Cera - 258
Feitiçaria (Custódio Mesquita / Evaldo Ruy) - (Filigranas Musicais da RCA - v. XVI)
Feiticeira (Hervê Cordovil) - Victor 33.722-A, de 1933 - Cera - 258
Feitiço da Vila - (Noel Rosa / Vadico) - (Compacto CB 20006) - 343
Feitiço da Vila (Noel Rosa / Vadico) - (20 Super Sucessos)
Feitiço da Vila (Noel Rosa / Vadico) - (Canta o Seresteiro do Brasil)
Feitiço da Vila (Noel Rosa / Vadico) - (Grandes Sucessos de Silvio Caldas)
Feitiço da Vila (Noel Rosa / Vadico) - (O Caboclinho Querido)
Feitiço da Vila (Noel Rosa / Vadico) - (O Maior Seresteiro do Brasil)
Feitiço da Vila (Noel Rosa / Vadico) - (O Melhor de Silvio Caldas)
Feitiço da Vila (Noel Rosa / Vadico) - (Presença de Silvio Caldas)
Feitiço da Vila (Noel Rosa / Vadico) - (Silvio Caldas - Canta o Seresteiro)
Feitiço da Vila (Noel Rosa / Vadico) - (Silvio Caldas "Especial")
Feitiço da Vila (Noel Rosa / Vadico) - (Silvio Caldas em Pessoa)
Feitiço da Vila (Noel Rosa / Vadico) - (Veleiro 2625 - Sllvio Caldas)
Feitiço da Vila (Noel Rosa / Vadico) / - (Silvio Caldas Especial, ao Vivo)
Feitio de oração (Noel Rosa / Vadico) - (Grandes Sucessos de Silvio Caldas) - 343
Feitio de oração (Noel Rosa / Vadico) - (O Maior Seresteiro do Brasil)
Feitio de oração (Noel Rosa / Vadico) - (O Melhor de Silvio Caldas)
Feitio de oração (Noel Rosa / Vadico) - (Presença de Silvio Caldas)
Feitio de oração (Noel Rosa / Vadico) - (Uma Seresta Inesquecível)
Feitio de oração (Vadico / Noel Rosa) - (O Caboclinho Querido)
Feitio de oração (Vadico / Noel Rosa) - (*Serenata* - Silvio Caldas)
Feitio de oração (Vadico / Noel) - (Veleiro 2625 - Sllvio Caldas)
Flor de lótus (Silvio Caldas / Alberto Ribeiro) – Colúmbia 8.383-B, de 1938 – Cera - 259
Fibra de herói (Teófilo de Barros Filho / Guerra Peixe) - Victor 80-0013-A, de 1942 - Cera - 259
Fica doido varrido (Benedito Lacerda / Eratóstenes Frazão) - (Histórias da MPB)
Fica doido varrido (Benedito Lacerda / Eratóstenes Frazão) - (Histórias da MPB)
Fica doido varrido (Benedito Lacerda / Eratostenes Frazão) - (Silvio Caldas e Pedro Vargas)
Fica doido varrido (Benedito Lacerda / Eratóstenes Frazão) - Victor 80-0247-B, 1945 - Cera - 259
Fita amarela (Noel Rosa) - (21 Grandes Sucessos) - 344
Fita amarela (Noel Rosa) - (Brilhantes)
Fita amarela (Noel Rosa) - (Elizeth Cardoso & Silvio Caldas)
Fita amarela (Noel Rosa) - (Grandes Sucessos de Silvio Caldas)
Fita amarela (Noel Rosa) - (Maximum / Sony & BMG)
Fita amarela (Noel Rosa) - (O Caboclinho Querido)
Fita amarela (Noel Rosa) - (*Serenata* - Silvio Caldas)
Fita amarela (Noel Rosa) - (Silvio Caldas e Elizeth Cardoso - v. 2)
Fita amarela (Noel Rosa) - (Veleiro 2625 - Sllvio Caldas)
Fita amarela (Noel Rosa) - Elizeth Cardoso e Silvio Caldas - (Elizeth Cardoso e Silvio Caldas)
Flamboyant (Jouber de Carvalho) - (O Melhor de Silvio Caldas)

f

Flamboyant (Joubert de Carvalho) - (RVCD-013 - Silvio Caldas)
Flamboyant (Joubert de Carvalho) - Sinter 10-00186-B, de 1953 - Cera - 259
Flor de inverno (Ary Barroso) - Victor 33.656-B, de 1933 - Cera - 259
Flor de lótus (Silvio Caldas / Alberto Ribeiro) - (LPDS 32098 - Silvio Caldas - O Seresteiro)
Flor de lótus (Silvio Caldas / Alberto Ribeiro) - Colúmbia 8.383-B, de 1938 - Cera
Flor de lótus (Silvio Caldas / Alberto Ribeiro) - (RVCD-013 - Silvio Caldas)
Flor do inverno (Ary Barroso) - (Ary Barroso na Voz de Silvio Caldas)
Flor mimosa (Erothides de Campos / Jonas Neves) - Brunswick 10.152-B, de 1931 - Cera - 260
Flor morena (Egydio Azevedo) - Brunswick 10.152-A, de 1931 - Cera - 260
Florisbela (Antônio Nássara / Eratóstenes Frazão) - Victor 34.846-B, de 1941 - Cera - 260
Florisbela (Antônio Nássara / Frazão) - (Acervo Especial)
Florisbela (Nássara / Frazão) - (Histórias da Música Popular Brasileira)
Florisbela (Nássara / Frazão) - (Histórias da Música Popular Brasileira)
Florisbela (Nássara / Frazão) - (Phonosonic - A História Viva)
Florisbela (Nássara / Frazão) / - (Silvio Caldas Especial, ao Vivo)
Florisbela santropé (Marino Pinto / Frazão) - (A Arte do Espetáculo)
Florisbela santropé (Marino Pinto / Frazão) - (No Palco - Inter Records)
Florisbela santropé (Marino Pinto / Frazão) - (Silvio Caldas "Especial")
Florisbela santropé (Marino Pinto / Frazão) - (Silvio Caldas, RGE)
Foi ele... Foi ela (Joubert de Carvalho / Paulo Roberto) - 1931 - 261
Foi sonho e não volta mais (J. Cristóbal / Luiz Iglesias) - Victor 33.546-B, de 1932 - Cera - 261
Foi uma pedra que rolou (Juramento falso) - (Pedro Caetano) - (Elizeth Cardoso & Silvio Caldas) - 344
Foi uma pedra que rolou (Juramento falso) - (Pedro Caetano) – (Silvio Caldas em Pessoa)
Foi uma pedra que rolou (Pedro Caetano) - (*Cabelos brancos*)
Foi uma pedra que rolou (Pedro Caetano) - (O Caboclinho Querido)
Fon fon (João de Barro / Alberto Ribeiro) - Odeon 11.530-A, de 1937 - Cera - 261
Freguesia do Ó (Lauro Miller) (Isto é São Paulo) - 345

g

Gago apaixonado (Noel Rosa) - (Phonosonic - A História Viva) - 345
Gaivota (Silvio Caldas / Eratóstenes Frazão) - (Silvio Caldas, o Seresteiro do Brasil)
Gaivota (Silvio Caldas / Eratóstenes Frazão) - Victor 34.846-B, de 1941 - Cera - 261
Galo garnizé (Almirante) - (Histórias da Música Popular Brasileira)
Galo garnizé (Almirante) - (Histórias da Música Popular Brasileira)
Gamela quebrada (Príncipe Pretinho) - Victor 33.407-B, de 1930 - Cera - 262
Gente humilde (Garoto/V.de Moraes/Chico Buarque) - (Grandes Sucessos Com Silvio Caldas)
Gente humilde (Garoto / Vinicius de Moraes / Chico Buarque) - (20 Super Sucessos) - 345
Gente humilde (Garoto / Vinicius de Moraes / Chico Buarque) - (O Caboclinho Querido)
Gente humilde (Garoto / Vinicius de Moraes / Chico Buarque) - (21 Grandes Sucessos)
Gente humilde (Garoto / Vinicius de Moraes / Chico Buarque) - (Presença de Silvio Caldas)
Gilda (Erasmo Silva / Mário Lago) - (Revivendo LP 065 - Tive Uma Surpresa)
Gilda (Erasmo Silva / Mário Lago) - Continental 15.730-B, de 1946 - Cera - 262
Gira (Ary Barroso / Marques Porto) - Victor 33.445-A, de 1931 - Cera - 262
Good bye (Assis Valente) - (A Arte do Espetáculo) - 345

g

Good bye Boy (Assis Valente) - (Silvio Caldas, RGE)

Good bye (Assis Valente) - (Histórias da Música Popular Brasileira)

Good bye (Assis Valente) - (Histórias da Música Popular Brasileira)

Guacira (Hekel Tavares / Joracy Camargo) - (O Maior Seresteiro do Brasil) - 346

Guardei minha viola (Paulinho da Viola) - (Grandes Sucessos Com Silvio Caldas) - 346

h

Há um segredo em teus cabelos (G. Lamounier / O. Santiago) - (Canta o Seresteiro S. C.)

Há um segredo em teus cabelos (G. Lamounier/O. Santiago)-(Grandes Interpretações de S.C.)

Há um segredo em teus cabelos (G. Lamounier/O. Santiago) - (Imp.30142 - Silvio Caldas)

Há um segredo em teus cabelos (G. Lamounier / O. Santiago) - (O Caboclinho Querido S.C)

Há um segredo em teus cabelos (G. Lamounier / O. Santiago) - (*Serenata* - Silvio Caldas)

Há um segredo em teus cabelos (G. Lamounier / O. Santiago) - O11.283-A, de 1935 - Cera - 263

Há um segredo em teus cabelos (G.Lamounier / O. Santiago) - (O Caboclinho Querido)

Há um segredo em teus cabelos (G.Lamounier / Oswaldo Santiago) - (Cantores de Rádio)

Hay un secredo em tus cabellos (G.Lamounier/O.Santiago)-(Tesoros de la Canción Brasileña)

Homem marcado (Erasmo Silva / Wilson Batista) - Continental 16.141-B, de 1949 - Cera - 263

Homenagem (Lupicinio Rodrigues) - (20 Preferidas)

Homenagem (Lupicínio Rodrigues) - (Silvio Caldas, RGE)

Homenagem (Lupicínio Rodrigues) - (Titio Canta Para Você),

Homenagem (Lupicínio Rodrigues) - RGE 10.377-A, de 1961 - Cera - 263

i

Implorando o meu perdão (A. Barcelos/ Alberto Ribeiro) - O11.193-B, de 1934 - Cera - 264

Inquietação (Ary Barroso) - (Cantores de Rádio)

Inquietação (Ary Barroso) - (Imperial 30107 - SC Silvio Caldas)

Inquietação (Ary Barroso) - (Silvio Caldas "Especial")

Inquietação (Ary Barroso) - (Silvio Caldas em Pessoa)

Inquietação (Ary Barroso) - Silvio Caldas - DVD

Inquietação (Ary Barroso) - Odeon 11.255-A, de 1935 - Cera - 264

Íntima lágrima (Cândido das Neves) - (Ontem ao Luar) - 346

Ioiô deste ano (Henrique Vogeler) - Brunswick 10.116-A, de 1930 - Cera - 264

Ipiranga (História de São Paulo) (Lauro Miller) (Isto é São Paulo) - 347

Isis (Benedito Lacerda / Jorge Faraj) - (Deusa da Minha Rua)

Isis (Benedito Lacerda / Jorge Faraj) - Odeon 11.331-A, de 1935 - Cera - 265

Isto é xodó (Ary Barroso) - 1931 - 265

j

Já sei sorrir (Ataulfo Alves / Claudionor Cruz) - (RCA - Filigranas Musicais - v. 8)

Já sei sorrir (Ataulfo Alves / Claudionor Cruz) - Victor 34.468-A, de 1939 - Cera - 265

Jangada (Hervê Cordovil- (Histórias da Música Popular Brasileira)

Jangada (Hervê Cordovil / Vicente Leporace) - (Eternamente)

Jangada (Hervê Cordovil / Vicente Leporace) - (Histórias da Música Popular Brasileira)

Jangada (Hervê Cordovil / Vicente Leporace) - (LPCB 35014 10" - Silvio Caldas)

Jangada (Hervê Cordovil / Vicente Leporace) - (O Caboclinho Querido)

Jangada (Hervê Cordovil / Vicente Leporace) - Colúmbia 10.140-B, de 1955 - Cera - 266

Jardim América (Lauro Miller) (Isto é São Paulo) - 347

j

João valentão (Dorival Caymmi) - (Histórias da Música Popular Brasileira) - 347
João valentão (Dorival Caymmi) - (Histórias da Música Popular Brasileira)
João valentão (Dorival Caymmi) - (O Grande Seresteiro)
João valentão (Dorival Caymmi) - (O Maior Seresteiro do Brasil)
Jurei me vingar (Valfrido Silva / André Filho) - 1932 - 266

k

Kátia (Georges Moran / v. Bezerra - (20 Preferidas)
Kátia (Georges Moran / v. Bezerra) - (Silvio Caldas, RGE)
Kátia (Georges Moran / Victor Bezerra) - (O Melhor de Silvio Caldas)
Kátia (Georges Moran / Victor Bezerra) - (Sou Um Namorado Errante)
Kátia (Georges Moran / Victor Bezerra) - (Titio Canta Para Você),
Kátia (Georges Moran / Vitor Bezerra) - (Kátia - Compacto 80.138)
Kátia (Victor Bezerra / Georges Moran) - (Silvio Caldas - O Caboclinho Querido)
Kátia (Victor Bezerra / Georges Moran) - Victor 34.600-A, de 1940 - Cera - 266

l

La unica rima (Silvio Caldas / Orestes Barbosa) - (Tesoros de la Canción Brasileña - Maringá)
Lá vem meu rancho - Carmélia Alves e Silvio Caldas - Compacto Copacabana 1105
Lalá (J. Nepomuceno) - Victor 33.412-A, de 1930 - Cera - 266
Lapa (Lauro Miller) (Isto é São Paulo) - 347
Largo da Lapa (Marino Pinto / Wilson Batista) - (Juntos Francisco Petrônio / Silvio Caldas) - 348
Largo da Lapa (Marino Pinto / Wilson Batista) - (Mestres da MPB)
Largo da Lapa (Marino Pinto / Wilson Batista) - (Silvio Caldas / Phonodisc)
Largo da Lapa (Merino Pinto / Wilson Batista) - (Juntos - Fco. Petrônio / Silvio Caldas)
Laura (Alcyr Pires Vermelho / João de Barro) - (20 Super Sucessos) - 348
Laura (Alcyr Pires Vermelho / João de Barro) - (Grandes Sucessos Com Silvio Caldas)
Lenço no pescoço (Noel Rosa / Vadico) - (No Palco - Inter Records)
Lenço no pescoço (Wilson Batista) - (A Arte do Espetáculo)
Lenço no pescoço (Wilson Batista) - (CALB 5180 - O Melhor da Velha Guarda)
Lenço no pescoço (Wilson Batista) - (Histórias da Música Popular Brasileira)
Lenço no pescoço (Wilson Batista) - (Histórias da Música Popular Brasileira)
Lenço no pescoço (Wilson Batista) - (Phonosonic - A História Viva)
Lenço no pescoço (Wilson Batista) - (Silvio Caldas, RGE)
Lenço no pescoço (Wilson Batista) - Victor 33.712-B, de 1933 - Cera - 267
Leonor (Claribalte Passos / L. Panicali) - Victor 00-00095B, de 1951 - Cera - 267
Linda flor (Ai, Yoyo) (L.Peixoto/M.Porto/H.Vogeler/Cândido Costa) - Silvio Caldas - DVD
Linda lourinha (João de Barro) - (A Arte do Espetáculo)
Linda lourinha (João de Barro) - (Histórias da Música Popular Brasileira)
Linda lourinha (João de Barro) - (Histórias da Música Popular Brasileira)
Linda lourinha (João de Barro) - (No Palco - Inter Records)
Linda lourinha (João de Barro) - (Phonosonic - A História Viva)
Linda lourinha (João de Barro) - (Silvio Caldas "Especial")
Linda lourinha (João de Barro) - (Silvio Caldas, RGE)
Linda lourinha (João de Barro) - Silvio Caldas - DVD

Linda lourinha (João de Barro) - Sinter 33.735-A, de 1933 - Cera - 267
Linda lourinha (João de Barro) / - (Silvio Caldas Especial, ao Vivo)
Linda morena (Lamartine Babo) - (A Arte do Espetáculo) - 348
Linda morena (Lamartine Babo) - (Histórias da Música Popular Brasileira)
Linda morena (Lamartine Babo) - (Histórias da Música Popular Brasileira)
Linda morena (Lamartine Babo) - (Phonosonic - A História Viva)
Linda morena (Lamartine Babo) - (Silvio Caldas "Especial")
Linda morena (Lamartine Babo) - (Silvio Caldas, RGE)
Linda morena (Lamartine Babo) - Silvio Caldas - DVD
Linda morena (Lamartine Babo) /- (Silvio Caldas Especial, ao Vivo)
Longe dos olhos (C. de Alencar / Djalma Ferreira) - (Juntos - Fco. Petrônio / Silvio Caldas) - 348
Longe dos olhos (Christóvão de Alencar / Djalma Ferreira) - (Elizeth Cardoso & Silvio Caldas)
Longe dos olhos (Christóvão de Alencar / Djalma Ferreira) - (Juntos Francisco Petrônio / Silvio Caldas)
Longe dos olhos (Christóvão de Alencar / Djalma Ferreira) - (Mestres da MPB)
Longe dos olhos (Christóvão de Alencar / D. Ferreira) - (Silvio Caldas/Elizeth Cardoso - v. 2)
Longe dos olhos (Christóvão de Alencar / D. Ferreira) Silvio Caldas - (E.Cardoso e S. Caldas)
Longe dos olhos (Christóvão de Alencar / Djalma Ferreira) - (Music Máster - Silvio Caldas
Longe dos olhos (Christóvão de Alencar / Djalma Ferreira) - (Silvio Caldas / Phonodisc)
Longe dos olhos (Djalma Ferreira / Christóvão de Alencar) - (Saudades, 10")
Longe dos olhos (Djalma Ferreira / Christóvão de Alencar) - (Saudades, 12")
Longe dos olhos (Djalma Ferreira / Cristóvão de Alencar) - (Saudades - 12" - Musidisc)
Longe dos olhos (Djalma Ferreira / Cristóvão de Alencar) - (Saudades - mini LP 1)
Longe dos olhos (Djalma Ferreira / Christóvão de Alencar) - (Saudades, 12")
Lua nova (Fco. Alves / Luiz Iglesias) - (O Caboclinho Querido) - 348
Lua nova (Fco. Alves / Luiz Iglezias) - (Canta o Seresteiro Silvio Caldas)
Lua nova (Fco. Alves / Luiz Iglézias) - (Eternamente)
Lua triste (Luiz Bittencourt / Leonel Azevedo) - (Imperial 30142 - Silvio Caldas)
Lua triste (Luiz Bittencourt / Leonel Azevedo) - (O Caboclinho Querido Silvio Caldas)
Lua triste (Luiz Bittencourt / Leonel Azevedo) - Victor 11.467-B, de 1937 - Cera - 267
Luar de Paquetá (Hermes Fontes / Freire Jr.) - (O Maior Seresteiro do Brasil) - 349

Madrugada (Benedito Lacerda / Herivelto Martins) - (Cantores de Rádio)
Madrugada (Benedito Lacerda / Herivelto Martins) - (Imperial 30107 - SC Silvio Caldas)
Madrugada (Benedito Lacerda / Herivelto Martins) - Odeon 11.388-B, de 1936 - Cera - 268
Mágoa (Hervê Cordovil / Julio Atlas) - (21 Grandes Sucessos) - (21 Grandes Sucessos)
Mágoa (Hervê Cordovil / Julio Atlas) - (Brilhantes)
Mágoa (Hervê Cordovil / Julio Atlas) - (Canta o Seresteiro Silvio Caldas)
Mágoa (Hervê Cordovil / Julio Atlas) - (Eternamente)
Mágoa (Hervê Cordovil / Júlio Atlas) - (LPCB 35014 10" - Silvio Caldas)
Mágoa (Hervê Cordovil / Júlio Atlas) - (O Caboclinho Querido)
Mágoa (Hervê Cordovil / Júlio Atlas) - Colúmbia 10.118-B, de 1955 - Cera - 268
Mágoas de um trovador (Manezinho Araújo / J. Cascata) - Colúmbia 55.002, de 1938 - Cera - 268

m

Mágoas de um trovador (Manezinho Araújo / J. Cascata) - (RVCD-013 - Silvio Caldas)
Mágoas de um vagabundo (Valfrido Silva / Osvaldo Silva) - C 33.918-A, de 1935 - Cera - 269
Mágoas de um vagabundo (Walfrido Silva / Oswaldo Silva) - (RCA - Fil. Musicais - v. 8)
Malandro sofredor (Ary Barroso) - (Ary Barroso na Voz de Silvio Caldas)
Malandro sofredor (Ary Barroso) - Victor 33.777-B, de 1933 - Cera - 269
Mamãe Dolores (Joubert de Carvalho) - Sinter 00-00095-A, de 1951 - Cera - 269
Mamãe eu quero (Jararaca / Vicente Paiva) - (A Arte do Espetáculo) - 350
Mamãe eu quero (Jararaca / Vicente Paiva) - (Histórias da Música Popular Brasileira)
Mamãe eu quero (Jararaca / Vicente Paiva) - (Histórias da Música Popular Brasileira)
Mamãe eu quero (Jararaca / Vicente Paiva) - (No Palco - Inter Records)
Mamãe eu quero (Jararaca / Vicente Paiva) - (Silvio Caldas "Especial")
Mamãe eu quero (Jararaca / Vicente Paiva) - (Silvio Caldas, RGE)
Mamãe eu quero (Jararaca / Vicente Paiva) / - (Silvio Caldas Especial, ao Vivo)
Manhã de Carnaval (Luiz Bonfá / Antonio Maria) - (O Seresteiro, Inter Records) - 350
Manhã de Carnaval (Luiz Bonfá / Antônio Maria) - (Silvio Caldas - O Seresteiro)
Mão no remo (Ary Barroso /Noel Rosa) - Victor 33.479-A, de 1931 - Cera - 269
Mão no remo (Noel Rosa / Ary Barroso) - (Sou Um Namorado Errante)
Mão no remo! (Ary Barroso / Noel Rosa) - (Revivendo LP 033 - No Rancho Fundo)
Marcha do São Cristóvão (Lamartine Babo) - Continental 16.245-A, de 1950 - Cera - 270
Marcha do Vasco (Lamartine Babo) - Continental 16.245-B, de 1950 - Cera - 270
Maria (Ary Barroso / Evaldo Ruy) - (O Seresteiro Silvio Caldas)
Maria (Ary Barroso / Luiz Peixoto) - (20 Preferidas)
Maria (Ary Barroso / Luiz Peixoto) - (A Arte do Espetáculo)
Maria (Ary Barroso / Luiz Peixoto) - (Acervo Especial)
Maria (Ary Barroso / Luiz Peixoto) - (Ary Barroso com Silvio Caldas, 10")
Maria (Ary Barroso / Luiz Peixoto) - (Compacto RCA Camden 5028)
Maria (Ary Barroso / Luiz Peixoto) - (Grandes Encontros - v. II)
Maria (Ary Barroso / Luiz Peixoto) - (No Palco - Inter Records)
Maria (Ary Barroso / Luiz Peixoto) - (O Melhor de Silvio Caldas)
Maria (Ary Barroso / Luiz Peixoto) - (RCA - Grandes Intérpretes)
Maria (Ary Barroso / Luiz Peixoto) - (RVCD-013 - Silvio Caldas)
Maria (Ary Barroso / Luiz Peixoto) - (Saudades - 12" - Musidisc)
Maria (Ary Barroso / Luiz Peixoto) - (Saudades - Míni LP 1)
Maria (Ary Barroso / Luiz Peixoto) - (Saudades, 12")
Maria (Ary Barroso / Luiz Peixoto) - (Saudades, 12")
Maria (Ary Barroso / Luiz Peixoto) - (Silvio Caldas "Especial")
Maria (Ary Barroso / Luiz Peixoto) - (Silvio Caldas Canta Ary Barroso, 10")
Maria (Ary Barroso / Luiz Peixoto) - (Silvio Caldas Especial, ao Vivo)
Maria (Ary Barroso / Luiz Peixoto) - (Silvio Caldas, o Seresteiro do Brasil)
Maria (Ary Barroso / Luiz Peixoto) - (Silvio Caldas, RGE)
Maria (Ary Barroso / Luiz Peixoto) - (Silvio Caldas - DVD

m

Maria (Ary Barroso / Luiz Peixoto) - Silvio Caldas - Compacto 5028)
Maria (Ary Barroso / Luiz Peixoto) - Victor 33.594-A, de 1932 - Cera - 270
Maria (Ary Barroso /Luiz Peixoto) - (O Melhor de Silvio Caldas)
Maria (J. Cascata / Leonel Azevedo) - (Silvio Caldas - O Caboclinho Querido)
Maria (J. Cascata / Leonel Azevedo) - Victor 34.496-A, de 1939 - Cera
Maria (Laurentino Sales,"Lauro Borges") - Odeon 11.451-A, de 1936 - Cera - 271
Marina (Dorival Caymmi) - (O Maior Seresteiro do Brasil) - 350
Marina (Dorival Caymmi) - (CLP11661 - Silvio Caldas)
Marina (Dorival Caymmi) - (Histórias da Música Popular Brasileira)
Marina (Dorival Caymmi) - (Histórias da Música Popular Brasileira) - 351
Marina (Dorival Caymmi) - (O Grande Seresteiro)
Maringá (Joubert de Carvalho) - (Canta o Seresteiro Silvio Caldas)
Maringá (Joubert de Carvalho) - (20 Super Sucessos)
Maringá (Joubert de Carvalho) - (Grandes Interpretações de Silvio Caldas)
Maringá (Joubert de Carvalho) - (O Caboclinho Querido)
Maringá (Joubert de Carvalho) - (*Serenata* - Silvio Caldas)
Matingá (Joubert de Carvalho) - (Presença de Silvio Caldas)
Maringá (Joubert de Carvalho) - (Tesoros de la Canción Brasileña - Maringá)
Mas eu não ligo (Peterpan / Uzema) - (Silvio Caldas, RGE)
Mas eu não ligo (Silvio Caldas) - (Titio Canta Para Você),
Mas eu não ligo (Silvio Caldas) - RGE 10.282-B, de 1931 - Cera - 271
Mas... porque mulher (Silvio Caldas / Quincas Freire) - (Phonosonic - A História Viva)
Me deixa (Paschoal Barros / André Filho) - Victor 33.465-A, de 1930 - Cera - 271
Menino grande (Antonio Maria) - (Elizeth Cardoso & Silvio Caldas)
Menos eu (Roberto Martins / Jorge Faraj) - (O Melhor de Silvio Caldas)
Menos eu (Roberto Martins / Jorge Faraj) - (Saudades - 12" - Musidisc)
Menos eu (Roberto Martins / Jorge Faraj) - (Saudades - Orestes LP 1
Menos eu (Roberto Martins / Jorge Faraj) - (Saudades, 10")
Menos eu (Roberto Martins / Jorge Faraj) - (Saudades, 12")
Menos eu (Roberto Martins / Jorge Faraj) - Odeon 11.409-B, de 1936 - Cera - 272
Mente ao meu coração (F. Malfitano) - (LPDS 32098 - Silvio Caldas - O Seresteiro)
Mente ao meu coração (F. Malfitano) - (Mestres da MPB)
Mente ao meu coração (F. Malfitano) - (RVCD-013 - Silvio Caldas)
Mente ao meu coração (Francisco Malfitano) - Colúmbia 8.385, de 1938 - Cera - 272
Mente ao meu coração (Malfitano / P. Pires) - (Silvio Caldas e Elizeth Cardoso - v. 1)
Mente ao meu coração (Malfitano / P. Pires) - (Silvio Caldas e Elizeth Cardoso - v. 1)
Mente ao meu coração (Malfitano / P. Pires) - Elizeth e Silvio - (Elizeth e Silvio Caldas)
Mentira carioca (César Brasil / Jorge Faraj) - Victor 34.468-B, de 1938 - Cera - 272
Mentira carioca (Jorge Faraj / Celso Brasil) - (RCA - Filigranas Musicais - v. VIII)
Meu amigo violão (Georges Moran / J. G. de Araújo Jorge) - (Deusa da Minha Rua)
Meu amigo violão (Georges Moran / J. G. de Araújo Jorge) - (S. C. - O Caboclinho Querido)

m

Meu amigo violão (Georges Moran / J. G. de Araújo Jorge) –Victor 80-0102-B, 1943 - Cera - 272
Meu beguin (Alberto Ribeiro / Naylor de Sá Rego) - Odeon 11.186-A, de 1934 - Cera - 273
Meu companheiro (Fco. Alves / Orestes Barbosa) - (Grandes Interpretações de Silvio Caldas) - 351
Meu companheiro (Fco. Alves / Orestes Barbosa) - (O Maior Seresteiro do Brasil)
Meu companheiro (Fco. Alves / Orestes Barbosa) - (Canta o Seresteiro do Brasil)
Meu companheiro (Fco. Alves / Orestes Barbosa) - (O Caboclinho Querido)
Meu companheiro (Fco. Alves / Orestes Barbosa) - (Phonosonic - A História Viva)
Meu companheiro (Fco. Alves / Orestes Barbosa) - (Silvio Caldas - Canta o Seresteiro)
Meu companheiro (Fco. Alves / Orestes Barbosa) - (Uma Seresta Inesquecível)
Meu erro (Silvio Caldas / Orestes Barbosa) - (RVCD-049 - Orestes Barbosa)
Meu erro (Silvio Caldas / Orestes Barbosa) - Odeon 11.378-A, de 1936 - Cera - 273
Meu limão, meu limoeiro (Carlos Imperial / José Carlos Burle) - (Imperial 30.207 - v. 2)
Meu limão, meu limoeiro (Arr. José Carlos Burle) - Odeon 11.487-A, de 1937 - Cera - 273
Meu limão, meu limoeiro (Carlos Imperial / José Carlos Burle) - (Cantores de Rádio)
Meu segredo (Newton Teixeira / Jorge Faraj) - (O Caboclinho Querido)
Meu segredo (Newton Teixeira / Jorge Faraj) - (*Serenata* - Silvio Caldas)
Meu segredo (Newton Teixeira / Jorge Faraj) - Colúmbia 10.186-A, de 1955 - Cera - 274
Meus vinte anos (Silvio Caldas / Wilson Batista) - (Filigranas Musicais da RCA - IX)
Meus vinte anos (Silvio Caldas / Wilson Batista) - Silvio Caldas - DVD
Meus vinte anos (Silvio Caldas / Wilson Batista) - Victor 80-0006-B, de 1942 - Cera - 274
Meus vinte anos (Wilson Batista / Silvio Caldas - (Elizeth Cardoso e Silvio Caldas)
Meus vinte anos (Wilson Batista / Silvio Caldas) - (Elizeth Cardoso & Silvio Caldas)
Meus vinte anos (Wilson Batista / Silvio Caldas) - (Grandes Sucessos de Silvio Caldas)
Meus vinte anos (Wilson Batista / Silvio Caldas) - (O Caboclinho Querido)
Meus vinte anos (Wilson Batista / Silvio Caldas) - (Silvio Caldas e Elizeth Cardoso - v. 1)
Meus vinte anos (Wilson Batista / Silvio Caldas) - (Silvio Caldas e Elizeth Cardoso - v. 1)
Meus vinte anos (Wilson Batista / Silvio Caldas) - (Silvio Caldas e Elizeth Cardoso - v. 2)
Meus vinte anos (Wilson Batista / Silvio Caldas) - (Uma Seresta Inesquecível)
Meus vinte anos (Wilson Batista / Silvio Caldas) - (Veleiro 2625 - SIlvio Caldas)
Mi secreto (Newton Teixeira / Jorge Faraj) - (Tesoros de la Canción Brasileña - Maringá)
Mimi (Uriel Lourival) - (O Seresteiro Silvio Caldas)
Mimi (Uriel Lourival) - (RVCD-013 - Silvio Caldas)
Mimi (Uriel Lourival) - (Silvio Caldas, o Seresteiro do Brasil)
Mimi (Uriel Lourival) - Victor 33.727-A, de 1933 - 274
Minha América (Silvio Caldas / Eratóstenes Frazão) - Victor 34.846-A, de 1941 - Cera - 275
Minha casa (Joubert de Carvalho) - (20 Super Sucessos)
Minha casa (Joubert de Carvalho) - (CLP11661 - Silvio Caldas)
Minha casa (Joubert de Carvalho) - (Com *A saudade* Pelo Braço)
Minha casa (Joubert de Carvalho) - (Mestres da MPB)
Minha casa (Joubert de Carvalho) - (Music Máster - Silvio Caldas

Minha casa (Joubert de Carvalho) - (O Caboclinho Querido)
Minha casa (Joubert de Carvalho) - (Ontem ao Luar)
Minha casa (Joubert de Carvalho) - (Silvio Caldas / Phonodisc)
Minha casa (Joubert de Carvalho) - (Silvio Caldas Canta, 10")
Minha casa (Joubert de Carvalho) - Continental 15.712-A, de 1946 - Cera - 275
Minha palhoça (J. Cascata) - (20 Super Sucessos)
Minha palhoça (J. Cascata) - (Grandes Sucessos de Silvio Caldas)
Minha palhoça (J. Cascata) - (Imperial 30107 - SC Silvio Caldas)
Minha palhoça (J. Cascata) - (O Caboclinho Querido)
Minha palhoça (J. Cascata) - (Presença de Silvio Caldas) - (Presença de Silvio Caldas)
Minha palhoça (J. Cascata) - (Uma Seresta Inesquecível)
Minha palhoça (J. Cascata) - Odeon 11.271-A, de 1935 - Cera - 275
Minha palhoça (Se Você Quisesse) (J. Cascata) - (Cantores de Rádio)
Modinha (Jaime Ovale / Manoel Bandeira) - Victor 80-0102-A, de 1943 - Cera - 276
Modinha (Jaime Ovalle / Manoel Bandeira) - (O Seresteiro Silvio Caldas)
Modinha (Jayme Ovale / Manoel Bandeira)
Modinha (Jayme Ovalle / Manoel Bandeira) - (O Melhor de Silvio Caldas)
Modinha (Jayme Ovalle / Manoel Bandeira) - (Silvio Caldas - O Caboclinho Querido)
Modinha (Jayme Ovalle / Manuel Bandeira) - (Deusa da Minha Rua)
Modinha (Serestas - Peça N. 05 (Villa Lobos / Manduca Piá) - (O Seresteiro, Inter Records) - 352
Molambo (C. Cardoso) - Victor 33.301-B, de 1930 - Cera - 276
Molambo (Jayme Florence / Augusto Mesquita) - (Grandes Sucessos Com Silvio Caldas) - 352
Morena boca de ouro (Ary Barroso) - (Ary Barroso na Voz de Silvio Caldas)
Morena boca de ouro (Ary Barroso) - (Silvio Caldas Canta Ary Barroso, 10")
Morena boca de ouro (Ary Barroso) - (Ary Barroso com Silvio Caldas, 10")
Morena boca de ouro (Ary Barroso) - (Filigranas Musicais da RCA - v. XVI)
Morena boca de ouro (Ary Barroso) - Victor 34.793-A, de 1941 - 276
Morena da minha aldeia (Silvio Caldas / Christóvão de Alencar) - O11.371-B, de 1936 - Cera - 277
Morena da minha aldeia (Silvio Caldas / Christóvão de Alencar) - (Deusa da Minha Rua)
Moreninhas (Plínio Brito) - Victor 33.330-B, de 1930 - Cera - 277
Mulher (Custódio Mesquita - Sadi Cabral) - (Seresta, Só Seresta)
Mulher (Custódio Mesquita / Sadi Cabral) - (Silvio Caldas e Suas Interpretações Inesquecíveis)
Mulher (Custódio Mesquita / Sadi Cabral) - Victor 34.583-A - Cera - 277
Mulher (Custódio Mesquita / Sadi Cabral) - (Acervo Especial)
Mulher (Custódio Mesquita / Sadi Cabral) - (O Grande Seresteiro)
Mulher (Custódio Mesquita / Sadi Cabral) - (O Melhor de Silvio Caldas)
Mulher (Custódio Mesquita / Sadi Cabral) - (O Melhor de Silvio Caldas)
Mulher (Custódio Mesquita / Sadi Cabral) - (Ontem ao Luar)
Mulher (Custódio Mesquita / Sadi Cabral) - (Veleiro 2625 - SIlvio Caldas)
Mulher (Custódio Mesquita / Sadi Cabral) - Silvio Caldas - DVD

n

Na aldeia (A. Dias / S. Caldas / De Chocolate) (CALB 5180 - O Melhor da Velha Guarda)
Na aldeia (Alberto Dias, "Carusinho" / Silvio Caldas / De Chocolate)
Na aldeia (Carusinho / Silvio Caldas / De Chocolate) - (Silvio Caldas em Pessoa)
Na aldeia (Carusinho / Silvio Caldas / De Chocolate) - Victor 33.727-B, de 1933 - Cera - 277
Na baixa do sapateiro (Ary Barroso) - (Acervo Especial)
Na baixa do sapateiro (Ary Barroso) - (CLP11661 - Silvio Caldas)
Na baixa do sapateiro (Ary Barroso) - (O Melhor de Silvio Caldas)
Na baixa do sapateiro (Ary Barroso) - (O Seresteiro Silvio Caldas)
Na baixa do sapateiro (Ary Barroso) - (Silvio Caldas "Especial")
Na baixa do sapateiro (Ary Barroso) - (Silvio Caldas Especial, ao Vivo)
Na baixa do sapateiro (Ary Barroso) - (Silvio Caldas, o Seresteiro do Brasil)
Na baixa do sapateiro (Ary Barroso) - Silvio Caldas - DVD
Na baixa do sapateiro (Ary Barroso) - Victor 34.949-B, de 1942 - Cera - 278
Na casa branca da serra (Guimarães Passos/Emygdio Pestana) - (Silvio Caldas - O Seresteiro) - 353
Na casa branca da serra (Guimarães Passos / J. C. de Oliveira) - (O Seresteiro, Inter Records)
Na floresta (Silvio Caldas / Angenor de Oliveira, "Cartola") - Victor 33.712-A, de 1933 - Cera - 278
Na grota funda (Ary Barroso / J. Carlos) - (Histórias da Música Popular Brasileira)
Na grota funda (Ary Barroso / J. Carlos) - (Histórias da Música Popular Brasileira)
Na mão direita (Antônio Nássara / Mário Lago) - Victor 34.387-A, de 1938 - Cera - 278
Na praia (Mário Bravo) - Brunswick 10.138-B, de 1931 - Cera - 279
Na mão (Christóvão de Alencar / Newton Teixeira) - 1940
Não (Christóvão de Alencar / Newton Teixeira) - (O Seresteiro Silvio Caldas)
Não (Christóvão de Alencar / Newton Teixeira) - (Silvio Caldas - O Caboclinho Querido)
Não (Christóvão de Alencar / Newton Teixeira) - Victor 34.600-B, de 1940 - Cera - 279
Não (Christóvão de Alencar / Newton Teixeira) - (Ontem ao Luar)
Não (Christóvão de Alencar / Newton Teixeira) - (Sou Um Namorado Errante)
Não (Newton Teixeira / Christóvão de Alencar) - (O Melhor de Silvio Caldas)
Não (Newton Teixeira / Christóvão de Alencar) - (Silvio Caldas / Phonodisc)
Não chora (Alberto Ribeiro / Silvio Caldas) - (LPDS 32098 - Silvio Caldas - O Seresteiro) - 279
Não chora (Alberto Ribeiro / Silvio Caldas) - (Mestres da MPB)
Não chora (Silvio Caldas / Alberto Ribeiro) - (RVCD-013 - Silvio Caldas)
Não chora... (Silvio Caldas / Alberto Ribeiro) - Colúmbia 8.385-B, de 1938 - Cera
Não chores assim (A. Ribeiro / Silvio Caldas) - (LPDS 32098 - Silvio Caldas - O Seresteiro)
Não chores assim... (Alberto Ribeiro / Silvio Caldas) - Continental 15.786-A, de 1947 - Cera - 279
Não dou bola (Helena Menezes Silva) - Victor 33.624-A, de 1933 - Cera - 279
Não faz assim meu coração (Ary Barroso) - Victor 33.491-A, de 1931 - Cera - 279
Não faz mal (Alcebíades Barcelos / Benedito Lacerda) - Brunswick 10.138-A, de 1931 - Cera - 280
Não me abandones nunca (Joubert de Carvalho) - (20 Super Sucessos)
Não me abandones nunca (Joubert de Carvalho) - (Deusa da Minha Rua)
Não me abandones nunca (Joubert de Carvalho) - (O Grande Seresteiro)
Não me abandones nunca (Joubert de Carvalho) - (O Seresteiro Silvio Caldas)

Não me abandones nunca (Joubert de Carvalho) - (Seresta, Só Seresta)
Não me abandones nunca (Joubert de Carvalho) - (Silvio Caldas - O Caboclinho Querido)
Não me abandones nunca (Joubert de Carvalho) - Victor 34.377-B, de 1938 - Cera - 280
Não me diga adeus (Paquito / Luiz Soberano / João C. da Silva) - (CLP11661 - Silvio Caldas) - 354
Não me pergunte (J.M. de Abreu / Jair Amorim) - (LPDS 32098 - Silvio Caldas - O Seresteiro)
Não me pergunte (José Maria de Abreu / Jair Amorim) - (Mestres da MPB)
Não me pergunte (José Maria de Abreu / Jair Amorim) - (Music Máster - Silvio Caldas
Não me pergunte (José Maria de Abreu / Jair Amorim) - (RVCD-013 - Silvio Caldas)
Não me pergunte (José Maria de Abreu / Jair Amorim) - (Silvio Caldas / Phonodisc)
Não me pergunte (José Maria de Abreu / Jair Amorim) - (Silvio Caldas Canta, 10")
Não me pergunte (José Maria de Abreu / Jair Amorim) - Continental 16.034-A, de 1949 - Cera - 280
Não me pergunte (José Maria de Abreu / Jair Amorim) - (O Melhor de Silvio Caldas)
Não te perdôo (Silvio Caldas / De Chocolate) - Victor 33.578-B, de 1932 - Cera - 280
Não tem tradução (Noel Rosa) - (Histórias da Música Popular Brasileira) - 354
Não tem tradução (Noel Rosa) - (Histórias da Música Popular Brasileira)
Não vá embora (Antonio Maria) - (Elizeth Cardoso & Silvio Caldas) - 354
Não vá embora (Antônio Maria) - (Silvio Caldas e Elizeth Cardoso - v. 2)
Não vá embora (Antônio Maria) - Silvio Caldas - (Elizeth Cardoso e Silvio Caldas)
Não voltarás, nem voltarei (G. Moran/Valter N.da Silva)–V80-0080-A, de 1943 - Cera - 281
Não voltarás, nem voltarei (G.Moran / Walter N.da Silva) - (S.C. - O Caboclinho Querido)
Nega do cabelo duro (David Nasser / Rubens Soares) - (Silvio Caldas "Especial") - 354
Nega do cabelo duro (Rubens Soares / David Nasser) - (A Arte do Espetáculo)
Nega do cabelo duro (Rubens Soares / David Nasser) - (Histórias da Música Popular Brasileira)
Nega do cabelo duro (Rubens Soares/David Nasser) - (Histórias da Música Popular Brasileira)
Nega do cabelo duro (Rubens Soares / David Nasser) - (No Palco - Inter Records)
Nega do cabelo duro (Rubens Soares / David Nasser) - (Silvio Caldas Especial, ao Vivo)
Nega do cabelo duro (Rubens Soares / David Nasser) - (Silvio Caldas, RGE)
Nega do cabelo duro (Rubens Soares / David Nasser) - Silvio Caldas - DVD
Nem queiras saber (Telácio da Silva / André Filho) - Victor 33.412-B, de 1931 - Cera - 281
Nena (Nei Orestes) - Odeon 11.291-A, de 1935 - Cera - 281
Ninguém me ama (Fernando Lobo /Antonio Maria) - (Elizeth Cardoso & Silvio Caldas)
Ninotchka (Georges Moran / Christóvão de Alencar) - (Silvio Caldas - O Caboclinho Querido)
Ninotchka (Georges Moran / Christóvão de Alencar) - (O Melhor de Silvio Caldas)
Ninotchka (Georges Moran /Christóvão de Alencar) - Victor 80-008-B, de 1943 - Cera - 281
No rancho fundo (Ary Barroso / Lamartine Babo) - (20 Preferidas)
No rancho fundo (Ary Barroso / Lamartine Babo) - (A Arte do Espetáculo)
No rancho fundo (Ary Barroso / Lamartine Babo) - (Ary Barroso com Silvio Caldas, 10")
No rancho fundo (Ary Barroso / Lamartine Babo) - (Histórias da Música Popular Brasileira)
No rancho fundo (Ary Barroso / Lamartine Babo) - (Histórias da Música Popular Brasileira)
No rancho fundo (Ary Barroso / Lamartine Babo) - (No Palco - Inter Records)
No rancho fundo (Ary Barroso / Lamartine Babo) - (O Melhor de Silvio Caldas)

n

No rancho fundo (Ary Barroso / Lamartine Babo) - (Saudades - 12" - Musidisc)
No rancho fundo (Ary Barroso / Lamartine Babo) - (Saudades - Míni LP 1)
No rancho fundo (Ary Barroso / Lamartine Babo) - (Saudades, 12")
No rancho fundo (Ary Barroso / Lamartine Babo) - (Deusa da Minha Rua - Compacto)
No rancho fundo (Ary Barroso / Lamartine Babo) - Silvio Caldas - Compacto 5028)
No rancho fundo (Ary Barroso / Lamartine Babo) - (Silvio Caldas Canta Ary Barroso, 10")
No rancho fundo (Ary Barroso / Lamartine Babo) - (Silvio Caldas, RGE)
No rancho fundo (Ary Barroso / Lamartine Babo) - Silvio Caldas - DVD
No rancho fundo (Ary Barroso / Lamartine Babo) - (Grandes Encontros - v. II)
No rancho fundo (Lamartine Babo / Ary Barroso) - (Acervo Especial)
No rancho fundo (Lamartine Babo / Ary Barroso) - (O Seresteiro Silvio Caldas)
No rancho fundo (Lamartine Babo / Ary Barroso) - (Silvio Caldas, o Seresteiro do Brasil)
No rancho fundo (Lamartine Babo / Ary Barroso) - (O Melhor de Silvio Caldas)
No rancho fundo (Lamartine Babo / Ary Barroso) - Victor 34.496-B, de 1943 - Cera - 281
Noite cheia de estrelas (Cândido das Neves, "Índio") - (20 Super Sucessos)
Noite cheia de estrelas (Cândido das Neves, "Índio") - (Canta o Seresteiro Silvio Caldas)
Noite cheia de estrelas (Cândido das Neves, "Índio") - (Eternamente) - 355
Noite cheia de estrelas (Índio) - (21 Grandes Sucessos)
Noite cheia de estrelas (Índio) - (Brilhantes)
Noite cheia de estrelas (Indio) - (Maximum / Sony & BMG)
Noite cheia de estrelas (Índio) - (O Caboclinho Querido)
Noite cheia de estrelas (Índio) - (Presença de Silvio Caldas)
Noite de Carnaval (Benedito Lacerda / Aldo Cabral) - Odeon 11.427-B, de 1936 - Cera - 282
Noite de Carnaval (Benedito Lacerda / Aldo Cabral - Odeon 11427-B, de 21/11/1936 - 282
Nos braços de Isabel (Silvio Caldas / José Judice) - (O Caboclinho Querido)
Nos braços de Isabel (Silvio Caldas / José Judice) - (Silvio Caldas - Canta o Seresteiro)
Nos braços de Isabel (Silvio Caldas / José Judice) - (Silvio Caldas em Pessoa)
Nos braços de Isabel (Silvio Caldas / José Judice) - Sinter 0000094-A, de 1951 - Cera - 282
Nossa Senhora da Glória (Silvio Caldas / David Nasser) - (LPDS 32098 - S. . - O Seresteiro)
Nossa Senhora da Glória (S.Caldas/David Nasser) - Continental 16.435-A, de 1951 - Cera - 282
Nossos momentos (Haroldo Barbosa / L. Reis) - (Silvio Caldas e Elizeth Cardoso - v. 1) - 355
Nossos momentos (Haroldo Barbosa / L. Reis) - (Silvio Caldas e Elizeth Cardoso - v. 1)
Nossos momentos (Haroldo Barbosa / L. Reis) - Silvio Caldas - (Elizeth Cardoso)
Noturno em tempo de samba (Custódio Mesquita / Evaldo Rui) - V80-0200, de 1958 - Cera - 283
Noturno em tempo de samba (C. Mesquita/Evaldo Ruy) - (Fil.Musicais da RCA - v. XVI)
Novos rumos (Rochinha / O. Porto) - (O Caboclinho Querido)
Novos rumos (Rochinha / O. Porto) - (Ontem ao Luar)
Novos rumos (Rochinha / O. Porto) - (Silvio Caldas - Canta o Seresteiro)
Novos rumos (Rochinha / O. Porto) - Colúmbia 11.025-A, de 1958 - Cera - 283
Nunca mais (Antônio Nássara / Christóvão de Alencar) - Odeon 11.450-B, de 1937 - Cera - 284
Nunca mais (Antônio Nássara / Christóvão de Alencar) - Odeon 11.450-B, de 08/12/1936 - 284

n

Nunca mais (Dorival Caymmi) - (20 Preferidas) - 356
Nunca mais (Dorival Caymmi) - (A Arte do Espetáculo)
Nunca mais (Dorival Caymmi) - (Histórias da Música Popular Brasileira)
Nunca mais (Dorival Caymmi) - (No Palco - Inter Records)
Nunca mais (Dorival Caymmi) - (O Grande Seresteiro)
Nunca mais (Dorival Caymmi) - (O Maior Seresteiro do Brasil)
Nunca mais (Dorival Caymmi) - (Silvio Caldas, RGE)
Nunca mais (Roberto Martins / Jorge Faraj) - (Cantores de Rádio)
Nunca mais (Roberto Martins / Jorge Faraj) - (Imperial 30107 - SC Silvio Caldas)
Nunca mais (Roberto Martins / Jorge Faraj) - Odeon 11.497-B, de 1937 - Cera - 283
Nunca soubeste amar (Joubert de Carvalho) - (Com *A saudade* Pelo Braço)
Nunca soubeste amar (Joubert de Carvalho) - (Silvio Caldas Canta, 10")
Nunca soubeste amar (Joubert de Carvalho) - Continental 15.712-B, de 1937 - Cera - 284

o

O amor e a rosa (Pernambuco / Antônio Maria) - (Silvio Caldas e Elizeth Cardoso - v. 2) - 356
O amor e a rosa (Pernambuco / Antonio Maria) - (Elizeth Cardoso & Silvio Caldas)
O amor e a rosa (Pernambuco / Antônio Maria) - Elizeth e Silvio - (Elizeth Cardoso e Silvio Caldas)
O amor é assim (Sivam) - (O Seresteiro, Inter Records)
O amor é assim (Sivan) - (Silvio Caldas "Especial")
O amor é assim (Sivan) - (Silvio Caldas e Elizeth Cardoso - v. 1)
O amor é assim (Sivan) - (Silvio Caldas e Elizeth Cardoso - v. 1)
O amor é assim (Sivan) - (Silvio Caldas Especial, ao Vivo)
O amor é assim (Sivan) - Elizeth e Silvio - (Elizeth Cardoso e Silvio Caldas)
O amor é assim (Ulisses Lelot Filho, "Sivan") - Victor 34.610-A, de 1940 - Cera - 284
O amor é assim (Ulysses Lelot Filho) - (Silvio Caldas - O Caboclinho Querido)
O amor é assim (Sivan) - (Silvio Caldas - O Seresteiro)
O balão do amor (Fco. Alves / Orestes Barbosa) - (O Seresteiro, Inter Records) - 356
O balão do amor (Fco. Alves / Orestes Barbosa) - (Silvio Caldas - O Seresteiro)
O bonde de São Januário (Ataulfo Alves / Wilson Batista) - (Histórias da M. P. B.) - 356
O bonde de São Januário (Ataulfo Alves / Wilson Batista) - (Histórias da M. P. B.)
O circo chegou (João de Barro / Antônio Almeida) - Continental 16.003-B, de 1949 - Cera - 284
Ó Lelê, ô Lalá (Silvio Caldas / Antônio Nássara) - Victor 34.400-A, de 1939 - Cera - 284
O nome dela eu não digo (Orestes Barbosa / Silvio Caldas) - (Maximum / Sony & BMG)
O nome dela eu não digo (Silvio Caldas / Orestes Barbosa) - (21 Grandes Sucessos)
O nome dela eu não digo (Silvio Caldas / Orestes Barbosa) - (Brilhantes)
O nome dela eu não digo (Silvio Caldas / Orestes Barbosa) - (O Melhor de Silvio Caldas)
O nome dela eu não digo (Silvio Caldas / Orestes Barbosa) - Odeon 11.397-B, de 1936 - Cera - 285
O nome dela eu não digo (Silvio Caldas / Orestes Barbosa - (Deusa da Minha Rua)
O nome dela eu não digo (Silvio Caldas / Orestes Barbosa) - (20 Super Sucessos)
O nome dela eu não digo (Silvio Caldas / Orestes Barbosa) - (E o Destino Desfolhou)
O nome dela eu não digo (Silvio Caldas / Orestes Barbosa) - (O Caboclinho Querido)
O nome dela eu não digo (Silvio Caldas / Orestes Barbosa) - (RVCD-049 - Orestes Barbosa)

O

O nome dela eu não digo (Silvio Caldas / Orestes Barbosa) - (Seresta, Só Seresta)
O pião (Custódio de Melo / Sadi Cabral) - (Deusa da Minha Rua)
O pião (Custódio Mesquita / Sadi Cabral) - Victor 34.756-B, de 1941 - Cera - 285
O pião (Custódio Mesquita / Sadi Cabral) - (E o Destino Desfolhou)
O pião (Custódio Mesquita / Sadi Cabral) - (O Melhor da Velha Guarda CALB 5234 - v. 2)
O pião (Custódio Mesquita / Sadi Cabral) - (Sou Um Namorado Errante)
O pião (Custódio Mesquita / Sadi Cabral) - Silvio Caldas - DVD
O que é a vida (Ernesto dos Santos, "Donga") - Victor 33.477-B, de 1931 - Cera - 285
O que é que a baiana tem? (Dorival Caymmi) (O Maior Seresteiro do Brasil)
O que é que a baiana tem? (Dorival Caymmi) - (Histórias da Música Popular Brasileira)
O que é que a baiana tem? (Dorival Caymmi) - (Histórias da Música Popular Brasileira)
O que é que a baiana tem? (Dorival Caymmi) - (O Grande Seresteiro) - 357
O que é que é (Simoens da Silva, Bororó / Evágrio Lopes, Aregivo) - 1943 - 285
O que é que há? (Silvio Caldas) - Odeon 11.378-B, de 1936 - Cera - 285
O que é teu está guardado (Roberto Martins/Antônio Nássara) - Odeon 11.278-B, de 1936 - Cera - 286
O samba de Beatriz (Custódio Mesquita / Evaldo Rui) - Victor 80-0127-B, de 1943 - Cera - 286
O silêncio do cantor (David Nasser / Joubert de Carvalho) - (RVCD-013 - Silvio Caldas)
O silêncio do cantor (David Nasser/Joubert de Carvalho) - Sinter 10-00186-A, de 1953 - Cera - 286
O silêncio do cantor (Joubert de Carvalho / David Nasser) - (O Melhor de Silvio Caldas)
O silêncio do cantor (David Nasser/Joubert de Carvalho)-(Histórias da Música Popular Brasileira)
O silêncio do cantor (David Nasser/Joubert de Carvalho)-(Histórias da Música Popular Brasileira)
O silêncio do cantor (David Nasser / Joubert de Carvalho) - (Mestres da MPB)
O silêncio do cantor (David Nasser / Joubert de Carvalho) - (Phonosonic - A História Viva)
O silêncio do cantor (Joubert de Carvalho / David Nasser) - (Silvio Caldas Especial, ao Vivo)
O silêncio do cantor (Joubert de Carvalho / Silvio Caldas) - (Silvio Caldas "Especial")
O sol nasceu pra todos (Lamartine Babo) - (CLP11661 - Silvio Caldas) - 357
O telefone do amor (Benedito Lacerda / Jorge Faraj) - (O Melhor de Silvio Caldas)
O telefone do amor (Benedito Lacerda / Jorge Faraj) - Odeon 11.251, de 1935 - Cera - 286
O teu amor desprezei (G.Oliveira/Benedito Lacerda) - Brunswick 10.116-B, de 1930 - Cera - 287
O teu cabelo não nega (Lamartine Babo / Irmãos Valença) - (A Arte do Espetáculo)
O teu cabelo não nega (Lamartine Babo / Irmãos Valença) - (Grandes Encontros - v. II) - 287
O teu cabelo não nega (Lamartine Babo / Irmãos Valença) - (No Palco - Inter Records)
O teu cabelo não nega (Lamartine Babo / Irmãos Valença) - (Silvio Caldas, RGE)
O teu olhar (Silvio Caldas / Antônio de Almeida) - Continental 15.732-B, de 1946 - Cera - 287
O teu olhar me inspirou (Valfrido Silva/A. Barcelos) - Victor 33.755-A, de 1934 - Cera - 287
O trem atrasou (A. Vilarinho / E. Silva / Paquito) - (Histórias da Música Popular Brasileira) - 357
O trem atrasou (Artur Vilarinho / Estanislau Silva / Paquito) - (Histórias da M. P. B.)
O velho realejo (Custódio Mesquita / Sadi Cabral) - (20 Super Sucessos)
Obrigado, doutor (Antônio Nássara / Roberto Martins) - Continental 16.140-B, de 1949 - Cera - 287
Olho nela (Wilson Batista / Germano Augusto) - (Silvio Caldas, o Seresteiro do Brasil)
Olho nela (Wilson Batista / Germano Augusto) - Victor 34.716-A, de 1941 - Cera - 288

O

Onde o céu azul é mais azul (João de Barro / Alcyr Pires Vermelho) - (20 Preferidas) - 358
Onde o céu azul é mais azul (João de Barro / Alcyr Pires Vermelho) - (Histórias da M. P. B.)
Onde o céu azul é mais azul (João de Barro/Alcyr Pires Vermelho)-(No Palco - Inter Records)
Onde o céu azul é mais azul (João de Barro/A. Ribeiro/A.P.Vermelho)-(Histórias da M. P. B)
Onde o céu azul é mais azul (João de Barro/A. Ribeiro/A.P.Vermelho) - (A Arte do Espetáculo)
Onde o céu azul é mais azul (João de Barro/A. Ribeiro/A.P.Vermelho) - (CLP - Silvio Caldas)
Onde o céu azul é mais azul (Silvio Caldas, RGE)
Onde vai você, Maria? (Benedito Lacerda / Darci Oliveira) - Odeon 11.577-A, de 1938 - Cera - 288
Ontem ao luar (Catullo da Paixão Cearense / Pedro de Alcântara) - (Presença de Silvio Caldas) - 358
Ontem ao luar (Catulo / Pedro de Alcântara) - (Maximum / Sony & BMG)
Ontem ao luar (Catulo da Paixão Cearense / Pedro de Alcântara) - (20 Super Sucessos)
Ontem ao luar (Catulo da Paixão Cearense / Pedro de Alcântara) - (O Caboclinho Querido)
Ontem ao luar (Catullo da Paixão Cearense / Pedro de Alcântara) - (Ontem ao Luar)
Os homens são uns anjinhos (Custódio Mesquita) - Victor 33.690-B, de 1932 - Cera - 288
Os quindins de Yayá (Ary Barroso) - (Silvio Caldas "Especial")
Os quindins de Yayá (Ary Barroso) - (Silvio Caldas Especial, ao Vivo)
Ouça (Maísa) - (Grandes Sucessos Com Silvio Caldas) - 359

P

Paciência (Lupicínio Rodrigues) - (20 Preferidas)
Paciência (Lupicínio Rodrigues) - (Silvio Caldas, RGE)
Paciência (Lupicínio Rodrigues) - (Titio Canta Para Você),
Paciência (Lupicínio Rodrigues) - RGE 10.347-B de 1961 - Cera - 288
Palpite infeliz (Noel Rosa) - (20 Preferidas) - 359
Palpite infeliz (Noel Rosa) - (20 Super Sucessos)
Palpite infeliz (Noel Rosa) - (A Arte do Espetáculo)
Palpite infeliz (Noel Rosa) - (Histórias da Música Popular Brasileira)
Palpite infeliz (Noel Rosa) - (Histórias da Música Popular Brasileira)
Palpite infeliz (Noel Rosa) - (No Palco - Inter Records)
Palpite infeliz (Noel Rosa) - (Phonosonic - A História Viva)
Palpite infeliz (Noel Rosa) - (Silvio Caldas, RGE)
Para o príncipe de Gales ouvir (Silvio Caldas) - Brunswick 10.167-A, de 1931 - Cera - 289
Passarinho (Antônio Nássara / Hervê Cordovil) - (Imperial 30142 - Silvio Caldas)
Passarinho (Antônio Nássara / Hervê Cordovil) - (O Caboclinho Querido Silvio Caldas)
Passarinho (Hervê Cordovil / Antônio Nássara) - (Deusa da Minha Rua)
Passarinho (Hervê Cordovil / Antônio Nássara) - Odeon 11.415-B, de 1936 - Cera - 289
Pastora dos olhos castanhos (Alberto Ribeiro / Orondino Silva) - (*Cabelos brancos*)
Pastora dos olhos castanhos (Horondino Silva / Alberto Ribeiro) - (Silvio Caldas Canta, 10")
Pastora dos olhos castanhos (Orondino Silva / Alberto Ribeiro) - (Mestres da MPB)
Pastora dos olhos castanhos (Orondino Silva / A. Ribeiro) - (Music Máster - Silvio Caldas
Pastora dos olhos castanhos (Orondino Silva / Alberto Ribeiro) - (O Melhor de Silvio Caldas)
Pastora dos olhos castanhos (Orondino Silva,"Dino"/A.Ribeiro)–C.15.786,de 1947 - Cera - 289
Pastora dos olhos castanhos (Orondino Silva/A.Ribeiro) - (LPDS 32098 - S. C. - O Seresteiro)

P

Pastora dos olhos castanhos (Orondino Silva/A.Ribeiro) - (Ver.LP 065 - Tive Uma Surpresa)
Pastorinhas (João de Barro / Noel Rosa) - (Imperial 30107 - SC Silvio Caldas)
Pastorinhas (João de Barro / Noel Rosa) - Odeon 11.567-A, de 1937 - Cera - 290
Pastorinhas (Noel Rosa / Carlos Braga) - (Phonosonic - A História Viva)
Pastorinhas (Noel Rosa / João de Barro) - (Histórias da Música Popular Brasileira)
Pastorinhas (Noel Rosa / João de Barro) - (Silvio Caldas Especial, ao Vivo)
Pastorinhas (Noel Rosa João de Barro) - (Histórias da Música Popular Brasileira)
Pastorinhas (João de Barro / Noel Rosa) - (Silvio Caldas "Especial")
Pastorinhas (Noel Rosa / Braguinha) - (Grandes Encontros - v. II)
Pastorinhas (Noel Rosa / João de Barro) - (A Arte do Espetáculo)
Pastorinhas (Noel Rosa / João de Barro) - (No Palco - Inter Records)
Pastorinhas (Noel Rosa / João de Barro) - (Silvio Caldas, RGE)
Pastorinhas (João de Barro / Noel Rosa) - (Cantores de Rádio)
Penha (Lauro Miller) - (Isto é São Paulo) - 359
Pente fino (Ary Barroso / Silvio Caldas) - Victor 33.517-A, de 1931 - Cera - 290
Perdão (Ary Barroso) - (Ary Barroso na Voz de Silvio Caldas)
Perdão (Ary Barroso)- Victor 33.367-B, de 06/03/1934 - 290
Perdão... madame (João de Barro) - Victor 33.777-A, de 1934 - 290
Perdoa, meu amor (Georges Moran / J. G. de Araújo Jorge) - (O Grande Seresteiro)
Perdoa, meu amor (Georges Moran / J. G. de Araújo Jorge) - (Seresta, Só Seresta) - 360
Perdoa, Senhor! (Silvio Caldas) - Colúmbia 10.112-B, de 1954 - Cera - 290
Perdôo (Ary Barroso) - Victor 33.767-B, de 1934 - Cera - 291
Perfil de São Paulo (F. A. Bezerra de Menezes) - (O Caboclinho Querido) - 360
Perfil de São Paulo (F. A. Bezerra de Menezes) - (Presença de Silvio Caldas)
Perfil de São Paulo (F. A. Bezerra de Menezes) - (Silvio Caldas - Canta o Seresteiro)
Perfil de São Paulo (F.A. Bezerra De Menezes) - (Maximum / Sony & BMG)
Perfil de São Paulo (Fco. de Assis Bezerra de Menezes) - Colúmbia 10.104-A, de 1954 - Cera - 291
Perfil de São Paulo (Francisco de Assis Bezerra de Menezes)
Perfil de São Paulo (Francisco de Assis Bezerra de Menezes) - (20 Preferidas)
Perfil de São Paulo (Francisco de Assis Bezerra de Menezes) - (20 Super Sucessos)
Perfil de São Paulo (Francisco de Assis Bezerra de Menezes) - (A Arte do Espetáculo)
Perfil de São Paulo (Francisco de Assis Bezerra de Menezes) - (Mestres da MPB)
Perfil de São Paulo (Francisco de Assis Bezerra de Menezes) - (Phonosonic - A História Viva)
Perfil de São Paulo (Francisco de Assis Bezerra de Menezes) - (Silvio Caldas, RGE)
Perfil de São Paulo / F. A. Bezerra de Menezes) - (LPCB 35014 10" - Silvio Caldas)
Pierrot (Joubert de Carvalho / Paschoal Carlos Magno) - (Silvio Caldas e Pedro Vargas)
Pierrot (Joubert de Carvalho / Paschoal Carlos Magno) - (20 Preferidas)
Pierrot (Joubert de Carvalho / Paschoal Carlos Magno) - (Canta o Seresteiro Silvio Caldas)
Pierrot (Joubert de Carvalho / Paschoal Carlos Magno) - (Eternamente)
Pierrot (Joubert de Carvalho / Paschoal Carlos Magno) - (Grandes Encontros - v. II)
Pierrot (Joubert de Carvalho/Paschoal Carlos Magno)-(Grandes Interpretações de Silvio Caldas)

P

Pierrot (Joubert de Carvalho/Paschoal Carlos Magno) - (Histórias da Música Popular Brasileira)
Pierrot (Joubert de Carvalho/Paschoal Carlos Magno) - (Histórias da Música Popular Brasileira)
Pierrot (Joubert de Carvalho / Paschoal Carlos Magno) - (Maximum / Sony & BMG)
Pierrot (Joubert de Carvalho / Paschoal Carlos Magno) - (No Palco - Inter Records)
Pierrot (Joubert de Carvalho / Paschoal Carlos Magno) - (O Caboclinho Querido)
Pierrot (Joubert de Carvalho / Paschoal Carlos Magno) - (Phonosonic - A História Viva)
Pierrot (Joubert de Carvalho / Paschoal Carlos Magno) - (Presença de Silvio Caldas)
Pierrot (Joubert de Carvalho / Paschoal Carlos Magno) - (Silvio Caldas, RGE)
Pierrot (Joubert de Carvalho / Paschoal Carlos Magno) - Colúmbia 10.186-B, de 1955 - Cera - 291
Pierrot (Joubert de Carvalho / Paschoal de Carlos Magno) - (LPCB 35014 10" - Silvio Caldas)
Pierrot (Joubert de Carvalho /Paschoal Carlos Magno) - (Mestres da MPB)
Pierrot (Paschoal Carlos Magno) - (A Arte do Espetáculo)
Pif paf (Marino Pinto / Eratóstenes Frazão) - Victor 80-0247-A, de 1944 - Cera - 291
Piston de gafieira (Billy Blanco) - (21 Grandes Sucessos)
Piston de gafieira (Billy Blanco) - (Brilhantes)
Piston de gafieira (Billy Blanco) - (*Cabelos brancos*)
Piston de gafieira (Billy Blanco) - Colúmbia 11.129-A, de 1959 - Cera - 291
Pobre e esfarrapada (Ary Barroso) - Victor 33.517-B, de 1932 - Cera - 292
Pobrezinha da Madalena (André Filho) - Victor 33.436-B, de 1932 - Cera - 292
Poema de los ojos de la amada (Vinicius/Paulo Soledade) - (Tesoros de la Canción Brasileña/Maringá)
Poema dos olhos da amada (Paulinho Soledade / v. de Moares) - (Silvio Caldas - Especial, ao Vivo)
Poema dos olhos da amada (Paulo Soledade / Vinicius de Moraes) - (21 Grandes Sucessos)
Poema dos olhos da amada (Paulo Soledade / Vinicius de Moraes) - (Brilhantes)
Poema dos olhos da amada (Paulo Soledade / Vinicius de Moraes) - (O Caboclinho Querido)
Poema dos olhos da amada (v. de Moraes / P. Soledade) - (Grandes Interpretações de Silvio Caldas)
Poema dos olhos da amada (V.de Moraes - Paulo Soledade) - (Uma Seresta Inesquecível)
Poema dos olhos da amada (Vinicius de Moraes / Paulo Soledade) - (*Serenata* - Silvio Caldas)
Poema dos olhos da amada (Vinicius de Moraes / Paulo Soledade) - (Silvio Caldas "Especial")
Poema dos olhos da amada (Vinicius de Morais / Paulo Soledade) - Colúmbia 10.045-A, de 1954 - Cera - 292
Pomba-rola (Orlando T. Coelho) - Victor 33.644-A, de 1933 - Cera - 293
Ponte enferrujada (Antônio Bruno) - (Silvio Caldas, RGE)
Ponte enferrujada (Antônio Bruno) - (Titio Canta Para Você),
Ponte enferrujada (Antônio Bruno) - RGE 10.268-B, de 1960 - Cera - 293
Por amor ao meu amor (Ataulfo Alves) - Odeon 11.508-B, de 1937 - Cera - 293
Por causa dela (Alberto Ribeiro) - Odeon 11.181-A, de 1934 - Cera - 293
Por causa dela (Silvio Caldas/Dunga/Christóvão de Alencar) - Victor 80-0047-B, de 1943 - Cera - 293
Por causa dessa cabocla (Ary Barroso / Luiz Peixoto) - (Deusa da Minha Rua)
Por causa dessa cabocla (Ary Barroso / Luiz Peixoto) - (O Melhor de Silvio Caldas)
Por causa dessa cabocla (Ary Barroso / Luiz Peixoto) - (Cantores de Rádio)
Por causa dessa cabocla (Ary Barroso / Luiz Peixoto) - (O Caboclinho Querido Silvio Caldas)
Por causa dessa cabocla (Ary Barroso / Luiz Peixoto) - Odeon 11.255-B, de 1935 - Cera - 293

P

Por causa dessa cabocla (Ary Barroso / Luiz Peixoto) - (Imperial 30142 - Silvio Caldas)
Por que bebes tanto assim, rapaz (Rubens Soares) - (Music Máster - Silvio Caldas
Por teu amor (Fco. Alves / Orestes Barbosa) - (O Maior Seresteiro do Brasil) - 360
Portão antigo (Antonio Maria) - (Elizeth Cardoso & Silvio Caldas)
Porto dos casais (Jayme Lewgoy Lubianca) - Colúmbia 10.348-B, de 1957 - Cera - 294
Porto dos casais (Jayme Lewgoy Lubianca) - (O Caboclinho Querido)
Porto dos casais (Jayme Lewgoy Lubianca) - (*Serenata* - Silvio Caldas)
Porto dos casais (Jayme Lewgoy Lubianca) - (Histórias da Música Popular Brasileira)
Porto dos casais (Jayme Lewgoy Lubianca) - (Histórias da Música Popular Brasileira)
Pra casa eu não vou (Nelson Souto/Antônio Carlos Souza e Silva)–C.10.112-A, de 1954 - Cera - 294
Pra cima de mim, não (Teobaldo Marques da Gama) - Victor 33.388-A, de 1931 - Cera - 294
Pra que forçar (Artur Costa) - Brunswick 10.118-A, de 1930 - Cera - 295
Pra que mentir (Noel Rosa / Vadico) - (O Melhor de Silvio Caldas)
Pra que mentir (Noel Rosa / Vadico) - Victor 34.413-A, de 1938 - Cera - 295
Pra que mentir (Noel Rosa) - (Acervo Especial)
Pra que mentir (Vadico / Noel Rosa) - (Silvio Caldas e Suas Interpretações Inesquecíveis)
Prazer é sofrer (Orlando Tomaz Coelho) - Victor 33.594-B, de 1932 - Cera - 295
Prece (Vadico / Marino Pinto) - (Histórias da Música Popular Brasileira) - 361
Prece (Vadico / Marino Pinto) - (Histórias da Música Popular Brasileira)
Prece (Vadico / Marino Pinto) - (O Grande Seresteiro)
Prece (Vadico / Marino Pinto) - (Seresta, Só Seresta)
Prece (Vadico / Marino Pinto) - (Veleiro 2625 - Sllvio Caldas)
Prelúdio (Hervê Cordovil / Vicente Leporace) - (O Caboclinho Querido)
Prelúdio (Hervê Cordovil / Vicente Leporace) - (20 Super Sucessos)
Prelúdio (Hervê Cordovil / Vicente Leporace) - (Eternamente)
Prelúdio (Hervê Cordovil / Vicente Leporace) - Colúmbia 10.378-B, de 1957 - Cera - 295
Prelúdio (Hervê Cordovil / Vicente Lepotace) - (Canta o Seresteiro Silvio Caldas)
Preto velho (Jorge Faraj / Custódio Mesquita) - (E o Destino Desfolhou)
Preto velho (Jorge Faraj / Custódio Mesquita) - Victor 34.610-B, de 1940 - Cera - 296
Professora (Benedito Lacerda / Jorge Faraj) - (20 Super Sucessos)
Professora (Benedito Lacerda / Jorge Faraj) - (Cantores de Rádio)
Professora (Benedito Lacerda / Jorge Faraj) - (Imperial 30107 - SC Silvio Caldas)
Professora (Benedito Lacerda / Jorge Faraj) - (O Caboclinho Querido)
Professora (Benedito Lacerda / Jorge Faraj) - (O Melhor de Silvio Caldas)
Professora (Benedito Lacerda / Jorge Faraj) - (Ontem ao Luar)
Professora (Benedito Lacerda / Jorge Faraj) - Odeon 11.608-A, de 1938 - Cera - 296
Promessa (Custódio Mesquita / Evaldo Rui) - Victor 80-0118-A, de 1943 - Cera
Promessa (Custódio Mesquita / Evaldo Ruy) - (Acervo Especial)
Promessa (Custódio Mesquita / Evaldo Ruy) - (Filigranas Musicais da RCA - v. 16)
Promessa (Custódio Mesquita / Evaldo Ruy) - (O Melhor de Silvio Caldas)
Promessa (Custódio Mesquita / Evaldo Ruy) - (Phonosonic - A História Viva)

Promessa (C. Mesquita / Evaldo Ruy) - (Silvio Caldas e Suas Interpretações Inesquecíveis)
Psiu... meu bem (J. Ferreira Lixa / José Janini) - Victor 33.377-B, de 1930 - Cera - 297
Puerto de las parejas (Jayme Lewgoy Lubianca) - (Tesoros de la Canción Brasileña - Maringá)
Qual é o babado (Silvio Caldas) - (Silvio Caldas, RGE)
Qual é o babado? (Silvio Caldas) - RGE 10.282-A, de 1961 - Cera - 297
Quando a saudade apertar (André Filho) - Victor 33.829-A, de 1934 - Cera - 297
Quando eu penso na Bahia (Ary Barroso / Luiz Peixoto) - Odeon 11.455-B, de 1937 - Cera - 297
Quando o samba acabou (Noel Rosa) - (*Cabelos brancos*) - 361
Quando o samba acabou (Noel Rosa) - (O Melhor de Silvio Caldas)
Quando você me abandonou (S.Caldas/C.de Alencar/N.Teixeira) - Odeon 11.455-B, 1937 - Cera - 298
Quanto dói uma saudade (Silvio Caldas) - Sinter 00-00094-B, de 1951 - Cera - 298
Quanto eu sinto (Alcebíades Barcelos / Armando Marçal) - (Cantores de Rádio)
Quanto eu sinto (Alcebíades Barcelos / Armando Marçal) - Odeon 11.291-B, de 1935 - Cera - 298
Quanto eu sinto (Bide / Armando Marçal) - (O Caboclinho Querido Silvio Caldas)
Quanto eu sinto (Alcebíades Barcelos / Armando Marçal) - (Imperial 30142 - Silvio Caldas)
Quase que eu disse (Silvio / Orestes) - (História da Música Popular Brasileira - N. 23)
Quase que eu disse (Silvio / Orestes) - (Saudades - 12" - Musidisc)
Quase que eu disse (Silvio / Orestes) - (Saudades - Míni LP 1)
Quase que eu disse (Silvio / Orestes) - (Saudades, 12")
Quase que eu disse (Silvio Caldas / Orestes Barbosa) - (Canta o Seresteiro Silvio Caldas)
Quase que eu disse (Silvio Caldas / Orestes Barbosa) - (Cantores de Rádio)
Quase que eu disse (Silvio Caldas/Orestes Barbosa)-(Grandes Interpretações de Silvio Caldas)
Quase que eu disse (Silvio Caldas / Orestes Barbosa) - (Imperial 30107 - SC Silvio Caldas)
Quase que eu disse (Silvio Caldas / Orestes Barbosa) - (O Caboclinho Querido)
Quase que eu disse (Silvio Caldas / Orestes Barbosa) - (O Melhor de Silvio Caldas)
Quase que eu disse (Silvio Caldas / Orestes Barbosa) - (Phonosonic - A História Viva)
Quase que eu disse (Silvio Caldas / Orestes Barbosa) - (RVCD-049 - Orestes Barbosa)
Quase que eu disse (Silvio Caldas / Orestes Barbosa) - (Saudades, 10")
Quase que eu disse (Silvio Caldas / Orestes Barbosa) - (Saudades, 12")
Quase que eu disse (Silvio Caldas / Orestes Barbosa) - (*Serenata* - Silvio Caldas)
Quase que eu disse (Silvio Caldas / Orestes Barbosa) - (Veleiro 2625 - SIlvio Caldas)
Quase que eu disse (Silvio Caldas / Orestes Barbosa) - Odeon 11.291-B, de 1935 - Cera - 298
Que é, que é (Alberto Simoens da Silva / Evágrio Lopes) - (S. C. - O Caboclinho Querido)
Que é, que é (Bororó / Evagrio Lopes) - (RVCD-013 - Silvio Caldas)
Que é, que é (Simone da Silva, "Bororó" / Evagrio Lopes) - Victor 80-0106-A, de 1943 - Cera - 299
Que importa pra nós dois a despedida? (Silvino Neto) - (E o Destino Desfolhou)
Que importa pra nós dois a despedida? (Silvino Neto) - (Seresta, Só Seresta) - 362
Que importa pra nós dois a despedida? (Silvino Neto) - (O Caboclinho Querido)
Quem há de dizer (Lupicínio Rodrigues / Alcides Gonçalves) - (20 Super Sucessos) - 362
Quem há de dizer (Lupicínio Rodrigues / Alcides Gonçalves) - (Histórias da M. P. B.)
Quem há de dizer (Lupicínio Rodrigues / Alcides Gonçalves) - (Histórias da M. P. B.)
Quem há de dizer (Lupicínio Rodrigues / Alcides Gonçalves) - (Ontem ao Luar)

r

S

Sabiá (J. L. Calazans, "Jararaca" / Vicente Paiva) - Odeon 11.467-A, de 1937 - Cera - 300
Salve o marquês (Antônio Nássara / Roberto Martins) - Continental 16.140-A, de 1949 - Cera - 301
Samambaia na varanda (Klácius Caldas / Victor Freire) - (Titio Canta Para Você) - 365
Samaritana (Benedito Lacerda / Herivelto Martins) - Odeon 11.278-A, de 1935 - Cera - 301
Samba de reúna (Cícero de Almeida) - Victor 33.408-A, de 1931 - Cera - 301
Samba no Rocha (Teobaldo Marques Gama) - Victor 33.279-A, de 1930 - Cera - 301
Santa dos meus amores (Silvio Caldas / Orestes Barbosa) - (O Seresteiro Silvio Caldas)
Santa dos meus amores (Silvio Caldas / Orestes Barbosa) - (RVCD-049 - Orestes Barbosa)
Santa dos meus amores (Silvio Caldas/Orestes Barbosa)-(Silvio Caldas, o Seresteiro do Brasil)
Santa dos meus amores (Silvio Caldas / Orestes Barbosa) - Victor 33.911-B, de 1934 - Cera - 302
Santa Padroeira (Victor Hugo de Albuquerque) - Victor 33.378-A, de 1930 - Cera - 302
São Francisco (Paulo Soledade / Vinicius de Morais) - Colúmbia 10.071-A, de 1954 - Cera - 302
São Francisco (Vinicius de Moraes / Paulo Soledade) - (21 Grandes Sucessos)
São Francisco (Vinicius de Moraes / Paulo Soledade) - (LPCB 35014 10" - Silvio Caldas)
São Francisco (Vinicius de Moraes / Paulo Soledade) - (O Caboclinho Querido)
São Francisco (Vinicius de Moraes / Paulo Soledade) - (Silvio Caldas - Canta o Seresteiro)
São Paulo antigo (Lauro Miller) (Isto é São Paulo) - 365
São Paulo antigo (Lauro Miller) - (Silvio Caldas, RGE)
São Tomé (Alcebíades Barcelos /Alberto Ribeiro) - Odeon 11.193-A, de 1935 - Cera - 302
Sarambá (Ataulfo Alves / Wilson Batista) - (A Arte do Espetáculo)
Sarambá (Ataulfo Alves / Wilson Batista) - (Silvio Caldas, RGE)
Sarambá (Ataulfo Alves / Wilson Batista) - (No Palco - Inter Records)
Sarambá (J. Tomás) - (Histórias da Música Popular Brasileira)
Saudade de você (Silvio Caldas / Billy Blanco) - (*Cabelos brancos*)
Saudade de você (Silvio Caldas / Billy Blanco) - Colúmbia 11.129-B, de 1959 - Cera - 302
Saudade dela (Ataulfo Alves) - (Grandes Sucessos de Silvio Caldas)
Saudade dela (Ataulfo Alves) - (Histórias da Música Popular Brasileira)
Saudade dela (Ataulfo Alves) - (Histórias da Música Popular Brasileira)
Saudade dela (Ataulfo Alves) - (Imperial 30142 - Silvio Caldas)
Saudade dela (Ataulfo Alves) - (O Caboclinho Querido Silvio Caldas)
Saudade dela (Ataulfo Alves) - (O Melhor de Silvio Caldas)
Saudade dela (Ataulfo Alves) - (Silvio Caldas em Pessoa)
Saudade dela (Ataulfo Alves) - Odeon 11.409-B, de 1936 - Cera - 303
Saudade dela (Ataulpho Alves) - (Cantores de Rádio)
Saudade dela (Ataulpho Alves) - (O Caboclinho Querido)
Saudade dela (Athaulfo Alves) - (Presença de Silvio Caldas)
Saudade do passado (David Nasser / Fco. Alves) - (O Maior Seresteiro do Brasil) - 366
Saudade gaúcha (Bomfíglio de Oliveira –G. Formenti e S. Caldas-(LB028 Novidades de 1930)
Saudade gaúcha (Bonfiglio de Oliveira) - Brunswick 10.126-B, de 1931 - Cera - 303
Saudades da mocidade (André Filho) - Victor 33.755-B, de 1934 - Cera - 303
Saudades da serra (Francisco Di Pietro) - (Silvio Caldas, RGE)

S

Saudades da serra (Francisco Di Pietro) - (Titio Canta Para Você) - 366
Se a sorte fosse igual (Helena Menezes Silva) - Victor 33.538-B, de 1932 - Cera - 303
Se é por falta de adeus (Herivelto Martins) - (Histórias da Música Popular Brasileira)
Se é por falta de adeus (Herivelto Martins) - (Histórias da Música Popular Brasileira)
Se eu fora Rei (Silvio Caldas) - Victor 33.578-B, de 1932 - Cera - 304
Se eu morresse amanhã de manhã (Antonio Maria) - (Elizeth Cardoso & Silvio Caldas) - 366
Se eu morresse amanhã de manhã (Antônio Maria) - (Silvio Caldas e Elizeth Cardoso - v. 2) - 366
Se eu morresse amanhã de manhã (Antônio Maria) - Silvio Caldas - (E. Cardoso e S. Caldas)
Se eu pudesse (Gabriel Migliori / Vicente Leporace) - Colúmbia 10.104-B, de 1954 - Cera - 304
Se eu pudesse (Gabriel Migliore / Vicente Leporace) - (Eternamente)
Se eu pudesse (Gabriel Migliore / Vicente Leporace) - (LPCB 35014 10" - Silvio Caldas)
Se for preciso eu caso (Silvio Caldas / Eratóstenes Frazão) - Victor 34.863-B, de 1942 - Cera - 304
Se o teu amor consola (André Filho) - Victor 33.717-A, de 1934 - Cera - 304
Se Papai Noel quisesse (Hervê Cordovil / Christóvão de Alencar) - O11.415-A, de 1936 - Cera - 305
Se todos fossem iguais a você (A. C. Jobim / Vinicius de Moraes) - (21 GrandeSucessos)
Se todos fossem iguais a você (A. C. Jobim / Vinicius de Moraes) - (O Caboclinho Querido)
Se todos fossem iguais a você (A.C.Jobim/V.Moraes)-(Grandes Sucessos Com Silvio Caldas)
Se todos fossem iguais a você (Antonio Carlos Jobim / Vinicius de Moraes) - (Brilhantes)
Se tu soubesses (Georges Moran / Christóvão Alencar) - (O Seresteiro Silvio Caldas)
Se tu soubesses (G. Moran / Christóvão de Alencar) - (Deusa da Minha Rua - Compacto)
Se tu soubesses (Georges Moran / Christóvão de Alencar) - (S. C. - O Caboclinho Querido)
Se tu soubesses (Georges Moran / Christóvão de Alencar) - Victor 34.804-A, de 1941 - Cera - 305
Se tu soubesses (Georges Moran / Christóvão de Alencar) - (O Caboclinho Querido)
Se tu soubesses (Georges Moran / Christóvão de Alencar) - (O Grande Seresteiro)
Se tu soubesses (Georges Moran / Christóvão de Alencar) - (Seresta, Só Seresta)
Segue o teu caminho (Saul de Carvalho/Olegário Bittrencourt) - C.11.109-B, de 1958 - Cera
Segura esta mulher (Ary Barroso) - Victor 33.601-A, de 1932 - Cera - 305
Segura esta mulher (Ary Barroso) - (Ary Barroso na Voz de Silvio Caldas)
Seis anos atrás (Pedro de Almeida) - (Revivendo LP 065 - Tive Uma Surpresa)
Sempre você (Christóvão de Alencar / Newton Teixeira) - (Deusa da Minha Rua - Compacto)
Sempre você (Christóvão de Alencar / Newton Teixeira) - Victor 34.804-B, de 1941 - Cera - 305
Sereia (Antonio Nássara / Waldemar Abreu, "Dunga") - Victor 34.958-A, de 1942 - Cera - 306
Serenata (Silvio Caldas / Orestes Barbosa) - (21 Grandes Sucessos)
Serenata (Silvio Caldas / Orestes Barbosa) - (Acervo Especial)
Serenata (Silvio Caldas / Orestes Barbosa) - (Brilhantes)
Serenata (Silvio Caldas / Orestes Barbosa) - (Encontro de Seresteiros)
Serenata (Silvio Caldas / Orestes Barbosa) - (Grandes Sucessos de Silvio Caldas)
Serenata (Silvio Caldas / Orestes Barbosa) - (Histórias da Música Popular Brasileira - n. 23)
Serenata (Silvio Caldas / Orestes Barbosa) - (Juntos - Fco. Petrônio / Silvio Caldas)
Serenata (Silvio Caldas / Orestes Barbosa) - (Juntos Francisco Petrônio / Silvio Caldas)
Serenata (Silvio Caldas / Orestes Barbosa) - (Maximum / Sony & BMG)

Serenata (Silvio Caldas / Orestes Barbosa) - (Mestres da MPB)
Serenata (Silvio Caldas / Orestes Barbosa) - (Music Máster - Silvio Caldas)
Serenata (Silvio Caldas / Orestes Barbosa) - (O Caboclinho Querido)
Serenata (Silvio Caldas / Orestes Barbosa) - (O Melhor de Silvio Caldas)
Serenata (Silvio Caldas / Orestes Barbosa) - (O Melhor de Silvio Caldas)
Serenata (Silvio Caldas / Orestes Barbosa) - (Presença de Silvio Caldas)
Serenata (Silvio Caldas / Orestes Barbosa) - (RVCD-049 - Orestes Barbosa)
Serenata (Silvio Caldas / Orestes Barbosa) - (*Serenata* - Silvio Caldas)
Serenata (Silvio Caldas / Orestes Barbosa) - (Silvio Caldas / Phonodisc)
Serenata (Silvio Caldas / Orestes Barbosa) - (Silvio Caldas e Pedro Vargas)
Serenata (Silvio Caldas / Orestes Barbosa) - (Silvio Caldas e Suas Interpretações Inesquecíveis)
Serenata (Silvio Caldas / Orestes Barbosa) - (Tesoros de la Canción Brasileña - Maringá)
Serenata (Silvio Caldas / Orestes Barbosa) - (Uma Seresta Inesquecível)
Serenata (Silvio Caldas / Orestes Barbosa) - Co 5392-A, de 1955 - Cera
Serenata (Silvio Caldas / Orestes Barbosa) - Elizeth Cardoso (Elizeth Cardoso e Silvio Caldas)
Serenata (Silvio Caldas / Orestes Barbosa) - Elizeth Cardoso (Elizeth Cardoso e Silvio Caldas)
Serenata (Silvio Caldas / Orestes Barbosa) - Victor 33.911-A, de 1935 - Cera - 306
Serenata (Silvio Caldas / Orestes Barbosa) - Victor 33.911-A, de 1935 - Cera
Serenata (Silvio Caldas / Orestes Barbosa) - (RVCD-013 - Silvio Caldas)
Serenata do adeus (Vinicius de Moraes) - (Mestres da MPB)
Serenata do adeus (Vinicius de Moraes) - (Silvio Caldas e Pedro Vargas)
Serenata do adeus (Vinicius de Moraes) - (20 Preferidas)
Serenata do adeus (Vinicius de Moraes) - (20 Super Sucessos)
Serenata do adeus (Vinicius de Moraes) - (21 Grandes Sucessos)
Serenata do adeus (Vinicius de Moraes) - (A Arte do Espetáculo)
Serenata do adeus (Vinicius de Moraes) - (Brilhantes)
Serenata do adeus (Vinicius de Moraes) - (Grandes Sucessos de Silvio Caldas)
Serenata do adeus (Vinicius de Moraes) - (Histórias da Música Popular Brasileira)
Serenata do adeus (Vinicius de Moraes) - (Histórias da Música Popular Brasileira)
Serenata do adeus (Vinicius de Moraes) - (No Palco - Inter Records)
Serenata do adeus (Vinicius de Moraes) - (O Caboclinho Querido)
Serenata do adeus (Vinicius de Moraes) - (Phonosonic - A História Viva)
Serenata do adeus (Vinicius de Moraes) - (Silvio Caldas "Especial")
Serenata do adeus (Vinicius de Moraes) - (Silvio Caldas Especial, ao Vivo)
Serenata do adeus (Vinicius de Moraes) - (Silvio Caldas, RGE)
Serenata do adeus (Vinicius de Moraes) - (Grandes Encontros - v. 2)
Serenata do adeus (Vinicius de Moraes) - Colúmbia 11.109-B, de 1959 - Cera - 306
Seresta n. 5 (Villa-Lobos / Manduca Piá) - (Silvio Caldas - O Seresteiro)
Serra da boa esperança (Lamartine Babo) - (20 Super Sucessos) - 367
Serra da boa esperança (Lamartine Babo) - (A Arte do Espetáculo)
Serra da boa esperança (Lamartine Babo) - (*Cabelos brancos*)

S

Serra da boa esperança (Lamartine Babo) - (Grandes Encontros - v. 2)
Serra da boa esperança (Lamartine Babo) - (Maximum / Sony & BMG)
Serra da boa esperança (Lamartine Babo) - (O Caboclinho Querido)
Serra da boa esperança (Lamartine Babo) - (Silvio Caldas e Elizeth Cardoso - v. 1)
Serra da boa esperança (Lamartine Babo) - (Silvio Caldas e Elizeth Cardoso - v. 1)
Serra da boa esperança (Lamartine Babo) - (Silvio Caldas, RGE)
Serra da boa esperança (Lamartine Babo) - Elizeth e Silvio - (Elizeth Cardoso e Silvio Caldas)
Serra da boa esperança (Lamartine Babo) - (20 Preferidas)
Serra da boa esperança (Lamartine Babo) - (No Palco - Inter Records)
Serrana (Alberto Costa / José Judice)
Serrana (Alberto Costa / José Judice) - (O Seresteiro Silvio Caldas)
Serrana (Alberto Costa / José Judice) - (Silvio Caldas - Compacto 5028)
Serrana (Alberto Costa / José Judice) - (Silvio Caldas, o Seresteiro do Brasil)
Serrana (Alberto Ribeiro / José Judice) - Victor 80-0106-B, de 1943 - Cera - 307
Sestrosa (Rogério Guimarães) - Victor 33.400-B, de 1931 - Cera - 307
Seu Gaspar (Hervê Cordovil) - (Cantores de Rádio)
Seu Gaspar (Hervê Cordovil) - Odeon 11.574-A, de 1938 - Cera - 307
Sim ou não (Custódio Mesquita / Evaldo Rui) - Victor 80-0269-B, de 1945 - Cera - 307
Símbolo sagrado (J. Cascata / Leonel Azevedo) - Victor 34.688-A - Cera - 308
Sinhá moça chorou (Silvio Caldas / Christóvão de Alencar) - (S. C. O Seresteiro do Brasil)
Sinhá moça chorou (Silvio Caldas / Christóvão de Alencar) - Victor 34.688-B, de 1940 - Cera - 308
Só nós dois (Gastão Lamounier / Anuar Jorge) - Odeon 11.283-B, de 1935 - Cera - 308
Só por tua causa (Romualdo Peixoto,"Nonô") - Victor 33.936-B, de 1935 - Cera - 308
Sofri demais (Romualdo Peixoto,"Nonô") - 34.000, de 1932 - Cera - 309
Sonhei que te beijava (Oscar Cardona / Carlos Medina) - Victor 33.388-B, de 1931 - Cera - 309
Sorris da minha dor (Paulo Medeiros) - (20 Super Sucessos)
Sorris da minha dor (Paulo Medeiros) - (Acervo Especial)
Sorris da minha dor (Paulo Medeiros) - (Encontro de Seresteiros)
Sorris da minha dor (Paulo Medeiros) - (Grandes Sucessos de Silvio Caldas)
Sorris da minha dor (Paulo Medeiros) - (O Caboclinho Querido)
Sorris da minha dor (Paulo Medeiros) - (O Melhor de Silvio Caldas)
Sorris da minha dor (Paulo Medeiros) - (O Melhor de Silvio Caldas)
Sorris da minha dor (Paulo Medeiros) - (RVCD-013 - Silvio Caldas)
Sorris da minha dor (Paulo Medeiros) - (Silvio Caldas e Suas Interpretações Inesquecíveis)
Sorris da minha dor (Paulo Medeiros) - (Uma Seresta Inesquecível)
Sorris da minha dor (Paulo Medeiros) - Victor 34.367-B, de 1938 - Cera - 309
Sou um namorado errante (Vallée / Zilmmerman / Gerald) - (Sou Um Namorado Errante)
Sou um namorado errante (R.Vallee/L.Zimmermann/Gerald–C.Polla) -V.33.274-A, 1930 - Cera - 309
Suas mãos (Pernambuco / Antônio Maria) - (Elizeth Cardoso & Silvio Caldas) - 368
Suas mãos (Pernambuco / Antônio Maria) - (Grandes Sucessos Com Silvio Caldas)
Suas mãos (Pernambuco / Antônio Maria) - (Silvio Caldas e Elizeth Cardoso - v. 2)

Suas mãos (Pernambuco / Antônio Maria) - Silvio Caldas - (Elizeth Cardoso e Silvio Caldas)
Suburbana (Silvio / Orestes) - (Saudades - 12" - Musidisc)
Suburbana (Silvio / Orestes) - (Saudades, 12")
Suburbana (Silvio Caldas / Orestes Barbosa) - (O Melhor de Silvio Caldas)
Suburbana (Silvio Caldas / Orestes Barbosa) - (Saudades - Míni LP 1)
Suburbana (Silvio Caldas / Orestes Barbosa) - (Saudades, 10")
Suburbana (Silvio Caldas / Orestes Barbosa) - (Saudades, 12")
Suburbana (Silvio Caldas / Orestes Barbosa) - Colúmbia 55.002-B, de 1938 - Cera - 310
Suburbana (Silvio Caldas / Orestes Barbosa) - (RVCD-013 - Silvio Caldas)
Talento não tem idade (Ataulfo Alves) - (*Cabelos brancos*) - 368

Tarantela verde e branco (Silvio Caldas) - (S. E. Palmeiras - Compacto Continental, 1976) - 368
Tarde de maio (Alberto Ribeiro / Osvaldo Sá) - Continental 16.086-B, de 1949 - Cera - 310
Tarde de maio (Alberto Ribeiro / Oswaldo Sá) - (Com *A saudade* Pelo Braço)
Tenho um segredo (Custódio Mesquita) - Victor 33.588-B, de 1932 - Cera - 310
Terezinha de Jesus (D.P.) - (A Arte do Espetáculo) - 368
Terezinha de Jesus (D.P.) - (No Palco - Inter Records)
Terezinha de Jesus (D.P.) - (Silvio Caldas, RGE)
Terra de Iaiá (Ary Barroso) - Victor 33.463-B, de 1931 - Cera - 311
Terra seca (Ary Barroso) - (Ary Barroso com Silvio Caldas, 10") - 369
Terra seca (Ary Barroso) - (Silvio Caldas Canta Ary Barroso, 10")
Teu cabelo não nega (Lamartine Babo / Irmãos Valença) - (H. da M. P. B.)
Teu cabelo não nega (Lamartine Babo / Irmãos Valença) - (Histórias da M. P.B.)
Teu desprezo (J. Nascimento / Aldo Taranto / André Filho) - (Rev. LP 033 - No Rancho Fundo)
Teu desprezo (Jessé Nascimento / André Filho) - Victor 33.424-B, de 1932 - Cera - 311
Teu riso tem (Roberto Martins / Wilson Batista) - Odeon 11.353-A, de 1936 - Cera - 311
Teus ciúmes (Laci Martins / Aldo Cabral) - Odeon 11.353-A, de 1936 - Cera - 311
Teus ciúmes (Lacy Martins / Aldo Cabral) - (Cantores de Rádio)
Teus ciúmes (Lacy Martins / Aldo Cabral) - (Deusa da Minha Rua)
Teus ciúmes (Lacy Martins / Aldo Cabral) - (Imperial 30142 - Silvio Caldas)
Teus ciúmes (Lacy Martins / Aldo Cabral) - (O Caboclinho Querido Silvio Caldas)
Tire a camisa (Antônio Almeida) - Continental 15.731-A, de 1946 - Cera - 312
Tive uma surpresa (Rdo. Chaves / Firmino Varela) - (Revivendo LP 065 - Tive Uma Surpresa)
Torturante ironia (Silvio / Orestes) - (Saudades - 12" - Musidisc)
Torturante ironia (Silvio / Orestes) - (Saudades, 12")
Torturante ironia (Silvio Caldas / Orestes Barbosa) - (História da M. P. B. - Valsa)
Torturante ironia (Silvio Caldas / Orestes Barbosa) - (Imperial 30142 - Silvio Caldas)
Torturante ironia (Silvio Caldas / Orestes Barbosa) - (O Caboclinho Querido Silvio Caldas)
Torturante ironia (Silvio Caldas / Orestes Barbosa) - (RVCD-049 - Orestes Barbosa)
Torturante ironia (Silvio Caldas / Orestes Barbosa) - (Saudades - Míni LP 1)
Torturante ironia (Silvio Caldas / Orestes Barbosa) - (Saudades, 10")
Torturante ironia (Silvio Caldas / Orestes Barbosa) - (Saudades, 12")

t

Torturante ironia (Silvio Caldas / Orestes Barbosa) - Silvio Caldas - DVD
Torturante ironia (Silvio Caldas / Orestes Barbosa) - Odeon 11.241-B, de 1935 - 312
Toucas brancas (Silvio Caldas / Eratóstenes Frazão) - (O Grande Seresteiro) - 369
Tracuá me ferrô (R. S. de Mello) - (Revivendo LP 033 - No Rancho Fundo)
Tracuá me ferrô (Sátiro de Melo) - Victor 33.266-A, de 1930 - Cera - 312
Três apitos (Noel Rosa) - (O Grande Seresteiro) - 369
Três apitos (Noel Rosa) - (Veleiro 2625 - Sllvio Caldas)
Três lágrimas (Ary Barrooso) - (O Caboclinho Querido)
Três lágrimas (Ary Barroso) - (21 Grandes Sucessos)
Três lágrimas (Ary Barroso) - (Ary Barroso com Silvio Caldas, 10")
Três lágrimas (Ary Barroso) - (Ary Barroso na Voz de Silvio Caldas)
Três lágrimas (Ary Barroso) - (Deusa da Minha Rua)
Três lágrimas (Ary Barroso) - (Maximum / Sony & BMG)
Três lágrimas (Ary Barroso) - (O Melhor de Silvio Caldas)
Três lágrimas (Ary Barroso) - (Saudades - 12" - Musidisc)
Três lágrimas (Ary Barroso) - (Saudades, 12")
Três lágrimas (Ary Barroso) - (Saudades, 12")
Três lágrimas (Ary Barroso) - (Silvio Caldas Canta Ary Barroso, 10")
Três lágrimas (Ary Barroso) - (Silvio Caldas em Pessoa)
Três lágrimas (Ary Barroso) - Victor 34.793-B, de 1941 - Cera - 313
Triste caboclo (R. B. Costa Branco) - Victor 33.291-B, de 1930 - Cera - 313
Tristeza do Jeca (Angelino de Oliveira) - (A Arte do Espetáculo) - 370
Tristeza do Jeca (Angelino de Oliveira) - (Juntos - Fco. Petrônio / Silvio Caldas)
Tristeza do Jeca (Angelino de Oliveira) - (JUNTOS Francisco Petrônio / Silvio Caldas)
Tristeza do Jeca (Angelino de Oliveira) - (Music Máster - Silvio Caldas
Tristeza do Jeca (Angelino de Oliveira) - (No Palco - Inter Records)
Tristeza do Jeca (Angelino de Oliveira) - (Silvio Caldas / Phonodisc)
Tristeza do Jeca (Angelino de Oliveira) - (Silvio Caldas, RGE)
Tristezas não pagam dívidas (Ismael Silva) - (Silvio Caldas e Elizeth Cardoso - v. 1)
Tristezas não pagam dívidas (Ismael Silva) - (Silvio Caldas e Elizeth Cardoso - v. 1)
Tristezas não pagam dívidas (Ismael Silva) - Elizeth e Silvio - (Elizeth e Silvio Caldas)
Tristezas não pagam dívidas (Ismael Silva) - Odeon 10.922-A, de 1932 - Cera - 313
Tu (Ary Barroso) - (Ary Barroso com Silvio Caldas, 10")
Tu (Ary Barroso) - (RVCD-013 - Silvio Caldas)
Tu (Ary Barroso) - (Silvio Caldas Canta Ary Barroso, 10")
Tu (Ary Barroso) - Victor 33.767-A, de 1934 - Cera - 314
Tu (Ary Barroso) - (Ary Barroso na Voz de Silvio Caldas)
Tu (Ary Barroso) - (O Melhor de Silvio Caldas)
Tu És a Culpada (Waldemar de Abreu, "Donga"/Claudionor Cruz)–Victor 34.561-A, 1940 - Cera - 314
Tua partida (Benedito Lacerda) - Victor 34.554-A, de 1940 - Cera - 314
Tua partida (Ondina Perez) - (Filigranas Musicais da RCA - IX)

t

Tudo me fala do teu olhar (Chistóvão de Alencar / Newton Teixeira) - O. 11.371-A, de 1936 - Cera - 314
Tudo me fala do teu olhar (Christóvão de Alencar / Newton Teixeira) - (Cantores de Rádio)
Tudo me fala do teu olhar (Christóvão de Alencar / Newton Teixeira) - (Deusa da Minha Rua)
Turca do meu Brasil (Silvio Caldas / Orestes Barbosa) - (20 Super Sucessos)
Turca do meu Brasil (Silvio Caldas / Orestes Barbosa) - (Canta o Seresteiro Silvio Caldas)
Turca do meu Brasil (Silvio Caldas / Orestes Barbosa) - (Eternamente)
Turca do meu Brasil (Silvio / Orestes) - (Grandes Interpretações de Silvio Caldas)
Turca do meu Brasil (Silvio Caldas / Orestes Barbosa) - (LPCB 35014 10" - Silvio Caldas)
Turca do meu Brasil (Silvio Caldas / Orestes Barbosa) - (O Caboclinho Querido)
Turca do meu Brasil (Silvio Caldas / Orestes Barbosa) - (Veleiro 2625 - Sllvio Caldas)
Turca do meu Brasil (Silvio Caldas / Orestes Barbosa) - Colúmbia 10.118-A, de 1955 - Cera - 315

u

Última carta de amor (Benedito Lacerda / Zeca Ivo) - (Deusa da Minha Rua)
Última carta de amor (Benedito Lacerda / Zeca Ivo) - Odeon 11.331-B, de 1936 - Cera - 315
Última esperança (Peterpan / Afonso Teixeira) - (Revivendo LP 065 - Tive Uma Surpresa)
Última estrofe (Índio) - (Canta o Seresteiro Silvio Caldas) - 370
Última estrofe (Índio) - (Eternamente)
Última estrofe (Índio) - (O Caboclinho Querido)
Última inspiração (Peterpan) - (20 Super Sucessos) - 371
Última inspiração (Peterpan) - (O Caboclinho Querido)
Última inspiração (Peterpan) - (O Grande Seresteiro)
Último desejo (Noel Rosa) - (20 Super Sucessos) - 371
Último desejo (Noel Rosa) - (E o Destino Desfolhou)
Último desejo (Noel Rosa) - (Presença de Silvio Caldas)
Último desejo (Noel Rosa) - (Seresta, Só Seresta)
Último desejo (Noel Rosa) - (Veleiro 2625 - Sllvio Caldas)
Um caboclo abandonado (Benedito Lacerda / H. Martins) - (Imperial 30142 - Silvio Caldas)
Um caboclo abandonado (Benedito Lacerda / H. Martins) - (O Caboclinho Querido S. Caldas)
Um caboclo abandonado (Benedito Lacerda / H. Martins) - Odeon 11.388-A, de 1936 - Cera - 315
Um caboclo abandonado (Benedito Lacerda / Herivelto Martins) - (Cantores de Rádio)
Um caboclo abandonado (Benedito Lacerda / Herivelto Martins) - (CLP11661 - Silvio Caldas)
Um caboclo abandonado (Benedito Lacerda / Herivelto Martins) - (Deusa da Minha Rua)
Um cantinho e você (José Maria de Abreu / Jair Amorim) - (O Seresteiro, Inter Records) - 372
Um cantinho e você (José Maria de Abreu / Jair Amorim) - (Silvio Caldas - O Seresteiro)
Um samba em Piedade (Ary Barroso) - (Ary Barroso na Voz de Silvio Caldas)
Um samba em Piedade (Ary Barroso) - Victor 33.506-B, de 1932 - Cera - 316
Uma jura que fiz (Ismael Silva / Noel Rosa) - (*Cabelos brancos*) - 372
Uma pedra que rolou (Pedro Caetano) - (Silvio Caldas e Elizeth Cardoso - v. 2)

v

Vai sair bagagem (Teobaldo Marques da Gama) - Victor 33.301-A, de 1930 - Cera - 316
Vai tratar da tua vida (Ary Barroso) - Victor 33.491-B, de 1931 - Cera - 316
Vais viver no esquecimento (André Filho / Saul de Carvalho) - v. 33.817-B, de 1933 - Cera - 316
Valsa de uma cidade (Ismael Netto / Antonio Maria) - (Elizeth Cardoso & Silvio Caldas)

V

Valsa de uma cidade (Ismael Netto/Antônio Maria) - Elizeth e Silvio - (Elizeth Cardoso & Silvio Caldas)
Valsa do meu subúrbio (C. Mesquita/Evaldo Ruy) - (S. C. e Suas Interpretações Inesquecíveis)
Valsa do meu subúrbio (Custódio Mesquita / Evaldo Rui) - Victor 80-0176-B, de 1944 - Cera - 317
Vamos dar valor (Sátiro de Melo) - Victor 34.362-A, de 1930 - Cera - 317
Velho realejo (Custódio Mesquita / Sadi Cabral) - 34.583-B, de 1940 - Cera - 317
Velho realejo (Custódio Mesquita / Sadi Cabral)
Velho realejo (Custódio Mesquita / Sadi Cabral) - (Acervo Especial)
Velho realejo (Custódio Mesquita / Sadi Cabral) - (Encontro de Seresteiros)
Velho realejo (Custódio Mesquita / Sadi Cabral) - (Juntos - Fco. Petrônio / Silvio Caldas)
Velho realejo (Custódio Mesquita / Sadi Cabral) - (Juntos - Francisco Petrônio / Silvio Caldas)
Velho realejo (Custódio Mesquita / Sadi Cabral) - (Mestres da MPB)
Velho realejo (Custódio Mesquita / Sadi Cabral) - (Music Máster - Silvio Caldas
Velho realejo (Custódio Mesquita / Sadi Cabral) - (RCA - Grandes Intérpretes)
Velho realejo (Custódio Mesquita / Sadi Cabral) - (S. C. e Suas Interpretações Inesquecíveis)
Velho realejo (Custódio Mesquita / Sadi Cabral) - (Silvio Caldas / Phonodisc)
Velhos carnavais (Antônio Bruno) - (20 Preferidas)
Velhos carnavais (Antônio Bruno) - (Silvio Caldas "Especial")
Velhos carnavais (Antônio Bruno) - (Silvio Caldas, RGE)
Velhos carnavais (Antônio Bruno) - (Titio Canta Para Você)
Velhos carnavais (Antônio Bruno) - RGE 10.268-A, de 1960 - 317
Velhos carnavais (Antônio Bruno) - (Silvio Caldas Especial, ao Vivo)
Velhos tempos (Renan França / Jair Silveira) - (*Kátia* - Compacto 80.138) - 372
Velhos tempos (Renan França / Jair Silveira) - (Titio Canta Para Você),
Velhos tempos (René França / Jair Silveira) - (Silvio Caldas, RGE)
Verde e amarelo (J. Thomaz / Orestes Barbosa) - (RVCD-049 - Orestes Barbosa) - 318
Verde e amarelo (Orestes Barbosa / J. Thomaz) - Mocambo 15.283-B, de 1959 - Cera
Vestido de lágrimas (Silvio Caldas / Orestes Barbosa) - (Saudades, 10")
Vestido de lágrimas (Silvio / Orestes) - (Saudades - 12" - Musidisc) - 373
Vestido de lágrimas (Silvio / Orestes) - (Saudades, 12")
Vestido de lágrimas (Silvio Caldas / Orestes Barbosa) - (Saudades, 12")
Vidro vazio (Romualdo Peiixoto, "Nonô"/ Orestes Barbosa) - Victor 33.656-A, de 1933 - Cera - 318
Vidro vazio (Silvio Caldas / Orestes Barbosa) - (RVCD-049 - Orestes Barbosa)
Vila Prudente (Lauro Miller) (Isto é São Paulo) - 373
Vingança (Lupicínio Rodrigues) - (20 Super Sucessos) - 373
Vingança (Lupicínio Rodrigues) - (Grandes Sucessos Com Silvio Caldas)
Violões em funeral (Silvio Caldas / Sebastião Fonseca) - (LPDS 32098 - S. C. - O Seresteiro)
Violões em funeral (Silvio Caldas / Sebastião Fonseca) - (Music Máster - Silvio Caldas)
Violões em funeral (Silvio Caldas / Sebastião Fonseca) - (O Caboclinho Querido)
Violões em funeral (Silvio Caldas / Sebastião Fonseca) - (O Melhor de Silvio Caldas)
Violões em funeral (Silvio Caldas / Sebastião Fonseca) - (Silvio Caldas "Especial")
Violões em funeral (Silvio Caldas / Sebastião Fonseca) - (Silvio Caldas Canta, 10")

Violões em funeral (Silvio Caldas / Sebastião Fonseca) - (Silvio Caldas em Pessoa)
Violões em funeral (Silvio Caldas / Sebastião Fonseca) - (Silvio Caldas Especial, ao Vivo)
Violões em funeral (Silvio Caldas / Sebastião Fonseca) - Continental 16.379-B, de 1951 - 318
Violões em funeral (Silvio Caldas / Sebastião Fonseca) - (RVCD-013 - Silvio Caldas)
Vira as botucas (Rogério Guimarães) - Victor 33.408-B, de 1931 - Cera - 319
Vitória (Noel Rosa / Nonô) - (20 Super Sucessos)
Vitória (Nonô / Noel Rosa) - (Grandes Sucessos de Silvio Caldas)
Vitória (Romualdo Peixoto / Noel Rosa) - (O Melhor de Silvio Caldas)
Vitória (Romualdo Peixoto,"Nonô"/ Noel Rosa) - Victor 33.408-B, de 1931 - Cera - 319
Vitória (Romualdo Peixoto,"Nonô" / Noel Rosa) - (RVCD-013 - Silvio Caldas)
Viva meu samba (Billy Blanco) - (20 Preferidas)
Viva meu samba (Billy Blanco) - (A Arte do Espetáculo)
Viva meu samba (Billy Blanco) - (No Palco - Inter Records)
Viva meu samba (Billy Blanco) - (O Caboclinho Querido)
Viva meu samba (Billy Blanco) - (Presença de Silvio Caldas)
Viva meu samba (Billy Blanco) - (*Serenata* - Silvio Caldas)
Viva meu samba (Billy Blanco) - (Silvio Caldas em Pessoa)
Viva meu samba (Billy Blanco) - Colúmbia 10.378-A, de 1957 - Cera - 319
Viva meu samba (Billy Blanco) - (Silvio Caldas, RGE)
Viva mi samba (Billy Blanco) - (Tesoros de la Canción Brasileña - Maringá)
Vivo em paz (Silvio Caldas) - (LPCB 35014 10" - Silvio Caldas)
Vivo em paz (Silvio Caldas) - Colúmbia 10.071-B, de 1954 - Cera - 320
Você de mim não tem dó (José Maria de Abreu)-(LPDS 32098–Silvio Caldas - O Seresteiro)
Você de mim não tem dó (José Maria de Abreu) - (Music Máster - Silvio Caldas
Você de mim não tem dó (José Maria de Abreu) - Continental 16.034-B, de 1949 - Cera - 320
Você me deu o bolo (Alcebíades Barcelos / Alberto Ribeiro) - Odeon 11.181-B - Cera - 320
Você não veio (Silvio Caldas) - Colúmbia 10.045-B, de 1954 - Cera - 320
Você voltou (Nelson Souto / A. Carlos de Souza e Silva) - (Com *A saudade* Pelo Braço)
Você voltou (Nelson Souto / Antonio Carlos de Souza e Silva) - (O Melhor de Silvio Caldas)
Você voltou (Nelson Souto / Antonio Carlos de Souza e Silva) - (Silvio Caldas Canta, 10")
Você voltou (Nelson Souto / Antônio Carlos de Souza e Silva) - C16.728-A, de 1953 - Cera - 320
Você voltou (Nelson Souto / Antônio Carlos) - (Music Máster - Silvio Caldas)
Você voltou (Nelson Souto / Antônio Carlos) - (Silvio Caldas / Phonodisc)
Volta, meu amor (Ary Barroso) - Odeon 11.298-B, de 1936 - Cera - 321
Voltaste (Silvio Caldas) - (Com *A saudade* Pelo Braço)
Voltaste (Silvio Caldas) - Continental 16.435-B, de 1951 - Cera - 321
Voltaste ao teu lar (Heitor dos Prazeres) - Victor 33.918-B, de 1933 - Cera - 321
Voltaste ao teu tar (Heitor dos Prazeres) - (Filigranas Musicais da RCA - IX)
Vou andando (Silvio Caldas) - (A Arte do Espetáculo)
Vou andando (Silvio Caldas) - (Histórias da Música Popular Brasileira)
Vou andando (Silvio Caldas) - (Histórias da Música Popular Brasileira)

V *Vou andando* (Silvio Caldas) - (No Palco - Inter Records)
Vou andando (Silvio Caldas) - (Silvio Caldas, RGE)
Vou fazer tua vontade (Heitor dos Prazeres) - Victor 33.624-B, de 1933 - Cera - 321
Vou implorar (Ernesdto dos Santos / Henrique Chaves) - Victor 33.477-A, de 1931 - Cera - 321
Vou partir (João de Barro) - Victor 33.735-B, de 1934 - Cera - 321

Z *Zombando* (Benedito Lacerda / Dario Pereira) - Victor 33.534-A, de 1932 - Cera - 322

OBS

Foi registrado um total aproximado de 1600 músicas, em discos de 78 rpm., LPs, compactos discos, CDs e DVD; nesse total estão incluídas as regravações, relançamentos, pout-porris e repetições, sendo muito difícil precisar com exatidão o número de cada uma dessas situações. É provável que Silvio Caldas tenha gravado realmente por volta de 800 a 850 composições. Esses números referem-se ao apanhado que fiz em minha discoteca, exclusivamente, ressalte-se. Contudo, deve haver outras gravações, cujas cópias não chegaram ao meu conhecimento.

APÊNDICE III

Discografia

Síntese de todas as gravações
por compositor,
título da música
e em que disco ela pode ser localizada

Arquivo Roberto Gambardella

a

A. Barbosa / M. Figueiredo / A. Leite - *Fado das mãos* (Titio canta para você)
A. Leite / C. Barbosa / M. Figueiredo - *Fado das mãos* (Titio canta para você)
A. Vilarinho / E. Silva / Paquito - *O trem atrasou* (Histórias da M. P. B. - Ao Vivo")
Agydio de Azevedo - *Flor morena* (Cera)
Alberto Costa / José Judice - *Serrana* (Cera)
Alberto Costa / José Judice - *Serrana* (O Seresteiro do Brasil)
Alberto Costa / José Judice - *Serrana* (Compacto RCA Camden 5028)
Alberto Costa / José Judice - *Serrana* (Compacto RCA Camden 5028)
Alberto Costa / José Judice - *Serrana* (O Seresteiro Silvio Caldas)
Alberto Costa / José Judice - *Serrana* (Silvio Caldas - Compacto 5028)
Alberto Costa / José Judice - *Serrana* (Silvio Caldas - Compacto 5028)
Alberto Dias, "Carusinho"/ Sylvio Caldas / De Chocolatee - *Na aldeia* (Sylvio Caldas, RVCD–013)
Alberto Ribeiro - *Coração* (Cera)
Alberto Ribeiro - *Coração* - c/Elizeth Cardoso (Elizeth Cardoso e Silvio Caldas - v. 2)
Alberto Ribeiro - *Coração* - Silvio Caldas (O Seresteiro)
Alberto Ribeiro - *Coração* (Elizeth Cardoso & Silvio Caldas, v. 2)
Alberto Ribeiro - *Coração* (Mestres da MPB)
Alberto Ribeiro - *Coração* (Silvio Caldas e Elizeth Cardoso - v. 2)
Alberto Ribeiro - *Coração* (Silvio Caldas e Elizeth Cardoso - v. 2)
Alberto Ribeiro - *Por causa dela* (Cera)
Alberto Ribeiro / A.P.Vermelho / J.de Barro - *Onde o céu azul é mais azul* (Histórias da M. P. B.)
Alberto Ribeiro / Alcebíades Barcelos - *Implorando o meu perdão* (Cera)
Alberto Ribeiro / Alcebíades Barcelos - *São Tomé* (Cera)
Alberto Ribeiro / Alcebíades Barcelos - *Você me deu o bolo* (Cera)
Alberto Ribeiro / André Filho - *Ratoeira* (Cera)
Alberto Ribeiro / Antônio Almeida - *Companheira de quem ama* (Cera)
Alberto Ribeiro / João de Barro - Fon Fon (Cera)
Alberto Ribeiro / João de Barro / S. Caldas - *Deus olha o meu Brasil* (Ontem ao Luar)
Alberto Ribeiro / José Judice - *Serrana* (Cera)

a

Alberto Ribeiro / José Maria de Abreu - *Chuva e vento* (Cera)
Alberto Ribeiro / José Maria de Abreu - *Chuva e vento* (O Seresteiro)
Alberto Ribeiro / Naylor de Sá Rego - *Meu beguin* (Cera)
Alberto Ribeiro / Orondino Silva - *Pastora dos olhos castanhos* (*Cabelos brancos*)
Alberto Ribeiro / Orondino Silva - *Pastora dos olhos castanhos* (LP Music Master Silvio Caldas)
Alberto Ribeiro / Orondino Silva - *Pastora dos olhos castanhos* (O Seresteiro)
Alberto Ribeiro / Orondino Silva - *Pastora dos olhos castanhos* (O Melhor de Silvio Caldas)
Alberto Ribeiro / Orondino Silva - *Pastora dos olhos castanhos* (Silvio Caldas Canta)
Alberto Ribeiro / Orondino Silva ,"Dino" - *Pastora dos olhos castanhos* (Cera)
Alberto Ribeiro / Oswaldo Sá - *Tarde de maio* (Cera)
Alberto Ribeiro / Oswaldo Sá - *Tarde de maio* (Com a Saudade Pelo Braço)
Alberto Ribeiro / Silvio Caldas - *Flor de lótus* (Cera)
Alberto Ribeiro / Silvio Caldas - *Flor de lótus* (O Seresteiro)
Alberto Ribeiro / Silvio Caldas - *Não chora* (Cera)
Alberto Ribeiro / Silvio Caldas - *Não chora* (Mestres da MPB)
Alberto Ribeiro / Silvio Caldas - *Não chora* (O Seresteiro)
Alberto Ribeiro / Silvio Caldas - *Não chores assim* (Cera)
Alberto Ribeiro / Silvio Caldas - *Não chores assim* (O Seresteiro)
Alberto Ribeiro - *Coração* (Sylvio Caldas, RVCD–013)
Alberto Ribeiro/A.P.Vermelho/João de Barro - *Onde o céu azul é mais azul* (A Arte do Espetáculo)
Alberto Ribeiro/A.P.Vermelho/João de Barro - *Onde o céu azul é mais azul* (CLP 11661 - S. C)
Alcebíades Barcellos / Armando Marçal - *Companheiro dileto* (Deusa da Minha Rua, RCVD–191)
Alcebíades Barcelos / Armando Marçal - *Companheiro dileto* (Cera)
Alcebíades Barcelos / Alberto Ribeiro - *Implorando o meu perdão*
Alcebíades Barcelos / Alberto Ribeiro - *Você me deu o bolo* (Cera)
Alcebíades Barcelos / Armando Marçal - *Agora é cinza* (CLP 11661 - Silvio Caldas)
Alcebíades Barcelos / Armando Marçal - *Cruel ciúme* (Cera)
Alcebíades Barcelos / Armando Marçal - *Quanto eu sinto* (Cera)
Alcebíades Barcelos / Armando Marçal - *Quanto eu sinto* (SC - O Caboclinho Querido)
Alcebíades Barcelos / Armando Marçal - *Quanto eu sinto* (Cantores de Rádio, EMI)
Alcebíades Barcelos / Armando Marçal - *Quanto eu sinto* (SC - O Caboclinho Querido)
Alcebíades Barcelos / Benedito Lacerda - *Não faz mal* (Cera)
Alcebíades Barcelos / Valfrido Silva - *O teu olhar me inspirou* (Cera)
Alcebíades Barcelos, Bide / Armando Marçal - *Companheiro dileto* (Cera)
Alcides Gonçalves / Lupicínio Rodrigues - *Quem há de dizer* (Histórias da M.P.B.)
Alcides Gonçalves / Lupicínio Rodrigues - *Quem há de dizer* (Ontem ao Luar)
Alcyr Pires Vermelho/João de Barro/A.Ribeiro - *Onde o céu azul é mais azul* (A Arte do Espetáculo)
Alcyr Pires Vermelho / J.Barro /A.Ribeiro - *Onde o céu azul é mais azul* (CLP 11661 - Silvio Caldas)
Alcyr Pires Vermelho / João de Barro - *Laura* (20 super sucessos, v. 2. Polydisc)
Alcyr Pires Vermelho / João de Barro - *Laura* (Grandes sucessos com Silvio Caldas)
Alcyr Pires Vermelho/J.de Barro/A.Ribeiro - *Onde o céu azul é mais azul* (Histórias da M.P.B.)

a

Aldo Cabral / Benedito Lacerda - *Boneca* (Cera)
Aldo Cabral / Benedito Lacerda - *Boneca* (O Melhor de Silvio Caldas)
Aldo Cabral / Benedito Lacerda - *Boneca* (Eles Fizeram o Sucesso - v. 1)
Aldo Cabral / Benedito Lacerda - *Noite de Carnaval* (Cera)
Aldo Cabral / Laci Brandão - *Teus ciúmes* (Cera)
Aldo Cabral / Lacy Martins - *Teus ciúmes* (SC - O Caboclinho Querido)
Aldo Cabral / Lacy Martins - *Teus ciúmes* (Silvio Caldas)
Aldo Taranto / André Filho - *Candinha* (Cera)
Aldo Taranto / André Filho / J. Nascimento - *Teu desprezo* (Cera)
Aldo Taranto / André Filho / J. Nascimento - *Teu desprezo* (Revivendo LP 033)
Almirante - *Anedotas* (Histórias da M. P. B. - Ao Vivo")
Almirante - *Anedotas* (Histórias da Música Popular Brasileira)
Almirante - *Galo garnizé* (Histórias da M. P. B. - Ao Vivo")
Almirante - *Galo garnizé* (Histórias da Música Popular Brasileira)
André Filho - *Alto lá* (Cera)
André Filho - *Chorei* (Cera)
André Filho - *Cidade maravilhosa* (A Arte do Espetáculo)
André Filho - *Cidade maravilhosa* (A História Viva - Silvio Caldas)
André Filho - *Cidade maravilhosa* (DVD - Silvio Caldas)
André Filho - *Cidade maravilhosa* (DVD - Silvio Caldas)
André Filho - *Cidade maravilhosa* (Histórias da Música Popular Brasileira)
André Filho - *Cidade maravilhosa* (No Palco - Silvio Caldas)
André Filho - *Cidade maravilhosa* (Silvio Caldas, RGE n. 7056.2)
André Filho - *E ela não jurou* (Cera)
André Filho - *E ela não jurou* (Sylvio Caldas, RVCD–013)
André Filho - *E ela não jurou* (Revivendo LP 033)
André Filho - *Pobrezinha da Madalena* (Cera)
André Filho - *Quando A saudade apertar* (Cera)
André Filho - *Saudades da mocidade* (Cera)
André Filho - *Se o teu amor consola* (Cera)
André Filho - Valfrido Silva - *Jurei me vingar* (Cera)
André Filho / Alberto Ribeiro - *Ratoeira* (Cera)
André Filho / Aldo Taranto - *Candinha* (Cera)
André Filho / J. Nascimento / Aldo Taranto - *Teu desprezo* (Revivendo LP 033)
André Filho / José Nascimento - *Teu desprezo* (Cera)
André Filho / Saul de Carvalho - *Vais viver no esquecimento* (Cera)
André Filho / Telácio da Silva - *Nem queiras saber* (Cera)
Angelino de Oliveira - *Tristeza do Jeca* (A Arte do Espetáculo - Silvio Caldas)
Angelino de Oliveira - *Tristeza do Jeca* (Juntos - Francisco Petrônio / Silvio Caldas)
Angelino de Oliveira - *Tristeza do Jeca* (Juntos Fco. Petrônio / Silvio Caldas)
Angelino de Oliveira - *Tristeza do Jeca* (Juntos Fco. Petrônio / Silvio Caldas)

a

Angelino de Oliveira - *Tristeza do Jeca* (No Palco - Silvio Caldas)
Angelino de Oliveira - *Tristeza do Jeca* (Phonodisc LP Silvio Caldas)
Angelino de Oliveira - *Tristeza do Jeca* (Silvio Caldas, RGE n. 7056.2)
Angelino de Olveira - *Tristeza do Jeca* (LP Music Master Silvio Caldas)
Antônio Almeida - *Tire a camisa* (Cera)
Antônio Almeida / Alberto Ribeiro - *Companheira de quem ama* (Cera)
Antônio Almeida / João de Barro - *O circo chegou* (Cera)
Antônio Almeida / Silvio Caldas - *O teu olhar* (Cera)
Antônio Bruno - *Ponte enferrujada* (Cera)
Antônio Bruno - *Ponte enferrujada* (Silvio Caldas, RGE n. 7056.2)
Antônio Bruno - *Ponte enferrujada* (Titio Canta Para Você)
Antônio Bruno - *Velhos carnavais* (Cera)
Antônio Bruno - *Velhos carnavais* (20 Preferidas - Silvio Caldas)
Antônio Bruno - *Velhos carnavais* (Silvio Caldas "Especial", Ao Vivo)
Antônio Bruno - *Velhos carnavais* (Silvio Caldas Especial Gravado ao Vivo)
Antônio Bruno - *Velhos carnavais* (Silvio Caldas, RGE n. 7056.2)
Antônio Bruno - *Velhos carnavais* (Titio Canta Para Você)
Antônio C. Jobim / Vinicius - *Se todos fossem iguais a você* (Grandes Sucessos com Silvio Caldas)
Antônio C. Jobim /Vinicius) - *Se todos fossem iguais a você* (O Caboclinho Querido, v. 3)
Antônio C. Jobim / Vinicius de Moraes - *Se todos fossem iguais a você* ((21 Grandes Sucessos)
Antônio C. Jobim / Vinicius de Moraes - *Se todos fossem iguais a você* (Brilhantes)
Antônio Carlos de Souza e Silva / Nelson Souto - *Você voltou* (Com a Saudade Pelo Braço)
Antônio Carlos de Souza e Silva / Nelson Souto - *Você voltou* (O Melhor de Silvio Caldas)
Antônio C. Souza e Silva / Nelson Souto - *Pra casa eu não vou* (Cera)
Antônio C. Souza e Silva / Nelson Souto - *Você voltou* (Cera)
Antônio C. Souza e Silva / Nelson Souto - *Você voltou* - (LP Music Master Silvio Caldas)
Antônio C. Souza e Silva / Nelson Souto - *Você voltou* - (Phonodisc LP Silvio Caldas)
Antônio Maria - *Menino grande* (Elizeth Cardoso e Silvio Caldas - v. 2)
Antônio Maria - *Não vá embora* (Elizeth Cardoso & Silvio Caldas, v. 2)
Antônio Maria - *Não vá embora* (Elizeth Cardoso e Silvio Caldas - v. 2)
Antônio Maria - *Não vá embora* (Silvio Caldas e Elizeth Cardoso - v. 2)
Antônio Maria - Não vá Embora (Silvio Caldas e Elizeth Cardoso - v. 2)
Antônio Maria - *Portão antigo* (Elizeth Cardoso e Silvio Caldas - v. 2)
Antônio Maria - *Se eu morresse amanhã de manhã* (Elizeth Cardoso e Silvio Caldas - v. 2)
Antônio Maria - *Se eu morresse amanhã de manhã* (Antonio Maria) (Elizeth & Silvio, v. 2)
Antônio Maria - *Se eu morresse amanhã de manhã* (Silvio Caldas e Elizeth Cardoso - v. 2)
Antônio Maria - *Se eu morresse amanhã de manhã* (Silvio Caldas e Elizeth Cardoso - v. 2)
Antônio Maria / Fernando Lobo - *A noite é grande* (Elizeth Cardoso e Silvio Caldas - v. 2)
Antônio Maria / Fernando Lobo - *A noite é grande* (Silvio Caldas e Elizeth Cardoso - v. 2)
Antônio Maria / Fernando Lobo - *A noite é grande* (Silvio Caldas e Elizeth Cardoso - v. 2)
Antônio Maria / Fernando Lobo - *Ninguém me ama* (Elizeth Cardoso e Silvio Caldas - v. 2)

a

Antônio Maria / Ismael Netto - *Canção da volta* (Grandes Sucessos Com Silvio Caldas)
Antônio Maria / Ismael Netto - *Canção da volta* (Silvio Caldas e Elizeth Cardoso - v. 2)
Antônio Maria / Ismael Netto - *Canção da volta* (Silvio Caldas e Elizeth Cardoso - v. 2)
Antônio Maria / Ismael Netto - *Valsa de uma cidade* - (Elizeth e Silvio Caldas - v. 2)
Antônio Maria / Luiz Bonfá - *Manhã de Carnaval* (O Seresteiro)
Antônio Maria / Pernambuco - *O Amor e a rosa* (Silvio Caldas e Elizeth Cardoso - v. 2)
Antônio Maria / Pernambuco - *O Amor e a rosa* (Silvio Caldas e Elizeth Cardoso - v. 2)
Antônio Maria / Pernambuco - *O Amor e a rosa* (Elizeth Cardoso e Silvio Caldas - v. 2)
Antônio Maria / Pernambuco - *Suas mãos* (Elizeth Cardoso e Silvio Caldas - v. 2)
Antônio Maria / Pernambuco - *Suas mãos* (Silvio Caldas e Elizeth Cardoso - v. 2)
Antônio Maria / Pernambuco - *Suas mãos* (Silvio Caldas e Elizeth Cardoso - v. 2)
Antônio Maria /Ismael Netto - *Canção da volta* (Elizeth Cardoso e Silvio Caldas - v. 2)
Antônio Nássara / Christóvão de Alencar - *A menina "presidência"* (Histórias da M. P. B.)
Antônio Nássara / Christóvão de Alencar - *A menina "presidência"* (Cera)
Antônio Nássara / Christóvão de Alencar - *Eu agora vou gritar* (Cera)
Antônio Nássara / Christóvão de Alencar - *A menina "presidência"* (DVD - Silvio Caldas)
Antônio Nássara / Christóvão de Alencar - *A menina "presidência"* (DVD - Silvio Caldas)
Antônio Nássara / Eratóstenes Frazão - *Coração ingrato* (Cera)
Antônio Nássara / Eratóstenes Frazão - *Coração ingrato* (Cantores de Rádio, EMI)
Antônio Nássara / Eratóstenes Frazão - *Coração ingrato* (DVD - Silvio Caldas)
Antônio Nássara / Eratóstenes Frazão - *Coração ingrato* (DVD - Silvio Caldas)
Antônio Nássara / Eratóstenes Frazão - *Coração ingrato* (Histórias da M.P.B.)
Antônio Nássara / Eratóstenes Frazão - *Florisbela* (Cera)
Antônio Nássara / Eratóstenes Frazão - *Florisbela* (A História Viva - Silvio Caldas)
Antônio Nássara / Eratóstenes Frazão - *Florisbela* (Histórias da Música Popular Brasileira)
Antônio Nássara / Eratóstenes Frazão - *Florisbela* (Silvio Caldas Especial Gravado ao Vivo)
Antônio Nássara / Frazão - *Florisbela* (Acervo Especial - RCA)
Antônio Nássara / Hervê Cordovil - *Passarinho* (Cera)
Antônio Nássara / Hervê Cordovil - *Passarinho* (SC - O Caboclinho Querido)
Antônio Nássara / Hervê Cordovil - *Passarinho* (Silvio Caldas)
Antônio Nássara / Mário Lago - *Na mão direita* (Cera)
Antônio Nássara / Roberto Martins - *O que é teu está guardado* (Cera)
Antônio Nássara / Roberto Martins - *Obrigado, doutor* (Cera)
Antônio Nássara / Roberto Martins - *Salve o marquês* (Cera)
Antônio Nássara / Silvio Caldas - *Ô Lelê, ô Lalá*
Antônio Nássara / Cristóvão de Alencar - *A menina "presidência"* (Histórias da M. P. B. - Ao Vivo")
Antônio Nássara / Waldemar de Abreu, "Dunga" - *Sereia* - Cera
Antônio Nássara / Christóvão de Alencar - *A Menina Presidência* (A Arte do Espetáculo)
Anuar Jorge / Gastão Lamounier - *Só nós dois* (Cera)
Ary Barroso - *Morena boca de ouro* (Ary Barroso com Silvio Caldas)
Ary Barroso - *Faceira* (O Melhor de Silvio Caldas)

a

Ary Barroso - *Três lágrimas* (Ary Barroso na Voz de Silvio Caldas)
Ary Barroso - *A casa dela* (Cera)
Ary Barroso - *Aquarela do Brasil* (Cera)
Ary Barroso - *Aquarela do Brasil* (Filigranas Musicais da RCA - XVI)
Ary Barroso - *Aquarela do Brasil* (Silvio Caldas Canta Ary Barroso)
Ary Barroso - *Bahia* (Cera)
Ary Barroso - *Bahia* (Ary Barroso na Voz de Silvio Caldas)
Ary Barroso - *Batuque* (Cera)
Ary Barroso - *Canta, Maria* (Ontem ao Luar)
Ary Barroso - *Dá nela* (Histórias da Música Popular Brasileira)
Ary Barroso - *É luxo só* (Silvio Caldas Canta Ary Barroso)
Ary Barroso - *É mentira, oi!* (Cera)
Ary Barroso - *É mentira, oi!* (Ary Barroso na Voz de Silvio Caldas)
Ary Barroso - *Eu sonhei* (Cera)
Ary Barroso - *Eu vou pro Maranhão* (Cera)
Ary Barroso - *Eu vou pro Maranhão* (Ary Barroso na Voz de Silvio Caldas)
Ary Barroso - *Faceira* (Cera)
Ary Barroso - *Faceira* (Ary Barroso com Silvio Caldas)
Ary Barroso - *Faceira* (Ary Barroso na Voz de Silvio Caldas)
Ary Barroso - *Faceira* (Histórias da Música Popular Brasileira)
Ary Barroso - *Faceira* (O Melhor de Silvio Caldas)
Ary Barroso - *Faceira* (Saudades)
Ary Barroso - *Faceira* (Saudades)
Ary Barroso - *Faceira* (Saudades)
Ary Barroso - *Faceira* (Silvio Caldas Canta Ary Barroso)
Ary Barroso - *Flor de inverno* (Cera)
Ary Barroso - *Flor de inverno* (Ary Barroso na Voz de Silvio Caldas)
Ary Barroso - *Inquietação* (Cera)
Ary Barroso - *Inquietação* (SC Sylvio Caldas)
Ary Barroso - *Inquietação* (Silvio Caldas em Pessoa)
Ary Barroso - *Inquietação* (Silvio Caldas Especial Gravado ao Vivo)
Ary Barroso - *Malandro sofredor* (Cera)
Ary Barroso - *Malandro sofredor* (Ary Barroso na Voz de Silvio Caldas)
Ary Barroso - *Maria* (Ary Barroso com Silvio Caldas)
Ary Barroso - *Morena boca de ouro* (Cera)
Ary Barroso - *Morena boca de ouro* (Filigranas Musicais da RCA - XVI)
Ary Barroso - *Morena boca de ouro* (Ary Barroso na Voz de Silvio Caldas)
Ary Barroso - *Morena boca de ouro* (Silvio Caldas Canta Ary Barroso)
Ary Barroso - *Na baixa do sapateiro* (Cera)
Ary Barroso - *Na baixa do sapateiro* (O Melhor de Silvio Caldas)
Ary Barroso - *Na baixa do sapateiro* (O Seresteiro Silvio Caldas)

Ary Barroso - *Na baixa do sapateiro* (Silvio Caldas Especial Gravado ao Vivo)
Ary Barroso - *Na baixa do sapateiro* (Silvio Caldas, o Seresteiro do Brasil)
Ary Barroso - *Não faz assim, meu coração*
Ary Barroso - *Os quindins de Yayá* (Silvio Caldas Especial Gravado ao Vivo)
Ary Barroso - *Perdão* (Cera)
Ary Barroso - *Perdão* (Ary Barroso na Voz de Silvio Caldas)
Ary Barroso - *Pobre e esfarrapada* (Cera)
Ary Barroso - *Risque* (A Arte do Espetáculo - Silvio Caldas)
Ary Barroso - *Risque* (Ary Barroso com Silvio Caldas)
Ary Barroso - *Risque* (Grandes Sucessos Com Silvio Caldas)
Ary Barroso - *Risque* (Presença de Silvio Caldas)
Ary Barroso - *Risque* (Silvio Caldas Canta Ary Barroso)
Ary Barroso - *Segura esta mulher* (Ary Barroso na Voz de Silvio Caldas)
Ary Barroso - *Segura esta mulher* (Cera)
Ary Barroso - *Terra de Iaiá* (Cera)
Ary Barroso - *Terra seca* (Ary Barroso com Silvio Caldas)
Ary Barroso - *Terra seca* (Silvio Caldas Canta Ary Barroso)
Ary Barroso - *Três lágrimas* (Cera)
Ary Barroso - *Três lágrimas* (Ary Barroso com Silvio Caldas
Ary Barroso - *Três lágrimas* (O Melhor de Silvio Caldas)
Ary Barroso - *Três lágrimas* (Saudades)
Ary Barroso - *Três lágrimas* (Saudades)
Ary Barroso - *Três lágrimas* (Saudades)
Ary Barroso - *Três lágrimas* (Silvio Caldas Canta Ary Barroso)
Ary Barroso - *Três lágrimas* (Silvio Caldas em Pessoa)
Ary Barroso - *Tu* (Ary Barroso com Silvio Caldas)
Ary Barroso - *Tu* (Silvio Caldas Canta Ary Barroso)
Ary Barroso - *Tu* (Cera)
Ary Barroso - *Tu* (Ary Barroso na Voz de Silvio Caldas)
Ary Barroso - *Tu* (O Melhor de Silvio Caldas)
Ary Barroso - *Um samba em Piedade* (Cera)
Ary Barroso - *Um samba em Piedade* (Ary Barroso na Voz de Silvio Caldas
Ary Barroso - *Vai tratar da tua vida* (Cera)
Ary Barroso - *Volta, meu amor* (Cera)
Ary Barroso / *Aquarela do Brasil* (A Arte do Espetáculo - Silvio Caldas)
Ary Barroso / J. Carlos - *Na grota funda* (Histórias da Música Popular Brasileira)
Ary Barroso / Lamartine Babo - *No rancho fundo* (Cera)
Ary Barroso / Lamartine Babo - *No rancho fundo* (A Arte do Espetáculo - Silvio Caldas)
Ary Barroso / Lamartine Babo - *No rancho fundo* (Ary Barroso com Silvio Caldas)
Ary Barroso / Lamartine Babo - *No rancho fundo* (Histórias da Música Popular Brasileira)
Ary Barroso / Lamartine Babo - *No rancho fundo* (RCA Camden Nostalgia v. 2)

a

Ary Barroso / Lamartine Babo - *No rancho fundo* (Saudades)
Ary Barroso / Lamartine Babo - *No rancho fundo* (Saudades)
Ary Barroso / Lamartine Babo - *No rancho fundo* (Saudades)
Ary Barroso / Lamartine Babo - *No rancho fundo* (Saudades)
Ary Barroso / Lamartine Babo - *No rancho fundo* (Saudades)
Ary Barroso / Lamartine Babo - *No rancho fundo* (Silvio Caldas Canta Ary Barroso)
Ary Barroso / Lamartine Babo - *No rancho fundo* (O Seresteiro Silvio Caldas)
Ary Barroso / Lamartine Babo - *No rancho fundo* (Silvio Caldas, o Seresteiro do Brasil)
Ary Barroso / Lamartine Bano - *No rancho fundo* (O Melhor de Silvio Caldas)
Ary Barroso / Luiz Peixoto - *Maria* (Cera)
Ary Barroso / Luiz Peixoto - *Maria* (A Arte do Espetáculo - Silvio Caldas)
Ary Barroso / Luiz Peixoto - *Maria* (Grandes Intérpretes)
Ary Barroso / Luiz Peixoto - *Maria* (O Melhor de Silvio Caldas)
Ary Barroso / Luiz Peixoto - *Maria* (O Seresteiro Silvio Caldas)
Ary Barroso / Luiz Peixoto - *Maria* (Saudades)
Ary Barroso / Luiz Peixoto - *Maria* (Saudades)
Ary Barroso / Luiz Peixoto - *Maria* (Saudades)
Ary Barroso / Luiz Peixoto - *Maria* (Silvio Caldas Canta Ary Barroso)
Ary Barroso / Luiz Peixoto - *Maria* (Silvio Caldas Especial Gravado ao Vivo)
Ary Barroso / Luiz Peixoto - *Maria* (Silvio Caldas, o Seresteiro do Brasil)
Ary Barroso / Luiz Peixoto - *Por causa dessa cabocla* (SC - O Caboclinho Querido)
Ary Barroso / Luiz Peixoto - *Por causa dessa cabocla* (O Melhor de Silvio Caldas)
Ary Barroso / Luiz Peixoto - *Por causa dessa cabocla* (Cera)
Ary Barroso / Luiz Peixoto - *Por causa dessa cabocla* (Silvio Caldas)
Ary Barroso / Luiz Peixoto - *Quando eu penso na Bahia* (Cera)
Ary Barroso / Marques Porto - *Gira* (Cera)
Ary Barroso / Noel Rosa - *É do balaco baco* (Cera)
Ary Barroso / Noel Rosa - *Mão no remo* (Cera)
Ary Barroso / Noel Rosa - *Mão no remo* (Sou Um Namorado Errante)
Ary Barroso / Noel Rosa - *Mão no remo* (Sou Um Namorado Errante)
Ary Barroso / Noel Rosa - *Mão no remo* (Revivendo LP 033)
Ary Barroso / Silvio Caldas - *Pente fino* (Cera)
Ary Barroso - *Tu* (Sylvio Caldas, RVCD–013)
Ary Barroso - *Aquarela do Brasil* (DVD - Silvio Caldas)
Ary Barroso - *Aquarela do Brasil* (DVD - Silvio Caldas)
Ary Barroso - *Aquarela do Brasil* (20 Preferidas - Silvio Caldas)
Ary Barroso - *Aquarela do Brasil* (No Palco - Silvio Caldas)
Ary Barroso - *Aquarela do Brasil* (Silvio Caldas, RGE n. 7056.2)
Ary Barroso - *Aquarela do Brasil* (Cera)
Ary Barroso - *Dá nela* (Histórias da M. P. B. - Ao Vivo")
Ary Barroso - *Eu sonhei* (Cantores de Rádio, EMI)

Ary Barroso - *Faceira* - (DVD - Silvio Caldas)
Ary Barroso - *Faceira* - (Saudades - Mini LP 1)
Ary Barroso - *Faceira* (Histórias da M. P. B. - Ao Vivo")
Ary Barroso - *Faceira* (Maximum / Sony & BMG)
Ary Barroso - *Faceira* (Maximum / Sony & BMG)
Ary Barroso - *Faceira* (O Caboclinho Querido, v. 2)
Ary Barroso - *Faceira* (O Melhor de Sylvio Caldas, BMG)
Ary Barroso - *Faceira* (Saudades - 12" - Musidisc)
Ary Barroso - *Faceira* (Saudades - 12" - Musidisc)
Ary Barroso - *Faceira* (Sylvio Caldas, RVCD–013)
Ary Barroso - *Inquietação* (Cantores de Rádio, EMI)
Ary Barroso - *Inquietação* (DVD - Silvio Caldas)
Ary Barroso - *Na baixa do sapateiro* (Acervo Especial - RCA)
Ary Barroso - *Na baixa do sapateiro* (DVD - Silvio Caldas)
Ary Barroso - *Na baixa do sapateiro* (Silvio Caldas "Especial", Ao Vivo)
Ary Barroso - *Os quindins de Yayá* (Silvio Caldas "Especial", Ao Vivo)
Ary Barroso - *Risque* (20 Preferidas - Silvio Caldas)
Ary Barroso - *Risque* (20 Super Sucessos, Polydisc)
Ary Barroso - *Risque* (DVD - Silvio Caldas)
Ary Barroso - *Risque* (DVD - Silvio Caldas)
Ary Barroso - *Risque* (Grandes Encontros - v. II)
Ary Barroso - *Risque* (No palco - Silvio Caldas)
Ary Barroso - *Risque* (Silvio Caldas, RGE n. 7056.2)
Ary Barroso - *Três lágrimas* (21 Grandes Sucessos)
Ary Barroso - *Três lágrimas* (Deusa da Minha Rua, RCVD–191)
Ary Barroso - *Três lágrimas* (Maximum / Sony & BMG)
Ary Barroso - *Três lágrimas* (Maximum / Sony & BMG)
Ary Barroso - *Três lágrimas* (O Caboclinho Querido, v. 3)
Ary Barroso - *Três lágrimas* (Saudades - 12" - Musidisc)
Ary Barroso - *Três lágrimas* (Saudades - 12" - Musidisc)
Ary Barroso / J. Carlos - *Na grota funda* (Histórias da M. P. B. - Ao Vivo")
Ary Barroso / Lamartine Babo - *No rancho fundo* (20 Preferidas - Silvio Caldas)
Ary Barroso / Lamartine Babo - *No rancho fundo* (Compacto RCA Camden 5028)
Ary Barroso / Lamartine Babo - *No rancho fundo* (Compacto RCA Camden 5028)
Ary Barroso / Lamartine Babo - *No rancho fundo* (Deusa da Minha Rua - Compacto)
Ary Barroso / Lamartine Babo - *No rancho fundo* (Deusa da Minha Rua - Compacto)
Ary Barroso / Lamartine Babo - *No rancho fundo* (DVD - Silvio Caldas)
Ary Barroso / Lamartine Babo - *No rancho fundo* (Histórias da M. P. B. - Ao Vivo")
Ary Barroso / Lamartine Babo - *No rancho fundo* (No Palco - Silvio Caldas)
Ary Barroso / Lamartine Babo - *No rancho fundo* (Saudades - 12" - Musidisc)
Ary Barroso / Lamartine Babo - *No rancho fundo* (Saudades - 12" - Musidisc)

a

Ary Barroso / Lamartine Babo - *No rancho fundo* (Saudades - Mini LP 1)
Ary Barroso / Lamartine Babo - *No rancho fundo* (Silvio Caldas - Compacto 5028)
Ary Barroso / Lamartine Babo - *No rancho fundo* (Silvio Caldas, RGE n. 7056.2)
Ary Barroso / Lamartine Babo - *No rancho fundo* (Grandes Encontros - v. 2)
Ary Barroso / Luiz Peixoto - *Maria* (Cera)
Ary Barroso / Luiz Peixoto - *Maria* (Silvio Caldas - Compacto 5028)
Ary Barroso / Luiz Peixoto - *Maria* (Silvio Caldas - Compacto 5028)
Ary Barroso / Luiz Peixoto - *Maria* (Acervo Especial - RCA)
Ary Barroso / Luiz Peixoto - *Maria* (Compacto RCA Camden 5028)
Ary Barroso / Luiz Peixoto - *Maria* (Compacto RCA Camden 5028)
Ary Barroso / Luiz Peixoto - *Maria* (DVD - Silvio Caldas)
Ary Barroso / Luiz Peixoto - *Maria* (DVD - Silvio Caldas)
Ary Barroso / Luiz Peixoto - *Maria* (Grandes Encontros - v. 2)
Ary Barroso / Luiz Peixoto - *Maria* (No Palco - Silvio Caldas)
Ary Barroso / Luiz Peixoto - *Maria* (O Melhor de Sylvio Caldas, BMG)
Ary Barroso / Luiz Peixoto - *Maria* (Saudades - 12" - Musidisc)
Ary Barroso / Luiz Peixoto - *Maria* (Saudades - 12" - Musidisc)
Ary Barroso / Luiz Peixoto - *Maria* (Silvio Caldas "Especial", Ao Vivo)
Ary Barroso / Luiz Peixoto - *Maria* (Silvio Caldas, RGE n. 7056.2)
Ary Barroso / Luiz Peixoto - *Maria* (Sylvio Caldas, RVCD–013)
Ary Barroso / Luiz Peixoto - *Por causa dessa cabocla* (Deusa da Minha Rua, RCVD–191)
Ary Barroso / Luiz Peixoto - *Maria* (20 Preferidas - Silvio Caldas)
Ary Barroso / Luiz Peixoto - *Maria* (Saudades - Mini LP 1)
Ary Barroso / Luiz Peixoto - *Por causa dessa cabocla* (Cantores de Rádio, EMI)
Ariovaldo Pires / Marcelo Tupinambá - *Coração* (Silvio Caldas - O Seresteiro)
Arlindo Marques Jr. / Roberto Roberti - *Amada mia* (Cera)
Armando Cavalcanti / Caio Lemos - *Colombina está chorando* (Cera)
Armando Marçal / Alcebíades Barcelos - *Quanto eu sinto* (SC - O Caboclinho Querido)
Armando Marçal / Alcebíades Barcelos - *Quanto eu sinto!* (Silvio Caldas)
Armando Marçal / Alcebíades Barcelos, Bide - *Companheiro dileto* (Cera)
Artur Costa - *Pra que forçar* (Cera)
Artur Vilarino / E. Silva / Paquito - *O trem atrasou* (Histórias da Música Popular Brasileira)
Assis Valente - *Good bye* (A Arte do Espetáculo - Silvio Caldas)
Assis Valente - *Good bye* (Silvio Caldas, RGE n. 7056.2)
Assis Valente - *Good bye* (Histórias da M. P. B. - Ao Vivo")
Assis Valente - *Good bye* (Histórias da Música Popular Brasileira)
Ataulfo Alves - *Por amor ao meu amor* (Cera)
Ataulfo Alves - *Saudade dela* (Cera)
Ataulfo Alves - *Saudade dela* (Grandes Sucessos de Silvio Caldas)
Ataulfo Alves - *Saudade dela* (Histórias da M. P. B. - Ao Vivo")
Ataulfo Alves - *Saudade dela* (O Caboclinho Querido, v. 2)

a

Ataulfo Alves - *Saudade dela* (O Melhor de Silvio Caldas)
Ataulfo Alves - *Saudade dela* (Presença de Silvio Caldas)
Ataulfo Alves - *Saudade dela* (SC - O Caboclinho Querido)
Ataulfo Alves - *Saudade dela* (Silvio Caldas em Pessoa)
Ataulfo Alves - *Saudade dela* (Silvio Caldas)
Ataulfo Alves - *Talento não tem idade* (*Cabelos brancos*)
Ataulfo Alves / Christóvão de Alencar - *Até breve* (Uma Seresta Inesquecível)
Ataulfo Alves / Christóvão de Alencar - *Até breve* - Cera
Ataulfo Alves / Christóvão de Alencar - *Até breve* (Grandes Sucessos de Silvio Caldas)
Ataulfo Alves / Christóvão de Alencar - *Até breve* (LP Veleiro Silvio Caldas)
Ataulfo Alves / Christóvão de Alencar - *Até breve* (SC - O Caboclinho Querido)
Ataulfo Alves / Christóvão de Alencar - *Até breve* (Silvio Caldas em Pessoa)
Ataulfo Alves / Christóvão de Alencar - *Até breve* (Silvio Caldas)
Ataulfo Alves / Claudionor Cruz - *Já sei sorrir* - Cera
Ataulfo Alves / Claudionor Cruz - *Já sei sorrir* (Filigranas Musicais - v. 8)
Ataulfo Alves / Mário Lago - *Ai que saudades da Amélia* (Histórias da M. P. B. - Ao Vivo")
Ataulfo Alves / Mário Lago - *Ai que saudades da Amélia* (Histórias da Música Popular Brasileira)
Ataulfo Alves / Silvio Caldas - *Eu não sei* (Cera)
Ataulfo Alves / Silvio Caldas - *Eu não sei* (SC - O Caboclinho Querido)
Ataulfo Alves / Silvio Caldas - *Eu não sei* (Silvio Caldas)
Ataulfo Alves / Wilson Batista - *O bonde de São Januário* (Histórias da Música Popular Brasileira)
Ataulfo Alves / Wilson Batista - *O bonde de São Januário* (Histórias da M. P. B. - Ao Vivo")
Ataulfo Alves / Wilson Batista - *Sarambá* (A Arte do Espetáculo - Silvio Caldas)
Ataulo Alves - *Saudade dela* (Histórias da Música Popular Brasileira)
Ataulfo Alves - *Saudade dela* (Cantores de Rádio, EMI)
Augusto Mesquita / Jayme Florence - *Molambo* (Grandes Sucessos Com Silvio Caldas)

b

Baden Powell / Vinicius de Moraes - *Apelo* (Silvio Caldas e Elizeth Cardoso - v. 1)
Baden Powell / Vinicius de Moraes - *Apelo* (Silvio Caldas e Elizeth Cardoso - v. 1)
Baden Powell / Vinicius de Moraes - *Apelo* (Silvio Caldas e Elizeth Cardoso - v. 1)
Baden Powell / Vinicius de Moraes - *Apelo* (Silvio Caldas e Elizeth Cardoso - v. 1)
Baden Powell / Vinicius de Moraes - *Apelo* (Elizeth Cardoso e Silvio Caldas - v. 1)
Baden Powell / Vinicius de Moraes - *Apelo* (Silvio Caldas Especial Gravado ao Vivo)
Baden Powell / Vinicius de Moraes - *Consolação* (Elizeth Cardoso e Silvio Caldas - v. 1)
Baden Powell / Vinicius de Moraes - *Consolação* (Silvio Caldas "Especial", Ao Vivo)
Baden Powell / Vinicius de Moraes - *Consolação* (Silvio Caldas e Elizeth Cardoso - v. 1)
Baden Powell / Vinicius de Moraes - *Consolação* (Silvio Caldas Especial Gravado ao Vivo)
Bastos Tigre / Eduardo Souto - *A saudade* (Cera)
Bastos Tigre / Eduardo Souto - *A saudade* (Com a Saudade Pelo Braço)
Benedito Lacerda - *Tua partida* (Cera)
Benedito Lacerda / Alcebísdes Barcelos - *Não faz mal* - Cera
Benedito Lacerda / Aldo Cabral - *Boneca* (Cera)

b

Benedito Lacerda / Aldo Cabral - *Boneca* (Cantores de Rádio, EMI)
Benedito Lacerda / Aldo Cabral - *Boneca* (Eles Fizeram o Sucesso - v. 1)
Benedito Lacerda / Aldo Cabral - *Boneca* (O Melhor de Silvio Caldas)
Benedito Lacerda / Aldo Cabral - *Noite de Carnaval*
Benedito Lacerda / Aldo Cabral– *Boneca* (Imperial 30.207 - v. 2)
Benedito Lacerda / Darci Oliveira - *Onde vai você, Maria?* (Cera)
Benedito Lacerda / Dario Pereira - *Zombando* (Cera)
Benedito Lacerda / Eratóstenes Frazão - *Fica doido varrido* (Silvio Caldas e Pedro Vargas)
Benedito Lacerda / Eratóstenes Frazão - *Fica doido varrido*
Benedito Lacerda / Eratóstenes Frazão - *Fica doido varrido* (Histórias da Música Popular Brasileira)
Benedito Lacerda / Eratóstenes Frazão - *Fica doido varrido* (Histórias da M. P. B. - Ao Vivo")
Benedito Lacerda / G. Oliveira - *O teu olhar* eu desprezei (Cera)
Benedito Lacerda / Herivelto Martins - *Acorda, escola de samba* (Cantores de Rádio, EMI)
Benedito Lacerda / Herivelto Martins - *Acorda, escola de samba* (Cera)
Benedito Lacerda / Herivelto Martins - *Madrugada* (Cera)
Benedito Lacerda / Herivelto Martins - *Madrugada* (Cantores de Rádio, EMI)
Benedito Lacerda / Herivelto Martins - *Madrugada* (SC Sylvio Caldas)
Benedito Lacerda / Herivelto Martins - *Samaritana* (Cera)
Benedito Lacerda / Herivelto Martins - *Um caboclo abandonado* (Cera)
Benedito Lacerda / Herivelto Martins - *Um caboclo abandonado* (Cantores de Rádio, EMI)
Benedito Lacerda / Herivelto Martins - *Um caboclo abandonado* (Deusa da Minha Rua, RCVD)
Benedito Lacerda / Herivelto Martins - *Um caboclo abandonado* (SC - O Caboclinho Querido)
Benedito Lacerda / Herivelto Martins - *Um caboclo abandonado* (Silvio Caldas)
Benedito Lacerda / Humberto Porto - *A jardineira* (Grandes Encontros - v. II)
Benedito Lacerda / Humberto Porto - *A jardineira* (Histórias da M. P. B. - Ao Vivo")
Benedito Lacerda / Humberto Porto - *A jardineira* (Histórias da Música Popular Brasileira)
Benedito Lacerda / Humberto Porto - *A jardineira* (No Palco - Silvio Caldas)
Benedito Lacerda / Humberto Porto - *A jardineira* (Silvio Caldas "Especial", Ao Vivo)
Benedito Lacerda / Humberto Porto - *A jardineira* (Silvio Caldas Especial Gravado ao Vivo)
Benedito Lacerda / Humberto Porto - *A jardineira* (Silvio Caldas, RGE n. 7056.2)
Benedito Lacerda / Humberto Porto - *A jardineira* (A Arte do Espetáculo - Silvio Caldas)
Benedito Lacerda / Jorge Faraj - *Isis* (Cera)
Benedito Lacerda / Jorge Faraj - *Isis* (Deusa da Minha Rua, RCVD–191)
Benedito Lacerda / Jorge Faraj - *O telefone do amor* (Cera)
Benedito Lacerda / Jorge Faraj - *O telefone do amor* (O Melhor de Silvio Caldas)
Benedito Lacerda / Jorge Faraj - *Professora* (Cera)
Benedito Lacerda / Jorge Faraj - *Professora* (20 Super Sucessos, v. 2, Polydisc)
Benedito Lacerda / Jorge Faraj - *Professora* (Cantores de Rádio, EMI)
Benedito Lacerda / Jorge Faraj - *Professora* (O Caboclinho Querido, v. 3)
Benedito Lacerda / Jorge Faraj - *Professora* (O Melhor de Silvio Caldas)
Benedito Lacerda / Jorge Faraj - *Professora* (Ontem ao Luar)

Benedito Lacerda / Jorge Faraj - *Professora* (SC Sylvio Caldas)
Benedito Lacerda / Jorge Faraj - *Rainha sem trono* (Cera)
Benedito Lacerda / Jorge Faraj - *Rainha sem trono* (Cantores de Rádio, EMI)
Benedito Lacerda / Jorge Faraj - *Rainha sem trono* (Deusa da Minha Rua, RCVD–191)
Benedito Lacerda / Silvio Caldas - *A nega sumiu* (Cera)
Benedito Lacerda / Zeca Ivo - *Última carta de amor* (Cera)
Benedito Lacerda / Zeca Ivo - *Última carta de amor* (Deusa da Minha Rua, RCVD–191)
Benil Santos / Raul Sampaio - *Contradizendo* (*Kátia* - Compacto 80.138)
Benil Santos / Raul Sampaio - *Contradizendo* (*Kátia* - Compacto 80.138)
Billy Blanco - *Compromisso com a saudade* (Cera)
Billy Blanco - *Compromisso com a saudade* (*Cabelos brancos*)
Billy Blanco - *Compromisso com a saudade* (O Caboclinho Querido, v. 2)
Billy Blanco - *Piston de gafieira* (Cera)
Billy Blanco - *Piston de gafieira* (21 Grandes Sucessos)
Billy Blanco - *Piston de gafieira* (Brilhantes)
Billy Blanco - *Piston de gafieira* (*Cabelos brancos*)
Billy Blanco - *Viva meu samba* (Cera)
Billy Blanco - *Viva meu samba* (20 Preferidas - Silvio Caldas)
Billy Blanco - *Viva meu samba* (A Arte do Espetáculo - Silvio Caldas)
Billy Blanco - *Viva meu samba* (No Palco - Silvio Caldas)
Billy Blanco - *Viva meu samba* (O Caboclinho Querido, v. 1
Billy Blanco - *Viva meu samba* (Presença de Silvio Caldas)
Billy Blanco - *Viva meu samba* (*Serenata* - Silvio Caldas)
Billy Blanco - *Viva meu samba* (Silvio Caldas em Pessoa)
Billy Blanco - *Viva meu samba* (Silvio Caldas, RGE n. 7056.2)
Billy Blanco - *Viva mi samba* (Tesoros de la Canción Brasileña - Maringá)
Billy Blanco / Silvio Caldas - *Saudade de você* (*Cabelos brancos*)
Bonfiglio de Oliveira - *Saudade gaúcha* (Cera)
Bonfiglio de Oliveira - *Saudade gaúcha* - com Gastão Formenti (Novidades de 1930)
Bororó - *Da cor do pecado* (A Bossa da Velha Guarda)
Bororó - *Da cor do pecado* (Acervo Especial - RCA)
Bororó - *Da cor do pecado* (Grande Parada - Nostalgia)
Bororó - *Da cor do pecado* (RCA Camden LP Nostalgia v. 1)
Bororó - *Da cor do pecado* (Reminiscências - v. 8)
Bororó - *Da cor do pecado* (Silvio Caldas e Suas Interpretações Inesquecíveis)
Bororó / Evagrio Lopes - *Que é, que é* (Silvio Caldas, RVCD–013)
Bororó / Evágrio Lopes - *Que é, que é* (Cera)
Bororó, Alberto Simoens da Silva / Evágrio Lopes - *Que é, que é* (O Caboclinho Querido)
C. Cardoso - *Mulambo* (Cera)
Caio Lemos / Armando Cavalcanti - *Colombina está chorando* (Cera)
Cândido Costa/M.Porto/L.Peixoto/H.Vogeler– *Linda flor* (Ai, Yoyô) (DVD - Silvio Caldas)

C

Cândido das Neves, "Índio" - *Última estrofe* (O Caboclinho Querido, v. 2)
Cândido das Neves, "Indio" - *Última estrofe* 20 Super Sucessos, v. 2, Polydisc)
Cândido das Neves, "Indio" - *Noite cheia de estrelas* (21 Grandes Sucessos)
Cândido das Neves, "Índio" - *Última estrofe* (Ídolos do Rádio - Silvio Caldas)
Cândido das Neves, "Índio" - *Íntima lágrima* (Ontem ao Luar)
Cândido das Neves, "Índio" - *Noite cheia de estrelas* (Brilhantes)
Cândido das Neves, "Índio" - *Noite cheia de estrelas* (Canta o Seresteiro Silvio Caldas)
Cândido das Neves, "Índio" - *Noite cheia de estrelas* (Eternamente)
Cândido das Neves, "Índio" - *Noite cheia de estrelas* (Maximum / Sony & BMG)
Cândido das Neves, "Índio" - *Noite cheia de estrelas* (Maximum / Sony & BMG)
Cândido das Neves, "Índio" - *Noite cheia de estrelas* (O Caboclinho Querido, v. 1)
Cândido das Neves, "Índio" - *Noite cheia de estrelas* (Presença de Silvio Caldas)
Cândido das Neves, "Índio" - *Noite cheia de estrelas* (20 Super Sucessos, Polydisc)
Cândido das Neves, "Índio" - *Última estrofe* (Canta o Seresteiro Silvio Caldas)
Cândido das Neves, "Índio" - *Última estrofe* (Eternamente - Silvio Caldas)
Capiba - *Recife, cidade lendária* (20 Super Sucessos, Polydisc)
Capiba - *Recife, cidade lendária* (Histórias da M. P. B. - Ao Vivo")
Capiba - *Recife, cidade lendária* (Histórias da Música Popular Brasileira)
Capiba - *Recife, cidade lendária* (A História Viva - Silvio Caldas)
Carlos de Almeida - *Alô, meu bem* (Cera)
Carlos Imperial / José Carlos Burle - *Meu limão, meu limoeiro* (Cantores de Rádio, EMI)
Carlos Medina / Oscar Cardona - *Sonhei que te beijava* (Cera)
Carolina Cardoso de Menezes / Elza Marzullo - *Ausência* (Cera)
Carolina Cardoso de Menezes / Elza Marzullo - *Ausência* (Filigranas Musicais da RCA - IX)
Cartola - *As rosas não falam* (20 Preferidas - Silvio Caldas)
Cartola - *As rosas não falam* (A Arte do Espetáculo - Silvio Caldas)
Cartola - *As rosas não falam* (No Palco - Silvio Caldas)
Cartola - *As rosas não falam* (Silvio Caldas, RGE n. 7056.2)
Cartola / Silvio Caldas - *Na floresta* (Cera)
Carusinho / Silvio Caldas / De Chocolate - *Na aldeia* (Cera)
Carusinho / Silvio Caldas / De Chocolate - *Na aldeia* (O Melhor da Velha Guarda - v. 1)
Carusinho / Silvio Caldas / De Chocolate - *Na aldeia* (Silvio Caldas em Pessoa)
Castro Barbosa / Kid Pepe - *Choro por teu amor* (Cera)
Catullo da Paixão Cearense / Pedro Alcântara - *Ontem ao luar* (Presença de Silvio Caldas)
Catullo da Paixão Cearense / Pedro Alcântara - Ontem ao luar (Ontem ao Luar)
Catullo da Paixão Cearense / Pedro Alcântara - *Ontem ao luar* (O Caboclinho Querido, v. 2)
Catullo da Paixão Cearense / Pedro Alcântara - *Ontem ao luar* (20 Super Sucessos, Polydisc)
Catullo da Paixão Cearense / Pedro Alcântara - *Ontem ao luar* (Maximum / Sony & BMG)
Catullo da Paixão Cearense / Pedro Alcântara - *Ontem ao luar* (Maximum / Sony & BMG)
Celso Brasil / Jorge Faraj - *Mentira carioca* (Filigranas Musicais - v. 8)
Celso Macedo / Lamartine Babo - *Cessa tudo* (Cera)

C

Celso Macedo / Lamartine Babo - *Cessa tudo* (Silvio Caldas e Suas Interpretações Inesquecíveis)

César Brasil / Jorge Faraj - *Mentira carioca* (Cera)

Chico Buarque / Garoto / Vinicius - *Gente humilde* (Grandes Sucessos Com Silvio Caldas)

Chico Buarque / Vinicius de Moraes / Garoto - *Gente humilde* (Presença de Silvio Caldas)

Chocolate / Elano de Paula - *Canção de amor* (Elizeth Cardoso e Silvio Caldas - Vol.1)

Chocolate / Elano de Paula - *Canção de amor* (Silvio Caldas "Especial", Ao Vivo)

Chocolate / Elano de Paula - *Canção de amor* (Silvio Caldas e Elizeth Cardoso - v. 1)

Chocolate / Elano de Paula - *Canção de amor* (Silvio Caldas Especial Gravado ao Vivo)

Christóvão de Alencar / Hervê Cordovil - *Se Papai Noel quisesse* (Cera)

Christóvão de Alencar / Newton Teixeira – *Tudo me fala do teu olhar* (Deusa da Minha Rua, RCVD)

Christóvão de Alencar / Silvio Caldas - *Arrependimento* (Saudades)

Christóvão de Alencar / Silvio Caldas - *Arrependimento* (Saudades)

Christóvão de Alencar / Georges Moran - *Se tu soubesses* (Silvio Caldas - O Caboclinho Querido)

Christóvão de Alencar - Antônio Nássara - *A menina "presidência"* (DVD - Silvio Caldas)

Christóvão de Alencar - Antônio Nássara - *A menina "presidência"* (DVD - Silvio Caldas)

Christóvão de Alencar / Antônio Nássara - *A menina "presidência"* (Histórias da M. P. B.)

Christóvão de Alencar / Antônio Nássara - *A menina "presidência"* (Cera)

Christóvão de Alencar / Antônio Nássara - *A menina "presidência"* (A Arte do Espetáculo)

Christóvão de Alencar / Antônio Nássara - *Eu agora vou gritar* (Cera)

Christóvão de Alencar / Araulfo Alves - *Até breve* (Cantores de Rádio, EMI)

Christóvão de Alencar / Ataulfo Alves - *Até breve* (Cera)

Christóvão de Alencar / Ataulfo Alves - *Até breve* (Grandes Sucessos de Silvio Caldas)

Christóvão de Alencar / Ataulfo Alves - *Até breve* (LP Veleiro Silvio Caldas)

Christóvão de Alencar / Ataulfo Alves - *Até breve* (SC - O Caboclinho Querido)

Christóvão de Alencar / Ataulfo Alves - *Até breve* (Silvio Caldas em Pessoa)

Christóvão de Alencar / Ataulfo Alves - *Até breve* (Silvio Caldas)

Christóvão de Alencar / Djalma Ferreira - *Longe dos olhos* (Elizeth Cardoso e Silvio Caldas - v. 2)

Christóvão de Alencar / Djalma Ferreira - *Longe dos olhos* (Juntos Fco. Petrônio / Silvio Caldas)

Christóvão de Alencar / Djalma Ferreira - *Longe dos olhos* (LP Music Master Silvio Caldas)

Christóvão de Alencar / Djalma Ferreira - *Longe dos olhos* (O Seresteiro do Brasil)

Christóvão de Alencar / Djalma Ferreira - *Longe dos olhos* (Phonodisc LP Silvio Caldas)

Christóvão de Alencar / Djalma Ferreira - *Longe dos olhos* (Saudades)

Christóvão de Alencar / Dunga / Silvio Caldas - *Por causa dela* (Cera)

Christóvão de Alencar / Georges Moran - *Esta noite ou nunca mais* (O Melhor de Silvio Caldas)

Christóvão de Alencar / Georges Moran - *Ninotchka* (O Melhor de Silvio Caldas)

Christóvão de Alencar / Georges Moran - *Ninotchka* (Silvio Caldas - O Caboclinho Querido)

Christóvão de Alencar / Georges Moran - *Ninotchka* (Cera)

Christóvão de Alencar / Georges Moran - *Se tu soubesses* (Cera)

Christóvão de Alencar / Georges Moran - *Se tu soubesses* (Deusa da Minha Rua - Compacto)

Christóvão de Alencar / Georges Moran - *Se tu soubesses* (Deusa da Minha Rua - Compacto)

Christóvão de Alencar / Georges Moran - *Se tu soubesses* (E o Destino Desfolhou)

C

Christóvão de Alencar / Georges Moran - *Se tu soubesses* (O Seresteiro Silvio Caldas)
Christóvão de Alencar / Georges Moran - *Se tu soubesses* (Seresta, Só Seresta)
Christóvão de Alencar / J. Batista - *A mulher de trinta anos* (Cera)
Christóvão de Alencar / Newton Teixeira - *Não* (Cera)
Christóvão de Alencar / Newton Teixeira - *Não* (O Seresteiro Silvio Caldas)
Christóvão de Alencar / Newton Teixeira - *Não* (O Melhor de Silvio Caldas)
Christóvão de Alencar / Newton Teixeira - *Não* (Ontem ao Luar)
Christóvão de Alencar / Newton Teixeira - *Não* (Phonodisc LP Silvio Caldas)
Christóvão de Alencar / Newton Teixeira - *Não* (Silvio Caldas - O Caboclinho Querido)
Christóvão de Alencar / Newton Teixeira - *Não* (Sou Um Namorado Errante)
Christóvão de Alencar / Newton Teixeira - *Não* (Sou Um Namorado Errante)
Christóvão de Alencar / Newton Teixeira - *Sempre você* (Cera)
Christóvão de Alencar / Newton Teixeira - *Sempre você* (Deusa da Minha Rua - Compacto)
Christóvão de Alencar / Newton Teixeira - *Sempre você* (Deusa da Minha Rua - Compacto)
Christóvão de Alencar / Newton Teixeira - *Tudo me fala do teu olhar* (Cera)
Christóvão de Alencar / Newton Teixeira) - *Arrependimento* (Cera)
Christóvão de Alencar / Silvio Caldas - *Arrependimento* (Canta o Seresteiro do Brasil)
Christóvão de Alencar / Silvio Caldas - *Arrependimento* (DVD - Silvio Caldas)
Christóvão de Alencar / Silvio Caldas - *Arrependimento* (O Melhor de Silvio Caldas)
Christóvão de Alencar / Silvio Caldas - *Arrependimento* (O Seresteiro do Brasil)
Christóvão de Alencar / Silvio Caldas - *Arrependimento* (Saudades)
Christóvão de Alencar / Silvio Caldas - *Arrependimento* (SC Sylvio Caldas)
Christóvão de Alencar / Silvio Caldas - *Arrependimento* (Silvio Caldas - Canta o Seresteiro)
Christóvão de Alencar / Silvio Caldas - *Até quando?* (Eles Fizeram o Sucesso - v. 1)
Christóvão de Alencar / Silvio Caldas - *Até quando?* (Cera)
Christóvão de Alencar / Silvio Caldas - *Carta sonora* (Cera)
Christóvão de Alencar / Silvio Caldas - *Morena da minha aldeia* (Cera)
Christóvão de Alencar / Silvio Caldas - *Sinhá moça chorou* (Cera)
Christóvão de Alencar / Silvio Caldas - *Sinhá moça chorou* (Silvio Caldas, O Seresteiro do Brasil)
Christóvão de Alencar / Silvio Caldas / Newton Teixeira - *Adeus, felicidade* (Cera)
Christóvão de Alencar / Silvio Caldas / Newton Teixeira - *Adeus, felicidade* (Silvio Caldas)
Christóvão de Alencar / Newton Teixeira - *Tudo me fala do teu olhar* (Cantores de Rádio, EMI)
Christóvão de Alencar / S. Caldas / Newton Teixeira - *Adeus, felicidade* (SC - O Caboclinho Querido)
Cícero de Almeida - *Samba de reúna* (Cera)
Claribalte Passos / Marino Pinto / L. Panicali - *Leonor* (Cera)
Claudionor Cruz / Ataulfo Alves - *Já sei sorrir* (Cera)
Claudionor Cruz / Ataulfo Alves - *Já sei sorrir* (Filigranas Musicais - v. 8)
Claudionor Cruz / Waldemar de Abreu, "Dunga" - *Tu és a culpada* (Cera)
Christóvão de Alencar / Djalma Ferreira - *Longe dos olhos* (Mestres da MPB)
Christóvão de Alencar / Djalma Ferreira - *Longe dos olhos* (Saudades - 12" - Musidisc)
Christóvão de Alencar / Antônio Nássara - *A menina "presidência"* (Silvio Caldas, RGE n. 7056.2)

Christóvão de Alencar / Ataulpho Alves - *Até breve* (O Caboclinho Querido, v. 2)
Christóvão de Alencar / D. Ferreira - *Longe dos olhos* (Silvio Caldas e Elizeth Cardoso - v. 2)
Christóvão de Alencar / Djalma Ferreira - *Longe dos olhos* (Saudades - Mini LP 1)
Christóvão de Alencar / Djalma Ferreira - *Longe dos olhos* (Saudades - Mini LP 1)
Christóvão de Alencar / Nássara - *A menina "presidência"* (No Palco - Silvio Caldas)
Christóvão de Alencar / Silvio Caldas - *Arrependimento* - (Saudades - Mini LP 1)
Christóvão de Alencar / Silvio Caldas - *Arrependimento* - (Saudades - Mini LP 1)
Christóvão de Alencar / Silvio Caldas - *Arrependimento* (Saudades - 12" - Musidisc)
Christóvão de Alencar / Silvio Caldas - *Arrependimento* (Saudades - 12" - Musidisc)
Custódio Mesquita / Sadi Cabral - *O pião* (Deusa da Minha Rua, RCVD–191)
Custódio Mesquita - *Caixinha de música* (Cera)
Custódio Mesquita - *Caixinha de música* (E o Destino Desfolhou)
Custódio Mesquita - *Caixinha de música* (O Melhor da Velha Guarda - v. 2)
Custódio Mesquita - *Caixinha de música* (O Melhor de Silvio Caldas)
Custódio Mesquita - *Caixinha de música* (Sou Um Namorado Errante)
Custódio Mesquita - *Dormindo na rua* (Cera)
Custódio Mesquita - *Doutor em samba* (Silvio Caldas)
Custódio Mesquita - *Os homens são uns anjinhos* (Cera)
Custódio Mesquita - *Tenho um segredo* (Cera)
Custódio Mesquita / David Nasser - *Algodão* (Cera)
Custódio Mesquita / David Nasser - *Algodão* (Filigranas Musicais da RCA - XVI)
Custódio Mesquita / David Nasser - *Algodão* (Momentos Nostálgicos)
Custódio Mesquita / David Nasser - *Algodão* (O Melhor de Silvio Caldas)
Custódio Mesquita / David Nasser - *Algodão* (Silvio Caldas e Suas Interpretações Inesquecíveis)
Custódio Mesquita / Evaldo Rui - *Como os rios que correm pro mar* (Compacto RCA Camden 5028)
Custódio Mesquita / Evaldo Rui - *Como os rios que correm pro mar* (Compacto RCA Camden 5028)
Custódio Mesquita / Evaldo Rui - *Como os rios que correm pro mar* (Cera)
Custódio Mesquita / Evaldo Rui - *É inútil mentir* (Cera)
Custódio Mesquita / Evaldo Rui - *Feitiçaria* (Cera)
Custódio Mesquita / Evaldo Rui - *Feitiçaria* (Filigranas Musicais da RCA - XVI)
Custódio Mesquita / Evaldo Rui - *Noturno em tempo de samba* (Cera)
Custódio Mesquita / Evaldo Rui - *O samba de Beatriz* (Cera)
Custódio Mesquita / Evaldo Rui - *Promessa* (Cera)
Custódio Mesquita / Evaldo Rui - *Promessa* (Filigranas Musicais da RCA - XVI)
Custódio Mesquita / Evaldo Rui - *Sim ou não* (Cera)
Custódio Mesquita / Evaldo Rui - *Valsa do meu subúrbio* (Cera)
Custódio Mesquita / Evaldo Rui - *Como os rios que correm pro mar* (O Seresteiro do Brasil)
Custódio Mesquita / Evaldo Rui - *Como os rios que correm pro mar* (Acervo Especial - RCA)
Custódio Mesquita / Evaldo Rui - *Como os rios que correm pro mar* (O Seresteiro Silvio Caldas)
Custódio Mesquita / Evaldo Rui - *Promessa* (A História Viva - Silvio Caldas)
Custódio Mesquita / Evaldo Rui - *Promessa* (Acervo Especial - RCA)

Custódio Mesquita / Evaldo Rui - *Promessa* (O Melhor de Silvio Caldas)

Custódio Mesquita / Evaldo Rui - *Promessa* (Silvio Caldas e Suas Interpretações Inesquecíveis)

Custódio Mesquita / Evaldo Rui - *Rosa de maio* (O Seresteiro, Inter Records, R 31009)

Custódio Mesquita / Evaldo Rui - *Rosa de maio* (Silvio Caldas - O Seresteiro)

Custódio Mesquita / Jorge Faraj - *Preto velho* (Cera)

Custódio Mesquita / Jorge Faraj - *Preto velho* (E o Destino Desfolhou)

Custódio Mesquita / Paulo Orlando - *A vida em 4 tempos* (Deusa da Minha Rua, RCVD–191)

Custódio Mesquita / Paulo Orlando - *A vida em 4 tempos* (Cera)

Custódio Mesquita / Sadi Cabral - *Mulher* (Cera)

Custódio Mesquita / Sadi Cabral - *Mulher* (E o Destino Desfolhou)

Custódio Mesquita / Sadi Cabral - *Mulher* (LP Veleiro Silvio Caldas)

Custódio Mesquita / Sadi Cabral - *Mulher* (O Melhor de Silvio Caldas)

Custódio Mesquita / Sadi Cabral - *Mulher* (Ontem ao Luar)

Custódio Mesquita / Sadi Cabral - *Mulher* (Seresta, Só Seresta)

Custódio Mesquita / Sadi Cabral - *Mulher* (Silvio Caldas e Suas Interpretações Inesquecíveis)

Custódio Mesquita / Sadi Cabral - *O pião* (Cera)

Custódio Mesquita / Sadi Cabral - *O pião* (E o Destino Desfolhou - Silvio Caldas)

Custódio Mesquita / Sadi Cabral - *O pião* (O Melhor da Velha Guarda - v. 2)

Custódio Mesquita / Sadi Cabral - *O pião* (Sou Um Namorado Errante)

Custódio Mesquita / Sadi Cabral - *Velho realejo* (Cera)

Custódio Mesquita / Sadi Cabral - *Velho realejo* (Encontro de Seresteiros)

Custódio Mesquita / Sadi Cabral - *Velho realejo* (Grandes Intérpretes)

Custódio Mesquita / Sadi Cabral - *Velho realejo* (LP Music Master Silvio Caldas)

Custódio Mesquita / Sadi Cabral - *Velho realejo* (Phonodisc LP Silvio Caldas)

Custódio Mesquita / Sadi Cabral - *Velho realejo* (RCA Camden LP Nostalgia v. 1)

Custódio Mesquita / Sadi Cabral - *Velho realejo* (Silvio Caldas e Suas Interpretações Inesquecíveis)

Custódio Mesquita / Sadi Cabral - *Mulher* (Acervo Especial - RCA)

Custódio Mesquita / Sadi Cabral - *Mulher* (DVD - Silvio Caldas)

Custódio Mesquita / Sadi Cabral - *Mulher* (O Melhor de Sylvio Caldas, BMG)

Custódio Mesquita / Sadi Cabral - *O pião* (DVD - Silvio Caldas)

Custódio Mesquita / Sadi Cabral - *Velho realejo* (Cera)

Custódio Mesquita / Sadi Cabral - *Velho realejo* (20 Super Sucessos, Polydisc)

Custódio Mesquita / Sadi Cabral - *Velho realejo* (Acervo Especial - RCA)

Custódio Mesquita / Sadi Cabral - *Velho realejo* (Juntos Francisco Petrônio / Silvio Caldas)

Custódio Mesquita / Sadi Cabral - *Velho realejo* (Juntos Francisco Petrônio / Silvio Caldas)

Custódio Mesquita / Sadi Cabral - *Velho realejo* (Mestres da MPB)

Custódio Mesquita / Evaldo Rui - *Como os rios que correm pro mar* (Silvio Caldas/Compacto 5028)

Custódio Mesquita / Evaldo Rui - *Noturno em tempo de samba* (Filigranas Musicais - RCA - XVI)

Custódio Mesquita / Evaldo Rui - *Como os rios que correm pro mar* (O Melhor de S. C. BMG)

Custódio Mesquita / Evaldo Rui - *Valsa do meu subúrbio* (S.C. e Suas Interpretações Inesquecíveis)

Custódio Mesquita / Paulo Orlando - *A vida em 4 tempos* (S.C. e Suas Interpretações Inesquecíveis)

d

Darci Oliveira / Benedito Lacerda - *Onde vai você, Maria?* (Cera)
Dario Pereira / Benedito Lacerda - *Zombando* (Cera)
David Nasser / Custódio Mesquita - *Algodão* (Cera)
David Nasser / Custódio Mesquita - *Algodão* (Filigranas Musicais da RCA - XVI)
David Nasser / Custódio Mesquita - *Algodão* (Momentos Nostálgicos)
David Nasser / Custódio Mesquita - *Algodão* (O Melhor de Silvio Caldas)
David Nasser / Custódio Mesquita - *Algodão* (Silvio Caldas e Suas Interpretações Inesquecíveis)
David Nasser / Francisco Alves - *Saudade do passado* (Ídolos do Rádio - Silvio Caldas)
David Nasser / Joubert de Carvalho - *O silêncio do cantor* (Cera)
David Nasser / Joubert de Carvalho - *O silêncio do cantor* (Histórias da M. P. B. - Ao Vivo")
David Nasser / Joubert de Carvalho - *O silêncio do cantor* (Mestres da MPB)
David Nasser / Joubert de Carvalho - *O silêncio do cantor* (O Melhor de Silvio Caldas)
David Nasser / Joubert de Carvalho - *O silêncio do cantor* (A História Viva - Silvio Caldas)
David Nasser / Joubert de Carvalho - *O silêncio do cantor* (Histórias da Música Popular Brasileira)
David Nasser / Joubert de Carvalho - *O silêncio do cantor* (Silvio Caldas Especial Gravado ao Vivo)
David Nasser / Joubert de Carvalho - *O silêncio do cantor* (Sylvio Caldas, RVCD–013)
David Nasser / Rubens Soares - *Nega do cabelo duro* (DVD - Silvio Caldas)
David Nasser / Rubens Soares - *Nega do cabelo duro* (Histórias da Música Popular Brasileira)
David Nasser / Rubens Soares - *Nega do cabelo duro* (Silvio Caldas Especial Gravado ao Vivo)
David Nasser / Rubens Soares - *Nega do cabelo duro* (Silvio Caldas "Especial", Ao Vivo)
David Nasser / Silvio Caldas - *Canção das mães* (Cera)
David Nasser / Silvio Caldas - *Canção das mães* (Com a Saudade Pelo Braço)
David Nasser / Silvio Caldas - *Nossa Senhora da Glória* (Cera)
David Nasser / Silvio Caldas - *Nossa Senhora da Glória* (Silvio Caldas - O Seresteiro)
De Chocolate / Carusinho / Silvio Caldas - *Na aldeia* (O Melhor da Velha Guarda - v. 1)
De Chocolate / Carusinho / Silvio Caldas - *Na aldeia* (Silvio Caldas em Pessoa)
De Chocolate / Silvio Caldas - *Não te perdôo* (Cera)
De Chocolate / Silvio Caldas / Carusinho - *Na aldeia* (Cera)
Demerval Guimarães / Lamartine Babo - *Cutuca, Maroca* (Novidades de 1930)
Djalma Ferreira Nascimento / Newton Teixeira - *Alucinação* (Com a Saudade Pelo Braço)
Djalma Ferreira Nascimento / Newton Teixeira - *Alucinação* (O Melhor de Silvio Caldas)
Djalma Ferreira Nascimento / Newton Teixeira - *Alucinação* (Ontem ao Luar)
Djalma Ferreira Nascimento / Newton Teixeira - *Alucinação* (Phonodisc LP Silvio Caldas)
Djalma Ferreira Nascimento / C. de Alencar - *Longe dos olhos* (Silvio Caldas e Elizeth Cardoso - v. 2)
Djalma Ferreira Nascimento / C. de Alencar - *Longe dos olhos* (Silvio Caldas e Elizeth Cardoso - v. 2)
Djalma Ferreira Nascimento / Christóvão de Alencar - *Longe dos olhos* (Saudades)
Djalma Ferreira Nascimento / Christóvão de Alencar - *Longe dos olhos* (Juntos Fco. Petrônio / Silvio Caldas)
Djalma Ferreira Nascimento / Christóvão de Alencar - *Longe dos olhos* (LP Music Master Silvio Caldas)
Djalma Ferreira Nascimento / Christóvão de Alencar - *Longe dos olhos* (O Seresteiro do Brasil)
Djalma Ferreira Nascimento / Christóvão de Alencar - *Longe dos olhos* (Phonodisc LP Silvio Caldas)
Djalma Ferreira Nascimento / Christóvão de Alencar - *Longe dos olhos* (Saudades)

d

Djalma Ferreira Nascimento / Christóvão de Alencar - *Longe dos olhos* (Saudades - 12" - Musidisc)
Djalma Ferreira Nascimento / Christóvão de Alencar - *Longe dos olhos* (Saudades - 12" - Musidisc)
Djalma Ferreira Nascimento / Christóvão de Alencar - *Longe dos olhos* (Saudades - Mini LP 1)
Djalma Ferreira Nascimento / Christóvão de Alencar - *Longe dos olhos* (Elizeth Cardoso e Silvio Caldas - v. 2)
Domínio Público - *Ciranda, cirandinha* (A Arte do Espetáculo - Silvio Caldas)
Domínio Público - Arr. Renato de Oliveira - *Casinha pequenina* (21 Grandes Sucessos)
Domínio Público - Arr. Renato de Oliveira - *Casinha pequenina* (Brilhantes)
Domínio Público - *Ciranda, cirandinha* (No Palco - Silvio Caldas)
Domínio Público - *Ciranda, cirandinha* (Silvio Caldas, RGE n. 7056.2)
Domínio Público - *Terezinha de Jesus* (A Arte do Espetáculo - Silvio Caldas)
Domínio Público - *Terezinha de Jesus* (No Palco - Silvio Caldas)
Domínio Público - *Terezinha de Jesus* (Silvio Caldas, RGE n. 7056.2)
Dorival Caymmi - *A jangada voltou só* (E o Destino Desfolhou)
Dorival Caymmi - *A jangada voltou só* (Histórias da Música Popular Brasileira)
Dorival Caymmi - *A jangada voltou só* (Ídolos do Rádio - Silvio Caldas)
Dorival Caymmi - *A jangada voltou só* (Histórias da M. P. B. - Ao Vivo")
Dorival Caymmi - *A preta do acarajé* (E o Destino Desfolhou)
Dorival Caymmi - *A preta do acarajé* (Histórias da M. P. B. - Ao Vivo")
Dorival Caymmi - *A preta do acarajé* (Histórias da Música Popular Brasileira)
Dorival Caymmi - *A preta do acarajé* (Ídolos do Rádio - Silvio Caldas)
Dorival Caymmi - *Dora* (E o Destino Desfolhou)
Dorival Caymmi - *Dora* (Histórias da M. P. B. - Ao Vivo")
Dorival Caymmi - *Dora* (Histórias da Música Popular Brasileira)
Dorival Caymmi - *Dora* (Ídolos do Rádio - Silvio Caldas)
Dorival Caymmi - *João valentão* (E o Destino Desfolhou)
Dorival Caymmi - *João valentão* (Histórias da M. P. B. - Ao Vivo")
Dorival Caymmi - *João valentão* (Histórias da Música Popular Brasileira)
Dorival Caymmi - *João valentão* (Ídolos do Rádio - Silvio Caldas)
Dorival Caymmi - *Marina* (E o Destino Desfolhou)
Dorival Caymmi - *Marina* (Histórias da M. P. B. - Ao Vivo")
Dorival Caymmi - *Marina* (Histórias da Música Popular Brasileira)
Dorival Caymmi - *Marina* (Ídolos do Rádio - Silvio Caldas)
Dorival Caymmi - *Nunca mais* (20 Preferidas - Silvio Caldas)
Dorival Caymmi - *Nunca mais* (A Arte do Espetáculo - Silvio Caldas)
Dorival Caymmi - *Nunca mais* (E o Destino Desfolhou - Silvio Caldas)
Dorival Caymmi - *Nunca mais* (Histórias da M. P. B. - Ao Vivo")
Dorival Caymmi - *Nunca mais* (Histórias da Música Popular Brasileira)
Dorival Caymmi - *Nunca mais* (Ídolos do Rádio - Silvio Caldas)
Dorival Caymmi - *Nunca mais* (No Palco - Silvio Caldas)
Dorival Caymmi - *Nunca mais* (Silvio Caldas, RGE n. 7056.2)
Dorival Caymmi - *O que é que a baiana tem?* (Histórias da Música Popular Brasileira)

Dorival Caymmi - *O que é que a baiana tem?* (E o Destino Desfolhou - Silvio Caldas)
Dorival Caymmi - *O que é que a baiana tem?* (Histórias da M. P. B. - Ao Vivo")
Dorival Caymmi - *O que é que a baiana tem?* (Ídolos do Rádio - Silvio Caldas)
Dunga / Silvio Caldas / Christóvão de Alencar - *Por causa dela* (Cera)
Dunga - *Chora,* cavaquinho - (Elizeth Cardoso e Silvio Caldas - v. 2)
Eduardo Souto / Bastos Tigre - *A saudade* (Com a Saudade Pelo Braço)
Eduardo Souto / Bastos Tigre - *A saudade* (Cera)
Eduardo Souto / Francisco Pimentel - *Despertar da montanha* (Cera)
Eduardo Souto / Francisco Pimentel - *Despertar da montanha* (Com a Saudade Pelo Braço)
Elano de Paula / Chocolate - *Canção de amor* (Elizeth Cardoso e Silvio Caldas - v. 1)
Elano de Paula / Chocolate - *Canção de amor* (Silvio Caldas e Elizeth Cardoso - v. 1)
Elano de Paula / Chocolate - *Canção de amor* (Silvio Caldas Especial Gravado ao Vivo)
Elza Marzullo / Carolina Cardoso de Menezes - *Ausência* (Cera)
Elza Marzullo / Carolina Cardoso de Menezes - *Ausência* (Filigranas Musicais da RCA - IX)
Emydgio Pestana / Guimarães Passos - *Na casa branca da serra* (Silvio Caldas - O Seresteiro)
Erasmo Carlos / Roberto Carlos - *À distância* (Grandes Sucessos Com Silvio Caldas)
Erasmo Silva / Mário Lago - *Destino traçado*
Erasmo Silva / Mário Lago - *Destino traçado* (Silvio Caldas - O Seresteiro)
Erasmo Silva / Mário Lago - *E ela não voltou* (Acabei)
Erasmo Silva / Mário Lago - *Gilda* (Cera)
Erasmo Silva / Mário Lago - *Gilda* (Tive Uma Surpresa)
Erasmo Silva / Wilson Batista - *Homem marcado* (Cera)
Eratóstenes Frazão - *Cabeça chata* (Cera)
Eratóstenes Frazão - *Cabeça chata* (E o Destino Desfolhou)
Eratóstenes Frazão - *Cabeça chata* (Histórias da Música Popular Brasileira)
Eratostenes Frazão - *Cabeça chata* (O Caboclinho Querido, v. 3)
Eratóstenes Frazão - *Cebeça chata* (Histórias da M. P. B. - Ao Vivo")
Eratóstenes Frazão - *Chora que passa* (Cera)
Eratóstenes Frazão / A. Nássara - *Coração ingrato* (Histórias da M. P. B. - Ao Vivo")
Eratóstenes Frazão / Antônio Nássara - *Coração ingrato* (Cera)
Eratóstenes Frazão / Antônio Nássara - *Coração ingrato* (DVD - Silvio Caldas)
Eratóstenes Frazão / Antônio Nássara - *Coração ingrato* (Histórias da Música Popular Brasileira)
Eratóstenes Frazão / Antônio Nassara - *Florisbela* (Cera)
Eratóstenes Frazão / Antônio Nássara - *Florisbela* (Histórias da Música Popular Brasileira)
Eratóstenes Frazão / Antônio Nássara - *Florisbela* (Silvio Caldas Especial Gravado ao Vivo)
Eratóstenes Frazão / Benedito Lacerda - *Fica doido varrido* (Cera)
Eratóstenes Frazão / Benedito Lacerda - *Fica doido varrido* (Histórias da Música Popular Brasileira)
Eratóstenes Frazão / Benedito Lacerda - *Fica doido varrido* (Silvio Caldas e Pedro Vargas)
Eratóstenes Frazão / Marino Pinto - *Florisbela santropé* (A Arte do Espetáculo - Silvio Caldas)
Eratóstenes Frazão / Marino Pinto - *Pif-paf* (Cera)
Eratóstenes Frazão / Silvio Caldas - *Chuva miúda* (Cera)

e

Eratóstenes Frazão / Silvio Caldas - *Chuva miúda* (Silvio Caldas e Pedro Vargas)
Eratostenes Frazão / Silvio Caldas - *Chuva miúda* - c/Elizeth (Elizeth Cardoso e Silvio Caldas/v. 2)
Eratóstenes Frazão / Silvio Caldas - *Chuva miúda* (Silvio Caldas e Elizeth Cardoso - v. 2)
Eratóstenes Frazão / Silvio Caldas - *Gaivota* (Cera)
Eratóstenes Frazão / Silvio Caldas - *Gaivota* (Silvio Caldas, o Seresteiro do Brasil)
Eratóstenes Frazão / Silvio Caldas - *Se for preciso eu caso* (Cera)
Eratóstenes Frazão / Silvio Caldas - *Toucas brancas* (E o Destino Desfolhou)
Ernesto dos Santos / Henrique Chaves - *Vou implorar* (Cera)
Ernesto dos Santos,"Donga" - *O que é a vida ?* (Cera)
Erothides de Campos - *Ave Maria* (Canta o Seresteiro do Brasil)
Erothides de Campos - *Ave Maria* (20 Super Sucessos, Polydisc)
Erothides de Campos - *Ave Maria* (Grandes Interpretações de Silvio Caldas)
Erothides de Campos - *Ave Maria* (O Caboclinho Querido, v. 3)
Erothides de Campos - *Ave Maria* (Presença de Silvio Caldas)
Erothides de Campos - *Ave Maria* (Silvio Caldas - Canta o Seresteiro)
Erothides de Campos - *Ave Maria* (Uma Seresta Inesquecível)
Erothides de Campos - *Ave Maria* Se Todos Fossem Iguais a Você ((21 Grandes Sucessos)
Erothides de Campos - *Ave Maria* (Compacto CB 20006)
Erothides de Campos - *Ave Maria* (Compacto CB 20006)
Erotides de Campos / Jonas Neves - *Flor mimosa* (Cera)
Estanislau Silva / Paquito / A.Vilarino - *O trem atrasou* (Histórias da Música Popular Brasileira)
Evágrio Lopes / Alberto Simoens da Silva - *Que é, que é?* (Silvio Caldas - O Caboclinho Querido)
Evágrio Lopes / Bororó - *Que é que é?* (Cera)
Evaldo Rui / Custódio Mesquita - *Como os rios que correm pro mar* (Cera)
Evaldo Rui / Custódio Mesquita - *É inútil mentir* (Cera)
Evaldo Rui / Custódio Mesquita - *Feitiçaria* (Cera)
Evaldo Rui / Custódio Mesquita - *Feitiçaria* (Filigranas Musicais da RCA - XVI)
Evaldo Rui / Custódio Mesquita - *Noturno em tempo de samba* (Cera)
Evaldo Rui / Custódio Mesquita - *Noturno em tempo de samba* (Filigranas Musicais - RCA - XVI)
Evaldo Rui / Custódio Mesquita - *O samba de Beatriz* (Cera)
Evaldo Rui / Custódio Mesquita - *Promessa* (Cera)
Evaldo Rui / Custódio Mesquita - *Promessa* (Filigranas Musicais da RCA - XVI)
Evaldo Rui / Custódio Mesquita - *Sim ou não* (Cera)
Evaldo Rui / Custódio Mesquita - *Valsa do meu subúrbio* (Cera)
Evaldo Rui / Custódio Mesquita - *Como os rios que correm pro mar* (Silvio Caldas/Compacto 5028)
Evaldo Rui / Custódio Mesquita - *Como os rios que correm pro mar* (Silvio Caldas/Compacto 5028)
Evaldo Rui / Custódio Mesquita - *Como os rios que correm pro mar* (Compacto RCA Camden 5028)
Evaldo Rui / Custódio Mesquita - *Como os rios que correm pro mar* (Compacto RCA Camden 5028)
Evaldo Rui / Custódio Mesquita - *Como os rios que correm pro mar* (S.C., o Seresteiro do Brasil)
Evaldo Rui / Custódio Mesquita - *Como os rios que correm pro mar* (O Seresteiro Silvio Caldas)
Evaldo Rui / Custódio Mesquita - *Promessa* (A História Viva - Silvio Caldas)

Evaldo Rui / Custódio Mesquita - *Promessa* (O Melhor de Silvio Caldas)
Evaldo Rui / Custódio Mesquita - *Promessa* (Silvio Caldas e Suas Interpretações Inesquecíveis)
Evaldo Rui / Custódio Mesquita - *Rosa de maio* (Silvio Caldas - O Seresteiro)
Evaldo Rui /Custódio Mesquita - *Valsa do meu subúrbio* (Silvio e Suas Interpretações Inesquecíveis)
Fernando C. Weyne / Roberto de Castro - *A pequenina cruz do teu rosário* (Ídolos do Rádio - S.C.)
Fernando Lobo - *Chuvas de verão* (20 Super Sucessos, v. 2, Polydisc)
Fernando Lobo - *Chuvas de verão* (21 Grandes Sucessos)
Fernando Lobo - *Chuvas de verão* (Brilhantes)
Fernando Lobo - *Chuvas de verão* (*Cabelos brancos*)
Fernando Lobo - *Chuvas de verão* (Presença de Silvio Caldas)
Fernando Lobo - *Chuvas de verão* (Silvio Caldas em Pessoa)
Fernando Lobo / Antônio Maria - *A noite é grande* (Silvio Caldas e Elizeth Cardoso - v. 2)
Fernando Lobo / Antônio Maria - *Ninguém me ama* - Elizeth Cardoso e Silvio Caldas - v. 2)
Francisco Malfitano - *Mente ao meu coração* (Silvio Caldas - O Seresteiro)
Francisco Alves / Orestes Barbosa - *A mulher que ficou na taça* (20 Super Sucessos, v. 2, Polydisc)
Francisco Alves / Orestes Barbosa - *Dona da minha vontade* (Grandes Interpretações de Silvio Caldas)
Francisco Alves /Orestes Barbosa - *Dueña de mi voluntad* (Tesoros de la Canción Brasileña - Maringá)
Francisco Alves / David Nasser - *Saudade do passado* (Ídolos do Rádio - Silvio Caldas)
Francisco Alves / Horácio Campos - *A voz do violão* (A História Viva - Silvio Caldas)
Francisco Alves / Horácio Campos - *A voz do violão* (Canta o Seresteiro do Brasil)
Francisco Alves / Horácio Campos - *A voz do violão* (Grandes Interpretações de Silvio Caldas)
Francisco Alves / Horácio Campos - *A voz do violão* (Histórias da Música Popular Brasileira)
Francisco Alves / Horácio Campos - *A voz do violão* (Ídolos do Rádio - Silvio Caldas)
Francisco Alves / Horácio Campos - *A voz do violão* (Presença de Silvio Caldas)
Francisco Alves / Horácio Campos - *A voz do violão* (Silvio Caldas - Canta o Seresteiro)
Francisco Alves / Horácio Campos - *A voz do violão* (Uma Seresta Inesquecível)
Francisco Alves / Horácio Campos - *A voz do violão* (20 Super Sucessos, Polydisc)
Francisco Alves / Luiz Iglesias - *Lua nova* (O Caboclinho Querido, v. 1)
Francisco Alves / Luiz Iglesias - *Lua nova* (Canta o Seresteiro Silvio Caldas)
Francisco Alves / Luiz Iglesias - *Lua nova* (Eternamente)
Francisco Alves / Orestes Barbosa - *Meu companheiro* (O Caboclinho Querido, v. 1)
Francisco Alves / Orestes Barbosa - *A mulher que ficou na taça* (Ontem ao Luar)
Francisco Alves / Orestes Barbosa - *Dona da minha vontade* (21 Grandes Sucessos)
Francisco Alves / Orestes Barbosa - *Dona da minha vontade* (Canta o Seresteiro Silvio Caldas)
Francisco Alves / Orestes Barbosa - *Dona da minha vontade* (Ídolos do Rádio - Silvio Caldas)
Francisco Alves / Orestes Barbosa - *Dona da minha vontade* (*Serenata* - Silvio Caldas)
Francisco Alves / Orestes Barbosa - *Meu companheiro* (A História Viva - Silvio Caldas)
Francisco Alves / Orestes Barbosa - *Meu companheiro* (Canta o Seresteiro do Brasil)
Francisco Alves / Orestes Barbosa - *Meu companheiro* (Grandes Interpretações de Silvio Caldas)
Francisco Alves / Orestes Barbosa - *Meu companheiro* (Ídolos do Rádio - Silvio Caldas)
Francisco Alves / Orestes Barbosa - *Meu companheiro* (Silvio Caldas - Canta o Seresteiro)

f

Francisco Alves / Orestes Barbosa - *Meu companheiro* (Uma Seresta Inesquecível)
Francisco Alves / Orestes Barbosa - *O balão do amor* (O Seresteiro, Inter Records, R 31009)
Francisco Alves / Orestes Barbosa - *O balão do amor* (Silvio Caldas - O Seresteiro)
Francisco Alves / Orestes Barbosa - *Por teu amor* (Ídolos do Rádio - Silvio Caldas)
Francisco Alves / Orestes Barbosa - *Dona da minha vontade* (O Caboclinho Querido, v. 3)
Francisco de Assis Bezerra de Menezes - *Perfil de São Paulo* (Silvio Caldas - Canta o Seresteiro)
Francisco de Assis Bezerra de Menezes - *Perfil de São Paulo* (Cera)
Francisco de Assis Bezerra de Menezes - *Perfil de São Paulo* (20 Preferidas - Silvio Caldas)
Francisco de Assis Bezerra de Menezes - *Perfil de São Paulo* (20 Super Sucessos, v. 2, Polydisc)
Francisco de Assis Bezerra de Menezes - *Perfil de São Paulo* (A Arte do Espetáculo - Silvio Caldas)
Francisco de Assis Bezerra de Menezes - *Perfil de São Paulo* (A História Viva - Silvio Caldas)
Francisco de Assis Bezerra de Menezes - *Perfil de São Paulo* (Maximum / Sony & BMG)
Francisco de Assis Bezerra de Menezes - *Perfil de São Paulo* (Mestres da MPB)
Francisco de Assis Bezerra de Menezes - *Perfil de São Paulo* (No Palco - Silvio Caldas)
Francisco de Assis Bezerra de Menezes - *Perfil de São Paulo* (O Caboclinho Querido, v. 3)
Francisco de Assis Bezerra de Menezes - *Perfil de São Paulo* (Presença de Silvio Caldas)
Francisco de Assis Bezerra de Menezes - *Perfil de São Paulo* (Silvio Caldas)
Francisco de Assis Bezerra de Menezes - *Perfil de São Paulo* (Silvio Caldas, RGE n. 7056.2)
Francisco Alves / Horácio Campos - *A voz do violão* (Histórias da M. P. B. - Ao Vivo")
Francisco Alves / Horácio Campos - *A voz do violão* (O Caboclinho Querido, v. 3)
Francisco Alves / Horácio Campos - *A voz do violão* (21 Grandes Sucessos)
Francisco Di Pietro - *Caixinha de fósforos* (Silvio Caldas, RGE n. 7056.2)
Francisco Di Pietro - *Saudades da serra* (Silvio Caldas, RGE n. 7056.2)
Francisco Di Pietro - *Saudades da serra* (Titio Canta Para Você)
Francisco Malfitano - *Mente ao meu coração* (Cera)
Francisco Malfitano - *Mente ao meu coração* (Mestres da MPB)
Francisco Malfitano - *Mente ao meu coração* (Sylvio Caldas, RVCD–013)
Francisco Malfitano - *Mente ao meu coração* (Elizeth Cardoso e Silvio Caldas)
Francisco Malfitano - *Mente ao meu coração* (Silvio Caldas e Elizeth Cardoso - v. 1)
Francisco Matoso / José Maria de Abreu - *Boa noite, amor* (Cera)
Francisco Matoso / José Maria de Abreu - *Boa noite, amor* (Com a Saudade Pelo Braço)
Francisco Matoso / L. Babo - *Eu sonhei que tu estavas tão linda* (E o Destino Desfolhou)
Francisco Matoso / Lamartine Babo - *Eu sonhei que tu estavas tão linda* (Maximum / Sony & BMG)
Francisco Matoso / Lamartine Babo - *Eu sonhei que tu estavas tão linda* (Presença de Silvio Caldas)
Francisco Matoso / Lamartine Babo - *Eu sonhei que tu estavas tão linda* (Seresta, Só Seresta)
Francisco Pimentel / Eduardo Souto - *Despertar da montanha* (Cera)
Francisco Pimentel / Eduardo Souto - *Despertar da montanha* (Com a Saudade Pelo Braço)
Francisco Pimentel / Nelson Souto - *Com a saudade pelo braço* (Com a Saudade Pelo Braço)
Francisco Pimentel / Nelson Souto / *Com a saudade pelo braço* (Cera)

g

Freire Júnior / Hermes Fontes - *Luar de Paquetá* (Ídolos do Rádio - Silvio Caldas)
G. Oliveira / Benedito Lacerda - *O teu amor desprezei* (Cera)

Gabriel Migliore / Vicente Leporace - *Se eu pudesse* (Eternamente)
Gabriel Migliore / Vicente Leporace - *Se eu pudesse* (Silvio Caldas)
Gabriel Migliori / Vicente Leporace - *Se eu pudesse* (Cera)
Garoto / Vinicius / Chico - Gente Humilde - *Gente humilde* (Grandes Sucessos Com Silvio Caldas)
Garoto / Vinicius de Moraes / Chico Buarque - *Gente humilde* (20 Super Sucessos, v. 2, Polydisc)
Garoto / Vinicius de Moraes / Chico Buarque - *Gente humilde* (O Caboclinho Querido, v. 3)
Garoto / Vinicius de Moraes / Chico Buarque - *Gente humilde* (21 Grandes Sucessos)
Garoto / Vinicius de Moraes / Chico Buarque - *Gente humilde* (Presença de Silvio Caldas)
Gastão Lamounier / Mário Rossi - *Assim acaba um grande amor* (E o Destino Desfolhou)
Gastão Lamounier / O.Santiago) - *Hay un secredo em tus cabellos* (Tesoros de la Canción Brasileña)
Gastão Lamounier / Mário Rossi - *Assim acaba um grande amor* (Seresta, Só Seresta)
Gastão Lamounier / Mário Rossi - *E o destino desfolhou* (Seresta, Só Seresta)
Gastão Lamounier / O.Santiago - *Há um segredo em teus cabelos* (Cantores de Rádio, EMI)
Gastão Lamounier / O.Santiago - *Há um segredo em teus cabelos* (SC - O Caboclinho Querido)
Gastão Lamounier / O.Santiago - *Há um segredo em teus cabelos* (*Serenata* - Silvio Caldas)
Gastão Lamounier / O.Santiago - *Há um segredo em teus cabelos* (Silvio Caldas)
Gastão Lamounier / Oswaldo Santiago - *Há um segredo em teus cabelos* (Cera)
Gastão Lamounier /O. Santiago - *Há um segredo em teus cabelos* (Canta o Seresteiro S. Caldas)
Gastão Lamounier /O. Santiago - *Há um segredo em teus cabelos* (Grandes Interp.de S. Caldas)
Gastão Lamounier /O. Santiago / *Há um segredo em teus cabelos* (O Caboclinho Querido, vol.02)
Gastão Lamounuier / Anuar Jorge - *Só nós dois* (Cera)
Georges Moran / A. O. Fernandes - *Balalaika* (Silvio Caldas, RGE n. 7056.2)
Georges Moran / Christóvão Alencar - *Se tu soubesses* (O Seresteiro Silvio Caldas)
Georges Moran / Christóvão de Alencar - *Se tu soubesses* (Seresta, Só Seresta)
Georges Moran / Christóvão de Alencar - *Esta noite ou nunca mais* (O Melhor de Silvio Caldas)
Georges Moran / Christóvão de Alencar - *Ninotchka* - Silvio Caldas (O Caboclinho Querido)
Georges Moran / Christóvão de Alencar - *Ninotchka* (O Melhor de Silvio Caldas)
Georges Moran / Christóvão de Alencar - *Ninotchka* (Cera)
Georges Moran / Christóvão de Alencar - *Se tu soubesses* (Cera)
Georges Moran / Christóvão de Alencar - *Se tu soubesses* (Deusa da Minha Rua - Compacto)
Georges Moran / Christóvão de Alencar - *Se tu soubesses* (Deusa da Minha Rua - Compacto)
Georges Moran / Christóvão de Alencar - *Se tu soubesses* (E o Destino Desfolhou)
Georges Moran / Christóvão de Alencar - *Se tu soubesses* (Silvio Caldas - O Caboclinho Querido)
Georges Moran / Christóvão de Alencar - *Se tu soubesses* (O Caboclinho Querido, v. 1)
Georges Moran / J. G. de Araújo Jorge - *Meu amigo violão* (Cera)
Georges Moran / J. G. de Araújo Jorge - *Meu amigo violão* (Deusa da Minha Rua, RCVD–191)
Georges Moran / J. G. de Araújo Jorge - *Meu amigo violão* (Silvio Caldas - O Caboclinho Querido)
Georges Moran / J. G. de Araújo Jorge - *Perdoa, meu amor*(E o Destino Desfolhou)
Georges Moran / J. G. de Araújo Jorge - *Perdoa, meu amor* (Seresta, Só Seresta)
Georges Moran / O. Fernandes - *Balalaika* (*Kátia* - Compacto 80.138)
Georges Moran / O. Fernandes - *Balalaika* (Titio Canta Para Você)

g

Georges Moran / Oswaldo dos Santos - *Acorda, escola de samba* (E o Destino Desfolhou)
Georges Moran / Victor Bezerra - *Kátia* (20 Preferidas - Silvio Caldas)
Georges Moran / Victor Bezerra - *Kátia* (Silvio Caldas, RGE n. 7056.2)
Georges Moran / Valter Nogueira da Silva - *Não voltarás, nem voltarei* (Cera)
Georges Moran / Victor Bezerra - *Kátia* (Silvio Caldas - O Caboclinho Querido)
Georges Moran / Victor Bezerra - *Kátia* (Cera)
Georges Moran / Victor Bezerra - *Kátia* (O Melhor de Silvio Caldas)
Georges Moran / Victor Bezerra - *Kátia* (Sou Um Namorado Errante)
Georges Moran / Victor Bezerra - *Kátia* (Sou Um Namorado Errante)
Georges Moran / Victor Bezerra - *Kátia* (Titio Canta Para Você)
Georges Moran / Victor Bezerra - *Kátia* (*Kátia* - Compacto 80.138)
Georges Moran / Victor Bezerra - *Kátia* (*Kátia* - Compacto 80.138)
Georges Moran / Walter N.da Silva - *Não voltarás, nem voltarei* (S. C. - O Caboclinho Querido)
Germano Augusto / Wilson Batista - *Olho nela* (Silvio Caldas, o Seresteiro do Brasil)
Germano Augusto / Wilson Batista - *Olho nela* (Cera)
Gilberto Milfont / Marino Pinto - *Reverso* (*Cabelos brancos*)
Guerra Peixe / Teófilo de Barros Filho - *Fibra de herói* (Cera)
Guimarães Passos / Emydgio Pestana - *Na casa branca da serra* (Silvio Caldas - O Seresteiro)
Guimarães Passos / J. C. de Oliveira - *Na casa branca da serra* (O Seresteiro, Inter Records)

h

Haroldo Barbosa / Luiz Reis - *Nossos momentos* (Silvio Caldas e Elizeth Cardoso - v. 1)
Haroldo Barbosa / Luiz Reis - *Nossos momentos* (Elizeth Cardoso e Silvio Caldas - v. 1)
Heber Bôscoli / Mário Martins - *Rosinha* (Cera)
Heitor dos Prazeres - *Amar, meu bem* (Cera)
Heitor dos Prazeres - *Cansado* (Cera)
Heitor dos Prazeres - *Cansado* (Filigranas Musicais da RCA - IX)
Heitor dos Prazeres - *Chora* (Cera)
Heitor dos Prazeres - *Criança louca* (Cera)
Heitor dos Prazeres - *Voltaste ao teu lar* (Cera)
Heitor dos Prazeres - *Voltaste* ao Teu Lar (Filigranas Musicais da RCA - IX)
Heitor dos Prazeres - *Vou fazer tua vontade* (Cera)
Hekel Tavares / Joracy Camargo - *Favela* (Saudades - 12" - Musidisc)
Hekel Tavares - *Favela* (O Seresteiro do Brasil)
Heckel Tavares / Luiz Peixoto - *Azulão* (O Seresteiro, Inter Records, R 31009)
Hekel Tavares / Joracy Camargo - *Favela* - (Saudades - Mini LP 1)
Hekel Tavares / Joracy Camargo - *Favela* (Saudades)
Hekel Tavares / Joracy Camargo - *Favela* (Saudades)
Hekel Tavares / Joracy Camargo - *Favela* (Saudades)
Hekel Tavares / Joracy Camargo - *Guacira* (Ídolos do Rádio - Silvio Caldas)
Hekel Tavares / Luiz Paixoto - *Casa de caboclo* (DVD - Silvio Caldas)
Hekel Tavares / Luiz Peixoto - *Azulão* (Silvio Caldas - O Seresteiro)
Helena Menezes Silva - *Não dou bola* (Cera)

h

Helena Menezes Silva - *Se a sorte fosse igual* (Cera)
Henrique Vogeler - *Ioiô deste ano* (Cera)
Henrique Vogeler/M. Porto/L Peixoto/C. Costa–*Linda flor (Ai, Yoyô)* (DVD - Silvio Caldas)
Herivelto Martins - *Se é por falta de adeus* (Histórias da M. P. B. - Ao Vivo")
Herivelto Martins - *Se é por falta de adeus* (Histórias da Música Popular Brasileira)
Herivelto Martins / Benedito Lacerda - Acorda, escola de samba (Cera)
Herivelto Martins / Benedito Lacerda - *Madrugada* (Cera)
Herivelto Martins / Benedito Lacerda - *Samaritana* (Cera)
Herivelto Martins / Benedito Lacerda - *Um caboclo abandonado* (Cera)
Herivelto Martins / Benedito Lacerda - *Um caboclo abandonado* (SC - O Caboclinho Querido)
Herivelto Martins / Benedito Lacerda - *Um caboclo abandonado* (Silvio Caldas)
Herivelto Martins / Benedito Lacerda - *Madrugada* - SC Sylvio Caldas)
Herivelto Martins / Marino Pinto - *Cabelos brancos* - (Maximum / Sony & BMG)
Herivelto Martins / Marino Pinto - *Cabelos brancos* (Presença de Silvio Caldas)
Herivelto Martins / Marino Pinto - *Cabelos brancos* (Silvio Caldas)
Herivelto Martins / Marino Pinto - *Cabelos brancos* (Silvio Caldas em Pessoa)
Hermes Fontes / Freire Júnior - *Luar de Paquetá* (Ídolos do Rádio - Silvio Caldas)
Hervê Cordovil - *Feiticeira* (Cera)
Hervê Cordovil - *Lá vem meu rancho* - Compacto
Hervê Cordovil - *Jangada* (Histórias da M. P. B. - Ao Vivo")
Hervê Cordovil - *Seu Gaspar* (Cera)
Hervê Cordovil - *Seu Gaspar* (Cantores de Rádio, EMI)
Hervê Cordovil / Antônio Nássara - *Passarinho* (Cera)
Hervê Cordovil / Antônio Nássara - *Passarinho* (Deusa da Minha Rua, RCVD–191)
Hervê Cordovil / Antônio Nássara - *Passarinho* (Silvio Caldas)
Hervê Cordovil / Christóvão de Alencar - *Se Papai Noel quisesse* (Cera)
Hervê Cordovil / Julio Atlas - *Mágoa* (21 Grandes Sucessos)
Hervê Cordovil / Julio Atlas - *Mágoa* (Brilhantes)
Hervê Cordovil / Júlio Atlas - *Mágoa* (Canta o Seresteiro Silvio Caldas)
Hervê Cordovil / Júlio Atlas - *Mágoa* (Eternamente)
Hervê Cordovil / Júlio Atlas - *Mágoa* (O Caboclinho Querido, v. 1)
Hervê Cordovil / Júlio Atlas - *Mágoa* (Silvio Caldas)
Hervê Cordovil / Júlio G. Atlas - *Mágoa* (Cera)
Hervê Cordovil / Oswaldo Mota - *Bandeirinha brasileira* - Compacto
Hervê Cordovil / Vicente Leporace - *Jangada* (O Caboclinho Querido, v. 2)
Hervê Cordovil / Vicente Leporace - *Jangada* (Cera)
Hervê Cordovil / Vicente Leporace - *Jangada* (Eternamente)
Hervê Cordovil / Vicente Leporace - *Jangada* (Histórias da Música Popular Brasileira)
Hervê Cordovil / Vicente Leporace - *Jangada* (O Caboclinho Querido, v. 1)
Hervê Cordovil / Vicente Leporace - *Jangada* (Silvio Caldas)
Hervê Cordovil / Vicente Leporace - *Prelúdio* (Cera)

h

Hervê Cordovil / Vicente Leporace - *Prelúdio* (20 Super Sucessos, Polydisc)
Hervê Cordovil / Vicente Leporace - *Prelúdio* (Canta o Seresteiro Silvio Caldas)
Hervê Cordovil / Vicente Leporace - *Prelúdio* (Eternamente)
Horácio Campos / Fco.de M. Alves - *A voz do violão* (Grandes Interpretações de Silvio Caldas)
Horácio Campos / Francisco Alves - *A voz do violão* (A História Viva - Silvio Caldas)
Horácio Campos / Francisco Alves - *A voz do violão* (Canta o Seresteiro do Brasil)
Horácio Campos / Francisco Alves - *A voz do violão* (Histórias da Música Popular Brasileira)
Horácio Campos / Francisco Alves - *A voz do violão* (Ídolos do Rádio - Silvio Caldas)
Horácio Campos / Francisco Alves - *A voz do violão* (Silvio Caldas - Canta o Seresteiro)
Horácio Campos / Francisco Alves - *A voz do violão* (Uma Seresta Inesquecível)
Humberto Porto / Benedito Lacerda - *A jardineira* (Histórias da Música Popular Brasileira)
Humberto Porto / Benedito Lacerda - *A jardineira* (Silvio Caldas Especial Gravado ao Vivo)

i

Humberto Porto / Jorge Faraj - *Casa, casa viuvinha* (Cera)
Irmãos Valença / Lamartine Babo - *O teu cabelo não nega* (A Arte do Espetáculo - Silvio Caldas)
Irmãos Valença / Lamartine Babo - *O teu cabelo não nega* (Histórias da Música Popular Brasileira)
Ismael Netto / Antônio Maria - *Valsa de uma cidade* - (Elizeth e Silvio Caldas - v. 2)
Ismael Netto / Antonio Maria - *Canção da volta* (Elizeth Cardoso & Silvio Caldas, v. 2)
Ismael Netto / Antônio Maria - *Canção da volta* (Elizeth Cardoso e Silvio Caldas - v. 2)
Ismael Netto / Antônio Maria - *Canção da volta* (Grandes Sucessos Com Silvio Caldas)
Ismael Netto /Antônio Maria - *Canção da volta* (Silvio Caldas e Elizeth Cardoso - v. 2)
Ismael Silva - *Agora é cinza* (Cera)
Ismael Silva - *Cara feia é fome* (Cera)
Ismael Silva - *Tristezas não pagam dívidas* (Silvio Caldas e Elizeth Cardoso - v. 1)
Ismael Silva - *Tristezas não pagam dívidas* (Cera)
Ismael Silva - *Tristezas não pagam dívidas* - (Elizeth Cardoso e Silvio Caldas - v. 1)
Ismael Silva - *Tristezas não pagam dívidas* (Silvio Caldas e Elizeth Cardoso - v. 1)

j

Ismael Silva / Noel Rosa - *Uma jura que fiz (Cabelos brancos)*
J. Aimberê - *Chorei, nega* (Cera)
J. Antônio D'Ávila / Walter Guilherme - *Canção de natal* (20 Super Sucessos, Polydisc)
J. Antônio D'Ávila / Walter Guilherme - *Canção de natal* (Eternamente)
J. B. da Silva - Sinhô - *Recordar é viver* (Cera)
J. B. da Silva - Sinhô - *Recordar é viver* (Novidades de 1930)
J. B. da Silva - Sinhô - *Amor de poeta* (Novidades de 1930)
J. B. da Silva - Sinhô - *Fala meu louro* (Histórias da Música Popular Brasileira)
J. B. da Silva - Sinhô- *Amor de poeta* (Cera)
J. Barcelos / J. Cascata - *Eu e você* (Cera)
J. Barcelos / J. Cascata - *Eu e você* (Sou Um Namorado Errante)
J. Carlos / Ary Barroso - *Na grota funda* (Histórias da Música Popular Brasileira)
J. Cascata - *Minha palhoça* (Cera)
J. Cascata - *Minha palhoça* (20 Super Sucessos, v. 2, Polydisc)
J. Cascata - *Minha palhoça* (Grandes Sucessos de Silvio Caldas)

J. Cascata - *Minha palhoça* (O Caboclinho Querido, v. 2)
J. Cascata - *Minha palhoça* (Presença de Silvio Caldas)
J. Cascata - *Minha palhoça* (SC Sylvio Caldas)
J. Cascata - *Minha palhoça* (Se Você Quisesse) Cantores de Rádio, EMI)
J. Cascata - *Minha palhoça* (Uma Seresta Inesquecível)
J. Cascata - *Foi uma pedra que rolou* (Um juramento falso) (Elizeth Cardoso e Silvio Caldas - v. 2)
J. Cascata / J. Barcelos - *Eu e você* (Cera)
J. Cascata / J. Barcelos - *Eu e você* (Sou Um Namorado Errante)
J. Cascata / Leonel Azevedo - *Maria* (Cera)
J. Cascata / Leonel Azevedo - *Maria* (Silvio Caldas - O Caboclinho Querido)
J. Cascata / Leonel Azevedo - *Símbolo sagrado* (Cera)
J. Cascata / Manezinho Araújo - *Mágoas de um trovador* (Cera)
J. Cristóbal /Luiz Iglesias - *Foi sonho e não volta mais* (Cera)
J. Ferreira Lixa / José Janini - *Psiu... meu bem* (cera)
J. G. de Araújo Jorge / Georges Moran - *Meu amigo violão* (cera)
J. G. de Araújo Jorge / Georges Moran - *Meu amigo violão* (Silvio Caldas - O Caboclinho Querido)
J. G. de Araújo Jorge / Georges Moran - *Perdoa, meu amor* (E o Destino Desfolhou)
J. G. de Araújo Jorge / Georges Moran - *Perdoa, meu amor* (Seresta, Só Seresta)
J. G. de Araújo Jorge / José Carlos Burle - *Confessando que te adoro* (Cera)
J. G. de Araújo Jorge / José Carlos Burle - *Confessando que te adoro* (SC Sylvio Caldas)
J. L. Calazans / Jararaca / Vicente Paiva - *Sabiá...!* (Cera|)
J. Nascimento / Aldo Taranto / André Filho - *Teu desprezo* (Revivendo LP 033)
J. Nepomuceno - *Ai! Luciana* (Cera)
J. Nepomuceno - *Lalá* ((Cera)
J. Thomaz / Orestes Barbosa - *Verde e amarelo* (Orestes Barbosa - RVCD–049)
J. Tomás - *Sarambá* (Histórias da Música Popular Brasileira)
J. Tomas / Orestes Barbosa - *Verde e amarelo* (Cera)
Jaci Pereira Gorgulho - *Bonequinha* (Cera)
Jayme Lewgoy Lubianca - *Porto dos casais* (Cera)
Jayme Ovale / Manoel Bandeira - *Modinha* (Cera)
Jair Amorim / José Maria de Abreu - *Não me pergunte* (Cera)
Jair Amorim / José Maria de Abreu - *Não me pergunte* (LP Music Master Silvio Caldas)
Jair Amorim / José Maria de Abreu - *Não me pergunte* (O Melhor de Silvio Caldas)
Jair Amorim / José Maria de Abreu - *Não me pergunte* (Phonodisc LP Silvio Caldas)
Jair Amorim / José Maria de Abreu - *Não me pergunte* (Silvio Caldas - O Seresteiro)
Jair Silveira / Renan França - *Velhos tempos* (*Kátia* - Compacto 80.138)
Jair Silveira / Renan França - *Velhos tempos* (Titio Canta Para Você)
Jararaca / Vicente Paiva - *Mamãe eu quero* (A Arte do Espetáculo - Silvio Caldas)
Jararaca / Vicente Paiva - *Mamãe eu quero* (Histórias da M. P. B. - Ao Vivo")
Jararaca / Vicente Paiva - *Mamãe eu quero* (Histórias da Música Popular Brasileira)
Jararaca / Vicente Paiva - *Mamãe eu quero* (No Palco - Silvio Caldas)

j

Jararaca / Vicente Paiva - *Mamãe eu quero* (Silvio Caldas "Especial", Ao Vivo)
Jararaca / Vicente Paiva - *Mamãe eu quero* (Silvio Caldas Especial Gravado ao Vivo)
Jararaca / Vicente Paiva - *Mamãe eu quero* (Silvio Caldas, RGE n. 7056.2)
Jararaca / Vicente Paiva / J. L. Calazans - *Sabiá...!* (Cera)
Jayme Florence / Augusto Mesquita - *Molambo* (Grandes Sucessos Com Silvio Caldas)
Jayme Lewgoy Lubianca - *Porto dos casais* (*Serenata*)
Jayme Lewgoy Lubianca - *Porto dos casais* (Histórias da Música Popular Brasileira)
Jayme Lewgoy Lubianca - *Porto dos casais* (O Caboclinho Querido, v. 2)
Jayme Lewgoy Lubianca - *Puerto de las parejas* (Tesoros de la Canción Brasileña - Maringá)
Jayme Ovalle / Manoel Bandeira - *Modinha* (Encontro Com os Maiores Seresteiros)
Jayme Ovalle / Manoel Bandeira - *Modinha* (O Melhor de Silvio Caldas)
Jayme Ovalle / Manoel Bandeira - *Modinha* (O Seresteiro Silvio Caldas)
Jayme Ovalle / Manoel Bandeira - *Modinha* (Silvio Caldas - O Caboclinho Querido)
Jayme Ovalle / Manoel Bandeira - *Modinha* (Deusa da Minha Rua, RCVD–191)
João Correia da Silva / Luiz Soberano / Paquito - *Não me diga adeus* (CLP 11661 - Silvio Caldas)
João de Barro - *Anda, Luzia* (Mestres da MPB)
João de Barro - *Anda, Luzia* (Cera)
João de Barro - *Linda lourinha* (Cera)
João de Barro - *Linda lourinha* (Silvio Caldas Especial Gravado ao Vivo)
João de Barro - *Linda lourinha* (A Arte do Espetáculo - Silvio Caldas)
João de Barro - *Linda lourinha* (A História Viva - Silvio Caldas)
João de Barro - *Linda lourinha* (DVD - Silvio Caldas)
João de Barro - *Linda lourinha* (Histórias da M. P. B. - Ao Vivo")
João de Barro - *Linda lourinha* (Histórias da Música Popular Brasileira)
João de Barro - *Linda lourinha* (No Palco - Silvio Caldas)
João de Barro - *Linda lourinha* (Silvio Caldas "Especial", Ao Vivo)
João de Barro - *Linda lourinha* (Silvio Caldas, RGE n. 7056.2)
João de Barro - *Perdão ... madame* (Cera)
João de Barro - *Vou partir* (Cera)
João de Barro / A.Ribeiro / A.P.Vermelho - *Onde o céu azul é mais azul* (Histórias da M. P.B.)
João de Barro / Alberto Ribeiro - *Fon-fon* (Cera)
João de Barro / Alcyr P.Vermelho - *Onde o céu azul é mais azul* ((20 Preferidas - Silvio Caldas)
João de Barro / Alcyr Pires Vermelho - *Onde o céu azul é mais azul* (No Palco - Silvio Caldas)
João de Barro / Antônio Almeida - *O circo chegou* (Cera)
João de Barro / José Maria de Abreu - *Ai, Gegê* (A História Viva - Silvio Caldas)
João de Barro / Noel Rosa - *Pastorinhas* (A História Viva - Silvio Caldas)
João de Barro / Noel Rosa - *Pastorinhas* (A Arte do Espetáculo - Silvio Caldas)
João de Barro / Noel Rosa - *Pastorinhas* (Cantores de Rádio, EMI)
João de Barro / Noel Rosa - *Pastorinhas* (Silvio Caldas "Especial", Ao Vivo)
João de Barro / Noel Rosa - *Pastorinhas* (Cera)
João de Barro / Noel Rosa - *Pastorinhas* (Histórias da Música Popular Brasileira)

João de Barro / Noel Rosa - *Pastorinhas* (SC Sylvio Caldas)
João de Barro / Noel Rosa - *Pastorinhas* (Silvio Caldas Especial Gravado ao Vivo)
João de Barro / Pixinguinha - *Carinhoso* (A Arte do Espetáculo - Silvio Caldas)
João de Barro / Pixinguinha - *Carinhoso* (Silvio Caldas - O Seresteiro)
João de Barro / Pixinguinha - *Carinhoso* (Silvio Caldas e Pedro Vargas)
João de Barro / Silvio Caldas / A. Ribeiro - *Deus olha o meu Brasil* (Ontem ao Luar)
João de Barro / A. Ribeiro/A.P.Vermelho - *Onde o céu azul é mais azul* (CLP 11661 - Silvio Caldas)
João de Barro / A.Ribeiro/A.P.Vermelho - *Onde o céu azul é mais azul* (A Arte do Espetáculo)
João de Barro/Alberto Ribeiro/A.P.Vermelho - *Onde o céu azul é mais azul* (A Arte do Espetáculo)
João de Barro/Alcyr P.Vermelho - *Onde o céu azul é mais azul* (Histórias da M.P.B. - Ao Vivo")
João de Barro/Alcyr P.Vermelho - *Onde o céu azul é mais azul* (Silvio Caldas, RGE n. 7056.2)
Joaquim de Castro Barbosa / Kid Pepe - *Choro por teu amor* (SC Sylvio Caldas)
Jonas Neves / Erotides de Campos - *Flor mimosa* (Cera)
Joracy Camargo / Hekel Tavares - *Favela* (Saudades - Mini LP 1)
Joracy Camargo / Hekel Tavares - *Favela* (Saudades - 12" - Musidisc)
Joracy Camargo / Hekel Tavares - *Favela* (Saudades)
Joracy Camargo / Hekel Tavares - *Guacira* (Ídolos do Rádio - Silvio Caldas)
Jorge Faraj / Benedito Lacerda - *O telefone do amor* (Cera)
Jorge Faraj / Benedito Lacerda - *O telefone do amor* (O Melhor de Silvio Caldas)
Jorge Faraj / Benedito Lacerda - *Professora* (Cera)
Jorge Faraj / Benedito Lacerda - *Professora* (O Melhor de Silvio Caldas)
Jorge Faraj / Benedito Lacerda - *Professora* (Ontem ao Luar)
Jorge Faraj / Benedito Lacerda - *Professora* (SC Sylvio Caldas)
Jorge Faraj / Benedito Lacerda - *Rainha sem trono* (Cera)
Jorge Faraj / Celso Brasil - *Mentira carioca* (Filigranas Musicais - v. 8)
Jorge Faraj / César Brasil - *Mentira carioca* (Cera)
Jorge Faraj / Custódio Mesquita - *Preto velho* (Cera)
Jorge Faraj / Custódio Mesquita - *Preto velho* (E o Destino Desfolhou)
Jorge Faraj / Humberto Porto - *Casa, casa viuvinha* (Cera)
Jorge Faraj / Newton Teixeira - *Deusa da minha rua* (Cera)
Jorge Faraj / Newton Teixeira - *Deusa da minha rua* (Acervo Especial - RCA)
Jorge Faraj / Newton Teixeira - *Deusa da minha rua* (Deusa da Minha Rua - Compacto)
Jorge Faraj / Newton Teixeira - *Deusa da minha rua* (Grandes Intérpretes)
Jorge Faraj / Newton Teixeira - *Deusa da minha rua* (O Melhor de Silvio Caldas)
Jorge Faraj / Newton Teixeira - *Deusa da minha rua* (O Melhor de Sylvio Caldas, BMG)
Jorge Faraj / Newton Teixeira - *Deusa da minha rua* (O Seresteiro Silvio Caldas)
Jorge Faraj / Newton Teixeira - *Deusa da minha rua* (Phonodisc LP Silvio Caldas)
Jorge Faraj / Newton Teixeira - *Deusa da minha rua* (RCA Camden Nostalgia v. 2)
Jorge Faraj / Newton Teixeira - *Deusa da minha rua* (Silvio Caldas, o Seresteiro do Brasil)
Jorge Faraj / Newton Teixeira - *Meu segredo* (Cera)
Jorge Faraj / Newton Teixeira - *Meu segredo* (*Serenata*)

j

Jorge Faraj / Newton Teixeira - *Mi secreto* (Tesoros de la Canción Brasileña - Maringá)
Jorge Faraj / Roberto Martins - *Menos eu* (Cera)
Jorge Faraj / Roberto Martins - *Menos eu* (O Melhor de Silvio Caldas)
Jorge Faraj / Roberto Martins - *Menos eu* (O Seresteiro do Brasil)
Jorge Faraj / Roberto Martins - *Menos eu* (Saudades - 12" - Musidisc)
Jorge Faraj / Roberto Martins - *Menos eu* (Saudades - 12" - Musidisc)
Jorge Faraj / Roberto Martins - *Menos eu* (Saudades - Mini LP 1
Jorge Faraj / Roberto Martins - *Menos eu* (Saudades - Mini LP 1
Jorge Faraj / Roberto Martins - *Menos eu* (Saudades)
Jorge Faraj / Roberto Martins - *Menos eu* (Saudades)
Jorge Faraj / Roberto Martins - *Menos eu* (Saudades)
Jorge Faraj / Roberto Martins - *Nunca mais* (Cera)
Jorge Faraj / Roberto Martins - *Nunca mais* (SC Sylvio Caldas)
Jorge Faraj / Wilson Batista - *Duas janelas* (Cera)
Jorge Faraj / Wilson Batista - *Duas janelas* (Silvio Caldas, O Seresteiro do Brasil)
José Carlos Burle - *Meu limão, meu limoeiro* (Imperial 30.207 - v. 2)
José Carlos Burle / J. G. de Araújo Jorge - *Confessando que te adoro* (Cera)
José Carlos Burle / J. G. de Araújo Jorge - *Confessando que te adoro* (SC Sylvio Caldas)
José Carlos Burle / J. G. de Araújo Jorge - *Confessando que te adoro* (Cantores de Rádio, EMI)
José Carlos Burle, Arranjo - *Meu limão, meu limoeiro* (Cera)
José Janini / J. Ferreira Lixa - *Psiu, meu bem* (Cera)
José Judice / Alberto Costa - *Serrana* (Silvio Caldas, o Seresteiro do Brasil)
José Judice / Alberto Costa - *Serrana* (Compacto RCA Camden 5028)
José Judice / Alberto Costa - *Serrana* (Compacto RCA Camden 5028)
José Judice / Alberto Costa - *Serrana* (O Seresteiro Silvio Caldas)
José Judice / Alberto Costa - *Serrana* (Silvio Caldas - Compacto 5028)
José Judice / Alberto Costa - *Serrana* (Silvio Caldas - Compacto 5028)
José Judice / Alberto Ribeiro - *Serrana* (Cera)
José Judice / Silvio Caldas - *Nos braços de Isabel* (Cera)
José Judice / Silvio Caldas - *Nos braços de Isabel* (Silvio Caldas - Canta o Seresteiro)
José Judice / Silvio Caldas - *Nos braços de Isabel* (Silvio Caldas em Pessoa)
José Lewgoy Lubianca - *Porto dos casais* (Histórias da M. P. B. - Ao Vivo")
José Maria de Abreu - *Você de mim não tem dó* (Cera)
José Maria de Abreu - *Você de mim não tem dó* (LP Music Master Silvio Caldas)
José Maria de Abreu - *Você de mim não tem dó* (Silvio Caldas - O Seresteiro)
José Maria de Abreu / Alberto Ribeiro - *Chuva e vento* (Cera)
José Maria de Abreu / Alberto Ribeiro - *Chuva e vento* (O Melhor de Silvio Caldas)
José Maria de Abreu / Alberto Ribeiro - *Chuva e vento* (Silvio Caldas - O Seresteiro)
José Maria de Abreu / Francisco Matoso - *Boa noite, amor* (Cera)
José Maria de Abreu / Francisco Matoso - *Boa noite, amor* (Com a Saudade Pelo Braço)
José Maria de Abreu / Jair Amorim - *Não me pergunte* (Cera)

José Maria de Abreu / Jair Amorim - *Não me pergunte* (LP Music Master Silvio Caldas)
José Maria de Abreu / Jair Amorim - *Não me pergunte* (Mestres da MPB)
José Maria de Abreu / Jair Amorim - *Não me pergunte* (O Melhor de Silvio Caldas)
José Maria de Abreu / Jair Amorim - *Não me pergunte* (Phonodisc LP Silvio Caldas)
José Maria de Abreu / Jair Amorim - *Não me pergunte* (Silvio Caldas - O Seresteiro)
José Maria de Abreu / Jair Amorim - *Não me pergunte* (Sylvio Caldas, RVCD–013)
José Maria de Abreu / Jair Amorim - *Um cantinho e você* (O Seresteiro, Inter Records, R 31009)
José Maria de Abreu / Jair Amorim - *Um cantinho e você* (Silvio Caldas - O Seresteiro)
José Nascimento / André Filho - *Teu desprezo* (Cera)
Jota Ferreira Lixa - *Dor de palhaço* (Cera)
Joubert de Carvalho - *Não me abandones nunca* (Seresta, Só Seresta)
Joubert de Carvalho - *Canção de aniversário* (O Melhor de Silvio Caldas)
Joubert de Carvalho - *Com o pensamento em você* (Cera)
Joubert de Carvalho - *Com o pensamento em você* (Deusa da Minha Rua, RCVD–191)
Joubert de Carvalho - *Com o pensamento em você* (Silvio Caldas - O Caboclinho Querido)
Joubert de Carvalho - *Flamboyant* (Cera)
Joubert de Carvalho - *Flamboyant* (O Melhor de Silvio Caldas)
Joubert de Carvalho - *Mamãe Dolores* (Cera)
Joubert de Carvalho - *Maringá* (20 Super Sucessos, Polydisc)
Joubert de Carvalho - *Maringá* (Canta o Seresteiro Silvio Caldas)
Joubert de Carvalho - *Maringá* (Grandes Interpretações de Silvio Caldas)
Joubert de Carvalho - *Maringá* (O Caboclinho Querido, v. 1)
Joubert de Carvalho - *Maringá* (Presença de Silvio Caldas)
Joubert de Carvalho - *Maringá* (*Serenata*)
Joubert de Carvalho - *Maringá* (Tesoros de la Canción Brasileña - *Maringá*)
Joubert de Carvalho - *Minha casa* (Cera)
Joubert de Carvalho - *Minha casa* (Com a Saudade Pelo Braço)
Joubert de Carvalho - *Minha casa* (Phonodisc LP Silvio Caldas)
Joubert de Carvalho - *Minha casa* (20 Super Sucessos, v. 2, Polydisc)
Joubert de Carvalho - *Minha casa* (Copacabana CLP 11661 - Silvio Caldas)
Joubert de Carvalho - *Minha casa* (LP Music Master Silvio Caldas)
Joubert de Carvalho - *Minha casa* (Mestres da MPB)
Joubert de Carvalho - *Minha casa* (O Caboclinho Querido, v. 1)
Joubert de Carvalho - *Minha casa* (Ontem ao Luar)
Joubert de Carvalho - *Minha casa* (Silvio Caldas)
Joubert de Carvalho - *Não me abandones nunca* (Cera)
Joubert de Carvalho - *Não me abandones nunca* (Deusa da Minha Rua, RCVD–191)
Joubert de Carvalho - *Não me abandones nunca* (20 Super Sucessos, Polydisc)
Joubert de Carvalho - *Não me abandones nunca* (E o Destino Desfolhou)
Joubert de Carvalho - *Não me abandones nunca* (O Seresteiro Silvio Caldas)
Joubert de Carvalho - *Não me abandones nunca* (Silvio Caldas - O Caboclinho Querido)

j

Joubert de Carvalho - *Nunca soubeste amar* (Cera)
Joubert de Carvalho - *Nunca soubeste amar* (Com a Saudade Pelo Braço)
Joubert de Carvalho - *Nunca soubeste amar* (Silvio Caldas Canta)
Joubert de Carvalho / David Nasser - *O silêncio do cantor* (Cera)
Joubert de Carvalho / David Nasser - *O silêncio do cantor* (O Melhor de Silvio Caldas)
Joubert de Carvalho / David Nasser - *O silêncio do cantor* (A História Viva - Silvio Caldas)
Joubert de Carvalho / David Nasser - *O silêncio do cantor* (Histórias da Música Popular Brasileira)
Joubert de Carvalho / David Nasser - *O silêncio do cantor* (Silvio Caldas Especial Gravado ao Vivo)
Joubert de Carvalho / Pachoal Carlos Magno - *Pierrot* (Canta o Seresteiro Silvio Caldas)
Joubert de Carvalho / Paschoal Carlos Magno - *Pierrot* (20 Preferidas - Silvio Caldas)
Joubert de Carvalho / Paschoal Carlos Magno - *Pierrot* (A Arte do Espetáculo - Silvio Caldas)
Joubert de Carvalho / Paschoal Carlos Magno - *Pierrot* (A História Viva - Silvio Caldas)
Joubert de Carvalho / Paschoal Carlos Magno - *Pierrot* (Eternamente)
Joubert de Carvalho / Paschoal Carlos Magno - *Pierrot* (Grandes Encontros - v. II)
Joubert de Carvalho / Paschoal Carlos Magno - *Pierrot* (Grandes Interpretações de Silvio Caldas)
Joubert de Carvalho / Paschoal Carlos Magno - *Pierrot* (Histórias da M. P. B. - Ao Vivo")
Joubert de Carvalho / Paschoal Carlos Magno - *Pierrot* (Histórias da Música Popular Brasileira)
Joubert de Carvalho / Paschoal Carlos Magno - *Pierrot* (Maximum / Sony & BMG)
Joubert de Carvalho / Paschoal Carlos Magno - *Pierrot* (No Palco - Silvio Caldas)
Joubert de Carvalho / Paschoal Carlos Magno - *Pierrot* (O Caboclinho Querido, v. 2)
Joubert de Carvalho / Paschoal Carlos Magno - *Pierrot* (Presença de Silvio Caldas)
Joubert de Carvalho / Paschoal Carlos Magno - *Pierrot* (Silvio Caldas, RGE n. 7056.2)
Joubert de Carvalho / Paschoal Carlos Magno - *Pierrot* (Silvio Caldas e Pedro Vargas)
Joubert de Carvalho / Paschoal Carlos Magno - *Pierrot* (Cera)
Joubert de Carvalho / Paschoal Carlos Magno - *Pierrot* (Silvio Caldas)
Joubert de Carvalho / Silvio Caldas - *O silêncio do cantor* (Silvio Caldas "Especial", Ao Vivo)
Joubert de Carvalho / Paschoal Carlos Magno - *Pierrot* (Mestres da MPB)
Joubert de Carvalho *Flamboyant* (Sylvio Caldas, RVCD–013)
Júlio Atlas / Hervê Cordovil - *Mágoa* (Canta o Seresteiro Silvio Caldas)
Júlio Atlas / Hervê Cordovil - *Mágoa* (Eternamente)
Júlio Atlas / Hervê Cordovil - *Mágoa* (Silvio Caldas)
Júlio G. Dantas / Antônio Viana - *Eterna canção* (O Seresteiro, Inter Records, R 31009)
Júlio G. Dantas / Luiz Peixoto - *Eterna canção* (Silvio Caldas - O Seresteiro)
Júlio G. Atlas / Hervê Cordovil - *Mágoa* (Cera)

k

Kid Pepe / Castro Barbosa - *Choro por teu amor* (Cera)
Kid Pepe / Joaquim de Castro Barbosa - *Choro por teu amor* (SC Sylvio Caldas)
Klécius Caldas / Victor Freire - *Samambaia na varanda* (Titio Canta Para Você)

l

L. Panicali / Claribalte Bassos / Marino Pinto - *Leonor* (Cera)
Lacy Martins / Aldo Cabral - *Teus ciúmes* (Cera)
Lacy Martins / Aldo Cabral - *Teus ciúmes* (Cantores de Rádio, EMI)
Lacy Martins / Aldo Cabral - *Teus ciúmes* (Deusa da Minha Rua, RCVD–191)

Lacy Martins / Aldo Cabral - *Teus ciúmes* (SC - O Caboclinho Querido)
Lacy Martins / Aldo Cabral - *Teus ciúmes* (Silvio Caldas)
Lamartine Babo - *A tua vida é um segredo* (Silvio Caldas em Pessoa)
Lamartine Babo - *A.E.I.O.U.* (Histórias da M. P. B. - Ao Vivo")
Lamartine Babo - *Linda lourinha* (Histórias da M. P. B. - Ao Vivo")
Lamartine Babo - *Linda morena* (A Arte do Espetáculo - Silvio Caldas)
Lamartine Babo - *Linda morena* (A História Viva - Silvio Caldas)
Lamartine Babo - *Linda morena* (Histórias da Música Popular Brasileira)
Lamartine Babo - *Linda morena* (Silvio Caldas "Especial", Ao Vivo)
Lamartine Babo - *Linda morena* (Silvio Caldas Especial Gravado ao Vivo)
Lamartine Babo - *Linda morena* (Silvio Caldas, RGE n. 7056.2)
Lamartine Babo - *Marcha do São Cristóvão* (Cera)
Lamartine Babo - *Marcha do Vasco* da Gama (Cera)
Lamartine Babo - *No rancho fundo* (O Melhor de Silvio Caldas)
Lamartine Babo - *O sol nasceu pra todos* (Silvio Caldas)
Lamartine Babo - *Ride palhaço* (Histórias da M. P. B. - Ao Vivo")
Lamartine Babo - *Ride palhaço* (A História Viva - Silvio Caldas)
Lamartine Babo - *Ride palhaço* (Histórias da Música Popular Brasileira)
Lamartine Babo - *Serra da Boa Esperança* - Elizeth e Silvio (Elizeth Cardoso e Silvio Caldas - v. 1)
Lamartine Babo - *Serra da Boa Esperança* (20 Super Sucessos, v. 2, Polydisc)
Lamartine Babo - *Serra da Boa Esperança* (A Arte do Espetáculo - Silvio Caldas)
Lamartine Babo - *Serra da Boa Esperança* (*Cabelos brancos*)
Lamartine Babo - *Serra da Boa Esperança* (Grandes Encontros - v. II)
Lamartine Babo - *Serra da Boa Esperança* (Maximum / Sony & BMG)
Lamartine Babo - *Serra da Boa Esperança* (O Caboclinho Querido, v. 1)
Lamartine Babo - *Serra da Boa Esperança* (Silvio Caldas e Elizeth Cardoso - v. 1)
Lamartine Babo - *Serra da Boa Esperança* (Silvio Caldas, RGE n. 7056.2)
Lamartine Babo - *Serra da Boa Esperança* (20 Preferidas - Silvio Caldas)
Lamartine Babo - *Serra da Boa Esperança* (No Palco - Silvio Caldas)
Lamartine Babo / Ary Barroso - *No rancho fundo* (A Arte do Espetáculo - Silvio Caldas)
Lamartine Babo / Ary Barroso - *No rancho fundo* (Ary Barroso com Silvio Caldas)
Lamartine Babo / Ary Barroso - *No rancho fundo* (Histórias da Música Popular Brasileira)
Lamartine Babo / Ary Barroso - *No rancho fundo* (RCA Camden Nostalgia v. 2)
Lamartine Babo / Ary Barroso - *No rancho fundo* (Saudades)
Lamartine Babo / Ary Barroso - *No rancho fundo* (Silvio Caldas Canta Ary Barroso)
Lamartine Babo / Ary Barroso - *No rancho fundo* (Silvio Caldas, o Seresteiro do Brasil)
Lamartine Babo / Ary Barroso - *No rancho fundo* (Compacto RCA Camden 5028)
Lamartine Babo / Ary Barroso - *No rancho fundo* (Deusa da Minha Rua - Compacto)
Lamartine Babo / Ary Barroso - *No rancho fundo* (DVD - Silvio Caldas)
Lamartine Babo / Ary Barroso - *No rancho fundo* (O Melhor de Sylvio Caldas, BMG)
Lamartine Babo / Ary Barroso - *No rancho fundo* (Saudades - Mini LP 1)

L

Lamartine Babo / Ary Barroso - *No rancho fundo* (Silvio Caldas - Compacto 5028)
Lamartine Babo / Ary Barroso - *No rancho fundo* (Acervo Especial - RCA)
Lamartine Babo / Ary Barroso - *No rancho fundo* (O Seresteiro Silvio Caldas)
Lamartine Babo / Ary Barrtoso - *No rancho fundo* (Saudades - 12" - Musidisc)
Lamartine Babo / Celso Macedo - *Cessa tudo* (Cera)
Lamartine Babo / Celso Macedo - *Cessa tudo* (Silvio Caldas e Suas Interpretações Inesquecíveis)
Lamartine Babo / Demerval Guimarães - *Cutuca, Maroca!* (Cera)
Lamartine Babo / Demerval Guimarães - *Cutuca, Maroca* (Novidades de 1930)
Lamartine Babo / Fco. Matoso - *Eu sonhei que tu estavas tão linda* (Presença de Silvio Caldas)
Lamartine Babo / Fco. Matoso - *Eu sonhei que tu estavas tão linda* (E o Destino Desfolhou)
Lamartine Babo / Fco. Matoso - *Eu sonhei que tu estavas tão linda* (20 Super Sucessos, v. 2)
Lamartine Babo / Fco. Matoso - *Eu sonhei que tu estavas tão linda* (Maximum / Sony & BMG)
Lamartine Babo / Fco. Matoso - *Eu sonhei que tu estavas tão linda* (Seresta, Só Seresta)
Lamartine Babo / Fco. Matoso - *Eu sonhei que tu estavas tão linda* (O Caboclinho Querido, .1)
Lamartine Babo / Fco. Matoso - *Eu sonhei que tu estavas tão linda* (Brilhantes)
Lamartine Babo / Fco. Matoso - *Eu sonhei que tu estavas tão linda* (21 Grandes Sucessos)
Lamartine Babo / Irmãos Valença - *O teu cabelo não nega* (A Arte do Espetáculo - Silvio Caldas)
Lamartine Babo / Irmãos Valença - *O teu cabelo não nega* (Grandes Encontros - v. II)
Lamartine Babo / Irmãos Valença - *O teu cabelo não nega* (Histórias da M. P. B. - Ao Vivo")
Lamartine Babo / Irmãos Valença - *O teu cabelo não nega* (No Palco - Silvio Caldas)
Lamartine Babo / Irmãos Valença - *O teu cabelo não nega* (Silvio Caldas, RGE n. 7056.2)
Lamartine Babo / Irmãos Valença - *O teu cabelo não nega* (Histórias da Música Popular Brasileira)
Lamartine Babo / Noel Rosa - *A.E.I.O.U.* (A Arte do Espetáculo - Silvio Caldas)
Lamartine Babo / Noel Rosa - *A.E.I.O.U.* (A História Viva - Silvio Caldas)
Lamartine Babo / Noel Rosa - *A.E.I.O.U.* (DVD - Silvio Caldas))
Lamartine Babo / Noel Rosa - *A.E.I.O.U.* (Histórias da Música Popular Brasileira)
Lamartine Babo / Noel Rosa - *A.E.I.O.U.* (Silvio Caldas Especial Gravado ao Vivo)
Lamartine Babo / Noel Rosa - *A.E.I.O.U.* (Silvio Caldas, RGE n. 7056.2)
Lamartine Babo / Noel Rosa - *A.E.I.O.U.*. (No Palco - Silvio Caldas)
Lamartine Babo / Noel Rosa - *A.E.I.O.U.*. (Silvio Caldas "Especial", Ao Vivo)
Lamartine Babo - *Linda morena* (DVD - Silvio Caldas)
Lamartine Babo / Ary Barroso - *No rancho fundo* (Cera)
Lauro Borges, "Laurentino Sales" - *Maria* (Cera)
Lauro Miller - *Aclimação* - Silvio Caldas (Isto é São Paulo)
Lauro Miller - *Barra Funda* - Silvio Caldas (Isto é São Paulo)
Lauro Miller - *Braz* - Silvio Caldas (Isto é São Paulo)
Lauro Miller - *Casa Verde* - Silvio Caldas (Isto é São Paulo)
Lauro Miller - *Freguesia do Ó* - Silvio Caldas (Isto é São Paulo)
Lauro Miller - *Ipiranga* (História de São Paulo) (Silvio Caldas - Isto é São Paulo)
Lauro Miller - *Jardim América* - Silvio Caldas (Isto é São Paulo)
Lauro Miller - *Lapa* - Silvio Caldas (Isto é São Paulo)

Lauro Miller - *São Paulo antigo* - Silvio Caldas (Isto é São Paulo) 1
Lauro Miller - *São Paulo antigo* (Silvio Caldas, RGE n. 7056.2)
Lauro Miller - *Vila Prudente* - Silvio Caldas (Isto é São Paulo)
Leonel Azevedo / J. Cascata - *Maria* (Cera)
Leonel Azevedo / J. Cascata - *Maria* - Silvio Caldas (O Caboclinho Querido)
Leonel Azevedo / J. Cascata - *Símbolo sagrado*
Leonel Azevedo / Luiz Bittencort - *Lua triste*
Leonel Azevedo / Luiz Bittencourt - *Lua triste* - SC (O Caboclinho Querido)
Leonel Azevedo / Luiz Bittencourt - *Lua triste* (Silvio Caldas)
Lilá Sant'Ánna - *Canção para a mamãe* (20 Super Sucessos, v. 2, Polydisc)
Lilá Sant'Anna - *Canção para a mamãe* (Eternamente)
Lilá Sant'Anna - *Canção para a mamãe* (Cera)
Luiz Bittencourt / Leonel Azevedo - *Lua triste* (Cera)
Luiz Bittencourt / Leonel Azevedo - *Lua triste* (SC - O Caboclinho Querido)
Luiz Bittencourt / Leonel Azevedo - *Lua triste* (Silvio Caldas)
Luiz Bonfá / Antonio Maria - *Manhã de carnaval* (O Seresteiro, Inter Records, R 31009)
Luiz Bonfá / Antônio Maria - *Manhã de carnaval* (Silvio Caldas - O Seresteiro)
Luiz Iglésias / Francisco Alves - *Lua nova* (Eternamente)
Luiz Iglesias / J. Cristóbal - *Foi sonho e não volta mais* (Cera)
Luiz Iglesias / Francisco Alves - *Lua nova* (Canta o Seresteiro Silvio Caldas)
Luiz Peixoto / Ary Barroso - *Maria* (O Melhor de Silvio Caldas)
Luiz Peixoto / Ary Barroso - *Maria* (Silvio Caldas Canta Ary Barroso)
Luiz Peixoto / Ary Barroso - *Maria* (A Arte do Espetáculo - Silvio Caldas)
Luiz Peixoto / Ary Barroso - *Maria* (Grandes Intérpretes)
Luiz Peixoto / Ary Barroso - *Maria* (O Seresteiro Silvio Caldas)
Luiz Peixoto / Ary Barroso - *Maria* (Saudades - Silvio Caldas - O Seresteiro do Brasil
Luiz Peixoto / Ary Barroso - *Maria* (Saudades - Silvio Caldas)
Luiz Peixoto / Ary Barroso - *Maria* (Silvio Caldas Especial Gravado ao Vivo)
Luiz Peixoto / Ary Barroso - *Maria* (Silvio Caldas, o Seresteiro do Brasil)
Luiz Peixoto / Ary Barroso - *Por causa dessa cabocla* (O Melhor e Silvio Caldas)
Luiz Peixoto / Ary Barroso - *Por causa dessa cabocla* (SC - O Caboclinho Querido)
Luiz Peixoto / Ary Barroso - *Por causa dessa cabocla* (Cera)
Luiz Peixoto / Ary Barroso - *Por causa dessa cabocla* (Silvio Caldas)
Luiz Peixoto / Ary Barroso - *Maria* (Cera)
Luiz Peixoto / Ary Barroso - *Maria* (Silvio Caldas - Compacto 5028)
Luiz Peixoto / Ary Barroso - *Maria* (Compacto RCA Camden 5028)
Luiz Peixoto / Ary Barroso - *Maria* (DVD - Silvio Caldas)
Luiz Peixoto / Ary Barroso - *Maria* (Saudades - 12" - Musidisc)
Luiz Peixoto / Hekel Tavares - *Azulão* - Silvio Caldas (O Seresteiro)
Luiz Peixoto / Hekel Tavares - *Casa de caboclo* (DVD - Silvio Caldas)
Luiz Peixoto / Júlio Dantas - *Eterna canção* (Silvio Caldas - O Seresteiro)

l

Luiz Peixoto/M.Porto/H.Vogeler/C.Costa - *Linda flor* (Ai, Yoyô) (DVD - Silvio Caldas)
Luiz Reis / Haroldo Barbosa - *Nossos momentos* (Silvio Caldas e Elizeth Cardoso - v. 1)
Luiz Reis / Haroldo Barbosa - *Nossos momentos* (Elizeth Cardoso e Silvio Caldas - v. 1)
Luiz Soberano / João C. da Silva / Paquito - *Não me diga adeus* (CLP 11661 - Silvio Caldas)
Lupicínio Rodrigues - *Homenagem* (Cera)
Lupicínio Rodrigues - *Homenagem* - (Titio Canta Para Você)
Lupicinio Rodrigues - *Homenagem* (20 Preferidas - Silvio Caldas)
Lupicínio Rodrigues - *Homenagem* (Silvio Caldas, RGE n. 7056.2)
Lupicínio Rodrigues - *Paciência* (Cera)
Lupicínio Rodrigues - *Paciência* (20 Preferidas - Silvio Caldas)
Lupicínio Rodrigues - *Paciência* (Silvio Caldas, RGE n. 7056.2)
Lupicínio Rodrigues - *Paciência* (Titio Canta Para Você)
Lupicínio Rodrigues - *Vingança* (20 Super Sucessos, v. 2, Polydisc)
Lupicínio Rodrigues - *Vingança* (Grandes Sucessos Com Silvio Caldas)
Lupicínio Rodrigues / Alcides Gonçalves - *Quem há de dizer* (20 Super Sucessos, Polydisc)
Lupicínio Rodrigues / Alcides Gonçalves - *Quem há de dizer* (Histórias MPB)
Lupicínio Rodrigues / Alcides Gonçalves - *Quem há de dizer* (Histórias da M. P. B. - Ao Vivo")
Lupicínio Rodrigues / Alcides Gonçalves - *Quem há de dizer* (Ontem ao Luar)

m

M. Figueiredo / A. Leite / C. Barbosa - *Fado das mãos* (Silvio Caldas, RGE n. 7056.2)
M. Figueiredo / A. Leite / C. Barbosa - *Fado das mãos* (Titio Canta Para Você)
Maísa - *Ouça* (Grandes Sucessos - Com Silvio Caldas)
Manduca Piá / Villa Lobos - *Seresta n.* 5 (Silvio Caldas - O Seresteiro)
Manezinho Araújo / J. Cascata - *Mágoas de um trovador* (Cera)
Manezinho Araújo / J. Cascata - *Mágoas de um trovador* (Sylvio Caldas, RVCD–013)
Manoel Bandeira / Jayme Ovale - *Modinha* (Cera)
Manoel Bandeira / Jayme Ovale - *Modinha* (Encontro Com os Maiores Seresteiros)
Manoel Bandeira / Jayme Ovalle - *Modinha* (Silvio Caldas - O Caboclinho Querido)
Manoel Bandeira / Jayme Ovalle - *Modinha* (O Melhor de Silvio Caldas)
Manoel Bandeira / Jayme Ovalle - *Modinha* (O Seresteiro Silvio Caldas)
Marcelo Tupinambá / Ariovaldo Pires - *Coração* (O Seresteiro, Inter Records, R 31009)
Marcelo Tupinambá / Ariovaldo Pires - *Coração* (Silvio Caldas - O Seresteiro)
Marino Pinto / Wilson Batista - *Largo da Lapa* (Phonodisc LP Silvio Caldas)
Marino Pinto / Claribalte Passos / L. Panicali - *Leonor* (cera)
Marino Pinto / Eratóstenes Frazão - *Florisbela santropé* (A Arte do Espetáculo - Silvio Caldas)
Marino Pinto / Eratóstenes Frazão - *Florisbela santropé* (No Palco - Silvio Caldas)
Marino Pinto / Eratóstenes Frazão - *Pif-paf* (Cera)
Marino Pinto / Frazão - *Florisbela santropé* (Silvio Caldas "Especial", Ao Vivo)
Marino Pinto / Frazão - *Florisbela santropé* (Silvio Caldas, RGE n. 7056.2)
Marino Pinto / Gilberto Milfont - *Reverso* (*Cabelos brancos*)
Marino Pinto / Herivelto Martins - *Cabelos brancos* - (Maximum / Sony & BMG)
Marino Pinto / Herivelto Martins - *Cabelos brancos* (21 Grandes Sucessos)

m

Marino Pinto / Wilson Batista - *Largo da Lapa* (Juntos - Francisco Petrônio / Silvio Caldas)
Marino Pinto / Herivelto Martins - *Cabelos brancos* (Brilhantes)
Marino Pinto / Herivelto Martins - *Cabelos brancos* (O Caboclinho Querido, v. 1)
Marino Pinto / Herivelto Martins - *Cabelos brancos* (O Melhor de Sylvio Caldas, BMG)
Marino Pinto / Herivelto Martins - *Cabelos brancos* (Presença de Silvio Caldas)
Marino Pinto / Herivelto Martins - *Cabelos brancos* (Silvio Caldas)
Marino Pinto / Herivelto Martins - *Cabelos brancos* (Silvio Caldas em Pessoa)
Marino Pinto / Vadico - *Prece - E o destino desfolhou* (Silvio Caldas)
Marino Pinto / Vadico - *Prece* (Histórias dá Música Popular Brasileira)
Marino Pinto / Vadico - *Prece* (LP Veleiro Silvio Caldas)
Marino Pinto / Vadico - *Prece* (Seresta, Só Seresta)
Marino Pinto / Wilson Batista - *Largo da Lapa* (Juntos Francisco Petrônio / Silvio Caldas)
Marino Pinto / Wilson Batista - *Largo da Lapa* (Juntos Francisco Petrônio / Silvio Caldas)
Marino Pinto / Wilson Batista - *Largo da Lapa* (Mestres da MPB)
Mário Bravo - *Na praia* (cera)
Mário Lago - *Ana Maria* (Cera)
Mário Lago - *Ana Maria* (Com a Saudade Pelo Braço)
Mário Lago / Antônio Nássara - *Na mão direita* (Cera)
Mário Lago / Ataulfo Alves - *Ai que saudades da Amélia* (Histórias da Música Popular Brasileira)
Mário Lago / Erasmo Silva - *Destino traçado* (Cera)
Mário Lago / Erasmo Silva - *Destino traçado* (Silvio Caldas - O Seresteiro)
Mário Lago / Erasmo Silva - *E ela não voltou* (Acabei) (Cera)
Mário Lago / Erasmo Silva - *Gilda* (Cera)
Mário Lago / Erasmo Silva - *Gilda* (Tive Uma Surpresa)
Mário Lago / Silvio Caldas - *A culpa é sua*
Mário Martins / Heber Bôscoli - *Rosinha* (Cera)
Mário Rossi / Gastão Lamounier - *Assim acaba um grande amor* (E o Destino Desfolhou)
Mário Rossi / Gastão Lamounier - *Assim acaba um grande amor* (Seresta, Só Seresta)
Mário Rossi / Gastão Lamounier - *E o destino desfolhou* (E o Destino Desfolhou)
Mário Rossi / Gastão Lamounier - *E o destino desfolhou* (O Caboclinho Querido, v. 1)
Mário Rossi / Gastão Lamounier - *E o destino desfolhou* (Seresta, Só Seresta)
Mário Rossi / Gastão Lamounier - *E o destino desfolhou* (20 Super Sucessos, Polydisc)
Mário Travassos de Araújo - *Alô, Mossoró* (Cera)
Mário Travassos de Araújo - *Cheio de saudade* (Cera)
Marques Porto / Ary Barroso - *Gira* (Cera)
Marques Porto/L.Peixoto/H.Vogeler/C.Costa - *Linda flor (Ai, Yoyô)* (DVD - Silvio Caldas)
Murillo Caldas - *Desprezo* (Cera)
Murillo Caldas - *Eu quero essa mulher* (Cera)

n

Nei Orestes - *Nena* (Cera)
Nelson Souto / Antônio Carlos de Souza e Silva - *Você voltou* (Cera)
Nelson Souto / Antônio Carlos de Souza e Silva - *Você voltou* (Com a Saudade Pelo Braço)

n

Nelson Souto / Antônio Carlos de Souza e Silva - *Você voltou* (O Melhor de Silvio Caldas)
Nelson Souto / Antônio Carlos de Souza e Silva - *Pra casa eu não vou* (Cera)
Nelson Souto / Antônio Carlos de Souza e Silva - *Você voltou* (LP Music Master Silvio Caldas)
Nelson Souto / Antônio Carlos de Souza e Silva - *Você voltou* (Phonodisc LP Silvio Caldas)
Nelson Souto / Francisco Pimentel - *Com A saudade pelo braço* (Cera)
Nelson Souto / Francisco Pimentel - *Com A saudade pelo braço* (Com a Saudade Pelo Braço)
Newton Teixeira / Christóvão de Alencar - *Não* (Cera)
Newton Teixeira / Christóvão de Alencar - *Não* (O Melhor de Silvio Caldas)
Newton Teixeira / Christóvão de Alencar - *Não* (O Seresteiro Silvio Caldas)
Newton Teixeira / Christóvão de Alencar - *Não* (Ontem ao Luar - Silvio Caldas)
Newton Teixeira / Christóvão de Alencar - *Não* (Phonodisc LP Silvio Caldas)
Newton Teixeira / Christóvão de Alencar - *Não* (Silvio Caldas, O Caboclinho Querido)
Newton Teixeira / Christóvão de Alencar - *Não* (Sou Um Namorado Errante)
Newton Teixeira / Christóvão de Alencar - *Sempre você* (Cera)
Newton Teixeira / Christóvão de Alencar - *Sempre você* (Deusa da Minha Rua - Compacto)
Newton Teixeira / Christóvão de Alencar - *Sempre você* (Deusa da Minha Rua - Compacto)
Newton Teixeira / Christóvão de Alencar / Silvio Caldas - *Adeus, felicidade* (Cera)
Newton Teixeira / Christóvão de Alencar / Silvio Caldas - *Adeus, felicidade* (Silvio Caldas)
Newton Teixeira / Djalma Macieira do Nascimenro - *Alucinação* (Cera)
Newton Teixeira / Djalma Macieira do Nascimento - *Alucinação* (O Melhor de Silvio Caldas)
Newton Teixeira / Djalma Macieira do Nascimento - *Alucinação* (Ontem ao Luar)
Newton Teixeira / Djalma Macieira do Nascimento - *Alucinação* (Phonodisc LP Silvio Caldas)
Newton Teixeira / Djalma Nascimento - *Alucinação* (Com a Saudade Pelo Braço)
Newton Teixeira / Jorge Faraj - *Deusa da minha rua* (Cera)
Newton Teixeira / Jorge Faraj - *Deusa da minha rua* (RCA Camden Nostalgia v. 2)
Newton Teixeira / Jorge Faraj - *Deusa da minha rua* (Deusa da Minha Rua - Compacto)
Newton Teixeira / Jorge Faraj - *Deusa da minha rua* (Deusa da Minha Rua, RCVD–191)
Newton Teixeira / Jorge Faraj - *Deusa da minha rua* (Grandes Intérpretes)
Newton Teixeira / Jorge Faraj - *Deusa da minha rua* (Mestres da MPB)
Newton Teixeira / Jorge Faraj - *Deusa da minha rua* (O Melhor de Silvio Caldas
Newton Teixeira / Jorge Faraj - *Deusa da minha rua* (O Seresteiro Silvio Caldas
Newton Teixeira / Jorge Faraj - *Deusa da minha rua* (Phonodisc LP Silvio Caldas
Newton Teixeira / Jorge Faraj - *Deusa da minha rua* (Silvio Caldas, o Seresteiro do Brasil
Newton Teixeira / Jorge Faraj - *Meu segredo* (Cera)
Newton Teixeira / Jorge Faraj - *Meu segredo* (O Caboclinho Querido, v. 3)
Newton Teixeira / Jorge Faraj - *Meu segredo* (*Serenata*)
Newton Teixeira / Jorge Faraj - *Mi secreto* (Tesoros de la Canción Brasileña - Maringá)
Newton Teixeira / C. de Alencar / Silvio Caldas - *Adeus, felicidade* (SC - O Caboclinho Querido)
Noel Rosa - *Até amanhã* (20 Preferidas - Silvio Caldas)
Noel Rosa - *Até amanhã* (A Arte do Espetáculo - Silvio Caldas)
Noel Rosa - *Até amanhã* (Histórias da M. P. B. - Ao Vivo")

Noel Rosa - *Até amanhã* (No Palco - Silvio Caldas)
Noel Rosa - *Até amanhã* (Silvio Caldas em Pessoa)
Noel Rosa - *Até amanhã* (Silvio Caldas, RGE n. 7056.2)
Noel Rosa - *Até amanhã* (Histórias da Música Popular Brasileira)
Noel Rosa - *Cinema falado* (A Arte do Espetáculo - Silvio Caldas)
Noel Rosa - *Cinema falado* (No Palco - Silvio Caldas)
Noel Rosa - *Cinema falado* (Silvio Caldas, RGE n. 7056.2)
Noel Rosa - *Cinta amarilla* (Tesoros de la Canción Brasileña - Maringá)
Noel Rosa - *Coração* (Histórias da M. P. B. - Ao Vivo")
Noel Rosa - *Coração* (Histórias da Música Popular Brasileira)
Noel Rosa - *Cordiais saudações* (A História Viva - Silvio Caldas)
Noel Rosa - *Cordiais saudações* (Histórias da M. P. B. - Ao Vivo")
Noel Rosa - *Cordiais saudações* (Histórias da Música Popular Brasileira)
Noel Rosa - *Cordiais saudações* (Silvio Caldas e Pedro Vargas)
Noel Rosa - *Fita amarela* - Elizeth e Silvio (Elizeth Cardoso e Silvio Caldas - v. 2)
Noel Rosa - *Fita amarela* (21 Grandes Sucessos)
Noel Rosa - *Fita amarela* (Brilhantes)
Noel Rosa - *Fita amarela* (Elizeth Cardoso & Silvio Caldas, v. 2)
Noel Rosa - *Fita amarela* (Grandes Sucessos de Silvio Caldas)
Noel Rosa - *Fita amarela* (LP Veleiro Silvio Caldas)
Noel Rosa - *Fita amarela* (Maximum / Sony & BMG)
Noel Rosa - *Fita amarela* (O Caboclinho Querido, v. 3)
Noel Rosa - *Fita amarela* (*Serenata* - Silvio Caldas)
Noel Rosa - *Fita amarela* (Silvio Caldas e Elizeth Cardoso - v. 2)
Noel Rosa - *Gago apaixonado* (A História Viva - Silvio Caldas)
Noel Rosa - *Não tem tradução* (Histórias da M. P. B. - Ao Vivo")
Noel Rosa - *Não tem tradução* (Histórias da Música Popular Brasileira)
Noel Rosa - *Palpite infeliz* (20 Preferidas - Silvio Caldas)
Noel Rosa - *Palpite infeliz* (20 Super Sucessos, Polydisc)
Noel Rosa - *Palpite infeliz* (A Arte do Espetáculo - Silvio Caldas)
Noel Rosa - *Palpite infeliz* (A História Viva - Silvio Caldas)
Noel Rosa - *Palpite infeliz* (Histórias da M. P. B. - Ao Vivo")
Noel Rosa - *Palpite infeliz* (Histórias da Música Popular Brasileira)
Noel Rosa - *Palpite infeliz* (No Palco - Silvio Caldas)
Noel Rosa - *Palpite infeliz* (Silvio Caldas, RGE n. 7056.2)
Noel Rosa - *Pra que mentir* (Acervo Especial - RCA)
Noel Rosa - *Quando o samba acabou* (*Cabelos brancos* - Silvio Caldas)
Noel Rosa - *Quando o samba acabou* (O Melhor de Silvio Caldas) Georges Moran / Christóvão de Alencar
Noel Rosa - *Rapaz folgado* (A Arte do Espetáculo - Silvio Caldas)
Noel Rosa - *Rapaz folgado* (A História Viva - Silvio Caldas)
Noel Rosa - *Rapaz folgado* (Histórias da M. P. B. - Ao Vivo")

n

Noel Rosa - *Rapaz folgado* (Histórias da Música Popular Brasileira)
Noel Rosa - *Três apitos* (E o Destino Desfolhou - Silvio Caldas)
Noel Rosa - *Três apitos* (LP Veleiro Silvio Caldas)
Noel Rosa - *Último desejo* (20 Super Sucessos, Polydisc)
Noel Rosa - *Último desejo* (E o Destino Desfolhou - Silvio Caldas)
Noel Rosa - *Último desejo* (LP Veleiro Silvio Caldas)
Noel Rosa - *Último desejo* (Presença de Silvio Caldas)
Noel Rosa - *Último desejo* (Seresta, Só Seresta)
Noel Rosa / Ary Barroso - *É do balaco baco* (Cera)
Noel Rosa / Ary Barroso - *Mão no remo* (Cera)
Noel Rosa / Ary Barroso - *Mão no remo* (Sou Um Namorado Errante)
Noel Rosa / Ary Barroso - *Mão no remo!* (Revivendo LP 033)
Noel Rosa / Braguinha - As *Pastorinhas* (Grandes Encontros - v. II)
Noel Rosa / Ismael Silva - *Uma jura que fiz* (*Cabelos brancos* - Silvio Caldas)
Noel Rosa / João de Barro - *Pastorinhas* (A Arte do Espetáculo - Silvio Caldas)
Noel Rosa / João de Barro - *Pastorinhas* (A História Viva - Silvio Caldas)
Noel Rosa / João de Barro - *Pastorinhas* (Histórias da M. P. B. - Ao Vivo")
Noel Rosa / João de Barro - *Pastorinhas* (No Palco - Silvio Caldas)
Noel Rosa / João de Barro - *Pastorinhas* (Silvio Caldas, RGE n. 7056.2)
Noel Rosa / João de Barro - *Pastorinhas* (Cera)
Noel Rosa / João de Barro - *Pastorinhas* (Histórias da Música Popular Brasileira)
Noel Rosa / João de Barro - *Pastorinhas* (SC Sylvio Caldas)
Noel Rosa / João de Barro - *Pastorinhas* (Silvio Caldas Especial Gravado ao Vivo)
Noel Rosa / Lamartine Babo - *A.E.I.O.U.* (A Arte do Espetáculo - Silvio Caldas)
Noel Rosa / Lamartine Babo - *A.E.I.O.U.* (A História Viva - Silvio Caldas)
Noel Rosa / Lamartine Babo - *A.E.I.O.U.* (DVD - Silvio Caldas)
Noel Rosa / Lamartine Babo - *A.E.I.O.U.* (Histórias da Música Popular Brasileira)
Noel Rosa / Lamartine Babo - *A.E.I.O.U.* (Silvio Caldas Especial Gravado ao Vivo)
Noel Rosa / Noel Rosa - *Como una oración* (Tesoros de la Canción Brasileña - Maringá
Noel Rosa / Nonô - *Vitória* (20 Super Sucessos, v. 2, Polydisc)
Noel Rosa / Nonô - *Vitória* (Grandes Sucessos de Silvio Caldas)
Noel Rosa / Romualdo Peixoto (Nonô) - *Vitória*
Noel Rosa / Silvio Caldas - *Cabrocha do Rocha* (A História Viva - Silvio Caldas)
Noel Rosa / Silvio Caldas - *Cabrocha do Rocha* (Histórias da M. P. B. - Ao Vivo")
Noel Rosa / Silvio Caldas - *Cabrocha do Rocha* (Histórias da Música Popular Brasileira)
Noel Rosa / Silvio Caldas - *Cabrocha do Rocha* (Silvio Caldas Especial Gravado ao Vivo)
Noel Rosa / Vadico - *Feitiço da Vila* (O Caboclinho Querido, v. 2)
Noel Rosa / Vadico - *Conversa de botequim* (A História Viva - Silvio Caldas)
Noel Rosa / Vadico - *Feitiço da Vila* (20 Super Sucessos, v. 2, Polydisc)
Noel Rosa / Vadico - *Feitiço da Vila* (Canta o Seresteiro do Brasil)
Noel Rosa / Vadico - *Feitiço da Vila* (Compacto CB 20006)

Noel Rosa / Vadico - *Feitiço da Vila* (Grandes Sucessos de Silvio Caldas)
Noel Rosa / Vadico - *Feitiço da Vila* (LP Veleiro Silvio Caldas)
Noel Rosa / Vadico - *Feitiço da Vila* (Presença de Silvio Caldas)
Noel Rosa / Vadico - *Feitiço da Vila* (Silvio Caldas - Canta o Seresteiro)
Noel Rosa / Vadico - *Feitiço da Vila* (Silvio Caldas em Pessoa)
Noel Rosa / Vadico - *Feitiço da Vila* (Silvio Caldas Especial Gravado ao Vivo)
Noel Rosa / Vadico - *Feitio de oração* (Grandes Sucessos de Silvio Caldas)
Noel Rosa / Vadico - *Feitio de oração* (Ídolos do Rádio - Silvio Caldas)
Noel Rosa / Vadico - *Feitio de oração* (LP Veleiro Silvio Caldas)
Noel Rosa / Vadico - *Feitio de oração* (O Melhor de Silvio Caldas)
Noel Rosa / Vadico - *Feitio de oração* (Presença de Silvio Caldas)
Noel Rosa / Vadico - *Feitio de oração* (*Serenata*)
Noel Rosa / Vadico - *Feitio de oração* (Uma Seresta Inesquecível)
Noel Rosa / Vadico - *Pra que mentir* (Cera)
Noel Rosa / Vadico - *Pra que mentir* (O Melhor de Sylvio Caldas, BMG)
Noel Rosa / Vadico - *Pra que mentir* (Silvio Caldas e Suas Interpretações Inesquecíveis)
Noel Rosa / Vadico / *Lenço no pescoço* (No Palco - Silvio Caldas)
Noel Rosa / Vadico - *Feitiço da Vila* (O Melhor de Silvio Caldas)
Nonô, Romualdo Peixoto / Noel Rosa - *Vitória* (Grandes Sucessos de Silvio Caldas)
Nonô, Romualdo Peixoto / Paulo Roberto - *Cigana* (Cantores de Rádio, EMI)
Nonô, Romualdo Peixoto / Paulo Roberto - *Cigana* (Grandes Sucessos de Silvio Caldas)
Nonô, Romualdo Peixoto / Paulo Roberto - *Cigana* (O Caboclinho Querido, v. 2)
Nonô, Romualdo Peixoto "Nonô" - *Sofri demais* (Cera)
Nonô, Romualdo Peixoto "Nonô" / Noel Rosa - *Vitória* (Cera)
Nonô, Romualdo Peixoto "Nonô" / Noel Rosa - *Vitória* (O Melhor de Sylvio Caldas, BMG)
Nonô, Romualdo Peixoto "Nonô" - *Só por tua causa* (Cera)
Nonô, Romualdo Peixoto, "Nonô" / Noel Rosa - *Vitória* (Sylvio Caldas, RVCD–013)
Nonô, Romualdo Peixoto, "Nonô" / Orestes Barbosa - *Vidro vazio* (Cera)
Nonô, Romualdo Peixoto, "Nonô" / Paulo Roberto - *Cigana* (Cera)
O. Fernandes / Georges Moran - *Balalaika* (*Kátia* - Compacto 80.138)
O. Fernandes / Georges Moran - *Balalaika* (*Kátia* - Compacto 80.138)
O. Fernandes / Georges Moran - *Balalaika* (Titio Canta Para Você, com Silvio Caldas)
O. Porto / Rochinha - *Novos rumos* (Cera)
O. Porto / Rochinha - *Novos rumos* (Ontem ao Luar)
O. Porto / Rochinha - *Novos rumos* (Silvio Caldas - Canta o Seresteiro)
Olegário Bittencourt - Saul de Carvalho - *Segue o teu destino* (Cera)
Ondina Perez - *Tua partida* (Filigranas Musicais da RCA - IX)
Orestes Barbosa / Romualdo Peixoto, Nonô - *Vidro vazio* (Cera)
Orestes Barbosa - *Torturante ironia* (DVD - Silvio Caldas)
Orestes Barbosa / Fco. Alves - *Dona da minha vontade* (Grandes Interpretações de Silvio Caldas)
Orestes Barbosa / Francisco Alves - *Dona da minha vontade* (Canta o Seresteiro Silvio Caldas)

O

Orestes Barbosa / Francisco Alves - *Dona da minha vontade* (Ídolos do Rádio - Silvio Caldas)
Orestes Barbosa / Francisco Alves - *Dona da minha vontade* (*Serenata* - Silvio Caldas)
Orestes Barbosa / Francisco Alves - *Meu companheiro* (A História Viva - Silvio Caldas)
Orestes Barbosa / Francisco Alves - *Meu companheiro* (Canta o Seresteiro do Brasil)
Orestes Barbosa / Francisco Alves - *Meu companheiro* (Grandes Interpretações de Silvio Caldas)
Orestes Barbosa / Francisco Alves - *Meu companheiro* (Ídolos do Rádio - Silvio Caldas)
Orestes Barbosa / Francisco Alves - *Meu companheiro* (Silvio Caldas - Canta o Seresteiro)
Orestes Barbosa / Francisco Alves - *Meu companheiro* (Uma Seresta Inesquecível)
Orestes Barbosa / Francisco Alves - *O balão do amor* (Silvio Caldas - O Seresteiro)
Orestes Barbosa / Francisco Alves - *Por teu amor* (Ídolos do Rádio - Silvio Caldas)
Orestes Barbosa / J. Tomaz - *Verde e amarelo* (Cera)
Orestes Barbosa / Silvio Caldas - *Suburbana* - (Saudades - Mini LP 1)
Orestes Barbosa / Silvio Caldas - *A única rima* (Cera)
Orestes Barbosa / Silvio Caldas - *A única rima* (*Serenata*)
Orestes Barbosa / Silvio Caldas - *Arranha-céu* (Cera)
Orestes Barbosa / Silvio Caldas - *Arranha-céu* (História da Música Popular Brasileira)
Orestes Barbosa / Silvio Caldas - *Arranha-céu* (No Tempo Dos Bons Tempos - v. 9)
Orestes Barbosa / Silvio Caldas - *Arranha-céu* (Presença de Silvio Caldas)
Orestes Barbosa / Silvio Caldas - *Arranha-céu* (SC Sylvio Caldas)
Orestes Barbosa / Silvio Caldas - *Casi dije si* (Tesoros de la Canción Brasileña - Maringá)
Orestes Barbosa / Silvio Caldas - *Chão de estrelas* (Cera)
Orestes Barbosa / Silvio Caldas - *Chão de estrelas* (A Arte do Espetáculo - Silvio Caldas)
Orestes Barbosa / Silvio Caldas - *Chão de estrelas* (A História Viva - Silvio Caldas)
Orestes Barbosa / Silvio Caldas - *Chão de estrelas* (DVD - Silvio Caldas
Orestes Barbosa / Silvio Caldas - *Chão de estrelas* (DVD - Silvio Caldas
Orestes Barbosa / Silvio Caldas - *Chão de estrelas* (História da Música Popular Brasileira)
Orestes Barbosa / Silvio Caldas - *Chão de estrelas* (Histórias da Música Popular Brasileira)
Orestes Barbosa / Silvio Caldas - *Chão de estrelas* (Maximum / Sony & BMG)
Orestes Barbosa / Silvio Caldas - *Chão de estrelas* (Maximum / Sony & BMG)
Orestes Barbosa / Silvio Caldas - *Chão de estrelas* (No Tempo Dos Bons Tempos - v. 9)
Orestes Barbosa / Silvio Caldas - *Chão de estrelas* (O Fino da Seresta)
Orestes Barbosa / Silvio Caldas - *Chão de estrelas* (Presença de Silvio Caldas)
Orestes Barbosa / Silvio Caldas - *Chão de estrelas* (SC Silvio Caldas)
Orestes Barbosa / Silvio Caldas - *Chão de estrelas* (Silvio Caldas e Elizeth Cardoso - v. 1)
Orestes Barbosa / Silvio Caldas - *Chão de estrelas* (Silvio Caldas e Elizeth Cardoso - v. 1)
Orestes Barbosa / Silvio Caldas - *Chão de estrelas* (Silvio Caldas e Elizeth Cardoso - v. 1)
Orestes Barbosa / Silvio Caldas - *Chão de estrelas* (Silvio Caldas e Elizeth Cardoso - v. 1)
Orestes Barbosa / Silvio Caldas - *Chão de estrelas* (Silvio Caldas Especial Gravado ao Vivo)
Orestes Barbosa / Silvio Caldas - *Chão de estrelas* (Silvio Caldas e Pedro Vargas)
Orestes Barbosa / Silvio Caldas - *Chão de estrelas* / Arranha Céu (Silvio Caldas em Pessoa)
Orestes Barbosa / Silvio Caldas - *Deusa da minha rua* (Juntos Fco. Petrônio / Silvio Caldas)

Orestes Barbosa / Silvio Caldas - *Deusa da minha rua* (Juntos Fco. Petrônio / Silvio Caldas)
Orestes Barbosa / Silvio Caldas - *Deusa da minha rua* (LP Music Master Silvio Caldas)
Orestes Barbosa / Silvio Caldas - *O nome dela eu não digo* (Cera)
Orestes Barbosa / Silvio Caldas - *O nome dela eu não digo* (Maximum / Sony & BMG)
Orestes Barbosa / Silvio Caldas - *O nome dela eu não digo* (Maximum / Sony & BMG)
Orestes Barbosa / Silvio Caldas - *O nome dela eu não digo* (O Melhor de Silvio Caldas)
Orestes Barbosa / Silvio Caldas - *O nome dela eu não digo* (E o Destino Desfolhou - Silvio Caldas)
Orestes Barbosa / Silvio Caldas - *O nome dela eu não digo* (Seresta, Só Seresta
Orestes Barbosa / Silvio Caldas - *Quase que eu disse* (Cera)
Orestes Barbosa / Silvio Caldas - *Quase que eu disse* ((Saudades - Mini LP 1)
Orestes Barbosa / Silvio Caldas - *Quase que eu disse* ((Saudades - Mini LP 1)
Orestes Barbosa / Silvio Caldas - *Quase que eu disse* (A História Viva - Silvio Caldas)
Orestes Barbosa / Silvio Caldas - *Quase que eu disse* (Canta o Seresteiro Silvio Caldas)
Orestes Barbosa / Silvio Caldas - *Quase que eu disse* (Grandes Interpretações de Silvio Caldas)
Orestes Barbosa / Silvio Caldas - *Quase que eu disse* (História da Música Popular Brasileira)
Orestes Barbosa / Silvio Caldas - *Quase que eu disse* (LP Veleiro Silvio Caldas)
Orestes Barbosa / Silvio Caldas - *Quase que eu disse* (O Seresteiro do Brasil)
Orestes Barbosa / Silvio Caldas - *Quase que eu disse* (Saudades - Silvio Caldas)
Orestes Barbosa / Silvio Caldas - *Quase que eu disse* (Saudades - Silvio Caldas)
Orestes Barbosa / Silvio Caldas - *Quase que eu disse* (Saudades - 12" - Musidisc)
Orestes Barbosa / Silvio Caldas - *Quase que eu disse* (Saudades - 12" - Musidisc)
Orestes Barbosa / Silvio Caldas - *Quase que eu disse* (Saudades)
Orestes Barbosa / Silvio Caldas - *Quase que eu disse* (SC Sylvio Caldas)
Orestes Barbosa / Silvio Caldas - *Quase que eu disse* (*Serenata*)
Orestes Barbosa / Silvio Caldas - *Santa dos meus amores* (cera)
Orestes Barbosa / Silvio Caldas - *Santa dos meus amores* (O Seresteiro Silvio Caldas)
Orestes Barbosa / Silvio Caldas - *Santa dos meus amores* (Silvio Caldas, o Seresteiro do Brasil
Orestes Barbosa / Silvio Caldas - *Serenata* (Cera)
Orestes Barbosa / Silvio Caldas - *Serenata* (Encontro Com os Maiores Seresteiros)
Orestes Barbosa / Silvio Caldas - *Serenata* (Encontro de Seresteiros)
Orestes Barbosa / Silvio Caldas - *Serenata* (Grandes Sucessos de Silvio Caldas)
Orestes Barbosa / Silvio Caldas - *Serenata* (História da Música Popular Brasileira)
Orestes Barbosa / Silvio Caldas - *Serenata* (Juntos Francisco Petrônio / Silvio Caldas)
Orestes Barbosa / Silvio Caldas - *Serenata* (LP Music Master Silvio Caldas)
Orestes Barbosa / Silvio Caldas - *Serenata* (Maximum / Sony & BMG)
Orestes Barbosa / Silvio Caldas - *Serenata* (Maximum / Sony & BMG)
Orestes Barbosa / Silvio Caldas - *Serenata* (O Melhor de Silvio Caldas)
Orestes Barbosa / Silvio Caldas - *Serenata* (Phonodisc LP Silvio Caldas)
Orestes Barbosa / Silvio Caldas - *Serenata* (Presença de Silvio Caldas)
Orestes Barbosa / Silvio Caldas - *Serenata* (RCA Camden LP Nostalgia v. 1)
Orestes Barbosa / Silvio Caldas - *Serenata* (Saudades - 12" - Musidisc)

O

Orestes Barbosa / Silvio Caldas - *Serenata* (Saudades - 10" - Musidisc)
Orestes Barbosa / Silvio Caldas - *Serenata* (Silvio Caldas e Pedro Vargas)
Orestes Barbosa / Silvio Caldas - *Serenata* (Silvio Caldas e Suas Interpretações Inesquecíveis)
Orestes Barbosa / Silvio Caldas - *Serenata* (Silvio Caldas)
Orestes Barbosa / Silvio Caldas - *Serenata* (Tesoros de la Canción Brasileña - Maringá)
Orestes Barbosa / Silvio Caldas - *Serenata* (Tesoros de la Canción Brasileña - Maringá)
Orestes Barbosa / Silvio Caldas - *Serenata* (Uma Seresta Inesquecível)
Orestes Barbosa / Silvio Caldas - *Suburbana* (Cera)
Orestes Barbosa / Silvio Caldas - *Suburbana* (O Melhor de Silvio Caldas)
Orestes Barbosa / Silvio Caldas - *Suburbana* (O Seresteiro do Brasil)
Orestes Barbosa / Silvio Caldas - *Suburbana* (Saudades, 10")
Orestes Barbosa / Silvio Caldas - *Suburbana* (Saudades, 12")
Orestes Barbosa / Silvio Caldas - *Suburbana* (Saudades, 12")
Orestes Barbosa / Silvio Caldas - *Torturante ironia* (Saudades - 12" - Musidisc)
Orestes Barbosa / Silvio Caldas - *Torturante ironia* (Saudades - 12" - Musidisc)
Orestes Barbosa / Silvio Caldas - *Torturante ironia* (Cera)
Orestes Barbosa / Silvio Caldas - *Torturante ironia* - (Saudades - Mini LP 1)
Orestes Barbosa / Silvio Caldas - *Torturante ironia* - (Saudades - Mini LP 1)
Orestes Barbosa / Silvio Caldas - *Torturante ironia* (O Seresteiro do Brasil)
Orestes Barbosa / Silvio Caldas - *Torturante ironia* (Saudades - Silvio Caldas)
Orestes Barbosa / Silvio Caldas - *Torturante ironia* (Saudades - Silvio Caldas)
Orestes Barbosa / Silvio Caldas - *Torturante ironia* (Saudades - Silvio Caldas)
Orestes Barbosa / Silvio Caldas - *Torturante ironia* (SC - O Caboclinho Querido)
Orestes Barbosa / Silvio Caldas - *Torturante ironia* (Silvio Caldas)
Orestes Barbosa / Silvio Caldas - *Turca do meu Brasil* (Cera)
Orestes Barbosa / Silvio Caldas - *Turca do meu Brasil* (Canta o Seresteiro Silvio Caldas)
Orestes Barbosa / Silvio Caldas - *Turca do meu Brasil* (Eternamente - Silvio Caldas)
Orestes Barbosa / Silvio Caldas - *Turca do meu Brasil* (Grandes Interpretações de Silvio Caldas)
Orestes Barbosa / Silvio Caldas - *Turca do meu Brasil* (LP Veleiro Silvio Caldas)
Orestes Barbosa / Silvio Caldas - *Turca do meu Brasil* (Silvio Caldas)
Orestes Barbosa / Silvio Caldas - *Vestido de lágrimas* (O Seresteiro do Brasil)
Orestes Barbosa / Silvio Caldas - *Vestido de lágrimas* (Saudades - 12" - Musidisc)
Orestes Barbosa / Silvio Caldas - *Vestido de lágrimas* (Saudades - 12" - Musidisc)
Orestes Barbosa / Silvio Caldas - *Vestido de lágrimas* (Saudades)
Orestes Barbosa / Silvio Caldas - *Vestido de lágrimas* (Saudades)
Orestes Barbosa / Silvio Caldas - *Vestido de lágrimas* (Saudades)
Orestes Barbosa / Fco. Alves - *Dueña de mi voluntad* (Tesoros de la Canción Brasileña - Maringá)
Orlando T. Coelho - *Alguém precisa morrer* (Cera)
Orlando T. Coelho - *Pomba-rola* (Cera)
Orlando Tomaz Coelho - *Prazer é sofrer* (Cera)
Orondino Silva - Dino / Alberto Ribeiro - *Pastora dos olhos castanhos* (Cera)

Orondino Silva / Alberto Ribeiro - *Pastora dos olhos castanhos* (*Cabelos brancos*)
Orondino Silva / Alberto Ribeiro - *Pastora dos olhos castanhos* (LP Music Master Silvio Caldas)
Orondino Silva / Alberto Ribeiro - *Pastora dos olhos castanhos* (Mestres da MPB)
Orondino Silva / Alberto Ribeiro - *Pastora dos olhos castanhos* (O Melhor de Silvio Caldas)
Orondino Silva / Alberto Ribeiro - *Pastora dos olhos castanhos* (Silvio Caldas - O Seresteiro)
Orondino Silva / Alberto Ribeiro - *Pastora dos olhos castanhos*)
Oscar Cardoso / Carlos Medina - *Sonhei que te beijava* (Cera)
Osvaldo Silva / Valfrido Silva - *Mágoas de um vagabundo* (Cera)
Oswaldo dos Santos / Georges Moran - *Acorda, escola de samba* (E o Destino Desfolhou)
Oswaldo Sá / Alberto Ribeiro - *Tarde de maio* (Cera)
Oswaldo Santiago / Gastão Lamounier - *Há um segredo em teus cabelos* (Cera)
Oswaldo Santiago / Gastão Lamounier - *Há um segredo em teus cabelos* (*Serenata*)
Oswaldo Santiago / Gastão Lamounier - *Há um segredo em teus cabelos* (Silvio Caldas)
Oswaldo Santiago / Gastão Lamounier - *Há um segredo em teus cabelos* (Canta o Seresteiro S. Caldas)
Oswaldo Santiago / Gastão Lamounier - *Há um segredo em teus cabelos* (Grandes Interp. de S.Caldas)
Oswaldo Silva / Walfrido Silva - *Mágoas de um vagabundo* (Filigranas Musicais - v. 8)
Pandiá Pires / Fco. Malfitano - *Mente ao meu coração* (Silvio Caldas e Elizeth Cardoso - v. 1)
Pandiá Pires / Fco. Malfitano - *Mente ao meu coração* (Silvio Caldas e Elizeth Cardoso - v. 1)
Pandiá Pires / Fco. Malfitano - *Mente ao meu coração* (Silvio Caldas e Elizeth Cardoso - v. 1)
Pandiá Pires / Fco. Malfitano - *Mente ao meu coração* (Silvio Caldas e Elizeth Cardoso - v. 1)
Paquito / L. Soberano / João Correia da Silva - *Não me diga adeus* (CLP 11661 - Silvio Caldas)
Paquito / A. Vilarino / E. Silva - *O trem atrasou* (Histórias da Música Popular Brasileira)
Paschoal Barros / André Filho - *Me deixa* (Cera)
Paschoal Carlos Magno / Joubert de Carvalho - *Pierrot* (Cera)
Paschoal Carlos Magno / Joubert de Carvalho - *Pierrot* (Silvio Caldas e Pedro Vargas)
Paschoal Carlos Magno / Joubert de Carvalho - *Pierrot* (A Arte do Espetáculo - Silvio Caldas)
Paschoal Carlos Magno / Joubert de Carvalho - *Pierrot* (A História Viva - Silvio Caldas)
Paschoal Carlos Magno / Joubert de Carvalho - *Pierrot* (Canta o Seresteiro Silvio Caldas)
Paschoal Carlos Magno / Joubert de Carvalho - *Pierrot* (Eternamente - Silvio Caldas)
Paschoal Carlos Magno / Joubert de Carvalho - *Pierrot* (Grandes Interpretações de Silvio Caldas)
Paschoal Carlos Magno / Joubert de Carvalho - *Pierrot* (Histórias da Música Popular Brasileira)
Paschoal Carlos Magno / Joubert de Carvalho - *Pierrot* (Maximum / Sony & BMG)
Paschoal Carlos Magno / Joubert de Carvalho - *Pierrot* (Maximum / Sony & BMG)
Paschoal Carlos Magno / Joubert de Carvalho - *Pierrot* (Silvio Caldas)
Paulinho - *Eu fiz um samba* (Cera)
Paulinho da Viola - *Guardei minha viola* (Grandes Sucessos Com Silvio Caldas)
Paulo Medeiros - *Falsa felicidade* (Cera)
Paulo Medeiros - *Falsa felicidade* (Silvio Caldas e Suas Interpretações Inesquecíveis)
Paulo Medeiros - *Por causa dessa cabocla* (Deusa da Minha Rua, RCVD–191)
Paulo Medeiros - *Sorris da minha dor* (Cera)
Paulo Medeiros - *Sorris da minha dor* (Encontro de Seresteiros)

P

Paulo Medeiros - *Sorris da minha dor* (20 Super Sucessos, Polydisc)
Paulo Medeiros - *Sorris da minha dor* (Acervo Especial - RCA)
Paulo Medeiros - *Sorris da minha dor* (Encontro Com os Maiores Seresteiros)
Paulo Medeiros - *Sorris da minha dor* (Grandes Sucessos de Silvio Caldas)
Paulo Medeiros - *Sorris da minha dor* (O Caboclinho Querido, v. 2)
Paulo Medeiros - *Sorris da minha dor* (O Melhor de Silvio Caldas)
Paulo Medeiros - *Sorris da minha dor* (O Melhor de Sylvio Caldas, BMG)
Paulo Medeiros - *Sorris da minha dor* (RCA Camden LP Nostalgia v. 1)
Paulo Medeiros - *Sorris da minha dor* (Silvio Caldas e Suas Interpretações Inesquecíveis)
Paulo Medeiros - *Sorris da minha dor* (Sylvio Caldas, RVCD–013)
Paulo Medeiros - *Sorris da minha dor* (Uma Seresta Inesquecível)
Paulo Orlando/C. Mesquita - *A vida em 4 tempos* (S.Caldas e Suas Interpretações Inesquecíveis)
Paulo Roberto / Nonô - *Cigana* (Grandes Sucessos de Silvio Caldas)
Paulo Roberto / Romualdo Peixoto,"Nonô" - *Cigana* (Cera)
Paulo Soledade / Vinicius de Moaris - *Poema dos olhos da amada* (Cera)
Paulo Soledade / Vinicius de Moraes - *Poema dos olhos da amada* (21 Grandes Sucessos)
Paulo Soledade / Vinicius de Moraes - *Poema dos olhos da amada* (Brilhantes)
Paulo Soledade / Vinicius de Moraes - *Poema dos olhos da amada* (Grandes Interp. de Silvio Caldas)
Paulo Soledade / Vinicius de Moraes - *Poema dos olhos da amada* (O Caboclinho Querido, v. 2)
Paulo Soledade / Vinicius de Moraes - *São Francisco* (Silvio Caldas - Canta o Seresteiro)
Paulo Soledade / Vinicius de Moraes - *São Francisco* (Cera)
Paulo Soledade / Vinicius de Moraes - *São Francisco* (Silvio Caldas)
Paulo Soledade / Vinicius de Moraes - *Poema dos olhos da amada* (Especial Gravado ao Vivo)
Paulo Soledade / Vinicius de Moraes - *Poema dos olhos da amada* (*Serenata*)
Pedro Caetano - *Foi uma pedra que rolou* (Cabelos brancos)
Pedro Caetano - *Foi uma pedra que rolou* (O Caboclinho Querido, v. 1)
Pedro Caetano - *Foi uma pedra que rolou* (*Juramento falso*) (Elizeth Cardoso & Silvio Caldas, v. 2)
Pedro Caetano - *Foi uma pedra que rolou* (*Juramento falso*) Silvio Caldas em Pessoa)
Pedro Caetano - *Uma pedra que rolou* (*Juramento falso* (Silvio Caldas e Elizeth Cardoso - v. 2)
Pedro Caetano - *Uma pedra que rolou* (*Juramento falso*) (Silvio Caldas e Elizeth Cardoso - v. 2)
Pedro de Alcântara / Catulo da Paixão Cearense - *Ontem ao luar* (Maximum / Sony & BMG)
Pedro de Alcântara / Catulo da Paixão Cearense - *Ontem ao luar* (Maximum / Sony & BMG)
Pedro de Alcântara / Catullo da Paixão Cearense - *Ontem ao luar* (Ontem ao Luar)
Pedro de Alcântara / Catullo da Paixão Cearense - *Ontem ao luar* (Presença de Silvio Caldas)
Pernambuco / Antônio Maria - *O Amor e a rosa* (Silvio Caldas e Elizeth Cardoso - v. 2)
Pernambuco / Antônio Maria - *O Amor e a rosa* (Silvio Caldas e Elizeth Cardoso - v. 2)
Pernambuco / Antônio Maria - *O Amor e a rosa* (Elizeth Cardoso & Silvio Caldas, v. 2)
Pernambuco / Antônio Maria - *O Amor e a rosa* (Elizeth Cardoso e Silvio Caldas - v. 2)
Pernambuco / Antonio Maria - *Suas mãos* (Elizeth Cardoso & Silvio Caldas, v. 2)
Pernambuco / Antônio Maria - *Suas mãos* (Elizeth Cardoso e Silvio Caldas - v. 2)
Pernambuco / Antônio Maria - *Suas mãos* (Grandes Sucessos Com Silvio Caldas)

Pernambuco / Antônio Maria - *Suas mãos* (Silvio Caldas e Elizeth Cardoso - v. 2)
Pernambuco / Antônio Maria - *Suas mãos* (Silvio Caldas e Elizeth Cardoso - v. 2)
Peterpan - *Última inspiração* (20 Super Sucessos, v. 2, Polydisc)
Peterpan - *Última inspiração* (E o Destino Desfolhou)
Peterpan - *Última inspiração* (O Caboclinho Querido, v. 2)
Peterpan / Russo do Pandeiro - *Era ela* (Cera)
Peterpan / Uzema - *Mas eu não ligo* (Silvio Caldas, RGE n. 7056.2)
Pixinguinha - *Rosa* (20 Super Sucessos, Polydisc)
Pixinguinha - *Rosa* (21 Grandes Sucessos)
Pixinguinha - *Rosa* (Canta o Seresteiro Silvio Caldas)
Pixinguinha - *Rosa* (Eternamente)
Pixinguinha - *Rosa* (O Caboclinho Querido, v. 3)
Pixinguinha - *Rosa* (Presença de Silvio Caldas)
Pixinguinha / João de Barro - *Carinhoso* (Seresteiro, Inter Records, R 31009)
Pixinguinha / João de Barro - *Carinhoso* (A Arte do Espetáculo - Silvio Caldas)
Pixinguinha / João de Barro - *Carinhoso* (Grandes Encontros - v. II)
Pixinguinha / João de Barro - *Carinhoso* (No Palco - Silvio Caldas)
Pixinguinha / João de Barro - *Carinhoso* (Silvio Caldas - O Seresteiro)
Pixinguinha / João de Barro - *Carinhoso* (Silvio Caldas e Pedro Vargas)
Pixinguinha / João de Barro - *Carinhoso* (Silvio Caldas, RGE n. 7056.2)
Plínio Brito - *Moreninhas* (Cera)
Príncipe Pretinho - *Gamela quebrada* (Cera)
Quincas Freire / Silvio Caldas - *Amoroso* (Cera)
Quincas Freire / Silvio Caldas - *Mas... porque mulher?* (A História Viva - Silvio Caldas)
R. B. Costa Branco - *Triste caboclo* (Cera)
R. S. de Mello - *Tracuá me ferrô* (Revivendo LP 033)
Raul Sampaio / Benil Santos - *Contradizendo* (Titio Canta Para Você)
Raul Sampaio / Benil Santos - *Contradizendo* ((Silvio Caldas, RGE n. 7056.2)
Raul Sampaio / Benil Santos - *Contradizendo* (*Kátia* - Compacto 80.138)
Raul Sampaio / Benil Santos - *Contradizendo* (*Kátia* - Compacto 80.138)
Raul Sampaio / Benil Santos - *Contradizendo* (Silvio Caldas, RGE n. 7056.2)
Renan França / Jair Silveira - *Velhos tempos* (*Kátia* - Compacto 80.138)
Renan França / Jair Silveira - *Velhos tempos* (Titio Canta Para Você)
Renato de Oliveira - Arranjo - (DP) *Casinha pequenina* (Canta o Seresteiro do Brasil)
Renato de Oliveira - Arranjo - (DP) *Casinha pequenina* (Silvio Caldas - Canta o Seresteiro)
Renato de Oliveira - Arranjo - (DP) *Casinha pequenina* (Uma Seresta Inesquecível)
Renato de Oliveira - Arranjo - (DP) *Casinha pequenina* (Grandes Interpretações de Silvio Caldas)
Renato de Oliveira - *Canção do eterno adeus* (Silvio Caldas - O Seresteiro)
Renato de Oliveira - Arranjo - (DP) *Casinha pequenina* (O Caboclinho Querido, v. 1)
Renato de Oliveira - Arranjo - (DP) *Casinha pequenina* (Presença de Silvio Caldas)
Renato de Oliveira - *Canção do eterno adeus* (O Seresteiro, Inter Records, R 31009)

r

René França / Jair Silveira - *Velhos tempos* (Silvio Caldas, RGE n. 7056.2)
Roberto Carlos / Erasmo Carlos - *À distância* ... (O Caboclinho Querido, v. 3)
Roberto Carlos / Erasmo Carlos - *À distância* ... (Grandes Sucessos Com Silvio Caldas)
Roberto de Castro / F. da C.Weyne - *A pequenina cruz do teu rosário* (Ídolos do Rádio - S.C.)
Roberto Martins / Antônio Nássara - *O que é teu está guardado* (Cera)
Roberto Martins / Antônio Nássara - *Obrigado, doutor* (Cera)
Roberto Martins / Antônio Nássara - *Salve o marquês* (Cera)
Roberto Martins / Jorge Faraj - *Menos eu* (Cera)
Roberto Martins / Jorge Faraj - *Menos eu* (O Melhor de Silvio Caldas)
Roberto Martins / Jorge Faraj - *Menos eu* (O Seresteiro do Brasil)
Roberto Martins / Jorge Faraj - *Menos eu* (Saudades - 12" - Musidisc)
Roberto Martins / Jorge Faraj - *Menos eu* (Saudades - 12" - Musidisc)
Roberto Martins / Jorge Faraj - *Menos eu* (Saudades - Mini LP 1
Roberto Martins / Jorge Faraj - *Menos eu* (Saudades - Mini LP 1
Roberto Martins / Jorge Faraj - *Menos eu* (Saudades - Silvio Caldas - O Seresteiro do Brasil)
Roberto Martins / Jorge Faraj - *Menos eu* (Saudades - Silvio Caldas)
Roberto Martins / Jorge Faraj - *Menos eu* (Saudades)
Roberto Martins / Jorge Faraj - *Nunca mais* (Cera)
Roberto Martins / Jorge Faraj - *Nunca mais* (Cantores de Rádio, EMI)
Roberto Martins / Jorge Faraj - *Nunca mais* (SC Sylvio Caldas)
Roberto Martins / Waldemar M. da Silva - *Favela* (20 Super Sucessos, Polydisc)
Roberto Martins / Waldemar Muniz da Silva - *Favela* (Silvio Caldas - Canta o Seresteiro)
Roberto Martins / Waldemar Muniz da Silva - *Favela* (Canta o Seresteiro do Brasil)
Roberto Martins / Waldemar Muniz da Silva - *Favela* (Grandes Interpretações de Silvio Caldas)
Roberto Martins / Waldemar Muniz da Silva - *Favela* (LP Veleiro Silvio Caldas)
Roberto Martins / Waldemar Muniz da Silva - *Favela* (Presença de Silvio Caldas)
Roberto Martins / Waldemar Muniz da Silva - *Favela* (Uma Seresta Inesquecível)
Roberto Martins / Waldemar Muniz de Lima - *Favela* (O Caboclinho Querido, v. 1)
Roberto Martins / Wilson Batista - *Teu riso tem* (Cera)
Roberto Roberti / Arlindo Marques Jr. - *Amada mia* (Cera)
Rochinha / O Porto - *Novos rumos* - Silvio Caldas (Canta o Seresteiro)
Rochinha / O. Porto - *Novos rumos* (O Caboclinho Querido, v. 3)
Rochinha / O. Porto - *Novos rumos* (Cera)
Rochinha / O. Porto - *Novos rumos* (Ontem, ao luar)
Rogaciano Leite / Silvio Caldas - *Cabelos cor de Prata* (Cera)
Rogaciano Leite / Silvio Caldas - *Cabelos cor de Prata* (A Arte do Espetáculo - Silvio Caldas)
Rogaciano Leite / Silvio Caldas - *Cabelos cor de Prata* (Com a Saudade Pelo Braço)
Rogaciano Leite / Silvio Caldas - *Cabelos cor de Prata* (Histórias da Música Popular Brasileira)
Rogaciano Leite / Silvio Caldas - *Cabelos cor de Prata* (Histórias da M. P. B. - Ao Vivo")
Rogaciano Leite / Silvio Caldas - *Cabelos cor de Prata* (O Melhor de Silvio Caldas)
Rogaciano Leite / Silvio Caldas - *Cabelos cor de Prata* (Silvio Caldas Especial Gravado ao Vivo)

r

Rogaciano Leite / Silvio Caldas - *Cabelos cor de Prata* (Silvio Caldas Canta)
Rogério Guimarães - *Balaco baco* (Cera)
Rogério Guimarães - *Bambina. meu bem* (Cera)
Rogério Guimarães - *Sestrosa* (Cera)
Rogério Guimarães - *Vira as botucas* (Cera)
Rubens Soares - *É bom parar* (A Arte do Espetáculo - Silvio Caldas)
Rubens Soares - *É bom parar* (DVD - Silvio Caldas)
Rubens Soares - *É bom parar* (DVD - Silvio Caldas)
Rubens Soares - *É bom parar* (Histórias da M. P. B. - Ao Vivo")
Rubens Soares - *É bom parar* (Histórias da Música Popular Brasileira)
Rubens Soares - *É bom parar* (LP Music Master Silvio Caldas)
Rubens Soares - *É bom parar* (No Palco - Silvio Caldas)
Rubens Soares - *É bom parar* (Silvio Caldas "Especial", Ao Vivo)
Rubens Soares - *É bom parar* (Silvio Caldas Especial Gravado ao Vivo)
Rubens Soares - *É bom parar* (Silvio Caldas, RGE n. 7056.2)
Rubens Soares / David Nasser - *Nega do cabelo duro* (A Arte do Espetáculo - Silvio Caldas)
Rubens Soares / David Nasser - *Nega do cabelo duro* (DVD - Silvio Caldas)
Rubens Soares / David Nasser - *Nega do cabelo duro* (DVD - Silvio Caldas)
Rubens Soares / David Nasser - *Nega do cabelo duro* (Histórias da Música Popular Brasileira)
Rubens Soares / David Nasser - *Nega do cabelo duro* (Histórias da M. P. B. - Ao Vivo")
Rubens Soares / David Nasser - *Nega do cabelo duro* (No Palco - Silvio Caldas)
Rubens Soares / David Nasser - *Nega do cabelo duro* (Silvio Caldas Especial Gravado ao Vivo)
Rubens Soares / David Nasser - *Nega do cabelo duro* (Silvio Caldas, RGE n. 7056.2)
Rubens Soares / Silvio Caldas - *Capim mimoso* (Cera)
Rudy Vallee / Leon Zimmerman / Gerald - *Sou um namorado errante* (cera)
Russo do Pandeiro / Peterpan - *Era ela* (cera)

s

Sadi Cabral / Custódio Mesquita - *Mulher* (Cera)
Sadi Cabral / Custódio Mesquita - *Mulher* (E o Destino Desfolhou - Silvio Caldas)
Sadi Cabral / Custódio Mesquita - *Mulher* (LP Veleiro Silvio Caldas)
Sadi Cabral / Custódio Mesquita - *Mulher* (Ontem ao Luar - Silvio Caldas)
Sadi Cabral / Custódio Mesquita - *Mulher* (Seresta, Só Seresta)
Sadi Cabral / Custódio Mesquita - *Mulher* (Silvio Caldas e Suas Interpretações Inesquecíveis)
Sadi Cabral / Custódio Mesquita - *O pião* (Cera)
Sadi Cabral / Custódio Mesquita - *O pião* (O Melhor da Velha Guarda - v. 2)
Sadi Cabral / Custódio Mesquita - *O pião* (Sou Um Namorado Errante)
Sadi Cabral / Custódio Mesquita - *O pião* (Sou Um Namorado Errante)
Sadi Cabral / Custódio Mesquita - *O pião* (E o Destino Desfolhou - Silvio Caldas)
Sadi Cabral / Custódio Mesquita - *Velho realejo* (Cera)
Sadi Cabral / Custódio Mesquita - *Velho realejo* (Grandes Intérpretes)
Sadi Cabral / Custódio Mesquita - *Velho realejo* (LP Music Master Silvio Caldas)
Sadi Cabral / Custódio Mesquita - *Velho realejo* (Phonodisc LP Silvio Caldas)

S

Sadi Cabral / Custódio Mesquita - *Velho realejo* (RCA Camden LP Nostalgia v. 1)
Sadi Cabral / Custódio Mesquita - *Velho realejo* (Silvio Caldas e Suas Interpretações Inesquecíveis)
Sadi Cabral / Custódio Mesquita - *Mulher* (DVD - Silvio Caldas)
Sadi Cabral / Custódio Mesquita - *Mulher* (DVD - Silvio Caldas)
Sadi Cabral / Custódio Mesquita - *O pião* (DVD - Silvio Caldas)
Sadi Cabral / Custódio Mesquita - *O pião* (DVD - Silvio Caldas)
Sadi Cabral / Custódio Mesquita - *Velho realejo* (Juntos Francisco Petrônio / Silvio Caldas)
Sadi Cabral / Custódio Mesquita - *Velho realejo* (Juntos Francisco Petrônio / Silvio Caldas)
Sátiro de Melo - *Tracuá me ferrô* (Cera)
Saul de Carvalho / André Filho - *Vais viver no esquecimento* (Cera)
Saul de Carvalho / Olegário Bittencourt - *Segue o teu destino* (Cera)
Sebastião Fonseca / Silvio Caldas - *Violões em funeral* (Cera)
Sebastião Fonseca / Silvio Caldas - *Violões em funeral* (LP Music Master Silvio Caldas)
Sebastião Fonseca / Silvio Caldas - *Violões em funeral* (O Melhor de Silvio Caldas)
Sebastião Fonseca / Silvio Caldas - *Violões em funeral* (Silvio Caldas Canta)
Sebastião Fonseca / Silvio Caldas - *Violões em funeral* (Silvio Caldas Especial Gravado ao Vivo)
Sebastião Fonseca / Silvio Caldas - *Violões em funeral* (Silvio Caldas - O Seresteiro)
Sebastião Fonseca / Silvio Caldas - *Violões em funeral* (Silvio Caldas em Pessoa)
Silvino Neto - *Cinco letras que choram (Adeus)* (20 Super Sucessos, v. 2, Polydisc)
Silvino Neto - *Cinco letras que choram (Adeus)* (E o Destino Desfolhou - Silvio Caldas)
Silvino Neto - *Cinco letras que choram (Adeus)* (Seresta, Só Seresta)
Silvino Neto - *Que importa para nos dois a despedida?* (Seresta, Só Seresta)
Silvino Neto - *Que importa pra nós dois a despedida?* (E o Destino Desfolhou)
Silvino Neto - *Que importa pra nós dois a despedida?* (O Caboclinho Querido, v. 3)
Silvio Caldas - *Andorinha* (Cera)
Silvio Caldas - *Andorinha* - com Elizeth (Elizeth Cardoso e Silvio Caldas - v. 1)
Silvio Caldas - *Andorinha* (Filigranas Musicais da RCA - IX)
Silvio Caldas - *Andorinha* (O Melhor de Silvio Caldas)
Silvio Caldas - *Andorinha* (Silvio Caldas e Elizeth Cardoso - v. 1)
Silvio Caldas - *Andorinha* (Silvio Caldas e Elizeth Cardoso - v. 1)
Silvio Caldas - *Andorinha* (Silvio Caldas e Elizeth Cardoso - v. 1)
Silvio Caldas - *Andorinha* (Silvio Caldas e Elizeth Cardoso - v. 1)
Silvio Caldas - *Baianinha* (Cera)
Silvio Caldas - *Beco sem saída* (Phonodisc LP Silvio Caldas)
Silvio Caldas - *Como é que eu vou me arranjar?* (Cera)
Silvio Caldas - *Desolado* (Cera)
Silvio Caldas - *Eu vou andando* (Cera)
Silvio Caldas - *Mas eu não ligo* (Cera)
Silvio Caldas - *Mas eu não ligo* (Titio Canta Para Você)
Silvio Caldas - *O que é que há?* (Cera)
Silvio Caldas - *Para o Príncipe de Gales ouvir* (Cera)

S

Silvio Caldas - *Perdoa, Senhor* (Cera)
Silvio Caldas - *Qual é o babado* (Silvio Caldas, RGE n. 7056.2)
Silvio Caldas - *Quanto dói uma saudade* (Cera)
Silvio Caldas - *Roedeira* (CLP 11661 - Silvio Caldas)
Silvio Caldas - *Romance de amor* (Cera)
Silvio Caldas - *Romance de amor* (Com a Saudade Pelo Braço)
Silvio Caldas - *Se eu fora rei* (Cera)
Silvio Caldas - *Tarantela verde e branco* (S. E. Palmeiras - Compacto Continental, 1976)
Silvio Caldas - *Tarantela verde e branco* (S. E. Palmeiras - Compacto Continental, 1976)
Silvio Caldas - *Vivo em paz* (Cera)
Silvio Caldas - *Vivo em paz* (Silvio Caldas)
Silvio Caldas - *Você não veio* (Cera)
Silvio Caldas - *Voltaste* (Cera)
Silvio Caldas - *Voltaste* (Com a Saudade Pelo Braço)
Silvio Caldas - *Vou andando* (A Arte do Espetáculo - Silvio Caldas)
Silvio Caldas - *Vou andando* (Histórias da M. P. B. - Ao Vivo")
Silvio Caldas - *Vou andando* (Histórias da Música Popular Brasileira)
Silvio Caldas - *Vou andando* (No Palco - Silvio Caldas)
Silvio Caldas - *Vou andando* (Silvio Caldas, RGE n. 7056.2)
Silvio Caldas / Alberto Ribeiro - *Flor de lótus* (Cera)
Silvio Caldas / Alberto Ribeiro - *Flor de lótus* (Silvio Caldas - O Seresteiro)
Silvio Caldas / Alberto Ribeiro - *Flor de lótus* (Sylvio Caldas, RVCD–013)
Silvio Caldas / Alberto Ribeiro - *Não chora* (Cera)
Silvio Caldas / Alberto Ribeiro - *Não chora* (Silvio Caldas - O Seresteiro)
Silvio Caldas / Alberto Ribeiro - *Não chora* (Sylvio Caldas, RVCD–013)
Silvio Caldas / Alberto Ribeiro - *Não chores assim* (Cera)
Silvio Caldas / Alberto Ribeiro - *Não chores assim...* (Silvio Caldas - O Seresteiro)
Silvio Caldas / Antônio Almeida - *O teu olhar*
Silvio Caldas / Antônio Nássara - *Ó Lelê, ó Lalá* (Cera)
Silvio Caldas / Ary Barroso - *Pente fino* (Cera)
Silvio Caldas / Armando Reis - *Arrependimento* (O Caboclinho Querido, v. 2)
Silvio Caldas / Armando Reis - *Arrependimento* (Silvio Caldas em Pessoa)
Silvio Caldas / Ataulfo Alves - *Eu não sei* (Cera)
Silvio Caldas / Ataulfo Alves - *Eu não sei* (SC - O Caboclinho Querido)
Silvio Caldas / Ataulfo Alves - *Eu não sei* (Silvio Caldas)
Silvio Caldas / Ataulfo Alves - *Eu não sei* (Cantores de Rádio, EMI)
Silvio Caldas / Benedito Lacerda - *A nega sumiu* (Cera)
Silvio Caldas / Billy Blanco - *Saudade de você* (Cera)
Silvio Caldas / Billy Blanco - *Saudade de você* (*Cabelos brancos*)
Silvio Caldas / Cartola, Angenor de Oliveira - *Na floresta* (Cera)
Silvio Caldas / Carusinho / De Chocolate - *Na aldeia* (Cera)

S

Silvio Caldas / Christóvão de Alencar - *Arrependimento* (Cera)
Silvio Caldas / Christóvão de Alencar - *Arrependimento* (Canta o Seresteiro do Brasil)
Silvio Caldas / Christóvão de Alencar - *Arrependimento* (Cantores de Rádio, EMI)
Silvio Caldas / Christóvão de Alencar - *Arrependimento* (DVD - Silvio Caldas)
Silvio Caldas / Christóvão de Alencar - *Arrependimento* (DVD - Silvio Caldas)
Silvio Caldas / Christóvão de Alencar - *Arrependimento* (O Melhor de Silvio Caldas)
Silvio Caldas / Christóvão de Alencar - *Arrependimento* (O Seresteiro do Brasil)
Silvio Caldas / Christóvão de Alencar - *Arrependimento* (Saudades)
Silvio Caldas / Christóvão de Alencar - *Arrependimento* (Saudades)
Silvio Caldas / Christóvão de Alencar - *Arrependimento* (Saudades)
Silvio Caldas / Christóvão de Alencar - *Até quando?* (Deusa da Minha Rua, RCVD–191)
Silvio Caldas / Christóvão de Alencar - *Morena da minha aldeia* (Deusa da Minha Rua, RCVD–191)
Silvio Caldas / Christóvão de Alencar - *Arrependimento* (SC Sylvio Caldas)
Silvio Caldas / Christóvão de Alencar - *Arrependimento* (Silvio Caldas Especial Gravado ao Vivo)
Silvio Caldas / Christóvão de Alencar - *Arrependimento* (Silvio Caldas - Canta o Seresteiro)
Silvio Caldas / Christóvão de Alencar - *Até quando?* (Cera)
Silvio Caldas / Christóvão de Alencar - *Até quando?* (Eles Fizeram o Sucesso - v. 1)
Silvio Caldas / Christóvão de Alencar - *Carta sonora* (Cera)
Silvio Caldas / Christóvão de Alencar - *Morena da minha aldeia* (Cera)
Silvio Caldas / Christóvão de Alencar - *Sinhá moça chorou* (Cera)
Silvio Caldas / Christóvão de Alencar - *Sinhá moça chorou* (Silvio Caldas, o Seresteiro do Brasil)
Silvio Caldas / Christóvão de Alencar / Newton Teixeira - *Adeus, felicidade* (Cera)
Silvio Caldas / Christóvão de Alencar / Newton Teixeira - *Adeus, felicidade* (Silvio Caldas
Silvio Caldas / Christóvão de Alencar / Newton Teixeira - *Quando você me abandonou* (Cera)
Silvio Caldas / Christóvão de Alencar / Newton Teixeira - *Adeus, felicidade* (O Caboclinho Querido)
Silvio Caldas / Cristóvão de Alencar - *Arrependimento* - (Saudades - Mini LP 1)
Silvio Caldas / Cristóvão de Alencar - *Arrependimento* - (Saudades - Mini LP 1)
Silvio Caldas / Cristóvão de Alencar - *Arrependimento* (Saudades - 12" - Musidisc)
Silvio Caldas / Cristóvão de Alencar - *Arrependimento* (Saudades - 12" - Musidisc)
Silvio Caldas / David Nasser - *Canção das mães* (Cera)
Silvio Caldas / David Nasser - *Canção das mães* (Com a Saudade Pelo Braço)
Silvio Caldas / David Nasser - *Nossa Senhora da Glória* (Cera)
Silvio Caldas / David Nasser - *Nossa Senhora da Glória* (Silvio Caldas - O Seresteiro)
Silvio Caldas / De Chocolate - *Não te perdôo* (Cera)
Silvio Caldas / De Chocolate / Carusinho - *Na aldeia* (O Melhor da Velha Guarda - v. 1)
Silvio Caldas / De Chocolate / Carusinho - *Na aldeia* (Silvio Caldas em Pessoa)
Silvio Caldas / Dunga / Christóvão de Alencar - *Por causa dela* (Cera)
Silvio Caldas / Eratóstenes Frazão - *Chuva miúda* (Cera)
Silvio Caldas / Eratostenes Frazão - *Chuva miúda* (Elizeth (Elizeth Cardoso e Silvio Caldas/v. 2
Silvio Caldas / Eratóstenes Frazão - *Chuva miúda* (Elizeth Cardoso & Silvio Caldas, v. 2)
Silvio Caldas / Eratóstenes Frazão - *Chuva miúda* (Silvio Caldas e Elizeth Cardoso - v. 2)

Silvio Caldas / Eratóstenes Frazão - *Chuva miúda* (Silvio Caldas e Elizeth Cardoso - v. 2)
Silvio Caldas / Eratóstenes Frazão - *Chuva miúda* (Silvio Caldas e Pedro Vargas)
Silvio Caldas / Eratóstenes Frazão - *Gaivota* (Cera)
Silvio Caldas / Eratóstenes Frazão - *Gaivota* (Silvio Caldas, o Seresteiro do Brasil)
Silvio Caldas / Eratóstenes Frazão - *Minha América* (Cera)
Silvio Caldas / Eratóstenes Frazão - *Se for preciso eu caso* (Cera)
Silvio Caldas / Eratóstenes Frazão - *Toucas brancas* (E o Destino Desfolhou)
Silvio Caldas / João de Barro / A. Ribeiro - *Deus olha o meu Brasil* (Ontem ao Luar)
Silvio Caldas / José Judice - *Nos braços de Isabel* (Cera)
Silvio Caldas / José Judice - *Nos braços de Isabel* - Silvio Caldas em Pessoa)
Silvio Caldas / José Judice - *Nos braços de Isabel* (O Caboclinho Querido, v. 1)
Silvio Caldas / José Judice - *Nos braços de Isabel* (Silvio Caldas - Canta o Seresteiro)
Silvio Caldas / Mário Lago - *A culpa é sua* (Cera)
Silvio Caldas / Noel Rosa - *Cabrocha do Rocha* (A História Viva - Silvio Caldas)
Silvio Caldas / Noel Rosa - *Cabrocha do Rocha* (Histórias da Música Popular Brasileira)
Silvio Caldas / Noel Rosa - *Cabrocha do Rocha* (Silvio Caldas "Especial", Ao Vivo)
Silvio Caldas / Noel Rosa - *Cabrocha do Rocha* (Silvio Caldas Especial Gravado ao Vivo)
Silvio Caldas / Orestes Barbosa - *Chão de estrelas* (Silvio Caldas e Elizeth Cardoso - v. 1)
Silvio Caldas / Orestes Barbosa - *Chão de estrelas* (Silvio Caldas e Elizeth Cardoso - v. 1)
Silvio Caldas / Orestes Babosa - *Suburbana* (Saudades)
Silvio Caldas / Orestes Barbosa - *Arranha-céu* (História da Música Popular Brasileira)
Silvio Caldas / Orestes Barbosa - *Chão de estrelas* (SC Sylvio Caldas)
Silvio Caldas / Orestes Barbosa - *Quase que eu disse* (LP Veleiro Silvio Caldas)
Silvio Caldas / Orestes Barbosa - *Santa dos meus amores* (Silvio Caldas, o Seresteiro do Brasil)
Silvio Caldas / Orestes Barbosa - *A única rima* (Cera)
Silvio Caldas / Orestes Barbosa - *A única rima* (*Serenata* Silvio Caldas)
Silvio Caldas / Orestes Barbosa - *A única rima* (O Caboclinho Querido, v. 1)
Silvio Caldas / Orestes Barbosa - *Arranha-céu* (Cera)
Silvio Caldas / Orestes Barbosa - *Arranha-céu* (Cantores de Rádio, EMI)
Silvio Caldas / Orestes Barbosa - *Arranha-céu* (No Tempo Dos Bons Tempos - v. 9)
Silvio Caldas / Orestes Barbosa - *Arranha-céu* (Orestes Barbosa - RVCD–049)
Silvio Caldas / Orestes Barbosa - *Arranha-céu* (Presença de Silvio Caldas)
Silvio Caldas / Orestes Barbosa - *Arranha-céu* (SC Sylvio Caldas)
Silvio Caldas / Orestes Barbosa - *Casi dije si* (Tesoros de la Canción Brasileña - Maringá)
Silvio Caldas / Orestes Barbosa - *Chão de estrelas* (Cera)
Silvio Caldas / Orestes Barbosa - *Chão de estrelas* (20 Preferidas - Silvio Caldas)
Silvio Caldas / Orestes Barbosa - *Chão de estrelas* (21 Grandes Sucessos)
Silvio Caldas / Orestes Barbosa - *Chão de estrelas* (A Arte do Espetáculo - Silvio Caldas)
Silvio Caldas / Orestes Barbosa - *Chão de estrelas* (A História Viva - Silvio Caldas)
Silvio Caldas / Orestes Barbosa - *Chão de estrelas* (Acervo Especial - RCA)
Silvio Caldas / Orestes Barbosa - *Chão de estrelas* (Brilhantes)

S

Silvio Caldas / Orestes Barbosa - *Chão de estrelas* (DVD - Silvio Caldas
Silvio Caldas / Orestes Barbosa - *Chão de estrelas* (DVD - Silvio Caldas
Silvio Caldas / Orestes Barbosa - *Chão de estrelas* (Grandes Encontros - v. II)
Silvio Caldas / Orestes Barbosa - *Chão de estrelas* (História da Música Popular Brasileira)
Silvio Caldas / Orestes Barbosa - *Chão de estrelas* (Histórias da Música Popular Brasileira)
Silvio Caldas / Orestes Barbosa - *Chão de estrelas* (Histórias da M. P. B. - Ao Vivo")
Silvio Caldas / Orestes Barbosa - *Chão de estrelas* (Maximum / Sony & BMG)
Silvio Caldas / Orestes Barbosa - *Chão de estrelas* (Maximum / Sony & BMG)
Silvio Caldas / Orestes Barbosa - *Chão de estrelas* (Mestres da MPB)
Silvio Caldas / Orestes Barbosa - *Chão de estrelas* (No Palco - Silvio Caldas)
Silvio Caldas / Orestes Barbosa - *Chão de estrelas* (No Tempo Dos Bons Tempos - v. 9)
Silvio Caldas / Orestes Barbosa - *Chão de estrelas* (O Caboclinho Querido, v. 1)
Silvio Caldas / Orestes Barbosa - *Chão de estrelas* (O Fino da Seresta)
Silvio Caldas / Orestes Barbosa - *Chão de estrelas* (O Melhor de Sylvio Caldas, BMG)
Silvio Caldas / Orestes Barbosa - *Chão de estrelas* (Orestes Barbosa - RVCD–049)
Silvio Caldas / Orestes Barbosa - *Chão de estrelas* (Presença de Silvio Caldas)
Silvio Caldas / Orestes Barbosa - *Chão de estrelas* (Silvio Caldas e Pedro Vargas)
Silvio Caldas / Orestes Barbosa - *Chão de estrelas* (Silvio Caldas e Elizeth Cardoso - v. 1)
Silvio Caldas / Orestes Barbosa - *Chão de estrelas* (Silvio Caldas e Elizeth Cardoso - v. 1)
Silvio Caldas / Orestes Barbosa - *Chão de estrelas* (Silvio Caldas Especial Gravado ao Vivo)
Silvio Caldas / Orestes Barbosa - *Chão de estrelas* (Silvio Caldas, RGE n. 7056.2)
Silvio Caldas / Orestes Barbosa - *Chão de estrelas* (Silvio Caldas "Especial", Ao Vivo)
Silvio Caldas / Orestes Barbosa - *Chão de estrelas / Arranha-Céu* (Silvio Caldas em Pessoa)
Silvio Caldas / Orestes Barbosa - *Deusa da minha rua* (Juntos - Fco. Petrônio / Silvio Caldas)
Silvio Caldas / Orestes Barbosa - *Deusa da minha rua* (Juntos Fco. Petrônio / Silvio Caldas)
Silvio Caldas / Orestes Barbosa - *Deusa da minha rua* (Juntos Fco. Petrônio / Silvio Caldas)
Silvio Caldas / Orestes Barbosa - *Deusa da minha rua* (LP Music Master Silvio Caldas)
Silvio Caldas / Orestes Barbosa - *La única rima* (Tesoros de la Canción Brasileña - Maringá
Silvio Caldas / Orestes Barbosa - *La única rima* (Tesoros de la Canción Brasileña - Maringá
Silvio Caldas / Orestes Barbosa - *Meu erro* (Cera)
Silvio Caldas / Orestes Barbosa - *Meu erro* (Orestes Barbosa - RVCD–049)
Silvio Caldas / Orestes Barbosa - *O nome dela eu não digo* (Cera)
Silvio Caldas / Orestes Barbosa - *O nome dela eu não digo* (21 Grandes Sucessos))
Silvio Caldas / Orestes Barbosa - *O nome dela eu não digo* (Brilhantes)
Silvio Caldas / Orestes Barbosa - *O nome dela eu não digo* (Deusa da Minha Rua, RCVD–191)
Silvio Caldas / Orestes Barbosa - *O nome dela eu não digo* (Maximum / Sony & BMG)
Silvio Caldas / Orestes Barbosa - *O nome dela eu não digo* (Maximum / Sony & BMG)
Silvio Caldas / Orestes Barbosa - *O nome dela eu não digo* (O Melhor de Silvio Caldas)
Silvio Caldas / Orestes Barbosa - *O nome dela eu não digo* (Orestes Barbosa - RVCD–049)
Silvio Caldas / Orestes Barbosa - *O nome dela eu não digo* (20 Super Sucessos, v. 2, Polydisc)
Silvio Caldas / Orestes Barbosa - *O nome dela eu não digo* (E o Destino Desfolhou - Silvio Caldas)

Silvio Caldas / Orestes Barbosa - *O nome dela eu não digo* (O Caboclinho Querido, v. 2)
Silvio Caldas / Orestes Barbosa - *O nome dela eu não digo* (Seresta, Só Seresta)
Silvio Caldas / Orestes Barbosa - *Quase que eu disse* (Cera)
Silvio Caldas / Orestes Barbosa - *Quase que eu disse* ((Saudades - Mini LP 1)
Silvio Caldas / Orestes Barbosa - *Quase que eu disse* ((Saudades - Mini LP 1)
Silvio Caldas / Orestes Barbosa - *Quase que eu disse* (A História Viva - Silvio Caldas)
Silvio Caldas / Orestes Barbosa - *Quase que eu disse* (Canta o Seresteiro Silvio Caldas)
Silvio Caldas / Orestes Barbosa - *Quase que eu disse* (Cantores de Rádio, EMI)
Silvio Caldas / Orestes Barbosa - *Quase que eu disse* (Grandes Interpretações de Silvio Caldas)
Silvio Caldas / Orestes Barbosa - *Quase que eu disse* (História da Música Popular Brasileira)
Silvio Caldas / Orestes Barbosa - *Quase que eu disse* (O Caboclinho Querido, v. 2)
Silvio Caldas / Orestes Barbosa - *Quase que eu disse* (O Melhor de Sylvio Caldas, BMG)
Silvio Caldas / Orestes Barbosa - *Quase que eu disse* (O Seresteiro do Brasil)
Silvio Caldas / Orestes Barbosa - *Quase que eu disse* (Orestes Barbosa - RVCD–049)
Silvio Caldas / Orestes Barbosa - *Quase que eu disse* (Saudades - 12" - Musidisc)
Silvio Caldas / Orestes Barbosa - *Quase que eu disse* (Saudades - 12" - Musidisc)
Silvio Caldas / Orestes Barbosa - *Quase que eu disse* (Saudades)
Silvio Caldas / Orestes Barbosa - *Quase que eu disse* (Saudades)
Silvio Caldas / Orestes Barbosa - *Quase que eu disse* (Saudades)
Silvio Caldas / Orestes Barbosa - *Quase que eu disse* (SC Sylvio Caldas)
Silvio Caldas / Orestes Barbosa - *Quase que eu disse* (*Serenata*)
Silvio Caldas / Orestes Barbosa - *Santa dos meus amores* (Cera)
Silvio Caldas / Orestes Barbosa - *Santa dos meus amores* (O Seresteiro Silvio Caldas)
Silvio Caldas / Orestes Barbosa - *Santa dos meus amores* (Orestes Barbosa - RVCD–049)
Silvio Caldas / Orestes Barbosa - *Serenata* (Cera)
Silvio Caldas / Orestes Barbosa - *Serenata* (Juntos - Francisco Petrônio / Silvio Caldas)
Silvio Caldas / Orestes Barbosa - *Serenata* (21 Grandes Sucessos)
Silvio Caldas / Orestes Barbosa - *Serenata* (Acervo Especial - RCA)
Silvio Caldas / Orestes Barbosa - *Serenata* (Brilhantes)
Silvio Caldas / Orestes Barbosa - *Serenata* (Encontro Com os Maiores Seresteiros)
Silvio Caldas / Orestes Barbosa - *Serenata* (Encontro de Seresteiros)
Silvio Caldas / Orestes Barbosa - *Serenata* (Grandes Sucessos de Silvio Caldas)
Silvio Caldas / Orestes Barbosa - *Serenata* (História da Música Popular Brasileira)
Silvio Caldas / Orestes Barbosa - *Serenata* (Juntos Francisco Petrônio / Silvio Caldas)
Silvio Caldas / Orestes Barbosa - *Serenata* (Juntos Francisco Petrônio / Silvio Caldas)
Silvio Caldas / Orestes Barbosa - *Serenata* (LP Music Master Silvio Caldas)
Silvio Caldas / Orestes Barbosa - *Serenata* (Maximum / Sony & BMG)
Silvio Caldas / Orestes Barbosa - *Serenata* (Maximum / Sony & BMG)
Silvio Caldas / Orestes Barbosa - *Serenata* (Mestres da MPB)
Silvio Caldas / Orestes Barbosa - *Serenata* (O Caboclinho Querido - Colúmbia, v. 1)
Silvio Caldas / Orestes Barbosa - *Serenata* (O Melhor de Silvio Caldas)

S

Silvio Caldas / Orestes Barbosa - *Serenata* (O Melhor de Sylvio Caldas, BMG)
Silvio Caldas / Orestes Barbosa - *Serenata* (Orestes Barbosa - RVCD–049)
Silvio Caldas / Orestes Barbosa - *Serenata* (Phonodisc LP Silvio Caldas)
Silvio Caldas / Orestes Barbosa - *Serenata* (Presença de Silvio Caldas)
Silvio Caldas / Orestes Barbosa - *Serenata* (RCA Camden LP Nostalgia v. 1)
Silvio Caldas / Orestes Barbosa - *Serenata* (Saudades - 12" - Musidisc)
Silvio Caldas / Orestes Barbosa - *Serenata* (Saudades - 12" - Musidisc)
Silvio Caldas / Orestes Barbosa - *Serenata* (Silvio Caldas e Pedro Vargas)
Silvio Caldas / Orestes Barbosa - *Serenata* (Silvio Caldas e Suas Interpretações Inesquecíveis)
Silvio Caldas / Orestes Barbosa - *Serenata* (Silvio Caldas)
Silvio Caldas / Orestes Barbosa - *Serenata* (Sylvio Caldas, RVCD–013)
Silvio Caldas / Orestes Barbosa - *Serenata* (Tesoros de la Canción Brasileña - Maringá)
Silvio Caldas / Orestes Barbosa - *Serenata* (Tesoros de la Canción Brasileña - Maringá)
Silvio Caldas / Orestes Barbosa - *Serenata* (Uma Seresta Inesquecível)
Silvio Caldas / Orestes Barbosa - *Suburbana* (Cera)
Silvio Caldas / Orestes Barbosa - *Suburbana* - (Saudades - Mini LP 1)
Silvio Caldas / Orestes Barbosa - *Suburbana* - (Saudades - Mini LP 1)
Silvio Caldas / Orestes Barbosa - *Suburbana* (O Melhor de Silvio Caldas)
Silvio Caldas / Orestes Barbosa - *Suburbana* (O Seresteiro do Brasil)
Silvio Caldas / Orestes Barbosa - *Suburbana* (Saudades)
Silvio Caldas / Orestes Barbosa - *Suburbana* (Saudades)
Silvio Caldas / Orestes Barbosa - *Suburbana* (Sylvio Caldas, RVCD–013)
Silvio Caldas / Orestes Barbosa - *Torturante ironia* (Saudades - 12" - Musidisc)
Silvio Caldas / Orestes Barbosa - *Torturante ironia* (Saudades - 12" - Musidisc)
Silvio Caldas / Orestes Barbosa - *Torturante ironia* (Cera)
Silvio Caldas / Orestes Barbosa - *Torturante ironia* (DVD - Silvio Caldas)
Silvio Caldas / Orestes Barbosa - *Torturante ironia* (DVD - Silvio Caldas)
Silvio Caldas / Orestes Barbosa - *Torturante ironia* (O Seresteiro do Brasil)
Silvio Caldas / Orestes Barbosa - *Torturante ironia* (Orestes Barbosa - RVCD–049)
Silvio Caldas / Orestes Barbosa - *Torturante ironia* (Saudades - Mini LP 1)
Silvio Caldas / Orestes Barbosa - *Torturante ironia* (Saudades - Mini LP 1)
Silvio Caldas / Orestes Barbosa - *Torturante ironia* (Saudades)
Silvio Caldas / Orestes Barbosa - *Torturante ironia* (Saudades)
Silvio Caldas / Orestes Barbosa - *Torturante ironia* (Saudades)
Silvio Caldas / Orestes Barbosa - *Torturante ironia* (SC - O Caboclinho Querido)
Silvio Caldas / Orestes Barbosa - *Torturante ironia* (Silvio Caldas)
Silvio Caldas / Orestes Barbosa - *Turca do meu Brasil* (Cera)
Silvio Caldas / Orestes Barbosa - *Turca do meu Brasil* (20 Super Sucessos, Polydisc)
Silvio Caldas / Orestes Barbosa - *Turca do meu Brasil* (Canta o Seresteiro Silvio Caldas)
Silvio Caldas / Orestes Barbosa - *Turca do meu Brasil* (Eternamente)
Silvio Caldas / Orestes Barbosa - *Turca do meu Brasil* (Grandes Interpretações de Silvio Caldas)

S

Silvio Caldas / Orestes Barbosa - *Turca do meu Brasil* (LP Veleiro Silvio Caldas)
Silvio Caldas / Orestes Barbosa - *Turca do meu Brasil* (O Caboclinho Querido, v. 2)
Silvio Caldas / Orestes Barbosa - *Turca do meu Brasil* (Silvio Caldas)
Silvio Caldas / Orestes Barbosa - *Vestido de lágrimas* (O Seresteiro do Brasil)
Silvio Caldas / Orestes Barbosa - *Vestido de lágrimas* (Saudades - 12" - Musidisc)
Silvio Caldas / Orestes Barbosa - *Vestido de lágrimas* (Saudades - 12" - Musidisc)
Silvio Caldas / Orestes Barbosa - *Vestido de lágrimas* (Saudades)
Silvio Caldas / Orestes Barbosa - *Vestido de lágrimas* (Saudades)
Silvio Caldas / Orestes Barbosa - *Vestido de lágrimas* (Saudades)
Silvio Caldas / Orestes Barbosa - *Vidro vazio* (Orestes Barbosa - RVCD–049)
Silvio Caldas / *Qual á o babado?*(Cera)
Silvio Caldas / Quincas Freire - *Amoroso* (Cera)
Silvio Caldas / Quincas Freire - *Mas... porque mulher?* (A História Viva - Silvio Caldas)
Silvio Caldas / Rogaciano Leite - *Cabelos cor de prata* (Cera)
Silvio Caldas / Rogaciano Leite - *Cabelos cor de prata* (20 Preferidas - Silvio Caldas)
Silvio Caldas / Rogaciano Leite - *Cabelos cor de prata* (20 Super Sucessos, Polydisc)
Silvio Caldas / Rogaciano Leite - *Cabelos cor de prata* (A Arte do Espetáculo - Silvio Caldas)
Silvio Caldas / Rogaciano Leite - *Cabelos cor de prata* (A História Viva - Silvio Caldas)
Silvio Caldas / Rogaciano Leite - *Cabelos cor de prata* (Com a Saudade Pelo Braço)
Silvio Caldas / Rogaciano Leite - *Cabelos cor de prata* (Grandes Encontros - v. II)
Silvio Caldas / Rogaciano Leite - *Cabelos cor de prata* (Histórias da Música Popular Brasileira)
Silvio Caldas / Rogaciano Leite - *Cabelos cor de prata* -(Melhor de Silvio Caldas)
Silvio Caldas / Rogaciano Leite - *Cabelos cor de prata* (Mestres da MPB)
Silvio Caldas / Rogaciano Leite - *Cabelos cor de prata* (No Palco - Silvio Caldas)
Silvio Caldas / Rogaciano Leite - *Cabelos cor de prata* (Silvio Caldas Canta)
Silvio Caldas / Rogaciano Leite - *Cabelos cor de prata* (Silvio Caldas Especial Gravado ao Vivo)
Silvio Caldas / Rogaciano Leite - *Cabelos cor de prata* (Silvio Caldas, RGE n. 7056.2)
Silvio Caldas / Rogaciano Leite - *Cabelos cor de prata* (Silvio Caldas "Especial", Ao Vivo)
Silvio Caldas / Rubens Soares - *Capim mimoso* (Cera)
Silvio Caldas / Sebastião Fonseca - *Violões em funeral* (Cera)
Silvio Caldas / Sebastião Fonseca - *Violões em funeral* (LP Music Master Silvio Caldas)
Silvio Caldas / Sebastião Fonseca - *Violões em funeral* (O Caboclinho Querido, v. 3)
Silvio Caldas / Sebastião Fonseca - *Violões em funeral* (O Melhor de Silvio Caldas)
Silvio Caldas / Sebastião Fonseca - *Violões em funeral* (Silvio Caldas "Especial", Ao Vivo)
Silvio Caldas / Sebastião Fonseca - *Violões em funeral* (Silvio Caldas Canata)
Silvio Caldas / Sebastião Fonseca - *Violões em funeral* (Silvio Caldas Especial Gravado ao Vivo)
Silvio Caldas / Sebastião Fonseca - *Violões em funeral* (Silvio Caldas - O Seresteiro)
Silvio Caldas / Sebastião Fonseca - *Violões em funeral* (Silvio Caldas em Pessoa)
Silvio Caldas / Sebastião Fonseca - *Violões em funeral* (Sylvio Caldas, RVCD–013)
Silvio Caldas / Wilson Batista - *Até breve* (Uma Seresta Inesquecível)
Silvio Caldas / Wilson Batista - *Meus vinte anos* (Cera)

s

Silvio Caldas / Wilson Batista - *Meus vinte anos* (DVD - Silvio Caldas)
Silvio Caldas / Wilson Batista - *Meus vinte anos* (DVD - Silvio Caldas)
Silvio Caldas / Wilson Batista - *Meus vinte anos* (Elizeth Cardoso e Silvio Caldas - v. 2)
Silvio Caldas / Wilson Batista - *Meus vinte anos* (Filigranas Musicais da RCA - IX)
Silvio Caldas / Wilson Batista - *Meus vinte anos* (Grandes Sucessos de Silvio Caldas)
Silvio Caldas / Wilson Batista - *Meus vinte anos* (LP Veleiro Silvio Caldas)
Silvio Caldas / Wilson Batista - *Meus vinte anos* (Silvio Caldas e Elizeth Cardoso - v. 1)
Silvio Caldas / Wilson Batista - *Meus vinte anos* (Silvio Caldas e Elizeth Cardoso - v. 2)
Silvio Caldas / Wilson Batista - *Meus vinte anos* (Silvio Caldas e Elizeth Cardoso - v. 1)
Silvio Caldas / Wilson Batista - *Meus vinte anos* (Silvio Caldas e Elizeth Cardoso - v. 1)
Silvio Caldas / Wilson Batista - *Meus vinte anos* (Silvio Caldas e Elizeth Cardoso - v. 2)
Silvio Caldas / Wilson Batista - *Meus vinte anos* (Silvio Caldas e Elizeth Cardoso - v. 1)
Silvio Caldas / Wilson Batista / Osvaldo Silva - *Eu vivo sem destino* (Cera)
Simoens da Silva, "Bororó" - *Da cor do pecado* (Cera)
J. B. da Silva, Sinhô - *Fala meu louro* (Histórias da M. P. B. - Ao Vivo")
Sivan - *O amor é assim* (O Seresteiro, Inter Records, R 31009)
Sivan - *O amor é assim* - c/Elizeth Cardoso (Elizeth Cardoso e Silvio Caldas - v. 1)
Sivan - *O amor é assim* - Silvio Caldas (O Caboclinho Querido)
Sivan - *O amor é assim* (Silvio Caldas "Especial", Ao Vivo)
Sivan - *O amor é assim* (Silvio Caldas e Elizeth Cardoso - v. 1)
Sivan - *O amor é assim* (Silvio Caldas e Elizeth Cardoso - v. 1)
Sivan - *O amor é assim* (Silvio Caldas e Elizeth Cardoso - v. 1)
Sivan - *O amor é assim* (Silvio Caldas e Elizeth Cardoso - v. 1)
Sivan - *O amor é assim* (Silvio Caldas Especial Gravado ao Vivo)
Sivan - *O amor é assim* (Silvio Caldas - O Seresteiro)
Telácio da Silva / André Filho - *Nem queiras saber* (Cera)

t

Teobaldo Marques da Gama - *É só do que há* (Cera)
Teobaldo Marques da Gama - *Pra cima de mim, não* (Cera)
Teobaldo Marques da Gama - *Samba no Rocha* (Cera)
Teobaldo Marques da Gama - *Vai sair bagagem* (Cera)
Teófilo de Barros Filho / Guerra Peixe - *Fibra de herói* (Cera)
Tito Madi - *Chove lá fora* (Grandes Sucessos Com Silvio Caldas)
Ulisses Lelot Filho (Sivan de Castro Neto) - *O amor é assim* (Cera)

u

Ulisses Sarmento / Cícero Gomes Braga - *Canção do soldado* (Cera)
Urbano Lóes - *Desquitada* (Canta o Seresteiro do Brasil)
Urbano Lóes - *Desquitada* (Silvio Caldas - Canta o Seresteiro)
Uriel Lourival - *Mimi* (Cera)
Uriel Lourival - *Mimi* (O Seresteiro Silvio Caldas)
Uriel Lourival - *Mimi* (Silvio Caldas, o Seresteiro do Brasil)
Uriel Lourival - *Mimi* (Silvio Caldas, RVCD–013)
Vadico / Marino Pinto - *Prece* (E o Destino Desfolhou)

V

Vadico / Marino Pinto - *Prece* (Histórias da M. P. B. - Ao Vivo")
Vadico / Marino Pinto - *Prece* (Histórias da Música Popular Brasileira)
Vadico / Marino Pinto - *Prece* (LP Veleiro Silvio Caldas)
Vadico / Marino Pinto - *Prece* (Seresta, Só Seresta)
Vadico / Noel Rosa - *Como una oración* (Tesoros de la Canción Brasileña - Maringá)
Vadico / Noel Rosa - *Conversa de botequim* (A História Viva - Silvio Caldas)
Vadico / Noel Rosa - *Feitiço da vila* (Canta o Seresteiro do Brasil)
Vadico / Noel Rosa - *Feitiço da vila* (Compacto CB 20006)
Vadico / Noel Rosa - *Feitiço da vila* (Compacto CB 20006)
Vadico / Noel Rosa - *Feitiço da vila* (Grandes Sucessos de Silvio Caldas)
Vadico / Noel Rosa - *Feitiço da vila* (LP Veleiro Silvio Caldas)
Vadico / Noel Rosa - *Feitiço da vila* (O Melhor de Silvio Caldas)
Vadico / Noel Rosa - *Feitiço da vila* (Presença de Silvio Caldas)
Vadico / Noel Rosa - *Feitiço da vila* (Silvio Caldas - Canta o Seresteiro)
Vadico / Noel Rosa - *Feitiço da vila* (Silvio Caldas em Pessoa)
Vadico / Noel Rosa - *Feitiço da vila* (Silvio Caldas Especial Gravado ao Vivo)
Vadico / Noel Rosa - *Feitio de oração* (Grandes Sucessos de Silvio Caldas)
Vadico / Noel Rosa - *Feitio de oração* (Ídolos do Rádio - Silvio Caldas)
Vadico / Noel Rosa - *Feitio de oração* (LP Veleiro Silvio Caldas)
Vadico / Noel Rosa - *Feitio de oração* (O Caboclinho Querido, v. 1)
Vadico / Noel Rosa - *Feitio de oração* (O Melhor de Silvio Caldas)
Vadico / Noel Rosa - *Feitio de oração* (Presença de Silvio Caldas)
Vadico / Noel Rosa - *Feitio de oração* (Serenata - Silvio Caldas)
Vadico / Noel Rosa - *Feitio de oração* (Uma Seresta Inesquecível)
Vadico / Noel Rosa - *Pra que mentir* (Cera)
Vadico / Noel Rosa - *Pra que mentir* (Silvio Caldas e Suas Interpretações Inesquecíveis)
Vadico / Noel Rosa - *Pra que mentir* (Silvio Caldas, RGE n. 7056.2)
Valfrido Silva / Alcebíades Barcelos - *O teu olhar me inspirou* (Cera)
Valfrido Silva / André Filho - *Jurei me vingar* (Cera)
Valfrido Silva / Oswaldo Silva - *Mágoas de um vagabundo* (Cera)
Vallée / Zilmmerman / Gerald - *Sou um namorado errante* (Sou Um Namorado Errante)
Vallée / Zilmmerman / Gerald - *Sou um namorado errante* (Sou Um Namorado Errante)
Valter Nogueira da Silva / Georges Moran - *Não voltarás, nem voltarei* (Cera)
Vicente Leporace / Gabriel Migliore - *Se eu pudesse* (Eternamente)
Vicente Leporace / Gabriel Migliore - *Se eu pudesse* (Silvio Caldas)
Vicente Leporace / Gabriel Migliori - *Se eu pudesse* (Cera)
Vicente Leporace / Hervê Cordovil - *Jangada* (Cera)
Vicente Leporace / Hervê Cordovil - *Jangada* (Eternamente)
Vicente Leporace / Hervê Cordovil - *Jangada* (Silvio Caldas)
Vicente Leporace / Hervê Cordovil - *Prelúdio* (Cera)
Vicente Leporace / Hervê Cordovil - *Prelúdio* (Canta o Seresteiro Silvio Caldas)

V

Vicente Leporace / Hervê Cordovil - *Prelúdio* (Eternamente - Silvio Caldas)
Vicente Paiva / Jararaca - *Mamãe eu quero* (A Arte do Espetáculo - Silvio Caldas)
Vicente Paiva / Jararaca - *Mamãe eu quero* (Histórias da Música Popular Brasileira)
Vicente Paiva / Jararaca - *Mamãe eu quero* (Silvio Caldas Especial Gravado ao Vivo)
Victor Bezerra / Georges Moran - *Kátia* (Titio Canta Para Você)
Victor Bezerra / Georges Moran - *Kátia* (cera)
Victor Bezerra / Georges Moran - *Kátia* (O Melhor de Silvio Caldas)
Victor Bezerra / Georges Moran - *Kátia* (Silvio Caldas - O Caboclinho Querido)
Victor Bezerra / Georges Moran - *Kátia* (Sou Um Namorado Errante)
Victor Bezerra / Georges Moran - *Kátia* (*Kátia* - Compacto 80.138)
Victor Bezerra / Georges Moran - *Kátia* (*Kátia* - Compacto 80.138)
Victor Freire / Klécius Caldas - *Samambaia na varanda* (Titio Canta Para Você)
Victor Hugo de Albuquerque - *Santa padroeira* (Cera)
Villa Lobos / Manduca Piá - *Modinha* (Serestas - Peça n. 05 (O Seresteiro, Inter Records, R 31009)
Villa–Lobos / Manduca Piá - *Seresta n. 5* (Silvio Caldas - O Seresteiro)
Vinicius de Moraes - *Serenata do adeus* (Cera)
Vinicius de Moraes - *Serenata do adeus* (Mestres da MPB)
Vinicius de Moraes / Baden Powell - *Apelo* (Silvio Caldas e Elizeth Cardoso - v. 1)
Vinicius de Moraes / Baden Powell - *Apelo* (Silvio Caldas e Elizeth Cardoso - v. 1)
Vinicius de Moraes - *Serenata do adeus* (20 Preferidas - Silvio Caldas)
Vinicius de Moraes - *Serenata do adeus* (20 Super Sucessos, v. 2, Polydisc)
Vinicius de Moraes - *Serenata do adeus* (21 Grandes Sucessos)
Vinicius de Moraes - *Serenata do adeus* (A Arte do Espetáculo - Silvio Caldas)
Vinicius de Moraes - *Serenata do adeus* (A História Viva - Silvio Caldas)
Vinicius de Moraes - *Serenata do adeus* (Brilhantes)
Vinicius de Moraes - *Serenata do adeus* (Grandes Encontros - v. II)
Vinicius de Moraes - *Serenata do adeus* (Grandes Sucessos de Silvio Caldas)
Vinicius de Moraes - *Serenata do adeus* (Histórias da M. P. B. - Ao Vivo")
Vinicius de Moraes - *Serenata do adeus* (Histórias da Música Popular Brasileira)
Vinicius de Moraes - *Serenata do adeus* (No Palco - Silvio Caldas)
Vinicius de Moraes - *Serenata do adeus* (O Caboclinho Querido, v. 3)
Vinicius de Moraes - *Serenata do adeus* (Silvio Caldas "Especial", Ao Vivo)
Vinicius de Moraes - *Serenata do adeus* (Silvio Caldas e Pedro Vargas)
Vinicius de Moraes - *Serenata do adeus* (Silvio Caldas Especial Gravado ao Vivo)
Vinicius de Moraes - *Serenata do adeus* (Silvio Caldas, RGE n. 7056.2)
Vinicius de Moraes / Baden Powell - *Apelo* (Elizeth Cardoso e Silvio Caldas - v. 1)
Vinicius de Moraes / Baden Powell - *Apelo* (Silvio Caldas "Especial", Ao Vivo)
Vinicius de Moraes / Baden Powell - *Apelo* (Silvio Caldas Especial Gravado ao Vivo)
Vinicius de Moraes / Baden Powell - *Consolação* (Elizeth Cardoso e Silvio Caldas - v. 1)
Vinicius de Moraes / Baden Powell - *Consolação* (Silvio Caldas e Elizeth Cardoso - v. 1)
Vinicius de Moraes / Baden Powell - *Consolação* (Silvio Caldas e Elizeth Cardoso - v. 1)

V

Vinicius de Moraes / Baden Powell - *Consolação* (Silvio Caldas e Elizeth Cardoso - v. 1)
Vinicius de Moraes / Baden Powell - *Consolação* (Silvio Caldas e Elizeth Cardoso - v. 1)
Vinicius de Moraes / Baden Powell - *Consolação* (Silvio Caldas Especial Gravado ao Vivo)
Vinicius de Moraes / Chico / Garoto - *Gente humilde* (Grandes Sucessos Com Silvio Caldas)
Vinicius de Moraes / Garoto / Chico Buarque - *Gente humilde* (Presença de Silvio Caldas)
Vinicius de Moraes / Paulo Soledade - *Poema dos olhos da amada* (Grandes Interp.de Silvio Caldas)
Vinicius de Moraes / Paulo Soledade - *Poema dos olhos da amada* (Uma Seresta Inesquecível)
Vinicius de Moraes / Paulo Soledade - *São Francisco* (21 Grandes Sucessos)
Vinicius de Moraes / Paulo Soledade - *São Francisco* (O Caboclinho Querido, v. 3)
Vinicius de Moraes / Paulo Soledade - *São Francisco* (Silvio Caldas)
Vinicius de Moraes / Paulo Soledade - *São Francisco* (Silvio Caldas - Canta o Seresteiro)
Vinicius de Moraes / Paulo Valente Soledade - *Poema dos olhos da amada* (*Serenata*)
Vinicius de Moraes / P.Soledade - *Poema de los ojos de la amada* (Tesoros de la Canción Brasileña)
Vinicius de Moraes / Paulo Soledade - *Poema dos olhos da amada* (S.C. Especial Grav. ao Vivo)
Vinicius de Moraes / Paulo Soledade - *Poema dos olhos da amada* (Silvio Caldas Especial, ao Vivo)
Vinicius de Moraes / Tom Jobim - *Se todos fossem iguais a você* (Grandes Sucessos Com S.Caldas)
Vinicius de Moraes / Baden Powell - *Apelo* (Silvio Caldas e Elizeth Cardoso - v. 2)
Vinicius de Moraes / Baden Powell - *Apelo* (Silvio Caldas e Elizeth Cardoso - v. 2)
Vinicius de Moraes / Paulo Soledade - *São Francisco* (Cera)
Vinicius de Moraes / Paulo Soledade - *Poema dos olhos da amada* (Cera)
Waldemar de Abreu, "Dunga" / Antônio Nássara - *Sereia* (Cera)
Waldemar de Abreu, "Dunga" / Claudionor Cruz - *Tu és a culpada* (Cera)

W

Waldemar Muniz da Silva / Roberto Martins - *Favela* (Canta o Seresteiro do Brasil)
Waldemar Muniz da Silva / Roberto Martins - *Favela* (Grandes Interpretações de Silvio Caldas)
Waldemar Muniz da Silva / Roberto Martins - *Favela* (Presença de Silvio Caldas)
Waldemar Muniz da Silva / Roberto Martins - *Favela* (Silvio Caldas - Canta o Seresteiro)
Walfrido Silva / Oswaldo Silva - *Mágoas de um vagabundo* (Filigranas Musicais - v. 8)
Walter Guilherme / J. Antônio D'Ávila - *Canção de Natal* (Eternamente - Silvio Caldas)
Walter N. da Silva / Georges Moran - *Não voltarás, nem voltarei* (S. Caldas - O Caboclinho Querido)
Wilson Batista - *Lenço no pescoço* (Cera)
Wilson Batista - *Lenço no pescoço* (A Arte do Espetáculo - Silvio Caldas)
Wilson Batista - *Lenço no pescoço* (A História Viva - Silvio Caldas)
Wilson Batista - *Lenço no pescoço* (Histórias da M. P. B. - Ao Vivo")
Wilson Batista - *Lenço no pescoço* (Histórias da Música Popular Brasileira)
Wilson Batista - *Lenço no pescoço* (O Melhor da Velha Guarda - v. 1)
Wilson Batista - *Lenço no pescoço* (Silvio Caldas, RGE n. 7056.2)
Wilson Batista / Ataulfo Alves - *O bonde de São Januário* (Histórias da Música Popular Brasileira)
Wilson Batista / Ataulfo Alves - *Sarambá* (A Arte do Espetáculo - Silvio Caldas)
Wilson Batista / Erasmo Silva - *Homem marcado* (Cera)
Wilson Batista / Germano Augusto - *Olho nela* (Silvio Caldas, o Seresteiro do Brasil)
Wilson Batista / Germano Augusto - *Olho nela* (Cera)

W

Wilson Batista / Jorge Faraj - *Duas janelas* (Cera)
Wilson Batista / Jorge Faraj - *Duas janelas* (Silvio Caldas, o Seresteiro do Brasil)
Wilson Batista / Marino Pinto - *Largo da Lapa* (Phonodisc LP Silvio Caldas)
Wilson Batista / Marino Pinto - *Largo da Lapa* (Juntos Francisco Petrônio / Silvio Caldas)
Wilson Batista / Marino Pinto - *Largo da Lapa* (Juntos Francisco Petrônio / Silvio Caldas)
Wilson Batista / Roberto Martins - *Teu riso tem* (Cera)
Wilson Batista / Silvio Caldas - *Meus vinte anos* (Elizeth Cardoso & Silvio Caldas, v. 2)
Wilson Batista / Silvio Caldas - *Meus vinte anos* (Cera)
Wilson Batista / Silvio Caldas - *Meus vinte anos* (DVD - Silvio Caldas)
Wilson Batista / Silvio Caldas - *Meus vinte anos* (DVD - Silvio Caldas)
Wilson Batista / Silvio Caldas - *Meus vinte anos* (Elizeth Cardoso e Silvio Caldas - v. 2)
Wilson Batista / Silvio Caldas - *Meus vinte anos* (Filigranas Musicais da RCA - IX)
Wilson Batista / Silvio Caldas - *Meus vinte anos* (Grandes Sucessos de Silvio Caldas)
Wilson Batista / Silvio Caldas - *Meus vinte anos* (LP Veleiro Silvio Caldas)
Wilson Batista / Silvio Caldas - *Meus vinte anos* (O Caboclinho Querido, v. 3)
Wilson Batista / Silvio Caldas - *Meus vinte anos* (Silvio Caldas e Elizeth Cardoso - v. 1)
Wilson Batista / Silvio Caldas - *Meus vinte anos* (Silvio Caldas e Elizeth Cardoso - v. 2)
Wilson Batista / Silvio Caldas - *Meus vinte anos* (Silvio Caldas e Elizeth Cardoso - v. 1)
Wilson Batista / Silvio Caldas - *Meus vinte anos* (Silvio Caldas e Elizeth Cardoso - v. 1)
Wilson Batista / Silvio Caldas - *Meus vinte anos* (Silvio Caldas e Elizeth Cardoso - v. 2)
Wilson Batista / Silvio Caldas - *Meus vinte anos* (Silvio Caldas e Elizeth Cardoso - v. 1)
Wilson Batista / Silvio Caldas - *Meus vinte anos* (Uma Seresta Inesquecível)
Wilson Batista / Silvio Caldas / Oswaldo Silva - *Eu vivo sem dinheiro* (Cera)

Z

Zeca Ivo / Benedito Lacerda - *Última carta de amor* (Cera)

APÊNDICE IV

LP

Título da música

Nome do compositor

SEGURA ESTA MULHER
MARCHA
Gravada em disco VICTOR N.º 33.601
por SYLVIO CALDAS
PREÇO 2$500 – N.º de Cat. 2037
CASA MANON
AV. SÃO JOÃO N. 91
Letra e Musica de
ARY BARROSO

01

LP RÁDIO 10" – 9000 – Nº1

SAUDADES

Silvio Caldas

O seresteiro do Brasil

01 *Suburbana* (Silvio Caldas / Orestes Barbosa) 02 *Torturante ironia* (Silvio Caldas / Orestes Barbosa) 03 *Quase que eu disse* (Silvio Caldas / Orestes Barbosa) 04 *Vestido de lágrimas* (Silvio Caldas / Orestes Barbosa) 05 *Arrependimento* (Silvio Caldas / Christóvão de Alencar) 06 *Favela* (Joracy Camargo / Hekel Tavares) 07 *Longe dos olhos* (Djalma Ferreira / Christóvão de Alencar) 08 *Menos eu* (Roberto Martins / Jorge Faraj)

02

LP RÁDIO 12"

SAUDADES

Silvio Caldas

O seresteiro do Brasil

01 *Suburbana* (Silvio / Orestes) 02 *Torturante ironia* (Silvio / Orestes) 03 *Faceira* (Ary Barroso) 04 *Quase que eu disse* (Silvio / Orestes) 05 *Vestido de lágrimas* (Silvio / Orestes) 06 *Maria* (Ary Barroso / Luiz Peixoto) 07 *Arrependimento* (Silvio / Christóvão de Alencar) 08 *Favela* (Hekel Tavares / Joracy Camargo) 09 *Três lágrimas* (Ary Barroso) 10 *Longe dos olhos* (Djalma Ferreira / Christóvão de Alencar) 11 *Menos eu* (Roberto Martins / Jorge Faraj) 12 *No rancho fundo* (Ary Barroso / Lamartine Babo)

03

MUSIDISC MLP 7031

SAUDADES

Serestas por Silvio Caldas

01 *Suburbana* (Silvio / Orestes) 02 *Torturante ironia* (Silvio / Orestes) 03 *Faceira* (Ary Barroso) 04 *Quase que eu disse* (Silvio / Orestes) 05 *Vestido de lágrimas* (Silvio / Orestes) 06 *Maria* (Ary Barroso / Luiz Peixoto) 07 *Arrependimento* (Silvio / Christóvão de Alencar) 08 *Favela* (Hekel Tavares / Joracy Camargo) 09 *Três lágrimas* (Ary Barroso) 10 *Longe dos olhos* (Djalma Ferreira / Christóvão de Alencar) 11 *Menos eu* (Roberto Martins / Jorge Faraj) 12 *No rancho fundo* (Ary Barroso / Lamartine Babo)

04

MUSIDISC MLP 7031

SAUDADES

Silvio Caldas

01 *Suburbana* (Silvio / Orestes) 02 *Torturante ironia* (Silvio / Orestes) 03 *Faceira* (Ary Barroso) 04 *Quase que eu disse* (Silvio / Orestes) 05 *Vestido de lágrimas* (Silvio / Orestes) 06 *Maria* (Ary Barroso / Luiz Peixoto) 07 *Arrependimento* (Silvio / Christóvão de Alencar) 08 *Favela* (Hekel Tavares / Joracy Camargo) 09 *Três lágrimas* (Ary Barroso) 10 *Longe dos olhos* (Djalma Ferreira / Christóvão de Alencar) 11 *Menos eu* (Roberto Martins / Jorge Faraj) 12 *No rancho fundo* (Ary Barroso / Lamartine Babo)

05

MUSIDISC – MINI LP 1

SAUDADES

Silvio Caldas

01 *Maria* (Ary Barroso / Luiz Peixoto) 02 *Suburbana* (Silvio Caldas / Orestes Barbosa) 03 *Torturante ironia* (Silvio Caldas / Orestes Barbosa) 04 *Faceira* (Ary Barroso) 05 *Quase que eu disse* (Silvio / Orestes) 06 *Favela* (Hekel Tavares / Joracy Camargo) 07 *Arrependimento* (Silvio / Christóvão de Alencar) 08 *Longe dos olhos* (Djalma Ferreira / Christóvão de Alencar) 09 *Menos eu* (Roberto Martins / Jorge Faraj) 10 *No rancho fundo* (Ary Barroso / Lamartine Babo)

06

LP RÁDIO 10" LPCB 35027

CANTA O SERESTEIRO

Sílvio Caldas

01 *Arrependimento* (Silvio Caldas / Christóvão de Alencar) 02 *Meu companheiro* (Francisco Alves / Orestes Barbosa) 03 *Feitiço da Vila* (Noel Rosa / Vadico) 04 *Ave Maria* (Erothides de Campos) 05 *Favela* (Roberto Martins / Waldemar Muniz da Silva) 06 *A voz do violão* (Francisco de M. Alves / Horácio Campos) 07 *Casinha pequenina* (D. P. – Arranjo de Renato de Oliveira) 08 *Desquitada* (Urbano Lóes)

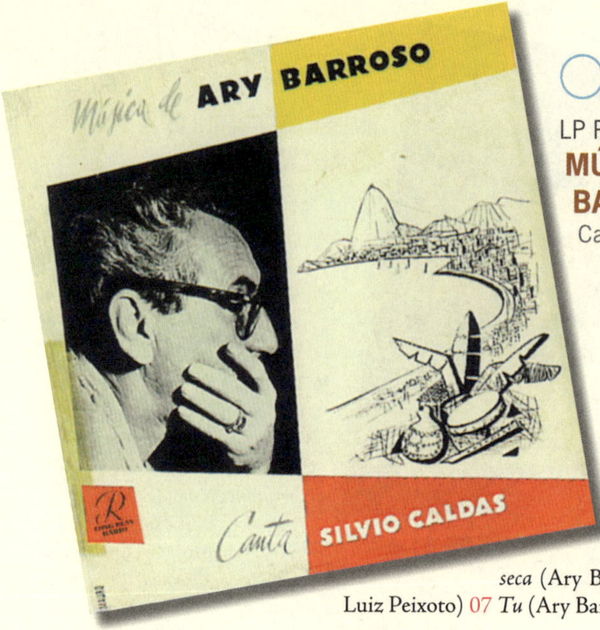

07

LP RÁDIO 0009

MÚSICA DE ARY BARROSO

Canta Silvio Caldas

01 *No rancho fundo* (Ary Barroso / Lamartine Babo) 02 *Morena boca de ouro* (Ary Barroso) 03 *Três lágrimas* (Ary Barroso) 04 *Faceira* (Ary Barroso) 05 *Terra seca* (Ary Barroso) 06 *Maria* (Ary Barroso / Luiz Peixoto) 07 *Tu* (Ary Barroso) 08 *Risque* (Ary Barroso)

08

LP LPCB 35014 10"

SÍLVIO CALDAS

01 *São Francisco* (Vinicius de Moraes / Paulo Soledade) 02 *Turca do meu Brasil* (Silvio Caldas / Orestes Barbosa) 03 *Se eu pudesse* (Gabriel Migliore / Vicente Leporace) 04 *Perfil de São Paulo* (Francisco de Assis Bezerra de Menezes) 05 *Pierrot* (Joubert de Carvalho / Paschoal de Carlos Magno) 06 *Mágoa* (Hervê Cordovil / Júlio Atlas) 07 *Jangada* (Hervê Cordovil / Vicente Leporace) 08 *Vivo em paz* (Sílvio Caldas)

09

CONTINENTAL LPP – 17 10"

SILVIO CALDAS CANTA

01 *Cabelos cor de prata* (Silvio Caldas / Rogaciano Leite) 02 *Minha casa* (Joubert de Carvalho) 03 *Não me pergunte* (José *Maria* de Abreu / Jair Amorim) 04 *Boa noite, amor* (José *Maria* de Abreu / Francisco Matoso) 05 *Pastora dos olhos castanhos* (Horondino Silva / Alberto Ribeiro) 06 *Você voltou* (Nelson Souto / Antonio Carlos de Souza e Silva) 07 *Nunca soubeste amar* (Joubert de Carvalho) 08 *Violões em funeral* (Silvio Caldas / Sebastião Fonseca)

10

CALB 5128

SÍLVIO CALDAS,

O SERESTEIRO DO BRASIL

01 *Mimi* (Uriel Lourival) 02 *Duas janelas* (Jorge Faraj / Wilson Batista) 03 *Na Baixa do Sapateiro* (Ary Barroso) 04 *Como os rios que correm pro mar* (Custódio Mesquita / Evaldo Ruy) 05 *No rancho fundo* (Lamartine Babo / Ary Barroso) 06 *Sinhá moça chorou* (S.Caldas/Christóvão de Alencar) 07 *Maria* (Ary Barroso / Luiz Peixoto) 08 *Santa dos meus amores* (Silvio / Orestes Barbosa) 09 *Deusa da minha rua* (Jorge Faraj / Newton Teixeira) 10 *Serrana* (Alberto Costa / José Judice) 11 *Gaivota* (Sílvio Caldas / Eratóstenes Frazão) 12 *Olho nela* (Wilson Batista / Germano Augusto)

11

IMPERIAL 30142
SC

SYLVIO CALDAS

O Caboclinho Querido

01 *Por causa dessa cabocla* (Ary Barroso / Luiz Peixoto) 02 *Teus ciúmes* (Lacy Martins / Aldo Cabral) 03 *Saudade dela* (Ataulfo Alves) 04 *Até breve* (Ataulfo Alves / Christóvão de Alencar) 05 *Eu não sei* (Sílvio Caldas / Ataulfo Alves) 06 *Passarinho* (Antônio Nássara / Hervê Cordovil) 07 *Um caboclo abandonado* (Benedito / Herivelto) 08 *Torturante ironia* (Sílvio Caldas / Orestes Barbosa) 09 *Adeus, felicidade* (Sílvio Caldas/Christóvão de Alencar/Newton Teixeira) 10 *Há um segredo em teus cabelos* (Gastão Lamounier / Oswaldo Santiago) 11 *Quanto eu sinto!* (idê / Marçal) 12 *Lua triste* (Luiz Bittencourt / Leonel Azevedo)

12

IMPERIAL 30107 SC

SYLVIO CALDAS

01 *Chão de estrelas* (Silvio / Orestes Barbosa) 02 *Arrependimento* (Sílvio / Christóvão de Alencar) 03 *Arranha-céu* (Silvio / Orestes Barbosa) 04 *Inquietação* (Ary Barroso) 05 *Madrugada* (Benedito Lacerda / Herivelto Martins) 06 *Minha palhoça* (J. Cascata) 07 *Quase que eu disse* (Sílvio Caldas / Orestes Barbosa) 08 *Pastorinhas* (João de Barro / Noel *Rosa*) 09 *Confessando que te adoro* (José Carlos Burle / J. G. de Araújo Jorge) 10 *Professora* (Benedito Lacerda / Jorge Faraj) 11 *Choro por teu amor* (Joaquim de Castro Barbosa / Kid Pepe) 12 *Nunca mais* (Roberto Martins / Jorge Faraj)

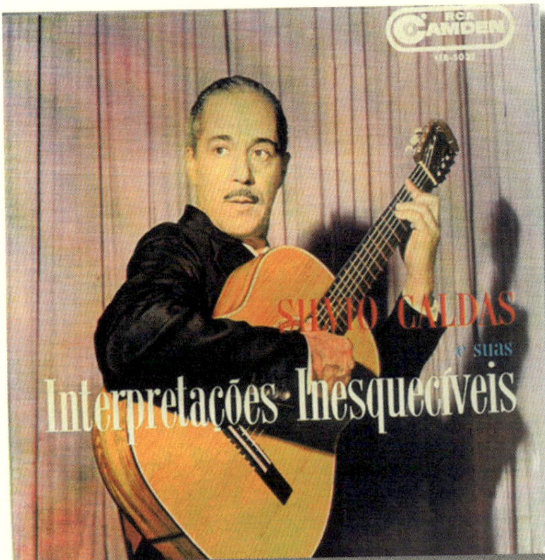

13

RCA CAMDEN 5032

SILVIO CALDAS

E suas
Interpretações Inesquecíveis

01 *Da cor do pecado* (Bororó) 02 *Sorris da minha dor* (Paulo Medeiros) 03 *Promessa* (Custódio Mesquita / Evaldo Ruy) 04 *Valsa do meu subúrbio* (Custódio Mesquita / Evaldo Ruy) 05 *Cessa tudo* (Celso Macedo / Lamartine Babo) 06 *Serenata* (Silvio Caldas / Orestes Barbosa) 07 *Mulher* (Custódio Mesquita / Sadi Cabral) 08 *Pra que mentir* (Vadico / Noel *Rosa*) 09 *Velho realejo* (Custódio Mesquita / Sadi Cabral) 10 *Algodão* (Custódio Mesquita / David Nasser) 11 *Falsa felicidade* (Paulo Medeiros) 12 *A vida em quatro tempos* (Custódio Mesquita / Paulo Orlando)

14

DISCO LAR LPDS 32098

SILVIO CALDAS

O Seresteiro

01 *Flor de lótus* (Silvio Caldas / Alberto Ribeiro) 02 *Mente ao meu Coração* (F. Malfitano) 03 *Chuva e vento* (Alberto Ribeiro / José *Maria* de Abreu) 04 *Nossa Senhora da Glória* (Silvio Caldas / David Nasser) 05 *Violões em funeral* (Silvio Caldas / Sebastião Fonseca) 06 *Não chores assim...* (Alberto Ribeiro / Silvio Caldas) 07 *Coração* (Alberto Ribeiro) 08 *Não chora* (Alberto Ribeiro / Silvio Caldas) 09 *Você de mim não tem dó* (José Maria de Abreu) 10 *Não me pergunte* (José *Maria* de Abreu / Jair Amorim) 11 *Pastora dos olhos castanhos* (Orondino Silva / Alberto Ribeiro) 12 *Destino traçado* (Mário Lago / Erasmo Silva)

15

LP RIO – 33.004

SILVIO CALDAS

Canta Ary Barroso

01 *No rancho fundo* (Ary Barroso / Lamartine Babo) 02 *Morena boca de ouro* (Ary Barroso) 03 *Três lágrimas* (Ary Barroso) 04 *Faceira* (Ary Barroso) 05 *É luxo só* (Ary Barroso) 06 *Terra seca* (Ary Barroso) 07 *Maria* (Ary Barroso / Luiz Peixoto) 08 *Tu* (Ary Barroso) 09 *Risque* (Ary Barroso) 10 *Aquarela do Brasil* (Ary Barroso)

16

RCA CAMDEN 5233

SÍLVIO CALDAS

O Caboclinho Querido

01 *Se tu soubesses* (G. Moran / Christóvão de Alencar) 02 *O amor é assim* (Ulysses Lelot Filho) 03 *Com o pensamento em você* (Joubert de Carvalho) 04 *Maria* (J. Cascata / Leonel Azevedo) 05 *Não* (Christóvão de Alencar / Newton Teixeira) 06 *Kátia* (Victor Bezerra / Georges Moran) 07 *Modinha* (Jayme Ovalle / Manoel Bandeira) 08 *Meu amigo violão* (G. Moran / J. G. de Araújo Jorge) 09 *Não voltarás, nem voltarei* (Georges Moran / Walter Nogueira da Silva) 10 *Ninotchka* (Georges Moran / Christóvão de Alencar) 11 *Não me abandones Nunca* (Joubert de Carvalho) 12 *Que é, que é* (Bororó / Evágrio Lopes)

17

RCA CAMDEN ESTÉREO 107.02 32

SILVIO CALDAS

01 *Deusa da minha rua* (Jorge Faraj / Newton Teixeira) 02 *No rancho fundo* (Lamartine Babo / Ary Barroso) 03 *Como os rios que correm pro mar* (Custódio Mesquita / Evaldo Ruy) 04 *Maria* (Ary Barroso / Evaldo Ruy) 05 *Na Baixa do Sapateiro* (Ary Barroso) 06 *Não me abandones Nunca* (Joubert de Carvalho) 07 *Mimi* (Uriel Lourival) 08 *Serrana* (Alberto Costa / José Judice) 09 *Santa dos meus amores* (S. Caldas / Orestes Barbosa) 10 *Se tu soubesses* (Georges Moran / Christóvão Alencar) 11 *Modinha* (Jaime Ovalle / Manoel Bandeira) 12 *Não!* (Christóvão de Alencar/ Newton Teixeira)

18

LP RCA CAMDEN CALB – 5199

ARY BARROSO

Na voz de Sylvio Caldas

01 *Faceira* 02 *Bahia* 03 *Tu* 04 *Perdão* 05 *É mentira, oi!* 06 *Um samba em Piedade* 07 *Morena boca de ouro* 08 *Três lágrimas* 09 *Eu vou pro Maranhão* 10 *Flor de inverno* 11 *Segura esta mulher* 12 *Malandro sofredor*

19

COLUMBIA LPCB 37068

SILVIO CALDAS

Canta o Seresteiro

01 *Feitiço da Vila* (Noel Rosa / Vadico) 02 *Casinha pequenina* (D.P. – Arranjo: Renato de Oliveira) 03 *Favela* (Roberto Martins / Waldemar Muniz da Silva) 04 *A voz do violão* (Francisco Alves / Horácio Campos) 05 *Nos braços de Isabel* (Silvio Caldas / José Judice) 06 *Desquitada* (Urbano Lóes) 07 *Novos rumos* (Rochinha / O. Porto) 08 *Ave Maria* (Erothides de Campos) 09 *Arrependimento* (Sílvio Caldas / Armando Reis) 10 *Meu companheiro* (Francisco Alves / Orestes Barbosa) 11 *Perfil de São Paulo* (F. A. Bezerra de Menezes) 12 *São Francisco* (Vinicius de Moraes / Paulo Soledade)

20

COLUMBIA LPCB 37068

TESOROS DE LA CANCIÓN BRASILEÑA

Silvio Caldas – Maringá

01 *Maringá* (Joubert de Carvalho) 02 *Viva mi samba* (Billy Blanco) 03 *Hay um secreto em tus cabellos* (Gastão Lamounier / Oswaldo Santiago) 04 *La unica rima* (Silvio Caldas / Orestes Barbosa) 05 *Poema de los ojos de la amada* (Silvio Caldas / Orestes Barbosa) 06 *Puerto de las parejas* (Jayme Lewgoy Lubianca) 07 *Como una oración* (Vadico / Noel Rosa) 08 Serenata (Sílvio Caldas / Orestes Barbosa) 09 *Mi secreto* (Newton Teixeira / Jorge Faraj) 10 *Casi dije si* (Silvio Caldas / Orestes Barbosa) 11 *Cinta amarilla* (Noel Rosa) 12 *Dueña de mi voluntad* (Francisco Alves / Orestes Barbosa)

21

COLUMBIA LPCB **41003**

SERENATA

Silvio Caldas

01 *Serenata* (Silvio Caldas / Orestes Barbosa) 02 *Viva Meu Samba* (Billy Blanco) 03 *Há um segredo em teus cabelos* (Gastão Lamounier / Osvaldo Santiago) 04 *A Única Rima* (Silvio Caldas / Orestes Barbosa) 05 *Poema dos Olhos da Amada* (Vinicius de Moraes / Paulo Valente Soledade) 06 *Porto dos Casais* (Jayme Lewgoy Lubianca) 07 *Feitio de Oração* (Vadico / Noel Rosa) 08 *Maringá* (Joubert de Carvalho) 09 *Meu Segredo* (Newton Teixeira / Jorge Faraj) 10 *Quase que eu disse* (Silvio Caldas / Orestes Barbosa) 11 *Fita Amarela* (Noel Rosa) 12 *Dona da Minha Vontade* (Fco. Alves / Orestes Barbosa)

22

MOCB 3.025

MADRUGADA

Silvio Caldas

01 *Chão de estrelas* (Silvio Caldas / Orestes Barbosa) 02 *Arrependimento* (Silvio Caldas / Christóvão de Alencar) 03 *Arranha–céu* (Silvio Caldas / Orestes Barbosa) 04 *Inquietação* (Ary Barroso) 05 *Madrugada* (Benedito Lacerda / Herivelto Martins) 06 *Minha palhoça* (J. Cascata) 07 *Quase que eu disse* (Silvio Caldas / Orestes Barbosa) 08 *Pastorinhas* (Noel Rosa / João de Barro) 09 *Confessando que te adoro* (José Carlos Burle / J. G. de Araújo Jorge) 10 *Professora* (Benedito Lacerda / Jorge Faraj) 11 *Choro por teu amor* (Castro Barbosa / Kid Pepe) 12 *Nunca mais* (Roberto Martins / Jorge Faraj)

23

CBS 70001

CABELOS BRANCOS

Silvio Caldas

01 *Cabelos brancos* (Marino Pinto / Herivelto Martins) 02 *Foi uma pedra que rolou* (Pedro Caetano) 03 *Saudade de você* (Silvio Caldas / Billy Blanco) 04 *Uma jura que fiz* (Ismael Silva / Noel Rosa) 05 *Chuvas de verão* (Fernando Lobo) 06 *Serra da boa esperança* (Lamartine Babo) 07 *Compromisso com a saudade* (Billy Blanco) 08 *Talento não tem idade* (Ataulfo Alves) 09 *Reverso* (Marino Pinto / Gilberto Milfont) 10 *Piston de gafieira* (Billy Blanco) 11 *Pastora dos olhos castanhos* (Alberto Ribeiro/Dino) 12 *Quando o samba acabou* (Noel Rosa)

24

CBS 104244

SERESTA, SÓ SERESTA

Silvio Caldas

01 *Assim acaba um grande amor* (Gastão Lamounier / Mário Rossi) 02 *Não me abandones Nunca* (Joubert de Carvalho) 03 *Último desejo* (Noel Rosa) 04 *Mulher* (Custódio Mesquita – Sadi Cabral) 05 *Prece* (Vadico / Marino Pinto) 06 *Se tu soubesses* (G. Moran / Christóvão de Alencar) 07 *Que importa para nós dois a despedida?* (Silvino Neto) 08 *Eu sonhei que tu estavas tão linda* (L. Babo/F.Matoso) 09 *Cinco letras que choram (Adeus)* (Silvino Neto) 10 *O nome dela não digo* (S. Caldas / Orestes Barbosa) 11 *Perdoa, meu amor* (G. Moran / J. G. de Araújo Jorge) 12 *E o destino desfolhou* (Mário Rossi / G. Lamounier

25

COLLECTOR'S 0152

OS ÍDOLOS DO RÁDIO

Silvio Caldas – Vol. Iii

01 *Dona da Minha Vontade* (Fco. Alves / Orestes Barbosa) 02 *Luar de Paquetá* (Hermes Fontes / Freire Jr.) 03 *Feitiço da Vila* (Noel Rosa / Vadico) 04 *Meu companheiro* (Francisco Alves / Orestes Barbosa) 05 Dorival Caymmi (Pout-porri): *Nunca mais* 06 *A Jangada Voltou Só* 07 *João Valentão* 08 *O Que é Que a Bahiana Tem?* 09 *A Preta do Acarajé* 10 *Marina* 11 *Dora* 12 *Por Teu Amor* (Francisco Alves / Orestes Barbosa) 13 *A Última Estrofe* (Cândido das Neves) 14 *Saudade do Passado* (David Nasser / Francisco Alves) 15 *A Pequenina Cruz do Teu Rosário* (Fernando da Costa Weyne / Roberto Xavier de Castro) 16 *Guacira* (Hekel Tavares / Joracy Camargo) 17 *Feitio de Oração* (Noel Rosa / Vadico) 18 *A voz do violão* (Horácio Campos / Francisco Alves)

26

CBS 37426

GRANDES INTERPRETAÇÕES DE SILVIO CALDAS

01 *Pierrot* (Joubert de Carvalho / Paschoal Carlos Magno) 02 *Ave Maria* (Erothides de Campos) 03 *A voz do violão* (Fco. de M. Alves / Horácio Campos) 04 *Dona da Minha Vontade* (Fco.Alves / Orestes Barbosa) 05 *Maringá* (Joubert de Carvalho) 06 *Há um segredo em teus cabelos* (Gastão Lamounier / Oswaldo Santiago) 07 *Favela* (Roberto Martins / Waldemar Muniz da Silva) 08 *Quase que eu disse* (Silvio Caldas / Orestes Barbosa) 09 *Turca do meu Brasil* (Silvio Caldas / Orestes Barbosa) 10 *Meu companheiro* (Francisco Alves / Orestes Barbosa) 11 *Casinha pequenina* (D. P. – Arranjo: Renato de Oliveira) 12 *Poema dos Olhos da Amada* (Vinicius de Moraes / Paulo Soledade)

27

CBS – 104191

UMA SERESTA INESQUECÍVEL

Silvio Caldas

01 *Ave Maria* (Erothides de Campos) 02 *Favela* (Roberto Martins / Waldemar Muniz da Silva) 03 *Casinha pequenina* (D.P. – Arr.: Renato de Oliveira) 04 *Sorris da minha dor* (Paulo Medeiros) 05 *Minha palhoça* (J. Cascata) 06 *Serenata* (Sílvio Caldas / Orestes Barbosa) 07 *A voz do violão* (Fco. M. Alves / Horácio Campos) 08 *Meu companheiro* (Fco. Alves / Orestes Barbosa) 09 *Poema dos Olhos da Amada* (Vinicius de Moraes – Paulo Soledade) 10 *Feitio de Oração* (Noel Rosa / Vadico) 11 *Meus vinte anos* (Wilson Batista / Silvio Caldas) 12 *Até breve* (Christóvão de Alencar / Ataulfo Alves)

28

CBS 104184

CANTA O SERESTEIRO

Silvio Caldas

01 *Noite cheia de estrelas* (Cândido das Neves, "Índio") 02 *Lua nova* (Francisco Alves / Luiz Iglezias) 03 *Turca do meu Brasil* (Silvio Caldas / Orestes Barbosa) 04 *Prelúdio* (Hervê Cordovil / Vicente Leporace) 05 *Há um segredo em teus cabelos* (Gastão Lamounier / Oswaldo Santiago) 06 *Maringá* (Joubert de Carvalho) 07 *Última estrofe* (Índio) 08 *Rosa* (Pixinguinha) 09 *Pierrot* (Joubert de Carvalho / Paschoal Carlos Magno) 10 *Quase que eu disse* (Silvio Caldas / Orestes Barbosa) 11 *Dona da Minha Vontade* (Francisco Alves / Orestes Barbosa) 12 *Mágoa* (Hervê Cordovil / Julio Atlas)

29

COLLECTOR'S

O MELHOR DE SILVIO CALDAS

Disco 1 – Lado A: 01 *Faceira* (Ary Barroso) 02 *Maria* (Ary Barroso /Luiz Peixoto) 03 *No rancho fundo* (Ary Barroso / Lamartine Babo) 04 *Deusa da minha rua* (Newton Teixeira / Jorge Faraj) 05 *Menos eu* (Roberto Martins / Jorge Faraj) 06 *Tu* (Ary Barroso) 07 *Professora* (Benedito Lacerda / Jorge Faraj)

Disco 1 – Lado B: 01 *O silêncio do cantor* (Joubert de Carvalho/D.Nasser) 02 *Boneca* (Benedito Lacerda / Aldo Cabral) 03 *O Telefone do amor* (Benedito Lacerda / Jorge Faraj) 04 *Serenata* (Silvio Caldas / Orestes Barbosa) 05 *Não me perguntes* (José M. de Abreu / Jair Amorim) 06 *Flamboyant* (Joubert de Carvalho) 07 *Por causa dessa cablocla* (Ary Barroso / Luiz Peixoto)

Disco 2 – Lado A: 01 *Não* (Newton Teixeira / Christóvão de Alencar) 02 *Violões em funeral* (S. Caldas / Sebastião Fonseca) 03 *O nome dela eu não digo* (S.Caldas / O. Barbosa) 04 *Kátia* (Georges Moran / Victor Bezerra) 05 *Você voltou* (Nelson Souto / Antonio C. de S. e Silva) 06 *Três lágrimas* (Ary Barroso) 07 *Alucinação* (Newton Teixeira / Djalma Macieira do Nascimento)

Disco 2 – Lado B: 01 *Cabelos cor de prata* (Rogaciano Leite / S. Caldas) 02 *Andorinha* (Silvio Caldas) 03 *Caixinha de música* (Custódio Mesquita) 04 *Canção de aniversário* (Joubert de Carvalho) 05 *Algodão* (Custódio Mesquita / David Nasser) 06 *Promessa* (Custódio Mesquita / Evaldo Ruy) 07 *Mulher* (Custódio Mesquita / Sadi Cabral)

Disco 3 – Lado A: 01 *Suburbana* (Silvio Caldas / Orestes Barbosa) 02 *Feitiço da Vila* (Noel Rosa / Vadico) 03 *Modinha* (Jayme Ovalle / Manoel Bandeira) 04 *Pastora dos olhos castanhos* (Orondino Silva / Alberto Ribeiro) 05 *Sorris da minha dor* (Paulo Medeiros) 06 *Esta noite ou Nunca mais* (Georges Moran / Christóvão de Alencar) 07 *Chuva e vento* (José M. de Abreu / Alberto Ribeiro)

Disco 3 – Lado B: 01 *Quando o samba acabou* (Noel Rosa) 02 *Ninotchka* (Georges Moran / Christóvão de Alencar) 03 *Na Baixa do Sapateiro* (Ary Barroso) 04 *Saudade dela* (Ataulfo Alves) 05 *Feitio de Oração* (Noel Rosa / Vadico) 06 *Arrependimento* (Sílvio / Christóvão de Alencar) 07 *Faceira* (Ary Barroso)

30

RE XRLP 5.093

SÍLVIO CALDAS
ISTO É SÃO PAULO

01 *Ipiranga* (História de São Paulo) (Lauro Miller) 02 *Aclimação* (Lauro Miller) 03 *Jardim América* (Lauro Miller) 04 *Barra Funda* (Lauro Miller) 05 *Casa Verde* (Lauro Miller) 06 *Braz* (Lauro Miller) 07 *Freguesia do Ó* (Lauro Miller) 08 *Vila Prudente* (Lauro Miller) 09 *Lapa* (Lauro Miller) 10 *São Paulo antigo* (Lauro Miller)

31

RGE XRLP 5.145)

TITIO CANTA PARA VOCÊ

01 *Kátia* (Georges Moran / Victor Bezerra) 02 *Fado das mãos* (M. Figueiredo / A. Leite / C. Barbosa) 03 *Paciência* (Lupicínio Rodrigues) 04 *Saudades da serra* (Francisco Di Pietro) 05 *Velhos carnavais* (Antônio Bruno) 06 *Balalaika* (Georges Moran / O. Fernandes) 07 *Contradizendo* (Raul Sampaio / Benil Santos) 08 *Velhos tempos* (Renan França / Jair Silveira) 09 *Mas eu não ligo* (Silvio Caldas) 10 *Ponte enferrujada* (Antônio Bruno) 11 *Samambaia na varanda* (Klácius Caldas / Victor Freire) 12 *Homenagem* (Lupicínio Rodrigues)

32

COLUMBIA LPCB 37112

ETERNAMENTE

01 *Noite cheia de estrelas* (Cândido das Neves, "Índio") 02 *Pierrot* (Joubert de Carvalho / Paschoal Carlos Magno) 03 *Lua nova* (Francisco Alves / Luiz Iglézias) 04 *Prelúdio* (Hervê Cordovil / Vicente Leporace) 05 *Turca do meu Brasil* (Silvio Caldas / Orestes Barbosa) 06 *Canção para a mamãe* (Lilá Sant'Anna) 07 *Última Estrofe* (Índio) 08 *Jangada* (Hervê Cordovil / Vicente Leporace) 09 *Rosa* (Pixinguinha) 10 *Se eu pudesse* (Gabriel Migliore / Vicente Leporace) 11 *Mágoa* (Hervê Cordovil / Julio Atlas) 12 *Canção de Natal* (J. A. D'Ávila / Walter Guilherme)

33

CBS 138.819/820 XSLP - 1654

PRESENÇA DE SILVIO CALDAS

DISCO 1: 01 *Chão de estrelas* (Silvio Caldas / Orestes Barbosa) 02 *Arranha-céu* (Silvio Caldas / Orestes Barbosa) 03 *Feitiço da Vila* (Noel Rosa / Vadico) 04 *Maringá* (Joubert de Carvalho) 05 *Noite cheia de estrelas* (Índio) 06 *Rosa* (Pixinguinha) 07 *Chuvas de verão* (Fernando Lobo) 08 *Pierrot* (Joubert de Carvalho / Paschoal Carlos Magno) 09 *Saudade dela* (Athaulfo Alves) 10 *Minha palhoça* (J. Cascata) 11 *A voz do violão* (Francisco M. Alves / Horácio Campos) 12 *Viva Meu Samba* (Billy Blanco)

DISCO 2: 01 *Cabelos brancos* (Marino Pinto / Herivelto Martins) 02 *Último desejo* (Noel Rosa) 03 Ave *Maria* (Erothides de Campos) 04 *Favela* (Roberto Martins / Waldemar Muniz da Silva) 05 *Feitio de Oração* (Noel Rosa / Vadico) 06 *Casinha pequenina* (D. P. – Arranjo: Renato de Oliveira) 07 *Serenata* (Silvio Caldas / Orestes Barbosa) 08 *Eu sonhei que tu estavas tão linda* (Lamartine Babo / Francisco Matoso) 09 *Risque* (Ary Barroso) 10 *Gente humilde* (Garoto / Vinicius de Moraes / Chico Buarque) 11 *Perfil de São Paulo* (F. A. Bezerra de Menezes) 12 *Ontem ao luar* (Catullo da Paixão Cearense / Pedro de Alcântara)

34

CBS 37627

E O DESTINO DESFOLHOU

Silvio Caldas

01 *Último desejo* (Noel Rosa) 02 *Que importa pra nós dois a despedida?* (Silvino Neto) 03 *E o destino desfolhou* (Mário Rossi / Gastão Lamounier) 04 *Eu sonhei que tu estavas tão linda* (Lamartine Babo / Francisco Matoso) 05 *O pião* (Custódio Mesquita / Sadi Cabral) 06 *Cinco letras que choram (Adeus)* (Silvino Neto) 07 *Caixinha de música* (Custódio Mesquita) 08 *O nome dela não digo* (S. Caldas / Orestes Barbosa) 09 *Aconteceu assim* (G. Moran / Oswaldo dos Santos) 10 *Preto velho* (Jorge Faraj / Custódio Mesquita) 11 *Cabeça chata* (Frazão)

35

IMPERIAL 30142 SC

SYLVIO CALDAS

01 *Por causa dessa cabocla* (Ary Barroso / Luiz Peixoto) 02 *Teus ciúmes* (Lacy Martins / Aldo Cabral) 03 *Saudade dela* (Ataulfo Alves) 04 *Até breve* (Ataulfo Alves / Christóvão de Alencar) 05 *Eu não sei* (Silvio Caldas / Ataulfo Alves) 06 *Passarinho* (Antônio Nássara / Hervê Cordovil) 07 *Um caboclo abandonado* (Benedito / Herivelto) 08 *Torturante ironia* (Sílvio Caldas / Orestes Barbosa) 09 *Adeus, felicidade* (Silvio Caldas/Christóvão de Alencar/Newton Teixeira) 10 *Há um segredo em teus cabelos* (Gastão Lamounier / Oswaldo Santiago) 11 *Quanto eu sinto!* (Bide / Marçal) 12 *Lua triste* (Luiz Bittencourt / Leonel Azevedo)

36

CBS - 104243

SILVIO CALDAS EM PESSOA

01 *Viva Meu Samba* (Billy Blanco) 02 *Saudade dela* (Ataulfo Alves) 03 *Até breve* (Christóvão de Alencar / Ataulfo Alves) 04 *Foi uma pedra que rolou* (Pedro Caetano) 05 *Nos braços de Isabel* (Silvio Caldas / José Judice) 06 *Cabelos brancos* (Marino Pinto / Herivelto Martins) 07 *Chuvas de verão* (Fernando Lobo) 08 *Inquietação* (Ary Barroso) 09 *Três lágrimas* (Ary Barroso) 10 *Chão de estrelas / Arranha-Céu* (Silvio / Orestes) 11 *Arrependimento* (Silvio Caldas / Armando Reis) 12 *Na aldeia* (Carusinho / Sílvio Caldas / De Chocolat) 13 *A tua vida é um segredo* (Lamartine Babo) 14 *Feitiço da Vila* (Noel Rosa / Vadico) 15 *Violões em funeral* (S. Caldas / Sebastião Fonseca) 16 *Até amanhã* (Noel Rosa)

37

CBS 104243

SILVIO CALDAS EM PESSOA

01 *Viva Meu Samba* (Billy Blanco) 02 *Saudade dela* (Ataulfo Alves) 03 *Até breve* (Christóvão de Alencar / Ataulfo Alves) 04 *Foi uma pedra que rolou* (Pedro Caetano) 05 *Nos braços de Isabel* (Silvio Caldas / José Judice) 06 *Cabelos brancos* (Marino Pinto / Herivelto Martins) 07 *Chuvas de verão* (Fernando Lobo) 08 *Inquietação* (Ary Barroso) 09 *Três lágrimas* (Ary Barroso) 10 *Chão de estrelas / Arranha-Céu* (Sílvio / Orestes) 11 *Arrependimento* (Sílvio Caldas / Armando Reis) 12 *Na aldeia* (Carusinho / Silvio Caldas / De Chocolat) 13 *A tua vida é um segredo* (Lamartine Babo) 14 *Feitiço da Vila* (Noel Rosa / Vadico) 15 *Violões em funeral* (S. Caldas / Sebastião Fonseca) 16 *Até amanhã* (Noel Rosa)

38

CBS- 37573

O GRANDE SERESTEIRO

Silvio Caldas

01 *Perdoa, meu amor* (G. Moran / J. G. de Araújo Jorge) 02 *Assim acaba um grande amor* (Gastão Lamounier / Mário Rossi) 03 *Prece* (Vadico / Marino Pinto) 04 *Três apitos* (Noel Rosa) 05 *Se tu soubesses* (G. Moran / Christóvão de Alencar) 06 *Toucas brancas* (Sílvio Caldas / Eratóstenes Frazão) 07 *Última Inspiração* (Peterpan) 08 *Não me abandones Nunca* (Joubert de Carvalho) 09 *Mulher* (Custódio Mesquita / Sadi Cabral) 10 *Nunca mais* (Dorival Caymmi) 11 *A Jangada voltou só* (Dorival Caymmi) 12 *João valentão* (Dorival Caymmi) 13 *A preta do acarajé* (Dorival Caymmi) 14 *O que é que a baiana tem?* (Dorival Caymmi) 15 *Marina* (Dorival Caymmi) 16 *Dora* (Dorival Caymmi)

39

GRAVAÇÕES ELÉTRICAS S.A. 007–13

COM A SAUDADE PELO BRAÇO

Sílvio Caldas

01 *Com a saudade pelo braço* (N. Souto / F. Pimentel) 02 *Boa noite, amor* (José M. de Abreu / Fco. Matoso) 03 *Cabelos cor de prata* (Rogaciano Leite / S. Caldas) 04 *Canção das mães* (Silvio Caldas / David Nasser) 05 *Ana Maria* (Mário Lago) 06 *Voltaste* (Silvio Caldas) 07 *Romance de amor* (Silvio Caldas) 08 *Nunca soubeste amar* (Joubert de Carvalho) 09 *Despertar da montanha* (Eduardo Souto/ Fco.Pimentel) 10 *Tarde de maio* (Alberto Ribeiro / Oswaldo Sá) 11 *Alucinação* (Newton Teixeira / Djalma . Nascimento) 12 *A saudade* (Eduardo Souto / Bastos Tigre) 13 *Você voltou* (N. Souto / A. Carlos de Souza e Silva) 14 *Minha casa* (Joubert de Carvalho)

40

COLUMBIA 37142

GRANDES SUCESSOS DE SILVIO CALDAS

01 *Minha palhoça* (J. Cascata) 02 *Serenata* (Silvio Caldas / Orestes Barbosa) 03 *Vitória* (Nonô / Noel *Rosa*) 04 *Feitiço da Vila* (Noel *Rosa* / Vadico) 05 *Sorris da minha dor* (Paulo Medeiros) 06 *Saudade dela* (Ataulfo Alves) 07 *Feitio de Oração* (Noel *Rosa* / Vadico) 08 *Cigana* (Nonô / Paulo Roberto) 09 *Fita Amarela* (Noel *Rosa*) 10 *Serenata do adeus* (Vinicius de Moraes) 11 *Meus vinte anos* (Wilson Batista / Sílvio Caldas) 12 *Até breve* (Christóvão de Alencar / Ataulfo Alves)

41

MOCAMBO 40.235

O SERESTEIRO

01 *Rosa* de maio (Custódio Mesquita / Evaldo) 02 *Carinhoso* (Pixinguinha / João de Barro) 03 *Seresta n. 5* (Villa-Lobos / Manduca Piá) 04 *Manhã de carnaval* (Luis Bonfá / Antônio *Maria*) 05 *Canção do eterno adeus* (Renato de Oliveira) 06 *Azulão* (Hekel Tavares / Luiz Peixoto) 07 *Eterna canção* (Julio Dantas / Luis Peixoto) 08 *Um cantinho e você* (José M. de Abreu / Jair Amorim) 09 *O amor é assim...* (Sivan) 10 *Na casa branca da serra* (Guimarães Passos / Emygdio Pestana) 11 *Coração* (Marcelo Tupinambá / Ariovaldo Pires) 12 *O Balão do amor* (Francisco Alves / Orestes Barbosa)

42

CBS 104289

GRANDES SUCESSOS COM SILVIO CALDAS

01 *À distância...* (Roberto Carlos / Erasmo Carlos) 02 *Risque* (Ary Barroso) 03 *Ouça* (Maísa) 04 *Molambo* (Jayme Florence / Augusto Mesquita) 05 *Canção da volta* (Ismael Netto / Antônio *Maria*) 06 *Guardei minha viola* (Paulinho da Viola) 07 *Gente humilde* (Garoto / Vinicius / Chico Buarque) 08 *Suas mãos* (Pernambuco / Antônio *Maria*) 09 *Se todos fossem iguais a você* (Antônio Carlos Jobim / Vinicius de Moraes) 10 *Chove lá fora* (Tito Madi) 11 *Vingança* (Lupicínio Rodrigues) 12 *Laura* (Alcyr Pires Vermelho / João de Barro)

43

RGE / FERMATA 303.0050

SILVIO CALDAS

01 *Kátia* (Georges Moran / Victor Bezerra) 02 *Fado das mãos* (M. Figueiredo / A. Leite / C. Barbosa) 03 *Paciência* (Lupicínio Rodrigues) 04 *Saudades da serra* (Francisco Di Pietro) 05 *Velhos carnavais* (Antônio Bruno) 06 *Balalaika* (Georges Moran / O. Fernandes) 07 *Contradizendo* (Raul Sampaio / Benil Santos) 08 *Velhos tempos* (Renan França / Jair Silveira) 09 *Mas eu não ligo* (Silvio Caldas) 10 *Ponte enferrujada* (Antônio Bruno) 11 *Samambaia na varanda* (Klácius Caldas / Victor Freire) 12 *Homenagem* (Lupicínio Rodrigues)

44

CBS - 104265/6

SILVIO CALDAS "AO VIVO"

História da Música Popular Brasileira

DISCO 1: 01 *Onde o céu azul é mais azul* (João de Barro / Alberto Ribeiro / Alcyr Pires Vermelho) 02 *Fica doido varrido* (B. Lacerda / Eratóstenes Frazão) 03 *Dá nela* (Ary Barroso) 04 *Na grota funda* (Ary Barroso / J. Carlos) 05 *No rancho fundo* (Ary Barroso / Lamartine Babo) 06 *Faceira* (Ary Barroso) 07 *Vou andando* (Silvio Caldas) 08 *O bonde de São Januário* (Ataulfo Alves/W. Batista) 09 *O trem atrasou* (Artur Vilarinho / E. Silva / Paquito) 10 *Nunca mais* (Dorival Caymmi) 11 *A Jangada voltou só* (Dorival Caymmi) 12 *João valentão* (Dorival Caymmi) 13 *O que é que a baiana tem?* (Dorival Caymmi) 14 *A preta do acarajé* (Dorival Caymmi) 15 *Marina* (Dorival Caymmi) 16 *Dora* (Dorival Caymmi) 17 *Fala meu louro* (J. B. da Silva, "Sinhô") 18 *Recife, cidade lendária* (Lourenço Barbosa, "Capiba") 19 *Chão de estrelas* (Silvio Caldas / Orestes Barbosa) 20 *Silêncio do cantor* (D.Nasser / Joubert de Carvalho) 21 *A voz do violão* (Fco. M. Alves / Horácio Campos) 22 *Coração* ingrato (E. Frazão / Antônio Nássara) 23 *A menina "presidência"* (A.Nássara / C.de Alencar) 24 *Cidade maravilhosa* (André Filho) 25 *É bom parar* (Rubens Soares) 26 *Nega do cabelo duro* (Rubens Soares / David Nasser) 27 *Linda lourinha* (João de Barro) 28 *Linda morena* (Lamartine Babo) 29 *A.E.I.O.U.* (Lamartine Babo / Noel *Rosa*) 30 *Mamãe eu quero* (Jararaca / Vicente Paiva) 31 *Ride palhaço* (Lamartine Babo) 32 *Florisbela* (Nássara / Frazão) 33 *A jardineira* (Benedito Lacerda / Humberto Porto) 34 *Pastorinhas* (Noel *Rosa* João de Barro) 35 *Teu cabelo não nega* (L. Babo / Irmãos Valença) 36 *Se é por falta de adeus* (Herivelto Martins) 37 *Até amanhã...* (Noel *Rosa*)

DISCO 2: 01 *Jangada* (Hervê Cordovil / Vicente Leporace) 02 *Cabeça chata* (Eratóstenes Frazão) 03 *Porto dos Casais* (José Lewgoy Bubianca) 04 *Galo garnizé* (Almirante) 05 *Anedotas* (Almirante) 06 *Saudade dela* (Ataulfo Alves) 07 *Ai que saudades da Amélia* (Ataulfo Alves / Mário Lago) 08 *Quem há de dizer* (Lupicínio / Alcides Gonçalves) 09 *Prece* (Vadico / Marino Pinto) 10 *Coração* (Noel *Rosa*) 11 *Good bye* (Assis Valente) 12 *Sarambá* (J. Tomás) 13 *Não* tem tradução (Noel *Rosa*) 14 *Cordiais saudações* (Noel *Rosa*) 15 *Cabrocha do Rocha* (Noel *Rosa* / Sílvio Caldas) 16 *Lenço no pescoço* (Wilson Batista) 17 *Rapaz folgado* (Noel *Rosa*) 18 *Palpite infeliz* (Noel *Rosa*) 19 *Cabelos cor de prata* (Rogaciano Leite / Silvio Caldas) 20 *Pierrot* (Joubert de Carvalho / Paschoal Carlos Magno) 21 *Serenata do adeus* (Vinicius de Moraes)

45

CBS 104327

ONTEM AO LUAR

Silvio Caldas

01 *Quem há de dizer* (Lupicínio / Alcides Gonçalves) 02 *Ontem, ao luar* (Catullo / Pedro de Alcântara) 03 *Canta, Maria* (Ary Barroso) 04 *A Mulher que ficou na taça* (Francisco Alves / Orestes Barbosa) 05 *Íntima lágrima* (Cândido das Neves) 06 *Deus olha o meu Brasil* (Silvio Caldas / Braguinha / R. Ribeiro) 07 *Não* (Christóvão de Alencar / Newton Teixeira) 08 *Mulher* (Custódio Mesquita / Sadi Cabral) 09 *Novos rumos* (Rochinha / O. Porto) 10 *Minha casa* (Joubert de Carvalho) 11 *Alucinação* (Newton Teixeira / Macieira Nascimento) 12 *Professora* (Benedito Lacerda / Jorge Faraj)

46

COPACABANA CLP11661

SILVIO CALDAS

01 *Minha casa* (Joubert de Carvalho) 02 *Não me diga adeus* (Paquito / Luis Soberano / João Corrêa da Silva) 03 *Onde o céu azul é mais azul* (João de Barro / Alberto Ribeiro / Alcyr Pires Vermelho) 04 *Doutor em samba* (Custódio Mesquita) 05 *Cabeça chata* (Frazão) 06 *O sol nasceu pra todos* (Lamartine Babo) 07 *Roedeira* (Silvio Caldas) 08 *Marina* (Dorival Caymmi) 09 *Um caboclo abandonado* (B.Lacerda / H.Martins) 10 *Na Baixa do Sapateiro* (Ary Barroso) 11 *Agora é cinza* (Bide / Armando Marçal)

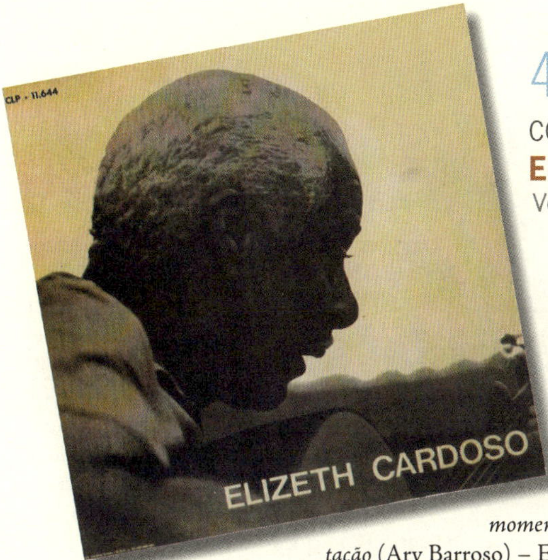

47

COPACABANA COELP 41380

ELIZETH CARDOSO

Vol. 1

01 *Serenata* (S. Caldas / O. Barbosa) – Elizeth Cardoso 02 *Apelo* (Baden Powell / Vinicius de Moraes) 03 *Arrependimento* (S.Caldas / C.hristóvão de Alencar) 04 *Canção de amor* (Chocolate / Elano de Paula) 05 *Quase que eu disse* (Sílvio Caldas / Orestes Barbosa) 06 *Nossos momentos* (Haroldo Barbosa / L. Reis) 07 *Inquietação* (Ary Barroso) – Elizeth Cardoso 08 *Consolação* (Vinicius de Moraes / Baden Powell) 09 *Meus vinte anos* (Wilson Batista / Silvio Caldas) 10 *Serenata / Chão de estrelas* (S. Caldas / O. Barbosa) 11 *Mente ao meu Coração* (Malfitano / P. Pires) 12 *Serra da boa esperança* (Lamartine Babo) 13 *Andorinha* (Silvio Caldas) 14 *O amor é assim* (Sivan) 15 *Tristezas não pagam dívidas* (Ismael Silva) 16 *Modinha* (Sérgio Bittencourt)

48

COPACABANA 41381

SILVIO CALDAS

Vol. 2

01 *A Noite é grande* (Antônio Maria / Fernando Lobo); 02 *Canção da volta* (Ismael Netto / Antônio Maria); 03 *Portão antigo* (Antônio Maria); 04 *Se eu morresse amanhã de manhã* (Antônio Maria); 05 *Ninguém me ama* (Fernando Lobo / Antônio Maria); 06 *Suas mãos* (Pernambuco / Antônio Maria); 07 *Não vá embora* (Antônio Maria); 08 *Menino grande* (Antônio Maria); 09 *O amor e a rosa* (Pernambuco / Antônio Maria); 10 *Valsa de uma cidade* (Ismael Netto / Antônio Maria) 11 *Fita Amarela* (Noel Rosa) 12 *Tudo foi surpresa* (Peterpan / Valsinho) 13 *Meus vinte anos* (Wilson Batista / Silvio Caldas) 14 *Um juramento falso* (J. Cascata/Leonel Azevedo) 15 *Longe dos olhos* (Christóvão de Alencar / D. Ferreira); 16 *Chora, cavaquinho* (Dunga) 17 *Coração* (Alberto Ribeiro 18 *Foi uma pedra que rolou* (Pedro Caetano) 18 *Doce Veneno* (Valzinho / C. Lentine / Goulart) 19 *Chuva Miúda* (Silvio Caldas / Frazão)

49

PHONODISC 044.45.007

SILVIO CALDAS

Depoimento

01 *Perfil de São Paulo* (Fco.de Assis Bezerra de Menezes) 02 *Cabrocha do Rocha* (Silvio Caldas / Noel Rosa) 03 *Conversa de botequim* (Noel Rosa / Vadico) 04 *Gago apaixonado* (Noel Rosa) 05 *Cordiais saudações* (Noel Rosa) 06 *Lenço no pescoço* (Wilson Batista) 07 *Rapaz folgado* (Noel Rosa) 08 *Palpite infeliz* (Noel Rosa) 09 *Cabelos cor de prata* (Silvio Caldas / Rogaciano Leite) 10 *Pierrot* (Joubert de Carvalho / Paschoal Carlos Magno) 11 *Serenata do adeus* (Vinicius de Moraes) 12 *Chão de estrelas* (Silvio Caldas / Orestes Barbosa) 13 *O Silêncio do cantor* (D.Nasser / Joubert de Carvalho) 14 *A voz do violão* (Fco. Alves / Horácio Campos) 15 *Promessa* (Custódio Mesquita / Evaldo Ruy) 16 *Mas... porque Mulher?* (Silvio Caldas / Quincas Freire) 17 *Quase que eu disse* (Silvio Caldas / Orestes Barbosa) 18 *Meu companheiro* (Francisco Alves / Orestes Barbosa) 19 *Recife, cidade lendária* (Capiba) 20 *Ai, Gegê* (João de Barro / José Maria de Abreu) 21 *Cidade maravilhosa* (André Filho) 22 *Linda lourinha* (João de Barro) 23 *Linda morena* (Lamartine Babo) 24 *A.E.I.O.U.* (Noel Rosa / Lamartine Babo) 25 *Ride palhaço* (Lamartine Babo) 26 *Florisbela* (Nássara / Frazão) 27 *Pastorinhas* (Noel Rosa / Carlos Braga)

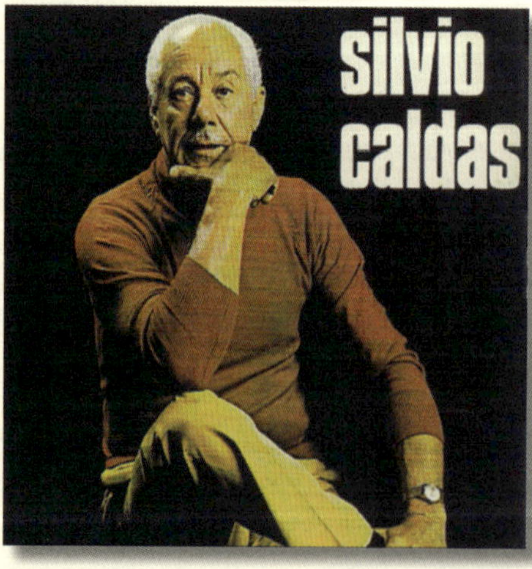

50

PHONODISC LP 034 405 012

SILVIO CALDAS

01 *Beco sem saída* (Silvio Caldas) 02 *Largo da Lapa* (Marino Pinto / Wilson Batista) 03 *Você voltou* (Nelson Souto / Antônio Carlos) 04 *Longe dos olhos* (C. de Alencar / Djalma Ferreira) 05 *Não me pergunte* (José M.de Abreu / Jair Amorim) 06 *Tristeza do Jeca* (Angelino de Oliveira) 07 *Serenata* (Silvio Caldas / Orestes Barbosa) 08 *Minha casa* (Joubert de Carvalho) 09 *Velho realejo* (Custódio Mesquita / Sadi Cabral) 10 *Deusa da minha rua* (Newton Teixeira / Jorge Faraj) 11 *Alucinação* (Newton Teixeira / Maceira Nascimento) 12 *Não* (Newton Teixeira / Christóvão de Alencar)

51

VELEIRO 2064

SILVIO CALDAS

01 *Feitio de Oração* (Vadico / Noel) 02 *Três apitos* (Noel Rosa) 03 *Fita Amarela* (Noel Rosa) 04 *Meus vinte anos* (Wilson Batista / Silvio Caldas) 05 *Último desejo* (Noel Rosa) 06 *Mulher* (Custódio Mesquita / Sadi Cabral) 07 *Prece* (Vadico / Marino Pinto) 08 *Até breve* (Christóvão de Alencar / Ataulfo Alves) 09 *Feitiço da Vila* (Noel Rosa / Vadico) 10 *Quase que eu disse* (Silvio Caldas / Orestes Barbosa) 11 *Favela* (Roberto Martins / Waldemar Muniz da Silva) 12 *Turca do meu Brasil* (Silvio Caldas / Orestes Barbosa)

52

BEVERLY – 81600

ELIZETH CARDOSO E SILVIO CALDAS

01 *Serenata* (S. Caldas / O. Barbosa) – Elizeth Cardoso 02 *Apelo* (Baden Powell / Vinicius de Moraes) 03 *Arrependimento* (S.Caldas / Christóvão de Alencar) 04 *Canção de amor* (Chocolate / Elano de Paula) 05 *Quase que eu disse* (Sílvio Caldas / Orestes Barbosa) 06 *Nossos momentos* (Haroldo Barbosa / L. Reis) 07 *Inquietação* (Ary Barroso) – Elizeth Cardoso 08 *Consolação* (Vinicius de Moraes / Baden Powell) 09 *Meus vinte anos* (Wilson Batista / Silvio Caldas) 10 *Serenata / Chão de estrelas* (S. Caldas / O. Barbosa) 11 *Mente ao meu Coração* (Malfitano / P. Pires) 12 *Serra da boa asperança* (Lamartine Babo) 13 *Andorinha* (Silvio Caldas) 14 *O amor é assim* (Sivan) 15 *Tristezas não pagam dívidas* (Ismael Silva) 16 *Modinha* (Sérgio Bittencourt)

53

PHONODISC 044.45.007

A HISTÓRIA VIVA SILVIO CALDAS

Depoimento

01 *Perfil de São Paulo* (Fco.de Assis Bezerra de Menezes) 02 *Cabrocha do Rocha* (Silvio Caldas / Noel *Rosa*) 03 *Conversa de botequim* (Noel *Rosa* / Vadico) 04 *Gago apaixonado* (Noel *Rosa*) 05 *Cordiais saudações* (Noel *Rosa*) 06 *Lenço no pescoço* (Wilson Batista) 07 *Rapaz folgado* (Noel *Rosa*) 08 *Palpite infeliz* (Noel *Rosa*) 09 *Cabelos cor de prata* (Silvio Caldas / Rogaciano Leite) 10 *Pierrot* (Joubert de Carvalho / Paschoal Carlos Magno) 11 *Serenata do adeus* (Vinicius de Moraes) 12 *Chão de estrelas* (Sílvio Caldas / Orestes Barbosa) 13 *O Silêncio do cantor* (D.Nasser / Joubert de Carvalho) 14 *A voz do violão* (Fco. Alves / Horácio Campos) 15 *Promessa* (Custódio Mesquita / Evaldo Ruy) 16 *Mas... porque Mulher?* (Silvio Caldas / Quincas Freire) 17 *Quase que eu disse* (Silvio Caldas / Orestes Barbosa) 18 *Meu companheiro* (Francisco Alves / Orestes Barbosa) 19 *Recife, cidade lendária* (Capiba) 20 *Ai, Gegê* (João de Barro / José *Maria* de Abreu) 21 *Cidade maravilhosa* (André Filho) 22 *Linda lourinha* (João de Barro) 23 *Linda morena* (Lamartine Babo) 24 *A.E.I.O.U.* (Noel *Rosa* / Lamartine Babo) 25 *Ride palhaço* (Lamartine Babo) 26 *Florisbela* (Nássara / Frazão) 27 *Pastorinhas* (Noel *Rosa* / Carlos Braga)

54

SOM LIVRE 403.6074

SILVIO CALDAS ESPECIAL

LADO A

01 *Na Baixa do Sapateiro* (Ary Barroso) 02 *Os quindins de Yayá* (Ary Barroso) 03 *Maria* (Ary Barroso / Luiz Peixoto) 04 *Linda lourinha* (João de Barro) 05 *Linda morena* (Lamartine Babo) 06 *A.E.I.O.U.* (Lamartine Babo / Noel Rosa) 07 *Mamãe eu quero* (Jararaca / Vicente Paiva) 08 *Florisbela* (Nássara / Frazão) 09 *A jardineira* (Benedito Lacerda / Humberto Porto) 10 *Velhos carnavais* (Antônio Bruno) 11 *Pastorinhas* (Noel Rosa / João de Barro) 12 *Poema dos Olhos da Amada* (P.Soledade/V.de Moraes) 13 *É bom parar* (Rubens Soares) / *Nega do Cabelo Duro* (Rubens Soares / David Nasser)

LADO B

Pout-porri – Sílvio Caldas e Elizeth Cardoso:

14 *Feitiço da Vila* (Noel Rosa / Vadico) 15 *Apelo* (Baden Powell / Vinicius de Moraes) 16 *Arrependimento* (Sílvio Caldas / Armando Reis) 17 *Canção de amor* (Chocolate / Elano de Paula) 18 *Inquietação* (Ary Barroso) 19 *Consolação* (Baden Powell / Vinicius de Moraes) 20 *O amor é assim* (Sivan) 21 *Cabrocha do Rocha* (Silvio Caldas / Orestes Barbosa) 22 *Violões em funeral* (Silvio Caldas / Sebastião Fonseca) 23 *Cabelos cor de prata* (Silvio Caldas / Rogaciano Leite) 24 *Serenata do adeus* (Vinicius de Moraes) 25 *Chão de estrelas* (Silvio Caldas / Orestes Barbosa) 26 *O Silêncio do cantor* (Joubert de Carvalho/David Nasser)

55

RGE 730.6250

A ARTE DO ESPETÁCULO

Silvio Caldas

01 *Aquarela do Brasil* (Ary Barroso) 02 *Onde o céu azul é mais azul* (João de Barro / Alberto Ribeiro / Alcyr Pires Vermelho) 03 *Viva Meu Samba* (Billy Blanco) 04 *Maria* (Ary Barroso / Luiz Peixoto) 05 *Risque* (Ary Barroso) 06 *Vou andando* (Silvio Caldas) 07 *Sarambá* (Ataulfo Alves / Wilson Batista) 08 *Good bye* (Assis Valente) 09 *Cinema falado* (Noel Rosa) 10 *Lenço no pescoço* (Wilson Batista) 11 *Rapaz folgado* (Noel Rosa) 12 *Palpite infeliz* (Noel Rosa) 13 *No rancho fundo* (Ary Barroso / Lamartine Babo) 14 *Serra da boa esperança* (Lamartine Babo) 15 *Nunca mais* (Dorival Caymmi) 16 *As rosas não falam* (Cartola) 17 *Perfil de São Paulo* (Fco. de A. Bezerra de Menezes) 18 *Ciranda, cirandinha* (Domínio Público) 19 *Terezinha de Jesus* (Domínio Público) 20 *Tristeza do Jeca* (Angelino de Oliveira) 21 *Carinhoso* (Pixinguinha / João de Barro) 22 *A menina "presidência"* (Christóvão de Alencar / Nássara) 23 *Cidade maravilhosa* (André Filho) 24 *É bom parar* (Rubens Soares) 25 *Nega do cabelo duro* (Rubens Soares / David Nasser) 25 *Linda lourinha* (João de Barro) 26 *Linda morena* (Lamartine Babo) 27 *A.E.I.O.U.* (Lamartine Babo / Noel Rosa) 28 *Mamãe eu quero* (Jararaca / Vicente Paiva) 29 *Florisbela santropé* (Marino Pinto / Frazão) 30 *A jardineira* (Benedito Lacerda / Humberto Porto) 31 *Pastorinhas* (Noel Rosa / João de Barro) 32 *O teu cabelo não nega* (L. Babo / Irmãos Valença) 33 *Cabelos cor de prata* (Sílvio Caldas / Rogaciano Leite) 34 *Pierrot* (Paschoal Carlos Magno) 35 *Serenata do adeus* (Vinicius de Moraes) 36 *Chão de estrelas* (Silvio Caldas / Orestes Barbosa) 37 *Até amanhã* (Noel Rosa)

56

MUSIC MÁSTER KML 9007

SÍLVIO CALDAS

01 *Serenata* (Sílvio Caldas / Orestes Barbosa) 02 *É bom parar* (Rubens Soares) 03 *Deusa da minha rua* (Sílvio Caldas / Orestes Barbosa) 04 *Violões em funeral* (Silvio Caldas/Sebastião Fonseca) 05 *Minha casa* (Joubert de Carvalho) 06 *Longe dos olhos* (C. de Alencar / Djalma Ferreira) 07 *Tristeza do Jeca* (Angelino de Oliveira) 08 *Você de mim aão tem dó* (José Maria de Abreu) 09 *Não me pergunte* (José M. de Abreu / Jair Amorim) 10 *Velho realejo* (Custódio Mesquita / Sadi Cabral) 11 *Pastora dos olhos castanhos* (Orondino Silva / Alberto Ribeiro) 12 *Você voltou* (Nelson Souto / Antônio Carlos)

57

EVOCAÇÃO MDS 040

SOU UM NAMORADO ERRANTE

Sylvio Caldas

01 *Sou um namorado errante* (Vallée / Zilmmerman / Gerald) 02 *Kátia* (Georges Moran / Victor Bezerra) 03 *O pião* (Custódio Mesquita / Sadi Cabral) 04 *Mão no remo* (Noel Rosa / Ary Barroso) 05 *Não* (Christóvão de Alencar / Newton Teixeira) 06 *Caixinha de música* (Custódio Mesquita) 07 *Eu e você* (J. Cascata / J. Barcelos)

58

RCA 103.0236

SILVIO CALDAS E PEDRO VARGAS

01 *Chuva miúda* (Silvio Caldas / Eratóstenes Frazão) 02 *Fica doido varrido* (Benedito Lacerda / Eratostenes Frazão) 03 *Cordiais saudações* (Noel Rosa) 04 *Serenata* (Silvio Caldas / Orestes Barbosa) 05 *Pierrot* (Joubert de Carvalho / Paschoal Carlos Magno) 06 *Serenata do adeus* (Vinicius de Moraes) 07 *Chão de estrelas* (Silvio Caldas / Orestes Barbosa) 08 *Carinhoso* (Pixinguinha / João de Barro)

59

FIF

SILVIO CALDAS

(Com participação especial de Elizeth Cardoso)

01 *Na Baixa do Sapateiro* (Ary Barroso) 02 *Os quindins de Yayá* (Ary Barroso) 03 *Maria* (Ary Barroso / Luiz Peixoto) 04 Pout–porri de Carnaval: *Linda lourinha* (João de Barro) / *Linda morena* (L. Babo) / *A.E.I.O.U./ Da bliu* (L. Babo / Noel Rosa) / *Mamãe eu quero* (Jararaca / Vicente Paiva) / *Florisbela* (Nássara / Frazão) / *A jardineira* (Benedito Lacerda / Humberto Porto) / *Velhos carnavais* (Antônio Bruno) e *Pastorinhas* (João de Barro / Noel Rosa) 05 *Poema dos Olhos da Amada* (Paulinho Soledade / Vinicius de Moraes) 06 *É bom parar* (Rubens Soares) *Nega do cabelo duro* (Rubens Soares / David Nasser) 07 Pout-porri Sílvio Caldas /Elizeth Cardoso: *Feitiço da Vila* (Noel Rosa Vadico) / *Apelo* (Baden Powell / Vinicius de Moraes) / *Arrependimento* (Sílvio Caldas / Christóvão de Alencar) / *Canção de amor* (Chocolate / Elano Paula) / *Inquietação* (Ary Barroso) / *Consolação* (Baden Powell / Vinicius de Moraes) e *O amor é assim* (Sivan) 08 *Cabrocha do Rocha* (Sílvio Caldas / Noel Rosa) 09 *Violões em funeral* (Sílvio Caldas / Sebastião Fonseca) 10 *Cabelos cor de prata* (S. Caldas / Rogaciano Leite) 11 *Serenata do adeus* (Vinicius de Moraes) 12 *Chão de estrelas* (Silvio Caldas / Orestes Barbosa) 13 *Silêncio do cantor* (Joubert de Carvalho / David Nasser)

60

COPACABANA COELP 41381

ELIZETH CARDOSO

01 *Serenata* (S. Caldas / O. Barbosa) – Elizeth Cardoso 02 *Apelo* (Baden Powell / Vinicius de Moraes) 03 *Arrependimento* (S.Caldas / C.hristóvão de Alencar) 04 *Canção de amor* (Chocolate / Elano de Paula) 05 *Quase que eu disse* (Silvio Caldas / Orestes Barbosa) 06 *Nossos momentos* (Haroldo Barbosa / L. Reis) 07 *Inquietação* (Ary Barroso) – Elizeth Cardoso 08 *Consolação* (Vinicius de Moraes / Baden Powell) 09 *Meus vinte anos* (Wilson Batista / Silvio Caldas) 10 *Serenata / Chão de estrelas* (S. Caldas / O. Barbosa) 11 *Mente ao meu Coração* (Malfitano / P. Pires) 12 *Serra da boa esperança* (Lamartine Babo) 13 *Andorinha* (Silvio Caldas) 14 *O amor é assim* (Sivan) 15 *Tristezas não pagam dívidas* (Ismael Silva) 16 *Modinha* (Sérgio Bittencourt)

61

COPACABANA 41381

ELIZETH CARDOSO

01 *A noite é grande* (Antônio Maria / Fernando Lobo); 02 *Canção da volta* (Ismael Netto / Antônio Maria); 03 *Portão antigo* (Antônio Maria); 04 *Se eu morresse amanhã de manhã* (Antônio Maria); 05 *Ninguém me ama* (Fernando Lobo / Antônio Maria); 06 *Suas mãos* (Pernambuco / Antônio Maria); 07 *Não vá embora* (Antônio Maria); 08 *Menino grande* (Antônio Maria); 09 *O Amor e a rosa* (Pernambuco / Antônio Maria); 10 *Valsa de uma cidade* (Ismael Netto / Antônio Maria) 11 - *Fita Amarela* (Noel Rosa) 12 *Tudo foi surpresa* (Peterpan / Valzinho) 13 *Meus vinte anos* (Wilson Batista / Silvio Caldas) 14 *Um juramento falso* (J. Cascata/ Leonel Azevedo) 15 *Longe dos olhos* (Christóvão de Alencar / D. Ferreira); 16 *Chora, cavaquinho* (Dunga) 17 *Coração* (Alberto Ribeiro) 18 *Foi uma pedra que rolou* (Pedro Caetano) 18 *Doce veneno* (Valzinho / C. Lentine / Goulart) 19 *Chuva miúda* (Silvio Caldas / Frazão

Do film Favella dos —
meus amores
Arrependimento
SYLVIO CALDAS

APÊNDICE V

Compact Disc
Título da música
Nome do compositor

VICTORIA
SAMBA
GRAVADO EM DISCO
RCA
POR
SYLVIO CALDAS
Letra de NOËL ROSA
Musica de NÔNÔ
"A MELODIA" - Secção de Musicas
E. S. MANGIONE
R. GONÇALVES DIAS, 40 - TEL. 2-2209 - RIO DE JANEIRO
N.º do Cat. 289
Preço 2$500

01

CD - 5028 COMPACT 33 DOUBLE
RCA CANDEM

SILVIO CALDAS

01 *Maria* – samba–canção (Ary Barroso e Luiz Perixoto) 02 *No rancho fundo* – samba (Lamartine Babo e Ary Barroso) 03 *Serrana* – canção (Alberto Costa e José Judice) 04 *Como os rios que correm pro mar* – samba (Custódio Mesquita e Evaldo Ruy)

02

COMPACT DISC RCA VICTOR
583–5044

DEUSA DA MINHA RUA

Silvio Caldas

01 *Deusa da minha rua* – valsa (Jorge Faraj e Newton Teixeira) 02 *No rancho fundo* – samba (Lamartine Babo e Ary Barroso) 03 *Se tu soubesses* – valsa (Georges Moran e Christóvão de Alencar) 04 *Sempre você* – fox–canção (Christóvão de Alencar e Newton Teixeira)

03

COMPACTO DUPLO 33
RGE - C.D.- 80.138

KÁTIA

Silvio Caldas
Com Orquestra Rge

01 *Kátia* – valsa (Georges Moran e Vitor Bezerra) 02 *Balalaika* – valsa (Georges Moran e A. O. Fernandes) 03 *Contradizendo* – samba–canção (Raul Sampaio / Benil Santos) 04 *Velhos tempos* – samba–canção (Renan França e Jair Silveira) (Arr. e Sup.Musical: Maestro Ruben Perez (Pocho)

04

COMPACTO DISC - 1976
CONTINENTAL DISCOS - 1 - 01 - 101 - 233

SOCIEDADE ESPORTIVA PALMEIRAS

Sivio Caldas

01 *Hino da S. E. Palmeiras* (Antônio Sérgio e Gennaro Rodrigues) Banda do Corpo de Bombeiros do Estado da Guanabara Regência: Cap. Othonio Benvenuto 02 *Tarantela verde e branco* (Silvio Caldas)

05

COMPACTO DISC
COLÚMBIA DO BRASIL - CBSP 20006
SILVIO CALDAS

01 *Feitiço da Vila* – samba–canção (Noel *Rosa* e Vadico) 02 Ave *Maria* – valsa–*Serenata* (Erothides de Campos)

06

COMPACTO DUPLO
RCA CANDEM - CD - 5028
SILVIO CALDAS

01 *Maria* – samba–canção (Ary Barroso e Luiz Peixoto) 02 *No rancho fundo* – samba (Lamartine Babo e Ary Barroso) 03 *Serrana* – canção (Alberto Costa e José Judice) 04 *Como os rios que correm pro mar* (Custódio Mesquita e Evaldo Ruy)

07

COMPACTO - 1972
COPACABANA 1102
CARMÉLIA ALVES E SILVIO CALDAS

01 *Bandeirinha brasileira* (Hervê Cordovil / Oswaldo Mota) 02 *Lá vem meu rancho* (Hervê Cordovil)

SÍLVIO
CANTA BRASIL
TECNO PRINT
SUPLEMENTO
N.º 9 - Cr$ 5,
54 LETRAS
SUA VIDA
EM FOTOS

APÊNDICE VI

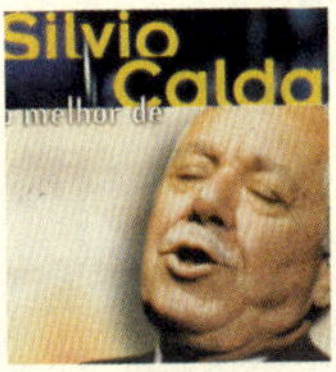

CD
Título da música
Nome do compositor

SUPLEMENTO
MELODIAS
POPULARES
SILVIO CALDAS

01

COLÚMBIA - SÉRIE CELEBRIDADES DA MPB - DISCO 1

SILVIO CALDAS

O Caboclinho Querido

01 *Serenata* (Orestes Barbosa / Silvio Caldas 02 *Chão de estrelas* (Silvio Caldas / Orestes Barbosa) 03 *Feitio de Oração* (Vadico / Noel *Rosa*) 04 *Se tu soubesses* (G. Moran / Christóvão de Alencar) 05 *Casinha pequenina* (D.P. – Arr. Renato de Oliveira) 06 *Maringá* (Joubert de Carvalho) 07 *Foi uma pedra que rolou* (Pedro Caetano) 08 *Meu companheiro* (Fco. Alves / Orestes Barbosa) 09 *Favela* (Roberto Martins / Waldemar Muniz da Silva) 10 *Cabelos brancos* (Marino Pinto / Herivelto Martins) 11 *E o destino desfolhou* (M. Rossi / Gastão Lamounier) 12 *Jangada* (Hervê Cordovil / Vicente Leporace) 13 *Nos braços de Isabel* (Silvio Caldas / José Judice) 14 *Minha casa* (Joubert de Carvalho) 15 *Lua nova* (Francisco Alves / Luiz Iglesias) 16 *Mágoa* (Hervê Cordovil / Júlio Atlas) 17 *A Única Rima* (Orestes Barbosa / Sílvio Caldas) 18 *Noite cheia de estrelas* (Cândido das Neves, "Índio") 19 *Serra da boa esperança* (Lamartine Babo) 20 *Viva Meu Samba* (Billy Blanco)

02

COLÚMBIA - SÉRIE CELEBRIDADES DA MPB - DISCO 2

SILVIO CALDAS

O Caboclinho Querido

01 *Quase que eu disse* (S. Caldas / Orestes Barbosa) 02 *Pierrot* (Joubert de Carvalho) 03 *Minha palhoça* (J. Cascata) 04 O Nome dela não digo (S. Caldas / Orestes Barbosa) 05 *Saudade dela* (Ataulfo Alves) 06 *Ontem ao luar* (Catulo / Pedro de Alcântara) 07 *Prelúdio* (Hervê Cordovil / Vicente Leporace) 08 *Feitiço da Vila* (Noel Rosa / Vadico) 09 Última inspiração (Peterpan) 10 *Poema dos Olhos da Amada* (P.Soledade/V.de Moraes) 11 *Há um segredo em teus cabelos* (Gastão Lamounier / Oswaldo Santiago) 12 *Compromisso com a saudade* (Billy Blanco) 13 *Faceira* (Ary Barroso) 14 *Turca do meu Brasil* (Silvio Caldas / Orestes Barbosa) 15 *Até breve* (Christóvão de Alencar / Ataulfo Alves) 16 *Sorris da minha dor* (Paulo Medeiros) 17 *Arrependimento* (S. Caldas / Christóvão de Alencar) 18 *Última estrofe* (Índio) 19 *Cigana* (Nonô / Paulo Roberto) 20 *Porta dos Casais* (Jayme Lewgoy Lubianca)

03

COLÚMBIA - SÉRIE CELEBRIDADES DA MPB - DISCO 03

SILVIO CALDAS

O Caboclinho Querido

01 *Dona da Minha Vontade* (Fco.Alves/Orestes Barbosa) 02 *Serenata* do sdeus (Vinicius de Moraes) 03 *Meus vinte anos* (Silvio Caldas / Wilson Batista) 04 *A voz do violão* (Francisco Alves / Horácio Campos) 05 Ave *Maria* (Erothides de Campos) 06 *Professora* (Benedito Lacerda / Jorge Faraj) 07 *São Francisco* (Vinicius / Paulinho Soledade) 08 *Violões em funeral* (Silvio Caldas/Sebastião Barbosa) 09 *Novos rumos* (Rochinha / O. Porto) 10 *Se todos fossem iguais a você* (Tom Jobim/Vinicius) 11 *Rosa* (Pixinguinha) 12 *Cabeça chata* (Eratóstenes Frazão) 13 *Fita Amarela* (Noel Rosa) 14 *Que importa pra nós dois a despedida?* (Silvino Neto) 15 *A distância* (Roberto Carlos / Erasmo Carlos) 16 *Meu Segredo* (Newton Teixeira / Jorge Faraj) 17 *Eu sonhei que tu estavas tão linda* (Lamartine Babo / Francisco Matoso) 18 *Três lágrimas* (Ary Barroso) 19 *Gente humilde* (Garoto / Vinicius / Chico Buarque) 20 *Perfil de São Paulo* (F. A. Bezerra de Menezes)

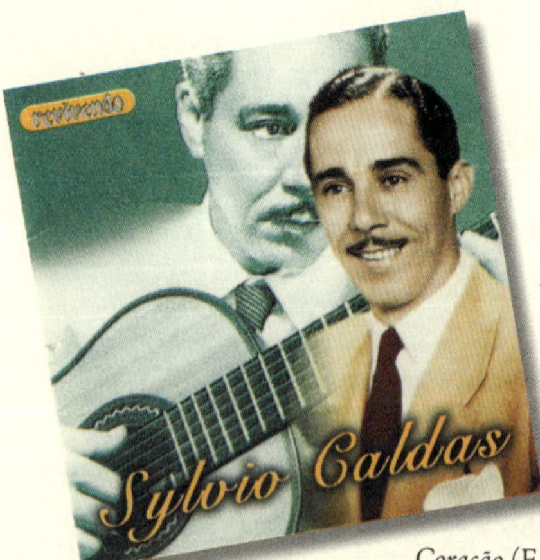

04

REVIVENDO RVCD - 013

SYLVIO CALDAS

01 *Faceira* (Ary Barroso) 02 *Maria* (Ary Barroso / Luiz Peixoto) 03 *Mimi* (Uriel Lourival) 04 *E ela não jurou* (André Filho) 05 *Tu* (Ary Barroso) 06 *Serenata* (Sílvio Caldas / Orestes Barbosa) 07 *Vitória* (Romualdo Peixoto, "Nonô") / Noel Rosa) 08 *Mente ao meu Coração* (F. Malfitano) 09 *Sorris da minha dor* (Paulo Medeiros) 10 *Na aldeia* (Alberto Dias, "Carusinho" / Sílvio Caldas / De Chocolate) 11 *Coração* (Alberto Ribeiro) 12 *Flor de lótus* (Sílvio Caldas / Alberto Ribeiro) 13 *Não chora* (Sílvio Caldas / Alberto Ribeiro) 14 *Mágoas de um trovador* (Manezinho Araújo / J. Cascata) 15 *Que é que é?* (Bororó / Evágrio Lopes) 16 *Suburbana* (Silvio Caldas / Orestes Barbosa) 17 *Violões em funeral* (S. Caldas / Sebastião Fonseca) 18 *Flamboyant* (Joubert de Carvalho) 19 *Não me pergunte* (José M. de Abreu / Jair Amorim) 20 *O silêncio do cantor* (D. Nasser/Joubert de Carvalho)

05

REVIVENDO - RVCD - 191

SYLVIO CALDAS

Deusa da minha rua

01 *Por causa dessa cabocla* (Ary Barroso / Luiz Peixoto) 02 *Ísis* (Benedito Lacerda / Jorge Faraj) 03 *Rainha sem trono* (Benedito Lacerda / Jorge Faraj) 04 *Três lágrimas* (Ary Barroso) 05 *Passarinho* (Hervê Cordovil / Antônio Nássara) 06 *Modinha* (Jayme Ovalle / Manoel Bandeira) 07 *Com o pensamento em você* (Joubert de Carvalho) 08 *Última carta de amor* (Benedito Lacerda / Zeca Ivo) 09 *O pião* (Custódio Mesquita / Sadi Cabral) 10 *Um caboclo abandonado* (Benedito Lacerda / Herivelto Martins) 11 *Falsa felicidade* (Paulo Medeiros) 12 *Companheiro dileto* (Alcebíades Barcelos / Armando Marçal) 13 *Teus ciúmes* (Lacy Martins / Aldo Cabral) 14 *Morena da minha aldeia* (Sílvio Caldas / Christóvão de Alencar) 15 *Não me abandones Nunca* (Joubert de Carvalho) 16 *Tudo me fala do teu olhar* (Christóvão de Alencar / Newton Teixeira) 17 *Meu amigo violão* (Georges Moran / J. G. de Araujo Jorge) 18 *A vida em quatro tempos* (Custódio Mesquita / Paulo Orlando) 19 *O nome dela não digo* (Sílvio Caldas / Orestes Barbosa) 20 *Até quando?* (Sílvio Caldas / Christóvão de Alencar) 21 *Deusa da minha rua* (Newton Teixeira / Jorge Faraj)

06

CONTINENTAL - 995960 - 2

MESTRES DA MPB

Silvio Caldas

01 Pout–porri: a – *Cabelos cor de prata* (S. Caldas / Rogaciano Leite) b – *Pierrot* (Joubert de Carvalho / Paschoal Carlos Magno) c – *Serenata do adeus* (Vinicius de Moraes) d – *Chão de estrelas* / Sílvio Caldas / Orestes Barbosa) e – *O silêncio do cantor* (David Nasser/Joubert de Carvalho) f – *A voz do violão* (Francisco Alves / Horácio Campos) 02 *Largo da Lapa* (Marino Pinto / Wilson Batista) 03 *Perfil de São Paulo* (F. A. Bezerra de Menezes) 04 *Serenata* (Sílvio Caldas / Orestes Barbosa) 05 *Velho realejo* (Custódio Mesquita / Sadi Cabral) 06 *Mente ao meu Coração* (F. Malfitano) 07 *Deusa da minha rua* (Newton Teixeira / Djlama Ferreira) 08 *Coração* (Alberto Ribeiro) 10 *Minha casa* (Joubert de Carvalho) 11 *Não chora* (Alberto Ribeiro / Sílvio Caldas) 12 *Não me pergunte* (José Maria de Abreu / Jair Amorim) 13 *Anda Luzia* (João de Barro) 14 *Pastora dos olhos castanhos* (Orondino Silva/A. Ribeiro)

07

EMI/COPACABANA - 529657 - 2 - CD 1
SÉRIE: CANTORES DO RÁDIO

SYLVIO CALDAS

01 *Chão de estrelas* (Silvio Caldas / Orestes Barbosa) 02 *Quase que eu disse* (Silvio Caldas / Orestes Barbosa) 03 *Boneca* (Benedito Lacerda / Aldo Cabral) 04 *Saudade dela* (Ataulfo Alves) 05 *Nunca mais* (Roberto Martins / Jorge Faraj) 06 *Por causa dessa cabocla* (Ary Barroso / Luiz Peixoto) 07 *Madrugada* (Benedito Lacerda / Herivelto Martins) 08 *Acorda escola de samba* (Benedito Lacerda / Herivelto Martins) 09 *Seu Gaspar* (Hervê Cordovil) 10 *Até breve* (Christóvão de Alencar / Ataulfo Alves) 11 *Cigana* (Nonô / Paulo Roberto) 12 *Confessando que te adoro* (José Carlos Burle / J. G. de Araújo Jorge) 13 *Tudo me fala do teu olhar* (Christóvão de Alencar / Newton Teixeira) 14 *Meu limão, meu limoeiro* (Carlos Imperial / José Carlos Burle)

08

EMI/COPACABANA - 529657 - 2 CD 2
SÉRIE: CANTORES DO RÁDIO

SYLVIO CALDAS

01 *Arrependimento* (S. Caldas / Christóvão de Alencar) 02 *Arranha–céu* (Silvio Caldas / Orestes Barbosa) 03 *Minha palhoça* (Se Você Quisesse) (J. Cascata) 04 *Professora* (Benedito Lacerda / Jorge Faraj) 05 *Há um segredo em teus cabelos* (Gastão Lamounier / Oswaldo Santiago) 06 *Inquietação* (Ary Barroso) 07 *Teus ciúmes* (Lacy Martins / Aldo Cabral) 08 *Eu não sei* (Sílvio Caldas / Ataulfo Alves) 09 *Um caboclo abandonado* (B. Lacerda / H. Martins) 10 *Eu sonhei* (Ary Barroso) 11 *Coração* ingrato (A. Nássara / Eratóstenes Frazão) 12 *Rainha sem trono* (Benedito Lacerda / Jorge Faraj) 13 *Quanto eu sinto* (Bide e Marçal) 14 *As Pastorinhas* (João de Barro / Noel *Rosa*)

09

SÉRIE ACERVO ESPECIAL - RCA
V4321177982

SILVIO CALDAS

01 *Serenata* (Silvio Caldas / Orestes Barbosa) 02 *Da cor do pecado* (Bororó) 03 *Sorris da minha dor* (Paulo Medeiros) 04 *Maria* (Ary Barroso / Luiz Peixoto) 05 *Pra que mentir* (Noel Rosa / Vadico) 06 *Promessa* (Custódio Mesquita / Evaldo Ruy) 07 *Florisbela* (Antônio Nássara / Frazão) 08 *Mulher* (Custódio Mesquita / Sadi Cabral) 09 *Deusa da minha rua* (Jorge Faraj / Newton Teixeira) 10 *Na Baixa do Sapateiro* (Ary Barroso) 11 *Velho realejo* (Custódio Mesquita / Sadi Cabral) 12 *Como os rios que correm pro mar* (Custódio Mesquita / Evaldo Ruy) 13 *No rancho fundo* (Lamartine Babo / Ary Peixoto) 14 *Chão de estrelas* (Silvio Caldas / Orestes Barbosa)

10

SONY MUSIC / COLÚMBIA 2-490142

SILVIO CALDAS

01 *Chuvas de verão* (Fernando Lobo) 02 *Casinha pequenina* (DP. – Arr. Renato de Oliveira) 03 *Mágoa* (Hervê Cordovil / Júlio Atlas) 04 *O nome dela não digo* (Silvio Caldas / Orestes Barbosa) 05 *Eu sonhei que tu estavas tão linda* (Lamartine Babo / Francisco Matoso) 06 *Cabelos brancos* (Marino Pinto / Herivelto Martins) 07 *Serenata* (Sílvio Caldas / Orestes Barbosa) 08 *Chão de estrelas* (Silvio Caldas / Orestes Barbosa) 09 *Fita Amarela* (Noel Rosa) 10 *Piston de gafieira* (Billy Blanco) 11 *Noite cheia de estrelas* (Cândido das Neves, "Índio") 12 *Poema dos Olhos da Amada* (Paulo Soledade / Vinicius de Moraes) 13 *Se todos fossem iguais a você* (Tom / Vinicius) 14 *Serenata do adeus* (Vinicius de Moraes)

11

SONY MUSIC / COLÚMBIA 2 - 490142

BRILHANTES

Silvio Caldas
Grandes Sucessos

01 *Chuvas de verão* (Fernando Lobo) 02 *Casinha pequenina* (DP. – Arr. Renato de Oliveira) 03 *Mágoa* (Hervê Cordovil / Júlio Atlas) 04 *O nome dela não digo* (Silvio Caldas / Orestes Barbosa) 05 *Eu sonhei que tu estavas tão linda* (Lamartine Babo / Francisco Matoso) 06 *Cabelos brancos* (Marino Pinto / Herivelto Martins) 07 *Serenata* (Silvio Caldas / Orestes Barbosa) 08 *Chão de estrelas* (Sílvio Caldas / Orestes Barbosa) 09 *Fita Amarela* (Noel *Rosa*) 10 *Piston de gafieira* (Billy Blanco) 11 *Noite cheia de estrelas* (Cândido das Neves, "Índio") 12 *Poema dos Olhos da Amada* (Paulinho Soledade / Vinicius da Moraes) 13 *Se todos fossem iguais a você* (Tom / Vinicius) 14 *Serenata do adeus* (Vinicius de Moraes)

12

INTER RECORDS / MOCAMBO 40.235

O SERESTEIRO

01 *Rosa* de maio (Custódio Mesquita / Evaldo) 02 *Carinhoso* (Pixinguinha / João de Barro) 03 *Seresta n. 5* (Villa-Lobos / Manduca Piá) 04 *Manhã de carnaval* (Luis Bonfá / Antônio *Maria*) 05 *Canção do eterno adeus* (Renato de Oliveira) 06 *Azulão* (Hekel Tavares / Luiz Peixoto) 07 *Eterna canção* (Julio Dantas / Luis Peixoto) 08 *Um cantinho e você* (José M.de Abreu / Jair Amorim) 09 *O amor é assim...* (Sivan) 10 *Na casa branca da serra* (Guimarães Passos / Emygdio Pestana) 11 *Coração* (Marcelo Tupinambá / Ariovaldo Pires) 12 *O Balão do amor* (Francisco Alves / Orestes Barbosa)

13

RCA / BMG 7431149642 2

O MELHOR DE SÍLVIO CALDAS

01 *No rancho fundo* (Lamartine Babo / Ary Barroso) 02 *Faceira* (Ary Barroso) 03 *Serenata* (Silvio Caldas / Orestes Barbosa) 04 *Maria* (Ary Barroso / Luiz Peixoto) 05 *Quase que eu disse* (Sílvio Caldas / Orestes Barbosa) 06 *Pra que mentir* (Noel Rosa / Vadico) 07 *Vitória* (Romualdo Peixoto, "Nonô" / Noel Rosa) 08 *Sorris da minha dor* (Paulo Medeiros) 09 *Cabelos brancos* (Marino Pinto / Herivelto Martins) 10 *Deusa da minha rua* (Jorge Faraj / Newton Teixeira) 11 *Mulher* (Custódio Mesquita / Sadi Cabral) 12 *Chão de estrelas* (Silvio Caldas / Orestes Barbosa) 13 *Como os rios que correm pro mar* (Custódio Mesquita / Evaldo Ruy) 14 *Andorinha* (Silvio Caldas)

AUTÊNTICO

14

CBS 104265/6

SILVIO CALDAS "AO VIVO"

DISCO 1

01 *Onde o céu azul é mais azul* (João de Barro / Alberto Ribeiro / Alcyr Pires Vermelho) 02 *Fica doido varrido* (B. Lacerda / Eratóstenes Frazão) 03 *Dá nela* (Ary Barroso) 04 *Na grota funda* (Ary Barroso / J. Carlos) 05 *No rancho fundo* (Ary Barroso / Lamartine Babo) 06 *Faceira* (Ary Barroso) 07 *Vou andando* (Silvio Caldas) 08 *O bonde de São Januário* (Ataulfo Alves/W. Batista) 09 *O trem atrasou* (Artur Vilarinho / E. Silva / Paquito) 10 *Nunca mais* (Dorival Caymmi) 11 *A Jangada voltou só* (Dorival Caymmi) 12 *João valentão* (Dorival Caymmi) 13 *O que é que a baiana tem?* (Dorival Caymmi) 14 *A preta do acarajé* (Dorival Caymmi) 15 *Marina* (Dorival Caymmi) 16 *Dora* (Dorival Caymmi) 17 *Fala meu louro* (J. B. da Silva, "Sinhô") 18 *Recife, cidade lendária* (Lourenço Barbosa, "Capiba") 19 *Chão de estrelas* (Silvio Caldas / Orestes Barbosa) 20 *O silêncio do cantor* (D.Nasser / Joubert de Carvalho) 21 *A voz do violão* (Fco. M. Alves / Horácio Campos) 22 *Coração ingrato* (E. Frazão / Antônio Nássara) 23 *A menina "presidência"* (A.Nássara / C.de Alencar) 24 *Cidade maravilhosa* (André Filho) 25 *É bom parar* (Rubens Soares) 26 *Nega do cabelo duro* (Rubens Soares / David Nasser) 27 *Linda lourinha* (João de Barro) 28 *Linda morena* (Lamartine Babo) 29 *A.E.I.O.U.* (Lamartine Babo / Noel Rosa) 30 *Mamãe eu quero* (Jararaca / Vicente Paiva) 31 *Ride palhaço* (Lamartine Babo) 32 *Florisbela* (Nássara / Frazão) 33 *A jardineira* (Benedito Lacerda / Humberto Porto) 34 *Pastorinhas* (Noel Rosa / João de Barro) 35 *Teu cabelo não nega* (L. Babo / Irmãos Valença) 36 *Se é por falta de adeus* (Herivelto Martins) 37 *Até amanhã...* (Noel Rosa)

14

RCA / BMG 7431149642 2

O MELHOR DE SÍLVIO CALDAS

DISCO 2

01 *Jangada* (Hervê Cordovil / Vicente Leporace) 02 *Cabeça chata* (Eratóstenes Frazão) 03 *Porto dos Casais* (José Lewgoy Bubianca) 04 *Galo garnizé* (Almirante) 05 *Anedotas* (Almirante) 06 *Saudade dela* (Ataulfo Alves) 07 *Ai que saudades da Amélia* (Ataulfo Alves / Mário Lago) 08 *Quem há de dizer* (Lupicínio / Alcides Gonçalves) 09 *Prece* (Vadico / Marino Pinto) 10 *Coração* (Noel Rosa) 11 *Good bye* (Assis Valente) 12 *Sarambá* (J. Tomás) 13 *Não tem tradução* (Noel Rosa) 14 *Cordiais saudações* (Noel Rosa) 15 *Cabrocha do Rocha* (Noel Rosa / Sílvio Caldas) 16 *Lenço no pescoço* (Wilson Batista) 17 *Rapaz folgado* (Noel Rosa) 18 *Palpite infeliz* (Noel Rosa) 19 *Cabelos cor de prata* (Rogaciano Leite / Sílvio Caldas) 20 *Pierrot* (Joubert de Carvalho / Paschoal Carlos Magno) 21 *Serenata* do Adeus (Vinicius de Moraes)

15

RGE 5587 2

20 PREFERIDAS

Silvio Caldas

01 Pout-porri a – *Aquarela do Brasil* (Ary Barroso) b – *Onde o céu azul é mais azul* (João de Barro / Alberto Ribeiro / Alcir Pires Vermelho) c – *Viva Meu Samba* (Billy Blanco) 02 *Paciência* (Lupiscínio Rodrigues) 03 *Maria* (Ary Barroso / Luiz Peixoto) *Risque* (Ary Barroso) 04 *Homenagem* (Lupiscínio Rodrigues) 05 *Palpite infeliz* (Noel Rosa) – *No rancho fundo* (Lamartine Babo / Ary Barroso) – *Serra da boa esperança* (Lamartine Babo) 06 *Kátia* (Georges Moran / V. Bezerra) 07 *Nunca mais* (Dorival Caymmi) *As rosas não falam* (Cartola) *Perfil de São Paulo* (F. A.. Bezerra de Menezes) 08 *Velhos carnavais* (Antônio Bruno) 09 *Cabelos cor de prata* (Sílvio Caldas/ Rogaciano Leite) – *Pierrot* (Joubert de Carvalho / Paschoal Carlos Magno) – *Serenata do adeus* (Vinicius de Moraes) – *Chão de estrelas* (Sílvio Caldas / Orestes Barbosa) – *Até amanhã* (Noel Rosa)

16

SONY MUSIC / COLÚMBIA 2 - 495800

SILVIO CALDAS

Série: Vinte e um Grandes Sucessos

01 *Chuvas de verão* (Fernando Lobo) 02 *Casinha pequenina* (DP. – Arr. Renato de Oliveira) 03 *Mágoa* (Hervê Cordovil / Júlio Atlas) 04 *O nome dela não digo* (Silvio Caldas / Orestes Barbosa) 05 *Eu sonhei que tu estavas tão linda* (Lamartine Babo / Francisco Matoso) 06 *Cabelos brancos* (Marino Pinto / Herivelto Martins) 07 *Serenata* (Silvio Caldas / Orestes Barbosa) 08 *Chão de estrelas* (Sílvio Caldas / Orestes Barbosa) 09 *Fita Amarela* (Noel *Rosa*) 10 *Piston de gafieira* (Billy Blanco) 11 *Noite cheia de estrelas* (Cândido das Neves, "Índio") 12 *Poema dos Olhos da Amada* (Paulinho Soledade / Vinicius de Moraes) 13 *Se todos fossem iguais a você* (Tom / Vinicius) 14 *Serenata do adeus* (Vinicius de Moraes) 15 *Dona da Minha Vontade* (Fco. Alves/Orestes Barbosa) 16 *A voz do violão* (Fco. Alves / Horácio de Macedo) 17 *Ave Maria* (Erothides Campos) 18 *Gente humilde* (Garoto / Vinicius / Chico Buarque) 19 *Três lágrimas* (Ary Barroso) 20 *Rosa* (Pixinguinha) 21 *São Francisco* (Vinicius de Moraes / Paulinho Soledade)

17

COPACABANA COELP 41380

ELIZETH CARDOSO

Vol. 1

01 *Serenata* (S. Caldas / O. Barbosa) – Elizeth Cardoso 02 *Apelo* (Baden Powell / Vinicius de Moraes) 03 *Arrependimento* (S.Caldas / C.hristóvão de Alencar) 04 *Canção de amor* (Chocolate / Elano de Paula) 05 *Quase que eu disse* (Sílvio Caldas / Orestes Barbosa) 06 *Nossos momentos* (Haroldo Barbosa / L. Reis) 07 *Inquietação* (Ary Barroso) – Elizeth Cardoso 08 *Consolação* (Vinicius de Moraes / Baden Powell) 09 *Meus Vinte Anos* (Wilson Batista / Sílvio Caldas) 10 *Serenata / Chão de estrelas* (S. Caldas / O. Barbosa) 11 *Mente ao meu Coração* (Malfitano / P. Pires) 12 *Serra da boa esperança* (Lamartine Babo) 13 *Andorinha* (Silvio Caldas) 14 *O amor é assim* (Sivan) 15 *Tristezas não pagam dívidas* (Ismael Silva) 16 *Modinha* (Sérgio Bittencourt)

18

COPACABANA COELP 41380

ELIZETH CARDOSO

Vol. 2

01 *A Noite é grande* (Antônio Maria / Fernando Lobo); 02 *Canção da volta* (Ismael Netto /Antônio Maria); 03 *Portão antigo* (Antônio Maria); 04 *Se eu morresse amanhã de manhã* (Antônio Maria); 05 *Ninguém me ama* (Fernando Lobo / Antônio Maria); 06 *Suas mãos* (Pernambuco / Antônio Maria); 07 *Não vá embora* (Antônio Maria); 08 *Menino grande* (Antônio Maria); 09 *O Amor e a rosa* (Pernambuco / Antônio Maria); 10 *Valsa de uma cidade* (Ismael Netto / Antônio Maria) 11 *Fita Amarela* (Noel Rosa) 12 *Tudo foi surpresa* (Peterpan / Valzinho) 13 *Meus vinte anos* (Wilson Batista / Sílvio Caldas) 14 *Um juramento falso* (J. Cascata/Leonel Azevedo) 15 *Longe dos Olhos* (Christóvão de Alencar / D. Ferreira); 16 *Chora, cavaquinho* (Dunga) 17 *Coração* (Alberto Ribeiro) 18 *Foi uma pedra que rolou* (Pedro Caetano) 19 *Doce veneno* (Valzinho / C. Lentine / Goulart) 20 *Chuva miúda* (Silvio Caldas / Frazão)

19

SOM LIVRE 403.6074 CD 1

SILVIO CALDAS ESPECIAL

01 *Na Baixa do Sapateiro* (Ary Barroso) 02 *Os quindins de Yayá* (Ary Barroso) 03 *Maria* (Ary Barroso / Luiz Peixoto) 04 *Linda lourinha* (João de Barro) 05 *Linda morena* (Lamartine Babo) 06 *A.E.I.O.U.* (Lamartine Babo / Noel Rosa) 07 *Mamãe eu quero* (Jararaca / Vicente Paiva) 08 *Florisbela* (Nássara / Frazão) 09 *A jardineira* (Benedito Lacerda / Humberto Porto) 10 *Velhos carnavais* (Antônio Bruno) 11 *Pastorinhas* (Noel Rosa / João de Barro) 12 *Poema dos Olhos da Amada* (P.Soledade/V.de Moraes) 13 *É bom parar* (Rubens Soares) / *Nega do Cabelo Duro* (Rubens Soares / David Nasser) Pout-porri – Silvio Caldas e Elizeth Cardoso: 14 *Feitiço da Vila* (Noel Rosa / Vadico) 15 *Apelo* (Baden Powell / Vinicius de Moraes) 16 *Arrependimento* (Sílvio Caldas / Armando Reis) 17 *Canção de amor* (Chocolate / Elano de Paula) 18 *Inquietação* (Ary Barroso) 19 *Consolação* (Baden Powell / Vinicius de Moraes) 20 *O amor é assim* (Sivan) 21 *Cabrocha do Rocha* (Sílvio Caldas / Orestes Barbosa) 22 *Violões em funeral* (Sílvio Caldas / Sebastião Fonseca) 23 *Cabelos cor de prata* (Silvio Caldas / Rogaciano Leite) 24 *Serenata do adeus* (Vinicius de Moraes) 25 *Chão de estrelas* (Silvio Caldas / Orestes Barbosa) 26 *O Silêncio do cantor* (Joubert de Carvalho / David Nasser)

20

COLLECTOR'S EDITORA LTDA.

QUANDO CANTA O SERESTEIRO SILVIO CALDAS

01 *Na baixa do sapateiro* (Ary Barroso) 02 *Chão de estrelas* (Orestes Barbosa / Silvio Caldas) 03 *No rancho fundo* (Lamartine Babo / Ary Barroso) 04 *Algodão* (David Nasser / Custódio Mesquita) 05 *Esta noite ou nunca mais* (Cristovão de Alencar / Georges Moran) 06 *Boneca* (Aldo Cabral / Benedito Lacerda) 07 *Maria* (Luiz Peixoto / Ary Barroso) 08 *Por teu amor* (Orestes Barbosa / Francisco Alves) 09 *Quando o samba acabou* (Noel Rosa) 10 *O telefone do amor* (Jorge Faraj / Benedito Lacerda) 11 *Saudade do passado* (David Nasser / Francisco Alves) 12 *Modinha* (Manoel Bandeira / Jayne Ovalle) 13 *Promessa* (Evaldo Ruy / Custódio Mesquita) 14 *Arrependimento* (Cristovão de Alencar / Sílvio Caldas) 15 *Tu* (Ary Barroso) 16 *Pastora dos olhos castanhos* (Alberto Ribeiro / Orondino Silva) 17 *Guacira* (Joracy Camargo / Heckel Tavares) 18 *Arranha-céu* (Orestes Barbosa / Sílvio Caldas) 19 *Por causa desta cabocla* (Luiz Peixoto / Ary Barroso) 20 *Faceira* (Ary Barroso)

21

RGE 7056 2 - CD 1

SILVIO CALDAS

01 *Homenagem* (Lupicínio Rodrigues) 02 *Contradizendo* (Raul Sampaio / Benil Santos) 03 *Velhos tempos* (Renan França / Jair Silveira) 04 *Mas eu não ligo* (Silvio Caldas) 05 *Ponte enferrujada* (Antônio Bruno) 06 *Kátia* (Georges Moran / Victor Bezerra) 07 *Fado das mãos* (M. Figueiredo / A. Leite / C. Barbosa) 08 *Paciência* (Lupicínio Rodrigues) 09 *Velhos carnavais* (Antônio Bruno) 10 *Saudades da serra* (Francisco Di Pietro) 11 *Qual é o babado?* (Silvio Caldas) 12 *São Paulo antigo* (Lauro Miller) 13 *Caixinha de fósforos* (Francisco Di Pietro)

22

RGE 7056 2 - CD 2

SILVIO CALDAS

01 *Aquarela do Brasil* (Ary Barroso) 02 *Onde céu azul é mais azul* (João de Barro / Alberto Ribeiro /Alcir Pires Vermelho) 03 *Viva Meu Samba* (Billy Blanco) 04 *Maria* (Ary Barroso / Luiz Peixoto) 05 *Risque* (Ari Barroso) 06 *Vou andando* (Sílvio Caldas) 07 *Sarambá* (Ataulfo Alves / Wilson Batista) 08 *Good bye Boy* (Assis Valente) 09 *Cinema falado* (Noel Rosa) 10 *Lenço no pescoço* (Wilson Batista) 11 *Rapaz folgado* (Vadico / Noel Rosa) 12 *No rancho fundo* (Ary Barroso / Lamartine Babo) 13 *Serra da boa esperança* (Lamartine Babo) 14 *Nunca mais* (Dorival Caymmi) 15 *As rosas não falam* (Cartola) 16 *Perfil de São Paulo* (F. A. Bezerra de Menezes) 17 *Ciranda, cirandinha* (D.P.) 18 *Terezinha de Jesus* (D.P.) 19 *Tristeza do Jeca* (Angelino de Oliveira) 20 *Carinhoso* (Pixinguinha / João de Barro) 21 *A menina "presidência"* (Christóvão de Alencar / Nássara) 22 *Cidade maravilhosa* (André Filho) 23 *É bom parar* (Rubens Soares) 24 *Nega do cabelo duro* (Rubens Soares / David Nasser) 25 *Linda lourinha* (João de Barro) 26 *Linda morena* (Lamartine Babo) 27 *A.E.I.O.U.* (Lamartine Babo / Noel Rosa) 28 *Mamãe eu quero* (Jararaca / Vicente Paiva) 29 *Florisbela santropé* (Marino Pinto / Frazão) 29 *Jardineira* (Benedito Lacerda / Humberto Porto) 30 *Pastorinhas* (Noel Rosa / João de Barro) 31 *O teu cabelo não nega* (L. Babo / Irmãos Valença) 32 *Cabelos cor de prata* Sílvio Caldas / Rogaciano Leite) 33 *Pierrot* (Joubert de Carvalho / Paschoal de C. Magno) 34 *Serenata de adeus* (Vinicius de Moraes) 35 *Chão de estrelas* (Silvio Caldas / Orestes Barbosa) 36 *Até amanhã* (Noel Rosa)

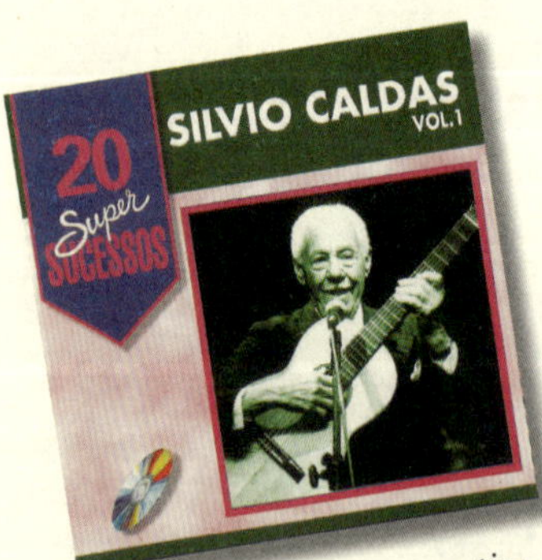

23

POLYDISC 470.472/2 - 482603

SILVIO CALDAS Vol. 1

20 SUPER SUCESSOS

01 *Quem há de dizer* (Lupicínio Rodrigues / Alcides Gonçalves) 02 *Canção de Natal* (J. Antônio D'Ávila/Walter Gulherme) 03 *O Velho realejo* (Custódio Mesquita / Sadi Cabral) 04 *Palpite infeliz* (Noel Rosa) 05 *Cabelos cor de prata* (Silvio Caldas / Rogaciano Leite) 06 *Rosa* (Pixinguinha) 07 *E o destino desfolhou* (Mário Rossi / Gastão Lamounier) 08 *Favela* (Roberto Martins / Waldemar M. da Silva) 09 *Não me abandones Nunca* (Joubert de Carvalho) 10 *Risque* (Ary Barroso) 11 *Ontem ao luar* (Catulo da Paixão Cearense / Pedro de Alcântara) 12 *Prelúdio* (Hervê Cordovil / Vicente Leporace) 13 *Sorris da minha dor* (Paulo Medeiros) 14 *Noite cheia de estrelas* (Cândido das Neves, "Índio") 15 *A voz do violão* (Francisco Alves / Horácio Campos) 16 *Turca do meu Brasil* (Sílvio Caldas / Orestes Barbosa) 17 *Último desejo* (Noel Rosa) 18 Ave *Maria* (Erothides de Campos) 19 *Maringá* (Joubert de Carvalho) 20 *Recife, cidade lendária* (Capiba)

24

POLYDISC 470.472/2 - 482604 20

SILVIO CALDAS Vol. 2

SUPER SUCESSOS

01 *Eu sonhei que tu estavas tão linda* (Lamartine Babo / Francisco Matoso) 02 *Vitória* (Nonô / Noel Rosa) 03 *Casinha pequenina* (DP. Arr. Renato de Oliveira) 04 *Última inspiração* (Peter Pan) 05 *Minha palhoça* (J. Cascata) 06 *Gente humilde* (Garoto/ V. de Moraes/Chico Buarque) 07 *A última estrofe* (Cândido das Neves, "Índio") 08 *Chuvas de verão* (Fernando Lobo) 09 *O nome dela não digo* (Silvio Caldas / Orestes Barbosa) 10 *Perfil de São Paulo* (F. A. Bezerra de Menezes) 11 *Serenata do adeus* (Vinicius de Moraes) 12 *Cinco letras que choram (Adeus)* (Silvino Neto) 13 *Serra da boa esperança* (Lamartine Babo) 14 *Vingança* (Lupiscínio Rodrigues) 15 *Laura* (Alcyr Pires Vermelho / João de Barro) 16 *A Mulher que ficou na taça* (Francisco Alves / Orestes Barbosa) 17 *Professora* (Benedito Lacerda / Jorge Faraj) 18 *Minha casa* (Sílvio César / Joubert de Carvalho) 19 *Canção para a mamãe* (Lilá Sant'anna) 20 *Feitiço da Vila* (Noel Rosa / Vadico)

25

RGE 7056 2

NO PALCO

Sílvio Caldas

01 *Aquarela do Brasil* (Ary Barroso) 02 *Onde céu azul é mais azul* (João de Barro / Alberto Ribeiro /Alcir Pires Vermelho) 03 *Viva Meu Samba* (Billy Blanco) 04 *Maria* (Ary Barroso / Luiz Peixoto) 05 *Risque* (Ari Barroso) 06 *Vou andando* (Silvio Caldas) 07 *Sarambá* (Ataulfo Alves / Wilson Batista) 08 *Good bye Boy* (Assis Valente) 09 *Cinema falado* (Noel Rosa) 10 *Lenço no pescoço* (Wilson Batista) 11 *Rapaz folgado* (Vadico / Noel Rosa) 12 *No rancho fundo* (Ary Barroso / Lamartine Babo) 13 *Serra da boa esperança* (Lamartine Babo) 14 *Nunca mais* (Dorival Caymmi) 15 *As rosas não falam* (Cartola) 16 *Perfil de São Paulo* (F. A. Bezerra de Menezes) 17 *Ciranda, cirandinha* (D.P.) 18 *Terezinha de Jesus* (D.P.) 19 *Tristeza do Jeca* (Angelino de Oliveira) 20 *Carinhoso* (Pixinguinha / João de Barro) 21 *A menina "presidência"*(Christóvão de Alencar/Nássara) 22 *Cidade maravilhosa* (André Filho) 23 *É bom parar* (Rubens Soares) 24 *Nega do cabelo duro* (Rubens Soares / David Nasser) 25 *Linda lourinha* (João de Barro) 26 *Linda morena* (Lamartine Babo) 27 *A.E.I.O.U.* (Lamartine Babo / Noel Rosa) 28 *Mamãe eu quero* (Jararaca / Vicente Paiva) 29 *Florisbela santropé* (Marino Pinto / Frazão) 29 *Jardineira* (Benedito Lacerda / Humberto Porto) 30 *Pastorinhas* (Noel Rosa / João de Barro) 31 *O teu cabelo não nega* (L. Babo / Irmãos Valença) 32 *Cabelos cor de prata* (Sílvio Caldas / Rogaciano Leite) 33 *Pierrot* (Joubert de Carvalho / Paschoal de C. Magno) 34 *Serenata de adeus* (Vinicius de Moraes) 35 *Chão de estrelas* (Sílvio Caldas / Orestes Barbosa) 36 *Até amanhã* (Noel Rosa)

26

COPACABANA COELP 41380

ELIZETH CARDOSO E SILVIO CALDAS

Vol. 1

01 *Serenata* (S. Caldas / O. Barbosa) – Elizeth Cardoso 02 *Apelo* (Baden Powell / Vinicius de Moraes) 03 *Arrependimento* (S.Caldas / Christóvão de Alencar) 04 *Canção de amor* (Chocolate / Elano de Paula) 05 *Quase que eu disse* (Sílvio Caldas / Orestes Barbosa) 06 *Nossos momentos* (Haroldo Barbosa / L. Reis) 07 *Inquietação* (Ary Barroso) – Elizeth Cardoso 08 *Consolação* (Vinicius de Moraes / Baden Powell) 09 *Meus vinte anos* (Wilson Batista / Silvio Caldas) 10 *Serenata / Chão de estrelas* (S. Caldas / O. Barbosa) 11 *Mente ao meu Coração* (Malfitano / P. Pires) 12 *Serra da boa esperança* (Lamartine Babo) 13 *Andorinha* (Silvio Caldas) 14 *O amor é assim* (Sivan) 15 *Tristezas não pagam dívidas* (Ismael Silva) 16 *Modinha* (Sérgio Bittencourt)

27

COPACABANA COELP 41380

ELIZETH CARDOSO E SILVIO CALDAS

Vol. 2

01 *A Noite é grande* (Antônio *Maria* / Fernando Lobo); 02 *Canção da volta* (Ismael Netto /Antônio *Maria*); 03 *Portão antigo* (Antônio *Maria*); 04 *Se eu morresse amanhã de manhã* (Antônio *Maria*); 05 *Ninguém me ama* (Fernando Lobo / Antônio *Maria*); 06 *Suas mãos* (Pernambuco / Antônio *Maria*); 07 *Não vá embora* (Antônio *Maria*); 08 *Menino grande* (Antônio *Maria*); 09 *O Amor e a rosa* (Pernambuco / Antônio *Maria*); 10 *Valsa de uma cidade* (Ismael Netto / Antônio *Maria*) 11 *Fita Amarela* (Noel *Rosa*) 12 *Tudo foi surpresa* (Peterpan / Valzinho) 13 *Meus vinte anos* (Wilson Batista / Silvio Caldas) 14 *Um juramento falso* (J. Cascata/Leonel Azevedo) 15 *Longe dos plhos* (Christóvão de Alencar / D. Ferreira); 16 *Chora, cavaquinho* (Dunga) 17 *Coração* (Alberto Ribeiro) 18 *Foi uma pedra que rolou* (Pedro Caetano) 19 *Doce veneno* (Valzinho / C. Lentine / Goulart) 20 *Chuva miúda* (Silvio Caldas / Frazão)

28

COPACABANA COELP 41380

ELIZETH CARDOSO E SÍLVIO CALDAS

Vol. 1

01 *Serenata* (S. Caldas / O. Barbosa) – Elizeth Cardoso 02 *Apelo* (Baden Powell / Vinicius de Moraes) 03 *Arrependimento* (S.Caldas / Christóvão de Alencar) 04 *Canção de amor* (Chocolate / Elano de Paula) 05 *Quase que eu disse* (Silvio Caldas / Orestes Barbosa) 06 *Nossos momentos* (Haroldo Barbosa / L. Reis) 07 *Inquietação* (Ary Barroso) – Elizeth Cardoso 08 *Consolação* (Vinicius de Moraes / Baden Powell) 09 *Meus vinte anos* (Wilson Batista / Silvio Caldas) 10 *Serenata / Chão de estrelas* (S. Caldas / O. Barbosa) 11 *Mente ao meu Coração* (Malfitano / P. Pires) 12 *Serra da boa esperança* (Lamartine Babo) 13 *Andorinha* (Silvio Caldas) 14 *O amor é assim* (Sivan) 15 *Tristezas não pagam dívidas* (Ismael Silva) 16 *Modinha* (Sérgio Bittencourt)

29

COPACABANA COELP 41380

ELIZETH CARDOSO E SÍLVIO CALDAS

Vol. 2

01 *A Noite é grande* (Antônio *Maria* / Fernando Lobo); 02 *Canção da volta* (Ismael Netto /Antônio *Maria*); 03 *Portão antigo* (Antônio *Maria*); 04 *Se eu morresse amanhã de manhã* (Antônio *Maria*); 05 *Ninguém me ama* (Fernando Lobo / Antônio *Maria*); 06 *Suas mãos* (Pernambuco / Antônio *Maria*); 07 *Não vá embora* (Antônio *Maria*); 08 *Menino grande* (Antônio *Maria*); 09 *O Amor e a rosa* (Pernambuco / Antônio *Maria*); 10 *Valsa de uma cidade* (Ismael Netto / Antônio *Maria*) 11 *Fita Amarela* (Noel *Rosa*) 12 *Tudo foi surpresa* (Peterpan / Valzinho) 13 *Meus vinte anos* (Wilson Batista / Silvio Caldas) 14 *Um juramento falso* (J. Cascata/Leonel Azevedo) 15 *Longe dos olhos* (Christóvão de Alencar / D. Ferreira); 16 *Chora, cavaquinho* (Dunga) 17 *Coração* (Alberto Ribeiro) 18 *Foi uma pedra que rolou* (Pedro Caetano) 19 *Doce veneno* (Valzinho / C. Lentine / Goulart) 20 *Chuva miúda* (Sílvio Caldas / Frazão)

30

SONY & BMG - MAXXIMUM

SILVIO CALDAS

01 *Serenata* (Silvio Caldas / Orestes Barbosa) 02 *Chão de estrelas* (Silvio Caldas / Orestes Barbosa) 03 *Cabelos brancos* (Marino Pinto / Herivelto Martins) 04 *Noite cheia de estrelas* (Indio) 05 *Serra da boa esperança* (Lamartine Babo) 06 *Pierrot* (Joubert De Carvalho / Paschoal Carlos Magno) 07 *O Nome dela eu não digo* (Orestes Barbosa / Silvio Caldas) 08 *Ontem ao luar* (Catulo / Pedro de Alcântara) 09 *Faceira* (Ary Barroso) 10 *Perfil de São Paulo* (F.A. Bezerra De Menezes) 11 *Fita Amarela* (Noel *Rosa*) 12 *Eu sonhei que tu estavas tão linda* (Lamartine Babo / Francisco Mattoso) 13 *Três lágrimas* (Ary Barroso) 14 *Rosa* (Pixinguinha) 15 *Viva meu samba* (Billy Blanco) 16 *Se todos fossem iguais a você* (Antônio Carlos Jobim / Vinícius de Moraes)

APÊNDICE VII

CDs compartilhados
Título da música
Nome do compositor

SUPLEMENTO
A Modinha
POPULAR
GRAVAÇÕES
DE
SILVIO CALDAS
DILER
RIO

01

RGE - 344.6065 - 1994

A ARTE DO ENCONTRO

Silvio Caldas / Francisco Petrônio

01 *Homenagem* (Lupicínio Rodrigues) 02 *Kátia* (Georges Moran / Victor Bezerra) 03 *Ponte enferrujada* (Antônio Bruno) 04 *Saudades da serra* (Francisco Di Pietro) 05 *Velhos tempos* (Renan França / Jair Silveira) 06 *Contradizendo* (Raul Sampaio / Benil Santos) 07 *Fado das mãos* (M. Figueiredo / A. Leite / C. Barbosa) 08 *Balalaika* (Georges Moran / O. Fernandes) 09 *Velhos carnavais* (Antônio Bruno)

02

CONTINENTAL 1 - 07 - 800 - 026

JUNTOS

Francisco Petrônio / Sílvio Caldas

01 *Deusa da minha rua* (Sílvio Caldas / Orestes Barbosa) 02 *Serenata* (Silvio Caldas / Orestes Barbosa) 03 *Velho realejo* (Custódio Mesquita / Sadi Cabral) 04 *Largo da Lapa* (Marino Pinto / Wilson Batista) 05 *Longe dos olhos* (Christóvão de Alencar / Djalma Ferreira) 06 *Tristeza do Jeca* (Angelino de Oliveira)

03

INTER RECORDS 20003 – VOL. II
MILTINHO / SILVIO CALDAS

01 *No rancho fundo* (Ary Barroso /Lamartine Babo) 02 *Serra da boa esperança* (Lamartine Babo) 03 *As rosas não falam* (Cartola) 04 *Maria* (Ary Barroso / Luiz Peixoto) 05 *Risque* (Ary Barroso) 06 *Cabelos cor de prata* (Silvio Caldas / Rogaciano Leite) 07 *Pierrot* (Joubert de Carvalho / Paschoal Carlos Magno) 08 *Serenata do adeus* (Vinicius de Moraes) 09 *Carinhoso* (Pixinguinha / João de Barro) 10 *Chão de estrelas* (Silvio Caldas / Orestes Barbosa) 11 *A jardineira* (Benedito Lacerda / Humberto Porto) 12 *Pastorinhas* (Noel *Rosa* /João de Barro) 13 *O teu cabelo não nega* (Lamartine Babo / Irmãos Valença

04

REVIVENDO RVCD – 049
ORESTES BARBOSA
O Poeta nas Vozes de Francisco Alves e Sylvio Caldas

01 *Chão de estrelas* (Silvio Caldas / Orestes Barbosa) – Silvio Caldas 02 *Santa dos meus amores* (Silvio Caldas / Orestes Barbosa) – Silvio Caldas 03 *Vidro vazio* (Orestes Barbosa / Romualdo Peixoto) – Silvio Caldas 04 *O nome dela eu não digo* (Silvio Caldas / Orestes Barbosa) – Silvio Caldas 05 *Serenata* (Orestes Barbosa / Silvio Caldas) – Silvio Caldas 06 *Torturante ironia* (Silvio Caldas / Orestes Barbosa) – Silvio Caldas 07 *Quase que eu disse* (Silvio Caldas / Orestes Barbosa) – Silvio Caldas 08 *Meu erro* (Silvio Caldas / Orestes Barbosa) – Silvio Caldas 09 *Arranha–céu* (Silvio Caldas / Orestes Barbosa) – Silvio Caldas 10 *Verde e amarelo* (J. Thomaz / Orestes Barbosa) – Silvio Caldas

APÊNDICE VIII

CD's em homenagem

Título da música

Nome do compositor

SUPLEMENTO
MELODIAS
POPULARES
SILVIO Caldas

01

1 - VELAS 11V027

ARRANHA-CÉU

Zé Renato

01 *Arranha-céu* (Silvio Caldas / Orestes Barbosa) 02 *Maringá* (Joubert de Carvalho) 03 *Faceira* (Ary Barroso) 04 *Quase que eu disse* (Silvio Caldas / Orestes Barbosa) 05 Minha aalhoça (J. Cascata) 06 *Se tu soubesses* (Georges Moran / Christóvão de Alencar) 07 *Viva Meu Samba* (Billy Blanco) 08 *Mulher* (Custódio Mesquita / Sadi Cabral) 09 *Arrependimento* (Silvio Caldas / Christóvão Alencar) 10 *Serenata do adeus* (Vinicius de Moraes) 11 *Como os rios que correm pro mar* (Custódio Mesquita / Evaldo Ruy) 12 *Chão de estrelas* (Silvio Caldas / Orestes Barbosa)

02

ZÉ RENATO E ORQUESTRA SILVIO CALDAS 90 ANOS

Ao vivo

01 Abertura: *Chão de estrelas* (Silvio Caldas / Orestes Barbosa) *Maringá* (Joubert de Carvalho) 02 *Se tu soubesses* (Georges Moran / Christóvão de Alencar) 03 *Velho realejo* (Custódio Mesquita / Sadi Cabral) 04 *Viva Meu Samba* (Billy Blanco) 05 *Arrependimento* (Silvio Caldas / Christóvão de Alencar) 06 *Maringá* (Joubert de Carvalho) 07 *Mulher* (Custódio Mesquita / Sadi Cabral) 08 *Chão de estrelas* (Sílvio Caldas / Orestes Barbosa) 09 *Promessa* (Custódio Mesquita / Evaldo Ruy) 10 *No rancho fundo* (Ary Barroso / Lamartine Babo) 11 *Serenata* (Silvio Caldas / Orestes Barbosa) 12 *Serenata do adeus* (Vinicius de Moraes) 13 *Serra da boa esperança* (Lamartine Babo)

Revista do Rádio
290
5 CRUZEIROS
2-4-1955

APÊNDICE IX

DVD

Título da musica

Nome do compositor

Editora Abril

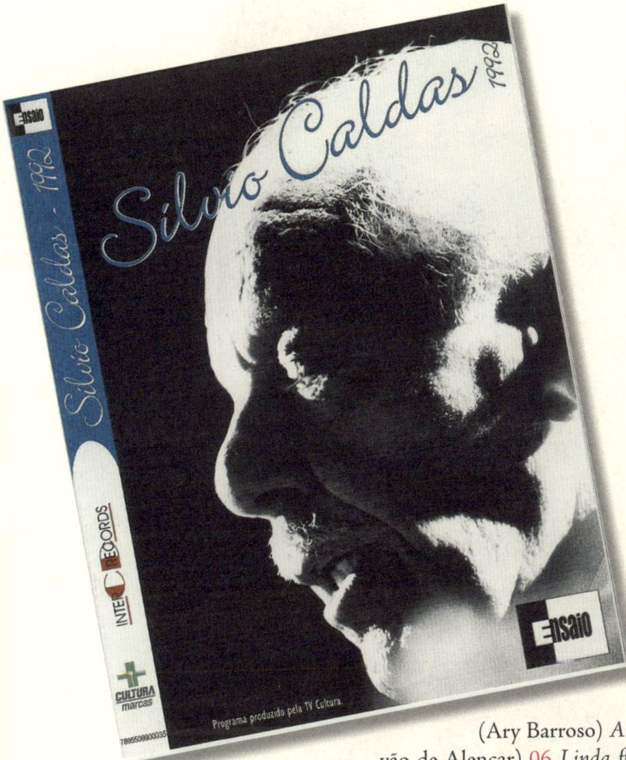

01

DVD

SILVIO CALDAS

01 *Aquarela do Brasil* (Ary Barroso) 02 *Faceira* (Ary Barroso) 03 *Na Baixa do Sapateiro* (Ary Barroso) 04 Pout-porri: *Maria* (Ary Barroso / Luiz Peixoto) *Risque* (Ary Barroso) 05 Pout-porri: *Torturante ironia* (Silvio Caldas / Orestes Barbosa) *Inquietação* (Ary Barroso) *Arrependimento* (Silvio Caldas / Christóvão de Alencar) 06 *Linda flor (Ai, Yoyo)* (Luiz Peixoto / Marques Porto / Henrique Vogeler / Cândido Costa) 07 *Casa de caboclo* (Hekel Tavares / Luiz Paixoto) 08 *Chão de estrelas* (Silvio Caldas / Orestes Barbosa) 09 *O pião* (Custódio Mesquita / Sadi Cabral) 10 *Mulher* (Custódio Mesquita / Sadi Cabral) 11 *No rancho fundo* (Ary Barroso / Lamartine Babo) 12 Pout-porri: *Coração ingrato* (Nássara / Frazão) *A menina "presidência"* (Nássara / Christóvão de Alencar) *Cidade maravilhosa* (André Filho) 13 Pout-porri: *É bom parar* (Rubens Soares) *Nega do cabelo duro* (Rubens Soares / David Nasser) 14 Pout-porri: *Linda lourinha* (João de Barro) *Linda morena* (Lamartine Babo) *A.E.I.O.U.* (Lamartine Babo / Noel Rosa) 16 *Meus vinte anos* (Silvio Caldas / Wilson Batista)

O Globo

ÍNDICE ONOMÁSTICO

Esta obra foi composta com as fontes Jenson (Texto) e News Gothic (Títulos), e impressa em offsset sobre papel pólem soft 80 gr/m² (miolo) e Cartão Supremo *Duo Design* 300 gr/m² (Capa), para Editora da Universidade Federal do Ceará, nas oficinas gráficas da Imprensa Universitária da UFC, no mês de abril de 2008.

IMPRENSA UNIVERSITÁRIA